Teoria U

C. Otto Scharmer

Teoria U

Como liderar pela percepção e realização do futuro emergente

Revisão técnica:
Janine Saponara
*Fellow do programa ELIAS (Emerging Leaders Innovate Across Sectors)
e autora do Guia Comunicação e Sustentabilidade 2009*

Tradução
Edson Furmankiewicz

ALTA BOOKS
EDITORA
Rio de Janeiro, 2019

Teoria U – Como liderar pela percepção e realização do futuro emergente
Copyright © 2019 da Starlin Alta Editora e Consultoria Eireli. ISBN: 978-85-508-0720-1

Translated from original Theory U. Copyright © 2009 by C. Otto Scharmer. All rights reserved. ISBN 978-1-57675-763-5. This translation is published and sold by permission of Barrett-Koehler Publishers, Inc., the owner of all rights to publish and sell the same. PORTUGUESE language edition published by Starlin Alta Editora e Consultoria Eireli, Copyright © 2018 by Starlin Alta Editora e Consultoria Eireli.

Todos os direitos estão reservados e protegidos por Lei. Nenhuma parte deste livro, sem autorização prévia por escrito da editora, poderá ser reproduzida ou transmitida. A violação dos Direitos Autorais é crime estabelecido na Lei nº 9.610/98 e com punição de acordo com o artigo 184 do Código Penal.

A editora não se responsabiliza pelo conteúdo da obra, formulada exclusivamente pelo(s) autor(es).

Marcas Registradas: Todos os termos mencionados e reconhecidos como Marca Registrada e/ou Comercial são de responsabilidade de seus proprietários. A editora informa não estar associada a nenhum produto e/ou fornecedor apresentado no livro.

Impresso no Brasil.

Obra disponível para venda corporativa e/ou personalizada. Para mais informações, fale com projetos@altabooks.com.br

Editoração Eletrônica
Estúdio Castellani

Revisão
Mariflor Brenlla Rial Rocha e Edna Rocha

Copidesque
Shirley Lima da Silva Braz

Produção Editorial
Elsevier Editora - CNPJ: 42.546.531./0001-24

Erratas e arquivos de apoio: No site da editora relatamos, com a devida correção, qualquer erro encontrado em nossos livros, bem como disponibilizamos arquivos de apoio se aplicáveis à obra em questão.

Acesse o site www.altabooks.com.br e procure pelo título do livro desejado para ter acesso às erratas, aos arquivos de apoio e/ou a outros conteúdos aplicáveis à obra.

Suporte Técnico: A obra é comercializada na forma em que está, sem direito a suporte técnico ou orientação pessoal/exclusiva ao leitor.

A editora não se responsabiliza pela manutenção, atualização e idioma dos sites referidos pelos autores nesta obra.

CIP-Brasil. Catalogação na fonte
Sindicato Nacional dos Editores de Livros, RJ

S329t   Scharmer, Claus Otto, 1961 -
       Teoria U : como liderar pela percepção e realização do futuro emergente / Otto Scharmer ; tradução Edson Furmankiewicz ; revisão técnica: Janine Saponara. – Rio de Janeiro : Alta Books, 2019.

       Tradução de: Theory U
       Contém glossário
       Inclui bibliografia
       ISBN 978-85-508-0720-1

       1 . Liderança. 2. Planejamento estratégico. 3. Administração de empresas. 4. Cultura organizacional. I. Título.

10-1562.   CDD: 658.406
                                                                 CDU: 658.011.4

Rua Viúva Cláudio, 291 — Bairro Industrial do Jacaré
CEP: 20970-031 — Rio de Janeiro - RJ
Tels.: (21) 3278-8069 / 3278-8419
www.altabooks.com.br — altabooks@altabooks.com.br
www.facebook.com/altabooks

Dedicado a
Katrin Käufer

O homem só conhece a si mesmo na medida em que conhece o mundo; ele se torna consciente de si mesmo somente dentro do mundo, e consciente do mundo somente dentro de si mesmo.

Cada objeto, bem contemplado, abre um novo órgão da percepção dentro de nós.

– Johann Wolfgang v. Goethe

Agradecimentos

"Papai, você nunca irá terminar esse livro?" Completei o primeiro esboço de *Teoria U* quando nossa filha de 9 anos, Hannah Magdalena, nasceu. Ela e seu irmão mais jovem, Johan Caspar, viveram com ele durante toda a vida. Nesse ínterim, eles produziram inúmeros "livros" escritos à mão, graciosamente lembrando-me do meu próprio projeto incompleto. Agora que ele está completo, meus primeiros e mais importantes agradecimentos são para Katrin e nossos filhos, Hannah e Johan Caspar, os quais, todos três, nunca perderam a esperança em mim durante os últimos 10 anos.

Quero expressar minha mais profunda estima a um círculo único de colegas e amigos com quem tive o privilégio de trabalhar nos últimos dois anos e que me ajudaram a perceber e esclarecer os vários elementos-chave da teoria delineada ao longo de todo este livro. Esse círculo inclui:

Joseph Jaworski, que cunhou a noção e a prática do sentir, e que me ensinou muitas coisas na jornada, incluindo o que leva um indivíduo a se conectar e operar a partir da fonte.

Peter Senge, que inspirou meu pensamento a respeito de uma visão mais profunda sobre os sistemas sociais, ou seja, que a verdadeira questão da mudança dos sistemas é a divisão entre matéria e mente que coletivamente colocamos em prática nos vários sistemas sociais. Peter estimulou-me a defender o termo *presencing*, embora tenha tido muito retorno negativo quando comecei a utilizá-lo pela primeira vez. Em meu trabalho conjunto com Joseph e Peter, refinamos e afiamos muitas das ideias centrais iniciais que são a base do processo U, conforme documentamos em nosso livro *Presença: propósito humano e o campo do futuro* (Editora Cultrix, 2007), que tem como coautora Betty Sue Flowers. O trabalho de Peter trouxe-me aos Estados Unidos, e sua parceria e amizade foram cruciais para o trabalho que levou a este livro.

Ikujiro Nonaka, que inspirou meu pensamento por seu trabalho sobre o *ba*, a palavra japonesa para "lugar", que representa a qualidade de um campo social no qual a divisão entre matéria e mente em nível coletivo não se aplica, e por sua contínua integração entre pensamento filosófico profundo e experiência em gestão de negócios (como exemplificado em seus conceitos de conhecimento tácito e fronese).* Jiro

---

*Nota da Editora: Fronese, do grego *phronesis*, significa a sabedoria prática, a prudência, o conhecimento imediato adquirido na ação e no emprego dos meios para se alcançar determinado fim.

apoiou meu trabalho por meio do encorajamento pessoal e pela nossa amizade de muitos anos.

Edgar Schein, que, com a vivência, ensinamento e personificação de sua filosofia de Consultoria de Processos, não só forneceu a espinha dorsal de todo meu trabalho de consultoria, mas também, particularmente pelos seus princípios da consultoria de processos, criou uma disciplina verdadeiramente precursora do processo U de *presencing* que continua a inspirar e influenciar meu trabalho.

Katrin Käufer, que tem sido uma grande parceira intelectual no processo de articulação da Teoria U e muito contribuiu para o esclarecimento dos conceitos centrais que são a base deste trabalho. Entre outras coisas, ela me fez reconhecer um significado mais profundo para um evento marcante na minha infância (a história do incêndio na casa de meus pais que relato no Capítulo 1) e como isso exemplifica os dois tipos de aprendizagem. Katrin também assumiu grande parte das responsabilidades de liderança em vários projetos de pesquisa que levaram à formação do Presencing Institute, o qual fundamos para funcionar como um veículo para investigar e desenvolver os alicerces do *presencing* e da condução de uma mudança profunda.

Ursula Versteegen, que foi minha colega em vários projetos significativos de transformação de sistemas com base no *presencing* e em programas de capacitação de lideranças e que codesenvolveu comigo a prática da escuta profunda e das entrevistas-diálogo.

Judith Flick e Martin Kalungu-Banda, que são meus colegas no uso da abordagem do processo U em um projeto de múltiplos *stakeholders* para combater o HIV/Aids na Zâmbia e aos quais devo boa parte de minha compreensão sobre a profunda inovação proporcionada por múltiplos *stakeholders* sob condições de desafios pandêmicos, esgotamentos sistêmicos e desintegração social.

Dayna Cunningham, que lidera e é cocriadora comigo e outros colegas do projeto ELIAS global e que me ajudou a compreender e refinar o uso do processo U no contexto da marginalidade e violência estrutural e cultural massiva.

Beth Jandernoa e o Circle of Seven, que são descritos nos Capítulos 10 e 11 em detalhes e a quem devo muito de minha compreensão sobre a dimensão coletiva de operar a partir da fonte – *presencing* – e quais práticas adotar para cultivar o espaço de propriedade coletiva. Eles praticam essa disciplina fielmente, e sou-lhes grato pelo apoio dado a mim e ao projeto desta obra nos dois últimos anos.

Charles e Elizabeth Handy, que sempre me encorajaram a continuar e sugeriram que eu utilizasse o termo "ponto cego" como frase-chave e como conceito âncora do livro.

Ken Wilber, que me fez perceber a distinção entre *estados* de consciência e *etapas* de desenvolvimento e sugeriu que os diferentes níveis do U coincidem com diferentes estados de consciência que ele descobriu em todas as culturas e tradições de sabedoria.

Nicanor Perlas, a quem devo o conceito da colaboração tripla e tripartite entre os três setores (negócios, governo e sociedade civil).

Ekkehard Kappler, a quem devo quase todas as minhas ideias e práticas sobre a universidade do futuro e que foi pioneiro no conceito do ensino superior como a "práxis da liberdade", em que estudar não significa "encher um barril", mas "acender uma chama".

Arthur Zajonc, a quem devo o aprofundamento de minha compreensão sobre o método científico goetheano e como ele se desenvolveu na obra de Rudolf Steiner e Francisco Varela.

Francisco Varela, a quem devo os três desdobramentos do núcleo do processo de conscientização: suspensão, redirecionamento e desapego (que marcam o lado esquerdo do U).

Eleanor Rosch, a quem devo o conceito de saber primário (como o tipo de conhecimento que surge da parte inferior do U) e a ideia de que "a ciência tem de ser realizada com a mente da sabedoria".

Johan Galtung, cujo conceito de ciência trilateral (integrando dados, teoria e valores) inspirou meu caminho rumo à pesquisa da ação e cuja análise global da violência direta, cultural e estrutural modelou meu pensamento sobre as questões sociais globais de hoje.

Bill Torbert, que me esclareceu o conceito de pensamento desenvolvimental em organizações e liderança, bem como sua abordagem da consultoria de ação integrando o conhecimento de primeira, segunda e terceira pessoas.

Seija Kulkki, a quem devo o encorajamento para mesclar minhas raízes intelectuais europeias e americanas, isto é, combinar o trabalho de pesquisa da ação prática (que só aprendi quando vim à Costa Leste dos Estados Unidos) com a investigação epistemológica profunda dos primeiros alicerces da ciência e da filosofia (que reflete as raízes intelectuais europeias na tradição da fenomenologia e da ciência goetheana).

Brian Arthur, que me ajudou a articular a versão de três passos do U: observar, observar, observar; retirar-se e refletir: permitir ao saber interior emergir; agir de imediato.

O mestre Nan Huai-Chin, a quem devo as sete etapas meditativas da liderança como uma articulação confuciana-budista-taoísta do U.

Fritjof Capra, a quem devo muitas das grandes ideias sobre a evolução da teoria dos sistemas e o pensamento sistêmico durante todo o século XX.

Bill Isaacs, com quem trabalhei durante os anos 1990 no Dialogue Project do MIT e cujo trabalho inspirou meu pensamento e o desenvolvimento do modelo de quatro quadrantes que está representado na Parte III do livro e que foi reestruturado posteriormente segundo os quatro diferentes níveis do U (Capítulo 17).

Sara Niese, Ralf Schneider, Ikujiro Nonaka e Arndt Zeitz, que ajudaram a refinar os conceitos e métodos em questão de maneira a torná-los acessíveis a públicos da alta gerência na DaimlerChrysler, Fujitsu e PricewaterhouseCoopers nos últimos cinco anos.

Adam Kahane, que me ajudou a refinar muitas das aplicações práticas da abordagem U para a mudança e que sugeriu referir-se ao estado profundo do *presencing* como "regeneração".

Steven Piersanti, que sugeriu o título do livro: *Teoria U*.

Tom Callanan e o Fetzer Institute, por financiarem os encontros que levaram à fundação do Presencing Institute.

Michael Jung, cujo sonho me ajudou a lançar o Global Dialogue Interview Project cerca de 11 anos atrás; isso criou o verdadeiro alicerce para toda a linha de pesquisa que está documentada neste livro – assim, sem Michael, provavelmente nada disso teria acontecido.

Também desejo expressar meu agradecimento às 150 pessoas entrevistadas do Global Dialogue Interview Project que se encontraram comigo e, na ocasião, com Joseph Jaworski, a fim de conversar sobre a questão mais profunda que é a base do trabalho delas. Muita inspiração surgiu dessas conversas, e elas muito influenciaram e formaram a linha de investigação que é apresentada neste livro.

Também agradeço a todos os meus colegas e amigos que comentaram os primeiros esboços do manuscrito. Embora eu assuma total responsabilidade por erros que ainda possam ser encontrados, muitas ideias e melhorias devem ser creditadas aos valiosos comentários que recebi dos revisores do manuscrito. Eles incluem (além dos indivíduos já mencionados): Arawana Hayashi, David Rome, Hinrich Mercker, Joel Yanowitz, John Heller, Margaret O'Bryon, Michael Milad, Ricardo Young, Sheryl Erickson, Tracy Huston, Tobias Scheytt, Claudia Mesiter-Scheytt, Andre Glavas, Claus Jakobs e Walther Dreher.

Fui abençoado por trabalhar com grandes editores que me ajudaram com o manuscrito: Nina Kruschwitz, que trabalhou em um primeiro esboço; Janet Mowery, que editou a segunda iteração; e Karen Speerstra, que modelou o esboço final e me ajudou a incorporar o feedback dos leitores listados.

Meus agradecimentos especiais vão também para Sherry Immediato, Nina Kruschwitz e Arthur Klebanoff, por conduzirem, gerenciarem e aconselharem o design e a produção da edição americana deste livro pela SoL Press.

Meus agradecimentos finais vão para minha colega Janice Spadafore, que orquestra e dirige toda a ecologia de projetos que têm surgido em torno do Presencing Institute, e cujo gênio organizacional funcionou como um fator oculto que permitiu a realização deste livro.

Obrigado a todos!

Cambridge, Massachusetts,
março de 2007

O Autor

O Dr. C. Otto Scharmer é conferencista sênior no Massachusetts Institute of Technology e diretor fundador do ELIAS (Emerging Leaders for Innovation Across Sectors), uma plataforma que reúne 20 instituições globais de liderança nos três setores, negócios, governo e sociedade civil, para prototipar inovações de sistema profundas para um mundo mais sustentável. Também é professor visitante no Centro de Pesquisa de Conhecimento e Inovação, da Faculdade de Economia de Helsinque, e diretor-fundador do Presencing Institute, um laboratório vivo para criar tecnologias sociais que facilitem inovações profundas e mudanças sistêmicas. Scharmer prestou consultoria a companhias globais, instituições internacionais e iniciativas de mudança transetoriais na América do Norte, Europa, Ásia e África. Ele coprojetou e ministrou programas de liderança premiados a organizações clientes, incluindo DaimlerChrysler, PricewaterhouseCoopers e Fujitsu.

Scharmer introduziu a estrutura teórica e prática chamada *presencing* em *Teoria U*, em artigos e em seu livro anterior *Presença: Propósito humano e o campo do futuro* (2005), em coautoria com Peter Senge, Joseph Jaworski e Betty Sue Flowers. Para mais informações sobre Scharmer e seu trabalho, visite www.ottoscharmer.com; e sobre o Presencing Institute: www.presencing.com.

As organizações

O Presencing Institute

O Presencing Institute tem como foco o desenvolvimento e o avanço da tecnologia do *presencing* social, um conjunto de práticas e ferramentas para conduzir coletivamente inovações e mudanças profundas. O Presencing Institute está localizado em Cambridge, Massachusetts. O Presencing Institute está preparando os alicerces para cocriar "uma universidade de pesquisa da ação global" que integre as ciências, a consciência e a mudança social profunda. Mais informações podem ser encontradas em www.presencing.org.

A Society for Organizational Learning

A SoL, Society for Organizational Learning (Sociedade para a Aprendizagem Organizacional), é uma organização de adesão global sem fins lucrativos que conecta pesquisadores, organizações e consultores para criar e implementar o conhecimento para a inovação e a mudança fundamentais. Fundada em 1997, como um prolongamento do Center for Organizational Learning Center do MIT, os membros da organização participam de vários fóruns e oportunidades de aprendizagem que estendam sua capacidade de realização inspirada e produção de resultados coletivamente que não poderiam ocorrer sozinhos. Mais informações sobre projetos, recursos, adesão e outras publicações da SoL podem ser encontradas em www.solonline.org.

Prefácio

PETER M. SENGE

Um mentor meu de longa data disse, certa vez, que a maior de todas as invenções humanas é o processo criativo, a capacidade de criarmos novas realidades. A compreensão do processo criativo é a base do domínio genuíno em todos os campos. Esse conhecimento está profundamente incorporado nas artes criativas e, embora raramente mencionado, define aqueles momentos "em que há magia no ar", no teatro, na música, na dança e nos esportes. Ele permeia o misterioso estado de entrega por meio do qual, nas palavras de Michelangelo, o escultor "liberta do mármore a mão que ele faz prisioneira", ou, como disse Picasso, "a mente alcança a cristalização de seu sonho". Ele não desempenha papel menor na ciência; como disse o economista W. Brian Arthur: "Todas as grandes descobertas se baseiam em uma profunda jornada interior." Em oposição a esse pano de fundo do conhecimento profundamente compartilhado, mas basicamente esotérico, Otto Scharmer sugere que a chave para enfrentar as várias crises que se desdobram atualmente – e a futura jornada do desenvolvimento humano – está em aprender a acessar coletivamente essa fonte de maestria.

Duas estratégias predominantes caracterizam reações aos colapsos ambientais e sociais que se revelam evidentes nas mudanças climáticas, na paralisia política e na corrupção, que espalham a pobreza, e à falência de instituições convencionais de ensino, assistência médica, governos e os negócios: "contemporizar" e "resistir". Contemporizar é a estratégia que caracteriza a maioria de nós nos países ricos do Hemisfério Norte. Ela adota uma combinação de esforço em manter o *status quo* com uma fascinação quase hipnótica por tecnologias novas e maravilhosas que, como se acredita, resolverão nossos problemas. Resistir, como é evidente nos protestos de milhões de pessoas no mundo inteiro contra a visão da globalização do "Consenso de Washington", combina desejo por uma ordem social e moral mais urgente com a revolta por ter perdido o controle sobre nosso futuro.

Mas além das diferenças superficiais, as duas estratégias e seus adeptos não são tão diferentes como poderiam parecer à primeira vista. Muitos – talvez a maioria – dos "contemporizadores" compartilham um mal-estar generalizado. Isso é evidente na ansiedade com relação ao futuro, no crescente descontentamento e desconfiança em relação a praticamente todas as instituições sociais e na rejeição ao discurso público e ao engajamento cívico. Mesmo aqueles que pouco se expressem a respeito disso sentem que existe profundo desequilíbrio no processo de industrialização global e que eles ameaçam piorar. Mas é pouco provável que algo possa ser feito, daí "continuarmos continuando". Talvez a maior ironia seja que até os mais ardentes otimistas tecnológicos sentem que, no fundo, o curso do desenvolvimento da tecnologia define-se sozinho e que há pouco a fazer a respeito. Da mesma forma, muitos dos que resistem compartilham sentimentos fatalistas semelhantes de tentar deter forças imutáveis, conforme evidenciado pela fúria e violência de suas ações. Como um querido amigo e reconhecido líder do movimento ambientalista recentemente confidenciou, "estou me convencendo de que muitos dos mais agressivos ambientalistas acreditam que a espécie humana é uma aberração da natureza e não merece sobreviver". Por fim, ambas as estratégias são ancoradas no passado: os defensores do futuro baseado no *status quo* basicamente extrapolam o que consideram tendências positivas do passado; os oponentes lutam contra essas tendências.

A Teoria U, de Otto Scharmer, personifica uma terceira visão, uma teoria que acredito estar crescendo em todo o mundo. Essa visão sustenta que o futuro será, inevitavelmente, muito diferente do passado, simplesmente porque as tendências predominantes que formaram o desenvolvimento industrial global não têm como ser mantidas. Não é possível continuar a concentrar riqueza em um mundo de crescente interdependência. Não podemos continuar a expandir o modelo industrial "explore, consuma e jogue fora" em um mundo em que há cada vez menos lugar para lançar nossos resíduos e nosso lixo tóxico. Não podemos continuar a lançar mais carbono na atmosfera, agora que a concentração de gás carbônico já é 30% maior que em qualquer época nos últimos 450 mil anos e as emissões de dióxido de carbono já estão ocorrendo a uma taxa três a cinco vezes maior do que a taxa que essa substância é retirada da atmosfera. Em segundo lugar, de acordo com essa visão, somos capazes de alterar as tendências dominantes da era industrial. Essas tendências se baseiam não em leis da física, mas em hábitos humanos, especialmente hábitos em grande escala. Com o tempo, essas formas habituais de pensar e agir se incorporaram nas estruturas sociais que desenvolvemos, mas estruturas sociais alternativas também podem ser criadas. Realizar as mudanças necessárias significa nada menos que "criar o mundo de novo", com base em uma visão radicalmente diferente, como você verá a seguir, de nossa capacidade coletiva de, como Martin Buber exprimiu, "ouvir o sentido de nossa jornada neste mundo (...) para realizá-la como o próprio mundo deseja".

Como amigo e parceiro de Otto Scharmer por mais de dez anos no desenvolvimento desse trabalho, e assim como muitos de nossos colegas, vinha aguardando ansiosamente este livro. Sem dúvida, consideramos Otto o primeiro teórico da "metodologia U". Além disso, sua extensa experiência prática, especialmente em projetos de mudanças sistêmicas de longo prazo, confere-lhe profundidade única na compreensão dos desafios e possibilidades da aplicação da metodologia.

Aqueles de nós comprometidos com esse trabalho também acabam reconhecendo que leva tempo entender e ganhar proficiência como praticante da metodologia U. Acho que o aprendizado começa com uma séria reflexão sobre algumas ideias básicas, e acredito que este livro ajudará muito nisso.

Em primeiro lugar, em todo cenário, desde equipes de trabalho, organizações, até sistemas sociais maiores, há muito mais acontecendo do que parece. Muitos de nós já conhecemos de primeira mão a empolgação e a energia de uma equipe que está profundamente comprometida com seu trabalho, no qual existe confiança, abertura e generalizada sensação de possibilidade. Por outro lado, também vemos o contrário: contextos em que o medo e a desconfiança predominam, e cada afirmação tem conotações densamente políticas, defendendo a posição de uns ou atacando a de outros. Scharmer chama isso de "campo social" e tem, em minha opinião, insights únicos sobre como ele surge e pode se desenvolver.

Lamentavelmente, na maioria das vezes, esse campo não se desenvolve. O campo social da maioria das famílias, equipes, organizações e sociedades permanece basicamente inalterado porque nosso nível de atenção o torna invisível. Não entendemos as forças sutis que vão sendo criadas, o que acontece porque estamos ocupados demais reagindo a essas forças. Vemos problemas, então fazemos o *"download"*, isto é, recuperamos nossos modelos mentais estabelecidos tanto para definir os problemas como para encontrar soluções. Por exemplo, quando ouvimos, em geral ouvimos muito pouco além daquilo que já ouvimos antes. "Lá vai ela de novo", grita a voz em nossa mente. Desse ponto em diante, ouvimos seletivamente apenas o que reconhecemos, interpretamos o que ouvimos considerando nossas antigas visões e sensações, e tiramos conclusões muito semelhantes àquelas que já havíamos tirado antes. Contanto que esse nível de escuta prevaleça, as ações tendem a conservar o *status quo*, embora os atores possam adotar sinceramente a intenção de mudar. Os esforços de mudança que resultam desse nível de atenção costumam se concentrar em mudar "os outros" ou "o sistema" ou se concentrar na "implementação" de um "processo de mudança predeterminado" ou em se fixar em algum outro objeto externalizado – raramente em como o "eu" e o "nós" devem mudar para possibilitar uma mudança no sistema mais amplo.

Quando a "estrutura de atenção" se aprofunda, o processo de mudança decorrente também se aprofunda. Aqui Scharmer identifica três níveis de consciência mais profundos e a dinâmica relacionada da mudança. "Ver como vemos", por assim dizer, requer inteligência da *mente aberta, coração aberto* e *vontade aberta*.

A primeira abertura surge quando as pessoas realmente começam a reconhecer as próprias premissas tidas como certas e a ouvir e ver coisas que antes não eram evidentes. Esse é o começo de todo aprendizado verdadeiro e a chave, por exemplo, para um negócio tentar decifrar mudanças significativas em seu ambiente.

Ainda assim, o reconhecimento de algo novo não resulta necessariamente em agir de forma diferente. Para isso acontecer, precisamos de um nível de atenção mais profundo, um nível que permita que as pessoas saiam de sua experiência tradicional e *sintam* realmente além da mente. Por exemplo, inúmeros negócios não conseguiram mudar em resposta a mudanças em seu ambiente embora reconheçam tais mudanças intelectualmente. Por quê? Como Arie de Geus, autor e ex-coordenador de planejamento da Royal Dutch Shell, diz: "Os sinais de uma nova realidade simplesmente não puderam penetrar no imune sistema corporativo." Inversamente, quando as pessoas, vivendo em uma realidade em constante mudança, começam a "ver" o que não era visto antes *e* ver a *própria parte* em manter o velho e em inibir ou negar o novo, os muros começam a desmoronar. Isso pode acontecer em uma empresa ou um país. Por exemplo, na minha experiência, esse ver mais profundo começou a ocorrer amplamente na África do Sul, a partir de meados da década de 1980, e está acontecendo em muitas partes do mundo hoje. Isso requer que pessoas de muitas e diversas partes de uma sociedade, incluindo muitas dentro do grupo que estabelece o poder governamental, "despertem" para as ameaças que enfrentam se o futuro mantiver as tendências do passado. Na África do Sul, um número suficientemente grande de pessoas começou a ver que o país não teria futuro algum se o *apartheid* continuasse em vigor e que elas faziam parte desse sistema.

Quando esse tipo de despertar começa a acontecer, é crucial que as pessoas também "vejam" que o futuro pode ser diferente, para que não fiquem paralisadas pela nova consciência ou reajam de modo que ainda conserve a essência do antigo sistema. Com esse "ver no futuro", não quero dizer que elas sejam convencidas intelectualmente de que algo pode mudar. Todos nós sabemos o que significa concordar e logo voltar a fazer o que sempre fizemos. Significa, na verdade, que é possível revelar um terceiro nível de "ver" que desbloqueia nossos níveis mais profundos de compromisso. Dentre as três mudanças, essa *vontade aberta* é a mais difícil de explicar em termos abstratos, mas pode ser poderosa e óbvia em termos concretos. Para os sul-africanos 20 anos atrás, acredito que isso se deu pelo fato de brancos e negros descobrirem seu amor pelo país – não pelo governo ou sistemas estabelecidos, mas pelo *próprio país*. Primeiro, ouvi isso expresso em muitas conversas com sul-africanos brancos, que, para minha surpresa, declararam ser "africanos", que se sentiam profundamente conectados à terra, ao lugar e às pessoas de seu país. Essa profunda conexão com o lugar também existia para a maioria dos sul-africanos negros, apesar de sua opressão. Realmente acredito que a nova África do Sul foi forjada por essa conexão comum, esse profundo senso de que era quase um dever sagrado criar um país que pudesse sobreviver e vencer no futuro – e só juntos isso poderia ser feito.

A vontade aberta muitas vezes se manifesta no sentido de que "isso é algo que eu (ou nós) devo(emos) fazer, embora o 'como' fazer isso possa estar longe de ser claro". Muitas vezes, ouvi pessoas dizerem, "isso é algo que não posso fazer". Como diz nosso colega Joseph Jaworski, "nós nos rendemos" a esse tipo de compromisso. Isso é semelhante ao que os outros denominaram "reconhecer um chamado", embora muitas vezes eu tenha ouvido pessoas falarem disso sem a compreensão paralela da mente e do coração abertos. Quando a resposta a um "chamado" não vem combinada com a contínua abertura da mente e do coração, o compromisso facilmente se torna uma obsessão fanática e o processo criativo torna-se um distorcido exercício de força de vontade. Um recurso-chave da Teoria U é a conexão das três aberturas – mente, coração e vontade – como um todo inseparável.

Quando ocorrem os três níveis de abertura, há uma mudança profunda na natureza do aprendizado. Praticamente todas as teorias da aprendizagem conhecidas se concentram em aprender a partir do passado: como podemos aprender a partir do que já aconteceu. Embora esse tipo de aprendizagem seja sempre importante, não é suficiente quando estamos avançando para um futuro que é profundamente diferente do passado. Então, um segundo tipo de aprendizagem, muito menos reconhecido, deve entrar em cena. Isso é o que Scharmer chama de "aprender com o futuro à medida que ele emerge". Aprender com o futuro é essencial para a inovação. Aprender com o futuro envolve intuição. Envolve abraçar altos níveis de ambiguidade, incerteza e aceitação de falhas. Envolve se abrir ao inimaginável e às vezes tentar fazer o impossível. Mas os medos e os riscos são equilibrados pelo sentimento de que somos parte de algo importante que está emergindo e de que isso realmente fará diferença.

Por fim, a teoria e a metodologia do U têm muito a dizer sobre a natureza da liderança, especialmente a liderança em tempos de grande turbulência e mudança sistêmica. Essa liderança vem de todos os níveis, não só do "topo", porque a inovação significativa diz respeito a *fazer* coisas diferentemente, não só *falar* sobre novas ideias. Essa liderança nasce de pessoas e grupos que são capazes de se desapegar de ideias estabelecidas, práticas e até mesmo de identidades. Acima de tudo, essa liderança ocorre quando as pessoas começam a se conectar profundamente com quem realmente são e com seu papel, tanto na criação daquilo que está emergindo como na realização de um futuro que incorpora aquilo com o que mais profundamente se importam.

Embora essas ideias sejam elementos cruciais da Teoria U, o que é especialmente importante é que não são apenas teoria. Elas surgiram da vasta experiência prática com a metodologia U. Por todos os capítulos a seguir, são tecidas histórias e reflexões sobre iniciativas de mudança de longo prazo em negócios, assistência médica e educação. Por exemplo, o maior projeto de mudança sistêmica que já vi, o Sustainable Food Laboratory (Food Lab), envolve hoje mais de 50 negócios e organizações não governamentais e governamentais que trabalham juntas para tratar das forças que levam os sistemas globais de produção de alimentos a uma "corrida ao fundo do poço"* e criar protótipos de sistemas alter-

---

*Nota do Tradutor: Fenômeno teórico que ocorre quando a competição entre nações ou Estados (por capital de investimento, por exemplo) leva à desmontagem progressiva dos padrões reguladores. Essa teoria sustenta que a redução de regulamentações, políticas de bem-estar social, impostos e barreiras comerciais aumentará a pobreza e guiará os pobres às poucas áreas restantes que mantêm proteções. No fim, esta teoria argumenta que isso forçará os Estados restantes a derrubar suas proteções para sobreviver. O termo só se aplica a casos em que essa competição termina em resultados negativos para todos os envolvidos e é utilizado às vezes em um contexto pejorativo pelos que são contra a globalização e apoiam empresas baseadas no "comércio justo".

nativos e sustentáveis de produção de alimentos. Você também encontrará aqui outros exemplos que abrangem inovação na assistência médica, na educação e nos negócios. Embora a experiência prática na implementação da Teoria U esteja ainda em seu estágio inicial, tais projetos demonstram com clareza que esses princípios podem ser traduzidos em prática e que, quando isso é feito, revelam capacidades imensas para mudar sistemas sociais que, para muitos, pareciam imutáveis.

Há muitas iniciativas de mudança sistêmica encorajadoras no mundo de hoje. Apesar disso, o que está amplamente ausente é o modo de despertar a capacidade de desenvolver a inteligência coletiva por meio de diversos cenários e envolver diversas organizações e atores, especialmente no contexto de enfrentar desafios propostos por diversos setores e diversos *stakeholders*.* O que você faz quando confrontado com um problema assim? A Teoria U sugere que o procedimento básico para mudar campos sociais é o mesmo por todos os níveis, desde equipes e organizações e sistemas sociais mais amplos até sistemas globais – estabelecido em um resumo de 24 princípios e práticas no último capítulo deste livro. Vejo isso tudo não como a "palavra final", mas como um extraordinário protocolo para engajar muitos de nós que são ativos na construção de uma tecnologia social para verdadeiras lideranças.

Por fim, uma palavra ao leitor. Este é um livro excepcional porque expõe a teoria e o método em proporções iguais. Embora muitos livros acadêmicos exponham teorias, costumam representar o pensamento de autores, não sua experiência vivida. Por outro lado, a maioria dos livros de gestão está repleta de supostas ideias práticas, mas há muito pouco sobre a origem dessas ideias – ao que parece, presume-se que as pessoas mais práticas estão ocupadas demais resolvendo problemas para se interessar de fato em refletir seriamente. Nas páginas que se seguem, Otto Scharmer compartilha sua autobiografia conosco. E seus pontos cegos. Ele nos estimula a ver os problemas que cada um de nós enfrenta, e aprender a reconhecer que eles resultam de pontos cegos sistemáticos em nosso pensamento e modos de fazer coisas. Quando esse for o caso, novas ferramentas e técnicas aplicadas de dentro dos mesmos modelos mentais e modos de operar provavelmente não produzirão uma mudança muito verdadeira. Como ele ilustra, todos nós precisamos de caminhos alternativos para seguir adiante, e o modelo U é um deles.

Integrar a teoria e o método impõe verdadeiras demandas ao leitor, e isso, sem dúvida, é a razão pela qual esses livros são raros. Eles exigem estarmos tanto abertos a uma jornada intelectual desafiadora como dispostos a desenvolver um

---

**Nota da Revisão Técnica*: Termo comumente utilizado em inglês. Refere-se a todos os envolvidos num processo, como, por exemplo, clientes, colaboradores, investidores, fornecedores, membros de uma comunidade, nações etc.

entendimento crítico baseado em testar as ideias na prática. Muitos livros continuam a "recuperação" – o *downloading* de premissas e crenças não examinadas, até mesmo nos desafiando intelectualmente com novas ideias. A questão é sempre uma questão de prática – do fazer, não só do pensar. Portanto, considere-se avisado. Para se beneficiar realmente deste livro sobre a Teoria U, você deve estar preparado para empreender *sua própria jornada* do sentir, do *presencing** e do concretizar.

Nesse sentido, este é um livro para aqueles a quem meu colega do MIT, Donald Schön, chamou de "profissionais reflexivos", gerentes, diretores, líderes de equipe, funcionários do governo e líderes comunitários que estão comprometidos demais com resultados práticos e insatisfeitos com sua capacidade atual de se apoiar em antigos hábitos; pessoas pragmáticas e comprometidas que estão abertas para desafiar suas próprias premissas e a ouvir sua voz interior mais profunda. Pois é apenas por meio desse ouvir que liberaremos nossa capacidade coletiva de recriar o mundo.

**Nota da Revisão Técnica:* Na tradução deste livro, optamos por manter o termo *presencing* em inglês, por seu significado ser a soma de *presence* (presença) + *sensing* (sentir), adição que, em português, não teria o mesmo significado e força. Ver Glossário.

Sumário

Introdução — 1

Parte I Enfrentando nosso ponto cego

Capítulo 1 Enfrentando o fogo — 19

Capítulo 2 A jornada ao "U" — 21

Capítulo 3 Aprendizagem e mudança quádrupla — 38

Capítulo 4 Complexidade organizacional — 45

Capítulo 5 Mudanças na sociedade — 63

Capítulo 6 Fundamentos filosóficos — 82

Capítulo 7 No limiar — 86

Parte II Entrando no campo U

Capítulo 8 Recuperação — 93

Capítulo 9 Visão — 101

Capítulo 10 Sentir — 113

Capítulo 11 *Presencing* — 128

Capítulo 12 Cristalizar — 150

Capítulo 13 Prototipar — 159

Capítulo 14 Atuar — 168

Parte III *Presencing:* uma tecnologia social para conduzir inovação e mudanças profundas

Capítulo 15	A gramática do campo social	181
Capítulo 16	Ações individuais	205
Capítulo 17	Ações conversacionais	213
Capítulo 18	Ações organizacionais	236
Capítulo 19	Ações globais	256
Capítulo 20	Captando a criação da realidade social em voo	277
Capítulo 21	Princípios e práticas do *presencing* para conduzir inovação e mudança profundas	295
Epílogo	Nascimento de uma escola de *presencing*-em-ação global	345
Glossário		360
Notas		365
Bibliografia		374
Índice		386

Introdução

• Enfrentando a crise e o chamado da atualidade • O ponto cego •
Entrando no campo • O ponto arquimediano • Mudando a estrutura de
nossa atenção • Teoria U: liderando a partir da mais alta possibilidade futura •
Uma nova ciência • Nossa jornada de campo: este livro

Vivemos em uma era de intenso conflito e generalizadas falhas institucionais, uma época de desfechos dolorosos e inícios promissores. Como se algo profundo estivesse se transformando e morrendo, enquanto alguma outra coisa, como diz o dramaturgo e presidente tcheco, Václav Havel, quisesse nascer: "Acho que há boas razões para sugerir que a idade moderna tenha acabado. Hoje em dia, muitas coisas indicam que estamos atravessando um período de transição, quando parece que algo está desaparecendo e outra coisa está dolorosamente nascendo. É como se algo estivesse desmoronando, se deteriorando, se esgotando, enquanto outra coisa, ainda indistinta, estivesse nascendo dos escombros."[1]

Enfrentando a crise e o chamado da atualidade

Como nossa fina crosta de ordem e estabilidade pode ir pelos ares a qualquer momento, esta é a hora de fazermos uma pausa e nos conscientizarmos do que se ergue dos escombros.

A crise do nosso tempo não é só a crise de um líder, organização, país ou conflito isolado. A crise do nosso tempo revela a morte de uma antiga estrutura social e maneira de pensar, um velho modo de institucionalizar e colocar em prática formas sociais coletivas.

Profissionais da linha de frente – gerentes, professores, enfermeiras, médicos, trabalhadores, prefeitos, empresários, agricultores e líderes de negócios e governamentais – compartilham um senso da realidade atual. Eles podem sentir a exigência de uma carga de trabalho cada vez maior e a pressão de fazer ainda mais. Muitos descrevem isso como correr em uma esteira ou correr dentro da roda de uma gaiola de hamster.

Recentemente, participei de um workshop sobre liderança com uma centena de líderes de uma conhecida empresa listada na revista *Fortune 500*. O palestrante antes de mim fez uma grande abertura. Ele nos lembrou de que apenas 20 anos atrás tínhamos discussões sérias sobre o que deveríamos fazer com todo o *tempo extra* que em breve ganharíamos com o uso das novas tecnologias de comunicação. De repente, uma gargalhada tomou conta da sala. Uma gargalhada dolorosa – pois a realidade é muito diferente.

À medida que percebemos o aumento de nossas pressões e a perda de nossa liberdade, atravessamos a rua para ver que, do outro lado do mesmo sistema, há bilhões de pessoas que nasceram e cresceram em condições nas quais nunca terão qualquer chance de participar do nosso sistema socioeconômico global de modo significativo e razoável. Uma das principais questões é, e continua sendo, que nosso sistema global atual serve apenas a uma pequena elite, enquanto, em muitas partes do mundo, a grande maioria da população nem tem acesso a ele. Todos já conhecemos os números e fatos básicos que provam esse ponto:

- Criamos uma próspera economia global que ainda deixa 850 milhões de pessoas passando fome e 3 bilhões vivendo na pobreza (com menos de US$2 por dia). Os pobres do mundo – cerca de 80% da humanidade – vivem com 15% do PNB total do mundo.[2]
- Investimos recursos significativos em sistemas agrícolas e de produção de alimentos apenas para criar a produção em massa e não sustentável de *junk food* de baixa qualidade nutritiva, que polui tanto nosso corpo como nosso ambiente, resultando na degradação do solo arável de um território tão grande quanto a Índia (o equivalente a 21% do solo arável atual no mundo).[3]
- Gastamos enormes recursos em sistemas de assistência médica que simplesmente remediam sintomas e são incapazes de tratar das causas da saúde e da doença em nossa sociedade. Nossos resultados na área da saúde não são nem um pouco melhores do que os de muitas sociedades que gastam muito menos.
- Também injetamos quantias consideráveis de dinheiro em sistemas educacionais, mas não fomos capazes de criar escolas e instituições de ensino superior que desenvolvam a capacidade inata das pessoas de sentir e desenvolver seu futuro, o que vejo como a mais importante capacidade básica para o conhecimento e a economia de cocriação deste século.
- Apesar da alarmante evidência científica e experimental de uma mudança climática acelerada, nós, como um sistema global, continuamos a operar da antiga maneira – como se nada tivesse acontecido.
- Mais da metade das crianças do mundo hoje sofre condições de privação, como pobreza, guerra e HIV/Aids.[4] Como resultado, 40 mil crianças morrem de doenças evitáveis *por dia*.

Em todos os setores, criamos coletivamente resultados (e efeitos colaterais) que ninguém deseja. Mesmo assim, os principais tomadores de decisão não se sentem capazes de redirecionar esse curso de eventos de qualquer maneira significativa. Eles se sentem tão impotentes como o restante de nós no que muitas vezes parece ser uma corrida para o fundo do poço. O mesmo problema afeta nossa generalizada falha institucional: ainda não aprendemos a moldar, dirigir e transformar nossos padrões coletivos de pensamento, discurso e institucionalização de vários séculos para que se adaptem à realidade de hoje.

As estruturas sociais que vemos em declínio e desintegração – local, regional e globalmente – são exploradas em duas fontes diferentes: estruturas ou formas de pensar e operar *tradicionais* pré-modernas e industriais *modernas*. Ambas foram bem-sucedidas no passado. Mas, na era atual, cada uma se desintegra e se esfacela.

O surgimento de movimentos fundamentalistas tanto nos países ocidentais como nos não ocidentais é um sintoma desse processo de desintegração e transformação mais profundo. Os fundamentalistas dizem: "Olha, esse materialismo ocidental moderno não funciona. Ele tira nossa dignidade, nosso sustento e nossa alma. Portanto, vamos voltar para a antiga ordem."

Essa reação é compreensível, uma vez que se relaciona a duas características definidoras principais da decadência social atual que o pesquisador de paz Johan Galtung chama de *anomia*, a perda de normas e valores, e *atomia*, o esgotamento das estruturas sociais.[5] A resultante perda de cultura e estrutura leva a explosões de violência, ódio, terrorismo e guerra civil, com catástrofes naturais parcialmente autoinfligidas tanto no hemisfério sul como no norte. É, como Václav Havel exprimiu, como se algo estivesse se deteriorando e se esgotando a si próprio.

O que, então, está *surgindo* dos escombros? Como podemos enfrentar essas mudanças? O que vejo surgindo é uma nova forma de presença e poder que começa a crescer espontaneamente a partir e por meio de pequenos grupos e redes de pessoas. É uma qualidade de conexão diferente, um modo diferente de estar presente uns com os outros e com o que quer emergir. Quando os grupos começam a operar a partir de uma possibilidade futura real, começam a perceber um campo social diferente daquele que normalmente experimentam. Ele se manifesta por uma mudança na qualidade de pensamento, diálogo e ação coletiva. Quando essa mudança acontece, as pessoas podem se conectar com uma fonte mais profunda de criatividade e conhecimento e ir além dos padrões do passado. Elas avançam em seu verdadeiro poder, o poder de seu verdadeiro eu. Chamo essa mudança de mudança *no campo social* porque esse termo indica a totalidade e o tipo de conexões pelas quais os participantes de um dado sistema se relacionam, se comunicam, pensam e agem.

Quando um grupo é bem-sucedido em operar nessa zona uma vez, é mais fácil fazer isso uma segunda vez. É como se uma conexão ou vínculo comunal invisível, mas permanente, tivesse sido criado. Essa conexão tende a permanecer mesmo quando novos membros são adicionados ao grupo. Os capítulos a seguir explicam o que acontece quando há modificações desse tipo e como a mudança então se manifesta de modos significativamente diferentes.

A modificação de um campo social é mais que um momento memorável. Quando acontece, tende a levar a resultados que incluem maior nível de energia e consciência individual, um aprofundamento mantido da autenticidade e da presença pessoal, um claro senso de direção, bem como realizações profissionais e pessoais significativas.

À medida que o debate sobre a crise e o chamado do nosso tempo começa a se desdobrar, defensores de três posições distintas podem ser ouvidos:

1. Ativistas do retromovimento: "Vamos voltar para a antiga ordem." Alguns retromovimentos têm uma tendência fundamentalista, mas nem todos. Em geral, essa posição vem com o *revival* de uma velha forma de religião e espiritualidade baseada na fé.
2. Defensores do *status quo*: "Simplesmente continue. Concentre-se em fazer o mesmo adiando soluções, ou seja, a solução contemporizadora. A velha mesmice." Essa posição se baseia na principal corrente do materialismo científico contemporâneo.
3. Defensores da mudança transformacional individual e coletiva: "Não há um modo de quebrar os padrões do passado e sintonizar-nos com nossa mais alta possibilidade futura – e começar a operar a partir desse lugar?"

Pessoalmente, acredito que a situação global atual deseja uma mudança do terceiro tipo, que, de muitos modos, já está em formação. Precisamos nos desapegar do velho corpo do comportamento coletivo institucionalizado, a fim de encontrar e nos conectar com a presença de nossa futura possibilidade mais elevada.

O objetivo deste livro, e da pesquisa e das ações que levaram a ele, é delinear uma tecnologia social da mudança transformacional que permitirá aos líderes em todos os segmentos da sociedade, inclusive em nossa vida individual, a superar os desafios existentes. Para enfrentar uma emergência, em geral líderes precisam aprender a operar a partir do futuro mais alto possível, em vez de se prenderem a padrões de nossas antigas experiências. A propósito, quando emprego a palavra "líder", refiro-me a todas as pessoas envolvidas em mudar ou desenvolver seu futuro, apesar de suas posições formais nas estruturas institucionais. Este livro é escrito para líderes e ativistas em corporações, governos, organizações sem fins lucrativos e comunidades. Muitas vezes me surpreendo com a maneira como criadores e profissionais experientes operam a partir de um processo mais profundo, que chamo de "Processo U". Esse processo nos leva a uma possibilidade emergente e permite-nos operar *a partir* desse estado alterado, e não simplesmente refletirmos sobre as experiências passadas e reagir a elas. Mas, para fazer isso, precisamos nos tornar conscientes de um profundo ponto cego na liderança e na vida cotidiana.

O ponto cego

O ponto cego é o lugar dentro ou em torno de nós no qual nossa atenção e intenção se originam. É o lugar a partir do qual operamos quando fazemos algo. A razão de ele ser *cego* é que é uma dimensão invisível do nosso campo social, da nossa experiência diária nas interações sociais.

Essa dimensão invisível do campo social diz respeito às fontes a partir das quais um dado campo social surge e se manifesta. Pode ser comparada com a maneira como enxergamos o trabalho de um artista. Pelo menos três perspectivas são possíveis:

- Podemos nos concentrar na *coisa* que resulta do processo criativo; digamos, uma pintura.
- Podemos nos concentrar no *processo* da pintura.
- Ou podemos observar o artista quando ele fica na frente de uma *tela em branco*.

Em outras palavras, podemos ver a obra de arte *depois* de criada (a coisa), *durante* sua criação (o processo) ou *antes* de a criação iniciar (a tela em branco ou dimensão de fonte).

Se aplicarmos essa analogia do artista com a liderança, podemos ver o trabalho do líder a partir de três ângulos diferentes. Em primeiro lugar, podemos ver o que os líderes fazem. Toneladas de livros foram escritas a partir desse ponto de vista. Em segundo lugar, podemos ver o *como*, os processos que os líderes utilizam. Essa é a perspectiva que temos utilizado em gestão e pesquisa de liderança nos últimos 15 ou 20 anos. Analisamos todos os aspectos e áreas funcionais do trabalho de gerentes e líderes a partir do ponto de vista do processo. Numerosos insights úteis resultaram dessa linha de trabalho. Apesar disso, nunca olhamos atenta e sistematicamente o trabalho dos líderes a partir da terceira perspectiva, ou tela em branco. A pergunta não feita que deixamos é: "De que fontes os líderes estão operando de fato?"

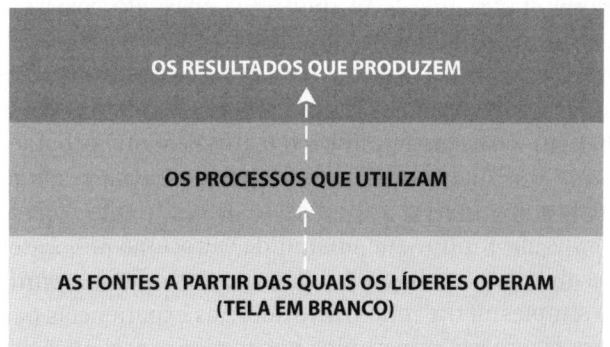

FIGURA 1.1 Três perspectivas no trabalho do líder

Primeiro comecei a reparar esse ponto cego ao falar com o último CEO da Hanover Insurance, Bill O'Brien. Ele me disse que seu maior insight depois de anos administrando projetos de aprendizagem organizacional e facilitando mudanças corporativas é que o sucesso de uma intervenção depende do *estado interior* de quem intervém.

Essa observação me pareceu familiar. Bill me ajudou a entender que o que conta não é só *o que* os líderes fazem e *como* fazem, mas seu "estado interior", o lugar interior a partir do qual operam ou a *fonte* a partir da qual todas as suas ações se originam.

O ponto cego em questão aqui é um fator fundamental na liderança e nas ciências sociais. Ele também afeta nossa experiência social diária. No processo de conduzir diariamente nosso negócio e vida social, em geral, estamos bem conscientes sobre o que fazemos e *o que* os outros fazem; também sabemos um pouco sobre *como* fazemos coisas, os processos que utilizamos e que os outros utilizam ao atuar. Mesmo assim, se tivéssemos de perguntar "De que fonte vem nossa ação?", a maioria de nós seria incapaz de responder. Não podemos ver a *fonte a partir* da qual operamos; não estamos conscientes do lugar a partir do qual se originam nossa atenção e intenção.

Tendo passado os últimos 10 anos da minha carreira profissional no campo da aprendizagem organizacional, meu insight mais importante foi o de que há *duas fontes diferentes* de aprendizagem: aprender a partir das experiências do *passado* e aprender a partir *do futuro* à medida que ele emerge. O primeiro tipo de aprendizagem, aprender com o passado, é bem conhecido e desenvolvido. É a base de todas as nossas principais metodologias de aprendizagem, melhores práticas e abordagens da aprendizagem organizacional.[6] Em contrapartida, o segundo tipo de aprendizagem, aprender com o futuro à medida que ele emerge, é, em geral, ainda desconhecido.

As várias pessoas às quais propus a ideia de uma segunda fonte de aprendizagem a consideraram equivocada. O *único* modo de aprender, argumentaram, é com o passado. "Otto, não é possível aprender com o futuro. Não desperdice seu tempo!" Mas, ao trabalhar com equipes de liderança em muitos setores e indústrias, percebi que os líderes não podem superar os desafios existentes contando apenas com as experiências do passado, por várias razões. Às vezes as experiências do passado não são muito úteis para tratar questões atuais. Às vezes você trabalha com equipes em que as experiências do passado são de fato o maior problema e obstáculo para encontrar uma resposta criativa ao desafio à mão.

Quando comecei a perceber que os líderes mais impressionantes e os profissionais mais hábeis parecem operar a partir de um processo central diferente, um processo que os leva a futuras possibilidades, eu me perguntei: Como podemos aprender a nos sentir melhor e a nos conectar com uma futura possibilidade que busca emergir?[7]

Comecei a chamar esse operar a partir do futuro à medida que ele emerge de *presencing*.[8] *Presencing* é uma combinação das palavras *presence* ("presenciar") e *sensing* ("sentir"). Significa sentir, sintonizar-se e agir a partir da mais alta possibilidade futura de alguém – o futuro que depende de nós para ser criado.

Este livro descreve o processo e o resultado de uma jornada de 10 anos que se tornou possível apenas pelo apoio e a colaboração de uma constelação única de colegas e amigos inspiradores.[9] A pergunta que sustenta essa jornada é: "como podemos atuar a partir do futuro que procura emergir e como podemos acessar, ativar e colocar em prática as camadas mais profundas do campo social?"

Entrando no campo

Um campo, como todo agricultor sabe, é um sistema vivo complexo – assim como a terra é um organismo vivo.

Cresci em uma fazenda perto de Hamburgo, Alemanha. Uma das primeiras coisas que meu pai, um dos pioneiros da agricultura biodinâmica na Europa, me ensinou foi que o mais importante na agricultura orgânica é a qualidade de vida do solo. Todo campo, ele me explicou, tem dois aspectos: o visível, o que vemos, que está na superfície, e o invisível, ou o que está sob a superfície. A qualidade da safra – o resultado visível – é uma função da qualidade do solo, daqueles elementos do campo que, em sua maioria, são invisíveis a olho nu.

O que penso sobre os campos sociais começa exatamente neste ponto: que campos [sociais] são a *condição básica*, o solo vivo a partir do qual cresce o que só depois se torna visível. E, como todo bom agricultor se concentra em sustentar e aprimorar a qualidade do solo, todo bom líder organizacional concentra sua atenção no suporte e no aprimoramento da qualidade do campo social – a "fazenda" em que todo líder responsável trabalha constantemente.

Todo domingo meus pais levavam a mim e meus irmãos em um *Feldgang* – uma caminhada pelo campo – por todos os campos da fazenda. De vez em quando, meu pai parava e apanhava um punhado de terra de um sulco do arado para que pudéssemos investigar e aprender a ver seus diferentes tipos e estruturas. A qualidade do solo, dizia ele, depende de inúmeras entidades vivas – milhões de organismos a cada centímetro cúbico de solo – cujo trabalho é necessário para a terra respirar e se desenvolver como um sistema vivo.

Este livro o convida para fazer uma caminhada no campo pela paisagem social da sociedade global contemporânea. E, assim como fazíamos durante o *Feldgang*, iremos, de vez em quando, parar em um rego e apanhar uma porção de dados que queremos investigar a fim de entender melhor o sutil território dos campos sociais. Como Jonathan Day, da McKinsey & Company, uma vez notou sobre sua experiência ao ajudar corporações globais pelo processo de mudança transformacional: "O que é mais importante é invisível aos olhos."[10]

Mas como podemos começar a ver, mais consciente e claramente, esse território oculto?

O ponto arquimediano

Qual é o ponto de alavancagem estratégico para *mudar* intencionalmente a estrutura de um campo social? O que pode funcionar como *ponto arquimediano* – condição facilitadora – que permitirá ao campo social global se desenvolver e mudar?

Para meu pai, a resposta era bastante clara. Onde você coloca sua "alavanca"? No solo. Você se concentra em aprimorar constantemente a qualidade da camada arável do solo. Todo dia. O solo fértil visível é uma camada muito fina de uma substância viva que se desenvolve pela conexão mesclada de dois mundos: o reino visível sobre a superfície e o reino invisível abaixo dela. Tanto a palavra "cultura" como "cultivo" originam-se do conceito dessa mesma atividade. Agricultores cultivam o solo *aprofundando* a conexão entre esses dois mundos – isto é, arando, rastelando, e assim por diante.

Então, onde está o ponto de alavancagem no caso de um campo *social*? Precisamente no mesmo lugar: a interface e a conexão entre as dimensões visíveis e invisíveis do campo social. O solo fértil de uma organização está onde esses dois mundos se encontram, se conectam e se entrelaçam.

O que, então, no caso de campos sociais, é a matéria visível? É o que *fazemos, dizemos* e *vemos*. É a ação social que pode ser captada e registrada com uma câmera. E qual é o reino invisível? É o *estado interior* a partir do qual os participantes de uma situação operam. É a *fonte* de origem de tudo que fazemos, dizemos e vemos. Segundo Bill O'Brien, isso é o que mais importa se você quiser ser um líder eficiente; isto é, se quiser desenvolver um futuro diferente do passado. É o ponto cego, ou lugar a partir do qual nossa atenção e intenção estão acontecendo.

Na Parte I deste livro, "Encontrando com nosso ponto cego", demonstrarei que, em todos os níveis, sistemas e setores, deparamos basicamente com o mesmo problema: os desafios que enfrentamos requerem que nos tornemos conscientes e mudemos o *lugar interior* a partir do qual operamos. Como resultado, temos de aprender a participar de ambas as dimensões simultaneamente: *o que dizemos, vemos e fazemos* (nosso reino visível) e o *lugar interior* a partir do qual operamos (nosso reino invisível, no qual nossas fontes de atenção e intenção residem e a partir do qual operam). Chamo a esfera intermediária que liga as duas dimensões de *estrutura do campo da atenção*. É o equivalente funcional do solo visível na agricultura; essa esfera liga as duas dimensões do campo.

Ver coletivamente nossa estrutura de campo da atenção – isto é, tornar-se coletivamente consciente do lugar interior a partir do qual operamos em tempo real – pode muito bem ser o ponto de alavancagem mais importante para mudar o campo social neste século e ultrapassá-lo, pois representa a *única* parte de nossa consciência comum que podemos controlar completamente. Cada um de nós cria sozinho a estrutura de atenção, portanto não podemos culpar a falta dela em ninguém. Portanto, quando podemos ver esse lugar, é possível começar a utilizá-lo como a alavanca para a mudança prática. Ele permite que atuemos de modo diferente. Na medida em que vemos nossa atenção e sua fonte, podemos mudar o sistema. Mas para fazer isso, temos de mudar o lugar interior a partir do qual operamos.

Mudando a estrutura de nossa atenção

A essência da liderança deve mudar o lugar interior a partir do qual operamos, tanto individual como coletivamente.

O solo nos campos do meu pai se estendia da camada superficial à profunda. De modo semelhante, nos campos sociais, há camadas (estruturas de campo) de atenção fundamentalmente diferentes, que também variam de camadas superficiais a profundas. A estrutura de campo da atenção diz respeito à relação entre o observador e o observado. Relaciona-se com a qualidade de como prestamos atenção ao mundo. Essa qualidade difere dependendo do *lugar* ou da posição a partir da qual nasce nossa atenção em relação ao limite organizacional entre observador e objeto observado. Na pesquisa que conduziu a este livro, descobri que existem quatro lugares ou posições diferentes, e que cada uma dá origem a uma qualidade ou estrutura de campo da atenção diferente.

São eles: (1) *"Eu em mim"*: o que percebo com base no meu modo habitual de ver e pensar, (2) *"Eu nele"*: o que percebo com meus sentidos e mente aberta, (3) *"Eu em você"*: aquilo com que me sintonizo e sinto com meu coração aberto, e (4) *"Eu no agora"*: o que entendo da fonte ou do fundo do meu ser, isto é, de participar com minha vontade aberta. As quatro estruturas de campo diferem do *lugar* a partir do qual a atenção (e intenção) se origina: hábitos, mente aberta, coração aberto e vontade aberta, respectivamente. Toda ação de uma pessoa, líder, grupo, organização ou comunidade pode ser colocada em prática a partir desses quatro modos diferentes.

Para esclarecer essa distinção, consideremos o exemplo do ato de ouvir. Em meus anos de experiência trabalhando com grupos e organizações, identifiquei quatro tipos básicos de ouvir:

> *"Sim, eu já conheço isso."* O primeiro tipo de ouvir é recuperar: ouvir por meio da reconfirmação de julgamentos habituais. Quando se está em uma situação em que tudo que acontece confirma o que você já sabe, você está ouvindo por meio da recuperação (*downloading*).
>
> *"Oh, veja isso!"* O segundo tipo de ouvir é um ouvir focado no objeto ou ouvir factual: ouvir prestando atenção em fatos e dados novos ou refutadores. Nesse tipo, você se concentra no que se diferencia do que já sabe. Seu ouvir tem de alternar entre atender à sua voz interior do julgamento e com os dados à sua frente. Você começa a focar informações que diferem do que já sabe. O ouvir baseado no objeto ou ouvir factual é o modo básico da boa ciência. Você faz perguntas e observa atentamente as respostas que a natureza (dados) lhe fornece.

"Ah, sim, sei como você se sente." O terceiro, o nível ainda mais profundo do ouvir, é o ouvir empático. Quando estamos envolvidos com um verdadeiro diálogo, podemos, ao prestar atenção, nos conscientizar de uma profunda mudança no lugar a partir do qual nosso ouvir tem origem. Quando operamos nos dois primeiros tipos de ouvir, o ouvir nasce das fronteiras de nossa própria organização mental e cognitiva. Mas quando ouvimos empaticamente, nossa percepção se move. Passamos do estado de nos deter no mundo objetivo das coisas, números e fatos para aquele em que nos detemos na história de um ser vivo, um sistema vivo e no eu. Para fazer isso, temos de ativar e afinar um instrumento especial: o coração aberto, ou seja, a capacidade empática de nos conectar diretamente com outra pessoa ou sistema vivo. Quando isso acontece, sentimos uma profunda mudança; esquecemos nossa própria agenda e começamos a ver como o mundo se revela por meio dos olhos de outra pessoa. Ao operar nesse modo, normalmente sentimos o que a outra pessoa quer dizer antes mesmo de ela falar. E então podemos reconhecer se uma pessoa escolhe a palavra certa ou errada para expressar algo. Esse julgamento só é possível quando temos uma percepção, um senso direto do que alguém quer dizer antes de analisarmos o que ele de fato diz. O ouvir empático é uma habilidade que pode ser cultivada e desenvolvida, como qualquer outra habilidade humana de relacionamento. É uma habilidade que requer que ativemos uma fonte diferente de inteligência: a inteligência do coração.

"Não posso expressar o que sinto em palavras. Todo o meu ser fica mais lento. Sinto-me mais tranquilo e presente e sinto mais meu verdadeiro eu. Estou conectado com algo maior do que eu mesmo." Esse é o quarto nível do ouvir. Vai além do campo atual e se conecta a um reino ainda mais profundo de emergência. Chamo esse nível de *ouvir generativo*, ou o ouvir a partir do campo emergente do futuro. Esse nível de ouvir requer que acessemos nosso coração aberto e a vontade aberta – nossa capacidade de estabelecer conexão com a mais alta possibilidade futura que deseja emergir. Nesse nível, nosso trabalho concentra-se em colocar nosso (velho) eu fora do caminho para abrir um espaço, uma clareira, que permite que um senso de presença diferente se manifeste. Não procuramos mais por algo fora de nós. Não nos identificamos mais com alguém à nossa frente. Estamos em um estado alterado – talvez "comunhão" ou "graça" sejam palavras que mais se aproximam da textura dessa experiência, que se recusa a ser arrastada para a superfície das palavras.

Você notará que esse quarto nível de ouvir difere em textura e resultados dos outros. Você sabe que tem operado no quarto nível quando, no final da conversa, percebe que não é mais a mesma pessoa que era quando começou a conversar. Você passou por uma mudança sutil, mas profunda. Você se conectou a uma fonte mais profunda – à fonte de quem você realmente é e ao senso da razão pela qual você está aqui –, uma conexão que o liga a um profundo campo de passar a existir, com seu verdadeiro Eu emergente.

Teoria U: Liderando a partir da mais alta possibilidade futura

Cada um de nós utiliza, em toda ação que adotamos, um desses quatro modos diferentes de prestar atenção. Acessamos uma dessas camadas da consciência quando atuamos sozinhos ou em um grande grupo. Sugiro denominarmos esses modos de agir de nossas *estruturas de campo de atenção*. As mesmas atividades podem levar a resultados radicalmente diferentes dependendo da estrutura de atenção a partir da qual determinada atividade é *realizada*. Em outras palavras, "*Eu vejo* [desse modo] – *portanto, isso emerge* [desse outro modo]". Essa é a dimensão oculta de nosso processo social comum, não fácil ou prontamente entendido, e essa pode ser a alavanca mais subutilizada para uma profunda mudança hoje. Portanto, inventei a Teoria U para nos ajudar a entender melhor essas *fontes,* a partir das quais toda a ação social se realiza constantemente.

A Teoria U lida com a pergunta central subjacente neste livro: O que é preciso para aprender e atuar a partir do futuro à medida que ele emerge? No Capítulo 2, acompanharemos essa pergunta principal e aprenderemos a aprofundar nossa liderança, aprendizagem e atuação a partir dos Níveis 1 e 2 (reação e soluções rápidas) a Níveis 3 e 4 (renovação profunda e mudança).

Os turbulentos desafios do nosso tempo forçam todas as instituições e comunidades a renovar e se reinventar. Para fazer isso, devemos perguntar: quem somos nós? Para que estamos aqui? O que queremos criar juntos? As respostas a essas perguntas diferem de acordo com a estrutura da atenção (e consciência) que usamos. Elas podem ser dadas a partir de um ponto de vista puramente materialista-determinista (operando nos Níveis 1 e 2), ou por uma perspectiva mais holística que também inclui as fontes espirituais mentais e intencionais mais sutis da criação da realidade social (Níveis 3 e 4).

Uma nova ciência

Este livro pretende fazer mais do que apenas iluminar um ponto cego de liderança. Na verdade, busca descobrir uma dimensão oculta no processo social que cada um de nós encontra no cotidiano, momento a momento. Para isso, temos de ampliar a forma atual da ciência. Como a psicóloga Eleanor Rosch, da University of California, em Berkeley, gosta de exprimir: "A ciência tem de ser realizada com a mente da sabedoria." A ciência, como a concebemos hoje, ainda pode estar dando seus primeiros passos.

Em 1609, Galileu Galilei inventou um telescópio que permitiu observar as luas de Júpiter. Suas observações sugeriram forte evidência em defesa da herética visão copernicana do universo heliocêntrico. Sessenta e seis anos antes, Nicolau Copérnico havia publicado um tratado que explicava sua ideia revolucionária de que o sol estava no centro do universo, e não – segundo a visão de Ptolemeu – a Terra. Mas, na metade do século desde a sua publicação, a teoria de Copérnico fora recebida com ceticismo, em particular pela Igreja Católica. Quando Galileu examinava pelo telescópio, sabia que Copérnico tinha razão. Mas quando ele apresentou seus pontos de vista, primeiro em conversas privadas e depois por escrito, como Copérnico, viu sua maior oposição na Igreja Católica, que alegou que sua visão era herética e convocou uma inquisição. Na tentativa de defender seu ponto de vista, Galileu persuadiu seus colegas católicos a examinarem pelo telescópio e se convencerem da evidência com seus próprios olhos. Mas embora alguns na liderança católica apoiassem a posição de Galileu, os principais líderes da Igreja se recusaram a fazer essa ousada observação. Eles não se atreveram a transcender o dogma da Sagrada Escritura. Embora a Igreja conseguisse intimidar Galileu, então com 70 anos, durante a inquisição (forçando-o a renunciar a seus pontos de vista), a verdadeira vitória foi sua, e hoje ele é considerado o pai da física experimental moderna. Galileu Galilei ajudou a ciência moderna pioneira ao não voltar atrás, ao olhar atentamente pelo telescópio e deixar que os dados que emergiam de suas observações ensinassem o que era e o que não era verdade.

E agora, 400 anos depois, podemos escrever novamente outra história revolucionária. Galileu transformou a ciência encorajando-nos a usar nossos olhos, nossos sentidos, para coletar dados externos. Agora somos convidados a ampliar e aprofundar esse método coletando um conjunto muito mais sutil de dados e experiências do nosso interior. Para fazer isso, temos de inventar outro tipo de telescópio: não um que nos ajude a observar apenas o que está a distância – as luas de Júpiter –, mas um telescópio que permita observar o ponto cego do observador invertendo o feixe da observação para sua fonte: o *eu* que está realizando a atividade científica. Os instrumentos que precisamos usar para inverter o feixe de observação para sua fonte incluem não só uma *mente aberta*, o modo normal de investigação, como também um *coração aberto* e uma *vontade aberta*. Esses aspectos mais sutis da observação e conhecimento serão discutidos em mais detalhes a seguir.

Essa transformação da ciência não é menos revolucionária do que a de Galileu Galilei. E a resistência dos detentores do conhecimento estabelecido não será menos feroz do que a que Galilei encontrou na Igreja Católica. Apesar disso, observando os desafios globais do nosso tempo, podemos reconhecer o chamado do nosso tempo surgir com uma nova síntese entre ciência, mudança social e evolução do eu (ou consciência). Embora tenha sido uma prática comum dos cientistas sociais e estudiosos de gestão emprestar seus métodos e paradigmas das ciências naturais, como a física, acho que está na hora de eles saírem da sombra e estabelecerem uma metodologia avançada de ciências sociais que integre a ciência (o ponto de vista da terceira pessoa), a transformação social (o ponto de vista da segunda pessoa) e a evolução do eu (o ponto de vista da primeira pessoa) em um arcabouço coerente de pesquisa-ação baseado na consciência.

Esse arcabouço já está emergindo em duas grandes mudanças no campo das ciências sociais na última metade do século. A primeira é normalmente conhecida como "retorno para a ação" (*action turn*) e foi explorada por Kurt Lewin e seus seguidores em várias abordagens da ciência-ação por toda a segunda metade do século XX.[11] A segunda aconteceu no final do século XX e início do século XXI e costuma ser chamada de "retorno reflexivo" (*reflective turn*); mas talvez uma denominação melhor fosse retorno *autorreflexivo* para modelos de atenção e consciência. Essa nova síntese na criação liga estes três ângulos: a ciência (deixar os dados falarem), a pesquisa-ação (não se pode entender um sistema a menos que você o mude) e a evolução da consciência e do eu (iluminar o ponto cego).

Há mais de 2.300 anos, Aristóteles, possivelmente o maior pioneiro e inovador da investigação e do pensamento ocidentais, escreveu no Livro VI do seu *Ética a Nicômaco* que existem cinco formas, faculdades ou capacidades diferentes na alma humana para se alcançar a verdade. Apenas uma delas é a ciência (*episteme*).[12] O conhecimento científico (*episteme*), segundo Aristóteles, é limitado às coisas que não podem ser diferentes do que são (em outras palavras, coisas que são determinadas pela necessidade). Em contrapartida, outras quatro formas e capacidades de se chegar à verdade se aplicam a todos os outros contextos da realidade e da vida. Eles são: arte ou capacidade de produzir (*techne*), sabedoria prática (*phronesis*), sabedoria teorética (*sophia*) e intuição ou capacidade para apreender os primeiros princípios ou fontes (*nous*).

Por enquanto, o foco principal de nossas ciências modernas tem sido, em geral, limitado à *episteme*. Mas agora temos de ampliar nossa visão da ciência para incluir outras capacidades a fim de alcançar a verdade, incluindo tecnologias (*techne*), sabedoria prática (*phronesis*), sabedoria teórica (*sophia*) e a capacidade para intuir as fontes da consciência e da intenção (*nous*).

Nossa jornada de campo: Este livro

Organização

Depois da Parte I, "Encontrando nosso ponto cego", passamos para a Parte II, "Entrando no campo U", seguida pela Parte III, "*Presencing*: uma tecnologia social para conduzir inovações e mudanças profundas".

A primeira parte dessa incursão em campo lida com diferentes aspectos do ponto cego. Suponho que a questão central de nosso tempo consista em atingir nosso ponto cego – o lugar interior a partir do qual operamos – por todos os níveis de sistema. Em todos esses níveis, deparamos com a mesma questão: não podemos superar os desafios à mão se não mudarmos nosso estado interior e iluminarmos nosso ponto cego – a fonte de nossa atenção e ação.

Na Parte II, exploraremos o *processo central* de iluminar o ponto cego – como é possível fazer isso? A terceira parte de nossa incursão em campo concentra-se em resumir esse processo central quanto a uma *gramática evolutiva*, que então é explicada de duas formas: como uma nova teoria de campo social (Teoria U) e como uma nova tecnologia social (24 princípios e práticas do *presencing*). O livro conclui com um Epílogo, "Criando uma universidade de ação global". Nele, há ideias e um amplo plano para uma universidade de ação global que coloca em prática os princípios já mencionados integrando ciência, consciência e mudança social profunda.

Os 21 capítulos seguintes integram as ideias surgidas a partir de entrevistas com 150 eminentes pensadores e profissionais em estratégia, conhecimento, inovação e liderança em todo o mundo. Você deve saber que este livro também se baseia na minha própria história de vida – reconhecidamente, a de um europeu branco agora vivendo nos Estados Unidos –, combinada com minha pesquisa no MIT e os resultados de inúmeros workshops de reflexão entre colegas e copesquisadores. Além disso, fundamentei a Teoria U nos resultados dos trabalhos de consultoria e nos projetos de "pesquisa-ação" com líderes de movimentos populares, empresas globais e ONGs, entre eles Fujitsu, DaimlerChrysler, GlaxoSmithKline, Hewlett-Packard, Federal Express, McKinsey & Company, Nissan, Oxfam, PricewaterhouseCoopers e Shell Oil.

Sempre encontrei grandes fontes de inspiração ao trabalhar com colegas próximos do campo das artes criativas, por exemplo, com Arawana Hayashi, que desenvolveu as práticas de presença personificadas e que conduz um projeto no qual trabalhamos na cocriação de uma nova forma de arte denominada Teatro de *Presencing* Social.[13] Também decidi incluir várias ilustrações por todo o livro baseadas em minhas próprias figuras desenhadas à mão, e muitas outras feitas por profissionais, as quais ilustram e dão mais vida a alguns conceitos muito melhor do que as palavras poderiam fazê-lo. Minha esperança é que, com a inclusão dessas ilustrações, algumas das ideias mais desafiadoras deste livro se tornem um pouco mais acessíveis.

Objetivo

Este livro pretende fazer três coisas. Apresenta uma gramática social do campo social que ilumina o ponto cego (Capítulos 15, 20). Em segundo lugar, exemplifica essa gramática revelando quatro metaprocessos que fundamentam o processo coletivo da criação de realidade social, momento a momento. Eles são: pensar, conversar, estruturar e conectar-se globalmente (governança global) (Capítulos 16-19). E por último, descreve uma tecnologia social da liberdade que coloca essa abordagem em prática por meio de uma série de princípios e práticas do *presencing* (o Capítulo 21).

A série de 24 princípios funciona como uma matriz e constitui um todo. Dito isso, eles também podem ser apresentados como cinco movimentos que seguem o caminho do U (ver a Figura 1.2). Esses cinco movimentos são:

- *Coiniciar*: ouvir o que a vida o convoca a fazer, conectar-se com pessoas e contextos relacionados a esse chamado, e convocar constelações de atores sociais centrais que coinspiram a intenção comum.

- *Cossentir*: ir para os lugares de maior potencial; observar, observar, observar; ouvir com sua mente e coração abertos.
- *Co-presencing*: ir para o lugar da quietude individual e coletiva, abrir-se para a fonte mais profunda do conhecimento e *conectar-se com o futuro que quer emergir por você*.
- *Cocriação*: construir pistas de pouso do futuro prototipando microcosmos vivos para explorar *o futuro na prática*.
- *Codesenvolvimento*: codesenvolver um ecossistema de inovação maior e manter o espaço que conecta pessoas através de fronteiras pelo *ver e agir a partir do todo*.

Método

Nossa incursão no campo incorpora três métodos: fenomenologia, diálogo e pesquisa-ação colaborativa. Os três tratam da mesma questão principal: a constituição mesclada do conhecimento, da realidade e do eu. E todos seguem a máxima de Kurt Lewin, o fundador da pesquisa-ação, que observou: "Não é possível entender um sistema a menos que você o mude." Mas todo método tem uma ênfase diferente: a fenomenologia concentra-se no ponto de vista da primeira pessoa (consciência individual); o diálogo, no ponto de vista da segunda pessoa (campos de conversa); e a pesquisa-ação, no ponto de vista da terceira pessoa (a ratificação de modelos institucionais e estruturas).

Você notará que neste livro não me refiro principalmente a líderes individuais, mas à nossa liderança distribuída ou coletiva. *Todas* as pessoas realizam mudança, apesar de suas posições ou títulos formais. *A liderança neste século significa deslocar a estrutura de atenção coletiva – nosso ouvir – em todos os níveis.*

1. COINICIAÇÃO
Ouvir os outros e o que a vida o convoca a fazer

5. CODESENVOLVIMENTO
Cultivar ecossistemas de inovação vendo e atuando em um todo emergente

2. COSSENTIMENTO
Ir a lugares de maior potencial e ouvir com sua mente e coração abertos

4. COCRIAÇÃO
Prototipar um microcosmo do novo para explorar o futuro na prática

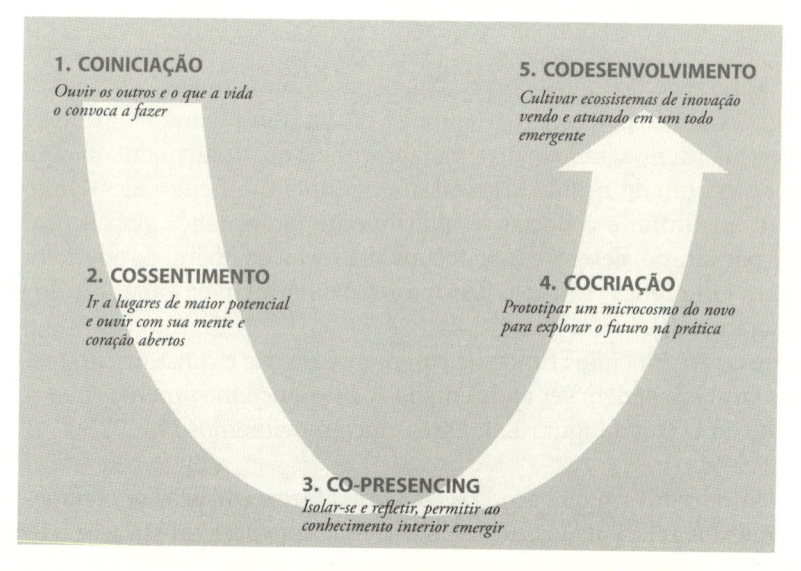

3. CO-PRESENCING
Isolar-se e refletir, permitir ao conhecimento interior emergir

FIGURA 1.2 CINCO MOVIMENTOS DO PROCESSO DO U

Como disse Jeffrey Hollender, fundador e CEO da Seventh Generation, "Liderança diz respeito a ser capaz de ouvir o todo mais do que qualquer outra pessoa poderia fazê-lo". Olhe à sua volta. O que você vê? Estamos engajados agora na liderança global, e isso significa que estendemos nossa atenção e escuta (micro) a partir da interação individual e de grupo (meso) até níveis de sistemas institucionais (macro) e globais (mundo). Tudo está interligado e presente o tempo todo. A boa notícia é que os *pontos de inflexão ocultos* para transformar a estrutura de campo da atenção são os mesmos em todos esses níveis. Esses momentos decisivos ou pontos de inflexão, que discuto em todas as partes deste livro, aplicam-se a sistemas em todos os níveis.

Mas eis a advertência: há um preço a ser pago. Operar a partir do quarto campo da emergência requer um compromisso: o compromisso de deixar ir, de desapegar-se de tudo não seja essencial e viver segundo o princípio "deixa ir/deixa vir", que Goethe descreveu como a essência da jornada humana: "E se não conhece essa morte e nascimento, você é apenas um triste convidado na Terra."[14]

A verdadeira batalha no mundo hoje não é entre civilizações ou culturas, mas entre os diferentes futuros evolutivos que são possíveis para nós e nossas espécies neste momento. O que está em jogo não é nada menos do que a escolha de quem somos, quem queremos ser e para onde queremos levar o mundo em que vivemos. Portanto, a verdadeira pergunta é "Para que estamos aqui?".

Nossa velha liderança está se desmoronando como o Muro de Berlim se desmoronou em 1989. O que precisamos hoje não é só de uma nova abordagem à liderança. Precisamos ir além do conceito de liderança. Devemos descobrir uma integração mais profunda e prática de mente, coração e mãos – das inteligências de coração aberto e da vontade aberta –, tanto em nível individual como coletivo.

Convido-o a se juntar a mim nesta jornada de descoberta.

Parte I

Enfrentando nosso ponto cego

Todos nós reconhecemos ações sociais quando as vemos: pessoas falando, rindo, chorando, discutindo, brincando, dançando, rezando. Mas de onde vêm nossas ações? De que lugar profundo dentro (ou ao redor) de nós as ações se originam? Para responder a essa pergunta, é útil olhar para o trabalho criativo de uma artista de três modos. Em primeiro lugar, podemos ver o resultado do seu trabalho, a *coisa*, a pintura concluída. Ou podemos observá-la enquanto está pintando: podemos observar *o processo* de suas pinceladas coloridas criando a obra de arte. Ou podemos observá-la parada *na frente da tela vazia*. É essa terceira perspectiva que cria as questões que norteiam este livro: o que acontece na frente da tela completamente branca? O que impele o artista a fazer aquele primeiro traço?

Este livro é escrito para líderes, os indivíduos ou grupos que iniciam a inovação ou a mudança – os "artistas". Todos os líderes e inovadores, nos negócios, comunidades, governo ou organizações sem fins lucrativos, fazem o que os artistas fazem: criam algo novo e o trazem ao mundo. A pergunta aberta é: de onde vêm suas ações? Podemos observar *o que* os líderes fazem. Também podemos observar *como* fazem, quais estratégias e processos implantam. Mas não podemos ver o lugar interior, a *fonte a partir* da qual as pessoas agem, quando, por exemplo, operam em seu nível mais alto possível ou, alternativamente, quando agem sem envolvimento ou compromisso.

Isso nos leva ao território do que chamo nosso "ponto cego". O ponto cego diz respeito àquela parte de nossa visão que normalmente não vemos. É o lugar interior ou a fonte a partir da qual uma pessoa ou um sistema social opera. Esse ponto cego está presente diariamente em todos os sistemas. Mas está oculto. É nossa tarefa, como líderes e como criadores, observar como o ponto cego se destaca. Por exemplo, Francisco J. Varela, professor de ciência cognitiva e epistemologia em Paris, disse-me que "o ponto cego da ciência contemporânea é a experiência". Esse ponto cego destaca-se de muitos modos diferentes. Aprenderemos sobre eles à medida que prosseguimos esse "passeio de campo", essa "jornada de aprendizagem", em conjunto.

Os sete capítulos a seguir oferecem sete perspectivas pelas quais podemos explorar os diferentes modos como o ponto cego se destaca na sociedade, na ciência e nos sistemas de pensamento como uma característica definitiva de nosso tempo. Os pontos cegos aparecem em indivíduos, grupos, instituições, sociedades e sistemas, e se revelam em nossas teorias e conceitos na forma de premissas epistemológicas e ontológicas profundas.

Convido-o a explorar, comigo, várias áreas diferentes do ponto cego.

Partimos da visão do eu e avançamos pela equipe, a organização, a sociedade, as ciências sociais e, por fim, a filosofia.

CAPÍTULO 1

Enfrentando o fogo

Quando deixei minha casa da fazenda alemã, naquela manhã, para ir à escola, não tinha a mínina ideia de que seria a última vez em que eu veria minha casa, uma grande fazenda de 350 anos a 45km ao norte de Hamburgo. Era apenas outro dia comum na escola, por volta das 13h, quando a professora me chamou para fora da classe. "Você deve ir para casa agora, Otto." Notei que seus olhos estavam ligeiramente vermelhos. Ela não me disse por que eu precisava voltar logo para casa, mas fiquei muito preocupado e tentei ligar para lá da estação de trem. Não chamava. Obviamente, estava sem linha. Não imaginava o que poderia ter acontecido, mas percebi que não podia ser muito bom. Depois da habitual viagem de uma hora de trem, corri para a entrada da estação e peguei rapidamente um táxi. Algo me dizia que eu não tinha tempo para esperar pelo habitual ônibus. Muito antes de chegar, vi enormes nuvens de fumaça cinza e preta subindo no ar. Meu coração disparava à medida que o táxi se aproximava da longa estrada que levava à minha casa. Reconheci centenas de vizinhos, bombeiros e policiais locais, junto com pessoas que eu nunca tinha visto. Saltei do táxi e atravessei a multidão, a última meia milha da estrada ladeada por castanheiras. Quando alcancei a entrada, não pude acreditar no que via. O mundo em que eu havia vivido toda minha vida desaparecera. Era o fim. Estava tudo envolvido em fumaça.

Não havia nada – absolutamente nada –, exceto as imensas chamas. À medida que eu começava a me dar conta da realidade do incêndio diante dos meus olhos, sentia-me como se alguém tivesse puxado o chão debaixo de meus pés. O lugar do meu nascimento, infância e juventude havia desaparecido. Fiquei ali parado, sentindo o calor do fogo e a velocidade do tempo diminuir. Enquanto meu olhar fixo mergulhava cada vez mais nas chamas, essas labaredas também pareciam penetrar em mim. De repente, percebi como estava apegado a todas as coisas destruídas pelo incêndio. Tudo que eu pensava que tinha se reduzira a nada.

Tudo? Não, talvez não tudo, pois senti que um elemento muito pequeno do meu eu ainda existia. Ainda existia alguém lá, observando tudo isso. Quem?

Naquele momento, percebi que havia toda uma dimensão do meu eu da qual eu ainda não me dera conta, uma dimensão relacionada não ao meu passado – o mundo que acabava de desaparecer diante dos meus olhos –, mas ao meu futuro, um mundo que *eu* poderia concretizar com minha vida. Naquele momento, o tempo reduziu-se à quietude e me senti levado para fora do meu corpo físico e comecei a observar a cena daquele lugar desconhecido. Senti que minha mente se acalmava e se expandia em um momento de clareza de consciência sem paralelo. Percebi que não era a pessoa que eu imaginava ser. Meu verdadeiro eu não estava ligado a todas aquelas coisas materiais que estavam sendo destruídas pelas chamas. De uma hora para outra, eu sabia que *eu*, meu verdadeiro Eu, ainda estava vivo! Era esse "Eu" que era o *observador*. E esse observador estava mais vivo, mais alerta, muito mais presente do que o "Eu" que eu já conhecia. Não sentia mais o peso de todos aqueles bens materiais que o incêndio acabara de consumir. Com o fim de tudo, estava mais leve e livre, livre para encontrar outra parte do meu eu, a parte que me levava para o futuro – para o *meu* futuro –, para um mundo que esperava por mim, que eu poderia tornar real com minha nova jornada.

No dia seguinte, meu avô de 87 anos chegou para o que seria sua última visita à fazenda. Ele vivera naquela casa durante toda a vida, desde 1890. Por causa de tratamentos médicos, ele havia viajado uma semana antes do incêndio e, quando voltou ao campo, um dia depois do incêndio, reuniu suas últimas energias, saiu do carro e foi direto ao local onde meu pai trabalhava na limpeza. Ele nem sequer desviou o olhar para as ruínas fumegantes. Sem parecer notar os pequenos focos de incêndio que ainda ardiam na propriedade, ele se aproximou do meu pai, pegou sua mão e disse: *"Kopf hoch, mein Junge, blick nach vorn!"* "Mantenha a cabeça erguida, meu rapaz, não olhe para trás!" Então, ele se virou, foi diretamente para o carro que o aguardava e partiu. Alguns dias depois, ele morreu serenamente.

Apenas alguns anos depois, percebi que minha experiência diante do incêndio era o começo de uma jornada. Minha jornada iniciou com o reconhecimento de que eu não era apenas um eu, mas dois eus. Um eu está ligado ao passado, enquanto o segundo eu liga-se a quem posso me tornar no futuro. Diante do incêndio, experimentei como esses dois eus começaram a se conectar um ao outro. Hoje, 20 anos depois e já a milhas de distância, em Boston, Massachusetts, a pergunta "Quem é meu eu verdadeiro?" ainda permanece. Ainda pergunto: como esse eu se relaciona com aquele *outro fluxo de tempo* – aquele que parecia afastar-me do futuro que está querendo emergir –, em vez de estender e recriar os padrões do meu passado? E como esse eu que se conecta ao futuro se conecta a meu trabalho? Acredito que essas perguntas, por fim, me levaram a trocar a Alemanha pelos Estados Unidos em 1994, a fim de continuar minha pesquisa no que era então o Organizational Learning Center no MIT. E essas mesmas perguntas me motivaram a escrever os capítulos a seguir deste livro.

CAPÍTULO 2

A jornada ao "U"

Teoria U • Entrevista com Brian Arthur, em Xerox PARC • Francisco Varela:
sobre o ponto cego nas ciências cognitivas • O território interior da liderança

Teoria U: Princípios

Como acabamos de discutir, o ponto cego diz respeito à estrutura e à fonte da nossa atenção. Comecei a notar pela primeira vez esse ponto cego em organizações quando falei com Bill O'Brien, ex-presidente da Hanover Insurance. Ele me disse que sua maior conclusão, depois de anos conduzindo projetos de aprendizagem organizacional e facilitando a mudança corporativa, foi que "o êxito de uma intervenção depende do estado interior do interventor". Isso me fez lembrar de algo! Assim, não é só *o que* os líderes fazem e *como* o fazem, mas seu "estado interior", isto é, o lugar interior a partir do qual operam – a fonte e a qualidade de sua atenção. Então, o que isso sugere é que a mesma pessoa na mesma situação fazendo a mesma coisa pode produzir um resultado totalmente diferente dependendo do lugar interior a partir do qual essa ação está vindo.

Quando percebi isso, perguntei a mim mesmo: o que sabemos sobre esse lugar interior? Sabemos tudo sobre o *"o quê"* e o *"como"*, as ações e os processos que os líderes e os gestores utilizam. Mas o que sabemos sobre esse lugar interior? Nada! Eu nem mesmo sabia se havia apenas um ou muitos desses lugares interiores. Temos dois? Dez? Não sabemos porque está no nosso ponto cego. No entanto, o que ouço repetidamente de líderes muito experientes e pessoas criativas é que é exatamente essa espécie de ponto cego o que mais importa. É esse ponto cego que diferencia líderes experientes de líderes medianos. É por isso que Aristóteles, há 2.300 anos, fazia uma distinção entre o "o quê", do saber científico normal *(episteme)*, e o "como", do saber prático e técnico *(phronesis, techne)*, de um lado, e o saber primário interior dos primeiros princípios e fontes da consciência *(nous)* e da sabedoria *(sophia)*, de outro.[1]

Pouco tempo depois de ter vindo para o MIT, em 1994, assisti a uma transmissão ao vivo sobre aprendizagem organizacional. Em resposta a uma pergunta do público, Rick Ross, coautor de *A quinta disciplina: caderno de campo*, foi ao quadro-negro e desenhou a seguinte figura:

— ESTRUTURA —
— PROCESSO —
— PENSAMENTO —

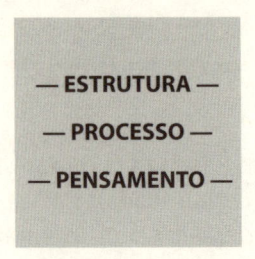

FIGURA 2.1 NÍVEIS DE MUDANÇA ORGANIZACIONAL

Ver esse desenho simples me fez perceber que a mudança organizacional ocorre em camadas diferentes. De imediato, comecei a ver mentalmente essas camadas. Diagramá-las ajudou porque as mudanças da estrutura para o processo e daí para os pensamentos apresentam deslocamentos cada vez mais sutis. Quando completei o desenho na minha mente, eu havia adicionado mais dois níveis – acima da estrutura e abaixo do pensamento –, bem como uma dimensão horizontal da mudança à medida que avançamos de perceber algo para realmente atuar sobre ele. Ele começou a parecer assim:

REAGIR
DESAFIO --------→ SOLUÇÃO

CONCEN-TRAR-SE:
trazer à tona a realidade atual

REESTRUTURAR

CRIAR
novas estruturas e práticas

AMPLIAR:
perceber outras percepções

REPROJETAR

CRIAR
novas atividades e práticas centrais

APROFUN-DAR:
diálogo – trazer à tona premissas profundas

RECONSIDERAR

CRIAR
novo pensar e princípios

REGENERAR

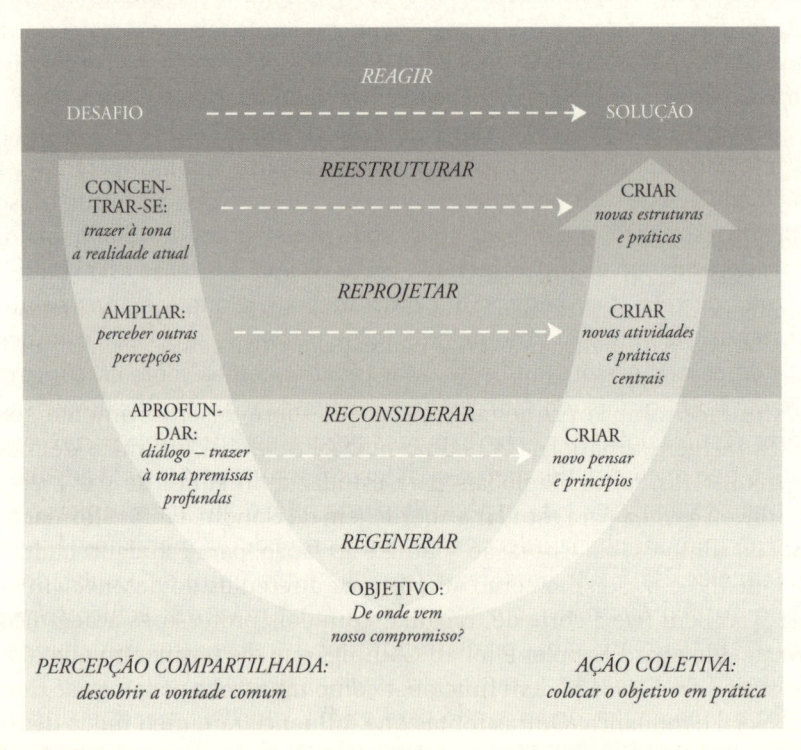

OBJETIVO:
De onde vem nosso compromisso?

PERCEPÇÃO COMPARTILHADA:
descobrir a vontade comum

AÇÃO COLETIVA:
colocar o objetivo em prática

FIGURA 2.2 CINCO NÍVEIS DE MUDANÇA

Comecei a chamar o estado na parte inferior de U *"Presencing"*. Aprenderemos muito mais sobre isso na Parte III, mas, por ora, podemos chamá-lo de "visão da nossa fonte mais profunda". Isto é, sentir e operar da mais alta potencialidade futura de alguém. É o estado que cada um de nós pode experimentar quando abre não somente nossas mentes mas nossos corações e nossas vontades – nosso ímpeto para agir –, a fim de lidar com o que está emergindo ao nosso redor como novas realidades.

Sempre que utilizava esse arcabouço em apresentações e no meu trabalho com grupos, organizações ou comunidades, notava como ele ressoava profundamente em profissionais experientes. Conforme trabalhavam com essa imagem do U, as pessoas começavam a entender suas duas dimensões principais. Uma delas é a distinção entre *percepção* e *ação*, que define o eixo horizontal, quando trabalhamos do conectar e sentir profundamente em direção ao fazer e realizar. O eixo vertical então nos mostra os diferentes níveis de mudança a partir da resposta mais superficial: do "Reagir", descendo até o mais profundo: "Regenerar".[2]

A maior parte da mudança e dos métodos de aprendizagem se baseia no Kolb Learning Cycle, que sugere uma versão da seguinte sequência: observar, refletir, planejar, agir. Fundamentando o processo de aprendizagem desse modo, os ciclos de aprendizagem se baseiam na aprendizagem das experiências do passado.[3] A distinção de Chris Argyris e Don Schön, de Harvard e do MIT, entre a aprendizagem de ciclo único e de ciclo duplo remete à aprendizagem de experiências do passado.[4] A aprendizagem de ciclo único é refletida nos níveis do reagir e reestruturar, enquanto a reconsideração é um exemplo da aprendizagem de ciclo duplo (que inclui uma reflexão das premissas profundas e variáveis dominantes de alguém). Contudo, o nível mais profundo do gráfico U – referido como regenerar – vai além da aprendizagem de ciclo duplo. Ele acessa um fluxo diferente do tempo – o futuro que quer emergir – e é o que neste livro tratarei como o *presencing* ou "o processo U".

O conceito do U, naturalmente, não nasceu do nada. Emergiu de muitos anos de trabalho sobre mudança em vários contextos e movimentos e alguns estudos, que estão documentados em dois de meus livros anteriores.[5] Fontes importantes que instruíram minhas primeiras concepções sobre desenvolvimento social e mudança incluem uma jornada de aprendizagem global por meio de todas as principais esferas culturais globais para estudar a dinâmica de paz e conflito. Isso me levou à Índia para estudar a abordagem de Gandhi da transformação não violenta de conflitos, e à China, ao Vietnã e ao Japão, para estudar o budismo, o confucionismo e o taoísmo como abordagens diferentes do desenvolvimento e da vida. Também tive a sorte de trabalhar com dois professores acadêmicos excepcionais, Ekkehard Kappler e Johan Galtung, que me ensinaram que o pensamento crítico e a ciência podem funcionar como uma força poderosa de transformação social e mudança. Outras fontes que influenciaram meu modo de pensar incluem o trabalho do artista vanguardista Joseph Beuys e os escritos de Henry

David Thoreau, Martin Buber, Friedrich Nietzsche, Edmund Husserl, Martin Heidegger, Jürgen Habermas, além de alguns dos velhos mestres, como Hegel, Fichte, Aristóteles e Platão. Entre as fontes filosóficas, talvez a mais influente tenha sido o trabalho do educador e inovador social Rudolf Steiner, cuja síntese de ciência, filosofia, consciência e inovação social continua a inspirar meu trabalho e cujo fundamento metodológico na visão fenomenológica de ciência de Goethe deixou marcas significantes na Teoria U.

O principal insight que tive ao ler o livro fundamental de Steiner, *A filosofia da liberdade*, é o mesmo com que parti para completar meu primeiro projeto de pesquisa no MIT, com Edgar Schein. Nesse projeto, examinamos todas as diferentes teorias de mudança que pesquisadores da Sloan School of Management do MIT haviam proposto. Ao tentar resumir e concluir nossas descobertas de todas essas diferentes teorias e arcabouços teóricos, Ed refletiu sobre nosso resultado, uma integração bastante complexa de vários tipos de arcabouços teóricos, e disse: "Talvez tenhamos de voltar aos dados e começar tudo novamente. Talvez tenhamos de tomar nossa própria experiência ao tratar da mudança mais seriamente." Para parafrasear Steiner, temos de investigar nossa própria experiência e nosso próprio *processo de pensamento* de modo mais claro, mais transparente e rigoroso. Em outras palavras, confie em seus sentidos, confie em suas observações, confie em sua percepção como ponto de partida fundamental de qualquer investigação – mas, então, *siga esse trem* de sua observação por todo o caminho de volta até sua fonte, exatamente o mesmo caminho que Husserl e Varela defendiam em seus trabalhos sobre o método fenomenológico. *A filosofia da liberdade*, de Steiner, concentra-se na consciência individual. *Em Teoria U*, exploraremos as estruturas de campo da atenção coletiva.[6]

Entrevista com Brian Arthur, em Xerox PARC

Em 1999, iniciei um projeto com Joseph Jaworski, autor de *Synchronicity: The Inner Path of Leadership*. Nossa tarefa era criar um ambiente de ensino para ajudar um grupo de gerentes de linha de uma organização formada pela recente fusão da Shell e Texaco a aprender mais rápido e desenvolver a capacidade de inovar em seu instável ambiente de negócios.

Para fazer isso, entrevistamos praticantes e líderes do pensamento sobre inovação, incluindo W. Brian Arthur, cabeça fundadora do Economics Program do Santa Fe Institute. Ele é mais conhecido por suas contribuições inovadoras para a compreensão dos mercados de alta tecnologia. À medida que Joseph e eu nos aproximávamos do edifício da Xerox PARC em Palo Alto, Califórnia, eu não parava de pensar sobre todas as revoluções que haviam começado nesse mesmo ponto. Desde os anos 1970, a equipe da Xerox PARC original era considerada provavelmente a equipe de pesquisa e desenvolvimento mais produtiva. Inventou a interface no estilo do Macintosh encontrada em praticamente todos os computadores pessoais da Terra; também inventou o mouse, bem como inúmeras ideias e tecnologias seminais utilizadas por muitas empresas bem-sucedidas atualmente, incluindo a Apple Computer e a Adobe Systems. A ironia é que todas essas invenções e ideias inovadoras não ajudaram a empresa mãe, a Xerox, que não capitalizou em cima delas. Em vez disso, essas ideias foram tomadas e desenvolvidas por pessoas e organizações que não estavam distraídas com a administração de uma até então bem-sucedida empresa de fotocopiadoras.

Arthur encontrou-nos e imediatamente começamos a falar sobre a mudança dos fundamentos econômicos no mundo dos negócios de hoje. "Você sabe", disse Arthur, "o verdadeiro poder vem do reconhecimento dos modelos que estão se formando e do fato de se ajustar a eles". Ele continuou discutindo dois diferentes níveis de cognição. "A maioria tende a ser do tipo cognitivo padrão com que você pode trabalhar em sua mente consciente. Mas há um nível mais profundo. Em vez de uma compreensão, eu chamaria esse nível mais profundo de um 'saber'."

"Suponha", acrescentou ele, "que eu tenha caído de paraquedas em alguma situação no Vale do Silício – não um problema real, apenas uma situação complicada e dinâmica que estou tentando imaginar. Eu iria observar e observar e observar e, então, simplesmente me retiraria. Se tivesse sorte, seria capaz de entrar em contato com algum lugar interior profundo e permitiria que o saber emergisse". Ele continuou: "Você espera e espera e deixa sua experiência criar algo apropriado. De certo modo, não há uma tomada de decisão. O que fazer torna-se óbvio. Você não pode apressar o processo. A maior parte desse processo depende do local de onde você está vindo e quem você é como pessoa. Isso tem muitas implicações em gestão. Estou dizendo basicamente que *o que conta é de onde você está vindo do interior de si mesmo.*"[7]

O que Joseph e eu ouvimos nesse dia ressoou profundamente com o que tínhamos ouvido de outros líderes experientes com os quais havíamos trabalhado em muitos setores e indústrias. Os líderes têm de lidar com seu ponto cego e deslocar o lugar interior em que operam.

Arthur pediu que imaginássemos o que aconteceria se a Apple Computer, por exemplo, decidisse contratar um dirigente, digamos, da Pepsi-Cola. Esse líder traria um tipo de cognição: baixo custo, alta qualidade, qualquer que seja o mantra. E isso não funcionaria. Mas agora imagine a vinda de um Steve Jobs – alguém que pode distanciar-se do problema e pensar de forma diferente. "Quando ele voltou à Apple, a Internet estava apenas no início. Ninguém sabia o que isso poderia significar. Olhe para ele agora: virou a Apple de cabeça para baixo." "Os cientistas de alta qualidade fazem a mesma coisa", Arthur continuou. "Os bons cientistas, mas não exatamente os de primeira classe, são capazes de apossar-se de arcabouços existentes e empregá-los eficientemente em algumas situações. Cientistas de primeira classe apenas relaxam e permitem que a estrutura apropriada se forme. Minha observação é que eles não têm mais inteligência do que os bons cientistas, mas têm essa outra capacidade, e isso faz toda a diferença."

Esse "outro modo de saber" destaca-se em artistas chineses e japoneses também. Arthur disse: "Eles poderiam sentar-se em um promontório sob a luz de uma lanterna por uma semana inteira, apenas observando, e então repentinamente dizer 'Ooohh' e pintar algo rapidamente."

Na viagem de volta, percebemos que a conversa com Arthur havia fornecido duas ideias principais. Em primeiro lugar, que há uma distinção entre os tipos de cognição: normal (recuperado a partir de estruturas mentais) *versus* um nível mais profundo de saber. E, em segundo lugar, que, para ativar o nível mais profundo do saber, cada um tem de atravessar um processo de três passos semelhante ao exemplo do paraquedas de Arthur: observe profundamente, conecte-se ao que deseja emergir e, então, aja imediatamente. Foi óbvio conectar essa conversa com meu trabalho anterior sobre o U. Assim, desenhei uma figura U em um pedaço de papel e mapeei os pontos-chave da conversa com Brian Arthur e mostrei o desenho a Joseph.

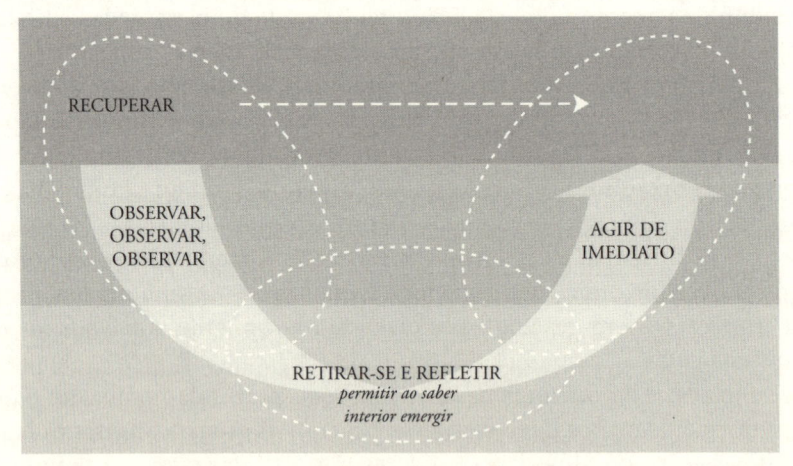

FIGURA 2.3 OS TRÊS MOVIMENTOS DO U

Percebemos que estávamos na direção de algo muito significativo. O que se seguiu foi um período intenso de detalhamento, cristalização e refinamento da estrutura. Meu trabalho conjunto com Joseph nessas questões ensinou-me muito sobre operar na fonte mais profunda do saber de alguém. Sua história de vida, que ele compartilha no seu livro *Synchronicity*, é por si só, uma excelente ilustração de como um indivíduo pode explorar essa fonte mais profunda da criatividade. A próxima questão que me veio à mente foi: o que levaria um grupo, uma organização ou uma instituição a operar em um nível semelhante? Encontrar a resposta tornou-se nossa missão.[8]

Francisco Varela: Sobre o ponto cego nas ciências cognitivas

Depois dessa viagem, compartilhei o desenho de Brian Arthur dos três movimentos ao longo do U com muitas pessoas. Quando elas seguiam o modelo de "observar, retirar-se e refletir, e então agir de imediato", muitas diziam: "Conheço isso. Vi isso em pessoas altamente criativas. Vi isso em momentos altamente criativos da minha própria vida." Mas daí, quando eu perguntava, "Certo, e com que realmente se parecem o trabalho e a vida no seu contexto atual e na organização?", elas normalmente respondiam: "Não é assim, é diferente. É mais parecido com essa coisa de recuperação." O que permanecia intrigante era que a maioria das pessoas conhecia esse lugar mais profundo da criatividade, mas, em nosso trabalho e vida diária, em particular no contexto das instituições maiores, parecemos incapazes de acessá-lo. Permanecemos bloqueados pelos antigos modelos de recuperação. Por quê? Acredito que temos dificuldade de navegar por esse território mais profundo porque nos falta um mapa de maior resolução. Precisamos mais do que apenas esses três passos. Precisamos de um mapa que mostre as curvas de nível arquetípicas e os limiares entre elas, bem como os obstáculos onde o processo de "observar, observar" está dando de encontro com uma parede. Com que se pareceria esse mapa de maior resolução?

Absorvido por essa indagação, parti para Paris a fim de entrevistar o famoso cientista cognitivo Francisco Varela. Nessa época, estava trabalhando em um projeto de pesquisa paralelo patrocinado por Michael Jung, da McKinsey & Company. Quando encontrei Varela pela primeira vez, em 1996, ele me falou sobre o ponto cego da pesquisa de cognição: "Há um núcleo irredutível na qualidade da experiência que tem de ser explorado com um método. Em outras palavras, o problema não é que não sabemos o bastante sobre o cérebro ou sobre a biologia. *O problema é que não sabemos o bastante sobre a experiência...* Temos um ponto cego no Ocidente para esse tipo de abordagem metódica. Todo mundo pensa que sabe sobre a experiência. Sustento que não sabemos."

Mal sabia quando estava em seu escritório, em janeiro de 2000, que seria nosso último encontro. Ele, um dos cientistas cognitivos mais ilustres e promissores do nosso tempo, faleceu em 2001. No decorrer de nossa conversa, ele explicou que seu trabalho atual implicava uma triangulação de abordagens sobre o "como": introspecção psicológica, fenomenologia e práticas contemplativas. "O que há de comum em todas elas? O que é que todos os seres humanos têm?" Varela meditou: "... Então, como os alemães nos anos 1880 poderiam fazer seu tipo criativo de introspecção ou os herdeiros do Buda Shakyamuni nos séculos V ou IV a.C. poderiam criar as técnicas de *samatha* ou alguém como Husserl poderia criar toda uma nova escola de pensar sobre a fenomenologia? O que há de comum nessas três práticas da pragmática sobre a experiência humana?"

"A chave é: como você se tornará consciente?" Durante três anos, Varela trabalhou em um livro chamado *On Becoming Aware*.[9] Nele, propôs a questão: "Esse processo central pode ser cultivado como uma capacidade?" "Examinando essas três tradições como práticas, você primeiro tem de distinguir, na falta de um termo melhor, o ponto de vista meramente da primeira pessoa e o que cada um faz como indivíduo na interface entre a primeira e a segunda pessoas. Quando se trata da primeira pessoa, o que parece acontecer é mais bem entendido em termos dos três gestos do tornar-se consciente. Eles são: suspensão, redirecionamento, deixar ir (desapego)."

Os três gestos do lado esquerdo do U

Isso é algo que todo mundo sabe instintivamente, ele disse, "mas, assim como um corredor deve preparar-se para tornar-se um maratonista, entender e dominar esse processo requer estudo e treinamento". Percorremos juntos os três gestos. Varela explicou: "Por *suspensão*, quero dizer a suspensão dos modelos habituais. Na meditação budista, você se senta em uma almofada e se move para um nível acima do seu engajamento habitual e vê de uma perspectiva mais aérea." Continuamos discutindo como tantas pessoas que fazem meditação reclamam que nada acontece. Por quê? "Porque a questão toda é que, depois da suspensão, você tem de tolerar a ideia de que nada está acontecendo. A suspensão é um procedimento muito engraçado. Conviver com ela é a chave."

Então, ele explicou seu segundo e terceiro gestos: o *redirecionamento* e o *deixar ir*. No primeiro, trata-se de redirecionar sua atenção do "exterior" para o "interior", desviando a atenção para a fonte do processo mental, em vez do objeto. O deixar ir, ou desapego, tem de ser feito com delicadeza, ele advertiu. Como ele escreveu com seus coautores Natalie Depraz e Pierre Vermersch, isso significa "aceitar nossa experiência".[10]

O que me impressiona sobre a descrição de Varela é que os três gestos ou os pontos de virada na transformação da qualidade da atenção de uma pessoa combinam com minhas próprias experiências em grupos. Varela falava sobre as profundas "curvas de nível" na estrutura de nossa atenção que começam a se abrir conforme progredimos no ciclo do tornar-se consciente: suspender o julgamento habitual; redirecionar a atenção de objetos percebidos ao processo de cocriá-los coletivamente; e, por fim, mudar a qualidade de nossa atenção, deixando de lado velhas identidades e intenções e permitindo que algo novo surja em *alguma futura identidade e objetivo emergentes*.

Quando deixei o escritório de Varela, sabia que havia recebido um presente. Agora tudo o que tinha a fazer era descobrir como desembrulhá-lo. Como tinha outros facilitadores, eu tinha visto essas "curvas de nível" muitas vezes em processos e workshops em equipe enquanto tentava conduzir um grupo nos pontos críticos, de modo que pudessem acessar algum lugar mais profundo da criatividade. Em primeiro lugar, você ajuda o grupo a *suspender* os julgamentos a fim de que vejam a realidade objetiva com que se defrontam, incluindo números e fatos básicos. Em segundo lugar, você os ajuda a *redirecionar sua* atenção do objeto para o processo, a fim de ajudá-los a ver o sistema de uma perspectiva que lhes permita entender como suas próprias ações contribuem para o problema prestes a acontecer. É nesse ponto que as pessoas começam a ver a si mesmas como parte da questão, começam a entender como coletivamente criam um modelo que no início parecia ser causado puramente por forças exteriores. E, então, se

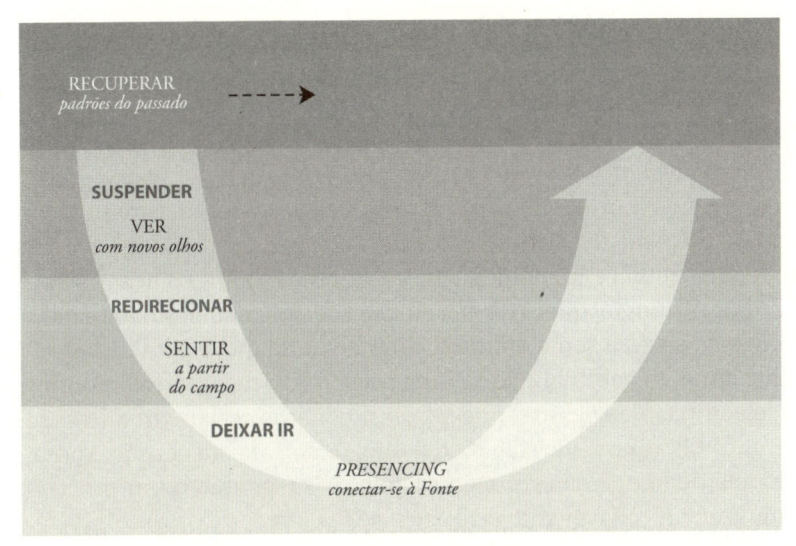

FIGURA 2.4 O PROCESSO DE ABERTURA DO U

tiver sorte, você pode trazê-los *a um lugar mais profundo da quietude, no qual* eles deixam ir o velho e começam a se conectar com suas intenções de ordem superior. Posso ver de imediato como essas curvas de nível podem ser mapeadas no U (Figura 2.4).

Mas eu ainda tinha mais perguntas. Se o processo central de Varela *de conhecer* ilustra a jornada de descida de um lado do U, o que dizer da outra parte dessa jornada? O que está se movendo para cima no lado direito? Parecia-me que a maioria dos pesquisadores, educadores e cultivadores da cognição e da consciência atenta estavam ocupados principalmente com o "processo de abertura" – o lado esquerdo do U – e prestavam pouca ou nenhuma atenção ao drama da criação coletiva que acontece quando entramos no lado direito do U. Como qualquer praticante, inovador e líder sabem, há toda uma outra dimensão para o processo de criatividade coletiva que acontece no lado direito do U e que trata de intencionalmente transformar o novo em realidade. Como algo novo se manifesta? Como o novo nasce?

O território interior da liderança

Mapeando o lado direito do U

Descendo o U, nos movemos pelos espaços cognitivos de recuperação, visão, sensação e *presencing*. Mas, para entrar com sucesso nesses espaços cognitivos mais profundos, temos de cruzar os limiares sobre os quais Varela falava: *suspensão*, *redirecionamento* e *deixar ir*. Compreendi que subir o U pode ser a mesma jornada, exceto que você cruza os limiares vindo da direção oposta (Figura 2.5).

```
         RECUPERAR                           REALIZAR
         padrões do passado                  alcançar resultados através
                                             de práticas, infraestruturas

    SUSPENDER                           CORPORIFICAR
       VER                                PROTOTIPAR
    com novos olhos                    cocriar microcosmos estratégicos

    REDIRECIONAR                       COLOCAR EM
                                         PRÁTICA
      SENTIR                           CRISTALIZAR
    a partir do campo                  visão e intenção

         DEIXAR IR                      DEIXAR VIR
                       PRESENCING
                       conectar-se à Fonte
```

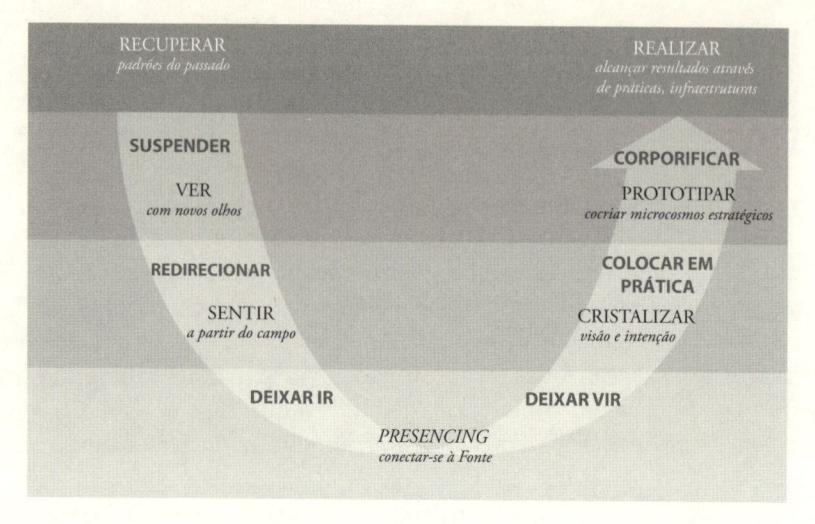

Figura 2.5 O U Completo: seis pontos de inflexão

Consequentemente, o limiar do *deixar ir* (em seu caminho descendente) transforma-se no limiar do *deixar vir* (em seu caminho ascendente), conduzindo-o ao espaço da visão e intenção cristalizadas. O limiar do *redirecionamento* do exterior ao modo interior de ver (em seu caminho descendente) transforma-se no limiar do redirecionamento da visão interior para a ação exterior, a fim de *colocar em prática* um protótipo de ciclo rápido (em seu caminho ascendente). E, por fim, o limiar da *suspensão* de hábitos e rotinas (em seu caminho descendente) transforma-se no limiar da institucionalização por meio da *corporificação* do novo em ações, infraestruturas e práticas (em seu caminho ascendente). Assim, em cada um desses casos, o mesmo limiar é cruzado, mas no sentido inverso.

Vi grupos cruzarem esses limiares várias vezes. Quando esse processo de profunda inovação e mudança ocorre, você pode observar um grupo atravessando alguma versão das seguintes mudanças sutis do campo social (ver Figura 2.5):

- *Recuperar (downloading):* recolocar em prática modelos do passado – ver o mundo através dos hábitos de pensamento de alguém
- *Ver:* suspender o julgamento e ver a realidade com novos olhos – o sistema observado é separado daqueles que observam
- *Sentir:* conectar-se ao campo e ficar atento à situação do todo – o limite entre o sujeito observador e o objeto observado desmorona, o sistema começa a ver a si mesmo
- *Presencing:* conectar-se à fonte mais profunda, da qual o campo do futuro começa a surgir – ver a partir da fonte
- *Cristalizar* a visão e a intenção – antever o novo a partir do futuro que quer emergir

- *Prototipar* microcosmos vivos para explorar o futuro mediante o fazer – colocar em prática o novo, por "estar em diálogo com o universo"
- *Realizar e corporificar* o novo em práticas e infraestruturas – incorporar o novo no contexto dos ecossistemas de codesenvolvimento maiores

Se examinarmos todo o conjunto desses sete espaços cognitivos, poderemos imaginá-lo como uma casa com sete salas ou espaços distintos. Cada sala representa um dos sete espaços da atenção (ver Figura 2.5). O problema com a maior parte das organizações e instituições hoje é que elas utilizam só algumas dessas salas – em geral, os espaços na metade superior da Figura 2.5 –, enquanto as outras raramente são utilizadas ou aproveitadas. A Parte II deste livro, "Entrando no campo U", mostra em muito mais detalhes o que cada uma dessas "salas" representa e como podemos apreciar e nos beneficiar do fato de estar nelas e crescer com essa experiência.

O restante da minha jornada em direção ao descobrimento da Teoria U pode ser melhor resumido nos termos das cinco ideias-chave ou proposições que são apresentadas aqui e serão discutidas mais detalhadamente em todo o resto do livro.

I. Precisamos de uma nova tecnologia social baseada no afinamento de três instrumentos

Enquanto eu participava de numerosos projetos de inovação e mudança profundas, percebi que, enquanto a maior parte dos líderes mais experientes de fato conhecia esses níveis mais profundos do U em sua própria experiência, a maior parte das organizações, instituições e sistemas maiores está firmemente fixada nos Níveis 1 ou 2. Por quê? Acredito que é porque necessitamos de uma nova tecnologia de liderança social. Sem uma nova tecnologia de liderança, os líderes realmente não mudam de campos, mas terminam com mais do mesmo. Chamamos essas tentativas de "reestruturação", "reprojeto" ou "reengenharia" e, na maioria das vezes, elas só servem para aprofundar nossa frustração e cinismo.

O que estou sugerindo como alternativa é desenvolver um novo tipo de tecnologia social que seja baseada em três instrumentos que cada um de nós já tem – uma mente aberta, um coração aberto e uma vontade aberta – e cultivar essas capacidades não somente em um nível individual, mas também coletivo.

O primeiro instrumento, ou capacidade, a *mente aberta*, é baseado em nossa capacidade de acessar nosso tipo de inteligência intelectual, ou QI. Isso nos permite ver com novos olhos, lidar com os números e fatos objetivos à nossa volta. Como diz o ditado, a mente trabalha como um paraquedas: só funciona quando é aberta.

A segunda capacidade, o *coração aberto*, está relacionada à nossa capacidade de acessar nossa inteligência emocional, ou EQ (emotional intelligence); isto é, nossa capacidade de compartilhar os sentimentos com os outros, de nos ajustar a diferentes contextos e nos colocar no lugar de outra pessoa.

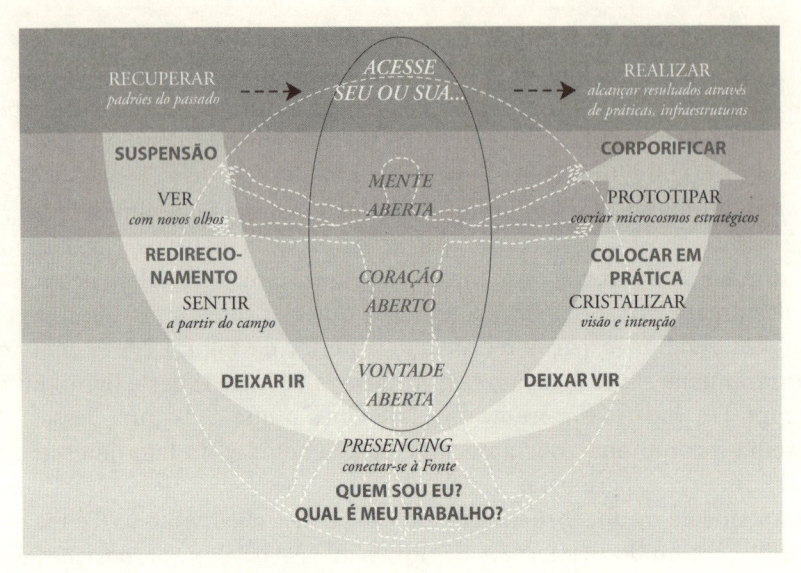

```
          RECUPERAR        ACESSE           REALIZAR
         padrões do passado  SEU OU SUA...  alcançar resultados através
                                            de práticas, infraestruturas

       SUSPENSÃO                            CORPORIFICAR

            VER              MENTE          PROTOTIPAR
         com novos olhos    ABERTA         cocriar microcosmos estratégicos

       REDIRECIO-                           COLOCAR EM
        NAMENTO              CORAÇÃO         PRÁTICA
         SENTIR              ABERTA         CRISTALIZAR
       a partir do campo                    visão e intenção

         DEIXAR IR           VONTADE        DEIXAR VIR
                             ABERTA

                            PRESENCING
                          conectar-se à Fonte
                           QUEM SOU EU?
                         QUAL É MEU TRABALHO?
```

FIGURA 2.6 TRÊS INSTRUMENTOS: MENTE ABERTA,
CORAÇÃO ABERTO, VONTADE ABERTA

A terceira capacidade, a *vontade aberta*, relaciona-se à nossa capacidade de acessar nosso verdadeiro objetivo e nosso verdadeiro eu. Esse tipo de inteligência é também às vezes chamado de intenção ou SQ (spiritual intelligence). Ele lida com o acontecimento fundamental do deixar ir e do deixar vir.

Podemos afinar cada um desses três instrumentos em um indivíduo (subjetivo), bem como em um nível coletivo (intersubjetivo).

2. A FERRAMENTA DE LIDERANÇA MAIS IMPORTANTE É SEU EU

A segunda ideia lida com a natureza desenvolvida de cada ser humano e o reconhecimento de que não somos "um", mas "dois". Um eu é a pessoa ou comunidade que nos tornamos como resultado de uma jornada que se realizou no passado. O outro eu é a pessoa ou comunidade que podemos nos tornar conforme viajamos rumo ao futuro. É nossa possibilidade futura mais alta. As pessoas às vezes se referem ao primeiro eu utilizando um "e" minúsculo e ao segundo eu com um "E" maiúsculo.

Quando esses dois "eu" falam um com o outro, você experimenta a essência do *presencing*.

Como isso acontece? Posteriormente, trataremos disso em mais detalhes, mas por enquanto vamos descrevê-lo da seguinte maneira. No fundo do U, está um limiar fundamental que deve ser ultrapassado. Poderíamos chamar esse processo de atravessar o buraco da agulha. Se o processo de ultrapassar for frustrado, todos os nossos esforços de mudança permanecerão relativamente superficiais. Eles não tocarão nosso núcleo essencial, nosso Eu futuro melhor. Devemos aprender a derrubar nosso ego e nosso "eu" habitual para o Eu emergir.

Quando nosso "eu" e nosso "Eu" começam a se comunicar, estabelecemos um vínculo sutil mas muito verdadeiro com nossa possibilidade futura mais alta, que pode, então, começar a nos ajudar e a nos guiar em situações nas quais o passado não pode oferecer um conselho útil (Figura 2.7).

Assim, a ferramenta mais importante nessa nova tecnologia de liderança é o eu do líder – seu Eu.

FIGURA 2.7 A FERRAMENTA MAIS IMPORTANTE: SEU EU

3. O TRABALHO INTERIOR DO LÍDER TRATA DE ENCONTRAR E DOMINAR TRÊS INIMIGOS

A terceira ideia lida com este quebra-cabeça: por que a jornada aos níveis mais profundos do U é sempre o caminho menos viajado? Porque ela requer um difícil trabalho interior. "Atravessar o buraco da agulha" exige que enfrentemos e lidemos com pelo menos três vozes interiores de resistência, três inimigos que podem bloquear a entrada a um dos territórios mais profundos. O primeiro inimigo bloqueia a passagem para a mente aberta. Michael Ray chama esse inimigo de Voz do Julgamento (VOJ). A menos que tenhamos sucesso em desligar nossa Voz do Julgamento, seremos incapazes de fazer progressos para acessar nossa verdadeira criatividade e presença.

O segundo inimigo bloqueia a passagem para o coração aberto. Vamos chamar isso de Voz do Cinismo (VOC) – isto é, todos os tipos de atos emocionais de distanciamento. O que está em jogo quando começamos a acessar o coração aberto? Em primeiro lugar, devemos colocar-nos em uma posição de vulnerabilidade, o que o distanciamento normalmente impede. Não estou dizendo que você nunca deve seguir sua VOC. *Estou* dizendo que, se você quiser atingir o fundo do

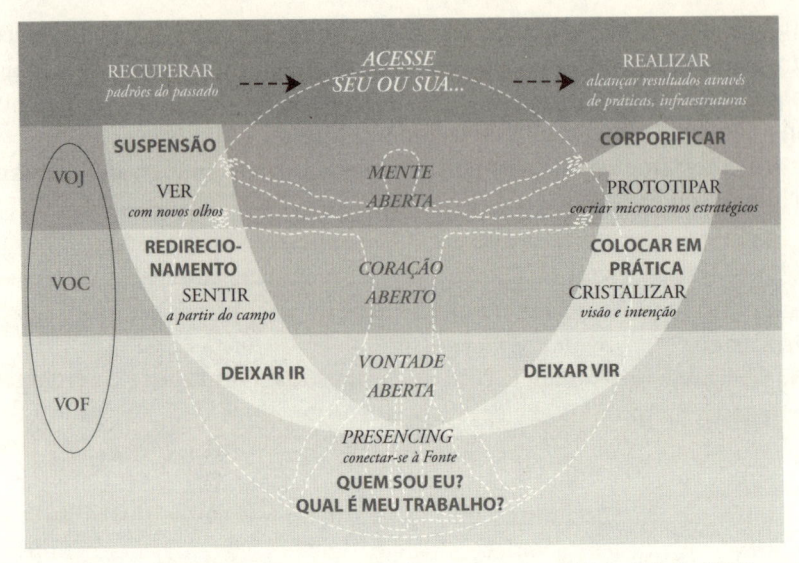

```
                    RECUPERAR        ACESSE            REALIZAR
                  padrões do passado SEU OU SUA...  alcançar resultados através
                                                     de práticas, infraestruturas
               SUSPENSÃO                           CORPORIFICAR
         VOJ                          MENTE
               VER                    ABERTA         PROTOTIPAR
               com novos olhos                    cocriar microcosmos estratégicos

               REDIRECIO-                         COLOCAR EM
         VOC   NAMENTO                 CORAÇÃO      PRÁTICA
               SENTIR                  ABERTO     CRISTALIZAR
               a partir do campo                  visão e intenção

                    DEIXAR IR         VONTADE     DEIXAR VIR
         VOF                          ABERTA

                                      PRESENCING
                                      conectar-se à Fonte
                                      QUEM SOU EU?
                                      QUAL É MEU TRABALHO?
```

FIGURA 2.8 ENFRENTANDO TRÊS INIMIGOS: VOJ, VOC, VOF

U – até seu verdadeiro Eu –, então sua VOC é disfuncional, porque bloqueia seu progresso nessa jornada.

O terceiro inimigo bloqueia a passagem para a vontade aberta. Essa é a Voz do Medo (VOF – Voice of Fear). Ela busca impedir-nos de deixar ir o que temos e quem somos nós. Ela pode aparecer como medo de perder a segurança econômica. Ou medo de ser condenado ao ostracismo. Ou medo de ser ridicularizado. E medo da morte. E, no entanto, encontrar e lidar com essa voz do medo é a essência mesma da liderança: facilitar o deixar ir o velho "eu" e deixar vir o novo "Eu". Portanto, podemos dar passos para outro mundo que apenas começa a se formar quando superarmos o medo de caminhar para o desconhecido.

4. O U É UMA TEORIA DE CAMPO VIVA – NÃO UM PROCESSO MECÂNICO LINEAR

A quarta ideia diz respeito a uma observação que me desconcertou quando notei que alguns primeiros adeptos do processo U aplicavam os princípios dessa teoria de maneira bastante mecânica, linear. O que isso lembra é que a essência da Teoria U é exatamente o contrário: ela funciona como uma matriz, isto é, funciona como um todo integral, não como um processo linear. Quando observar Bruce Lee, Muhammad Ali ou Michael Jordan, você notará que suas ações não seguem um processo linear. Ao contrário, eles dançam conforme a situação com a qual estão lidando – eles observam e sentem (se conectam) constantemente, permitem o saber ou a intuição interior emergir e, então, agem de imediato. E fazem isso o tempo todo. Não são três etapas diferentes colocadas em prática sequencialmente. Você não pode planejar fazer uma a cada semana, com alguns dias de suspensão entre elas. Em vez disso, você dança conforme aquilo que o rodeia e com o que emerge de dentro *o tempo todo*. Você faz a dança dos três movimentos do U simultaneamente, não em sequência.

Contudo, por objetivos práticos, há também um benefício verdadeiro em interromper esse caminho: durante o movimento de cossentir, concentre-se principalmente no sentir; durante o movimento de *co-presencing*, concentre-se no saber interior; durante o movimento de cocriação, concentre-se em colocar em prática. Mas tenha em mente que todos os outros movimentos e capacidades estão sempre presentes. Você pode pensar no U como uma teoria holográfica: cada componente reflete o todo, ainda que de um modo muito específico e determinado.

Para realçar sua ressonância com os campos mais profundos da emergência, as organizações têm de estabelecer três diferentes tipos de infraestruturas e lugares:

- Lugares e infraestruturas que facilitam uma visão compartilhada e dão sentido ao que está acontecendo de fato no ecossistema circundante maior (cossentir)
- Lugares e casulos de reflexão e silêncio profundos que facilitam o ouvir profundo e a conexão com a fonte da presença e da criatividade verdadeiras, tanto individual como coletivamente (*co-presencing*)
- Lugares e infraestruturas da prototipagem prática de novas formas de operar, de modo a explorar o futuro mediante o fazer (cocriação)

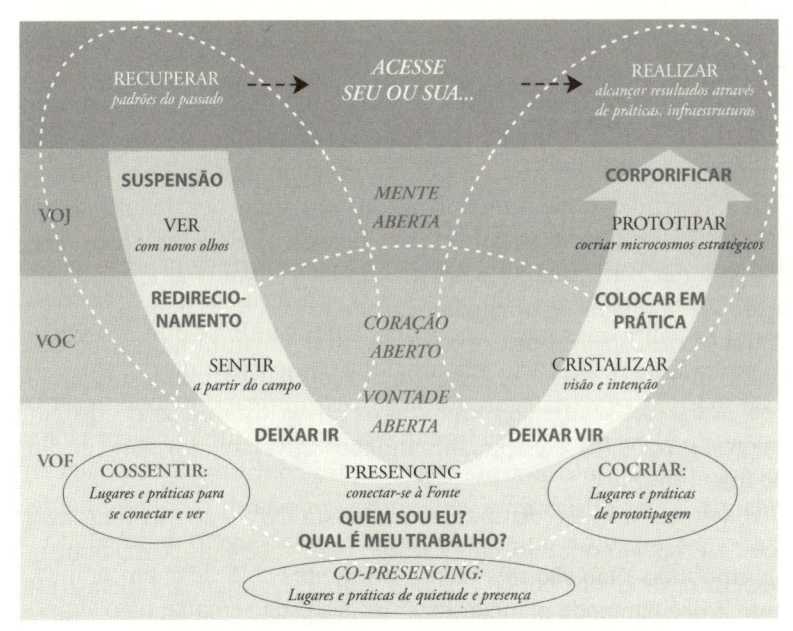

FIGURA 2.9 CRIANDO TRÊS INFRAESTRUTURAS

5. A ASCENSÃO DO ESPAÇO SOCIAL DA EMERGÊNCIA E DA CRIAÇÃO (O CICLO DO *PRESENCING*) ESTÁ CONECTADA À MORTE E À TRANSFORMAÇÃO DO ESPAÇO SOCIAL DA DESTRUIÇÃO (O CICLO DA AUSÊNCIA)

A nossa ideia final diz respeito à observação da ascensão maciça da destruição, violência e fundamentalismo, ao mesmo tempo em que também vemos uma abertura para as camadas mais profundas do campo social. Esse movimento duplo, a abertura para os níveis mais profundos da emergência, de um lado, e o poder intensificado das forças da destruição, de outro, é uma característica definitiva de nosso tempo. Essa proposição tenta trazer alguma luz a como essas duas forças — aquelas do *presencing* e da *ausência* — se relacionam entre si. Ela sugere que ambas são aspectos de um movimento evolutivo único. Muitas vezes, vemos como as pessoas em vista da destruição máxima têm a capacidade de despertar para um nível superior de conhecimento e consciência. Neste livro, compartilharei várias dessas histórias, incluindo a história do meu colega Adam Kahane com um grupo na Guatemala e a história das mulheres de Rosenstrasse, em Berlim, em 1943. Essas e outras histórias ilustram que todos nós ao redor do mundo participamos de dois tipos sociais diferentes de conexão, dois corpos diferentes do campo social. Um deles é governado pela dinâmica da antiemergência e destruição; é o corpo social coletivo que está prestes a morrer. O outro é governado pela dinâmica de emergência e criatividade coletiva; é o novo corpo social emergente que está a ponto de nascer. O que acontece em inúmeras situações sociais de violência e conexão hoje é que estamos divididos entre esses dois mundos. Podemos mudar de um espaço (o espaço da criatividade coletiva) para outro (o espaço da destruição coletiva) em um instante e quase a qualquer tempo e qualquer lugar, e nossa observação dessa mudança depende de quão despertos estamos um para o outro.

Nos capítulos restantes da Parte I, seguiremos em uma jornada de aprendizagem na qual veremos que em todos esses níveis do sistema ocorre basicamente a mesma coisa: estamos nos encontrando cada vez mais com nosso próprio ponto cego. Isto é, repetidas vezes somos lançados em situações de tela vazia que exigem que olhemos para nós mesmos, para nossos modelos coletivos de comportamento; para nos reinventarmos, quem somos e aonde queremos ir como uma instituição, um indivíduo e uma comunidade.

Na Parte II, descobriremos o processo central que ilumina esse ponto cego. E, na Parte III, investigaremos detalhadamente como essa transformação profunda do campo global está acabando com todos os níveis sistêmicos, desde o indivíduo (nível micro), grupos (nível meso), instituições (nível macro), até o mundo como um todo (nível mundo).

À medida que você percorrer a jornada deste livro — se escolher fazer isso —, notará que, de vez em quando, compartilho com você alguns arcabouços que no início podem parecer um pouco complexos (por exemplo, a Tabela 20.1). Mas o que você também notará é que todos esses arcabouços e distinções são derivados dos exemplos e histórias discutidos em todo o livro. Quando você olha para todos eles em conjunto, pode perceber que o que você vê é algo que pode ser chamado de "as bases do nosso processo evolutivo coletivo". É a gramática evolutiva que colocamos em prática coletivamente em todos os níveis de sistemas. Todo dia. É nossa própria história. Portanto, ver, reconhecer e ocupar-se desses modelos não é somente um exercício teórico – fornece um modo todo diferente de atuar como agentes de mudança que podem produzir coletivamente um mundo que é profundamente diferente daquele do passado.

Como fazer isso, como começar a operar no futuro à medida que ele emerge, é a pergunta que fundamenta e organiza este livro. Com essa pergunta em mente, vamos agora voltar nossa atenção a como uma equipe aprende.

CAPÍTULO 3

Aprendizagem e mudança quádrupla

Níveis de aprendizagem e mudança • Projeto de entrevistas com líderes visionários • A divisão entre corpo e mente • Duas fontes e tipos de aprendizagem • O ponto cego da aprendizagem organizacional

Níveis de aprendizagem e mudança

No Capítulo 1, "Enfrentando o fogo", contei como, quando jovem na Alemanha, fiquei abalado com um novo nível de experiência ou um novo estado de ser em razão do incêndio da fazenda de minha família. Em retrospectiva, vejo essa experiência como um presente que a vida me deu: o presente de experimentar uma profunda mudança no meu campo de atenção, na maneira de ver o mundo. Essa é a parte fácil.

A parte difícil é perceber essa mudança no contexto de grupos e organizações. Como um grupo, de que maneira podemos deslocar nosso campo de atenção para nos conectarmos a um futuro potencialmente melhor, em vez de continuarmos a operar a partir das experiências do passado? E como podemos realizar essa mudança de atenção sem a necessidade de sofrermos um incêndio todo dia? Esse é exatamente o desafio que me levou ao MIT Organizational Learning Center, em meados dos anos de 1990.

Quando cheguei a Boston, no outono de 1994, acabara de completar meu PhD em economia e gestão. Minha tese, "Modernização reflexiva do capitalismo: uma revolução de dentro para fora", argumenta que, para enfrentar os desafios do nosso tempo, as sociedades precisam desenvolver a capacidade de aprender através das fronteiras institucionais.

Nas principais áreas da sociedade, produzimos coletivamente resultados que poucas pessoas (ou nenhuma) querem: escolas que impedem as crianças de desenvolver capacidade de aprendizagem mais profunda; sistemas de assistência médica que lutam com sintomas, em vez de tratarem as causas dos problemas de saúde; sistemas de produção industriais que não estão em sintonia com os

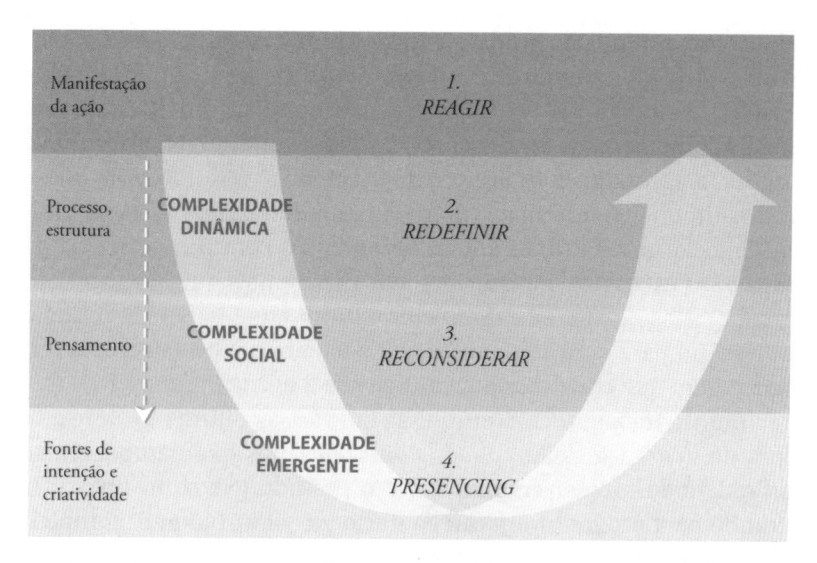

		1.
Manifestação da ação		REAGIR
Processo, estrutura	COMPLEXIDADE DINÂMICA	2. REDEFINIR
Pensamento	COMPLEXIDADE SOCIAL	3. RECONSIDERAR
Fontes de intenção e criatividade	COMPLEXIDADE EMERGENTE	4. PRESENCING

FIGURA 3.1 QUATRO NÍVEIS DE APRENDIZAGEM E MUDANÇA

princípios e leis de nosso ecossistema planetário; uma abordagem da política mundial que se concentra em questões como o terrorismo reagindo contra os sintomas, e não contra as causas sistêmicas. Em cada um dos exemplos, o problema fundamental é o mesmo: como podemos tratar dos problemas sem repetir os padrões (falhos) do passado? Um dos meus primeiros insights depois de chegar ao MIT Organizational Learning Center foi este: existem várias dimensões diferentes para o modo de abordar a mudança, algumas mais visíveis do que outras. A mais comum e a mais visível: ocorre uma crise ou uma necessidade de mudança e nós "reagimos".

Quatro níveis de resposta à mudança são descritos na Figura 3.1. O Nível 1 é reagir, responder operando em hábitos e rotinas existentes. O Nível 2 é reprojetar: mudar a estrutura e o processo subjacente. O Nível 3 é reconsiderar: mudar o padrão subjacente de pensamento. A maior parte do tempo e dos recursos nas organizações e instituições atuais é gasta nos Níveis 1 e 2, reagindo a questões e reorganizando estrutura e processo. Enquanto em alguns casos esse tipo de reação é perfeitamente apropriado, em outros esse tipo não funciona. De acordo com alguns estudos, cerca de 70% dos projetos de reengenharia de negócios empreendidos durante os anos de 1990 falharam.[1] Por quê? Porque em geral a reengenharia opera apenas nos dois primeiros níveis. As pessoas envolvidas não repensam ou reconsideram profundamente o problema.

Em contrapartida, os métodos de aprendizagem organizacional abordam a tarefa de gerenciar a mudança envolvendo não só os dois primeiros níveis, mas também o terceiro, o nível de repensar e reconsiderar as premissas fundamentais sobre a situação em questão. Chris Argyris e Donald Schön, pesquisadores de Harvard e do MIT, sugerem uma terminologia na qual possamos nos referir ao Nível 2 como aprendizagem de um ciclo único e ao Nível 3 como aprendizagem de ciclo duplo. A aprendizagem de ciclo único significa refletirmos sobre nossas ações. O ciclo duplo vai um passo além e inclui uma reflexão sobre as premissas profundas, mais arraigadas.

Até agora, a aprendizagem organizacional tem se referido principalmente a como construir, criar e sustentar o processo de aprendizagem baseado na aprendizagem de ciclo único e ciclo duplo, aprendendo com a experiência passada. Há muitos bons exemplos, pesquisas e livros excelentes que demonstram como colocar esses ciclos de aprendizagem em prática.[2] Hoje, sabemos muito sobre o que é necessário para criar ambientes que sustentem e desenvolvam processos da aprendizagem que correspondam aos Níveis 2 e 3 da Figura 3.1.

Entretanto, ao trabalhar com empresas em várias culturas e setores, vejo que as equipes de liderança estão lutando contra desafios que não podem ser bem vencidos refletindo exclusivamente sobre o passado (Nível 3). Empresas estão se esforçando para progredir em um contexto global turbulento, complexo e em rápida mudança como nunca antes visto. Seus executivos percebem que simplesmente refletir sobre o que aconteceu no passado não será adequado para ajudá-los a imaginar o que fazer depois. Observando equipes de liderança analisarem e tratarem esses desafios, começamos a reconhecer um quarto nível de aprendizagem e conhecimento: aprender com o futuro à medida que ele se manifesta (ver Figura 3.1). Denominei essa disciplina *presencing* porque envolve uma forma particular de perceber e experimentar o momento presente. *Presencing* denota a capacidade dos indivíduos e entidades coletivas de se ligar diretamente com um futuro potencialmente superior. Quando são capazes de fazer isso, eles começam a operar a partir de uma presença mais produtiva e mais autêntica no momento – no agora.

Projeto de entrevistas com líderes visionários*
Qual é a fonte de nossa ação coletiva?

Quando encontrei Michael Jung pela primeira vez, em 1994, ele era a pessoa mais eminente do escritório da McKinsey & Co. em Viena e de uma iniciativa de pesquisa mundial sobre liderança. Em Munique, começamos uma conversa intrigante sobre liderança e organização. No fim dessa conversa, Jung perguntou se eu estaria interessado em conduzir um projeto de entrevista global com os pensadores de liderança do mundo sobre o tópico "liderança, organização e estratégia". "Todas as entrevistas serão publicadas. Você pode usá-las para sua pesquisa de pós-doutorado e eu posso usá-las no meu trabalho na McKinsey.

---

*Nota do Tradutor: Thought leaders, no original. Neologismo que se tornou moda no mundo dos negócios para se referir a uma pessoa futurista ou que é reconhecida por suas ideias inovadoras e demonstra confiança em promover ou compartilhar essas ideias como insights que convocam à ação. Cf. http://en.wikipedia.org/wiki/Thought_leader.

Além disso, qualquer outra pessoa interessada poderá baixá-las de um site. Nossa esperança é que as pessoas as utilizem para estimular sua própria reflexão e criatividade."

Claro que eu estava interessado, então, depois de retornar a Boston, pedi a contribuição e a ajuda de várias pessoas, e dentro de alguns dias tínhamos desenvolvido uma lista de pessoas que considerávamos estar entre os líderes mais interessantes e inovadores, incluindo acadêmicos, empresários, pessoas de negócios, inventores, cientistas, educadores, artistas entre outros.[3]

Uma das primeiras entrevistas que conduzi foi com Peter Senge, que na época era o chefe do Center for Organizational Learning no MIT. O livro *A quinta disciplina*, de Senge, foi uma das principais razões pelas quais eu quis me juntar a esse centro. Comecei a entrevista da mesma maneira que eu costumava iniciar, perguntando: "Que questão subjacente seu trabalho trata?"

Senge disse que seu interesse mais profundo se relacionava com a evolução consciente de sistemas humanos. Então, ele me falou sobre seu recente encontro com Karl-Henrik Robert, um médico sueco e fundador da organização ambiental mundial The Natural Step. "Algo em sua história realmente me impressionava", Senge explicou. "E percebi que havia um paralelo direto com minha própria experiência. Robert tem feito pesquisa sobre câncer ao longo de sua carreira profissional e lidado com centenas de famílias que enfrentam o câncer de um pai, um filho ou um cônjuge. Ele disse: 'O que sempre me surpreendeu são as incríveis reservas de força do ser humano. Você sabe o que é uma forte rejeição, mas diz coisas realmente difíceis para as pessoas – [tais como] seu filho de 3 anos tem câncer – e fica impressionado de ver como essas forças são fracas comparadas à capacidade de as pessoas enfrentarem a verdade e trabalharem juntas como famílias, como parceiros enfrentando as mais horríveis situações que se podem imaginar.'"

Senge disse que também acabara reconhecendo o grande poder de enfrentar a realidade em anos dirigindo um curso de crescimento pessoal bem conhecido denominado "Liderança e maestria". Uma pergunta dominante, ele me disse, governa seu trabalho: "Como ajudar as pessoas coletivamente a explorar reservas reais para obter uma mudança profunda, para enfrentar coisas que parecem insolúveis, impossíveis de mudar?" Ele continuou: "Muitas pessoas diriam que os seres humanos são basicamente egocêntricos e fundamentalmente materialistas, e por isso a sociedade é como é. *É apenas o modo como as coisas são.*

"Mas, é claro", ele continuou, "*o modo como as coisas são* é apenas um padrão mental e, no ambiente certo, as pessoas se confrontam com isso e experienciam a verdadeira generosidade. Então, como você começa a liberar esse tipo de energia coletivamente?".

Enquanto Peter me contava sua história, eu ouvia e começava a sentir que o tempo desacelerava. Comecei a participar de um nível mais profundo.

"Tive uma conversa interessante há um ano com o mestre Nan, um mestre Zen chinês que vive em Hong Kong", disse Peter. "Na China ele é uma figura muito respeitada. É considerado um extraordinário estudioso por causa de sua integração do budismo, taoísmo e confucionismo. Perguntei-lhe: 'Você acha que a era industrial criará esses problemas ambientais que nos destruirão e que devemos encontrar um modo de entender esses problemas e mudar as instituições industriais?'"

O mestre Nan fez uma pausa e mexeu a cabeça em resposta. "Não concordou completamente com isso. Não era assim que ele via a questão. Ele via a questão em um nível mais profundo, e disse: 'Só existe um problema no mundo. É a reintegração entre a matéria e mente.' Foi exatamente isso que ele me disse, *a reintegração entre matéria e mente.*"

Aquelas palavras atingiram algo que ressoou profundamente com minha própria pergunta: o que significa a divisão entre matéria e mente para nosso mundo social com um todo, para o corpo social que coletivamente colocamos em prática? Isso me fez lembrar o trabalho dos meus pais. O resultado visível da agricultura, da colheita, depende da qualidade invisível do próprio campo. Então me perguntei: e se a qualidade dos mundos sociais visíveis for uma função desse campo invisível que reside no nosso ponto cego de percepção? A qualidade desse campo invisível – nosso ponto cego – define a qualidade de nossa ação social visível. O mestre Nan disse que nossa principal questão é a reintegração entre corpo e mente. Isso implica que, se quisermos aumentar a qualidade de nossa ação como grupo ou equipe, temos de prestar atenção à dimensão invisível de sua fonte: o lugar de onde operamos.

A divisão entre corpo e mente

Perguntei a Senge como ele via a separação entre mente e corpo considerando nosso mundo de grupos e organizações. "Basicamente, criamos organizações que se parecem com o corpo no sentido de que obtêm uma existência aparentemente independente fora de nós", respondeu ele, "e logo nos tornamos prisioneiros dessas organizações".

As organizações funcionam da maneira que seres humanos as criam. Eles afirmam que é "o sistema" que causa seus problemas. É sempre algo externo, alguma *coisa* que se impõe. Portanto, a realidade poderia ser de fato: "O pensamento cria organizações, e logo as organizações mantêm os seres humanos prisioneiros", ou, como o físico quântico David Bohm costumava dizer: "O pensamento cria o mundo e então diz 'Eu não fiz isso!'"

"Para mim", continuou Senge, "eis a essência do que é o pensamento sistêmico: as pessoas começam a descobrir e considerar conscientemente, como seus próprios padrões de pensamento e interação se manifestam em grande escala e criam as mesmas forças pelas quais a organização 'está fazendo isso comigo'. E então *completam esse ciclo de retroalimentação.* As experiências mais profundas que já vi em consultoria sempre ocorreram quando as pessoas dizem repentinamente coisas como, 'Meu Deus! Veja o que estamos fazendo a nós mesmos!' ou

'Da forma como estamos agindo, não é de admirar que não possamos ganhar!' E o que é sempre significativo para mim, nesses momentos, é o *nós*. Não 'você', nem 'eles', mas nós. Uma verdadeira filosofia sistêmica fecha o ciclo de retroalimentação entre o ser humano, sua experiência de realidade e seu senso de participação em todo esse ciclo de tomar consciência e colocar em prática".

Eu havia lido muito sobre aprendizagem organizacional e pensamento sistêmico, mas nunca me ocorrera isso de forma tão clara e simples. A essência do pensamento sistêmico é ajudar as pessoas a fechar o ciclo de retroalimentação entre a colocação em prática de sistemas em um nível comportamental e sua fonte invisível de consciência e pensamento. A esse comentário, Senge respondeu calmamente: "Sim, não acho que alguma vez pensei realmente sobre isso dessa forma."

Deixei essa conversa sentindo como se eu tivesse encontrado um aspecto essencial da minha própria questão. Não conseguia verbalizar a questão, mas podia *senti-la*. Isso era físico – uma sensação física distinta que durou por uma ou duas semanas.[4] Quando ela se dissipou, comecei a considerá-la segundo aspectos mais profundos da realidade social, as condições mais profundas a partir das quais a ação social surge a cada momento. Percebi que esse território mais profundo – as fontes ou as condições de campo mais profundas a partir das quais agimos – é o que, em geral, nos falta. Pode ser o ponto cego mais importante na teoria de sistemas sociais contemporânea.

Duas fontes e tipos de aprendizagem

Assim que cheguei ao MIT, eu era um acadêmico europeu branco bastante convencional: forte em reflexão intelectual, débil em experiência prática e conhecimento útil. O que me atraiu ao MIT foi a oportunidade de aprender o ofício da pesquisa-ação avançada com alguns de seus renomados representantes, como Edgar Schein, o cofundador da consultoria de processos e psicologia organizacional. Segundo o fundador da pesquisa-ação, Kurt Lewin (1890-1947), que nasceu na Alemanha e emigrou para os Estados Unidos quando Hitler subiu ao poder, o ponto inicial da pesquisa-ação é o conhecimento de que, para entender realmente o processo social, os pesquisadores devem não só estudar, mas também trabalhar e participar em ambientes práticos e reais. Mas como alguém sabe se determinada parte do "conhecimento" é verdadeira? Quando um pesquisador de ação *sabe* que sabe? Quando fiz essa pergunta a Ed Schein, ele respondeu: "Quando meu conhecimento é útil para vários profissionais no campo – nesse momento, sei que eu sei."[5]

Essa ideia continua a ser um princípio que guia minha própria pesquisa. Em inúmeros projetos de pesquisa-ação, trabalhei para ajudar equipes de liderança a passar por processos profundos de mudança. Embora ganhasse algum conhecimento de primeira mão sobre o mundo corporativo e questões enfrentadas por seus líderes, também peguei um caminho que me levou para longe das instituições estabelecidas e me conduziu para o mundo dos ativistas de movimentos populares, empresários e inovadores revolucionários.

O que aprendi nesses diferentes mundos da investigação e ação pode ser resumido em uma única frase: *há duas fontes da aprendizagem – o passado e o futuro emergente.*

Como aprender com o passado é mais conhecido: sua sequência é a ação-observação-reflexão-projeto-ação.[6] Mas como alguém pode aprender com o futuro? Esse é o assunto – e também o objetivo deste livro.[7]

O ponto cego da aprendizagem organizacional

Equipes e unidades organizacionais que tentam seguir esse novo caminho da aprendizagem muitas vezes desistem, frustradas. Percebem que não é possível realizar uma mudança profunda do tipo discutido aplicando os métodos convencionais de aprendizagem e mudança que utilizaram antes. Aprender com o passado não funciona. Não é tão simples como dizer: "Vamos simplesmente incluir a 'aprendizagem do futuro emergente' como o passo final desse processo." Não funciona assim. Precisamos fazer em um nível coletivo o que aconteceu comigo quando eu estava diante do incêndio da minha casa na fazenda. Temos de derrubar todas as antigas ferramentas e ver a situação com um novo olhar.[8] Temos de abandonar nossos modos convencionais de reagir e agir. Temos de mergulhar nossa atenção e nos perguntar sobre o mundo. Temos de mudar nosso jeito habitual de olhar o mundo e redirecioná-lo para sua fonte – o ponto cego a partir do qual atuamos a cada momento. Temos de nos conectar a essa fonte para sintonizar o futuro que está procurando emergir.

Essa é uma busca. Mas temos o que acabei chamando de dimensão sutil, invisível – a fonte subjacente para nos ajudar. As estruturas profundas do campo social determinam a qualidade de nossas ações, assim como o campo do agricultor determina a qualidade da colheita. Podemos transformar a qualidade desse campo subjacente de modo a abrir nosso horizonte às mais altas possibilidades futuras. É quando então começamos a perceber a profunda mudança e renovação social.

Capítulo 4

Complexidade organizacional

Complexidade dinâmica • Complexidade social • Complexidade emergente •
O trabalho do gestor • Do produto ao processo e do processo à fonte •
Liderando com uma tela em branco • O contexto de codesenvolvimento das
organizações • O ponto cego institucional

Complexidade dinâmica

Líderes de todas as organizações e instituições enfrentam novos níveis de complexidade e mudança. Decidi fazer um exame mais aprofundado sobre o lugar em que essa complexidade se origina. Inspirado no trabalho de Senge e Roth e em sua distinção entre complexidade dinâmica e de comportamento, encontrei três tipos diferentes de complexidade que causam impacto sobre os desafios com que os líderes têm de lidar: complexidade dinâmica, social e emergente.

Das três, a complexidade dinâmica costuma ser a mais utilizada e reconhecida. Complexidade dinâmica significa que há uma distância ou atraso sistemático entre causa e efeito no espaço ou no tempo. Tome, por exemplo, as complexidades dinâmicas do aquecimento global. As emissões de gás carbônico (CO_2) – uma *causa* – terão impacto de longo prazo no futuro do planeta. Os *efeitos* estufa que observamos hoje são causados por emissões principalmente a partir da década de 1970. Se minha organização decidir reduzir suas emissões de CO_2, reduziremos nosso impacto no clima global. Porém, e se nossos produtos forem parte de um produto maior que aumenta a emissão de CO_2? Ou que tal as emissões produzidas pelo transporte de nossas mercadorias? Quanto mais longa e complexa for essa cadeia de causa e efeito, maior será a complexidade dinâmica do problema. Se a complexidade dinâmica for baixa, pode ser tratada parte por parte. Se a complexidade dinâmica for alta, uma abordagem do "sistema como um todo" que preste atenção suficiente às interdependências que cruzam o sistema é a abordagem apropriada. As implicações gerenciais da complexidade dinâmica são simples e diretas: quanto maior a complexidade

COMPLEXIDADE DINÂMICA:
causa e efeito estão distantes no espaço e no tempo

ABORDAGEM DO SISTEMA COMO UM TODO

COMPLEXIDADE EMERGENTE:
modelos disruptivos de inovação e mudança

ABORDAGEM DO SENTIR E DO *PRESENCING*

COMPLEXIDADE SOCIAL:
os atores têm visões e interesses diferentes

ABORDAGEM DE MÚLTIPLOS *STAKEHOLDERS*

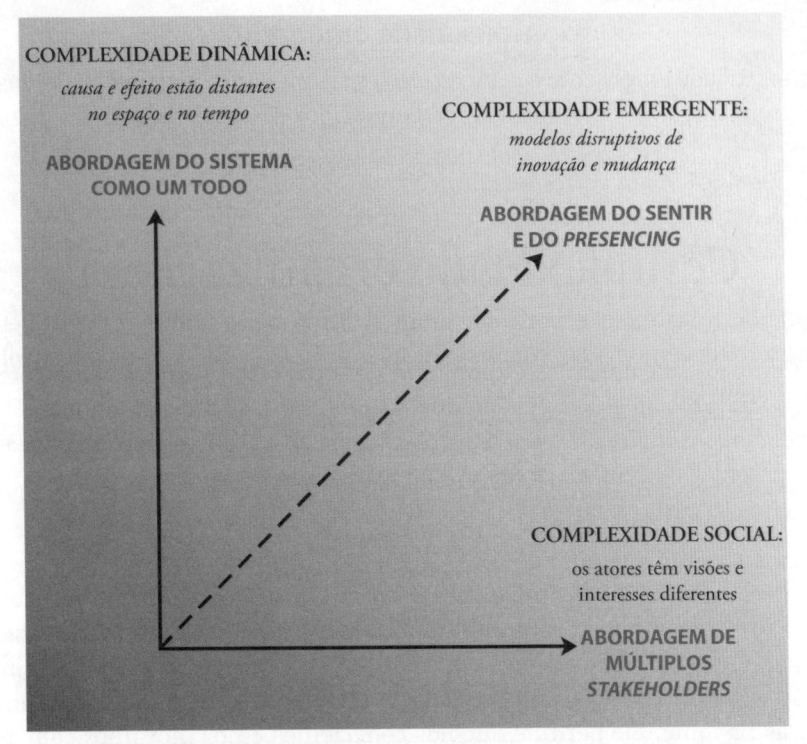

FIGURA 4.1 TRÊS TIPOS DE COMPLEXIDADE

dinâmica, mais alta a interdependência entre os subcomponentes de um sistema, e, portanto, utilizar uma abordagem do sistema como um todo para a solução de problemas torna-se ainda mais importante.

Complexidade social

Quando a complexidade dinâmica de uma questão é tratada, é mais provável que um segundo tipo de complexidade se mova para o primeiro plano: a complexidade social. A complexidade social é um produto de diversos interesses e concepções de mundo entre diferentes atores políticos e sociais, ou *stakeholders*. Por exemplo, os protocolos de Kyoto sobre as mudanças climáticas e a redução das emissões de CO_2 contaram com a concordância e o apoio da maioria dos peritos internacionais. Contudo, esses protocolos são de uso limitado porque três dos países mais poluidores – Estados Unidos, Índia e Brasil – não assinaram o tratado. Essa questão ilustra claramente os diversos interesses, visões de mundo e valores. Quanto menor for a complexidade social, mais poderemos confiar nos peritos para orientar a decisão e a adoção de planos.[1] Quanto maior for a complexidade social, mais importante será que uma abordagem de múltiplos *stakeholders* para a verdadeira solução dos problemas que inclua todas as vozes dos *stakeholders* relevantes seja empregada.

Complexidade emergente

A complexidade emergente é caracterizada pela mudança disruptiva. Os desafios desse tipo podem ser normalmente reconhecidos por estas três características:

1. A solução para o problema é desconhecida.
2. A declaração do problema propriamente dito ainda está em aberto.
3. Não está claro quem são os principais *stakeholders*.

Quando o futuro não pode ser prognosticado pelas tendências e trajetórias do passado, devemos lidar com as situações à medida que elas se desenvolvem. Quanto maior a complexidade emergente, menos podemos confiar nas experiências passadas. Precisamos de uma nova abordagem – uma que se baseie no sentir, no *presencing* e no prototipar oportunidades emergentes. Essas três abordagens serão descritas mais completamente nos Capítulos 10, 11 e 13. Mas, no momento, descreveríamos *sentir* como a visão de "dentro" – uma percepção que começa a tomar forma quando começamos a sentir e a perceber o campo inteiro. Ela normalmente é acompanhada de um aumento de energia e um deslocamento para um "lugar mais profundo". O *presencing*, ao qual já nos referimos brevemente, é o estado que experimentamos quando abrimos nossa mente, nosso coração e nossas intenções ou vontades, e podemos, como resultado, examinar as coisas na fonte. Ele permite que nos conectemos e nos movamos com as novas realidades emergentes e as rápidas mudanças que não podem ser tratadas pela reflexão sobre as experiências passadas. A prototipagem segue o estágio da cristalização, ou o estágio em que de fato desenvolvemos um sentido do futuro que quer emergir. *Prototipar* significa explorar o futuro mediante o fazer, e estrutura-se sobre uma integração prática de cabeça, coração e mãos. Ela cria muito rapidamente resultados práticos que podem então gerar feedback e sugestões de melhorias de todos os principais *stakeholders* do sistema em questão. A ascensão da complexidade generativa em muitos desafios de liderança importantes se deve ao ambiente cada vez mais turbulento em que as organizações de negócios, do setor civil e do setor público operam. Essa mudança de contexto é o condutor principal da necessidade de aprender e liderar do lado direito do "U": a partir do futuro emergente.

O trabalho do gestor

Analisando friamente, o único "trabalho" que temos como gestores é o de mobilizar ação e produzir resultados. Para fazer isso, devemos integrar objetivos, estratégias, personalidades e processos. Ao longo das últimas décadas, temos visto duas importantes mudanças no modo como abordamos nosso trabalho. Em primeiro lugar, deslocamos a ênfase do *que* para o *como*.

Em segundo lugar, deslocamos o *como* para o *onde*; do processo (como) para o lugar interior do qual os gestores e os sistemas operam e agem (quem).

Notei pela primeira vez essa mudança de foco em 1996, quando indaguei Richard LeVitt, da Hewlett-Packard, em Palo Alto, então diretor de qualidade da empresa inteira, sobre os cuidados com a qualidade da HP. "Primeiro, costumamos nos concentrar principalmente nos resultados do produto e em resultados concretos, como a confiabilidade do produto." LeVitt fez então uma pausa. "Embora isso ainda seja importante, percebemos que podemos alcançar mais deslocando nosso foco para cima e pensando nos processos que produzem esses resultados. Essa etapa da qualidade de gestão foi o coração do movimento TQM [*total quality management*, gestão de qualidade total] na década de 1980. Mas, assim que implantamos corretamente os processos, indagamos – o que vem a seguir? Qual será a próxima base da vantagem competitiva?"

LeVitt continuou descrevendo o que entendia como o próximo limiar de desempenho: "Para nós, uma nova área de foco crítica é como os gestores podem aprimorar sua qualidade de pensamento e sua *percepção profunda dos clientes* e as experiências que os clientes devem ter conosco."

Do produto ao processo e do processo à fonte

O deslocamento da HP do *produto* ao *processo* e do processo à *fonte* pode ser observado em todas das áreas funcionais de gestão da empresa.

A Figura 4.2 representa 12 áreas de gestão diferentes. A metade superior representa as funções mais tangíveis (produção industrial, RH, P&D, finanças, contabilidade, estratégia, marketing e vendas) e a metade inferior, as funções menos tangíveis (qualidade, conhecimento, liderança, mudança e comunicação).

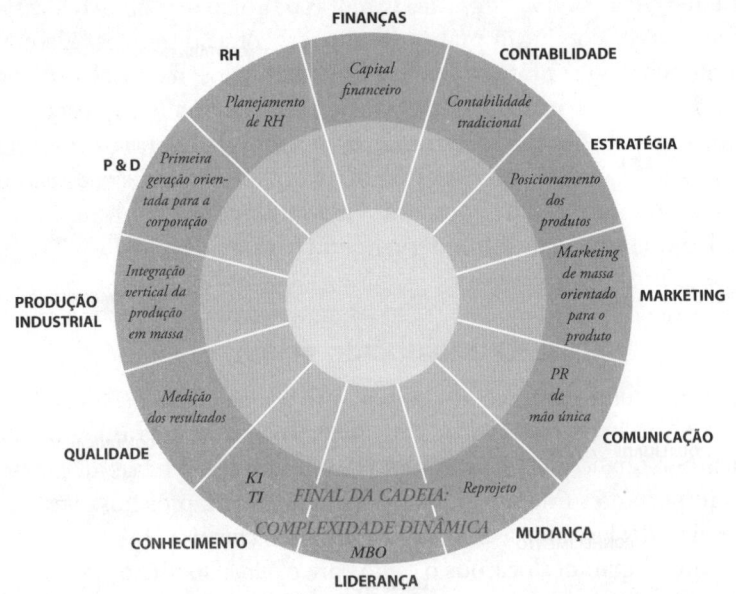

FIGURA 4.2 DOZE FUNÇÕES DE GESTÃO: VISÃO DO FINAL DA CADEIA

Nas duas últimas décadas, deslocamentos em desenvolvimento e linhas de história semelhantes expandiram-se em todas as áreas funcionais: notamos um deslocamento de foco do *produto* ao *processo* e do processo *à fonte* em todas as áreas funcionais de gestão.

O primeiro deslocamento: deslocar o foco nos resultados tangíveis para um foco no processo (da parte final da cadeia para a parte intermediária)

Na etapa inicial, o foco está nas funções da parte final da cadeia, tal como a medição dos resultados da confiabilidade do produto, conforme representado no anel externo da Figura 4.2. Uma característica-chave dessa etapa é a *diferenciação funcional*, que significa que as tarefas de gestão são distribuídas em um grupo de subtarefas – finanças, estratégia, recursos humanos, produção industrial e assim por diante. Uma segunda característica dessa fase é o que chamo de foco na parte final da cadeia. Cada área de gestão separada coloca seu foco principal em medidas de desempenho funcional, tais como custos, entrega de peças no prazo, confiabilidade do produto e assim por diante. As várias áreas de gestão são integradas pelo mecanismo de hierarquia.

Durante as décadas de 1980 e 1990, o foco dominante da gestão deslocou-se para os processos. Essa mudança, representada na Figura 4.3, mostra o movimento do círculo externo em direção ao círculo do meio, isto é, a uma visão baseada mais nos processos. Os exemplos são as filosofias baseadas nos processos, tais como gestão de qualidade total (*total quality management*, TQM), processos de gestão do conhecimento, aprendizagem organizacional, produção enxuta e custo baseado na atividade (*activity-based costing*, ABC). Em todos esses

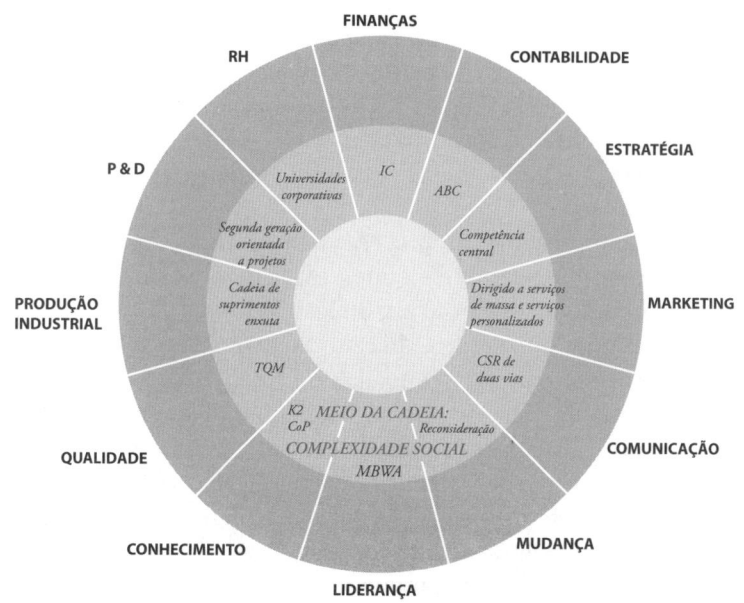

FIGURA 4.3 DOZE FUNÇÕES DA GESTÃO: VISÃO DO MEIO DA CADEIA

exemplos, o foco está em como aprimorar o *processo*; em outras palavras, como abordar, organizar e otimizar certas atividades e tarefas gerenciais. Por exemplo, no caso da aprendizagem organizacional, o ciclo de aprendizagem experimental funciona como um arcabouço básico para projetar as infraestruturas de aprendizagem que sustentam esses processos de aprendizagem organizacional. Outro aspecto desse deslocamento da atenção gerencial é a questão da integração funcional transversal. Para integrar e coordenar o trabalho através dos limites funcionais e organizacionais, as pessoas têm de aprender a tratar a complexidade social no contexto de modos cada vez mais interdependentes de organização e execução. Os líderes de cada subtarefa ou função têm os próprios interesses, redes e objetivos, portanto precisam de habilidades de gestão diferentes para tratar a complexidade social da integração funcional transversal nos processos centrais de criação de valor.

O segundo deslocamento: *deslocar o foco no processo para um foco na fonte (da parte intermediária para a parte inicial)*

A terceira etapa, que se iniciou durante a década de 1990 e continua até hoje, desloca o foco do processo para fontes de inovação e mudança (ver Figura 4.4). Como Richard LeVitt indagou, na medida em que você tem seus processos em ordem, qual é seu próximo ponto de alavancagem para intensificar a cadeia de criação de valor? A terceira etapa, representada pelo centro da roda de gestão, lida com a questão da complexidade emergente e é caracterizada pelo colapso dos limites entre as funções. Cada função pode entrar por uma porta diferente, mas todas chegam essencialmente ao mesmo lugar. Como Michael Jung disse: "Todo mundo está subindo a mesma montanha, mas cada um a observa de um ângulo diferente e acredita que é uma montanha inteiramente diferente." Apesar de todos os diferentes rótulos, nomes e discursos, todas as 12 funções no centro da roda lidam com as mesmas realidades fundamentais: como acessar e sustentar a fonte para manter solidez, inovação profunda, renovação e mudança – isto é, como lidar efetivamente com a complexidade emergente.[2]

A roda de gestão representa um processo de respiração orgânico. A perfeição dessa respiração determina a saúde e a integridade de um campo organizacional. Inspirar move a atenção na execução em direção às fontes da atenção e intenção, ao passo que o que quer que emerge do centro é expirado e colocado em prática nas áreas da gestão e organização situadas no final da cadeia. A questão não é defender um ponto de vista de liderança orientado para o início da cadeia à custa dos processos, capacidades (meio da cadeia) e execução (final da cadeia), mas conceber todo o campo da liderança e organização como uma entidade viva única, que se fundamenta na – e renove constantemente a – fonte da atenção e intenção que está no centro. De acordo com essa visão, a totalidade de uma organização ou campo depende e somente emerge da relação de todas suas partes. O centro não existe sem a periferia, e vice-versa.

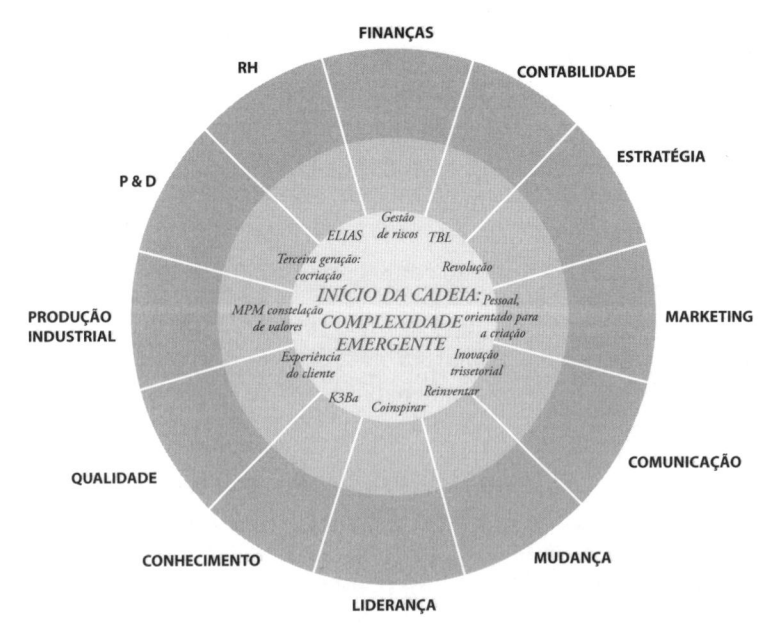

FIGURA 4.4 DOZE FUNÇÕES DA GESTÃO: VISÃO DO INÍCIO DA CADEIA

Subjacente à roda de gestão, estão dois eixos: as funções mais tangíveis estão na metade superior; as funções orientadas para o exterior estão no lado direito da roda e as funções orientadas para o interior aparecem à esquerda. A boa gestão tem a ver com equilibrar e integrar os 12 aspectos – um trabalho que, como Henry Mintzberg destacou uma vez, os pesquisadores normalmente tendem a deixar para praticantes.

A natureza do gerenciar e organizar com sucesso tem a ver com a visão, a apreciação e a integração de um espectro diverso de perspectivas.

Por exemplo, na estratégia, esse desenvolvimento é evidente no deslocamento da *competência central* para as *fontes da revolução industrial*. Primeiro, havia abordagens convencionais para traçar estratégias que giravam em torno do posicionamento em termos das combinações produto-mercado.[3] Essas abordagens lidavam com produtos bem definidos em mercados bem definidos. Então, em 1990, surgiu um artigo na *Harvard Business Review* (HBR), de Gary Hamel e C. K. Prahalad, intitulado "O Core Competence da Organização", que deslocava o foco da atenção do fim da cadeia para o meio da cadeia, do produto para a competência central.[4] O verdadeiro trabalho de estratégia, argumentavam os autores, deve girar em torno do esclarecimento das competências centrais que geram as combinações produto-mercado no fim da cadeia.

Quando encontrei e entrevistei pela primeira vez Gary Hamel, em 1996, fiquei surpreso ao descobrir que ele não fizera nem um único discurso sobre competências centrais durante os cinco anos anteriores. Ele já estava trabalhando no próximo deslocamento de foco, que depois articulou em seu artigo da HBR

"Strategy as Revolution", de 1996, e em seu livro de 2000, *Liderando a revolução* (Campus/Elsevier). Seu ponto principal nessas publicações era o de que reinventar empresas requer uma capacidade diferente daquela exigida para sustentar as competências centrais existentes. O êxito dos futuros negócios requer a capacidade de sentir as competências e oportunidades centrais do *amanhã*.

Enquanto a abordagem dominante da década de 1990 explorava as melhores práticas então existentes, Hamel pensava que, na abordagem estratégica orientada para o início da cadeia, a fonte do conhecimento vem da exploração dos recursos das inovações e ideias dormentes que residem na periferia de uma empresa, estendendo, assim, o escopo da estratégia para além dos limites organizacionais ao envolver clientes, parceiros e os empregados da linha de frente.

Em *Competindo pelo futuro* (Campus/Elsevier, 2005), Hamel e Prahalad comparam esse deslocamento do foco para o início da cadeia com a gravidez. "Como a competição pelo futuro, a gravidez tem três etapas – concepção, gestação e parto", escreveram. "A última etapa da competição é que consiste no foco dos manuais de estratégia e exercícios de planejamento estratégico. Geralmente, a premissa é que o conceito de serviço ou produto está bem estabelecido, as dimensões da competição estão bem definidas e os limites da empresa estabilizaram-se. Mas concentrar-se na última etapa da competição baseada no mercado, sem um entendimento profundo da competição pré-mercado, é como tentar dar sentido ao processo de parto sem qualquer distinção entre concepção e gestação."[5]

A pergunta que os gestores fazem a si mesmos nesse ponto, argumentam, é "Qual etapa recebe a maior parte do nosso tempo e atenção: concepção, gestação, ou trabalho e parto? Nossa experiência sugere que a maioria dos gestores gasta um tempo desproporcional na sala de parto, esperando pelo milagre do nascimento... Porém, como todos nós sabemos, o milagre do nascimento é o mais improvável, a menos que tenha havido um pouco de atividade nos nove meses anteriores."

Nesta primeira década do século XXI, o contexto para gerenciar a inovação se deslocou do alto crescimento para a turbulência do mercado de massas e resultou em uma ênfase maior em capacidades, como a solidez, e em valores profundos, como integridade ética.[6]

O processo de ascensão e queda da Enron, companhia destacada com frequência em *Liderando a revolução*, de Hamel, foi um toque de despertar para muitos. A Enron provou que a estratégia revolucionária e a inovação não são valores em si, mas que devem ser incorporadas e fundamentadas em um sentido compartilhado e em verdadeira conexão com o contexto social mais amplo ou no contexto geral. Essa conexão com o contexto social mais amplo pode funcionar como um ponto de entrada estratégico para repensar e reinventar a estratégia das lideranças políticas e empresariais no sentido de atender às necessidades de 3 bilhões de pessoas que vivem com menos de US$2 por dia, como C.K. Prahalad argumenta em seu livro *A riqueza na base da pirâmide: erradicando a pobreza com o lucro* (Bookman, 2009). O que leva a repensar radicalmente a abordagem estratégica baseada no atendimento das pessoas cujas necessidades não são satisfeitas no sistema atual é a capacidade de operar na tela em branco. Como representado no círculo central ou interior da Figura 4.4, os gestores e os líderes hoje se defrontam cada vez mais com desafios que exigem que eles operem na tela em branco, sintam e realizem oportunidades emergentes conforme elas surgem.

Vamos agora examinar dois outros exemplos.

Exemplo 1: Gestão do conhecimento

Assim como qualquer criação artística, cada etapa da gestão requer um tipo diferente de conhecimento. Por exemplo, quando os gestores medem os resultados do processo de produção, normalmente operam com o conhecimento explícito. O conhecimento explícito é aquele que pode ser expresso em planilhas e e-mails. Na primeira etapa da gestão do conhecimento, as pessoas confiavam na TI para gerenciar sistemas de conhecimento e bancos de dados. Depois de vários anos (e vários bilhões de dólares), tornou-se óbvio que a TI é somente parte de um grande quebra-cabeça. Muitos dizem, a parte fácil. Os gestores logo perceberam que o desafio está em se mover além do gerenciamento de informações para a gestão do conhecimento.

Na segunda etapa da gestão do conhecimento, as pessoas concentravam-se em melhorias do processo, tais como Gestão da Qualidade Total (*Total Quality Management*, TQM); aqui encontramos o conhecimento corporificado ou tácito; esse é o conhecimento simplesmente "conhecido" e colocado em prática nas ações diárias.

Contudo, quando os gestores se movem para o reino da inovação no final da cadeia, como fazem na terceira fase da gestão do conhecimento, descobrem, como um artista parado na frente de uma tela em branco ou como Michelangelo esculpindo Davi, que eles têm de *vê-la* primeiro.

Na Figura 4.5, acima do arco, temos o conhecimento explícito, correspondendo ao anel externo na roda de gestão (Figura 4.2); embaixo da onda, está nosso conhecimento tacitamente corporificado, correspondente ao anel do meio na roda de gestão (Figura 4.3), e nosso conhecimento autotranscendente, correspondente ao círculo central da roda de gestão (Figura 4.4).

Michael Burtha, da Johnson & Johnson, retrata o movimento do explícito ao tácito na gestão do conhecimento ao explicar que o verdadeiro desafio está em criar espaços para colegas compartilharem o conhecimento complexo entre diferentes unidades, funções e organizações que permitirão a equipes de alta performance operar efetivamente. A partir dessa perspectiva, o conhecimento não é uma *coisa*, mas *algo vivo*, situado e embutido nas práticas de trabalho.[7] Conhecimento sem contexto não é conhecimento; é apenas informação.[8] O verdadeiro conhecimento, argumenta Ikujiro Nonaka e Hirotaka Takeuchi em seu livro pioneiro, *Criação de conhecimento na empresa* (Campus/Elsevier, 2008), é "um processo situacional vivo que se desenvolve em um movimento espiral entre dimensões explícitas e tácitas do conhecimento mantido pelos indivíduos, equipes e a organização".[9]

```
         CONHECIMENTO EXPLÍCITO
    ～～～～～～～～～～～
       CONHECIMENTO TÁCITO
          [CORPORIFICADO]
    — — — — — — — — — — —
    CONHECIMENTO AUTOTRANSCENDENTE
       [AINDA NÃO CORPORIFICADO]
```

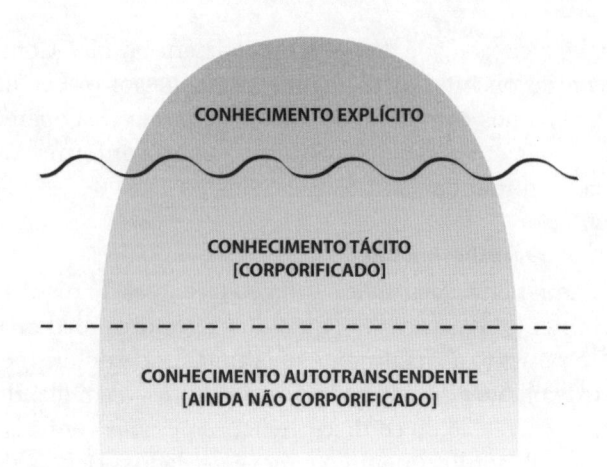

FIGURA 4.5   TRÊS FORMAS DE CONHECIMENTO

Essa nova definição do conhecimento como processo vivo foi adotada na década de 1990. No final da década de 1990 e início do ano 2000, assistimos a mais um deslocamento, relacionado com as condições e as fontes de inovação e mudança profundas. Agora desejamos aprender a responder à turbulência e à mudança disruptiva com solidez e flexibilidade, a sentir e captar futuras oportunidades emergentes, a sintonizarmos com as fontes do conhecimento "ainda não corporificado".[10] Essa etapa mais recente se reflete no conceito de Nonaka de *phronesis*, sabedoria prática, e *ba*, a palavra japonesa para "lugar", que se refere ao contexto físico, social e mental da criação do conhecimento. *Ba* é o "contexto em movimento", segundo Nonaka. Chamo-o de conhecimento "ainda não corporificado" ou "autotranscendente".[11]

Muitas pessoas concordam com a avaliação de Nonaka de que o conhecimento não pode ser gerenciado. Por quê? Porque é um processo vivo, não um corpo morto. Em vez de gerenciar ou controlar o conhecimento, Nonaka diz, temos de criar as condições que permitirão aos três aspectos da gestão do conhecimento emergirem: os sistemas de TI, um processo de criação de conhecimento e os lugares que são conducentes a esse tipo de trabalho.

Exemplo 2: Produção industrial
Tom Johnson, coautor de *Relevance Lost: The Rise and Fall of Management Accounting and Profit Beyond Measure* (*Relevância perdida: ascensão e queda da gestão de contabilidade e lucro além da medida*), contou-me em uma entrevista a seguinte história de como a fabricação de carros se moveu da produção em massa para a produção enxuta. Ele utilizou este exemplo do que é provavelmente a fábrica de automóveis mais famosa do mundo, localizada perto de Detroit.

"Saindo da Segunda Guerra Mundial, a Ford e a Toyota examinaram a fábrica River Rouge, de Henry Ford. A fábrica foi construída durante a Primeira Guerra Mundial e atravessou a década de 1920 construindo os Modelo T. Esse era o mo-

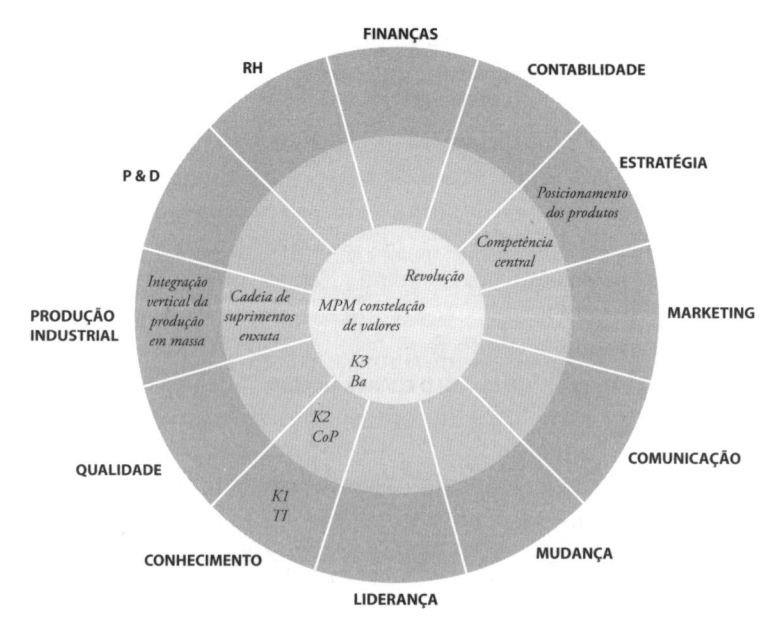

FIGURA 4.6 DESLOCAMENTOS DO FOCO, DO FINAL DA CADEIA PARA O INÍCIO DA CADEIA

delo clássico da produção em massa e qualquer fabricante de carro o conhecia de cor. Era um modelo útil se você ia produzir em massa um mesmo carro, com as mesmas características."

"Depois da guerra, a grande pergunta era como fazer vários carros sem construir uma fábrica separada para cada variedade. A Ford Motor Company propôs a solução de construir algo em escala de massa e então executá-lo à maior taxa de produção possível... Mantê-lo sempre pronto e funcionando significava que seu preço seria o mais baixo possível..."

"O problema era que você não poderia produzir variedade em um fluxo de linha contínuo como Henry Ford estava produzindo, porque fazer duas variedades ao longo da mesma linha significa que, em algum ponto, você terá de parar e mudar o sistema de alguma maneira. Sua solução foi *decompor* a linha. Isso significou interromper o fluxo contínuo que Ford tinha e colocar a prensagem de peças em um lugar, a pintura em outro lugar, a montagem e a fixação em ainda outro lugar..."

"Assim, o pensamento das economias de escala cresceu no coração da Ford e da General Motors, e no pensamento industrial americano em todos aqueles anos."

Em contrapartida, o desenvolvimento da etapa seguinte da produção industrial, mais tarde denominada de "produção enxuta", começou como um *modo diferente de ver a realidade* – na verdade, um modo diferente de ver a fábrica River Rouge, de Henry Ford. Quando os engenheiros da Toyota examinaram a fábrica River Rouge, segundo Johnson, concluíram que seus preços eram baixos por causa *do fluxo contínuo*. Eles voltaram ao Japão e, como a guerra não tinha deixado nenhuma fábrica de pé, decidiram que fariam tudo em uma fábrica, em um fluxo contínuo.

"Na década de 1970", continuou Tom Johnson, "quando começamos a perceber pela primeira vez o que estava acontecendo, os custos da mudança de sistema haviam caído a frações de minuto do que dávamos como certo até aqui. Tínhamos máquinas de prensagem de peças que exigiam oito horas para mudar de padrão, mas os japoneses trocavam de padrão em 20 ou 30 minutos. Por fim, no início da década de 1980, eles conseguiram reduzir isso para um intervalo de seis, oito, dez minutos. Tendo feito isso, eles eram capazes de construir o que chamaram de Mixed Model Line (linha de produção de modelos variados). Agora você podia ter uma linha fluindo continuamente, e por certo período você poderia ver, ao longo da linha, passarem os vermelhos, seguidos pelos azuis e qualquer que fosse o modelo misto demandado pelos clientes naquele dia. Eles tinham enorme variedade a um custo muito baixo porque tinham um sistema em que eram capazes de construir um modelo por vez, atendendo a um pedido de cada vez. Há uma concepção totalmente diferente do mundo por trás disso".

O impressionante sucesso do sistema de produção da Toyota tornou-se amplamente conhecido por meio de um estudo do MIT que descrevia os princípios processuais subjacentes a esse modo de produção industrial como produção enxuta.[12] Ela utiliza menos capital e trabalho ao mesmo tempo em que faz a reengenharia do processo de produção industrial como um fluxo único sincronizado.[13]

No tempo que a indústria automobilística do Ocidente levou para se mover da produção em massa (etapa um) para a produção enxuta (etapa dois), a Toyota já havia começado a se mover para um sistema de produção que enfatizava a etapa três. O aspecto negativo da abordagem da produção enxuta era a falta de sinergia e integração entre projetos e plataformas. Em contrapartida, o novo sistema, que Michael A. Cusumano e Kentaro Nobeoka, do MIT, chamam de "gerenciamento de múltiplos projetos", une e coordena simultaneamente os esforços de engenharia em diferentes projetos e plataformas. Segundo fontes da Toyota, o novo sistema ajudou a reduzir os custos do desenvolvimento do projeto médio em 30% e o número de protótipos de teste em 40%. Ele se baseia num enorme crescimento do compartilhamento de componentes e intensa comunicação e coordenação entre as funções de engenharia e testes, criando infraestruturas de comunicação que facilitam inovações simultâneas entre diferentes projetos e plataformas.

A produção industrial deslocou-se da integração vertical (etapa um) para a gestão da cadeia de suprimentos mais horizontalmente integrada (etapa dois) e a "constelações de valor" em forma de rede que têm como foco inovar e otimizar o sistema inteiro (etapa três).[14] Enquanto as cadeias de suprimentos pressupõem uma corrente linear de criação de valor que segue o fluxo do material desde os fornecedores até os clientes, as constelações de valor em forma de rede concebem os clientes não só como recebedores de produtos "no fim da linha", mas como cocriadores ativos do valor econômico gerado por uma cadeia de colaboração em forma de rede.

Por exemplo, quando clientes da Mercedes-Benz procuram carros novos na Alemanha, não adquirem simplesmente um veículo novo. Eles podem obter uma visão interior da fábrica, o que permite torná-los verdadeiras testemunhas e participantes do processo industrial que criou seu carro.

Liderando com uma tela em branco

Enquanto a gestão consiste em "conseguir que as coisas sejam feitas", a liderança consiste em criar e cultivar o contexto mais amplo – o terreno e o solo fértil comum – no qual as coisas possam acontecer.[15]

No começo, os líderes de negócios abraçavam uma abordagem baseada em diretivas: comande e controle. Eles estabeleciam agendas e objetivos claros projetados para mobilizar e guiar uma companhia inteira. Embora ninguém dissesse que esse tipo de liderança era obsoleto, tornava-se cada vez mais claro que algo mais era necessário para ter sucesso em nossos ambientes de trabalho complexos, dinâmicos e instáveis. Como você pode "comandar" e "controlar" quando as metas, os objetivos, questões e oportunidades mais importantes não são conhecidos de antemão, mas só tendem a emergir com o tempo?

Em resposta, as organizações transformaram-se no sentido de criar mais adaptação local, participação, aprendizagem e estilos de processo de liderança. Tom Peters e Robert Waterman popularizaram os princípios da "gestão pela observação direta" (*management by walking around*).[16] Os líderes nessa segunda fase tiveram de aprender a equilibrar objetivos e direções definidos com o aumento do grau de participação das pessoas por toda a organização.

Agora encontramo-nos em uma terceira fase, que se relaciona com a criação das condições que inspiram as pessoas e as entidades coletivas a operarem a partir de um "lugar diferente" – a partir daquele círculo interior da nossa roda de gestão (ver Figura 4.4). Como Kevin Roberts, da Saatchi & Saatchi, afirma: "Já nos movemos da gestão para a liderança – e estamos prestes a ir além, agora da liderança para a inspiração. No século XXI, as organizações têm de alcançar máximo desempenho criando condições que lhes permitam liberar o poder de suas pessoas – não conduzindo-as, não gerenciando-as, mas coinspirando-as."[17]

Para que as organizações de alto desempenho desenvolvam-se, os líderes têm de estender seu foco de atenção nos processos para a utilização das dimensões da "tela em branco" da liderança. Elas devem ajudar as pessoas a acessar suas fontes de inspiração, intuição e imaginação. Assim como o artista parado na frente da tela em branco, os líderes nos ambientes de negócios atuais devem desenvolver a capacidade de modificar sua organização para que seus membros possam sentir e articular os futuros emergentes, tanto individual como coletivamente. Uma vez perguntei a um dos líderes mais bem-sucedidos da indústria de telecomunicações o que considerava ser a essência de seu trabalho de liderança, ao que respondeu: "Estou facilitando o processo de abertura para que minha equipe possa sentir e captar as oportunidades emergentes conforme elas surgem no ambiente de negócios de rápido desenvolvimento em que estamos operando."

Mas, você poderia dizer, essa tela está tão *incompleta*! De fato, ela está, e essa é precisamente sua genialidade. Conscientizei-me dessa incompletude pela primeira vez quando me juntei ao MIT Organizational Learning Center em Cambridge. Estava sentado no meio de um grande público ouvindo Peter Senge falar. Notei que as pessoas sentadas a meu lado estavam envolvidas diferentemente – de forma mais completa – pela sua apresentação do que por outras que eu havia presenciado. Em vez de apresentar um trabalho pronto, com premissas preestabelecidas, listas itemizadas e sumários do PowerPoint, ele parecia estar não só fazendo menos, mas também algo bastante diferente. Sua apresentação parecia crescer organicamente, como se ele estivesse apenas conversando conosco. Ele havia criado uma conexão em tempo real, fazendo-nos sentir como se participássemos da apresentação à medida que esta se desenvolvia. Parecia ser mais uma história do que o tipo de apresentação acadêmica com a qual eu estava familiarizado. O intelectual europeu em mim tinha alguns receios, mas compreendi que, embora isso pudesse não funcionar para todos, Senge abrira espaço para um tipo diferente de "ver" – para uma "música" diferente a ser ouvida.

Sentei-me lá pensando que a apresentação de Senge era mais parecida com uma pintura moderna do que com arte clássica. Ele não nos apresentou um quadro completo. Era algo mais parecido com uma obra de Mark Rothko, com um azul simples cobrindo uma tela. Ou com a composição de John Cage, "4'33 Tacet for Large Orchestra", com seus 4,5 minutos de silêncio. Qual é o impacto, eu pensava, do silêncio sobre os ouvintes? De uma tela completamente azul em um observador?

Agora compreendo que Senge não estava realmente fazendo menos, mas sim fazendo uma apresentação a partir de *um lugar diferente*. É um lugar a partir do qual ele pode acessar e operar na frente de uma tela em branco, e convida as pessoas a se tornarem cocriadoras com ele. Elas trazem os próprios significados, experiências e crenças para interpretar o que veem ou ouvem. A verdadeira habilidade de liderar na frente de uma tela em branco, portanto, se baseia muito mais na arte *de não fazer* coisas do que na de *fazer* coisas. Ela demanda a coragem de dizer menos a fim de criar uma passagem que desvie o feixe coletivo da atenção de volta à sua fonte.

O que é preciso para que equipes e organizações operem a partir desse lugar diferente? Há um espaço comunal que elas podem acessar? E que tipo de liderança coletiva pode ativar essa espécie de espaço de tela em branco?

O contexto de codesenvolvimento das organizações

Jim Collins decidiu estudar companhias de alto desempenho. Ele e sua equipe selecionaram 11 empresas entre mais de 1.400 listadas na *Fortune 500* durante 30 anos, de 1965 a 1995. Cada uma das 11 empresas tivera resultados medíocres em 15 daqueles anos e, então, passara por uma transição. Desse ponto em diante, elas superaram o mercado por pelo menos três a um. Além disso, mantiveram esse nível de desempenho durante pelo menos 15 anos. Ao comparar com companhias industriais parecidas com aproximadamente o mesmo tamanho, Collins identificou um fator-chave comum: liderança. Mas uma liderança que, paradoxalmente, mesclou humildade pessoal e vontade profissional. As características do que Collins denomina "liderança nível 5" incluem ver a realidade ou "ser brutalmente realista em determinar qual empresa pode ser a melhor do mundo". Eles também devem ter um eu sem ego "canalizando as necessidades do seu ego para construção de uma grande empresa – muitas vezes sacrificando seu próprio ganho pelo ganho da empresa". E, por fim, devem estar dispostos a assumir a responsabilidade por maus resultados e, ao mesmo tempo, dar os créditos pelos sucessos a outros.[18]

Desempenhar com humildade ou com um eu não egoísta parece ser uma precondição para que o campo coletivo avance para um nível mais alto. Desde que a bolha das empresas ponto-com estourou, dirigentes com egos inchados, junto com suas companhias, desmoronaram como o Muro de Berlim. Todo mundo parece concordar que uma liderança diferente, mais responsável, é necessária agora, não apenas no setor dos negócios, mas também no setor público (e civil). Conhecemos indivíduos, equipes e até organizações que, por um período de tempo, operaram com uma qualidade superior de "saber primário", como denomina Eleanor Rosch, pesquisadora da UC Berkeley. Mas ainda sabemos muito pouco sobre como permitir que sistemas transinstitucionais mais amplos operem desse lugar, para não mencionar como manter isso ao longo do tempo.

O deslocamento do foco na maneira como os gestores abordam seu trabalho espelha um deslocamento mais amplo em nossa economia. Movemo-nos de uma economia orientada para o produto para uma economia orientada para o serviço e agora estamos nos deslocando para uma economia guiada pela experiência, conhecimento e inovação.

Como você pode ver na Tabela 4.1, hoje a maioria das organizações não é uma, mas três. E cada uma de suas três esferas funciona segundo um conjunto diferente de princípios. Na produção, o princípio básico são as economias de escala; na interface com o cliente, são as economias de escopo; e, para aqueles que inovam, são as economias de *presencing*, isto é, a capacidade de sentir e formar futuras possibilidades emergentes. Para compreender esses modelos com precisão, deve-se olhar além de uma organização única e começar a perceber os contextos econômicos amplos nos quais as companhias se codesenvolvem. Cada coluna dessa tabela rastreia uma dimensão desse deslocamento de contexto mais amplo, mas deixa algumas pistas que podemos seguir, para determinar onde o contexto mais amplo está se iniciando.

Como o foco da criação de valor deslocou-se da produção de produtos estandardizados à entrega de serviços customizados e à criação de experiências

Tabela 4.1 O contexto econômico em mutação

	Bens	Serviços	Inovação
Foco na criação de valor	Cria produtos padronizados	Entrega serviços customizados	Testa e cocria experiências personalizadas
Cliente como	Direcionado para o marketing de massas	Direcionado para a customização em massa	Parceiro de cocriação
Economia	Economias de escala	Economias de escopo	Economias de *presencing*
Modelo organizacional	Funcional, uma única esfera: produção em massa	Divisional, duas esferas: produção; interface com o cliente	Em rede, três esferas: produção; interface com o cliente; inovação
Local do impulso empresarial	Centro da organização (foco no produto)	Periferia da organização (foco no cliente)	Esfera em torno da organização (foco na cocriação)
Lógica da relação com os clientes	Orientada para o produto (*push*)	Orientada para o serviço (*pull*)	Orientada para a cocriação (presença)
Principal classe	Classe trabalhadora	Classe do setor de serviços	Classe criativa
Mentalidade gerencial	O mundo como ele é (eu = observador)	O mundo desenvolve-se conforme as pessoas interagem (eu = participante)	O mundo surge conforme optamos por responder ao seu chamado (eu = fonte da cocriação)

personalizadas, a relação da empresa com o cliente evoluiu do *push* (orientado para o produto) ao *pull* (orientado para o serviço) e para a cocriação (*presencing*). Infelizmente, tenho testemunhado muitas organizações lutando para ajustar seu trabalho de uma esfera (por exemplo, o marketing do *push*) para outra (cocriação guiada pela experiência) só para descobrir que isso não funciona.

Cada modo relacional – *push*, *pull* ou presença – requer uma mentalidade gerencial e uma competência de relacionamento diferentes, pois cada modo se baseia em uma concepção de mundo diferente. Por exemplo, as relações orientadas para o *push* se baseiam em uma concepção de mundo tradicional que supõe que as coisas estão somente fora de nós. Que elas estão separadas de nós e não são influenciadas por nossos pensamentos ou nossos comportamentos. Em contraposição, em uma organização orientada para o cliente e baseada no *pull*, a concepção de mundo ainda é externa. Tudo está relacionado com o cliente, os diálogos entre as múltiplas parte interessadas *stakeholders* e a complexidade social.

Conforme as companhias desenvolvem-se nessa etapa seguinte, começam a perceber a necessidade crescente de desenvolver suas habilidades relacionais baseadas na presença. Para lidar com as situações de ruptura dos *stakeholders*, os gestores devem ser capazes de explorar suas fontes interiores de criatividade e operar no "centro do alvo" da roda de gestão – não somente individualmente, mas como parte de um campo organizacional mais amplo. Eles devem aprender a funcionar dentro da complexidade emergente.

O ponto cego institucional

As organizações muitas vezes são cegas à complexidade emergente, caracterizada por oportunidades inesperadas e mudança disruptiva. Juntos, nós, a comunidade global de profissionais de gestão, consultores e pesquisadores, estamos nos esforçando para descobrir uma resposta confiável a esse desafio. Aprendemos a lidar com a complexidade social dinâmica, com as questões da interdependência e com as visões conflitantes dos *stakeholders*. Mas ainda não temos uma metodologia de solução de problemas confiável para lidar com os desafios complexos emergentes. Podemos reconhecer todos os três tipos de complexidade nas instituições atuais, mas continuamos a tratá-los de modo inadequado.

Antigamente, as instituições centralizadas e verticalmente integradas respondiam primeiro descentralizando-se e reorganizando-se em unidades menores, mais concentradas e mais flexíveis, que depois eram realinhadas horizontalmente segundo diferentes cadeias de criação de valor. Mas a descentralização leva ao seguinte desafio: como reintegrar o todo? Que métodos funcionarão para alinhar as diferentes partes de um todo organizacional quando a natureza desse todo continua a se modificar? O que você faz quando descobre que terceirizou competências centrais que são essenciais para o futuro de sua organização?

Instituições em todo o mundo e de todos os setores têm se esforçado para encontrar soluções para esses desafios. Algumas se concentram na recentralização de funções, algumas apostam na maior integração da rede e algumas ainda arriscam suas fichas no tipo de matriz tradicional da estrutura organizacional. Mas a questão subjacente não é a estrutura organizacional. Mais exatamente, a questão é: como podemos melhor diferenciar e reintegrar as três esferas de criação do valor no contexto do ecossistema mais amplo? Esse ecossistema incorpora não somente as economias de escala e de escopo, mas também as de *presencing*.

As organizações que desejam ser bem-sucedidas devem desenvolver e aplicar todos os diferentes conjuntos de princípios relacionais (*push*, *pull* e presença) que se aplicam a cada esfera.

Os pontos cegos institucionais abrangem tanto a liderança como a estrutura. Devemos encarar com sobriedade o fato de que, como líderes e gestores, não temos uma metodologia para abordar os principais desafios que vêm à tona na complexidade emergente. Simplesmente não sabemos o que é preciso para conduzirmo-nos de forma eficaz "na frente da tela em branco" quando a terra sob nossos pés começa a erodir e afundar.

De um ponto de vista estrutural, o ponto cego diz respeito à maioria das principais questões do desenvolvimento institucional que não podem ser resolvidas no nível da organização. As organizações de hoje são geralmente muito grandes para lidar com os pequenos problemas, que são melhor resolvidos localmente, e muito pequenas para tratar apropriadamente os grandes problemas que devem ser considerados no contexto do ecossistema mais amplo de criação do valor.

O que está faltando? Os "lugares transinstitucionais" em que podemos viabilizar conversações produtivas entre todos os principais *stakeholders*, incluindo membros da cadeia de suprimentos, clientes, comunidade, investidores, inovadores e os *stakeholders* que são marginalizados ou não têm voz no sistema atual. Esse é o ponto cego institucional hoje. Devemos encontrar espaço para todos os principais atores de um dado ecossistema se quisermos nos unir e cocriar nossos futuros. É o momento de nós, como descrevo por todas as partes de nossa caminhada pelo campo, começarmos a conduzir o futuro emergente.

CAPÍTULO 5

Mudanças na sociedade

A gênese de um novo mundo • O surgimento de uma economia global •
O surgimento de uma sociedade em rede • A ascensão de uma transformação
cultural e espiritual • Três movimentos, um fluxo • Arenas do nosso
mundo social • O ponto cego da sociedade

A gênese de um novo mundo

No fim do Capítulo 4, chegamos à conclusão de que, pelo fato de nossos pontos cegos institucionais permearem tanto nossa liderança como nossa estrutura institucional, somos defrontados com um desafio: como produzir conversas produtivas entre os principais *stakeholders*? Como poderíamos reunir os principais atores para cocriar nosso futuro? Para entender melhor como poderíamos fazer isso, primeiro voltamos a atenção para algumas mudanças importantes na sociedade – importantes o bastante para serem chamadas de a gênese de um novo mundo.

Quando o Muro de Berlim caiu, em 1989, seguido por uma onda de desintegração de sistemas socialistas na Europa Central e no Leste Europeu, bem como na União Soviética, muitas pessoas sentiram que o mundo entraria em uma nova era. Ninguém expressou esse senso de antecipação com maior eloquência do que o dramaturgo e presidente tcheco Václav Havel, que disse em um discurso na Filadélfia: "É como se alguma coisa estivesse se deteriorando e se esgotando – enquanto outra, ainda indistinta, estivesse se erguendo dos escombros."[1]

Nossa tarefa é notar o que está se erguendo dos escombros. Estamos no meio de três mudanças axiais que estão redefinindo as coordenadas de nosso sistema global. São elas:

- O surgimento da economia global: uma mudança tecnológica e econômica
- O surgimento da sociedade em rede: uma mudança relacional
- O surgimento de uma nova consciência: uma mudança cultural e espiritual

Essas mudanças criaram coisas muito boas, mas também três tipos de pobreza que definem nossa era: pobreza econômica (3 bilhões de pessoas vivendo com menos de US$2 por dia), pobreza sociocultural (a perda de valores interiores em uma cultura materialista) e uma pobreza espiritual (a perda de conexão com o corpo coletivo da humanidade).[2] O aprofundamento dessas três pobrezas resulta em um retrocesso de três fundamentalismos que caracterizam nossa era: fundamentalismos cultural-religiosos, que são cegos às crenças e aos valores daqueles que são diferentes; os fundamentalismos econômicos, que são cegos aos efeitos colaterais sociais, ecológicos e culturais da economia global; e os fundamentalismos geopolíticos, que são cegos à realidade multipolar e multicultural da comunidade global de hoje.

O sociólogo Manuel Castells, da University of California, em Berkeley, em seu livro *Fim de milênio* (Paz e Terra, 2007), afirma que nossa situação atual foi formada a partir de três processos independentes até o final dos anos 1960 e início dos anos 1970: a revolução tecnológica da informação; a crise estrutural e a reestruturação do socialismo (*perestroika*) e o capitalismo (reaganismo, thatcherismo); e a explosão de movimentos sociais culturais, como libertarismo, direitos humanos, feminismo e ambientalismo.[3] O que resultou disso, segundo Castells, é uma nova economia global informacional, a sociedade em rede e uma nova cultura da "virtualidade real". Para uma nova sociedade emergir, virá de novas relações de produção, poder e experiência.[4]

O surgimento de uma economia global

Uma *economia mundial* é aquela em que a "acumulação de capital avança por todo o mundo". Em contrapartida, uma *economia global* é uma economia com a capacidade de funcionar como uma unidade "em tempo real em uma ordem planetária". Embora exista uma economia mundial no Ocidente desde o século XVI, só no final do século XX e início do século XXI, a economia mundial se tornou realmente global com base em novas infraestruturas fornecidas pelas tecnologias da informação e comunicação.[5] Três forças motrizes continuam a remodelar a economia global de hoje: a globalização do capital; as empresas em forma de rede, globalmente estendidas; e a tecnologia.

A globalização do capital

Desde o colapso das economias socialistas em 1989-90, pela primeira vez todo o planeta organiza-se em torno de um conjunto de instituições e regras econômicas.

Mesmo havendo diferenças significativas entre as economias americana, japonesa e europeia, elas compartilham algumas das mesmas transformações socioeconômicas:

- *Downsizing* do governo
- Desmantelamento do contrato social entre capital e trabalho

- Desregulamentação e privatização de negócios estatais (em particular, no setor de telecomunicações)
- Liberalização de mercados financeiros
- Reestruturação de corporações que passam de entidades relativamente estáveis, voltadas para o mercado doméstico e verticalmente integradas, para fontes de influência dinâmicas, globalmente estendidas que cooperam entre si, se dissolvem e se reconfiguram continuamente de acordo com os fluxos horizontais de criação de valor

Mercados financeiros globais e suas redes de gestão são agora o centro da atenção do capitalismo.[6] Como o fluxo de mercadorias e serviços tende a produzir modelos aleatórios da turbulência informacional, assistimos a graves crises e choques nos últimos anos: no México (1994), Pacífico Asiático (1997), Rússia (1998), Brasil (1999) e Argentina (2002). Essas quebras do mercado financeiro lançaram mais de 40% da população mundial em profunda depressão.[7] Como Castells resume: "O dinheiro se tornou quase inteiramente independente da produção e dos serviços, escapando para a realidade virtual das redes eletrônicas. Em sua essência, o capital é global. E, como regra, o trabalho é local."[8]

Empresas em forma de rede, globalmente estendidas

Como as indústrias se transformaram em constelações mais abertas, fluidas e em forma de rede, isso também tem ocorrido com frequência com a estrutura interna das empresas. Quando entrevistei o guru de estratégia Gary Hamel, ele enfatizou que a inovação radical requer total diversidade do "ciclo genético" intelectual. Eu lhe perguntei: "Onde no contexto de uma empresa mais ampla há menos diversidade e mais investimento no *status quo*?" Sem hesitar um momento sequer, ele respondeu: "No topo!" As equipes no topo têm menor probabilidade de criar algo realmente novo. Apesar disso, geralmente os executivos têm monopólio na criação de estratégia. Portanto, Hamel se concentra em semear uma equipe para inovação selecionando pessoas que sejam jovens, estejam distantes da sede corporativa e tenham sido recém-contratadas.[9]

Quando organizações e estrategistas começaram a olhar de fora para dentro, e não o contrário, o lugar da inovação também mudou. Os grupos de P&D tradicionais concentraram-se em financiar equipes de pesquisa em cenários corporativos centralizados. Mas os novos padrões reproduzem o padrão de Hamel. Eles mostram o movimento do centro para a periferia. Na década de 1990 e início da década de 2000, a área da grande Boston tornou-se um centro de pesquisa de tecnologia biomédica fora das sedes das empresas.

Como resultado, criou-se um ecossistema de inovação dinâmico, conectando, de forma mais livre, institutos universitários, entidades de pesquisa e departamentos corporativos de P&D.[10]

Tecnologia como força motriz da inovação
As inovações que deram origem à revolução das tecnologias da informação e comunicação (TIC) foram semeadas 20 anos antes, com a invenção do microchip, o desenvolvimento do computador pessoal e as inovações em infraestruturas de telecomunicações. Em menos de três décadas, a World Wide Web evoluiu de uma pequena rede que servia a uma dezena de instituições de pesquisa para um sistema interligado que conecta milhões (em breve, bilhões) de usuários, computadores e redes em todo o mundo. A revolução continua na biotecnologia.

O desafio é sentir a próxima onda de mudança (descontínua) e então fazê-la acontecer. O economista Brian Arthur chama essa capacidade de sentir de "precognição". É semelhante à capacidade de *presencing* – e sintonizar-se com o futuro que está para vir à tona.[11]

Outra questão diz respeito à dimensão ética de tecnologias emergentes. A integração da robótica, a engenharia genética e a nanotecnologia confrontam a humanidade com um futuro em que máquinas do tipo *Matrix* controlarão a evolução das espécies humanas e em que o futuro não precisará mais de nós.[12] Seria esse tipo de futuro *Matrix* a trajetória inevitável a que estamos condenados, ou vamos escolher conscientemente um caminho evolutivo coletivo diferente?

O autor Daniel Pinchbeck discute a velocidade com a qual nossa tecnologia se move desta forma: "A Idade da Pedra durou muitos milhares de anos, a Idade do Bronze durou alguns milhares de anos, a era industrial se estendeu por 300 anos, a era química ou plástica começou há pouco mais de um século, a era da informação começou há 30 anos, a era da biotecnologia nasceu na última década. Por esse cálculo, é concebível que a era da nanotecnologia dure oito minutos. Nesse ponto, a inteligência humana poderia ter controle completo do ambiente planetário, em nível celular e molecular. Isso poderia levar à criatividade utópica ou à insanidade distópica – talvez ambas chegassem ao mesmo tempo."[13] Mas a escolha é nossa.

O surgimento de uma sociedade em rede

Globalização da governança
Pela primeira vez na história, a economia mundial é governada basicamente pelo mesmo conjunto de instituições, incluindo as Nações Unidas, o Banco Mundial, o Fundo Monetário Internacional e a Organização Mundial de Comércio. Cada uma dessas instituições tem seus críticos. Considere a Organização Mundial de Comércio, estabelecida em 1994, por exemplo. O acordo da OMC sobre Aspectos Relacionados ao Comércio de Direitos de Propriedade Intelectual criminaliza algumas práticas tradicionais de conservação e compartilhamento de sementes empregadas por agricultores na Índia e em outros países. De acordo com Vandana Shiva, renomado pensador ambiental e ativista mundial: "O acordo sobre a agricultura legaliza a venda de grande quantidade a baixos preços de alimentos transgênicos em países e criminaliza ações para proteger a diversidade biológica

e cultural em que se baseiam diversos sistemas alimentares." A principal questão com a globalização de hoje, diz Shiva, é que os "recursos passam dos pobres para os ricos e a poluição passa dos ricos para os pobres".[14] Há, de fato, certa tensão entre as instituições supranacionais, de um lado, e a soberania nacional, do outro.

Além disso, os mecanismos para fornecer um valioso feedback para instituições de governança global são parciais, distorcidos ou estão ausentes. A crítica ao Banco Mundial e ao Fundo Monetário Internacional centra-se nos efeitos colaterais sociais, culturais e ecológicos de seus programas de ajuste estruturais (*Structural Adjustment Programs* – SAPs), desenvolvidos inicialmente na década de 1970 e, desde então, implementados mais de 500 vezes.[15] Em geral, esses programas resultam em uma corrida social e ambiental para o fundo do poço, em vez de produzirem a prosperidade desejada para todos.

No livro *Confissões de um assassino econômico* (Cultrix, 2005), John Perkins nos conta sua vida como profundo conhecedor das instituições econômicas globais. Ele descreve como, repetidas vezes, participou intencionalmente do fornecimento de previsões infladas de crescimento econômico de vários países em desenvolvimento, que então, financiados pelo Banco Mundial, ficaram conhecidos pelos investimentos exagerados na infraestrutura energética. Esses investimentos beneficiaram empresas dos Estados Unidos, tais como Halliburton, mas para o país em questão resultaram em significativo endividamento de longo prazo e dependências para com o norte global.[16]

Enquanto uma parte do sul global está entrando em profunda dependência, outro grupo de países tem emergido como um grupo de economias em desenvolvimento dinâmico que estão empurrando o centro da gravidade do sistema econômico global do norte e do Ocidente para o Oriente e para o sul. Os principais exemplos dessas fontes de influência em rápido crescimento econômico são os cinco países do BRICS: Brasil, Rússia, Índia, China e África do Sul. O BRICS está mudando a geometria global do poder de um sistema basicamente monocêntrico (com a OCDE e, em particular, os Estados Unidos no centro) para um mundo mais multipolar e multirregional. Cada país no grupo funciona como uma força motriz e âncora no desenvolvimento de sua região: América do Sul (Brasil), antiga União Soviética (Rússia), sul da Ásia (Índia), leste da Ásia (China) e África (África do Sul). *Vis-à-vis*, esses países recém-emergentes, os países da tríade União Europeia, Estados Unidos e Japão também são às vezes tratados como países em recente declínio (*newly declining countries* – NDCs), porque seu relativo poder e participação no todo continuam caindo.

A sociedade em rede

Na sociedade em rede, argumenta Castells, as instituições políticas estão barganhando agências, em vez de locais de poder. O poder, contudo, não desaparece. Ele reside nas relações e nos códigos culturais em rede pelos quais as pessoas e as instituições se comunicam. A cidade global é menos um lugar do que "um processo pelo qual os centros de produção e consumo de serviços avançados (...) são conectados em uma rede global, minimizando simultaneamente os vínculos com suas regiões distantes, com base nos fluxos de informações".[17]

Isso nos leva ao lado mais escuro da sociedade em rede – aqueles que não estão munidos dos tipos certos de conhecimento, habilidades e redes são socialmente excluídos e polarizados. A perda do sistema vitalício de emprego e segurança social e o poder enfraquecido de negociação de muitos trabalhadores levaram a uma maior incidência de ruptura familiar. Castells chama essas crises pessoais, perdas de recursos e perdas de crédito de "buracos negros do capitalismo informacional". É difícil escapar da força desses turbilhões.

Individualização perpétua

Robert Putnam, autor de *Bowling Alone*, utiliza o desaparecimento das ligas de boliche como uma metáfora para a queda constante do engajamento cívico nos Estados Unidos. Ele afirma que, por cada medida concebível, o capital social tem se corroído de forma constante – e às vezes drástica – nas duas últimas gerações. Não é fácil viver sem capital social. O capital social, diz ele, é um forte estimador da satisfação de vida. Como podemos repor o capital social perdido? E nossa individualização perpétua continuará a guiar a história humana?

Hoje deparamos com mais opções sobre como viver e desenvolver nossa carreira do que nunca. Cada vez mais, somos lançados em situações em que temos de reinventar nossa vida profissional, pessoal e relacional – redefinir quem somos e para onde queremos ir.[18]

A ascensão de uma transformação cultural e espiritual

Há uma nova revolução em andamento. Chamo-a de *revolução a partir do interior*. Essa mudança sutil na percepção pessoal e pública também pode ter um significado profundo no século XXI tanto para os indivíduos como para os negócios. Várias forças parecem guiar essa mudança global: o nascimento da sociedade civil como força global, o surgimento da classe criativa e a emergência de uma nova espiritualidade.

O nascimento da sociedade civil como força global

Enquanto Putnam coletava suas evidências sobre o declínio do compromisso cívico na América, quase despercebido – e exatamente no ponto cego de sua coleta de dados –, a sociedade civil e milhões de organizações não governamentais (ONGs) em rápido crescimento emergiram como uma principal importante no mundo. ONGs, como a Cruz Vermelha, já existem há mais de um século, mas nas últimas duas décadas seu número explodiu. Segundo o Worldwatch Institute, elas cresceram não só em número, mas também em importância e na capacidade de acelerar mudança. "Elas foram enredadas, forçadas ou cooptadas por governos e corporações ou, em alguns casos, tomaram a frente destas, em uma série de ações muito díspares, como desativação de reatores nucleares, intermediação de cessar-fogos em guerras civis e denúncia de abusos de direitos humanos em regimes repressivos."[19] As ONGs e a sociedade civil, utilizando a estratégia de não violência inspirada em Gandhi, emergiram como os principais atores e forças motrizes em quatro eventos históricos fundamentais que modelaram as últimas quatro décadas do século XX:

- O surgimento do movimento dos direitos civis na década de 1960
- O surgimento do movimento ambientalista na década de 1970
- O surgimento de movimentos pacifistas e defensores dos direitos humanos e o colapso da Guerra Fria e do comunismo no Leste Europeu na década de 1980
- O desmantelamento do *apartheid* na África do Sul, na década de 1990

Cada um desses quatro grandes eventos marcou o espírito daquela década. Em cada um, as motivações subjacentes eram as mesmas: o poder da sociedade civil combinado com uma estratégia disciplinada de transformação não violenta.

A globalização da governança foi inicialmente criada pela ONU no final da Segunda Guerra Mundial. A globalização dos negócios e empresas emergiu apenas nas últimas duas décadas do século XX. Foi só na década de 1990 que as ONGs e a sociedade civil emergiram como atores globais.[20]

O surgimento da classe criativa

Outra grande motivação da revolução interior é descrita por Richard Florida, da Carnegie Mellon University, como "o surgimento da classe criativa". Essa classe criou a maior parte do desenvolvimento econômico atual. Cerca de 38 milhões de americanos, ou 30% de todas as pessoas empregadas, pertencem a essa nova classe, cujo centro inclui pessoas dos setores da ciência, engenharia, arquitetura, design, educação, artes, música e entretenimento com profissionais nos negócios, finanças, justiça, saúde e outros campos relacionados. O que todas essas pessoas têm em comum? Florida diz que é um etos criativo compartilhado que valoriza a criatividade, a individualidade, a diferença e o mérito. A principal diferença entre pessoas na classe criativa e outras classes é basicamente no que são pagas para fazer. Aqueles na classe trabalhadora e na classe de serviços são pagos principalmente por atuarem conforme planos, enquanto aqueles na classe criativa são pagos por criarem e terem consideravelmente mais autonomia e flexibilidade do que outras pessoas.[21] O que levou Florida a essas conclusões?

Em 1998, enquanto estudava as localizações de concentrações de indústria de alta tecnologia, Florida se encontrou com um estudante de doutorado que estava investigando os padrões de localização de homossexuais. Quando juntaram seus estudos, fizeram comparações. "Embora a maioria dos especialistas continuasse a indicar a tecnologia como o maior estímulo para amplas mudanças sociais, convenci-me de que as mudanças realmente fundamentais de nossa época tinham a ver com as mudanças mais sutis no modo de vivermos e trabalharmos." Florida viu um ponto em comum: o papel da criatividade como fonte fundamental do crescimento econômico e o surgimento da classe criativa.[22]

O que estamos aprendendo através de estudos como os de Florida é que a criatividade não pode ser comprada, vendida ou ativada ou desativada à vontade. Mas padrões geográficos de fato emergem. Empresas, em particular na área de alta tecnologia, gravitam pelas mesmas áreas e grupos em que pessoas da classe criativa se estabelecem. Como a criatividade requer um ambiente que promove suas fontes e muitas formas, as pessoas que contam com capacidades criativas gravitam por áreas que oferecem esse estímulo e contexto. Florida acredita que todas as tentativas de reconstruir as velhas formas de capital social estão condenadas ao fracasso: "Elas se opõem às realidades econômicas atuais."[23] Isso pode explicar por que a Novartis, empresa farmacêutica global, está seguindo outras indústrias farmacêuticas europeias e deslocando suas principais operações de P&D da Europa para o cinturão de alta tecnologia médica situado entre Boston, Nova York e Washington, D.C.

Assim como a competição na economia criativa se transforma, também as formas sociais fundamentais se transformam. O declínio da força de nossos vínculos com pessoas e instituições é um produto do crescente número dos laços que temos. Vemos mais pessoas em um único dia do que muitos de nossos pais ou avós viam em um mês. Como resultado, temos de construir e reconstruir nossa própria identidade. Existimos em uma constante criação e recriação do eu, muitas vezes de modos que refletem nossa criatividade.

A emergência de uma nova espiritualidade

A espiritualidade pode ser definida como a fonte de nossa criatividade. É diferente de religião, já que se refere à experiência, e não a sistemas de crença. Segundo o *Business Week*, um periódico conhecido não por sua cobertura da espiritualidade, um *revival* espiritual está varrendo a América do Norte corporativa "enquanto executivos de todos os tipos incorporam misticismo em sua gestão, importando nos corredores dos escritórios as lições normalmente dadas em igrejas, templos e mesquitas". Mas os eventos espirituais não estão acontecendo exclusivamente nos círculos executivos. Um exemplo claro: "Nos últimos seis anos, 300 funcionários da Xerox Corp. – de gerentes seniores a caixas – têm participado de 'ritos de passagem' como parte do projeto de US$400 milhões da empresa para revolucionar o desenvolvimento de produtos."[24]

Uma vez, em um retiro espiritual no norte do Novo México, uma dezena de engenheiros da Xerox viu uma caixa de papelão da Xerox boiando em uma poça de óleo de motor usado no fundo de uma depressão de um terreno baldio. Então, eles juraram construir uma máquina que nunca acabaria poluindo outros locais de despejo de lixo. O resultado final: o design e a produção da 265DC, uma máquina 97% reciclável. Aqueles engenheiros foram além de seu ponto cego.

Um estudo da McKinsey & Company descobriu que os programas de funcionários que incluem um componente espiritual levaram a melhoras significativas de produtividade e redução nas taxas de rotatividade. "Nós vimos", informa um parceiro sênior da McKinsey, "que processos de mudança que incluem a dimensão do domínio pessoal podem levar à superação de limiares de desempenho significativos (...) não só para indivíduos, mas para a equipe como um todo".[25] Ao mesmo tempo, esse achado, naturalmente, também cria um problema: começaremos agora a fazer mau uso da espiritualidade a fim de aumentar as margens de lucro?

Mas a emergência da espiritualidade não está confinada ao mundo dos negócios. O sociólogo Robert Wuthnow, da Princeton University, informa que 40% de todos os americanos alegam estar atualmente envolvidos em um pequeno grupo que regularmente atende e fornece suporte ou cuidados a seus participantes. *Grosso modo*, metade desses grupos tem relação com igrejas. É uma "revolução silenciosa" na sociedade americana que está redefinindo a comunidade de modo mais fluido.[26]

Essa "revolução silenciosa" mostra um crescente interesse em tópicos, como desenvolvimento pessoal, diálogo e fluxo. O poder da atenção e a experiência do fluxo, como descrito por Mihaly Csikszentmihalyi,[27] têm sido há muito tempo cultivados na prática do diálogo. Em essência, o diálogo envolve mudança coletiva da atenção, partindo da cortesia para o conflito, do conflito para a investigação e da investigação para o fluxo gerador.[28] Meu colega Bill Isaacs, fundador do MIT Dialogue Project, utilizou o diálogo como um método de mudança em uma usina siderúrgica, em um sistema de assistência médica local e como uma forma de desenvolver capacidades de liderança em empresas multinacionais.[29]

A ascensão da espiritualidade é apenas um epifenômeno do fato de a geração baby boom tornar-se mais reflexiva, ou está relacionada com a mudança cultural na sociedade como um todo? Quando me encontrei com Francisco Varela, a certa altura ele estendeu a mão para pegar um exemplar do *Journal of Consciousness Studies*. Esse periódico tratava dos métodos de acessar a experiência em primeira pessoa – incluindo a meditação. "Isso teria sido inimaginável há três ou quatro anos", disse ele. E eu concordo. Mas agora as práticas de meditação são amplamente aceitas, não só em meus seminários de liderança, mas em muitos outros lugares improváveis. O estudo do sociólogo Paul Ray de mais de 100 mil pessoas nos Estados Unidos indica profunda mudança na cultura americana. Ele dividiu a sociedade em grupos modernos, tradicionais e criativos culturais. Embora os "criativos" representem apenas 26% da população, é o segmento que cresce mais rápido. Por toda a Europa, os criativos culturais representam de 30% a 35% da população. Algo característico desse grupo são seus valores de simplicidade, sustentabilidade, espiritualidade e consciência social.[30]

Apesar disso, dados de pesquisa recentes mostraram que a mudança de valores para criativos culturais é contrariada por um retrocesso em uma visão estreita, egocêntrica, reativa, em particular (mas não só) nos Estados Unidos. Segundo uma pesquisa entre 1.500 americanos feita pela agência de pesquisa de mercado

Environics, o número de americanos que concordam com a afirmação "Para conservar o emprego das pessoas neste país, devemos aceitar níveis mais altos de poluição no futuro" aumentou de 17% em 1996 para 26% em 2000. O número de americanos que concordam que "a maioria das pessoas ativamente envolvidas em grupos ambientais são extremistas, não pessoas razoáveis" pulou de 32% em 1996 para 41% em 2000.[31]

Três movimentos, um fluxo

Quando encontrei Fritjof Capra em um grupo de estudos sobre pensamento sistêmico nas ciências sociais, discutimos os movimentos contraculturais e ele disse que achava que sempre se devem incorporar três aspectos: o ecológico, o social e o espiritual. "A questão é que esses movimentos tendem a dissociar o que, na verdade, é uma coisa só. Quando percebi que o movimento New Age não adotava realmente os aspectos ecológicos, sociais e políticos de mudança transformacional, decidi dissociar-me dele." Isso fazia muito sentido para mim. Alguns meses depois, eu estava por acaso em Oxford, Inglaterra, em um workshop sobre diálogo com líderes de várias culturas e setores. O encontro foi concebido como uma investigação dos padrões emergentes de nossa época, em particular a disseminada renovação espiritual, evidente para muitos dos participantes de corporações, governo e ONGs. Ao compartilhar a razão pela qual nos reuníamos lá, encontrei-me falando sobre meu próprio envolvimento com os três movimentos discutidos por Capra.

Eu tinha 16 anos, disse eu, quando "despertei" pela primeira vez e comecei a pensar sobre questões políticas. Com aproximadamente 100 mil pessoas em toda a Alemanha, fui ao local da construção da usina nuclear em Brokdorf, um dos campos de batalha europeus mais famosos do movimento antinuclear dos anos 1970. Brokdorf é um pequeno município ao norte da Alemanha, próximo à fazenda da minha família, ao lado de Hamburgo. Protestávamos contra a doentia aliança entre a indústria atômica e grandes monopólios de serviços públicos de eletricidade estatais que sugavam dezenas de bilhões de dólares de contribuintes para subsidiar uma tecnologia que trazia mais riscos do que oportunidades aos olhos da maioria da população. Em retrospectiva, sabemos que os enormes subsídios e o foco na tecnologia nuclear contribuíram para o fato de a Alemanha ter perdido o trem em uma revolução tecnológica muito mais importante: a revolução TIC, que começou a tomar forma na região do Vale do Silício na Califórnia e na Rota 128 em Massachusetts, quase ao mesmo tempo.

A marcha em Brokdorf não era legal e o local estava guardado por forte força policial, mas tudo ocorreu pacificamente até que a manifestação estivesse quase no fim. Estávamos começando a nos retirar do local principal para voltarmos para os ônibus e carros a algumas milhas de distância quando, de repente, ouvimos uma enorme e rítmica batida, além de um grito muito alto. Viramos e vimos centenas, talvez mil, policiais fortemente armados batendo cassetetes nos escudos e correndo em nossa direção com um ruidoso grito de ataque. Todo mundo sabia o que fazer: correr. Eles nos caçaram nos campos como se fôssemos galinhas. À medida que a distância entre nós e a polícia diminuía, primeiro ouvi e, então, vi um enxame de helicópteros se aproximando. Eles voavam tão baixo que as pessoas à minha direita e à esquerda eram empurradas pela força do vento. Sem parar, olhei para trás para ver o que havia acontecido com elas. Cada uma foi cercada por policiais bradando cassetetes.

Meia hora depois, aqueles de nós que haviam escapado andando rápida e silenciosamente reuniram-se de forma coesa, em uma ampla estrada de volta aos ônibus e carros. Um pôr do sol vermelho-escuro banhava todo o cenário com luz cinemática. Depois de o sol se pôr, antes de entrarmos em nossos veículos, a polícia atacou outra vez, irrompendo da floresta à nossa esquerda – a partir de uma total escuridão – com cassetetes nas mãos e aos gritos. Ao se aproximarem, algo estranho aconteceu: todo mundo parou de andar e ficou em silêncio absoluto, corpo a corpo, como se todos nós fôssemos uma grande forma coletiva. Ninguém correu. Todos pararam por um momento de completo silêncio. Então, no momento seguinte, eles nos alcançaram. Começaram a bater naqueles que estavam ao alcance dos cassetetes. Ainda assim, a multidão não se moveu. Seus porretes cortaram nosso corpo coletivo como uma faca através da manteiga. Depois de um curto espaço de tempo, eles perceberam que ninguém tentava resistir. O corpo coletivo permaneceu imóvel. Impressionados com isso, eles pararam e logo empreenderam retirada.

Quando retornei daquela noite, meu corpo estava intacto. Mas voltei para casa diferente. Nosso corpo coletivo – o corpo vivo que me tornara "um" durante aquele evento – fora atacado e ferido, isto é: *aberto*. Senti que tinha visto o inimigo – um sistema opressivo que utilizava a força física para empurrar a agenda de um pequeno grupo de interesse especial contra a maioria das pessoas em nosso país.

Sabia então que meu futuro trabalho envolveria transformar *aquele* sistema.

Em 1983, mudei-me para Berlim Ocidental para estudar na Free University (Universidade Livre). A Guerra Fria ainda dividia Berlim, mas, apesar disso, poderosos movimentos de direitos humanos e paz cresciam e floresciam. Eu estava rodeado de pessoas que tinham um senso do que era possível para si e para a sociedade e que decidiram viver a partir desse mais profundo senso de possibilidade e consciência. Sempre que alguém atravessava a Europa Central naquela época, podia-se sentir imediatamente conectado a círculos e redes de pessoas cuja abertura para um futuro emergente era palpável.

Tempos depois, às vezes eu me perguntava para onde teriam ido todas aquelas pessoas. Então, em meados dos anos 1990, enquanto eu participava do primeiro encontro semestral no MIT Learning Center, uma reunião nacional de profissionais de aprendizagem organizacional avançada, algo me veio à mente: todas aquelas pessoas das quais sentira saudade nos meus dias de Berlim usavam agora roupa social e atuavam em redes como essa no Learning Center. O vínculo que nos unia não fora primariamente uma agenda ambiental ou social, mas de conscientização e mudança institucional. Essas pessoas estavam interessadas em melhorar o acesso a fontes de criatividade, tanto individual como coletivamente. Eu tinha "voltado para casa" com um círculo de pessoas com as quais eu nunca havia me encontrado e das quais nem mesmo ouvira falar. A narração dessa história em Oxford ajudou-me a esclarecer por que os movimentos de uma única questão mantêm tão pouca atração. Como Capra, quero me associar a pessoas que trabalham para reintegrar as três raízes: o aspecto ecológico, o social e o espiritual. E, como ele, estou interessado em fazer isso com base em uma nova mistura entre ciência e consciência, não voltando para o passado, mas procurando o futuro.

Três conflitos e perguntas fundamentais

As três revoluções descritas são padrões de um processo de transformação mais amplo. Algo está chegando ao fim. Mas qual é a nova estrutura que está atualmente se erguendo dos escombros? Não sabemos. O que realmente sabemos é que cada uma das três mudanças revolucionárias vem com uma grande reação. A mudança cultural-espiritual vem com o surgimento do fundamentalismo cultural, levando a um choque de culturas pré-modernas, modernas e pós-modernas. A mudança para uma economia global vem com a sombra de um *apartheid* econômico que exclui bilhões de pessoas de ter suas necessidades básicas atendidas. A ascensão da sociedade em rede e das instituições multilaterais globais vem acompanhada de uma reação imperialista que impede que novos regimes multilaterais como o Protocolo de Kyoto sobre mudanças climáticas funcione efetivamente.

Na raiz desses três conflitos – socioeconômico, geopolítico e cultural – nós, como uma sociedade global, deparamos com três perguntas fundamentais. Descobri que essas perguntas vivem no coração e na mente das pessoas de várias culturas e civilizações. São elas:

1. Como podemos criar uma economia global mais igualitária que possa atender às necessidades de todos, incluindo os pobres de hoje e as futuras gerações?
2. Como podemos aprofundar a democracia e desenvolver nossas instituições políticas para que todas as pessoas possam participar cada vez mais diretamente dos processos de tomada de decisão que definem seu contexto e seu futuro?
3. Como podemos renovar nossa cultura para que cada ser humano seja considerado portador de um projeto sagrado – a jornada de alcançar seu verdadeiro eu?

Até mesmo para fazer essas perguntas, entramos em um campo de força comum que guia o surgimento da sociedade civil hoje. Esse campo comum incorpora:

- Um senso social profundo de que toda humanidade está ligada por um vínculo ou campo tácito, invisível

- Um senso democrático profundo de que, por fim, toda a legitimidade flui a partir de estruturas que viabilizem a participação inclusiva
- Um senso cultural e espiritual profundo de que estamos em uma jornada para nos tornar quem realmente somos – tanto individual quanto coletivamente

O denominador comum dessas percepções é uma visão do ser humano como um ser de liberdade – como um ser que é definido pela capacidade de fazer a escolha entre atuar de modos habituais e conectar-se com a fonte mais profunda de criatividade, ação ética e liberdade.

Arenas do nosso mundo social

Os choques e a reação que a transformação descrita gera acabam em três arenas da vida social: (1) estruturas e sistemas objetivos (2) estruturas e processos implementados e (3) fontes profundas de implementação.

A primeira arena: estruturas e sistemas objetivos

O principal foco dos fundadores da sociologia, Auguste Comte, Émile Durkheim e Max Weber, está centrado em torno da primeira arena. Eles conceberam o mundo social como algo que pode ser estudado e descrito em relação a leis imutáveis, no espaço, tempo e consciência.[32] Comte, que cunhou o termo "sociologia", viveu no início do século XIX e acreditava que a história se desenvolvia em uma sequência linear de etapas sucessivas, da teologia para a metafísica e daí para o positivismo. Como Comte e os contrarrevolucionários católicos, Émile Durkheim, que viveu de 1858 a 1917, não gostava da desordem social. Ele estudou as forças e estruturas que são externas ao indivíduo e que o coagem. Max Weber, que morreu em 1920, enfatizou a racionalização como a base de um desenvolvimento mais ou menos linear. Ele via as pessoas presas em uma "jaula de ferro" em que as mercadorias têm "poder crescente e, em última instância, inevitável sobre as pessoas".[33]

A segunda arena: estruturas e sistemas implementados

O biólogo chileno Humberto Maturana notou que "todas as coisas ditas são ditas *por alguém*", portanto também podemos dizer que todos os sistemas e estruturas são implementados "por alguém". A jaula social de Max Weber existe apenas na medida em que as pessoas a *implementam* em seu comportamento diário. Anthony Giddens afirma que a agência e a estrutura devem ser vistas como duas faces da mesma moeda. A estrutura é reproduzida em e por uma sucessão de práticas situadas que, por sua vez, são organizadas por ela. Jürgen Habermas, talvez o filósofo e sociólogo mais importante vivo, vê a sociedade como o "mundo dos sistemas" e o "mundo da vida". Nossa relação entre os dois, afirma ele, é semelhante à colonização. "Os imperativos dos subsistemas desconectados penetram no mundo da vida – assim como os colonizadores dominavam uma tribo – e impõem sua assimilação."³⁴ Mas essas duas perspectivas falham em nos levar para um ponto de vista profundamente ontológico – aquele que o Mestre Nan tinha em mente.

A terceira arena: fontes profundas de implementação

Nenhum de nossos estudiosos da sociologia considerou totalmente o que Bill O'Brien chamou de "o estado interior do interventor". Mas estamos agora em um estágio em que podemos começar a entender que nossa percepção e consciência determinam a qualidade de nossas ações e resultados. A noção de Habermas do conceito husserliano do mundo vital chegou bem perto disso, mas os escritos de Habermas captam apenas a dimensão racional do discurso, não os aspectos estético-espirituais mais profundos do diálogo e do fluxo geradores.³⁵ Para transcender esses pontos de vista, devemos "voltar aos dados e começar tudo de novo", como exprimiu Ed Schein, o grande precursor da cultura e mudança organizacional no MIT. Enquanto o método da ciência social padrão tende a se basear em dados de observação, Kurt Lewin e seus sucessores, estudiosos da ciência-ação, como Chris Argyris, Ed Schein, Peter Senge e Bill Torbert, afirmaram que temos de utilizar mais do que apenas pontos de vista de terceira pessoa. Precisamos, como disse Bill Torbert, acessar o conhecimento de terceira, segunda e primeira pessoas. Isto é, devemos incorporar os dados observacionais, conversacionais e experimentais de primeira pessoa. Mas é claro que as perguntas continuaram a surgir: como você sabe que sabe? Que critérios o ajudam a validar seu conhecimento?

> "Eu sei que sei quando meu conhecimento é contestável – isto é, quando posso produzi-lo." (Chris Argyris)
> "Eu sei que sei quando meu conhecimento é útil para vários clientes e profissionais no campo." (Ed Schein)
> "Eu sei que sei quando desenvolvo a capacidade de criar os resultados com os quais eu realmente me importo – quando o que se sabe permite criar." (Peter Senge)

Cada uma dessas arenas desempenha um grupo de forças conflitantes. A coluna à esquerda lista três arenas de onde surge a realidade social. Cada arena oferece uma perspectiva diferente nessas três áreas essenciais em questão, que Capra descreveu como: ecológica, socioeconômica e espiritual-cultural. Cada questão tem sua comunidade própria de estudiosos e profissionais.

O primeiro ponto de vista ou arena é governado pela metacategoria filosófica da *objetividade*. Esse é o mundo dos fatos e coisas quase-objetivos. Consequentemente, as questões nessa arena incluem o *divisor social*: a lacuna e os conflitos entre ricos e pobres (justiça social); o *divisor ecológico*: a lacuna e os conflitos entre civilização e natureza (proteção ambiental); e o *divisor cultural*: a lacuna e os conflitos entre as civilizações ocidental e não ocidentais (geopolítica).³⁶

A segunda arena, *intersubjetividade*, é onde o mundo vital está situado em uma rede de relações que se desenvolvem coletivamente. Aqui as mesmas questões centrais são vistas por uma lente diferente. Dessa perspectiva, o divisor social aparece como um conflito entre imperativos sistêmicos e mundos da vida sociais (conforme discutido detalhadamente por Habermas).[37] O divisor ecológico aparece como uma colisão entre designs de sistema industriais lineares, de um lado, e, de outro, novos designs e sistemas que são ecologicamente mais inteligentes ("design de berço a berço").[38]

O divisor cultural aparece como uma lacuna entre a concepção do mundo do materialismo ocidental, de um lado, e várias formas de antimaterialismo, do outro. Em geral, vemos uma máscara de materialismo e consumismo ocidentais entre culturas e civilizações (a colonização da cultura) e, simultaneamente, o crescente ressentimento público contra esse materialismo ocidental. Entretanto, esse conflito cultural também ocorre nas sociedades ocidentais. Por exemplo, a pesquisa baseada no método do valor estratégico de Ted Nordhaus e Michael Shellenberger traz um exemplo excelente de como acompanhar esse confronto cultural como um conflito entre conjuntos de necessidades/orientações de valor mais tradicionais, mais materiais e mais pós-materiais que modelam o discurso político e criam o conflito dentro dos Estados Unidos e outras sociedades ocidentais.[39]

A terceira arena é governada *pela transubjetividade*. Essa é a perspectiva mais do final da cadeia. É o mundo da "presença viva", como Husserl exprimiu. Essa arena mostra um novo campo de batalha, no qual ocorre o conflito mais significativo de nosso tempo: a arena do Eu.

O que é novo aqui é como tudo isso se interliga e se baseia na arena emergente das *fontes* e do *eu*. Se o que você vê na Tabela 5.1 fosse uma árvore, as duas primeiras arenas seriam as folhas, os galhos e o tronco, mas a terceira arena seria o sistema-raiz – aquela parte do sistema vivo que é invisível aos olhos. Nesse nível mais profundo, a raiz do divisor social não se encontra do lado de fora, mas dentro. É o eu. Para ser mais exato: é a separação entre o *eu* e o *outro*, que se materializa nos conflitos sociais (nível meso, ou nível intermediário), e no divisor social (nível macro). Enquanto não estivermos prontos para enfrentar e confrontar esse abismo interior, provavelmente ainda estaremos presos nos padrões pré-modernos, que não farão nada realmente útil para facilitar a travessia do abismo atual.

Na raiz do divisor ecológico, está a separação entre os *sentidos* e o *eu*. Aqui inserimos a dimensão estética das crises ecológicas. O termo "estética" vem da palavra grega *aistesis*, "sentimento sensual"; significa ativar todos os nossos sentidos. A menos que redescubramos nossos sentidos como portas para o campo vivo a nosso redor, nunca resolveremos a crise ambiental. Assim como o divisor social reflete a perda do outro em um nível interpessoal, a crise ecológica reflete a perda dos sentidos como portais para o campo vivo da natureza. As pessoas muitas vezes preenchem o vazio deixado pela perda dos sentidos com o consumo – o qual, por sua vez, aprofunda a manifestação exterior da crise ecológica.

Tabela 5.1 Questão matriz

Arenas de forças conflitantes	Questões socioeconômicas	Questões ecológicas	Divisores centrais Questões cultural-espirituais
Arena I: Sistemas Uma visão do século XIX: Primazia da objetividade	Lacuna e conflito entre ricos e pobres (justiça social)	Lacuna e conflito entre civilização e natureza (proteção ambiental)	Lacuna e conflito entre culturas ou civilizações (desenvolvimento)
Arena II: Agência Uma visão do século XX: Primazia da intersubjetividade	Conflito de imperativos sistêmicos *versus* mundo da vida (teoria crítica)	Conflito de velhos designs industriais *versus* design ecossistêmico (berço a berço)	Conflito do materialismo *versus* o antimaterialismo (mudança de valor)
Arena III: Fontes Uma visão do século XXI: Primazia de transubjetividade	Separação entre o eu e o outro ° I-Thou (diálogo)	Separação entre o eu e os sentidos ° despertar pelos nossos sentidos (sentir)	Separação entre eu e o Eu ° eu-Eu = conectando o eu atual com o melhor futuro Eu (*presencing*)

Por fim, investigar a questão espiritual nesse nível mais profundo talvez leve ao conflito mais significativo: o conflito entre o *eu* e o *Eu*. É o conflito entre o velho eu de alguém, a pessoa que alguém tem sido sempre, e o eu emergente mais elevado de alguém, o eu que personifica a possibilidade futura mais alta – o Eu que encontrei pela primeira vez quando observava o incêndio que destruiu a casa da minha família. De um lado desse conflito, estão todas as realizações acumuladas e as forças do ego de alguém, boas e más. Do outro, uma fonte de possibilidade que, para alcançar presença, ser ativada, requer *deixar ir* o velho e abrir-se para o agora. A conexão viva entre esses dois eus – o eu e o Eu – no agora é o que chamo de *presencing*.

Instituições raramente atravessam as fronteiras desse divisor matricial da questão. Todos os campos têm em comum programas de pós-graduação profissionais, cursos de treinamento, programas de pesquisa, mecanismos de financiamento, reuniões internacionais de peritos, periódicos e comunidades de prática profissional. O que está faltando é o discurso entre esses campos. O que é preciso é guiar os intelectuais para que se concentrem em todas as nove áreas ao mesmo tempo. Alguns já começaram a fazer isso.

O trabalho de Manuel Castells, por exemplo, apresenta uma visão integradora da sociedade que envolve os domínios da produção, poder e experiência, embora seu trabalho seja mais forte nas duas primeiras arenas do que na terceira. Seu trabalho descreve o mundo que se desenvolveu nos últimos 30 anos.

Como já mencionamos, Fritjof Capra integra as dimensões biológica, cognitiva e social da vida. "Os sistemas vivos", diz ele, "são redes autogeradoras organizacionalmente fechadas dentro de limites, mas abertas a fluxos contínuos de energia e matéria".[40] Iniciando como físico, ele aplicou os achados da ciência sistêmica do século XX não só à vida biológica e à cognição, mas também à vida social. Ele descreveu seis princípios vitais da ecologia que também pertencem a sistemas econômicos e às ecologias dos negócios:

- *Redes:* os sistemas vivos se comunicam entre si e compartilham recursos cruzando fronteiras.
- *Ciclos:* os ecossistemas não geram resíduos; a matéria circula constantemente pela rede da vida.
- *Energia solar:* por meio da fotossíntese, a energia solar orienta os ciclos ecológicos.
- *Parceria:* a vida se espalhou pelo planeta não pelo combate, mas pela cooperação.
- *Diversidade:* os ecossistemas alcançam a estabilidade por meio da diversidade – quanto mais diverso, mais resistente.
- *Equilíbrio dinâmico:* um ecossistema é uma rede em constante flutuação: todas as variáveis flutuam em torno de seus melhores valores; nenhuma variável individual é maximizada.

Ele indicou, contudo, que a diferença crucial entre as redes ecológicas da natureza e as redes corporativas da sociedade humana é esta: em um ecossistema, nenhum ser é excluído da rede. Em contrapartida, muitos segmentos da população são excluídos de redes corporativas. Embora seu trabalho apresente uma brilhante análise da natureza em rede de nosso sistema atual, oferece menos sobre o que os indivíduos atuando isolada ou coletivamente podem fazer para *modelar* o novo mundo ou para explorar o terceiro nível da realidade social.

A abordagem integral do filósofo Ken Wilber provavelmente é a estrutura integrativa mais abrangente desenvolvida até então. Sua teoria "todos os quadrantes, todos os níveis" (*all-quadrants, all-levels* – AQAL) adota as verdades significativas da pré-modernidade, modernidade e pós-modernidade e as integra em um arcabouço holístico sintetizador. Sua estrutura se baseia em dois conjuntos de distinções. O primeiro, calcado no trabalho de Jürgen Habermas e Karl Popper, diferencia três (ou quatro) dimensões do mundo: o Mundo-Objeto (objetividade); o Mundo-Nós (intersubjetividade); Mundo-Eu (subjetividade); e uma versão coletiva do Mundo-Coisa que Wilber chama de "interobjetividade".

O segundo conjunto de distinções diferencia as etapas relacionadas ao desenvolvimento do eu, que Wilber descobriu serem as mesmas em tradições de sabedoria de diferentes culturas e eras. As diferentes tradições podem utilizar diferentes termos, mas os níveis em si são universais. Um exemplo popular de uma visão do desenvolvimento que Wilber cita em seus recentes escritos é exemplificado no influente trabalho de Don Beck e Christopher Cowan, que distinguem entre níveis da consciência nas etapas pré-convencionais, convencionais e pós-convencionais do desenvolvimento e do eu.[41]

A abordagem "todos os quadrantes, todos os níveis" de Wilber integra as três dimensões do mundo (Eu, Nós, Natureza [I, We, It]) e os nove níveis de desenvolvimento da consciência. A teoria dos quadrantes de Wilber cria uma estrutura e uma síntese de diversas perspectivas e tradições intelectuais não descritas por qualquer filósofo até hoje. Uma de suas principais contribuições é que sua estrutura legitima a inclusão da dimensão transpessoal ou espiritual no discurso científico, acadêmico e educativo. Sua definição de uma abordagem integral – todos os quadrantes, todos os níveis – abre a porta para um discurso mais abrangente que inclui os aspectos mais sutis da realidade que, de outro modo, tendem a ser marginalizados ou omitidos. A estrutura integral de Wilber continua a se desenvolver e agora inclui "todos os quadrantes, todos os níveis, todas as linhas, todos os estados, todos os tipos". Ler seu trabalho nos dá uma visão panorâmica do "campo de batalha" do desenvolvimento humano e social.[42]

Uma pergunta relacionada a essa perspectiva é: como seria um mapeamento do campo de batalha se fosse foi feito a partir da perspectiva do eu em desenvolvimento no meio da batalha nesse campo? Retornaremos a essa pergunta mais adiante nesta jornada.

O ponto cego da sociedade

Em novembro de 1999, fui convidado a me reunir com o Mestre Nan e com alguns de seus estudantes em um jantar. Mestre Nan escreveu mais de 30 livros e é um professor venerado na China, mas poucas obras foram traduzidas ou disponibilizadas fora da China. Discutimos o surgimento da consciência espiritual e como ela se relaciona às questões globais do nosso tempo. "O que tem faltado no século XX é um pensamento cultural central que unifique todas essas coisas – economia, tecnologia, ecologia, sociedade, matéria, mente e espiritualidade", disse ele. Esse declínio na consciência e no pensamento integral, concluímos, foi substituído por foco nos negócios e em fazer dinheiro como o objetivo comum padrão. Por intermédio de seu tradutor, Mestre Nan disse: "Isso definitivamente encontrará esse caminho – em uma direção espiritual. Mas essa rota será uma rota espiritual diferente daquela do passado, no lado oriental ou ocidental. Será um novo caminho espiritual. Será uma combinação entre ciência natural e filosofia."

"Do modo como entendo isso", respondi a Mestre Nan, "o ponto cego refere-se à nossa incapacidade de ver o processo de surgimento da realidade social. Percebemos a realidade como uma coisa, como algo que é separado e fora de nós – algo que nos acontece. Não vemos o processo pelo qual, em primeiro lugar, produzimos a realidade social. E, então, entendi que você quer dizer que, para iluminar esse ponto cego, é preciso praticar as sete fases de meditação da liderança sobre as quais você fala em seu novo livro. Isso está correto?". Mestre Nan respondeu: "Esse entendimento está correto."

Nosso ponto cego, do ponto de vista de uma pessoa ou de um povo, impede-nos de ver que, de fato, temos acesso direto muito maior às fontes mais profundas de criatividade e compromisso, quer como indivíduos, quer como comunidades. É uma das fontes mais otimistas de confiança, porque podemos acessar uma presença, um poder e um objetivo interior mais profundo. Do ponto de vista estrutural, o ponto cego social lida com a falta desses grupos de ação intersetorial que intencionalmente atuam a partir do futuro que quer emergir. Em vez disso, vemos apenas grupos de interesse especial e três tipos de fundamentalismo, cada um tentando resolver a desordem atual de modo estreito, voltado para um único propósito. Esse ponto cego também nos impede de ver a raiz da questão como um todo. Castells, Capra e Wilber foram pioneiros ao avançar em sua integração, cada um a seu modo, de uma perspectiva diferente. Mas nenhum satisfaz totalmente o critério da pesquisa-ação de Argyris: de que o verdadeiro conhecimento permite criar a realidade de que ele trata. Para descobrir esse tipo de conhecimento, devemos confiar em nossos próprios sentidos, experiências e insights – sem ter uma pista sobre o lugar a que essa jornada nos levará depois.

CAPÍTULO 6

Fundamentos filosóficos

Nosso passeio de campo • Fundamento ontológico e epistemológico

Nosso passeio de campo

Vamos fazer uma breve pausa para refletir sobre aonde nosso passeio de campo ou jornada de aprendizagem nos levou até agora. Em primeiro lugar, investigamos como o ponto cego se destaca no nível da experiência individual – como em minha história sobre o fogo. Foi então que minha própria jornada começou, quando senti meu velho mundo pegando fogo e a terra se afundando sob mim. Nesse momento, conectei-me a essa *outra parte do meu eu* que eu nem mesmo sabia que existia.

Passamos um tempo razoável para nos tornar familiarizados com o U e começamos a nos identificar com suas partes. Então investigamos como o ponto cego surge inesperadamente na experiência das equipes e como elas aprendem. As equipes enfrentam novos desafios que não podem ser tratados confiando-se na aprendizagem do passado. Portanto, temos de deixar o passado ir, deixá-lo "subir em chamas" e nos abrir para o futuro que quer emergir por meio de nós. Isso é o que chamamos de Nível 4 da liderança e aprendizagem.

Em seguida, investigamos como o ponto cego adquire forma no contexto da experiência institucional. Os líderes enfrentam novos tipos de desafios que não podem ser tratados com sucesso por metodologias convencionais de solução de problemas. Para lidar com a complexidade emergente, temos de aprender a abandonar nossas antigas ferramentas para nos ocupar e operar da perspectiva da tela em branco – isto é, a fonte em que o valor organizacional é criado.

Depois disso, examinamos os modos como o ponto cego aparece na sociedade, sob a aparência da terceira revolução. Essa revolução, um deslocamento inicial da consciência, pode ajudar-nos a reenquadrar as questões sociais centrais mais a partir de uma perspectiva de raiz ou fonte, em vez de considerar somente a parte visível da "árvore".

Finalmente, levamos nosso passeio de campo às ciências sociais, onde a fonte do ponto cego diz respeito à incapacidade de apreender o processo de criação da realidade social instantaneamente. Em cada etapa, percebemos que somos lançados em situações que pedem uma nova atenção e consciência. O que tudo isso significa para nós como "cientistas de ação"?

Fundamento ontológico e epistemológico

Em 2000, tive outra oportunidade de ter mais uma conversa detalhada com Fritjof Capra. Ele e eu caminhamos juntos por uma área arborizada perto da University of California, Berkeley, numa tarde de setembro, discutindo o novo livro que ele escrevia. No livro, ele planejava aplicar sua ideia sobre teoria de sistemas e sistemas de pensamento ao mundo de relações sociais.[1] Eu perguntei: "O que você considera os desenvolvimentos mais importantes da teoria de sistemas e sistemas de pensamento no decorrer do século passado?"

Ele respondeu dizendo que acreditava que todos eles se reduzem a dois desenvolvimentos principais: em primeiro lugar, a boa acolhida dos pensadores dos sistemas modernos ao fenômeno da emergência e, em segundo lugar, a aceitação da ideia da incorporação ou enraizamento (*embeddedness*) – isto é, a ideia de que todos os sistemas e o conhecimento estão situados num contexto.

No voo de volta para Boston, desenhei essa pequena tabela que captava as duas dimensões sobre as quais acabáramos de conversar.

No canto superior à esquerda, temos a velha teoria de sistemas dominante (S1), fundada em sistemas lineares e conhecimento explícito (K1). Desse canto, podemos progredir em duas direções: de S1 (sistemas lineares) a S2 (sistemas não lineares), explica-se o fenômeno *da emergência*; e de K1 (conhecimento explícito) a K2 (conhecimento tácito), explica-se o fato de que todo o conhecimento está situado e *enraizado* em um contexto.

Os conceitos de Etienne Wenger e Jean Lave de aprendizagem situada e comunidades de prática, junto com os conceitos de John Brown, Alan Collins e Paul Duguid de cognição situada[2] são exemplos de como o foco principal da teoria dos sistemas sociais se moveu de (S1, K1) a (S2, K2). Assim como as dimensões de Capra, esses arcabouços dão conta de ambos os fenômenos: emergência e enraizamento.

Ao analisar essa tabela mais tarde, tornou-se claro para mim que minha própria investigação me aproximara da interface entre os quadrados sombreados em cinza-claro e os sombreados em cinza-escuro. É aqui que enfrentamos e encontramos os limites extremos da existência humana. Aqui entramos no território inexplorado que se desenvolve às margens da consciência humana. E é aqui que encontramos a nós mesmos fundados nas premissas filosóficas mais profundas sobre o ser (ontologia) e o saber (epistemologia).

Tabela 6.1: Teoria de sistemas do século XX: fundamentos epistemológicos e ontológicos

	K1 *Conhecimento explícito:* **Independente do contexto**	K2 *Conhecimento tácito enraizado:* **Situado no contexto**	K3 *"Conhecimento elementar" autotranscendente:* **Ainda não enraizado**
S1 Sistemas lineares **Sistemas simples**	"Velha corrente": Convencional teoria dos sistemas.	**Ação situada:** Todo o conhecimento acontece num *contexto*.	
S2 Sistemas não lineares, dinâmicos **Sistemas autopoiéticos**	**Teoria de sistemas não linear, dinâmica:** Explicações para o fenômeno da emergência.	**"Nova corrente":** Explicações para a emergência e o ser situados no contexto.	Ponto cego: fontes de conhecimento
S3 Fontes de emergência profunda **Sistemas autotranscendentes**	Ponto cego: fontes de emergência		

Nietzsche disse, certa vez, que a meta maior seria *examinar a ciência do ponto de vista do artista e a arte do ponto de vista da vida*. Examinar a ciência do ponto de vista do artista significa aplicar a investigação científica não só ao objeto diante de nós, mas também ao processo criativo e ao cientista/artista que está realizando essa atividade. Ou, segundo as palavras de Aristóteles, a ciência não só como *episteme*, mas também como arte aplicada *(techne)* e sabedoria prática *(phronesis)*. Examinar a arte do ponto de vista da vida significa realizar a atividade científica para servir a uma intenção mais profunda, servir ao todo evolutivo maior. Ou seja, nas palavras de Aristóteles, uma atividade científica que avançaria as fronteiras da ciência em direção à inclusão tanto da sabedoria *(sophia)* como da consciência ou intuição dos primeiros princípios e das fontes da intenção *(inteligência)*.

Outros filósofos que empurraram meu pensamento mais profundo nessas direções foram Edmund Husserl e Martin Heidegger. Ao ler o trabalho de Husserl, passei a entender melhor o limite epistemológico do estado normal da consciência K1, que ele chamava de "atitude natural", a uma consciência K2, que ele chamava de "atitude fenomenológica". Em contraste, o trabalho de Heidegger pode ser lido como o avanço do limite ontológico de uma representação do mundo como um conjunto abstrato de coisas para um concreto *ser no mundo* que sempre acontece a partir do plano de fundo de um contexto concreto. A realidade como examinada por Heidegger não é "uma coisa". Mais exatamente, é um processo *de vir a ser* – um processo de emergir do ocultamento em direção a uma clareira aberta do ser. Isso representa um deslocamento de perspectiva de S1 para S2.

A leitura desses dois últimos filósofos, Husserl e Heidegger, deixa-nos com um sentimento muito mais meditativo, além da sensação de que ambos estavam se defrontando com outro deslocamento de limites que acabaria conduzindo a investigação filosófica ao nível da fonte em ambas as dimensões: a epistemológica (K3) e a ontológica (S3). A questão epistemológica é: onde nossa atenção e conhecimento têm origem? Essa é a luta de Husserl com a questão de um eu transcendental. E a questão ontológica é: qual é a fonte de nossas estruturas sociais e processos coletivamente colocados em prática? Em outras palavras, quem está tornando-se presente e agindo por nós quando tomamos parte de processos sociais ou coletivos profundos?

Ainda assim, Husserl e Heidegger deixam a impressão de que talvez o aspecto mais importante de seus trabalhos ainda esteja por ser feito – isto é, empurrar o limite da investigação filosófica dos níveis de "o quê" (K1, S1) e do "processo" (K2, S2) à "fonte" em ambas as dimensões, epistemológica e ontológica (K3, S3). Esse é o trabalho que esses gigantes deixaram para nossa geração e nosso século. *Devemos* estender a investigação filosófica e científica das quatro caixas da parte superior esquerda (que representam o discurso do século XX na filosofia e nos sistemas de pensamento) a toda a matriz dos nove campos.

A implicação dessa extensão da investigação filosófica no século XXI é que os filósofos e os pensadores sistêmicos devem deixar suas salas de leitura e imergirem no verdadeiro mundo para participar ativamente de sua revelação. Tal filosofia de ação-ciência tomaria parte de uma espécie diferente de conhecimento – o conhecimento do coração. Como o filósofo japonês Kitaro Nishida exprimiu: "O conhecimento e o amor são a mesma atividade mental; para saber uma coisa, devemos amá-la; para amar uma coisa, devemos conhecê-la." O amor, ele continua, "é o poder pelo qual agarramos a realidade última. O amor é o conhecimento mais profundo das coisas".[3]

Quando aprendemos a acessar essa parte mais profunda do U, começamos a compreender que o amor não toma posição alguma, como o autor David Hawkins diz. O amor é global, ele acredita, e se eleva acima da separação. "O amor é incondicional, invariável e permanente. Ele não flutua – sua fonte não depende de fatores externos. Amar é um estado do ser... O amor não é intelectual e não provém da mente. O amor emana do coração. Ele tem a capacidade de elevar os outros e realizar grandes feitos por causa da sua pureza de motivo."[4]

Nosso passeio de campo agora está prestes a nos levar a um exame mais profundo da maneira como podemos elevar a nós mesmos e aos outros através do limiar que tem estado em questão até este ponto. Revisaremos o limiar e o ponto cego que investigamos até agora e nos prepararemos para mergulhar profundamente na parte inferior do U e emergir do outro lado.

CAPÍTULO 7

No limiar

Cruzando o limiar • A assinatura do nosso tempo

No início de nossa jornada, perguntamos: de onde vem nossa ação? Para responder a essa pergunta, fizemos uma incursão pelo campo social. Descobrimos que existe uma mudança invisível acontecendo no mundo. É como se estivéssemos em um limiar, prestes a passar por uma nova entrada e entrar em espaços que nunca poderíamos acessar antes. Mas algo está nos impedindo de entrar nesses espaços e de ver o mundo a partir deles. Essa barreira oculta é nosso ponto cego, bem como nosso professor. Você vai se lembrar de que acompanhamos a emergência desse ponto cego pelos sistemas em todos os níveis:

- No nível individual, encontramos o ponto cego metaforicamente descrito como um incêndio, capaz de destruir minha velha identidade e abrir um espaço no qual encontrar aspectos do meu eu antes desconhecidos.
- No nível de grupo, enfrentamos o ponto cego em equipe; nossas antigas abordagens à aprendizagem – a aprendizagem com o passado – não estão nos levando a lugar algum e, por isso, levantamos as perguntas: o que é preciso para nos conectarmos aos sutis campos da possibilidade futura? Como podemos aprender com o futuro à medida que ele emerge?
- No nível organizacional, vimos o ponto cego como um novo tipo de desafio de liderança. Líderes enfrentam questões urgentes que são muito complexas e não podem ser resolvidas com técnicas convencionais. Levantamos as perguntas: como podemos agir efetivamente em uma situação de quadro em branco, em que o mundo ao qual estamos acostumados está desmoronando? Como reinventamos nossas instituições quando ficamos sem chão?
- No nível social, encontramos o ponto cego sob a aparência de três revoluções globais simultâneas que estão culminando no início deste século: o surgimento da economia global, a emergência da sociedade em rede e o

desenvolvimento de novas formas de consciência individual e coletiva. Enquanto essas revoluções transformam a geometria do poder entre diferentes sistemas e culturas, testemunhamos o desmantelamento e o colapso dos antigos sistemas e estruturas institucionais, demandando novas abordagens radicais para tratar das urgentes questões e desafios fundamentais de nosso tempo.

- Nas ciências sociais, o ponto cego deslocou o foco das estruturas objetivas para a visão de processo de sistemas colocados em prática, e daí para as *fontes* a partir das quais tem origem a formação da realidade social. Embora as principais correntes das ciências sociais dos séculos XX e XXI tenham sido guiadas pela primazia da metacategoria da objetividade e da intersubjetividade, as ciências sociais que são necessárias neste século e que talvez possam ser úteis para lidar com as questões mais urgentes do nosso tempo precisam incluir uma terceira metacategoria: a metacategoria da transubjetividade, que se diferencia entre as estruturas da atenção individual e coletiva como um recurso definidor de qualquer campo social.
- No nível meta da teoria dos sistemas, vimos como o ponto cego no pensamento sistêmico e na filosofia desloca-se das entidades para processos e dos processos para as fontes incipientes de emergência e conhecimento – isto é, para o fundamento ontológico e epistemológico da situação em que estamos agindo (tanto das fontes de ação como das fontes de pensamento).

Em cada nível, encontramos a mesma mudança fundamental da atenção, um deslocamento que estende as profundidades da percepção da realidade para incluir a condição outrora invisível da tela em branco – isto é, a *fonte* de atenção, intenção e ação coletiva. Como os desafios no trabalho, em casa e nas comunidades nos forçam cada vez mais a lidar com as manifestações do ponto cego de um modo ou de outro, nós nos confrontamos e nos encontramos com um limiar fundamental. Enfrentamos esse limiar como indivíduos, equipes, organizações e sistemas sociais globais. Para entrar no território mais profundo e cruzar o limiar, devemos nos confrontar com o nível de fonte da situação com a qual estamos lidando – devemos aprender a enfrentar o nosso Eu.

Cruzando o limiar

A palavra *threshold* (*limiar*) vem do antigo processo de *threshing*, isto é, a debulha, em que se separa o joio do trigo. Portanto, dito de outra forma, limiar significa "separar o ouro do cascalho". O conto de fadas de Goethe "A serpente verde e a linda Lilie" vem à mente aqui, quando pensamos em limiares e ouro. Nesse conto, há uma serpente verde, maravilhosamente iluminada pelo ouro que engolira. A certa altura do conto, ela encontra quatro reis em um templo subterrâneo.

Um dos reis pergunta a ela sobre sua capacidade de aparecer onde eles estavam. "Como chegou aqui?", pergunta, e ela responde: "Pelas fendas onde o ouro reside." Então, ele lhe propõe a seguinte questão: "O que é mais glorioso que o ouro?" E a resposta é: "A luz." Então eles perguntam: "O que é mais rápido que a luz?" E ela responde: "A conversa."

Podemos cruzar o limiar quando começamos a funcionar como um veículo de algo ainda mais precioso que o ouro ou a luz. O que logo descobrimos é que esse desafio do limiar é consistente por todos os sistemas. Quando percebemos que nosso modo rotineiro de ver e atuar não está nos levando a lugar algum, temos de redirecionar e desviar o feixe de nossa atenção (individual ou coletiva) e redirecionar o sentido de nossa percepção de volta à sua fonte, de volta à fonte responsável pela atividade. Quando essa mudança acontece, começamos a enxergar a situação de um lugar diferente. A estrutura do campo de atenção descreve o reino no mundo visível (o que vemos) quando ele encontra o mundo invisível (a fonte ou o lugar a partir do qual o percebemos). Quando mudarmos o modo de olhar, um mundo diferente vai aparecer.

Quando o fogo reduziu minha casa a cinzas, minha estrutura do campo de atenção mudou, deixando de ver o mundo através de meus hábitos de assistir à aula durante aquela manhã (1), para de repente *vê-lo*: a fumaça e o fogo a distância pela janela do táxi (2), para ver o fogo e o eu presente: experimentar um colapso da fronteira entre o observador e o observado diante do incêndio e sentindo as chamas se aprofundarem em minha mente e perceber que tudo que eu achava que eu era havia acabado (3). Quando o tempo desacelerou, fui para aquele limiar, prestes a cruzar para o lado do "ouro". Uma porta estava prestes a abrir entre meu velho eu e meu futuro eu emergente – esse foi o momento limiar. Naquela hora, comecei a atravessá-lo (4).

As situações limite no nível coletivo exibem as mesmas características. Elas nos confrontam com experiências que requerem que nos curvemos, redirecionemos e transformemos nosso campo coletivo de atenção. Quando o Muro de Berlim caiu, em 1989, e as torres do World Trade Center desmoronaram 12 anos depois, ficamos diante de duas situações que nos convidaram a aprofundar nossa percepção e abrir a fronteira entre o observador e o observado. Nesses dois momentos fraturados, alguns de nós começaram a ver como o "mundo exterior" se relaciona com nossas ações e identidade "interiores". Naturalmente, nem todo mundo atravessou esse limiar. Para muitos, o colapso das torres gêmeas em Nova York não desencadeou nada além dos mais velhos e mais desgastados hábitos de reação: "Um império do mal externo nos atacou, por isso devemos contra-atacar da mesma forma." O resultado de responder desse modo (Nível 1) a tal situação é previsível: isso criará e ampliará o problema que se pretende resolver. Qualquer resposta de Nível 1 é estruturalmente cega à maneira como as próprias ações de alguém cocriam o sistema (mundo) em que se vive. Uma superpotência militar pode ter algum sucesso com uma resposta de tão baixo nível por alguns anos, mas, cedo ou tarde, inevitavelmente fracassará.

Ao contrário das potências nacionais, empresas ou ONGs em ambientes altamente dinâmicos têm de ser muito mais responsivas às mudanças a seu redor, às oportunidades de "ouro" que a vida lhe apresenta. Como a serpente verde, elas já brilham. Isto é, também têm de aprender a aproveitar o ouro que sua interação com contextos locais lhes oferece. Algumas são bastante ágeis para se reconfigurar rapidamente, se reinventar e se realinhar de acordo com a necessidade. Organizações de "ouro" funcionam como uma ponte entre dois mundos, ligando o ambiente operacional atual com o sentir e o aproveitar as oportunidades emergentes. Cruzar essa ponte é o selo de excelência organizacional e a chave para o alto desempenho em ambientes em constantes mudanças. Ficar preso de um lado (realidade atual) ou de outro (emergência do futuro) normalmente significa uma qualidade organizacional medíocre em ambientes estáveis – ou sair dos negócios muito rapidamente, no caso de ambientes em constante mudança.

A assinatura do nosso tempo

Nossas experiências profissionais e pessoais requerem que alcancemos o nível mais subterrâneo sobre o qual Goethe escreveu: a profunda caverna subterrânea onde a serpente verde encontrou os reis. É o mesmo nível ao qual nos referimos antes como sistema raiz da árvore – aquela parte do campo que normalmente permanece invisível aos olhos. Devemos confrontar esses níveis mais profundos da criação da realidade social com disposição para cruzar os limiares do nosso tempo. Então, como sabemos se estamos chegando lá?

Esses limiares ou entradas normalmente começam a aparecer quando nossos modos convencionais de operar não funcionam mais, quando atingimos um muro. Temos de largar nossas velhas ferramentas e redirecionar e deslocar o feixe de nossa atenção para o campo que está se revelando à nossa volta e dentro de nós. Ele é como uma fenda em nossa realidade: de repente, essa fenda está aí, bem na sua frente. Então você pode escolher entre passar a brocha sobre a fenda ou parar. Se você parar, largue suas ferramentas, concentre-se na fenda que se está abrindo diante de você, sintonize-se com ela, redirecione sua atenção para ela. E, depois, siga com o fluxo. A capacidade de ver a fenda – parar e, então, sintonizar-se com ela – é a disciplina-chave de nosso tempo. É uma disciplina sem a qual não podemos ter grande desempenho quando isso é importante. É uma disciplina que precisa de atenção e cultivo, assim como o solo de qualquer área agrícola precisa de atenção e cultivo. É a disciplina de se sintonizar com o U.

Embora os métodos e ferramentas empregados por agricultores para cultivar e aprimorar a qualidade dos campos sejam bem conhecidos, muitas vezes precisamos de um acervo semelhante de métodos e ferramentas para cultivar os estados interiores do campo social, a fim de nos tornarmos mais hábeis em ver, parar e estabelecer sintonia com a fenda. A Parte II, "Entrando no campo U", nos ajudará a acessar essas ferramentas.

Olhe ao redor. Algo está acontecendo. Poderíamos chamá-lo de assinatura do nosso tempo escrita ostensivamente. Ele está nos convidando a olhar para além de nossos pontos cegos e abrir os olhos para imagens que estão começando a tomar forma em nossas telas em branco. Os desafios que enfrentamos precisamente agora estão nos forçando a olhar de modo diferente, aguçar e aprofundar nossa atenção. Precisamos cultivar a capacidade coletiva de deslocar o lugar interior a partir do qual agimos.

Acredito que todos os sistemas e todos os níveis utilizam o mesmo procedimento ou processo de deslocamento fundamental. Se você for um grande líder, educador, artista, atleta, médico, escritor ou treinador, seja trabalhando sozinho ou pertencendo a uma equipe ou organização, cruza o limiar ao transformar a estrutura de sua atenção, ver e sintonizar-se com a fenda.

A raiz indo-europeia da palavra *lead* (liderar) e *leadership* (liderança), *leith*, significa "avançar", "cruzar o limiar" ou "morrer".[1] Às vezes, deixar ir, desapegar-se, é semelhante a morrer. Mas o que aprendemos sobre o processo mais profundo do U é que algo tem de mudar – um limiar deve ser cruzado – para que algo novo possa surgir. A jornada diante de nós implica revelar e decifrar os princípios e as práticas desse processo fundamental para poderem servir de linguagem que o ajudará a iluminar o reino da liderança invisível do ponto cego.

Parte II

Entrando no campo U

Na Introdução, contei como minha família ia a um *Feldgang*, passeio de campo, todo domingo. Era a oportunidade para meus pais se conectarem com o estado atual dos campos da fazenda e os investigarem. Parávamos de vez em quando, inclinávamos, olhávamos mais de perto e apanhávamos torrões de terra com as mãos. Este livro é nosso *Feldgang* – nossa possibilidade de examinar nossos pontos cegos com maior precisão e clareza. Uma conclusão da primeira parte do livro é a de que, para lidar com os desafios de nosso tempo, precisamos aprender a deslocar o modo como prestamos atenção, *a estrutura de campo de nossa atenção*. O modo como prestamos atenção – o lugar do qual operamos – é o ponto cego em todos os níveis da sociedade.

Na Parte II, focalizamos o processo central que nos permite deslocar a *estrutura de campo da atenção*. Esse processo central nos ajudará a discernir diferentes curvas de nível, voltas e territórios do ponto cego. O corpo do conhecimento que resulta dessa investigação é a base da Teoria U.

A Teoria U, em seu núcleo, estabelece uma distinção entre diferentes níveis de emergência, que significam qualidades diferentes de como a ação vem ao mundo. A Teoria U é fundada na observação de que qualquer entidade social ou sistema vivo pode operar de mais de um lugar interior. O desafio está em nosso *não ver*, e não em como ativar outros lugares.

Ao mapear a topografia do ponto cego, a Teoria U oferece uma linguagem e um mapa de viagem para cruzar o limiar da verdadeira renovação e mudança. Para realizar isso, temos de deslocar o lugar do qual nós e nossos sistemas operamos. Essa é uma tarefa grandiosa, mas é, acredito, o significado da liderança em nosso tempo.

Capítulo 8

Recuperação

Padrões do passado • A estrutura de campo da recuperação •
GlobalHealthCompany • Quatro barreiras à aprendizagem
organizacional e à mudança

Padrões do passado

O que fazemos muitas vezes se baseia em padrões habituais de ação e pensamento. Um estímulo familiar desencadeia uma resposta familiar. Mover em direção a uma possibilidade futura requer reconhecermos – e abandonarmos – o modo dominante de recuperação que nos faz reproduzir continuamente os padrões do passado.

Quando o Muro de Berlim caiu, no outono de 1989 – seguido de uma onda de sistemas socialistas em colapso por todo o Leste Europeu e Europa Central e logo depois pela União Soviética –, os governos ocidentais foram rápidos em anunciar que esse evento surgira de repente e que ninguém poderia ter previsto tal deslocamento geopolítico. Isso era verdade?

Exatamente duas semanas antes, eu estive com um grupo estudantil internacional em uma viagem de estudos pelo mundo, inclusive no Leste Europeu, Europa Central e União Soviética. Durante essa viagem, falamos com representantes do sistema oficial e com ativistas populares em movimentos de direitos civis. Em muitas dessas conversas, especialmente com os ativistas da Europa Central, sentimos que esperavam uma profunda mudança. Ela estava no ar. Um padrão do passado estava prestes a mudar significativamente.

Durante a estada em Berlim Oriental, uma semana antes do colapso, o pesquisador da paz Johan Galtung fazia uma aposta pública em seus discursos de que o Muro de Berlim seria derrubado até o fim de 1989. Lembro-me claramente de que nenhum especialista ou analista, de ambos os lados, previra algo como Galtung. Ouvi sua declaração com ambivalência. De um lado, o que Galtung previa soava muito parecido com o que tínhamos visto no Leste Europeu. Mas depois minha mente mudou as velhas formas de pensar: afinal, esse sistema já não existia havia meio século? Esses mesmos problemas, questões e contramovimentos cívicos não existiram desde sempre? Budapeste 1956, Praga 1968. As pessoas tentaram derrubar os regimes socialistas, mas seus esforços não deram em nada. Os tanques do Exército Vermelho simplesmente continuavam esmagando esses movimentos. O principal ponto permanecia o mesmo: o velho sistema prevalecia.

Então lá estava eu, 27 anos e exposto à recente evidência de que o sistema socialista do Leste Europeu estava às vésperas de entrar em colapso. Apesar disso, na minha mente eu era *incapaz de reconhecer* o que vira com meus próprios olhos. Pensei que a previsão de Galtung talvez fosse um pouco remota ou forçada.

Não era. Ele estava completamente certo. Tendo visto o Muro de Berlim cair na hora (segundo sua previsão), tive de me perguntar o que me impedira de aceitar a "verdade" que eu vira com meus próprios olhos? Por que Galtung, que estava exposto aos mesmos dados que todos nós durante toda a viagem, emergira com uma conclusão clara, enquanto eu desenvolvera uma nebulosa visão oposta?

A principal diferença entre mim, o estudante, e Galtung, o pesquisador mestre, não era a quantidade de conhecimento acumulado, mas um modo diferente de ver. Ele tinha um modo mais disciplinado de *prestar atenção* ao mundo. Ele foi capaz de *suspender* seu juízo habitual e prestar atenção não distorcida à realidade à sua frente.

A estrutura de campo da recuperação

Quando realmente prestamos atenção, interrompemos nosso modo habitual de recuperação e nos abrimos para a realidade diante de nós. Enquanto a atenção do nosso mecanismo mental for guiada por padrões habituais, a fonte de nossa atenção terá origem no centro de nossa própria organização. A Figura 8.1 mostra a estrutura mecânica desse campo representando a *fonte* de atenção e ação (representada pelo ponto branco) no centro das *fronteiras de sua própria organização* (representada pelo círculo reticulado).

Reuniões e conversas habituais em organizações, por exemplo, são muitas vezes baseadas na recuperação de padrões do passado. Coletivamente, reproduzimos modelos existentes de comportamento e pensamento. Ao atuar a partir do lugar da recuperação – isto é, de dentro das fronteiras fechadas da nossa própria organização –, somos capturados em nosso velho mundo como um prisioneiro em uma célula: não há saída. Vemos apenas as construções mentais que projetamos para o mundo.

O filósofo Paul Watzlawick dá um maravilhoso exemplo desse tipo de operar:

> Um homem quer pendurar um quadro. Ele tem um prego, mas nenhum martelo. O vizinho tem um, portanto nosso homem decide pedir emprestado. Mas então uma dúvida lhe ocorre. "E se o vizinho não quiser me

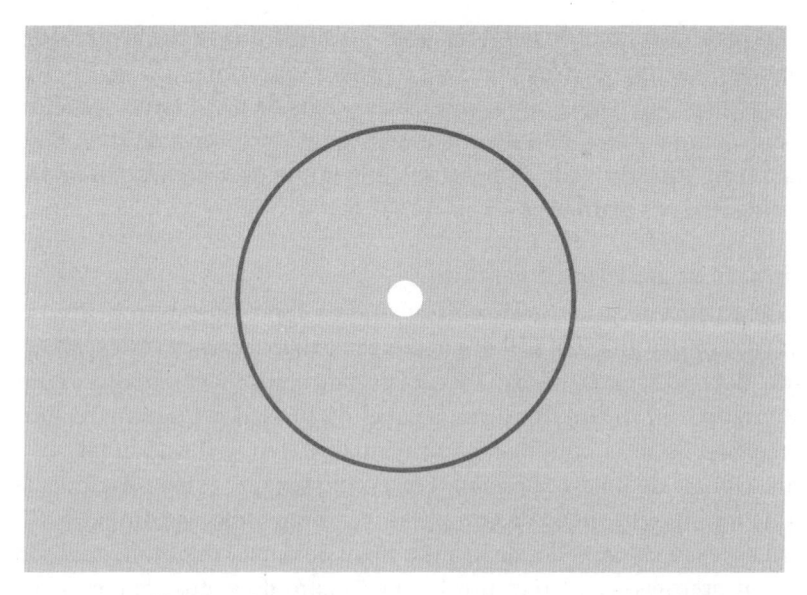

FIGURA 8.1 A ESTRUTURA DE CAMPO DA RECUPERAÇÃO

emprestar? Ontem ele mal acenou com a cabeça quando o saudei. Possivelmente, ele estava com pressa. Mas possivelmente fingia estar com pressa porque não gosta de mim. E por que ele poderia não gostar de mim? Eu sempre fui gentil com ele; obviamente, ele imagina algo. Se alguém quisesse pedir alguma de minhas ferramentas emprestada, *eu* naturalmente emprestaria. Então, por que ele não quer emprestar-me seu martelo? Como alguém pode recusar uma solicitação tão simples? Pessoas como ele realmente envenenam a vida dos outros. Ele provavelmente até imagina que dependo dele apenas porque ele tem um martelo. Eu lhe direi poucas e boas." E, assim, nosso homem vai ao apartamento do vizinho e toca a campainha. O vizinho abre a porta, mas, antes que ele possa até dizer "Bom-dia", nosso homem começa a gritar: "Pode ficar com seu maldito martelo, que eu não preciso dele, seu idiota!"[1]

GlobalHealthCompany

As instituições e os sistemas habitualmente recuperam de modelos passados. Considere o exemplo da GlobalHealthCompany (um nome fictício), uma das maiores e mais bem-sucedidas empresas no seu setor.[2] Uma filial europeia dessa empresa sofreu forte revés depois de lançar um novo produto na década de 1990. A empresa contratou uma enorme força de vendas para divulgar o produto, apenas para descobrir que, quanto mais esforço empreendia na venda do produto, menos bem-sucedido ele era. Por fim, um programa de televisão exibiu uma matéria sobre os efeitos colaterais do produto. Os investigadores do programa pediram para falar com os gerentes, mas a companhia se recusou a atendê-los. Um ano depois, um cliente que usava o produto morreu.

Em retrospecto, parece óbvio que havia sinais de aviso tanto sobre os efeitos colaterais como sobre o fato de que esse produto precisava de uma abordagem de marketing especializada. A pergunta é: por que os gerentes falharam em ver e reconhecer esses primeiros sinais de alerta?

A fabricação de um vírus corporativo
A resposta a essa pergunta está profundamente conectada tanto à cultura como à história da companhia. Em *Cultura organizacional e liderança* (Atlas, 2009) Schein descreve dois princípios que são essenciais para compreender o que a companhia fez de errado.[3] Em primeiro lugar, o papel do fundador é sempre crítico para a compreensão de uma cultura organizacional. E, em segundo lugar, as culturas organizacionais de hoje se baseiam em premissas que estão relacionadas a práticas que foram bem-sucedidas no passado. Como todas as companhias de hoje tiveram sucesso no passado, de um modo ou de outro, a cultura atual sempre se baseia em premissas que têm um longo registro do êxito. Eis como esses dois princípios se manifestam no caso da GlobalHealthCompany.

Quatro CEOs
CEO I: Década de 1960
"O primeiro gerente geral da GlobalHealthCompany entrou na empresa na década de 1960", diz um dos gerentes seniores que já estava na empresa naquela época. "Seu primeiro trabalho era vender. Ele tinha ideias muito fixas sobre a empresa. Ele dirigia de um modo muito autoritário. Ele montou uma força de vendas, mas sempre sustentava que nosso país era um lugar especial – não é possível vender do mesmo jeito que vendemos em nosso país."

Um pouco desse mesmo dogmatismo também podia ser visto nos comentários do pessoal do setor de pesquisas na sede da empresa. Como disse um empregado da GlobalHealthCompany: "Ele proibiria qualquer um de falar com autoridades reguladoras sobre tais efeitos colaterais, porque, se houve um problema, *não poderia* ser do produto em si."

CEO II: Década de 1980
Nos anos 1980, um segundo CEO substituiu o CEO fundador. Ele mudou a sede para uma grande cidade. "Ele foi um líder desastroso", lembra outro gerente de GlobalHealthCompany. "Ele simplesmente demitia as pessoas se não concordassem com ele. Você era demitido se dissesse algo sobre a empresa que não devia dizer – seu trabalho era proteger a empresa." Ele ficava isolado, e as pessoas raramente o viam na organização. Apesar de todo o autoritarismo do primeiro CEO, você podia dizer o que pensasse, mesmo que discordasse dele. Diz o gerente: "Ele podia ter uma explosão de raiva, mas você podia falar francamente."

CEO III: Início da década de 1990
O segundo CEO durou três anos e foi seguido pelo terceiro CEO no início dos anos 1990. Ele também foi muito autoritário, como o CEO I e o CEO II, mas trouxe um estilo diferente. "Ele andava e falava com as pessoas, e isso funcionou muito bem, especialmente em comparação com seu predecessor direto. Ele foi autocrático, mas as pessoas o consideravam melhor porque ele as conhecia."

Uma gerente sênior de P&D da GlobalHealthCompany lembra: "Então ele se tornou ambicioso. Aumentou significativamente o número de pessoas na organização, especialmente a força de vendas, como preparação para o lançamento do novo produto. Ele tinha boas intenções, mas estava se envolvendo em uma situação difícil."

Ela continuou: "Logo, começou a perder o contato com a organização à medida que esta crescia. Além disso, tornou-se muito dependente de apenas algumas pessoas para lhe dar informações sobre o que ocorria. O antigo diretor de pesquisa, do qual ele dependia bastante, exigia, como diretor de pesquisa corporativo, somente boas notícias sobre os negócios."

"Uma das desvantagens da era [do CEO III] consistia em ele ser muito voltado para o marketing. O chefe de marketing simplesmente examinava as chamadas de vendas. Ele acreditava que a criação de mais chamadas aumentaria as vendas, apesar do alto preço e dos efeitos colaterais documentados do produto..."

"Ele lutou para manter o preço alto e não permitia que os representantes falassem pelas três linhas, e o departamento médico não tinha permissão para falar com o departamento de marketing."

"Quando se tornou impossível ignorar os efeitos colaterais do produto, ele [o CEO III] não quis falar com ninguém de fora da companhia que criticasse as ações da GlobalHealthCompany. Agora entendemos que devemos sair e procurar nossos clientes como parceiros, e lidar com algumas questões, como os efeitos colaterais. Mas, essencialmente, o CEO III disse: 'Shhhhh! Não fale alto! Cale a boca. Não dê tantas informações aos clientes, aos jornais.'"

CEO IV: Meados da década de 1990
Como conta o gerente sênior: "Desde o princípio, o CEO IV teve muita dificuldade em explicar a todo mundo o que estava tentando fazer. Pela primeira vez, fomos apresentados a uma política aberta, sem reuniões fechadas. E as reuniões fechadas eram a regra antes."

Ao longo dos anos anteriores, o exemplo da gestão resultara em um comportamento semelhante em todas as partes da organização: criava uma cultura de não compartilhar informações, manter reuniões a portas fechadas e assim por diante. Um gerente se lembra: "Conhecimento era poder, e as pessoas cuidavam muito umas das outras, escondendo-se. Havia quase um código do segredo na empresa."

Consequentemente, o estilo novo e aberto do CEO IV foi saudado com ceticismo. "As pessoas não estavam preparadas para falar umas com as outras, para compartilhar informações negativas. Ainda acreditavam que poderiam ser demitidas."

Uma das ações que CEO IV tomou foi fazer entrar uma empresa global de consultoria "para fazer uma reengenharia" da organização. O resultado das forças-tarefa que trabalharam com os consultores não foi surpreendente. As principais questões que a empresa teve de trabalhar foram a comunicação e a satisfação do cliente – trabalhar melhor com clientes, as autoridades, o público, todos os eleitorados externos. Mas então, em vez de implementar as modificações propostas, o esforço de reengenharia foi abandonado na preparação para uma fusão principal. Isso, é claro, foi exatamente o resultado que muitas pessoas esperavam e haviam previsto desde o início: ao fim, toda aquela conversa sobre mudança não resultaria em nada, exceto em mais conversa – nenhuma implementação. Outro gerente conta: "Houve muitas experiências ruins nessa organização com gerentes que dizem uma coisa e fazem outra, ou não simplesmente fazem nada. Tivemos reengenharia, aprimoramentos de processos, projetos de equipe. Tivemos muitas análises, mas nenhuma implementação. Em muitos projetos, as pessoas trabalharam muito, às vezes durante um ano ou mais, mas não houve resultado algum."

Dentro de algum tempo, a repetição desse modelo se converteu em cinismo. "As pessoas têm de ver resultados. Mas se a gestão não muda, você não pode esperar que as pessoas mudem. Temos muitas reuniões e muitos projetos para produzir resultados. Eles também poderiam ser jogados na lata de lixo, porque ninguém os implementará."

Resumindo, outra gerente sênior de P&D disse: "As pessoas não têm confiança na gestão, e a empresa é vista de fora como grande e anônima." Ela continuou: "[A GlobalHealthCompany] sofre de um vírus – que, é triste dizer, constitui um legado da sua história. Mesmo pessoas novas na empresa 'pegam' esse vírus. Eles se infectam muito rapidamente, e isso é uma vergonha. A gestão tem de reconhecer que essa ainda é uma situação muito nociva."[4]

Quatro barreiras à aprendizagem organizacional e à mudança

O caso da GlobalHealthCompany ilustra as principais questões que impedem uma organização bem-sucedida de se mover para além da recuperação do passado e por isso se vê envolvida por problemas. O comportamento executivo que no início pode ser funcional em um contexto de negócios específico rapidamente desenvolve vida própria e transforma-se em um hábito por toda a organização. Isso cria comportamentos cada vez mais disfuncionais que continuam sendo reproduzidos e recuperados, como um vírus em um organismo. O comportamento executivo que no início era útil é recuperado e disseminado por toda a cultura organizacional, onde infecta os membros da organização com a incapacidade de aprender, que, por sua vez, os impede de enxergar – e lidar com – a realidade da organização. Quatro barreiras de aprendizagem mantêm o vírus vivo e o sistema preso no modo da recuperação:

1. Não reconhecer o que você vê (desassociar percepção e pensamento)
2. Não dizer o que você pensa (desassociar pensamento e fala)
3. Não fazer o que você diz (desassociar fala e "andar")
4. Não ver o que você faz (desassociar percepção e ação)

Barreira 1: Não reconhecer o que você vê
Por fim, o comportamento do primeiro CEO resultou na incapacidade de aprender. "Ele tinha ideias muito fixas sobre a empresa. Ele dirigia de modo muito autoritário." Como a maioria dos fundadores e pioneiros, o CEO confiava nas próprias ideias (aquilo em que ele acreditava) mais do que nos dados que o mundo lhe apresentava (o que ele via). Todos os pioneiros atuam sobre a primazia de sua visão, acima da realidade presente. Contudo, se esse tipo de comportamento não é transformado dentro de algum tempo, qualquer possibilidade de êxito é bloqueada pela recuperação de modelos comportamentais repetidamente. Isso se torna rapidamente um obstáculo ao progresso da empresa. Daí o legado do comportamento da Barreira 1 ser a incapacidade de reconhecer o que você vê. No caso da GlobalHealth, seus executivos não viram os efeitos colaterais da droga.

Barreira 2: Não dizer o que você pensa
O comportamento do CEO II causou a segunda incapacidade de aprendizagem: não dizer o que você pensa. "Ele simplesmente demitia as pessoas se elas não concordassem com ele. Você era demitido se dissesse algo sobre a empresa que não deveria dizer." Essa espécie de comportamento executivo forçava as pessoas a desenvolver o segundo componente do vírus corporativo. Para sobreviver sob esse executivo, outros gerentes, também, tiveram de aprender *a não dizer o que pensavam*. Alguém que violasse essa regra era demitido, isto é, apagado do "*pool* genético" daquela cultura corporativa. O único comportamento que assegurava a sobrevivência e era transmitido consistia em permanecer calado sobre o que você pensasse; isto é, tomando parte só em conversações que reproduziam a linha da empresa. Esse elemento do vírus corporativo impedia a empresa de aprender a partir da própria experiência, e não repetir os mesmos erros.

Barreira 3: Não fazer o que você diz
O CEO IV tentou mudar a cultura em que se baseavam os dois primeiros componentes virais, mas falhou quando não fez o que disse que faria. Muita conversa sobre reengenharia e mudança não se traduziu em ação. Aqueles que atuavam supondo que os líderes devem fazer o que dizem acabavam desperdiçando a energia e mergulhando em profunda frustração. De outro lado, aqueles que viram que toda a conversa sobre mudança consistia apenas nisso – conversa – se deram melhor, porque não investiram tempo em projetos grandes que, por fim, não iam a lugar algum.

Barreira 4: Não ver o que você faz

O quarto componente é não ver o que você faz. Isto é, todos os executivos tinham pontos cegos sobre o fato de que seu comportamento levara à criação das quatro incapacidades de aprendizagem.

```
                        PENSAR
                          |
            1.            |          2.
    NÃO RECONHECER        |      NÃO DIZER
      O QUE VEMOS         |    O QUE PENSAMOS
                          |
    VER ——————————————————+—————————————————— DIZER
                          |
            4.            |          3.
        NÃO VER           |      NÃO FAZER
         O QUE            |    O QUE DIZEMOS
        FAZEMOS           |
                          |
                        FAZER
```

FIGURA 8.2 QUATRO BARREIRAS À APRENDIZAGEM E À MUDANÇA

A história da GlobalHealthCompany ilustra a profundidade em que o mecanismo institucional da recuperação está enraizado na cultura organizacional e a poderosa força que tem para reproduzir os modelos do passado. É uma força que os indivíduos muitas vezes examinam como impossível alterar.

O primeiro passo no processo do U é aprender a habilidade "de deter a recuperação (*downloading*)". Isso se aplica a todas as áreas: indivíduos, grupos, organizações e até sociedades. Deter a recuperação é a condição prévia para entrar no processo U. Só quando a recuperação termina é que podemos despertar e ver a realidade, o que nos leva ao próximo espaço cognitivo do U: ver.

CAPÍTULO 9

Visão

Como vemos • O deslocamento do recuperar para o ver •
O processo de ver em ação • Notas de campo

Como vemos: a visão de fora

Quando interrompemos o hábito da recuperação (*downloading*), movemo-nos para o estado da visão. Nossa percepção torna-se mais aguda e nos tornamos conscientes da realidade com que nos confrontamos. Se operarmos desse espaço cognitivo, perceberemos da periferia da organização, no limite entre o observador e o observado. Tome, por exemplo, o que aconteceu quando Goethe tentou examinar o "fenômeno das cores", de Newton, como o físico Arthur Zajonc relata em *Catching the Light*.[1] Era janeiro de 1790 e Goethe estava sendo pressionado a devolver uma caixa de equipamento ótico que guardava no seu closet. Na caixa havia um prisma. Um empregado ficou esperando para recuperar a caixa, enquanto Goethe, afobadamente, arrancou-lhe das mãos o prisma em uma última tentativa de ver o arco-íris que Newton vira. Em vez disso, viu algo bem diferente na luz de janeiro. Arthur Zajonc explica que Goethe "olhou para as paredes brancas da sala esperando [segundo a teoria newtoniana] que elas fossem decoradas pelas cores do arco-íris. Em vez disso, ele só viu branco!". Naquele momento, ele achou que Newton estivesse errado.

Goethe, surpreso, virou-se mais uma vez para a janela, cujo escuro através da moldura destacava-se marcadamente contra o céu cinza-claro de janeiro atrás dele. Lá, no limite entre a moldura e o céu, onde a luz e a escuridão se encontravam, ele viu cores brilhantes.

O deslocamento do recuperar para o ver

No momento em que Goethe levantou o prisma e olhou, o lugar do qual sua atenção operava (o ponto branco na Figura 9.1) deslocou-se do centro de sua organização – isto é, de dentro do seu mundo de hábitos e rotinas – para a periferia, ou seja, diretamente para a borda de seu limite organizacional (o círculo reticulado). A partir de então, ele estava olhando para fora da janela de sua organização, na direção do mundo que se apresentava à sua frente.

Quando fui à escola na manhã de 11 de abril de 1978, segui uma infinidade de rotinas diárias: viajar de trem, caminhar pelo parque entre a estação ferroviária e a escola, ler o *Der Spiegel* semanal durante a aula, em vez de prestar atenção às conversas de classe, normalmente muito menos interessantes, e assim por diante. Mas essas ações, baseadas na recuperação de rotinas, começaram a mudar quando comecei a prestar atenção a duas observações que não faziam sentido para mim: os olhos vermelhos da professora quando ela falou comigo e a linha telefônica muda quando tentei ligar para casa. Quando entrei no táxi, minha estrutura de campo de atenção se deslocara por completo: subitamente, percebi o que estava acontecendo – o céu havia sido obscurecido por nuvens escuras que se elevavam do lugar onde a fazenda costumava estar. Eu, o observador, ainda estava sentado no táxi, mas a membrana – a janela da frente – era transparente e permitia-me reconhecer o que acontecia do lado de fora (o observador está separado do observado).

O deslocamento do recuperar para o ver é simples – embora nem sempre indolor. Às vezes, ocorre sem atividade visível do lado do observador, como no caso do fogo. Tudo o que fiz foi ser uma testemunha disso. Às vezes, isso exige muito mais disciplina por parte do observador, como ocorreu com o prisma de Goethe. Afirma-se que Goethe foi um mestre extraordinário da observação que, durante toda a vida, cultivou sua capacidade de percepção.

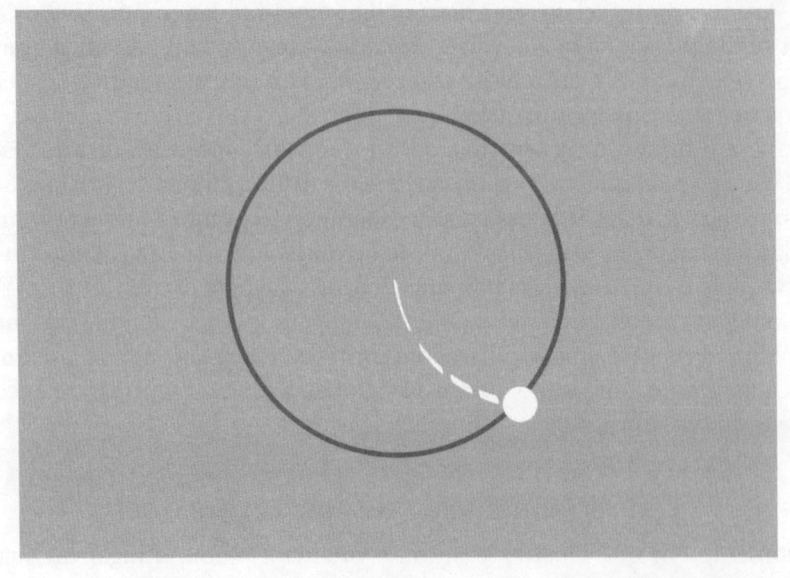

FIGURA 9.1 A ESTRUTURA DE CAMPO DA VISÃO

Três princípios distintos podem ajudar-nos a nos mover do ato de recuperar para o de realmente ver. São eles: (1) esclarecer a questão e a intenção, (2) mover-se para os contextos que importam e (3) suspender o julgamento e conectar-se à contemplação.

Esclarecer a questão e a intenção

Enquanto viajava e trabalhava com o pesquisador da paz Johan Galtung, observei que, quando era indagado depois de uma palestra, ele normalmente escrevia algo em seu bloco de anotações antes de responder. Quando perguntei o que escrevia, ele respondeu que, sempre que era perguntado sobre uma nova questão interessante, primeiro escrevia – não sua resposta, mas a pergunta –, porque, de outro modo, poderia esquecer essa importante entrada de informações. As boas perguntas, disse ele, são as matérias-primas para se fazer boa ciência.

Quando trabalhei com designers seniores da IDEO, às vezes chamada de a "companhia de design mais influente do mundo", fiquei assombrado ao ver quanto tempo os designers gastavam de antemão, antes de iniciar um projeto. "A qualidade do processo de design criativo", explicou-me um líder da IDEO, "é uma função da qualidade da instrução do problema que define seu ponto de partida". Costumava pensar que ser criativo significava você estar aberto a todas as possibilidades o tempo todo. Não é assim. Assim como os cientistas esclarecem e cristalizam uma questão de pesquisa antes de iniciar um experimento, os designers também devem esclarecer sua tarefa. Somente bem mais tarde aprendi que ter uma clara questão de pesquisa ou declaração do problema não significa que você pode permitir-se ser cego à emergência. Você ainda pode estar atento ao que está emergindo na tangente, mas deve fazer isso de modo totalmente consciente.

Mover-se para os contextos que importam

O contexto pode ser pensado como um laboratório vivo, o lugar no qual a atividade da observação é realizada. Christopher Alexander, matemático-arquiteto, acredita que, em última instância, o objeto do design é a forma e o modelo. Ele explica: "A forma é aquela parte do mundo que decidimos modelar, deixando o restante do mundo onde está. O contexto é aquela parte do mundo que impõe demandas nessa forma (...) a forma é a solução para o problema; o contexto define o problema."[2] No caso de Goethe, ele criou um contexto que lhe permitiu observar aquilo no que estava interessado (ver as cores através do prisma). No caso da gestão e das ciências sociais, esse laboratório muitas vezes está situado em um contexto social vivo, tal como a Europa Oriental no dia em que Galtung e nosso grupo estudantil faziamos uma visita. Contudo, em ambos os casos, os observadores moveram-se em um contexto que lhes permitiu estudar e observar o fenômeno de perto.

Durante as duas últimas décadas mais ou menos, muitas empresas e organizações têm se tornado mais inteligentes no sentido de se mover para o contexto de clientes, parceiros e fornecedores. O que começou como falar *sobre* clientes e, então, se deslocou a falar *com* clientes agora parece estar se deslocando em direção a acessar a experiência dos clientes para aprender sobre suas capacidades inexploradas e necessidades não atendidas. Contudo, uma coisa é falar sobre a experiência do cliente e outra bem diferente é acessá-la de fato.

Para ilustrar a primazia de se mover para o contexto a fim de desenvolver a capacidade de ver, Francisco Varela compartilhou comigo a história de um experimento cruel com gatinhos. Gatos recém-nascidos levam dois dias para abrir os olhos. Nesse experimento, os gatos recém-nascidos foram amarrados em pares de dois, com um de costas para o outro. Em cada par, só o gatinho de baixo era capaz de se mover. O gatinho de cima (aquele nas costas do outro) experimentava os mesmos movimentos espaciais – mas sem realizar o trabalho de pernas, que era deixado ao gato de baixo. O resultado desse experimento foi que o gato de baixo aprendia a ver normalmente, enquanto o de cima não – permanecia cego ou sua capacidade de ver desenvolvia-se de modo insuficiente. O experimento mostrou (e era o objetivo de Varela) que a percepção não é passiva. A percepção é uma atividade que o corpo coloca em prática.

Nós, como o "gato de cima" em gestão do conhecimento e trabalho de estratégia, contratamos peritos e consultores para nos dizer como o mundo funciona, em vez de compreendê-lo nós mesmos. Terceirizamos o trabalho das pernas. Para problemas simples, essa pode ser uma abordagem apropriada. Mas, quanto maior for a complexidade de uma situação, o mais importante é não *terceirizar*: deve-se ficar em contato com a questão à medida que ela se desenvolve. Sem um vínculo direto com o contexto de uma situação, a exemplo dos gatos de cima, não podemos aprender a ver.

Suspender o julgamento e conectar-se com a contemplação

Charles Darwin, pai da teoria evolutiva moderna, era conhecido por manter um caderno consigo, a fim de registrar observações e dados que contradiziam suas teorias e expectativas. Ele sabia bem que a mente humana tende a esquecer rapidamente o que não se ajusta nas estruturas familiares. Como Goethe, que suspendeu seu julgamento sobre cores na luz, Darwin também sabia que os dados refutadores de hoje são a matéria-prima das inovações teóricas de amanhã; assim, ele escrevia as coisas antes que sua mente convenientemente esquecesse o que não sabia como catalogar.

Onde, em nossas principais instituições hoje, dispomos de mecanismos que ajudam a realizar a suspensão do julgamento? O que vem à mente são alguns exemplos, tais como "brainstorming" e "julgamento adiado". Mas, em geral, nossas conversações e interações dentro e entre instituições são estruturadas de modo a nos estimular a pronunciar opiniões e articular o julgamento, em vez de suspendê-lo.

Porém, apenas com a suspensão do julgamento é que podemos nos abrir à contemplação. A contemplação consiste em notar que há um mundo além dos nossos modelos de recuperação. A contemplação pode ser pensada como *a semente* da qual o processo U cresce. Sem a capacidade de admirar-se, o mais provável é que permaneceremos fincados na prisão de nossas construções mentais.

A contemplação é um dos maiores presentes que as crianças trazem à nossa vida, já que corporificam a contemplação no sentido mais puro. Mas, para desenvolver essa capacidade mais plenamente, as crianças precisam que ela seja reforçada em seu ambiente. Crescer em um contexto social que não inclui a contemplação é como uma planta tentar crescer sem água.

Descobri que quanto mais profundo o conhecimento de uma pessoa, maior a probabilidade de que tenha cultivado a capacidade de admirar. E quanto mais estreito, superficial e limitado seu conhecimento, menos provável que cultive a capacidade de admirar-se.

Poucos meses depois de entrevistar Brian Arthur, encontrei-me com um de seus colegas da Xerox PARC, Jack Whalen. Whalen é um perito altamente respeitado nas comunidades de estudos sobre o conhecimento e sobre a observação etnográfica. Ouvi o que ele me disse sobre como havia desenvolvido um método etnográfico para observar e analisar as *práticas* de trabalho das pessoas. No final, perguntei-lhe: "Se você aplicasse sua metodologia a si mesmo, quais seriam suas práticas de trabalho próprias mais críticas? Que práticas de trabalho *você* utiliza que lhe permitem realizar seu tipo de trabalho?"

Ele refletiu por um momento e, então, respondeu: "Construir relações com as pessoas e cultivar um profundo interesse por outras disciplinas científicas." Ele fez uma pausa. "E contemplação. Essencialmente, o que faço é desenvolver a disciplina da contemplação infinita. Oh, olhe, olhe para este mundo!"[3] Embora seja difícil para as pessoas desenvolver a capacidade de ver, ela é ainda mais desafiadora no contexto coletivo das organizações. Ainda assim, é uma função crítica na liderança das mudanças. Alguns dizem que é *a* função crítica.

A maioria dos esforços para produzir mudanças fracassa não por falta de boas intenções ou aspirações nobres, mas porque seus líderes falham em *ver* totalmente a realidade que enfrentam – e agir. Aprendi isso pela primeira vez com Ed Schein, em seu curso sobre gestão de mudanças no MIT. Mas só vim a perceber isso completamente quando eu mesmo o testemunhei.

Em suas aulas, Schein sempre enfatizava que o princípio mais importante da gestão de mudanças é "sempre lidar com a realidade"; isto é, começar a ver o que está acontecendo realmente. Nosso desafio é descobrir um modo de cultivar e realçar a capacidade coletiva de ver.

O diálogo como uma maneira de ver coletivamente

David Bohm e Bill Isaacs definem o diálogo como a arte de pensar coletivamente. Distorcendo um pouco essa definição, sugiro definir o diálogo como a arte de *ver coletivamente*. Essa variação parece mínima, mas tem implicações metodológicas muito concretas.

Por que insisto na primazia da percepção? Durante toda a minha vida, nunca deparei com uma situação que fosse impossível a uma pessoa enfrentar (embora tais situações certamente existam). Todas as vezes que observei colapsos acontecerem – dentro e fora das organizações –, resultavam sempre da negação; isto é, de *não* ver, de *não* enfrentar.

Por outro lado, surpreendia-me com o fato de que, independentemente de quão difícil uma situação possa parecer, no momento em que você resolve examiná-la realmente, olhar direto para a cara feia dela, ganha novos poderes para lidar com ela. E a coisa interessante é que esses poderes sempre coincidem com o desafio com o qual tem de lidar. Lembra-se do médico que expressou seu espanto diante da fraqueza das forças de negação, em comparação com a capacidade das pessoas de enfrentar as situações mais horríveis imagináveis? Compare isso com a triste história da GlobalHealthCompany. A questão lá não consistia em falta de aspirações ou visão de vários CEOs. Todos eles tinham muita visão, valores centrais e declarações de objetivos. Não faltava nada lá. Mas a questão era outra. A questão era que todos os quatro CEOs haviam perdido cada vez mais o contato com a realidade – perderam o contato com o que realmente acontecia. Eles não conseguiam ver a realidade. E, então, quanto mais exerciam pressão – utilizando a mentalidade de "promover mudança" –, mais o sistema os empurrava de volta. As pessoas resistem à mudança apenas se forem solicitadas a fazer mudanças difíceis e sacrifícios sem a capacidade de ver o quadro mais amplo e entender o contexto que torna a mudança necessária. Isso levou alguns vendedores da GlobalHealthCompany a afirmar: "Temos a obrigação de gerar vendas como adultos, mas em função do que está acontecendo na organização, estamos sendo tratados como crianças."

Ver a realidade coletivamente pode soar fácil, mas é extremamente desafiador fazer isso de forma adequada. Muitos líderes, como aqueles quatro CEOs, são incapazes de ver a realidade que os confronta.

Ao contrário da convicção geral, não penso que o trabalho mais importante de um líder seja criar visão, objetivos e direção. Muitas vezes, essa visão limitada transforma-se em responsabilidade e impede as organizações de entrar em contato com o que de fato está acontecendo, enquanto seus líderes vão disseminando o que pensam sobre o que o próximo programa de mudança deve tratar.

O trabalho mais importante da liderança, como concluí em meu trabalho com Schein, é o de destacar a capacidade individual e sistêmica de ver, ocupar-se profundamente da realidade que as pessoas enfrentam e colocá-la em prática. Assim, o verdadeiro trabalho do líder é ajudar as pessoas a descobrirem o poder de ver – e de ver coletivamente.

O processo de ver em ação: o Fórum de Diálogo Médico-Paciente

Em 1998, minha colega Dra. Ursula Versteegen e eu iniciamos um novo projeto com uma rede regional de médicos na Alemanha.[4] Nessa época, Ursula era diretora de conhecimento de uma empresa de saúde iniciante situada em Munique e estávamos trabalhando com essa rede de saúde regional há mais de dois anos. Como a rede estava entrando em uma nova fase de negociações com companhias de seguro, nós nos reunimos com o grupo principal de médicos envolvidos na iniciativa de rede, a fim de nos preparar para uma reunião de toda a rede agendada na semana seguinte. Os representantes dos provedores de seguro anunciariam se iriam financiar o projeto de saúde de emergência proposto pela rede de médicos.

Os médicos, cuja rede depende de companhias de seguro para administrar e controlar os orçamentos de saúde, acreditavam que essas companhias recusariam o plano e que eles começariam a se queixar de que dependiam demais "desses burocratas". Você podia sentir que a energia na sala diminuía. As pessoas começavam a olhar para seus relógios. Mas, quando o encontro parecia já quase no fim, a tarde tomou uma direção surpreendente – tudo graças a George.

Quando entrei na sala pela primeira vez naquela tarde, estava acompanhado de uma pessoa que eu nunca havia encontrado. Dissemos olá e eu lhe perguntei de onde estava vindo. Seu nome era George, disse, e ele acabara de retornar da Índia, onde conduzira o projeto de criação de um hospital móvel para atender uma área pobre local. "Uau", exclamei, "isso parece interessante" e acho que adoraria ouvir mais. Depois que o encontro se iniciou, esqueci de nossa breve troca de ideias até um pouco antes de o encontro terminar, quando nossos olhos se cruzaram e sabíamos que estávamos tendo o mesmo pensamento: "Que diabos está acontecendo aqui? Por que o nível de energia de todo mundo está tão baixo?" Aproveitei para perguntar se ele se lembrava de nossa conversa sobre seu projeto na Índia. Isso não tinha relação óbvia com nossa discussão, mas eu pressentia que ela poderia fornecer uma perspectiva diferente. Assim que ele começou a falar, você podia literalmente ver o campo ao redor desse homem sendo carregado de energia. Em 10 minutos de sua história, a multidão toda já era parte da energia que se irradiava através dele. Seguir a agenda do encontro não era mais uma opção.

"Estava de férias na Índia. Por acaso, encontrei um médico que dirigia um hospital rural próximo. Ele me falou das condições médicas no bairro pobre de uma cidade com seis milhões de pessoas. Ele me mostrou as redondezas e, quando vi as condições do bairro pobre, senti intuitivamente que devia haver um modo de fazer a diferença. Uma visão começou a se formar: poderíamos criar um projeto local e global para fornecer assistência médica básica àquela comunidade. Assim, comecei a trabalhar em um plano e dediquei toda a minha energia para transformar essa visão em realidade. Tem sido uma longa jornada. Por várias vezes achamos que iríamos fracassar. Mas, toda vez que via os problemas crescerem, terminava reagindo e aumentando meu nível de foco e energia. Simplesmente não podia desistir. *Não, não podia* fazer isso.

"Mas, a certa altura, quase desisti. Eu havia convencido meus melhores colegas a passarem suas férias nesse projeto, e eles havia concordado em trabalhar na Índia sem receber nada. Tínhamos o equipamento médico pronto, todas as doações em ordem, e recebi uma chamada dizendo: 'Lamentamos, mas temos de cancelar o avião que lhe prometemos.' Abatido, parti para Frankfurt e, no caminho, travei uma conversa com um homem a quem contei essa história. Dias depois, recebi um telefonema do seu escritório. Ele era o diretor-presidente da Lufthansa. 'Nós gostaríamos de ajudar.' Eles levaram nosso equipamento e 27 médicos a Hyderabad, na Índia, quase de graça. Durante 12 horas por dia, examinamos e tratamos de pacientes – aproximadamente 100 por dia. Trabalhamos em escolas e tendas. Num período de dez dias, fornecemos atendimento médico a 15 mil pessoas.

"Hoje, mais de mil voluntários estão engajados na Humedica, a organização que fundamos coletivamente com nossos colegas da Índia. Oitocentos são médicos, enfermeiras e assistentes de emergência. Mas sem aquela ajuda milagrosa quanto ao transporte aéreo em nossa primeira missão, nada disso existiria hoje. Se não tivéssemos sido bem-sucedidos naquela primeira vez, não haveria uma equipe de médicos em Humedica agora."[5]

Foi então que Ursula falou: "Obrigado, George. Sua história me leva a indagar se o projeto de rede de nossos médicos apresenta problemas muito grandes para serem resolvidos – ou pequenos demais para servir de inspiração." Assim, perguntamos a nós mesmos: "Onde está a verdadeira necessidade nesse sistema – o equivalente local do bairro pobre da Índia do qual George acabou de falar? Qual é o objetivo maior que pode *mobilizar a melhor energia das pessoas* e seu compromisso?"

O que veio à tona foram comentários como estes: "Você sabe, todo mundo fala sobre reformas na saúde e no sistema de saúde centrado no paciente, mas é raro que as pessoas falem *com os pacientes* sobre as experiências deles." Assim, começamos a fazer perguntas do tipo: como os pacientes experienciam sua relação médico-paciente? Como experienciam a saúde? O que é saúde, segundo a definição dos pacientes? De onde vêm suas doenças? Quais são as fontes profundas da saúde e da doença das pessoas?

Essas questões foram investigadas profundamente na dimensão da primeira pessoa, *na experiência* real do sistema de saúde atual a partir da perspectiva dos pacientes. Até aquele momento, isso havia sido um ponto cego significativo na investigação atual da medicina baseada em resultados.

Rapidamente, desenvolvemos o plano de fazermos entrevistas orais com 100 pacientes para saber como experimentavam a saúde e a doença em sua vida, e com seus 35 médicos. Três estudantes que haviam sido convidados para participar do encontro ofereceram-se para realizar as entrevistas como parte de seus projetos de tese.[6] Na manhã seguinte, os estudantes receberam nosso feedback sobre suas primeiras relações com os médicos no dia anterior. Então continuamos com uma sessão de treinamento durante metade do dia sobre como conduzir as entrevistas baseadas no diálogo e no ouvir profundamente (ver Figura 9.2).[7]

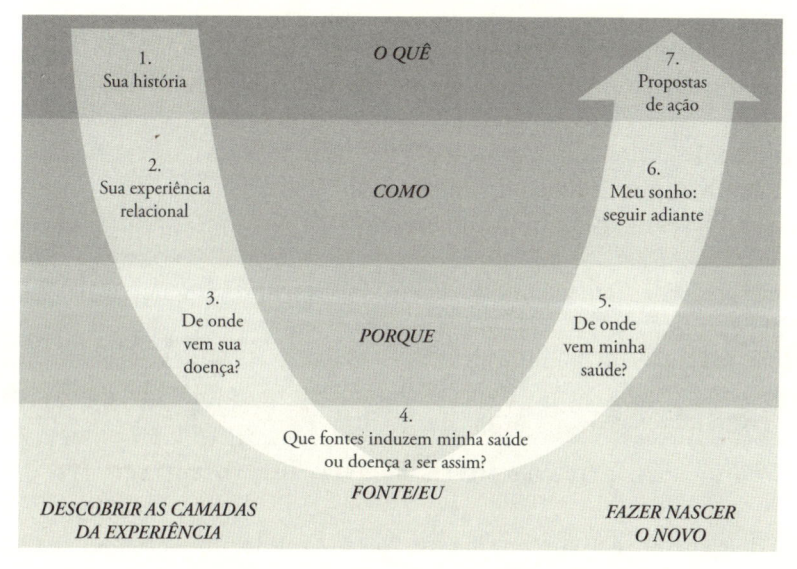

FIGURA 9.2 A PAISAGEM DO OUVIR

Diagrama em formato de U:

- 1. Sua história
- 2. Sua experiência relacional
- 3. De onde vem sua doença?
- 4. Que fontes induzem minha saúde ou doença a ser assim?
- 5. De onde vem minha saúde?
- 6. Meu sonho: seguir adiante
- 7. Propostas de ação

Níveis centrais: O QUÊ — COMO — PORQUE — FONTE/EU

Lados: DESCOBRIR AS CAMADAS DA EXPERIÊNCIA — FAZER NASCER O NOVO

Logo depois disso, os estudantes iniciaram seus estudos seguindo de perto alguns médicos durante duas semanas para terem uma noção do campo mais amplo em que estavam prestes a entrar. Somente assim, após terem experimentado a rotina das chamadas de emergência do dia à noite, começaram a fazer as 135 entrevistas.

Três meses depois, em um sábado frio de fevereiro de 1999, convidamos todos os pacientes entrevistados e os médicos para uma sessão de feedback ao longo de um dia inteiro em uma escola de ensino fundamental de uma cidade próxima. Das 135 pessoas entrevistadas, quase 90 compareceram. Depois das saudações preliminares, apresentamos nossas descobertas na forma de uma figura em formato de iceberg que representava as quatro diferentes camadas da relação médico-paciente, cada uma relacionada com um nível de entendimento sobre a saúde e a conexão mente/corpo (ver Figura 9.3).

Nível 1: Peças quebradas

No primeiro nível, as questões de saúde são compreendidas apenas como peças quebradas que têm de ser consertadas rapidamente. Um paciente disse: "Vou ao médico com um problema e espero que ele o resolva. Meu papel é da pessoa que precisa de ajuda. O papel do meu médico é proporcionar essa ajuda." No caso de um ataque cardíaco, por exemplo, um paciente esperaria que o médico providenciasse o tratamento de emergência.

Nível 2: Comportamento

Praticamente toda questão de saúde com que uma pessoa lida é causada por um comportamento. Um ataque de coração poderia ser causado por estresse e

PACIENTES		MÉDICOS
	EVENTO	
REPARO	DEFEITO	MECÂNICO
TERAPIA	COMPORTA-MENTO	INSTRUTOR
REFLEXÃO	PENSAMENTO	TREINADOR
AUTOTRANSFORMAÇÃO	EU	PARTEIRA *para fazer nascer o novo*

FIGURA 9.3 QUATRO NÍVEIS DA RELAÇÃO MÉDICO-PACIENTE

excesso de trabalho; e assim por diante. Nesse sentido, uma paciente questionou sua experiência e relação com o médico: "Será que sempre é necessário um tratamento farmacológico? Eu digo não, não para mim. Quero que me digam: 'É sua atitude, você deve mudar seu comportamento. Você deve fazer mais por si mesmo.'" Nesse nível, o papel do médico pode ser aquele de um instrutor: dar as instruções certas ao paciente para alterar seu comportamento.

Nível 3: Pensamento

Tratar as questões de saúde no nível do comportamento às vezes funciona – mas às vezes temos de levar nossa abordagem a um nível mais profundo. O comportamento tem origem nas premissas e hábitos de pensar das pessoas – o que importa mais do nosso ponto de vista. Um ataque de coração pode ser resultado de certas premissas sobre o trabalho e a família que levam alguém a colocar a carreira em primeiro lugar, não deixando tempo para a família e os amigos, as pessoas para as quais trabalha tanto assim. Como um paciente nos disse: "Uma pessoa fica doente só de pensar." Quando você diz que não tem tempo, o tempo será forçado em você pela doença. Estou bastante seguro disso. Quais são meus futuros planos? Quando você não se preocupa com isso e não considera que a vida é uma dádiva, fica doente. Bum! É forçado a pensar. Muitas pessoas me dizem: "Não entendia como a vida era ou como é importante eu estar vivo. Você dá isso por certo." Para as pessoas que operam nesse nível, o papel do médico é o de um treinador que ajuda seu paciente a refletir sobre sua vida e padrões de pensamento.

Nível 4: Presença autotransformadora

Por fim, há um quarto nível que é ainda mais profundo do que os outros três. Aqui, as questões de saúde são vistas como a matéria-prima de uma jornada de desenvolvimento pessoal e cultivo interior. Elas nos convidam a acessar o potencial pleno de nossas fontes interiores da criatividade, a empreender uma jornada a quem realmente somos. "Sou alguém que nunca adoeceu", uma mulher nos disse. "E então de repente eu tinha câncer. Costumava ser o centro das atenções em todo lugar. Trabalhava muito, era membro de vários comitês e simplesmente ignorei o fato de que estava doente. Foi uma luta. Eu não queria que a doença estivesse em mim. Falei para mim mesma: simplesmente a ignore. Voltei a trabalhar em tempo integral e o resultado foi que dois anos depois tive um esgotamento. Fui forçada a parar de trabalhar. Posteriormente, depois da cirurgia, fui à terapia e aprendi a falar sobre a minha doença, tal como estou fazendo com você agora. Você sabe, somente com 58 anos aprendi a dizer 'não'. Antes, estava sempre pronta para trabalhar. Eu sempre funcionava. Nem mesmo me dei conta de que havia perdido minha identidade pelo caminho. E agora não estou mais preocupada com meu futuro. O hoje é o que importa para mim. *Agora*."

Nesse caso, no quarto nível da relação médico-paciente, o papel do médico é aquele de uma parteira do novo. Depois da apresentação, perguntamos aos participantes se sentiam que esses quatro níveis representavam adequadamente sua experiência. Eles primeiro discutiram a questão em grupos pequenos e depois no grupo em geral e concordaram que essa era pelo menos uma maneira útil de propor a questão. Então, pouco antes de fazermos a interrupção da manhã, pedimos aos participantes para votar. Cada participante votou em dois pontos colocados em um grande quadro: um ponto azul para marcar onde acreditavam que o sistema de saúde atual funcionava e um ponto branco para marcar o nível de seu sistema de saúde futuro desejado.

Notas de campo: Desenvolvendo a capacidade coletiva de ver

Examinando o Fórum de Diálogo Médico-Paciente, podemos perceber como os quatro princípios a seguir criavam o que chamamos de Paisagem do Ouvir do Paciente.

1. *Cristalizar a intenção*. Na noite anterior, quando a equipe principal tinha praticamente terminado de arrumar a sala do fórum, nos reunimos em um pequeno círculo, todos de pé, para uma breve sessão de construção da intenção. Cada um de nós diria em uma única frase o que considerava ser o objetivo último do evento do dia seguinte. Quando cada indivíduo havia pronunciado esse objetivo, fechamos com um breve momento de silêncio e voltamos a trabalhar.
2. *Mover-se para o contexto*. Conectamo-nos com todo e qualquer participante através das entrevistas antes da sessão. Nessas entrevistas de ouvir profundamente, as pessoas contaram a história da jornada de sua vida – isto é, compartilharam o contexto de onde estavam vindo.

3. *Suspender o julgamento e conectar-se com a contemplação.* Um dos mecanismos mais eficazes para suspender o julgamento e conectar-se à contemplação é atrair as pessoas para as histórias em primeira pessoa das outras. O primeiro passo aconteceu nas entrevistas pessoais.[8] O segundo passo ocorreu durante a apresentação, quando citamos os próprios pacientes. Não há nada tão simples e poderoso do que utilizar as próprias palavras das pessoas para articular aspectos essenciais da experiência coletiva.
4. *Diálogo: entrar no espaço do ver coletivamente.* O processo de ver coletivamente desenvolveu-se através de três atividades diferentes. Em primeiro lugar, as pessoas ouviram o conceito dos quatro níveis relacionais e os exemplos que animavam esses níveis. Em segundo lugar, relacionaram as próprias experiências e as de outras pessoas (nas discussões dentro de grupos pequenos). Em terceiro lugar, chegaram a uma avaliação coletiva por meio de votação. O que nos leva à continuação da história: o sentir.

CAPÍTULO 10

Sentir

O Fórum de Diálogo Médico-Paciente • A estrutura de campo do sentir •
Princípios • O sentir em ação • Dois tipos de totalidade
• A inversão epistemológica • Notas de campo

Ao passar da fase do ver para a fase do sentir, a percepção começa a acontecer *a partir do campo inteiro*. Peter Senge acredita que essa mudança de direção está na essência do pensamento sistêmico. Diz respeito ao fechamento do ciclo de feedback entre a experiência de realidade das pessoas ("o que o sistema está fazendo conosco") e sua noção de participação por todo o ciclo de experiência. Quando isso acontece, Senge afirma, as pessoas dizem algo como: "Meu Deus! Veja o que estamos fazendo com nós mesmos!"

O Fórum de Diálogo Médico-Paciente

Estava na hora de rever a votação. Isso (Figura 10.1) é o que as pessoas viam.

Como você pode lembrar com a discussão do capítulo anterior, pedimos aos participantes do fórum para votar. Cada participante podia colocar dois pontos sobre o iceberg: um preto para marcar onde acreditavam que o sistema de saúde atual operava e um branco para marcar o futuro nível desejado do sistema de saúde.

Mais de 95% dos participantes – tanto médicos como pacientes – colocaram pontos pretos no Nível 1 ou 2; isso significa que mais de 95% experienciavam o foco do sistema de saúde atual como uma reengenharia mecânica. E cerca de 95% dos participantes colocaram pontos brancos nos Níveis 3 e 4, expressando o desejo de que o foco principal do sistema estivesse nos Níveis 3 e 4, que envolvia lidar com questões de saúde por desenvolvimento, autotransformação e crescimento interior.

"Todos vocês parecem concordar entre si", comecei, "no sentido de que o sistema atual opera nos Níveis 1 e 2, ao mesmo tempo em que também con-

PACIENTES		MÉDICOS
	EVENTO	
REPARO	DEFEITO	MECÂNICO
TERAPIA	COMPORTA-MENTO	TREINADOR
REFLEXÃO	PENSAMENTO	INSTRUTOR
AUTOTRANSFORMAÇÃO	EU	PARTEIRA *para fazer nascer o novo*

• realidade atual   • futuro desejado

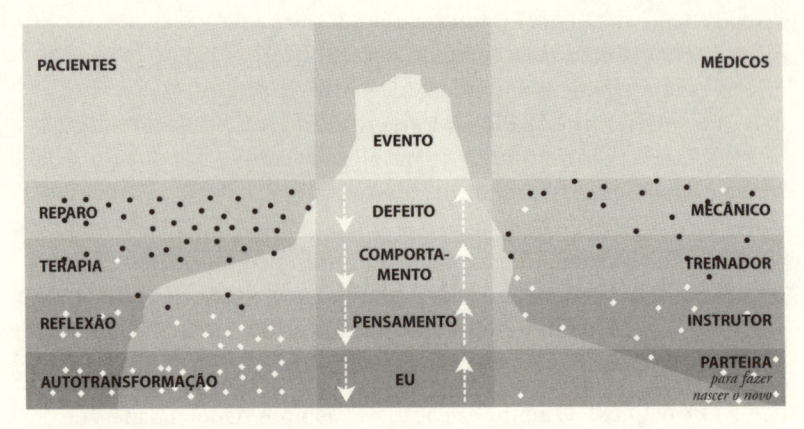

FIGURA 10.1 MODELO ICEBERG DO RELACIONAMENTO MÉDICO-PACIENTE

cordam que o futuro sistema deve mudar para atuar nos Níveis 3 e 4. Portanto, considerando o fato de que vocês são os pacientes e os médicos desse sistema e isso é algo com que todos concordam, o que os impede de atuar assim? Porque, acima de tudo, *vocês são* o sistema. O sistema não são 'eles' em Berlim, não são 'eles' em Bruxelas. O sistema está aqui mesmo nesta sala. O sistema é criado pelo relacionamento entre vocês – e em nenhuma outra parte".

Você poderia ouvir uma pena cair. Então, depois do silêncio, um tipo diferente da conversa emergiu. As pessoas estavam mais reflexivas e começaram a fazer perguntas bem pensadas aos outros e a si próprias. Algo havia mudado. Antes do intervalo, a conversa fora mais uma troca de declarações entre pacientes e médicos. Mas agora as pessoas se relacionavam diretamente entre si e refletiam de modo mais profundo. "Por que", alguns participantes perguntaram, "produzimos coletivamente resultados que ninguém deseja?".

Depois que os médicos relataram abertamente as dificuldades, pressões e frustrações que enfrentavam, um homem levantou e apresentou-se como o prefeito da cidade. "O que vemos em nosso sistema de saúde é o mesmo que vemos na política e no governo. Sempre operamos nos Níveis 1 e 2. Tudo que fazemos é reagir a questões e crises, como sempre fizemos no passado. Mas se operássemos nesses dois níveis mais profundos, talvez pudéssemos fazer algo diferente acontecer." Seguiu-se um breve silêncio após o qual o prefeito sentou-se. Então uma mulher na outra extremidade da sala se levantou: "Sou professora e leciono em uma escola da região, e quer saber?" Ela fez uma pausa e olhou para o prefeito e para todo o grupo. "Estamos enfrentando exatamente o mesmo problema. Tudo o que fazemos nas nossas escolas é operar nesses dois primeiros níveis." Ela apontou para a parede com os pontos brancos e pretos e continuou: "Organizamos a escola em torno de métodos mecânicos de aprendizagem. Concentramo-nos em memorizar o passado, em testar os velhos corpos do conhecimento, em vez de ensinar as crianças como acessar sua curiosidade intelectual e sua capacidade de desenvolver a criatividade e a imaginação. Estamos reagindo a crises o tempo todo. E nunca temos sucesso em mudar os ambientes de ensino para lá [apontando para os Níveis 3 e 4 do gráfico do iceberg], onde nossas crianças podem aprender a desenvolver seu futuro."

Então, o homem a meu lado se levantou e disse: "Sou agricultor, e estamos lutando exatamente contra o mesmo problema. Tudo o que fazemos na agricultura convencional hoje é remediar problemas mecânicos nos Níveis 1 e 2. Utilizamos fertilizantes químicos, pesticidas e injetamos na terra todo tipo de coisa da mesma maneira que você injeta um corpo morto de conhecimento na cabeça de seus alunos. Todo o modo industrial de fazer agricultura se reduz a lutar contra sintomas e problemas usando soluções mecânicas do passado. Não conseguimos conceber nossas fazendas e todo o planeta como um organismo vivo – como espaço coletivo e comum."

Cada pessoa falou a partir de um lugar muito mais autêntico, do verdadeiro "Eu" e com muita sinceridade. Então, uma mulher inclinou-se e, olhando para o médico, ao qual ela acabara de ouvir atentamente, disse em um tom muito suave: "Estou muito preocupada com você. Não quero que o sistema mate você e nossos melhores médicos. Existe algo que possamos fazer para ajudá-lo?" O silêncio invadiu a sala.

A estrutura de campo do sentir

Todo mundo que participou da conversa naquela manhã sentiu a presença de uma conexão mais profunda. Não era mais como a maioria das outras conversas. Em vez de expressar opiniões e fazer declarações, as pessoas começavam a fazer perguntas sinceras. As pessoas não só conversavam coletivamente – elas também pensavam coletivamente. O tempo parecia ter parado; o espaço a nosso redor parecia tornar-se mais denso e abrir-se. As pessoas falavam mais lentamente, entremeadas pelo silêncio. A estrutura de como as pessoas se relacionavam entre si havia mudado. Algo as levara para além do estado habitual no qual as pessoas discutem como indivíduos separados, como prisioneiros dentro dos próprios cérebros.

Quando isso acontece, o lugar a partir do qual surge nossa percepção (ponto branco, Figura 10.2) muda de dentro da mente (olhar *para* o campo) para fora dos limites organizacionais do observador (círculo tracejado, Figura 10.2), isto é, a percepção começa a acontecer *a partir do* campo.

Quando ocorre essa mudança, a fronteira entre o observador e o observado entra em colapso e o observador começa a ver o sistema de um ponto de vista profundamente diferente: um ponto de vista que inclui a si próprio como parte do sistema que está sendo observado. O sistema não é mais algo que está lá fora ("o que *eles* estão fazendo por nós"), mas é também algo dentro ("veja o que *nós* estamos fazendo por nós").

Quando um grupo começa a operar a partir desse lugar, seus participantes também começam a ver sua relação com o sistema e como a colocam em prática coletivamente.

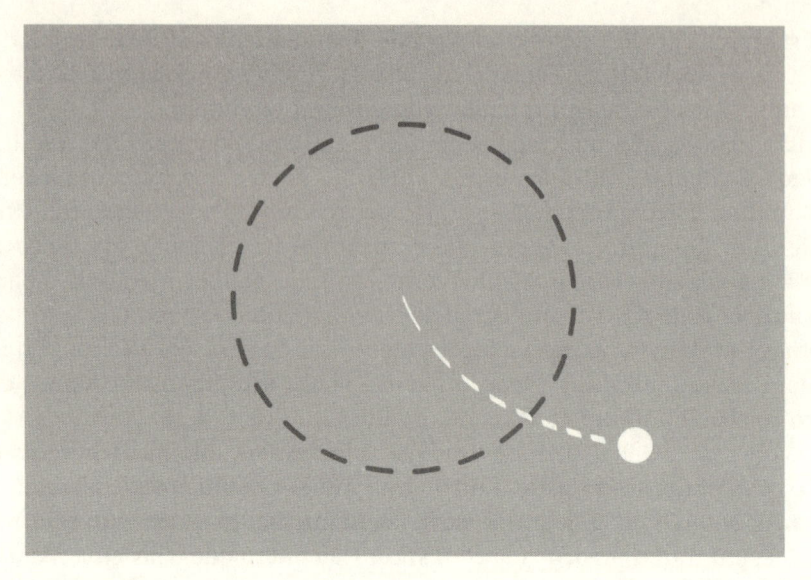

FIGURA 10.2 A ESTRUTURA DE CAMPO DO SENTIR

Princípios

Quatro princípios básicos influenciam quando se entra no campo coletivo do sentir: energizar o contêiner, mergulhar profundamente, redirecionar a atenção e abrir o coração.

Energizando o contêiner

A criação do corpo coletivo do cossentir acontece em alguns lugares. No caso do Fórum do Diálogo Médico-Paciente, esse lugar foi intencionalmente criado com a elaboração de:

- Espaço físico: jogar fora todo o "material" e esvaziar o lugar, exceto as paredes; trazer elementos simples e mínimos de design, como luz e *Steelen*, um grupo de grandes pilares de papel-cartão em que postamos fotografias e displays representando a história da iniciativa ANR (Artzt-Notruf, ou o chamado de emergência).[1]
- Espaço temporal: criar uma linha temporal energética cronológica em que a preparação e a agenda facilitaram um fluxo natural pelo U em todo o dia (manhã: mover-se pelo braço esquerdo do U – cossentir; tarde: subir pelo braço direito do U – cocriar).
- Espaço relacionado: estabelecer (1) uma relação pessoal com cada um dos participantes antes da reunião, (2) papéis claros (como pessoas que saúdam na porta do local de encontro), (3) processo (gerenciar os detalhes, como oferecer uma grande apresentação ou ler passagens das entrevistas) e (4) infraestruturas (bebidas, comida etc.).

- Espaço intencional: clareza e qualidade do objetivo dentro de todo o grupo central: Por que estamos fazendo tudo isso? A que futura possibilidade queremos servir? O que estamos tentando criar?[2]

Mergulhando profundamente

O portal para o campo de sentir e cossentir é a total imersão nos detalhes do campo – na presença viva do fenômeno. É tornar-se *um* com o fenômeno que você estuda. *Não* é estudar seu cliente. *Não* é criar o diálogo com seu cliente. É *tornar-se, ser* seu paciente ou cliente. É viver a *experiência* completa desse mundo – e tornar-se um com ele.[3]

No Fórum do Diálogo, fizemos isso lendo literalmente relatos de primeira pessoa em voz alta, apresentando passagens significativas das entrevistas e então pedindo às pessoas que compartilhassem as próprias histórias em resposta a esses relatos despertadores da consciência.

Como um facilitador responsável por guiar um grupo inteiro por essa mudança de campo coletivo, parte de sua estratégia é impedir as pessoas de entrar em um comportamento e mentalidade de debate/recuperação; você intervém no momento em que elas começam a emitir declarações no estilo habitual dos debates. E tenta guiar as pessoas para a observação focalizada e imparcial que permitirá que elas fiquem abertas a e se conectem com outros pontos de vista. O portal para os territórios mais profundos é a imersão e o encontro direto, *sensual*, com as especificidades de um campo vivo.

Redirecionando a atenção

À medida que você se inspira por meio de exemplos e manifestações de um campo vivo – como as diferentes experiências de pacientes e médicos –, tenta redirecionar a atenção das pessoas a partir do "objeto" (as histórias individuais) para o campo formativo, ou "fonte". Em outras palavras, convida as pessoas a entrarem no lugar a partir do qual emanam esses exemplos. Em termos práticos, você tenta entrar no campo de cada exemplo que estuda, você permanece nele, e, ao fazer isso, *mantém* os exemplos em sua mente. Você faz isso com um exemplo após o outro. Você ouve profundamente um ponto de vista depois do outro. À medida que sua escuta vai se aprofundando, você também começa a prestar atenção ao espaço entre os diferentes pontos de vista. Você permanece nesse espaço e, então, quando está prestes a prosseguir com os exemplos seguintes, de repente ocorre uma mudança que permite ver o padrão coletivo que dá origem a todos os exemplos específicos diante de você – você enxerga a força formativa que os conecta.

Um teste simples o ajudará a julgar se você redirecionou bem a atenção: o quadro geral que você vê deve incluí-lo – o observador – como parte do sistema que está tentando corrigir. Quando eu disse, *"Você é* o sistema – mas por que coloca em prática coletivamente resultados que ninguém quer?"*, as pessoas começaram a mudar. Os participantes começaram realmente a se ver como parte do quadro. A ruptura aconteceu quando o prefeito, o professor e o agricultor se levantaram e disseram que enfrentavam exatamente os mesmos problemas que os pacientes e médicos.

A psicóloga cognitiva da UC Berkeley Eleanor Rosch descreve essa mudança como passar da fase de ver o sistema "lá fora" para ver o sistema *a partir do* campo. Perguntei a Rosch o que ela queria dizer com o termo "campo". "Em um campo", Rosch explicou, "a intenção, o corpo e a mente tornam-se integrados. Você sente a percepção acontecendo no *campo inteiro*, não dentro de um observador separado. Para mim, essa noção de campo era a que mais se aproximava do senso de integração em nossas ciências atuais".[4]

Abrindo o coração

Em seguida, perguntei a Rosch: "Então, qual é a natureza de todo esse campo, e como se conectar ou se relacionar com ele, ou alimentá-lo?" Ela olhou para mim, fez uma pausa, e respondeu: "Pelo coração. *O coração em qualquer tradição contemplativa, não é uma sentimentalidade ou emotividade, mas um ponto central lógico profundo.*"

Abrir o coração significa acessar e ativar os níveis mais profundos de nossa percepção emocional. Ouvir com o coração significa literalmente usar o coração e a capacidade de avaliar e amar como um órgão da percepção. Nesse ponto, podemos vê-lo de fato.

Quase sempre, quando uma mudança de campo tão profunda como essa acontece, notamos um pequeno incidente anterior que cria uma fenda ou abertura para essa profunda mudança. Essa pequena centelha muitas vezes está conectada a um momento de silêncio profundo e/ou uma pergunta que vem diretamente do coração. Isso aconteceu quando a paciente disse ao médico, no exemplo da rede médico-paciente: "Estou muito preocupada com você. Não quero que o sistema mate você e nossos melhores médicos. Existe algo que possamos fazer para ajudá-lo?"

A pergunta do "Graal"

Para entender melhor essa particular mudança de direção e esse abrir-se, deixe-me contar uma história que li pela primeira vez quando era criança. A história começa com um menino que viveu no século XII.[5] Ele era filho de uma mulher chamada "Coração Aflito". Seu marido e os dois filhos mais velhos haviam morrido como cavaleiros valentes, então ela decidira criar o menino em um lugar distante para impedir que ele se tornasse um cavaleiro e tivesse o mesmo destino. Seu nome era Parsifal. Parsifal significa "inocente casto", mas ele só conheceu seu verdadeiro nome e identidade muito depois, quando foi capaz de abrir seu coração.

Em um dia de primavera, o jovem Parsifal cavalgava para atirar lanças – algo que ele fazia muito bem – quando, de repente, do nada, surgiram cinco cavaleiros magníficos em armaduras cavalgando enormes cavalos de guerra. "Eles devem ser deuses – ou anjos!", pensou. Ele quase desmaiou quando eles pararam para falar-lhe. Ele lhes perguntou quem eram e o que faziam com suas lanças e escudos, e logo correu para casa para contar à mãe. "Encontrei cavaleiros maravilhosos! Vou me juntar a eles." Isso era o pior pesadelo da mãe, mas, como não poderia dissuadi-lo, disse: "Muito bem. Vá. Mas prometa-me três coisas: vá à igreja todos os dias, tenha respeito por todas as donzelas e não faça perguntas."

Parsifal começou a aventura de sua vida viajando para a corte do rei Arthur, pois ouvira dizer que o rei poderia torná-lo cavaleiro. No caminho, ele cruzou com um guerreiro magnífico, vestido inteiramente de vermelho. Desconhecido para Parsifal, esse Cavaleiro Vermelho vinha aterrorizando o rei Arthur e sua corte, e ninguém podia vencê-lo. O casto inocente foi diretamente até ele e disse: "Planejo pegar sua armadura, sua armas e seu cavalo, pois me tornei um cavaleiro." O Cavaleiro Vermelho ironicamente respondeu: "Tudo bem. Parece uma boa ideia. Apresse-se, torne-se cavaleiro e venha tentar."

Quase todo o mundo na corte de Arthur ridicularizou quando o simplório Parsifal chegou e anunciou: "Faça-me um cavaleiro!" Uma mulher jovem que não sorria há seis anos se aproximou de Parsifal, olhou-o nos olhos, sorriu e renovou sua confiança: "Serás o melhor e o mais valente de todos os cavaleiros." Parsifal deixou a corte pronto para desafiar o Cavaleiro Vermelho.

Quando se encontraram novamente, o Cavaleiro Vermelho disse: "Oh, o casto inocente voltou." Parsifal atirou sua lança diretamente na cabeça do cavaleiro, fulminando-o. Então, Parsifal vestiu a armadura do Cavaleiro Vermelho sobre a rústica roupa de aldeão, montou no cavalo do Cavaleiro Vermelho e cavalgou.

Ele teve muitas aventuras depois disso, inclusive uma estada no castelo de um nobre, que lhe ensinara as habilidades da cavalaria... e a falar menos.

Parsifal viajou até chegar ao castelo de Anfortas, o Rei Pescador, que mantinha o Santo Graal. O rei ferido foi transportado em um catre para a grande sala de banquete. Ele sofria tanto com a dor causada pela lança que o atingira na virilha que mal podia descansar. A sala resplandecia com expectativa. Um bobo da corte profetizara que ele só seria curado quando um verdadeiro inocente viesse à corte. Além disso, esse inocente tinha de fazer a pergunta "O que o aflige?". Todos esperavam Parsifal. Mas ele fez a pergunta? Não. Ele quis gritar: "O que aflige você, tio?", mas fora advertido e ensinado a não fazer tantas perguntas. Então, o Rei Pescador foi levado para a cama e Parsifal foi dormir, pensando que pela manhã não deixaria de perguntar ao rei o que o afligia.

Mas, infelizmente, pela manhã o castelo estava vazio. Ele havia perdido a oportunidade. Abatido, ele e seu cavalo atravessaram a ponte levadiça; ela se fechou atrás dele e o castelo desapareceu.

Parsifal então partiu a galope em uma vã procura pelos habitantes do castelo. A certa altura, ele encontrou uma donzela sentada debaixo de uma árvore que perguntou seu nome e, pela primeira vez na vida, ele o pronunciou: "Parsifal." Ela segurava o corpo morto de seu amado. "Onde você esteve?", perguntou ela. Quando ele respondeu que não havia feito a pergunta no Castelo do Graal e, como resultado, trouxera tristeza a muitos, ela contou que também a mãe dele agora estava morta – de tristeza.

Abatido e triste pelas notícias, ele a deixou depois de prometer vingar a morte de seu amado. A história continua. Parsifal procurou em vão por muitos anos, até que, finalmente, depois de um longo caminho de provações, voltou para o Castelo do Graal, onde conseguiu trazer sua presença completa à situação. Ele fez a pergunta do Graal: "O que o aflige?" e restaurou o reino e a saúde do rei.

O desafio de Parsifal foi atuar a partir da presença autêntica do coração aberto, em vez de seguir o que a "boa educação" e as normas sociais esperavam que ele fizesse. Quando a mulher no Fórum do Diálogo expressou a preocupação para o médico, fez a pergunta do Graal: "Médico, o que o aflige?" Essa pergunta transformou o padrão da conversa habitual entre médico e paciente. O poder de uma pergunta do coração está em sua autenticidade. Ela atua a partir da abertura de uma "fenda" no script situacional, do presente momento, o agora.

O sentir em ação

O Círculo das Sete

A primeira vez que deparei com o Círculo das Sete foi ao cofacilitar um workshop com Beth Jandernoa. De todos os facilitadores que conheci, ela provavelmente é a melhor na condução de uma reunião em grupo e, embora pareça não fazer nada, em um instante pode estabelecer uma conexão sincera com a sala inteira. Para gente normal como eu, isso é muito difícil e requer pelo menos dois ou três dias para alcançar tal relação. Mas Beth simplesmente levanta, olha para a audiência, sorri com os olhos e o coração e, dentro de um minuto, todo mundo está envolvido.

Uma vez perguntei diretamente: "Como você faz isso?"

"É realmente muito simples", ela respondeu. "Antes de me apresentar, minha prática por mais de 30 anos é abrir o coração e enviar conscientemente meu amor incondicional a todo mundo na sala. Isso cria um campo ou orla de amor. O que tem ajudado a aprofundar a capacidade de estar presente é reunir-me com um círculo de mulheres chamado Círculo das Sete por muitos anos."

Círculo das Sete, o que é isso? Fiquei curioso. "É um círculo de boas amigas; nós nos encontramos três ou quatro vezes por ano por três dias para apoiar e orientar umas às outras em nossa jornada. Começamos com seis mulheres, reunindo-nos primeiramente em Santa Fé, em 1995." Ela me disse que as outras eram Anne Dosher, Barbara Coffman-Cecil, Glennifer Gillespie, Leslie Lanes e Serena Newby.

Era a primeira vez que eu ouvira falar de um círculo desse tipo. Desde então, ouvi muitas outras histórias sobre grupos semelhantes que se encontram regularmente apenas para se ouvir e apoiar coletivamente cada um de seus amigos no desenrolar da vida. O que acho notável sobre os membros desses grupos é que parecem ter impacto tangível uns na vida dos outros, até mesmo entre suas reuniões físicas. Beth, por exemplo, usa sua experiência com o círculo como uma porta consciente para abrir suas capacidades mais profundas de relacionamento, o que lhe permite atuar com muito mais presença e eficácia tanto na vida profissional como pessoal.

Portanto, fiquei interessado em aprender mais sobre a história de seu círculo. Perguntei a Beth se eu poderia me juntar a elas para entrevistar o grupo inteiro. Elas concordaram generosamente e, no dia 15 de setembro de 2003, voei para Ashland, Oregon, e passei dois dias e meio com o círculo.

Aprendi que o plano inicial fora desenvolver um programa para mulheres que passavam por mudanças na vida profissional e pessoal. Mas, depois do primeiro encontro, abandonaram o nobre objetivo de ajudar aos outros. Independentemente do quanto se esforçavam para criar um evento para outros líderes, elas continuavam se voltando para as próprias vidas. Embora cada uma se dedicasse a atender os outros, perceberam que suas próprias necessidades de cura ofuscavam o que procuravam fazer pelos outros. Decidiram descobrir como seria desenvolver a próxima fase de sua vida a partir do seu eu profundo e do campo de seu círculo.

Mais tarde, o Círculo das Sete criou de fato programas para líderes emergentes, permitindo que compartilhassem os benefícios de sua experiência. Isso também coincidiu com a maturidade de sua vida profissional. A satisfação deixara de estar no heroísmo de mudar organizações; elas acharam muito mais gratificante passar as sensibilidades e orientação de liderança que haviam aprendido para a próxima geração de mulheres que sonhava com um mundo mais saudável e integrado.

Energizando o contêiner por meio de um mergulho na experiência

Os primeiros 10 ou 15 minutos de minha entrevista com o círculo ilustram os princípios discutidos anteriormente. Comecei perguntando: "Ao iniciar o trabalho do círculo, o que você faz primeiro?"[6]

"Sempre redescobrimos juntas como começar", respondeu Barbara. "Não é como se fizéssemos exatamente a mesma coisa toda vez. Dito isso, nosso principal interesse é criar um contêiner energizado no qual possamos trabalhar." "Por exemplo, veja o que fizemos no início dessa entrevista", explicou Glennifer. "Acendemos uma vela, tocamos um tipo de sino tibetano e entramos em silêncio juntas." Durante o silêncio, elas podem fazer coisas diferentes interiormente, acrescentou ela. Algumas ouvem o que está no seu interior; outras ouvem o silêncio. "O objetivo de nossa prática é nos lançar juntas e por inteiro para dentro do campo. Então fazemos um profundo balanço, dando umas às outras todo o tempo necessário para trazer à baila tudo aquilo com que cada uma de nós está trabalhando na vida. Isso energiza cada vez mais nosso espaço." Ouvindo essas observações receptivas, percebi que o que descreviam como "energizar o contêiner" era bem diferente de como as pessoas costumam dar início a uma reunião. Em geral, as reuniões começam com uma pauta "importante" ou seguindo uma agenda definida. Ao contrário, esse grupo começava com um elemento "emocional", que era o compartilhamento de suas experiências.

Abrindo a sabedoria do coração
"Uma das práticas de nosso círculo consiste em inventar na hora processos que parecem abordar qualquer coisa contra a qual um indivíduo possa estar lutando ou como isso se encaixa no que está acontecendo no mundo mais amplo", iniciou Beth. "Um processo particular que inventamos para mim era fazer com que diversas pessoas desempenhassem papéis diferentes de mim mesma para que eu pudesse continuar retrocedendo até descobrir uma parte de mim que não conhecia muito bem. Durante essa sessão, descobri o que eu chamaria de imagem da minha sabedoria interior.

"Senti-me tão presente, tão real, como se houvesse uma caverna dentro de mim, como se houvesse um lugar especial dentro de mim do qual vinham a intuição e o entendimento. Pude me ver parada no meio daquele círculo, e saindo de lá eu mesma. (...) Por causa do coletivo, fui capaz de descobrir um lugar em mim que, desde então, é o lugar para onde vou quando busco sabedoria.

"Desde que criamos esse processo, descobri que faço escolhas mais sábias. Tenho uma perspectiva mais ampla. Para mim, essa é uma história de algo poderoso que saiu do nosso trabalho e continuou na minha vida e vive comigo o tempo todo."

Mencionei a Beth que, quando ela falava desse outro lugar, suas mãos apontavam para o coração. E, quando ela falava sobre seu "eu", também apontava para o mesmo lugar. "Você pode descrever alguns elementos dessa experiência?", perguntei. "Como você sabe se atua a partir de uma identidade normal ou a partir desse lugar autêntico mais profundo? Como você o sente diferente?"

"Bem, falo muito mais devagar quando estou no lugar de conhecimento mais profundo", respondeu ela. "Tento ficar atenta às minhas sensações físicas. Minha respiração é mais lenta; o mundo parece reduzir a marcha, e eu também. A sensação está na região do coração. Parece um lugar profundo, aberto, escuro e, ainda assim, iluminado. Também parece forte, mas fluido, e diferente do lugar normal a partir do qual atuo."

Cultivando o contêiner
Como a história do Santo Graal de Parsifal e seu círculo de cavaleiros simbolizam a presença coletiva e feminina, o Círculo das Sete também funciona como um portal para as fontes mais profundas de criatividade e para a jornada de cada um de seus membros. Para criar coletivamente esse espaço de amparo, os membros do Círculo das Sete conscientemente planejam e desenvolvem o espaço (ambiente físico), o tempo (três a quatro vezes por ano) e o espaço relacional e intencional.

Beth continuou: "Um compromisso que tivemos é manter o campo claro em todas as nossas relações pessoais quando não estamos reunidas. Trabalhamos nesse campo. Suponho que pareça um casamento. Se realmente estiver bem na relação, você trabalha nela. Poucos grupos se comprometem com isso.

"Isso não significa que, em última instância, estejamos mais interessadas no nível da personalidade. Minha percepção é que trabalhar o nível da personalidade é um pré-requisito. (...) Mas existe um compromisso em outro nível, que é um grande facilitador para o campo coletivo.

"Se ninguém atrapalhar se restringindo a discutir apenas seus problemas particulares, então vemos mais possibilidades. Uma vez que superamos o limiar, há certa riqueza – uma capacidade coletiva de ouvir que revela um generoso sentimento de humildade. Não é impositivo.

"Torna-se óbvio que a razão de *fazer algo*, em oposição a simplesmente *falar sobre algo*, é que isso traz a energia da situação na sala, ao contrário de ter uma conversa intelectual sobre o assunto. Portanto é um modo de fazer tudo em tempo real. Por isso fazemos assim."

Deixei essa entrevista sentindo-me muito grato por ter sido convidado para o espaço do círculo "sagrado". Percebi que o que eu havia testemunhado era apenas um instantâneo no tempo e que essas mulheres, por meio de atenção cuidadosa, continuamente criavam e desenvolviam seu campo de prática. Elas me explicaram que descobriam constantemente novas ideias e, deixavam ir, deixavam de lado caminhos nos quais uma vez trabalharam, mas que não eram mais exatos ou úteis para um novo tempo e espaço.

Facilitando as grandes viradas

Em abril de 2001, um grupo de líderes de alto potencial de uma corporação de TI global reuniu-se em um workshop de três dias em São Francisco. Era uma situação que cada facilitador conhecia bem. No primeiro dia, as pessoas se queixaram de como a cultura era difícil e quanto sufocava a inovação e a aprendizagem. No segundo dia, o grupo mudou de direção coletivamente: os participantes, todos com cargos de gerência, começaram a ver como eles *próprios* colocavam em prática os traços da cultura que até então consideravam algo imposto pelo "sistema".

"Fazemos aos outros exatamente aquilo de que nos queixamos que nos fazem", disse um dos participantes do Leste Asiático, "portanto devemos mudar a nós mesmos, em vez de nos lamentarmos da patologia do sistema". Como facilitador, sei que, se não conseguirmos chegar a essa virada autorreflexiva no final do primeiro dia ou início do segundo, realmente não ganhei meus honorários. Facilitar esse tipo de virada não é uma disciplina esotérica – é a questão rotineira para muitas pessoas no campo de gestão, consultoria e liderança.

As ferramentas que facilitaram a virada nesse caso incluíram muito do que o Círculo das Sete aprendeu em grupo: desenvolver calendários emocionais (mergulhar na experiência); praticar profundamente o ouvir e o diálogo (redirecionar atenção do eu para o outro); entender os padrões sistêmicos que a equipe coloca coletivamente em prática; e contar histórias em pequenos grupos sobre experiências de equipe e viradas pessoais a fim de se abrir aos níveis mais profundos do saber (abrir o coração).

O processo de sentir

Uma linha de discussão semelhante percorre todas as histórias de encontros profundos.

Essas reuniões começam com as pessoas *mergulhando* na experiência concreta: ouvindo passagens importantes das entrevistas dos pacientes, ouvindo o silêncio que abre o encontro do círculo e ouvindo as histórias organizacionais e individuais dos funcionários corporativos.

Elas continuam com o redirecionamento da atenção que deixa de operar internamente e passa a acontecer *a partir do campo inteiro*: isso aconteceu no silêncio do fórum sobre o sistema de saúde quando o quadro geral dos pontos brancos e pretos começou a se aprofundar, quando as pessoas começaram a ver a si próprias colocando coletivamente o sistema em prática. Isso acontece no Círculo das Sete quando criam um campo de conexão que aparece na forma de um conhecimento energético. No caso do workshop de liderança, aconteceu quando as pessoas começaram a se reconhecer como cocriadoras do próprio sistema do qual se queixavam inicialmente.

E aprofundaram essa mudança atuando a partir de um *conhecimento do coração*.

Dois tipos de totalidade

Recentemente, essas mudanças sutis de ver e sentir atraíram certo interesse entre cientistas que, à luz da física do século XX, estão se esforçando para compreender o fenômeno da totalidade. Uma das melhores articulações dessa nova visão emergente de ciência é o livro *Wholeness of Nature*, de Henri Bortoft. Baseando-se em fontes diversas, como o trabalho de Goethe em ciência e hermenêutica, fenomenologia e teoria quântica do século XX, Bortoft sugere um modo pós-positivista de fazer a ciência no qual o observador ativa e conscientemente vive e participa do fenômeno e de seu vir a ser.

Quando o encontrei em Londres, em julho de 1999, Bortoft começou contando-me como o físico quântico David Bohm, que foi um de seus professores e conselheiros, o orientara a estudar Nils Bohr com mais atenção. Bortoft interessou-se muito pela noção de totalidade, um termo que Bohr havia introduzido na física quântica. Bohr via o todo mais como um limite ao que pensamos. Mas Bohm pensava de maneira diferente, Bortoft explicou. "Bohm achava que é possível entender a totalidade. Ele usou o holograma como um modelo. Achei isso muito claro. Isso mostra que o todo está presente em suas partes."

Bortoft estabelece uma distinção entre dois tipos de totalidade: o *falso todo* e o *verdadeiro todo*. Ambas as noções de totalidade se baseiam, disse ele, nas diferentes faculdades de cognição. O falso todo se baseia na mente intelectual, que é a abstração da percepção sensual concreta. Ao operar nesse modo, a mente "se afasta da parte concreta" para obter uma visão geral. O resultado é uma noção abstrata e não dinâmica do todo.

Em contrapartida, continuou Bortoft, o verdadeiro todo se baseia em uma capacidade cognitiva diferente, a "mente intuitiva"; isto é, aquela baseada em se abrirem algumas qualidades elevadas da percepção. A mente intuitiva, continuou, atua "passando direto para as partes concretas", a fim de encontrar o todo – isto é, mergulhando na experiência concreta dos detalhes.

Quando, em seus estudos, Bortoft deparou com o trabalho de Goethe, ficou impressionado com a noção do pensador alemão de um tipo diferente de ver, "um ver que trabalha a partir do todo para as partes". Isso, explicou Bortoft, "estava muito próximo do holograma de Bohm".

Bortoft afirma que não podemos conhecer o todo do mesmo modo como conhecemos uma coisa, porque o todo não é uma coisa. O desafio é encontrar o todo à medida que ele se revela e se apresenta nas partes. Para Bortoft, "o caminho para o todo está nas partes e pelas partes. Não deve ser encontrado recuando-se para obter uma visão geral, pois não está além das partes, como se fosse alguma entidade ampla superior. O todo deve ser encontrado entrando direto nas partes. É desse modo que entramos no ninho do todo e, portanto, alcançamos o todo à medida que passamos pelas partes".

Perguntei a Bortoft: "O que é preciso para desenvolver essa capacidade de ver?" Ele me explicou a noção goethiana da imaginação sensorial exata. Esse termo capta a articulação de Goethe sobre o princípio do *mergulho*.

"Você precisa cultivar uma qualidade de percepção que continuamente nos força a ir do todo para a parte" disse Bortoft, parafraseando Goethe. "Isso exige tempo. Você precisa desacelerar. Você vê e segue cada detalhe na imaginação. Você cria a imagem do que vê na mente, e faz isso com a maior precisão possível. Por exemplo, você vê uma folha, e cria a forma da folha com o máximo de exatidão possível em sua mente. Você muda a forma da folha na mente acompanhando cada detalhe. O fenômeno torna-se uma imagem em sua mente. Você precisa ser ativo com a mente."

Ele acrescentou: "Há uma enorme resistência em nós contra fazer disso. Na maior parte do tempo, a maioria de nós está ocupada demais tentando recuperar modelos do passado. Se quiser fazer isso, você precisa desacelerar. Você faz isso com uma folha, com outra, e assim por diante, e, de repente, há um movimento, um movimento dinâmico, quando você começa a ver não a folha individual mas o movimento dinâmico. A planta é o movimento dinâmico. *Isso é a realidade.*"

E continuou: "Essa imaginação torna-se um órgão da percepção. Você pode desenvolvê-lo. Tenho a impressão de que, ao fazer isso, nós nos movemos para outro espaço, um reino imaginário. É um movimento. E parece mais vivo e real do que o mundo externo. É mais real porque *você* está fazendo. *Você* é ativo. Goethe tinha enorme capacidade nesse aspecto. O mesmo se aplica a Picasso, à forma como ele pintava. Quando olhamos seus quadros, vemos as metamorfoses."

A descrição de Bortoft personifica os três princípios do sentir, que antes identificamos: em primeiro lugar, o mergulho na experiência sensorial; em segundo, o redirecionamento da atenção; e, em terceiro lugar, o acionamento das capacidades mais profundas de cognição.

A inversão epistemológica

A ciência convencional considera a teoria o contêiner, e os fatos, o conteúdo. Goethe e Bortoft, por outro lado, consideram os fatos sensoriais o contêiner.[7] Bortoft explicou: "Essa transformação de um modo analítico em holístico da consciência traz consigo uma inversão entre o contêiner e o conteúdo. No caso do positivismo, a teoria é considerada apenas o contêiner dos fatos. Agora, se a teoria, no sentido de Goethe, for o conteúdo real do fenômeno, então é possível dizer que, no momento do insight intuitivo, estamos *vendo a partir de dentro do fenômeno*.[8]

"O desenvolvimento da natureza por si própria é uma reversão epistemológica", ele continuou. "A planta é um movimento dinâmico. Você vê suas folhas como traços que personificam e manifestam certas impressões desse movimento. Isso se torna muito forte quando você o vê. Esse é o ver intuitivo a partir do interior do fenômeno. O movimento dinâmico é a realidade."

Eu disse a Bortoft que suas distinções repercutiram profundamente nas experiências que meus colegas e eu tivéramos no campo de liderar mudanças profundas no setor organizacional. Expliquei que um aspecto diferente desse outro modo de ver dizia respeito à abertura do coração, à inversão das emoções e dos sentimentos da pessoa para noções de uma relação muito mais profunda com o mundo. "Esse é exatamente o tema central com que tenho trabalhado recentemente", respondeu. Nós dois lamentamos não ter mais tempo para explorar esse fenômeno do ver e pensar com o coração.

Notas de campo: Saindo da prisão

Quando temos um vislumbre da experiência do sentir – o ver a partir de dentro –, percebemos que nosso modo normal de operar – o ver a partir de fora – nos oferece, como Platão exprimiu de maneira eloquente, nada além de uma realidade de sombras (ou secundária), e não a realidade primária. Por essa razão, a imagem do estar aprisionado dentro de uma caverna não é totalmente inadequada.[9] Enquanto estamos meramente empregando a recuperação, ficamos totalmente presos. Tudo o que vemos são sombras refletidas na parede, sombras produzidas pela passagem das imagens em nossa própria mente.

Como discutimos, quando passamos do estado de recuperar (visualizar a partir de projeções de padrões do passado) para ver (visualizar a partir do exterior), mudamos o curso de nossos pensamentos e percebemos que as sombras na parede são de fato nossas próprias projeções e que a realidade está do lado de fora da caverna. Nessa etapa, três princípios entram em cena: dar meia-volta (mudar para o contexto), perceber que há algo diferente daquilo que projetamos (suspensão e interrogação) e perguntar-se como é a realidade do lado de fora (questionamento).

No momento em que passamos do estado de ver (olhando de fora) para o sentir (olhando de dentro), emergimos das fronteiras da caverna para o mundo externo. Mais uma vez, três princípios entram em cena quando passamos por essa transição. Em primeiro lugar, temos de imergir nas especificidades concretas (mergulho). Não podemos deixar a caverna empregando continuamente a recuperação habitual do pensamento *abstrato*. Não podemos deixar a caverna nas costas de outra pessoa (como o gato de cima de Varela, que permanece cego). A única saída é ativar nossos próprios sentidos. Em segundo lugar, *redirecionamos* nossa atenção e começamos a apreender a realidade sentindo a partir dentro do campo formativo. E, em terceiro lugar, à medida que vamos aprofundando esse movimento, implantamos uma capacidade cognitiva diferente: um conhecimento que emerge da inteligência do coração. Apreendemos a realidade não só da perspectiva do observador individual, mas também da perspectiva da vida e de sua fonte, o sol. O resultado é *ver com o coração*.

A não ser que façamos o esforço para mudar, para usar nossos sentidos a fim de nos relacionarmos com o mundo externo além de nossas fronteiras atuais, continuaremos cegos e presos em nossa caverna.

Goethe expressa isso desta maneira: "O homem só se conhece na medida em que conhece o mundo; torna-se consciente de si mesmo dentro do mundo, e consciente do mundo apenas dentro de si mesmo. *Todo objeto, bem contemplado, abre um novo órgão dentro de nós.*"[10]

A maioria dos processos de mudança interinstitucionais falha por perder o ponto inicial: cossentir através das fronteiras. Precisamos de infraestruturas para facilitar esse processo em nível prolongado através de sistemas. E como elas ainda não existem, os grupos de interesse organizados saem e maximizam interesses especiais contra o todo, em vez de envolver profissionais no sistema mais amplo em um processo de sentir e inovar ao mesmo tempo. Enquanto continuarmos a organizar nossa sociedade nas costas dos outros, como o gato de cima de Varela, continuaremos a obter resultados insatisfatórios. Assim como não se pode esperar que o gato interior cego atue em um ambiente dinâmico, não podemos esperar que uma sociedade ou sistema social que não enxerga se adapte e atue com sucesso em tempos cada vez mais turbulentos.

Capítulo 11

Presencing

Vendo a partir da fonte • Duas questões básicas sobre criatividade • A estrutura de campo do *presencing* • Dois tipos de conhecimento e saber • Momentos de verdade, beleza e bondade • Princípios do *presencing* • Notas de campo

Vendo a partir da fonte

Presencing, a combinação do *sentir* e da *presença*, significa conectar-se com a fonte da mais alta possibilidade futura e trazê-la para o agora. Quando nos movemos para o estado do *presencing*, a percepção começa a se realizar a partir de uma possibilidade futura que depende de nós para vir a se tornar realidade. Nesse estado, damos passos em direção ao nosso verdadeiro ser, a quem realmente somos, ao nosso verdadeiro eu. *Presencing* é um movimento pelo qual nos aproximamos do nosso eu *a partir do futuro emergente*.[1]

Sob muitos aspectos, *presencing* se parece com o sentir. Ambos envolvem deslocar o lugar da percepção do interior para o exterior de nossa organização (física). A diferença principal é que o sentir desloca o lugar da percepção do todo atual, enquanto *presencing* desloca o lugar da percepção da *fonte* de um todo futuro emergente – a uma possibilidade futura que está procurando emergir.

Enquanto observava o incêndio da casa de campo de minha família, comecei o sentir que tudo o que pensava que eu era tinha ido embora – *esse* foi um exemplo do sentir. Quando o limite entre mim e o fogo desapareceu e conscientizei-me de que não estava separado do fogo e de que a casa em chamas não estava separada de mim – *isso* também foi um sentir. No sentir, minha percepção originou-se no campo atual: o fogo ardendo bem na minha frente. Mas, no momento seguinte, quando me senti elevado à outra esfera de esclarecimento e consciência e experimentei um puxão em direção à fonte do silêncio e do Eu, *esse* foi um prenúncio do *presencing*.

Duas questões básicas sobre criatividade

O território no fundo do U diz respeito a se conectar à fonte do conhecimento interior de que falava Brian Arthur. Aí, um limiar profundo tem de ser cruzado para nos conectarmos à verdadeira fonte da presença, da criatividade e do poder.

Para descobrir mais sobre essa fonte, Joseph Jaworski e eu entrevistamos Michael Ray, que desenvolveu um curso na Stanford Business School sobre criatividade nos negócios. Durante anos, as pessoas me diziam que esse curso havia mudado sua vida. Assim, eu estava interessado em descobrir como esse homem, segundo a *Fast Company*, "o homem mais criativo do Vale do Silício", ajudou profissionais a se conectarem às suas fontes da criatividade.[2]

"Como você faz isso? Qual é a atividade essencial que de fato ajuda as pessoas a se tornarem mais criativas?" Ray respondeu: "Criei ambientes de ensino em todos os meus cursos que permitem às pessoas falarem e trabalharem nas duas questões fundamentais da criatividade." Interrompeu e, então, continuou: "Quem é meu Eu? e Qual é meu trabalho?" O "Eu com E maiúsculo". Com isso, disse Ray, ele queria dizer nosso eu maior, o eu que transcende a trivialidade cotidiana e significa nossa "melhor possibilidade futura". Da mesma forma, o "Trabalho com T maiúsculo" não é seu trabalho atual, mas seu propósito, o que você pretende fazer aqui na Terra.

"Conheça-te a ti mesmo", essa frase ecoa da minha conversa com o Mestre Nan, que me disse que, para ser um bom líder, você deve conhecer a si mesmo. "Conheça-te a ti mesmo" aparece em todas as grandes tradições da sabedoria. Lembro-me de que essa foi a principal lição quando estudei os ensinamentos de Gandhi na Índia. "Você deve ser a mudança que procura criar." Essa frase também foi atribuída a Apolo e estava inscrita na entrada do antigo templo grego em Delfos. E Goethe sabia que a essência da natureza não pode ser descoberta sem que você volte a atenção para si mesmo, que você só pode aprender quem é se mergulhar no mundo. Hoje, o eu está no núcleo do que estudamos, não só na filosofia, mas também na física, na sociologia e na gestão.

A estrutura de campo do *presencing*

O *presencing* acontece quando nossa percepção começa a se conectar à fonte do nosso futuro emergente. Os limites entre os três tipos de presença desaparecem: a presença do passado (o campo atual), a presença do futuro (o campo emergente do futuro) e a presença do nosso verdadeiro eu. Quando essa *co-presencing*, ou mesclagem dos três tipos de presença, começa a ressonar, experimentamos um deslocamento profundo, uma mudança do lugar do qual operamos. Quando fiquei em frente ao fogo, experimentei a presença do meu verdadeiro eu e senti-me conectado tanto à jornada que me havia conduzido até lá (a presença do passado) quanto ao que sentia emergindo do futuro (a presença do futuro).

Um dia estava caminhando pelos Alpes, em Val Fex, um pequeno vale perto da fronteira entre a Suíça e a Itália, bem ao lado de Sils Maria, onde o filósofo Friedrich Nietzsche começou a escrever. Essa área é um lugar especial na Europa porque é o divisor de águas de três rios importantes: o Reno, correndo para o noroeste; o Inn, correndo para nordeste; e o Pó, correndo para o sul. Decidi seguir o Inn até sua fonte. Conforme caminhava rio acima, percebi que nunca na vida havia seguido um rio por todo o seu caminho até a nascente. De fato, nunca tinha visto o que era realmente a nascente de um rio importante.

A corrente foi ficando cada vez mais estreita até se tornar apenas um filete de água e encontrei-me perto de um pequeno lago na grande bacia de um vale, cercado por cumes de montanhas cobertos de gelo. Simplesmente fiquei lá parado, ouvindo. Surpreso, percebi que estava no centro de inúmeras cachoeiras que corriam das montanhas. Elas faziam a sinfonia mais bela que alguém poderia imaginar. Atordoado, compreendi que não havia essa coisa de ponto único de origem. Observei a fonte por toda a volta e acima de mim, correndo do círculo formado pelo topo das montanhas congeladas e, em seguida, convergindo para o pequeno lago. O lago era a fonte? Era o círculo de cachoeiras? Ou eram as geleiras no cume das montanhas? Ou todo o ciclo planetário da natureza: chuva, rios fluindo ao oceano e evaporação?

Metaforicamente falando, o *presencing* é a capacidade que nos permite operar a partir dessa noção estendida de fonte, funcionando como um divisor de águas do sentir o que quer surgir e, portanto, permitindo que isso nasça. Em outras palavras, levando a água das cachoeiras que o circundam a um ponto único, o lago se enche e deságua no rio, levando-o a existir.

O *presencing* fortalece o sentir, assim como o sentir fortalece o ver. O sentir estende o ver movendo nosso lugar de atenção para "dentro" de um fenômeno. O *presencing* expande a atividade do sentir utilizando nosso Eu. A raiz da palavra *presencing* é *es*, que significa "ser", isto é, "Eu sou". *Essência, sim, presença* e *presente* (no sentido de algo dado) compartilham todas a mesma raiz indo-europeia. Um derivado hindu antigo dessa mesma raiz da Índia é *sat*, que significa tanto "verdade" como "bondade". Esse termo se tornou uma força crucial no século XX, quando Mahatma Gandhi o utilizou para transmitir sua noção principal *de satyagraha* (sua estratégia de verdade e não violência). Um derivado alemão antigo da mesma raiz, *sun*, significa "aqueles que estão nos rodeando" ou "os seres que nos rodeiam".[3]

Na Figura 11.1, o lugar do qual operamos move-se não só do centro (recuperação) à periferia (ver) e daí para além do limite da nossa própria organização (sentir), mas progredindo para a esfera circundante, isto é, para "os seres que nos rodeiam". Para aprender mais sobre esse modo de operar, fui a Berkeley, na Califórnia, para me encontrar com Eleanor Rosch, que apresentei ao leitor no Capítulo 10. Ela é uma das eminentes psicólogas cognitivas do nosso tempo e professora no Departamento de Psicologia da University of California em Berkeley.

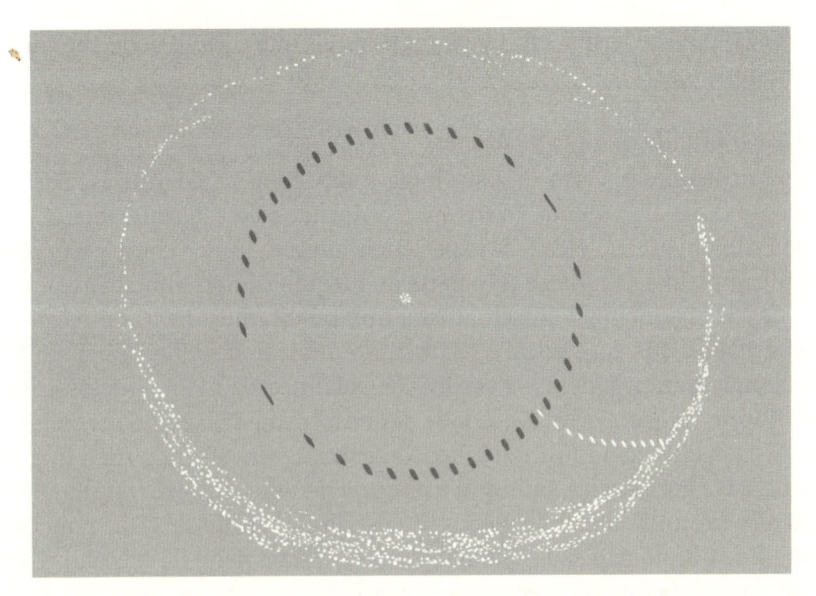

FIGURA 11.1 A ESTRUTURA DE CAMPO DO *PRESENCING*

Deparei com seu trabalho pela primeira vez ao ler *The Embodied Mind*, um livro que ela escreveu com Francisco Varela e Evan Thompson. Encontramo-nos depois no Berkeley Knowledge Forum, uma conferência sobre gestão do conhecimento apresentada por Ikujiro Nonaka na Haas School of Business. Rosch acabara de fazer uma apresentação atordoante na qual havia introduzido a noção de "conhecimento original".

Dois tipos de conhecimento e saber

Em sua apresentação, ela estabeleceu uma distinção entre dois tipos de conhecimento: o conhecimento analítico convencional e o "conhecimento original", ou a consciência da sabedoria. O quadro analítico oferecido pelas ciências cognitivas, argumenta Rosch, se baseia no conhecimento analítico convencional – que é a estrutura de campo da atenção descrita como "ver". Nesse estado, o mundo é pensado como um conjunto de objetos e eventos separados, e a mente humana, como uma máquina que isola, armazena e recupera o conhecimento, como uma representação indireta do mundo e de si própria.

Em contraposição, o conhecimento original caracteriza um tipo de sentir e *presencing* da cognição em que se "deve conhecer por meio de todos interligados (em vez de partes contingentes isoladas) e apresentação direta, atemporal (em vez de representações armazenadas). Esse conhecimento é 'aberto', e não determinado; e tem sentido de valor incondicional, em vez de utilidade condicional, é uma parte inerente ao ato de conhecer em si...". "A ação da consciência", sustenta Rosch, "deve ser espontânea, e não resultado da tomada de decisão; é compassiva, pois se baseia em todos maiores do que o eu; e pode ser surpreendentemente eficaz".[4]

A mente e o mundo não são separados

As implicações dessa visão da psicologia e das ciências cognitivas, diz Rosch, são extensas. Ela argumenta, "a mente e o mundo não são separados. Como os aspectos subjetivos e objetivos da experiência surgem juntos como polos diferentes do mesmo ato de cognição (são parte do mesmo campo informativo), já estão juntos desde o princípio". Rosch afirma que precisamos de "uma reorientação fundamental do que é a ciência", recordando o ditado de Albert Einstein de que os problemas nunca podem ser resolvidos pela mesma mente que os criou. Segundo Rosch: "Nossas ciências têm de ser empreendidas com a mente da sabedoria." Estava claro para mim que Rosch estava desenvolvendo uma linguagem em torno das experiências sutis que a maioria de nós tem, mas raramente nota.

Quando caminhávamos de volta a seu escritório, ela disse: "Dizer apenas que a mente e o mundo não são separados é apenas uma parte da questão. Todas as listas de atributos que delineei (...), na verdade, movem-se todas juntas, como uma coisa única. Essa coisa única consiste no que o budismo tibetano chama de estado natural e o que o taoísmo chama de Fonte. É o que está no coração do coração do coração. Há essa consciência e essa pequena faísca que é positiva – e completamente independente de todas as coisas que achamos que são tão importantes. Esse é o modo como as coisas acontecem e à luz do qual a ação torna-se a ação *a partir* disso. E na falta disso, ou não sabendo disso, fazemos somente confusões terríveis – como indivíduos, como nações e como culturas."

O campo conhece a si próprio e conduz à ação

De volta a seu escritório, ela continuou: "Pense em tudo que está acontecendo como apresentações de momento a momento, a partir dessa fonte profunda do coração que tem em si a dimensão do conhecimento. O budismo tibetano fala em vazio, iluminação e capacidade de conhecer como inseparáveis. Essa capacidade de conhecer é, de fato, o campo conhecendo-se a si próprio ou, em certo sentido, esse contexto maior conhecendo-se a si próprio."

"Então, sua própria atividade é ajudar esse processo, o campo a conhecer a si próprio?", perguntei.

"Se você seguir sua natureza o mais longe possível à medida que ela se move", continuou ela, "se você seguir tão longe que realmente se desapegue, descobrirá que você é de fato o ser original, o modo original de ser. O modo original de ser conhece coisas e faz coisas a seu próprio modo. Quando isso acontece, ou quando você tem um vislumbre disso, compreende que não agimos de fato como eus fragmentados do modo como pensamos que agimos. Nada que você faça pode produzir essa realização, esse modo original de ser. É uma questão de sintonizar nele e em seu modo de agir. Ele, de fato, tem uma grande intenção de ser em si próprio, assim falando, e fará isso apenas se você o deixar".

Rosch falou sobre os mesmos pontos cruciais que eu havia observado com frequência em workshops e sobre os quais Varela também falava: *o redirecionamento* (sintonizar-se) e o *desapego*, ou *deixar ir*. Por exemplo, quando no Fórum do Diálogo Médico-Paciente os participantes olharam para a parede com os pontos brancos e escuros, deixando o quadro penetrar em sua mente, não estavam recebendo qualquer dado adicional. O que estava se deslocando naquele momento era o lugar do qual eles olhavam o quadro à sua frente. Antes disso, eles haviam operado de seus eus interiores convencionais, ou o que Rosch chama de "o indivíduo preso dentro de sua pele olhando para fora através dos seus olhos". Depois do deslocamento, os participantes do Fórum começaram a operar de um lugar diferente, um eu que é parcialmente interno e parcialmente externo à sua própria pele e organização corpórea.

Quando você opera a partir do sentido aprimorado, autotranscendente, do eu – de um lugar que é *dentro e fora* da organização do observador –, vê seu eu como parte do sistema e começa a ver as pessoas colocando esse sistema em prática. Você sente como se não estivesse observando o sistema apenas de um ponto único ("a perspectiva da plateia"), mas de múltiplos pontos simultâneos, a partir do campo ou da esfera circundantes. Isso é o que Bortoft chamou de "esforçar-se para ir do todo à parte" e que Rosch trata como "o campo conhecendo a si próprio", um campo que, se você tiver sucesso em se sintonizar com ele, de fato "tem uma grande intenção de ser ele próprio".

Momentos de verdade, beleza e bondade

Como isso tudo funciona? Bem, agora vamos examinar dois exemplos. O primeiro vem de Erik Lemcke, escultor e consultor de gestão da Dinamarca.

Minhas mãos sabem

"Depois de trabalhar em determinada escultura por algum tempo", disse-me ele sobre seu trabalho, "chega uma hora em que as coisas mudam. Quando esse momento de mudança vem, não sou mais eu, sozinho, que está criando. Sinto-me conectado a algo muito mais profundo e minhas mãos estão cocriando com esse poder. Ao mesmo tempo, sinto que estou sendo preenchido com amor e cuidado à medida que minha percepção vai se ampliando. Sinto as coisas de outro modo. É um amor pelo mundo e pelo que está vindo. Então, intuitivamente, sei o que devo fazer. Minhas mãos sabem se devo adicionar ou tirar alguma coisa. Minhas mãos sabem como a forma deve se manifestar. Em certo sentido, é fácil criar com essa orientação. Nesses momentos, tenho um forte sentimento de gratidão e humildade."

Os exemplos de Erik demonstram belissimamente que a essência do *presencing* e a essência dos processos criativos mais profundos são um no mesmo.

O segundo exemplo vem de uma entrevista com Steven, um líder jovem, de alto potencial, de uma das maiores empresas automotivas do mundo. Ele acabara de receber uma tarefa crucial da qual muito dependia o futuro econômico daquela empresa: integrar os principais componentes técnicos em todas as plataformas da empresa, que opera em todas as culturas e continentes. É o tipo de atribuição que faria a maioria das pessoas afirmar: essa é realmente a chave para o futuro da empresa – mas, considerando toda a complexidade envolvida, é muito improvável que aconteça. Aqui seguem as próprias palavras de Steven:

Anotação no diário: Estou perto de um colapso

Novos orçamentos, novo pensamento, novo meio de trabalho: tudo antes da próxima semana. Impossível, é claro.

Formação inicial: agora me chegam vários chefes de departamento provenientes dos grupos modelo e, em vez de aplicar a generalidade do modelo, querem discutir as especificidades de cada uma de suas áreas. Um deles diz: "Esse é o último trabalho que eu teria escolhido." A antiga organização, em sua agonia de morte, nem mesmo se contorcia. Mas toda vez que a enfrenta, você pode sentir a resistência contra você.

O que se vê é apenas a concentração espacial, a estrutura de departamentos com pessoas que não conhecem umas às outras. Em três dias, tudo tinha de estar pronto. Não houve possibilidade de esclarecer as coisas (...) de um dia para o outro, nenhum passo, nenhuma estratégia, nenhuma relação. Muitas pessoas têm de ser deslocadas apenas para se conseguir aproximar 260 delas e, nem mesmo assim, elas se sentem conectadas umas às outras (...).

Aqui vem minha memória emocional: uma verdadeira encruzilhada para mim foi falar no terceiro dia em frente a 260 pessoas. Isso foi depois que quase havíamos arrastado à força os chefes de departamento para um encontro de apenas duas horas, a fim de dizer a eles o que sabíamos e principalmente o que não sabíamos. Trabalhei a noite toda em minha apresentação em PowerPoint: reafirmação dos objetivos. Balanço de abertura. Ênfase na liquidez com redução de custos. Tudo claro. Sem problemas. Nem me sinto eu mesmo. Meu intelecto apenas me diz o que fazer.

No íntimo, sentia-me horrível: preciso das minhas emoções, dos meus altos e baixos. Com eles, posso sobreviver o resto da vida, esse é meu sistema de orientação. Minha pele é porosa, e não blindada, como a de alguns dos meus colegas, mas também não tenho dificuldades em tomar decisões como outros têm. Minha pele é um instrumento que posso tornar mais grosso ou mais fino, dependendo da situação. À noite, rememoro o dia: como foi hoje, aonde eu quis ir, aonde cheguei? Nesta noite, o arco foi dobrado até o ponto de ruptura. O encontro pessoal é muito importante para mim. Coisas que têm estado presentes na minha vida desde o início: sinceridade, honestidade, responsabilidade, elementos básicos da cooperação humana. Agora elas estão sendo desafiadas... Aqui nesse centro, cheguei a um ponto no qual nunca estivera antes na vida, onde o quadro inteiro começa a oscilar. Abordamos as questões certas, fizemos as coisas certas, com as pessoas certas? Quando levei essas perguntas ao meu chefe, ele estava irritado e apenas bufou: "Meu Deus, do que mais você precisa?"

De manhã cedo, empacotei todas as minhas coisas, tenso e atento para a importância das coisas que estavam por vir. Junto com minha equipe de liderança igualmente tensa – vi as 260 pessoas entrarem na sala, todas elas sentindo-se deslocadas e querendo saber agora o que iria acontecer –, quem conseguiria manter seu emprego, e quem não conseguiria, qual seria o sentido de tudo isso? Com minha apresentação maluca e os líderes de equipe desinteressados, caminhei até o palco.

Logo que comecei a subir a escada, notei que minhas pernas arqueavam. Parecia um caminho infinito até o palco do auditório, tive de me esforçar para continuar. E olhei para 260 rostos hostis, silenciosos. Quando de repente me posicionei à frente dessas pessoas, pensei: estou caindo aos pedaços. Vou morrer. Um momento de fraqueza total. Os minutos se passavam enquanto a plateia e eu apenas nos encarávamos fixamente um para o outro. Nenhum som. Interminável. De repente, entretanto, tudo estava diferente. Ouvi algo como um zumbido no ar.

De repente, havia uma força, que veio para se convencer de que o que estávamos fazendo era certo. Isso só pode ir por esse caminho. Um membro do conselho de fábrica me lembrou: "Esperamos uma verdadeira relação de confiança com você." De repente, uma certeza interior profunda tomou conta de mim: só podemos ajudar as pessoas se mudarmos os processos, e nosso pensamento. Talvez você tenha de ter essa "experiência de morte" para ser genuíno, não sei. Estava em um campo de atividade totalmente novo. De repente, sentia-me forte e seguro de estar lá. Os oradores depois de mim também conseguiram perceber como a dinâmica havia mudado. E, na sala em torno de mim, alguma coisa também mudara completamente. Era realmente excitante. Naturalmente, não eram boas notícias, mas era aceitável o modo como fui capaz de explicá-lo. De repente, fui capaz de falar completamente à vontade, e propor os pontos certos em foco na frente dos outros, batendo somente na tecla certa. Era uma força extremamente forte, em harmonia consigo mesma, sentia-me muito forte, posso estender a mão através disso. (...) Deixei fluir (...) não controlei nada. (...) Era um sentimento muito bom. De repente, me senti com razão: sabia que esse agora era meu trabalho. Estou chegando ao ponto (...) agora as barreiras estão sendo derrubadas.

O que Erik compartilhou como um processo criativo intencional, acontece na história de Steven como uma situação de crise de liderança: a fenda se abre – você está pronto para morrer?

A próxima história também se desenvolve como um ponto de inflexão.

Abrindo passagem através de uma membrana

Em Houston, Texas, durante os primeiros dias de junho de 1999, Joseph Jaworski e eu participamos do final de um encontro de gerentes de linha e consultores externos. Estávamos reunidos para planejar uma intervenção de aprendizagem pela ação que ajudasse as pessoas no topo daquela organização – resultado direto da fusão de uma grande empresa petrolífera – a dirigir sua gigantesca e complexa organização de modo mais empreendedor e mais eficaz. A sala transbordava de tensão, inquietude, raiva e frustração.

O nível da conversa parecia ser guiado pela lei de Gresham. Sir Thomas Gresham, homem de negócios e funcionário público inglês do século XVI, observava que "a moeda ruim expulsa a moeda boa".[5] Do mesmo modo, eu muitas vezes via um padrão nas conversas do grupo em que a conversa ruim expulsava a boa. A conversa ruim é maçante e ruidosa; as mesmas pessoas exibem seus egos e monopolizam o tempo, sem sensibilidade ao processo ou às contribuições dos outros que poderiam levar o grupo para outra direção. A boa conversa exige certa qualidade de atenção, ou de escuta – um "contêiner", como Bill Isaacs diria –, que inclui um pouco de suavização ou eliminação "da má conversa". Assim, a boa conversa depende da cessação da má conversa, mas a má conversa não depende da boa – ela apenas continua, se autocriando e se reproduzindo. Nosso grupo, isso me chocava, era um exemplo vivo desse princípio doloroso.

Quase todo tipo de processo de nascimento envolve muita dor, tanto quanto alegria e magia. Sempre que um grupo alcança uma ruptura significativa, primeiro há muita dor vulgar e frustração. Então, por que ouvimos tantas histórias heroicas sobre pessoas que realizam coisas espantosas sem essa dimensão confusa? Porque são fantasias. Logo depois que nosso segundo filho nasceu, minha esposa disse: "Chega! Não faremos isso novamente." Mas, três meses depois, ela se perguntava, "queremos realmente ter só dois filhos? Talvez devêssemos considerar um terceiro". Se as mulheres se lembrassem exatamente da dor do parto, o futuro da humanidade estaria correndo sério perigo. E se todos nós nos lembrássemos exatamente da dor do trabalho em grupo, provavelmente mudaríamos de emprego. Mas nossas mentes limpam e refinam nossas histórias. Há um imediato deslocamento da percepção do tipo figura/fundo, e começamos a minimizar "as partes ruins" e a nos sintonizar com nossa alegria sobre o que realizamos. Naquela manhã em Houston, a Equipe dos Sonhos, como eles se autodenominavam, parecia-se mais com a Equipe dos Pesadelos. O tempo se esgotava e a tarefa de planejar um laboratório de liderança para ajudar os líderes a conduzir sua organização no futuro claramente não estava sendo cumprida; a tensão e o clima ruim na sala se intensificaram assim que decidimos fazer um breve intervalo. O líder do grupo saiu do auditório com Joseph e comigo para falar sobre como utilizar melhor o tempo restante.

Havíamos nos encontrado periodicamente durante quatro meses e tínhamos feito muita observação, imersão e aprendizagem intensivas em conjunto. Além disso, criáramos um corpo significativo de percepções, entendimentos e, em certa medida, aspirações compartilhadas. Parecia que devíamos fazer melhor. Ao voltarmos à reunião, o líder do projeto apresentou uma lista sem-fim de itens a serem abordados. Olhei de relance para David, um dos principais negociantes do setor comercial e alguém que, de início, me impressionara como o sujeito mais teimoso do grupo. Um homem forte, ele entendia de atletismo e praticava na região, mas também era o sujeito mais focado e sério da equipe. No momento, ele parecia estar trabalhando muito para articular uma pergunta, tentando dar voz a algo incipiente, mas claramente presente. A conversa mudou de rumo, mas eu ainda o vi esperando e deixando essa pergunta fortalecer-se, tomar forma em sua mente. Observei como suas perguntas pareciam aterrissar e cristalizar-se em sua mente. O campo de energia em torno dele parecia intensificar-se. Sua pergunta vinha da fonte, e esse era o momento decisivo.

Ele apontou para três ou quatro gráficos espalhados pela sala. "Esses gráficos parecem ser diferentes, mas algo os conecta." Um dos gráficos era o modelo em U. O outro mostrava os quatro campos do ouvir.[6] Os outros exibiam os quatro níveis diferentes de mudança organizacional. E, então, havia um sobre a estrutura do nosso processo de laboratório. "Estamos tentando abraçar esse processo profundo de criação – de participar ativamente da criação de novos mundos – e esses quatro quadros representam imagens, impressões dessa força mais profunda em funcionamento. Mas o que conecta essas quatro bases – qual é sua fonte subjacente comum?"

Sua pergunta chamou a atenção da sala. O líder do projeto estava furioso. Ele queria continuar com sua lista de assuntos a tratar. Mas essa conversa foi abruptamente interrompida pela pergunta de David. Tendo articulado sua pergunta, David e os outros olharam para mim. Eu olhei para ele e disse – nada. Aquele silêncio continuou pelo que parecia ser um longo tempo.

Fora daquele silêncio, Joseph lentamente subiu e colocou os quatro gráficos que David mencionara um ao lado do outro. Quando Joseph falou, todos nós sabíamos que ele falava de um lugar profundo. Com a exceção de apenas duas pessoas, todo mundo na sala podia senti-lo. A pergunta de David, o silêncio e Joseph abriram uma porta, e o restante de nós foi alcançado por um fluxo mágico de comunicação profunda. Nem todo mundo falou, mas você podia ver o envolvimento total nos seus rostos. Olhos brilhantes. Alguns olhos estavam marejados. Algo profundo repentinamente acontecera em nosso grupo, em nossa sala. O tempo passava lentamente. O sentido do eu e a conexão com o grupo expandiram-se. Todos nós falamos daquele lugar mais profundo – um lugar que nos conectava um ao outro e nos tornava a unidade de um campo gerador maior, permitindo-nos desenvolver várias ideias principais muito rapidamente.

Mais tarde, compreendi que aquelas poucas horas produziram três resultados notáveis. Dentro de minutos, o grupo gerou várias ideias centrais que depois foram implementadas na entrega do laboratório de liderança. Em segundo lugar, notamos que, depois desse encontro, as pessoas eram capazes de explorar o campo do diálogo generativo muito mais rápida e prontamente, e sem toda a dor que havia precedido a primeira "entrega" daquela experiência.[7]

E, em terceiro lugar, houve impacto significativo no nível individual. Quando vi David vários anos depois, ele me disse que o encontro havia sido o momento decisivo importante de sua vida. Perguntei como ele se sentira ao enunciar aquela pergunta. Ele disse: "Senti-me como se estivesse abrindo passagem através de uma membrana." Que modo maravilhoso de expressar, pensei. Alguns meses depois, David tornou-se chefe de uma unidade de negócio de leasing que ele levou do fundo do poço ao topo dos negócios de sua empresa, colocando-a em primeiro lugar, tanto em volume de vendas como em lucro bruto.

"Abrindo passagem através de uma membrana." Cada nascimento é um mistério que envolve pelo menos três perspectivas diferentes: a perspectiva *da mãe*, a perspectiva *do ajudante* (parteira, pai, médico) e, por fim, a perspectiva *do recém-nascido* – o ser que está "abrindo passagem" para outro mundo. Naquele dia, não foi somente David que entrou em um novo mundo. Mas foi ele quem fez o parto. Uma amiga minha, Karen Speerstra, que é autora e parteira de livros (incluindo este, que você está lendo agora), uma vez me disse que tinha aprendido, em parte, como fazer isso com uma verdadeira parteira, que sabiamente lhe disse: "Você deve sempre honrar o espírito do nascimento." Às vezes apenas temos de esperar. Podemos querer usar o fórceps, mas normalmente é mais sábio honrar o espírito do nascimento.

A observação de David também me fez lembrar que, quando decidi cunhar e utilizar o termo *presencing* para essa experiência mais profunda aqui em questão, fiz uma pesquisa na Internet para descobrir se alguém mais já o teria cunhado e utilizado em um contexto diferente. Só surgiram duas menções. Uma delas consistia no uso da palavra *presencing* por um tradutor francês da obra de Heidegger para o inglês. A outra era sua utilização por enfermeiras e parteiras, que falavam sobre os aspectos mais profundos do seu trabalho. Quando vi esses dois contextos, eu sabia que havia encontrado a palavra certa para o que queria expressar.

Um casamento

No dia seguinte ao Fórum do Diálogo Médico-Paciente, na Alemanha, o grupo central de médicos, Ursula, os estudantes e eu nos encontramos para limpar a sala de aula que havíamos utilizado. Estávamos acompanhados de alguns pacientes que apareceram para ajudar, sem o termos solicitado. Parecia a manhã seguinte de uma festa, quando você está de ressaca, mas satisfeito e relaxado, e aberto a qualquer coisa que aconteça no agora. Uma pessoa sentou-se com uma xícara de café. Outro puxou uma cadeira. Logo a grelha foi ligada e comemos o que havia sobrado na cozinha. Sentamo-nos, esse círculo de amigos, ao ar livre, sob uma luz suave de primavera. Perguntei à mulher que operava a grelha o que ela achara do fórum do dia anterior. "Fui tocada por ele." "Tocada pelo quê?", perguntei. "Bem, de certo modo, minha experiência foi como um dia de casamento. No final, houve uma solenidade na sala, como em uma catedral, e certa intimidade, como a que você tem somente quando conhece uns aos outros, assim como acontece em uma família." Ela havia encontrado as palavras perfeitas para descrever um nível sutil da experiência que todos tínhamos sentido. O dia fora realmente sobre a união de dois campos ou corpos separados em um caminho que tornou cada um mais forte e expandiu as possibilidades de cada um.

Virei-me e olhei para nossa pequena "constelação de casamento", um círculo de amigos que unia médicos, pacientes e estudantes. Tínhamos nos tornado uma comunidade e estávamos totalmente presentes uns para os outros. O tempo passava devagar; uma energia afetiva irradiava-se por todo o grupo.

Mais tarde, esse círculo emergiu como o grupo central de uma das mais bem-sucedidas redes dentre várias outras semelhantes iniciadas na Alemanha, na década de 1990. Em 2000, a rede instituiu um novo centro de controle de emergência que inclui uma linha direta para médicos funcionando 24 horas por dia, 7 dias por semana, e fornece serviços de emergência da mais alta qualidade a preços consideravelmente mais baixos.

Através do buraco da agulha

Durante aproximadamente 10 anos, Katrin Käufer e eu organizamos o encontro semianual de uma comunidade de agricultura biodinâmica na Alemanha. O grupo era composto de aproximadamente uma dúzia de pessoas. Como sempre, utilizávamos a primeira noite dessas reuniões de três dias para uma apresentação pessoal de cada participante. Cada pessoa falava sobre onde estava no seu trabalho e na sua vida. Nos dois dias seguintes, discutíamos as questões-chave que o grupo tratava atualmente. Em uma das primeiras reuniões, Katrin e eu sentimos que tínhamos somente um pequeno progresso durante o primeiro dia. As coisas pareciam não resolvidas. Algo parecia impedir o grupo de atingir seu verdadeiro potencial. Portanto, convidamos todo mundo para compartilhar a história da "jornada que me trouxe aqui". Logo se tornou óbvio que pouco sabíamos um sobre o outro.

Na manhã seguinte, um domingo, aconteceu uma mudança que afetou profundamente o grupo. Começamos a falar sobre o quadro maior que emergia das suas histórias e jornadas e como ele poderia se relacionar ao futuro dessa comunidade de agricultores e desse lugar – um lugar que fora fundado por um mosteiro aproximadamente 900 anos atrás. Um dos agricultores começou a expressar o que sentia ser seu objetivo em palavras muito simples, mas tocantes, como "cuidar desse pequeno pedaço da terra". Ele falava do seu coração, e as pessoas sentiam que se moviam para um lugar interior. Nas discussões iniciais, falaram de suas perspectivas e pontos de vista individuais, mas agora falavam sobre a presença e o *ser* desse lugar. O que eles poderiam fazer como comunidade para ajudar a realizar seu melhor e mais completo potencial futuro?

Nesses momentos, quando o tempo passava devagar e o espaço parecia abrir-se ao nosso redor, sentíamos o poder de uma presença sutil brilhando por meio de nossas palavras, gestos e pensamentos – como se a presença de um futuro estivesse nos *observando* e nos atendendo, um futuro que também era total e intimamente dependente de nós – e ainda é.

Quando o encontro terminou, naquele dia mais tarde, o grupo havia atravessado o buraco da agulha. Em grupos e organizações, esse é o ponto em que os atores começam a ver e sentir de um lugar diferente, um lugar que lhes permite estabelecer uma conexão direta com um campo do futuro – e que lhes permite começar a atuar do modo como são informados (inspirados) por esse campo futuro. Para a comunidade de agricultores, "atravessar o buraco da agulha" criou uma série de anos muito produtivos que deram origem a múltiplas iniciativas, empreendimentos e esforços colaborativos que continuaram a modelar e remodelar a fazenda e seu contexto local.

Em outras palavras, todas essas histórias ilustram que, para nos movermos por esse buraco de agulha, devemos olhar para as velhas questões de novas maneiras e trazer nossos *verdadeiros eus* para a situação.

A presença do ser do círculo

Mover-se para o reino do *presencing* acontece a grupos quando se atravessa o buraco da agulha. Em primeiro lugar, os membros do grupo sentem uma forte conexão entre si. Então, sentem o poder da autêntica presença. Uma vez que um grupo experimentou esse nível de conexão, há um vínculo profundo e sutil que permanece. O Círculo das Sete, por exemplo, desenvolveu sistematicamente as ferramentas e os meios para se mover para esse lugar de conexão e autenticidade em conjunto. Mas isso exige um risco relativo e certa disposição para se desapegar do medo. "Isso pode não ser verdade para outros", disse Glennifer, "mas para mim é bem difícil me libertar do meu limite pessoal e relaxar no círculo. Isso exige muito trabalho interior e desapego. Cada um de nós trabalha de uma maneira diferente para se desapegar do eu para entrar no coletivo. A cada vez é preciso cruzar um limiar".

Perguntei a Glennifer como se sentia ao cruzar esse limiar. "Sinto-me", respondeu, "como se eu fosse morrer se me deixasse levar para dentro do círculo. Assim, tenho de me conscientizar desse sentimento e conviver com ele. Cruzar esse limite é o que imagino que deve ser a sensação de morrer. Quem serei? Como não sei, não estou segura de como proteger-me".

"Então, o que acontece depois?", perguntei.

"Depois, em geral dou um passo novamente sobre o limite. Se eu cruzar todo o caminho, é um alívio ter dado o passo. Sinto-me mais livre. De qualquer maneira, eu não sabia de antemão que me sentiria mais livre, embora eu tivessse feito isso antes.

"Quando todos fazem isso, temos essa presença coletiva de um modo diferente. Temos um novo ser – a presença do Ser do Círculo. Minha experiência é que, até que eu tenha feito isso, não experimento o Ser do Círculo. Depois disso, está além de mim como indivíduo. Não me importo mais tanto como indivíduo. Ainda que, paradoxalmente, eu seja mais de um indivíduo ao mesmo tempo."

Depois de um momento de silêncio, alguém mais disse, referindo-se a Glennifer: "Você deu um passo novamente sobre o limite aqui. Se eu fosse descrever isso em termos de energia, assim que você começou a falar, sua voz estava mais alta. Você falava de maneira rápida e ofegante. Quando você avançou para o que está no interior e o que está do outro lado desse limiar, seu ritmo e sua marcha mudaram. O seu tom de voz baixou. E a energia moveu-se daqui (apontando para a cabeça) para cá (apontando para o peito e a barriga). O que vi acontecendo é que você corria um risco. Tem de haver um risco para o coletivo se revelar. O risco pode ser de uma pessoa, de duas pessoas, ou de todos nós, mas tem de haver uma espécie de risco ou vulnerabilidade para cruzar o limiar sobre o qual você está falando. Senti o deslocamento de todo o espaço. Como você corria um risco, isso mudou o espaço para todos nós."

A prática envolvente

"Se temos uma prática de círculo dominante", explicou Anne, "ela tem a ver com envolver".

Então, perguntei: "Quando vocês ouvem um ao outro, como você cultiva o ouvir para poder funcionar como um espaço coletivo envolvente?"

As mulheres descreveram três condições diferentes de ouvir que permitem emergir a um espaço coletivo envolvente (veja a Figura 11.2). Elas chamam a primeira de testemunho incondicional. "A qualidade do testemunho ou do envolvimento de que estamos falando aqui é a identificação pessoal com a fonte no círculo. Algo como: os olhos através dos quais você vê, o coração por meio do qual você se sente, os ouvidos com os quais você ouve não são pessoais.

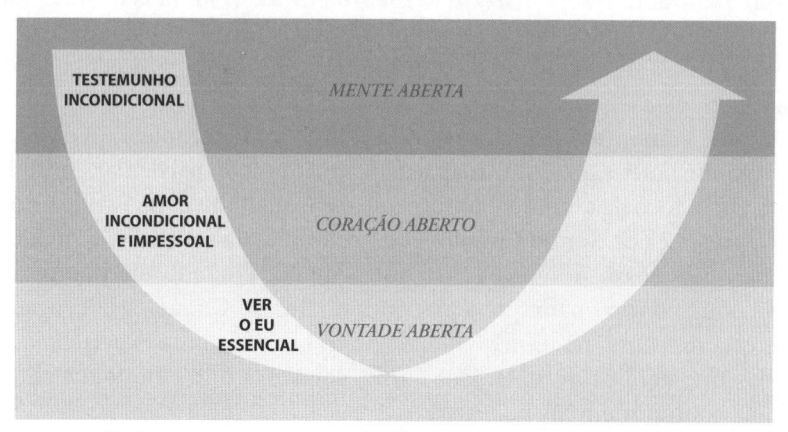

FIGURA 11.2 TRÊS CONDIÇÕES PARA O OUVIR PROFUNDO E O ENVOLVIMENTO

"Desse modo, há muito pouca projeção sobre a situação. Há pouca intenção, a não ser abrir-se ao que a vida quer que aconteça no momento. Há sensibilidade sem manipulação. Um espírito de não julgamento e bênção."

A segunda é clarear o espaço horizontal com o amor incondicional. "O foco da energia é deslocado da cabeça para o coração na sala, porque a abertura normalmente acontece quando o coração de alguém realmente se abre e, definitivamente, quando o campo é identificado. O campo de energia tem de baixar.

"Há uma bênção que vem com o amor impessoal. É a impessoalidade do amor. Sua personalidade não está nele. E realmente penso em nós como um coletivo que, de alguma maneira, gerencia apenas para manter esse nível impessoal", explicou Anne.

A terceira condição consiste em onde você coloca a atenção: ver o eu essencial. "Vejo através daquela ferida até a verdade dela", observou Barbara. "Portanto, é onde coloco minha consciência que faz o trabalho. (...) É uma disciplina da atenção que tem a ver com o modo como vejo as pessoas que são descritas por outras no círculo."

"Temos um acordo", adicionou Leslie, "para ver o eu essencial que chamamos de cláusula do 'não atrapalhe'. Não importa o que uma de nós faça, ela não deve atrapalhar as outras. Assim, a intenção é colocada no eu essencial. Temos uma crença compartilhada de que uma das melhores formas de servir às pessoas é fazer cada uma ver seu eu essencial – é como se, pelo fato de outra pessoa olhar profundamente para você, você pudesse enxergar melhor seu próprio interior".

"Essa pode ser minha própria função", disse Glennifer, "mas é assim que experiencio o trabalho no círculo, se naquele momento eu for a pessoa que está fazendo o trabalho, sendo observada ou assistida por outra pessoa. Minha experiência é que há uma espessura na atmosfera – uma presença capacitadora – que me permite ir mais profundo do que se, digamos, Beth e eu estivéssemos trabalhando somente uma com a outra. (...) Vejo mais. Vejo mais de mim. Vejo mais daquilo com que estou trabalhando. Agora, não sei se é por causa dos níveis de habilidade do grupo ou se é por causa da qualidade da atenção ou uma combinação de ambos. Mas minha experiência é que vejo mais; experimento mais de mim.

"Sinto-me como uma pessoa maior. Sinto-me mais completa no meu próprio ser. E sinto-me potencializada ou capacitada de um modo particular. Sinto-me vista. Sinto que o foco da atenção é ótimo; que ele é qualitativo, não crítico e amável. E sinto a presença do Ser do Círculo, que é diferente da soma dos indivíduos.

"Então, não posso descrevê-lo de outro modo. Quando ele não está lá, eu sei. Leva pouco tempo para que a presença do Ser do Círculo seja evocada. Mas quando está presente, há uma qualidade diferente na minha experiência. A qualidade da atmosfera é diferente. Isso é uma coisa. E a outra é que me sinto mais capacitada – sinto-me mais poderosa."

Vendo e testemunhando o eu essencial

Depois pedi a uma das mulheres para desenhar dois quadros: um que representa a experiência de um encontro de grupo normal e outro que representa a experiência de um encontro do círculo.

"No meu primeiro quadro", explicou Beth, "pensei em determinado novo grupo que colabora na reforma da saúde. Sinto como se todo mundo tivesse uma bolha à sua volta – sua identidade. Assim, desenhei seu caminho em cores diferentes. De certo modo, já temos algo maior do que tínhamos, mas não conhecemos uns aos outros; não sabemos se as outras pessoas se ocupam das mesmas coisas. Assim, há certa distância entre todos.

"No segundo quadro", continuou Beth, "a presença interior ou do eu essencial de cada pessoa dá a impressão de desfrutarmos de uma dádiva única, sem igual. O que vejo acontecendo são várias pessoas se descobrindo, trazendo seu eu essencial para o grupo e, ao mesmo tempo, tornando-se mais diferenciadas nos pensamentos e contribuições. Estamos experimentando mais de nossas vidas e de forma mais completa como resultado de sermos vistos e testemunhados tanto por quem no fundo somos como por nossas estruturas de personalidade e pontos de vista".

"Na minha experiência de trabalhar no nosso máximo, coloquei a mesma cor do eu essencial nos níveis individual e coletivo. Essa presença básica é um aspecto do Grande Campo. Mas, ao mesmo tempo, somos todos diferentes, assim também utilizei cores diferentes.

"De acordo com minha experiência, há um círculo à nossa volta, permeando e envolvendo todos nós. Essa energia nos informa se somos receptivos, afetando nossa compreensão, nossos sentimentos e toda nossa expressão. Vindo através de nós individualmente, dentro de um coletivo, irradia-se uma luz sobre os desafios mais complexos, normalmente caracterizada por uma generosidade básica e uma visão compreensiva.

"Quando deixo esse círculo e faço meu trabalho profissional, trago a força e a substância persistentes desse espaço que criamos. Levo isso a todo lugar aonde vou. Sinto-me mais forte em todos esses outros lugares. Penso que as pessoas no meu ambiente de trabalho têm uma sensação da própria presença e poder assim que entram em contato com algo que experimentamos aqui. Elas, por sua vez, saem e levam essa espécie de experiência a outras pessoas."

Olhando para o segundo quadro, fiquei impressionado com a forma como ressoou fortemente com a estrutura de campo da atenção que se conecta e se origina "daqueles que estão à nossa volta", "os seres que nos rodeiam". "Assim, quando você diz o 'Ser do Círculo', esse é somente um conceito – somente um rótulo? Ou ele denota uma presença viva?", perguntei.

"Vou lhe dar um exemplo", respondeu Leslie. "Temos amigas que vêm aqui para iniciar novas direções ou projetos no círculo. Estou pensando em Lexi, por exemplo, que se sentiu tentada a convocar um círculo de mulheres mais jovens, com base no seu trabalho de aconselhamento com algumas de nós. Sabia que, se ela se sentasse no nosso círculo, não conosco como indivíduos, mas na presença do Ser do Círculo, que sua semente para o círculo das mulheres jovens cresceria. Portanto, o Ser do Círculo influencia o potencial.[8]

"Há muitas coisas que as pessoas colocaram nesse círculo para serem tratadas pela ação do campo."

"Como você pode saber se o Ser do Círculo está presente?", perguntei.

"É uma mudança na atmosfera. Meus ouvidos vibram, as coisas andam mais lentamente; o tempo se altera. Um tipo de despersonalização se manifesta, e sou encorajada a não falar de trivialidades. Falo quando sou movida por uma presença maior que precisa de uma voz. Há sempre um pouco de mistura, mas, em geral, ela se desloca e salta para outra região. Às vezes anotamos, 'Caímos no campo'." "Desse modo, Otto", disse Barbara, virando-se para mim, "tenho uma consideração do tempo real. Fico me perguntando se você gostaria que você e seu trabalho fossem apoiados por esse círculo".

Com essa pergunta, senti uma presença palpável. Percebi que, na realidade, essa pergunta viera à minha mente antes da entrevista. Mas, naturalmente, eu nunca teria me atrevido a perguntar. Agora, depois que Barbara levantou a possibilidade, senti-me incapaz de reagir. Meus ouvidos pareciam tocar sinos. Repentinamente, percebi o quanto sentia falta da minha comunidade europeia de amigos vivendo, aprendendo e alegremente criando em conjunto. Também percebi o quanto sentia falta da presença de um espaço coletivo envolvente como esse na minha vida atual. Devo ter esperado muito tempo antes de responder calmamente: "Sim, eu adoraria."

Ao pronunciar essas palavras, senti o testemunho, a presença amável não só de cada membro individual do círculo, mas o que está além. Fui apoiado e testemunhado em um espaço especial. Senti-me *visto* ou testemunhado por um campo ou uma entidade que não era eu.

Princípios do *presencing*

O *presencing* acontece no contexto de grupos, equipes e organizações, e também com indivíduos. Muitas vezes, deparo com o fenômeno no ouvir profundamente e em entrevistas baseadas em diálogos. Nessas conversações, é bastante óbvio quando a conversa passa de um nível a outro. Você pode sentir isso no corpo todo. Em geral, as pessoas o descrevem como a conexão de um coração com outro. Muitas vezes, experimento-o como um campo sutil da presença conectando-se a meu entrevistado e a mim, um campo que nos rodeia e nos envolve em um estado de espírito aberto, profundamente criativo e sereno. Quatro princípios distintos definem esse deslocamento:

Deixar ir e render-se

Deixe ir o velho e render-se ao desconhecido é o primeiro princípio. Francisco Varela, Eleanor Rosch e Brian Arthur enfatizam-no todos como o elemento central da jornada. "Tudo que não é essencial deve ir", disse-nos Brian Arthur quando descreveu como cruzar o limiar. Quando você começa a suspender seus modos habituais de operar e sua atenção é atraída por algo que o surpreende ou lhe interessa – algo concreto, específico e inesperado. Quando isso acontece, você começa a acessar sua mente aberta. A casa da fazenda incendiada clareou o espaço e permitiu-me mover minha visão para além de todos os modelos do passado. Num momento como esse, você deve deixar ir. Qual é o sentido em se agarrar a uma identidade passada que acabou de ser destruída pelo fogo? Nesse caso, o gesto de deixar ir é fácil. Você simplesmente rende-se ao que é óbvio. Mas a vida nem sempre nos oferece o mecanismo de incendiar nossas velhas estruturas. O desafio consiste em como acessar o território profundo sem incendiar a fazenda da família?

Na ausência de um evento dramático como esse, temos de realizar a atividade de deixar ir e render-se com muito mais consciência. No Círculo dos Sete, Glennifer disse que se sentia como se fosse morrer: "Porque há um limite que tem de ser cruzado novamente. Imagino que não haverá nada do outro lado e que não serei quem sou agora quando cruzar o limite." Para os participantes da comunidade agrícola, isso envolveu se desapegar de suas visões firmemente enraizadas sobre o propósito e a identidade da fazenda, de si próprios e de outros participantes do grupo. Para os empregados da empresa petrolífera de Houston, isso envolveu se desapegar da enorme pressão do grupo e da liderança para cumprir os prazos e satisfazer as expectativas estabelecidas anteriormente. Para Steven, isso envolveu o processo de se desapegar de suas observações preparadas e de sua apresentação convencional em PowerPoint e olhar fixamente nos rostos das 260 pessoas hostis à sua frente. Isso envolveu sua coragem de morrer totalmente e render-se àquela situação.

Deixar ir e render-se pode ser pensado como duas faces da mesma moeda. Deixar ir diz respeito ao processo inicial, à remoção das barreiras e do lixo em nosso caminho, enquanto render-se consiste em se mover para o resultado inicial. Quando Dave sentia que uma questão significativa começava a se desenvolver dentro dele e a seu redor, tinha de dar-lhe toda sua atenção e simplesmente ir com ela, render-se a ela, o que quer que fosse. Quando conduzo entrevistas baseadas em diálogos, normalmente tenho de me desapegar de minhas velhas intenções, orientações e listas de perguntas e simplesmente render-me ao que emerge na conversa.

Inversão: atravessando o buraco da agulha

"Inversão" é a palavra que utilizo para descrever o que acontece quando uma pessoa ou um grupo atravessa o buraco da agulha e começa a se ligar a um campo emergente. A palavra alemã para inversão, *Umstülpung*, significa literalmente "virar pelo avesso e pelo lado de fora". Quando você passa pelo buraco da agulha – o limiar em que tudo que não é essencial deve ir –, desloca o lugar do qual opera para "aqueles que estão nos rodeando"; você começa a ver de uma direção diferente, você começa a se mover em direção ao seu eu *a partir do* futuro.

No Círculo dos Sete, Beth descreveu que se sentia maior, que sentia algo vir *através* dela. Também experimentei esse deslocamento de perspectiva quando me senti testemunhado não só pelos membros do círculo, mas também por outra presença que não era eu ou os indivíduos da sala. Com a comunidade agrícola, a inversão aconteceu depois que nossa conversa da noite de sábado foi baseada no compartilhamento e na troca entre os indivíduos de suas histórias e visões. Na manhã seguinte, as pessoas começaram a falar a partir de um ponto de vista diferente. Foi só então que puderam perguntar: o que o *ser* deste lugar entende por realizar totalmente seu potencial futuro?

Para os empregados da empresa de petróleo de Houston, a inversão realizou-se no momento de silêncio depois que David fez a pergunta perceptiva, bem antes de Joseph e os outros seguirem David pelo "buraco da agulha" e ajudarem a abrir mais aquele espaço. Todos eles, naquele momento, deslocaram seu lugar de operar do interior de si próprios para um ponto mais profundo do qual uma criatividade coletiva começou a fluir pelo grupo. Para os participantes do Fórum de Diálogo Médico-Paciente alemão, ocorreu claramente uma inversão em algum lugar entre a manhã de sábado, quando os pacientes ocuparam seus lugares em uma extremidade da sala e os médicos agruparam-se na outra extremidade, e a manhã seguinte, quando aquele pequeno grupo de médicos e pacientes sentou-se junto, formando um círculo. O momento decisivo foi o relato feito do fundo do coração pela mulher que não queria que o sistema prejudicasse os médicos, os quais ela conhecia e com os quais se preocupava. No caso de Steven, a inversão realizou-se bem depois do silêncio, quando ele começou a acompanhar o som intermitente e o deslocamento profundo de energia na sala: "... a plateia e eu simplesmente olhamos fixamente um para o outro. (...) Silêncio total. De repente, porém, tudo está diferente. Ouço algo como um zunzunzum no ar. De uma hora para outra, há uma força que vem para se convencer de que o que estamos fazendo é certo." Em quase todos os exemplos, vemos um momento de silêncio profundo antes que o deslocamento de campo aconteça.

O nascer de uma presença maior (autêntica) e do eu

No Círculo das Sete, Glennifer disse: "Minha experiência consiste em que vejo mais, experimento mais de mim. Sinto-me como uma pessoa maior. Sinto-me mais completa no meu próprio ser. E sinto-me capacitada de determinado modo – sinto-me mais poderosa." Você deixa de ouvir empaticamente para ouvir a partir de uma fonte mais profunda ou de uma corrente de emergência que o conecta a um campo da possibilidade futura que quer emergir. Ao operar dessa presença mais profunda de um futuro que quer emergir, você se conecta a uma fonte ainda mais profunda do ouvir e da inteligência que está disponível tanto aos seres humanos como aos sistemas – a inteligência da vontade aberta.

Experimentei repetidas vezes esse tipo de deslocamento nas entrevistas baseadas em diálogo. O que acontece é que você deixa aquela conversa como um ser diferente – uma pessoa diferente – daquele que começou a conversa algumas horas antes. Você não é mais o mesmo. Você é (um pouquinho) mais do que realmente é. Às vezes, esse "pouquinho" pode ser bastante profundo. Lembro-me de que, em certa ocasião, tive a sensação física de uma ferida quando deixei uma conversa especialmente profunda. Por quê? A razão disso era que aquela conversa criara um campo social generativo que me conectou a um aspecto mais profundo da minha jornada e do meu Eu. Deixar aquele espaço envolvente – o campo social – interrompeu aquela conexão mais profunda, que então experimentei como uma ferida aberta.

Quando David articulou sua pergunta em Houston, realmente havia tido, como me disse dois anos depois, uma experiência pessoal profunda na qual experimentou a abertura de outra dimensão do seu eu emergente.

Quando o grupo de agricultores teve sua conversa sobre a identidade profunda e mutável do seu eu, de suas relações e de seu lugar, eles também experimentaram um impulso para frente proveniente de uma espécie diferente de abertura ou possibilidade que, de algum modo, conectou-se à incorporação de um tipo emergente ou diferente do eu – o Eu autêntico ou essencial.

Quando Steven saiu do silêncio, sentiu que "estava em um campo de atividade totalmente novo: de repente, sou forte e sinto o poder da conexão e do fazer a coisa certa".

Em cada um desses exemplos, vemos o mesmo acontecimento fundamental: a chegada, o parto e o nascimento de um novo eu, o eu essencial ou autêntico que nos conecta a quem realmente somos.

O poder do lugar: Criando um espaço envolvente para o ouvir profundo

O quarto princípio diz respeito ao poder do lugar. O *presencing* acontece em lugares; isto é, em algum contexto de espaço envolvente. O Círculo das Sete descreveu as três condições desse espaço: testemunho incondicional ou nenhum julgamento, amor impessoal e visão do eu essencial. Quando esse deslocamento acontece, um novo tipo de relação entre o indivíduo e o eu coletivo adquire forma. Beth disse: "De acordo com minha experiência, há um círculo ao nosso redor, penetrando e envolvendo a todos nós." No caso da comunidade agrícola, da empresa petrolífera situada em Houston e do Fórum de Diálogo Médico-Paciente, o espaço envolvente foi criado conscientemente por um processo de compartilhamento do contexto, narração de histórias e ouvir profundo. No caso da empresa de automóveis (e no caso da minha história do incêndio), esse contexto foi criado por uma crise da vida real que quebrou nossas rotinas habituais com uma ameaça existencial que quase nos forçou a atender ao chamado do novo e nos desapegar do velho.

Em muitos casos, a natureza também pode funcionar como um professor e uma passagem para esse lugar mais profundo. Como utilizar e alavancar a presença e o poder de certos lugares para acessar a autêntica dimensão do eu em indivíduos e comunidades, essa é uma das questões de pesquisa mais interessante dos anos por vir.

Notas de campo

A linha comum que percorre todas as histórias é a simples distinção entre o sentir – atuando a partir do todo atual – e o *presencing* – operando a partir do todo futuro emergente. Há vários pontos de alavancagem para aprofundar nossa capacidade de operar a partir dessa fonte mais profunda. São eles:

> *Selecione uma prática.* A moeda mais valiosa no fundo do U não são as ideias, mas as práticas. Muitas das pessoas (entrevistados, clientes e outros) com quem estive impressionaram-me por terem as próprias práticas de cultivo. Isto é, a maioria faz alguma coisa pela manhã, como, por exemplo, se levantar cedo e utilizar o silêncio da primeira hora para se conectar a

uma fonte de compromisso e criatividade. Algumas meditam. Algumas ainda utilizam outras práticas contemplativas. Não há uma receita padrão, simplesmente porque não há uma prática padrão. As pessoas devem descobrir por si mesmas o que funciona e o que não funciona.

Crie um círculo da presença. Crie um contexto de pessoas que lhe permita apoiar uns aos outros no desenrolar de sua jornada e na busca das perguntas e desafios mais profundos que se apresentam. Pense no Círculo das Sete como exemplo. Esse método não é o único modo de alcançarmos nosso objetivo. Mas funciona para elas. O princípio aqui é o de um espaço envolvente regular. Esse espaço envolvente pode emprestar-nos as asas de que precisamos para cruzar os limiares que a jornada de nossa vida apresenta para nós.

Desenvolva práticas de cultivo coletivas. Desenvolva práticas de cultivo coletivas, tais como o silêncio intencional ou o diálogo produtivo, que fornecem acesso às fontes mais profundas da consciência e da atenção coletivas no contexto da vida diária e do trabalho. O desenvolvimento de novas práticas coletivas de *presencing* é um dos empreendimentos mais urgentes e importantes dos anos por vir. Uma prática coletiva de *presencing* é diferente de uma individual, pois as várias experiências de sentir e *presencing* dos indivíduos são utilizadas como passagens para se conectar e entrar na fonte mais profunda da criatividade coletiva e do saber (como exemplificado na história da comunidade agrícola).

Faça o que você ama – ame o que você faz. Isso é outra coisa que Michael Ray disse. Refere-se à sua pergunta fundamental: qual é meu trabalho? Descobri que há uma fórmula muito simples que explica meu nível contínuo de energia. Ela não exige mais do que duas condições simples: o que estou fazendo deve realmente importar (conectar-se ao meu propósito) e deve criar uma diferença positiva (mecanismo de feedback). Se essas duas condições forem atendidas, estou em um ciclo de energia positivo sempre crescente.

Em resumo, cada um de nós não é um, mas dois. Cada pessoa e cada comunidade não são uma, mas duas. De um lado, somos a pessoa e a comunidade que *nos tornamos* em nossa jornada do passado ao presente – o eu atual. De outro lado, há o outro, o eu *dormente, aquele que está esperando dentro de nós para nascer, para vir a ser, para se realizar por meio da jornada que temos à nossa frente. Presencing* é o processo para conectar esses dois eus. Conectar nosso eu atual com nosso verdadeiro eu. Mover-se em direção ao nosso verdadeiro eu a partir do futuro.

Quando entramos nesse estado mais profundo do ser – como indivíduos e como comunidades –, entramos em um estado de liberdade fundamental e capacidade para criar. Damos os passos para nossa verdadeira liberdade. Por isso, a tecnologia social do *presencing* é uma tecnologia de liberdade. Operacionalmente, isso significa que a característica que define a entrada no campo do *presencing* é a ausência de manipulação e de práticas manipuladoras. Isso é o principal. Na realização desse trabalho, tudo que podemos fazer é abrir as portas. Mas jamais podemos levar a decisão que cada ser humano toma: atravessar essa porta – ou parar de repente diante dela.

Ao cruzar o limiar, damos os passos para nosso verdadeiro poder – o poder de operar a partir do nosso mais alto Eu futuro; o poder de nos conectarmos aos "seres que nos rodeiam".[9] Essa conexão profunda foi descrita com nomes diferentes em várias tradições de sabedoria: a presença da Fonte (taoísmo), estado natural (budismo), Brama (tradições hindus), Jeová (judaísmo), Alá (tradições muçulmanas), Deus, Cristo, o Espírito Santo (tradições cristãs) ou O Grande Espírito (tradições indígenas). Todos esses termos nomeiam o mesmo nível fundamental de experiência e descrevem um estado mais profundo do ser que pode tornar-se presente dentro de nós e através de nós, tanto individual como coletivamente. Porém, para que esse *presencing* aconteça, devemos cruzar o limiar no fundo do U.

CAPÍTULO 12

Cristalizar

O Fórum de Diálogo Médico-Paciente • A estrutura de campo da cristalização • Princípios da cristalização • Notas de campo

O último capítulo descreveu a base do processo U, *Presencing*. Antes, como você pode lembrar, descrevi *presencing* como o buraco da agulha ou processo de *Umstülpung* (virar do avesso). Na antiga Jerusalém, havia um pequeno portão chamado "a agulha" que era tão estreito que, quando um camelo totalmente carregado se aproximava dele, o homem que o guiava precisava retirar-lhe toda a carga para que o camelo pudesse atravessá-lo. Referindo-se a essa bem conhecida imagem de seu tempo, Jesus disse: "É mais fácil um camelo atravessar o buraco de uma agulha do que um rico entrar no reino de Deus."[1] Do mesmo modo, no fundo do U existe um portão interior, que requer que nos livremos de tudo que não seja essencial.

O que constitui esse buraco da agulha no fundo do U para grupos, organizações e comunidades? É a conexão com nosso eu autêntico, ou mais elevado, a nosso Eu maiúsculo. Se essa conexão for estabelecida, a primeira coisa que acontece é: nada. Absolutamente nada. É apenas uma conexão. Mas, quando conseguimos *manter* viva essa conexão com nossa fonte mais profunda de saber, começamos a nos sintonizar com as futuras possibilidades emergentes. Atuando agora, a partir de "um lugar diferente", somos capazes de começar a operar de uma fonte diferente. Prevemos, prototipamos e personificamos o novo.

O termo *presencing* em inglês pode ser utilizado como um substantivo ou como um verbo e indica a conexão com a fonte mais profunda do eu e do conhecimento. Mas como mantemos essa conexão viva por toda a haste direita do U, podemos dizer que mantemos o *presencing* (conectar-se e operar a partir da fonte) por toda a nossa jornada pela haste direita do U. O termo *cristalizar* ou *cristalização* indica a primeira etapa desse processo.

Cristalizar significa esclarecer a visão e a intenção da mais elevada possibilidade futura. A diferença entre a cristalização e os processos normais de imaginação é esta: a cristalização acontece a partir do lugar mais profundo do conhecimento e do eu, enquanto a imaginação pode acontecer a partir de praticamente qualquer lugar, até mesmo a partir da recuperação.

Depois desse momento de quietude ou *presencing*, em grupos, é possível notar uma mudança sutil de identidade e uma base diferente para trabalhar em grupo e seguir adiante. Até esse momento, apenas *sentimos* a possibilidade do futuro. Depois de experimentar o *presencing*, as pessoas estão agora prontas para concretizar esse potencial individual e coletivo. "*Não, não podemos fazê-lo.*" O primeiro passo nessa jornada é cristalizar a visão e a intenção mais claramente. Colocamos em uma linguagem específica o que queremos criar.

O Fórum de Diálogo Médico-Paciente

Depois que o grupo de médicos e pacientes formou um forte campo conversacional de pensamento coletivo, estava pronto para passar da fase da criação de sentido para a fase da ação. Se soubermos fazer isso, o evento produzirá alguma atividade com poder de mudar ou até de transformar a qualidade das relações médico-paciente. Se não soubermos, todos os nossos esforços terão sido desperdiçados.

"Gostaríamos de mudar de marcha essa tarde e convidá-lo a fazer um brainstorm sobre os tipos de ações e iniciativas que poderiam nos ajudar a passar daqui [*apontando para os Níveis 1 e 2*] para cá [*apontando para os Níveis 3 e 4*]. Se você tiver alguma ideia prática sobre como mudar nosso sistema de saúde, do estado atual, simbolizado pelos pontos pretos, para onde estão todos os pontos brancos, esse é o instante de propô-lo. E apenas para vocês saberem", Ursula e eu acrescentamos: "Não haverá sessão da tarde a menos que vocês apresentem iniciativas que nos animem e nos envolvam para definir a agenda da tarde."

Você poderia ver o ceticismo e a descrença em seus rostos, seguidos por um silêncio incerto. Ninguém havia saído para o intervalo do almoço, e era óbvio que o grupo estava engajado e interessado. Eles queriam continuar, mas não lhes fora pedido em nenhum momento para assumir a agenda de um evento baseado na abordagem "espaço aberto".[2] Dava para ouvir: *Vocês não podem estar falando sério. Vocês devem estar brincando. Não estão? (...) Bem, talvez fosse melhor atuarmos juntos. O que eu poderia propor? Eu não estava exatamente pensando em algo que eu pudesse...*

Depois de um grande silêncio, uma pessoa se levantou e deu uma sugestão para um grupo. Então, outra pessoa também se levantou para dar uma segunda sugestão. Seguida por uma terceira, e assim por diante. Não demorou para dividirmos o grupo em seis ou sete grupos para discutirem diferentes iniciativas. No fim do dia, cada grupo menor voltou com informações para o grupo inteiro.

Um grupo queria encontrar um *Bürgerforum*, um fórum cívico que criasse um lugar e uma voz para as pessoas da região dentro do sistema de saúde. Outro grupo propôs modos de ampliar o suporte para uma iniciativa existente, a reestruturação do sistema de primeiros socorros da região. Um terceiro grupo sugeriu a ideia de uma paciente que consistia em trabalhar as capacidades de pacientes e médicos para criar e apoiar "uma relação de diálogo". Um quarto grupo desenvolvia passos para "sensibilizar jovens" para as doenças crônicas, planejando levar suas histórias para escolas e discutir como eles poderiam adotar um curso diferente em sua vida por meio da prevenção.

O Dr. Gert Schmidt, cofundador da iniciativa de criar uma rede de médicos e assistência à saúde, ajudou o grupo central a esclarecer sua visão e intenção. "Examinando nossa situação aqui", disse ele, "você poderia ficar abatido. Temos 280 mil habitantes, 60 mil pessoas cronicamente doentes, 10 hospitais, 15 mil funcionários, 400 consultórios médicos, além de toda a burocracia que vem com todas essas instituições. Todo ano temos seis milhões de contatos entre pacientes e o sistema de saúde nessa região. Como poderíamos mudar? Mas o fórum me ajudou a examinar tudo isso de modo diferente. Isso pode ser tudo reduzido a uma fórmula simples: o paciente A tem o problema B e quer C. É parecido com a teoria do caos: você reduz o comportamento de sistemas complexos à relação de mais ou menos três variáveis. Quando comecei a ver a essência do sistema de saúde por meio dessa equação, percebi que o eixo central em torno do qual o sistema inteiro girava era a relação entre pacientes e médicos. Antes do fórum de diálogo, nunca nos atreveríamos a conceber essa verdade fundamental. Mas agora até as empresas de seguro e outros fornecedores de serviços médicos passaram a aceitar esse ponto de vista. Sem uma sólida relação médico-paciente, nenhum sistema de saúde poderia funcionar".

Ele continuou explicando que agora entendia que a chave para resolver muitos problemas estava em focalizar a região. "Os problemas de saúde são definidos por seus genes, sua biografia, seu contexto social e pela estrutura e os processos do sistema de saúde no qual você opera. Não é possível mudar a biologia e os genes dos problemas de saúde, mas podemos mudar a biografia, o contexto, as estruturas e os processos do sistema de saúde – tudo isso é colocado em prática localmente, e é possível mudarmos tudo isso no contexto de uma região. A coragem de reduzir tudo isso à mesma essência na qual se começa a enxergar o que pode ser criado, a coragem de condensar tudo isso ao ponto em que a ação seguinte torna-se evidente, essa coragem nasce do fórum de diálogo e da análise do sistema que temos feito."

O Dr. Schmidt e seus colegas deixaram o Fórum de Diálogo Médico-Paciente sentindo uma energia interior carregada: "Pretendemos levar nosso sistema dos Níveis 1 e 2 para os Níveis 3 e 4."

Muitos dos insights do fórum tornaram-se realidade por causa da atenção estruturada do grupo dispensada a cada nível da interação. Em 2000, um ano depois da realização do fórum, assinaram-se os contratos e o novo sistema de primeiros socorros entrou em funcionamento. Agora, antes de tratar todas as chamadas 112 (o equivalente na Alemanha ao 192 no Brasil) de emergência, os médicos podem fazer o atendimento, oferecendo conforto, aconselhamento ou visita doméstica conforme a necessidade. Ao mesmo tempo, o sistema diminui a sobrecarga em médicos por meio do encaminhamento de chamadas para um único centro, e não para 100 médicos individualmente. Um executivo sênior da área de saúde disse que achava que as ideias teriam sucesso porque a "qualidade de compromisso e intenção do grupo central do fórum iria se irradiar com o passar do tempo e mudar a consciência dos tomadores de decisão do sistema".

A estrutura de campo da cristalização

Presencing, como dissemos, é conectar-se à fonte. Cristalização significa apoiar essa conexão e começar a atuar nela. O primeiro aspecto prático dessa jornada é esclarecer o que se deseja emergir. A cristalização facilita o aparecimento de uma imaginação viva de todo um futuro. Elucida e esclarece a visão e a intenção do futuro emergente.

No caso do Dr. Schmidt e da rede de cuidados médicos alemã, isso resultou em uma visão sistêmica mais profunda e no esclarecimento da intenção de "levar o sistema dos Níveis 1 e 2 para os Níveis 3 e 4", incluindo algumas iniciativas tangíveis para prototipar esse novo modo de atuar.

No caso de um processo de reinvenção de estratégia com o grupo de logística de uma empresa global, o principal resultado da fase de cristalização foi uma nova identidade, uma nova maneira desejada pelo grupo de empreender seu negócio no futuro. "Não somos apenas fornecedores de serviços para fábricas – somos de fato gerentes de um negócio global." Como resultado, o grupo surgiu com iniciativas de protótipos que levaram a uma redução de 80% no número de fornecedores. Eles conseguiram isso fazendo os fornecedores outrora concorrentes colaborarem uns com os outros, de modo semelhante à maneira como redes globais estratégicas se comunicam em uníssono com a empresa global e suas redes de fábricas globalmente distribuídas.

"O que mais me impressionou", disse Peter Brunner, que treinou a equipe por todo o processo de intervenção, "é que isso é muito diferente de um processo normal de criação de uma visão do futuro. Em um processo de criação de uma visão do futuro, surge apenas um sonho do futuro, embora isso possa estar muito desconectado do que está querendo emergir. Mas tendo passado pelas jornadas de aprendizado, compartilhamento e reflexão e uma incursão no campo pessoal de seis horas em silêncio, fiz as pessoas compartilharem seus pontos de vista e intentos e avançarem à medida que iam retornando da silenciosa incursão. O que elas trouxeram foi muito, muito mais essencial e conectado com o que elas realmente se importam. Com seus verdadeiros eus. E isso ajudou a criar as iniciativas certas de protótipo."

A Figura 12.1 representa a estrutura de campo de atenção cristalizadora. O lugar a partir do qual você opera (o ponto) mudou para a esfera circundante (do lado de fora do círculo branco, que representa as fronteiras do observador). Quando você opera a partir desse espaço envolvente mais amplo, algo novo começa a emergir do centro; ele começa a se cristalizar.

Pedi para Peter Senge descrever o que ele faz ao criar. "Para criar música, você precisa de violinos. Você precisa de instrumentos, certo? Mas a música não vem

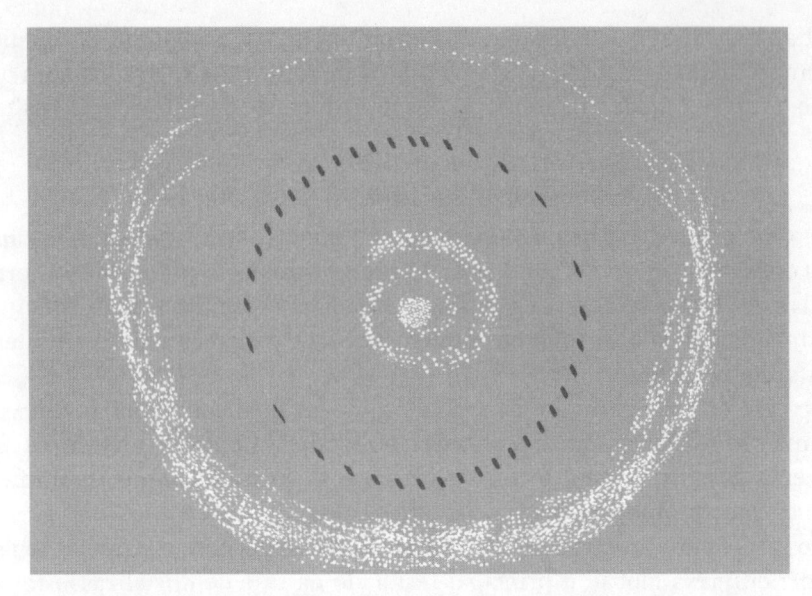

FIGURA 12.1 A ESTRUTURA DE CAMPO DA CRISTALIZAÇÃO

do violino. O violino é um instrumento. Para mim, em um nível experimental, dar uma palestra ou trabalhar com um grupo em um workshop pode ser o mesmo. Crio essa realidade em minha própria consciência e, então, toco os instrumentos. Realmente apenas me divirto; de certo modo, eu me apaixono pelas pessoas. E sei que, em algum nível, quando estou realizando esses programas e as coisas começam a ocorrer dessa maneira, nada pode dar errado. Não importa o que aconteça, é exatamente isso que precisa acontecer. Agora, nem sempre me sinto assim, mas sei quando esse tipo de estado se desenvolve. Isso é o que, na tradição cristã, chamamos de estado de graça, porque acho que há um entendimento profundo disso na tradição cristã mística. Tem tudo a ver com uma fonte de felicidade e prazer. Isso não significa que tudo é felicidade. Às vezes é muito intenso, mas tem-se literalmente a experiência de que nada pode dar errado. Isso não significa que sempre acontece de acordo com nossos planos. Significa que *o que quer que aconteça será exatamente o que deveria ocorrer naquele momento, e essa é a música.*"

Ele acrescentou: "Quando estamos liderando um programa ou curso, dizemos que uma boa regra geral é que a qualidade da relação entre as pessoas terá maior impacto do que a clareza da exposição dos apresentadores. Digamos que duas pessoas estejam fazendo um trabalho de facilitação. A fonte produtiva mais importante é a qualidade dessa relação. Não é uma relação suave. É uma relação com muita presença, ser ou consciência de que você pode estar presente com o que quer que esteja lá coletivamente. Para mim, essa é a essência de uma relação afetiva, porque amor diz respeito à presença.

"Acho que existe uma força mais profunda que é dominante, e que tem a ver com essa capacidade de viver no mundo que você quer criar. (...) Se você souber o que quer criar, então pode viver até certo ponto nesse espaço em sua própria consciência. Não há nenhuma força mais poderosa do que operar a partir desse tipo de conhecimento, desse tipo de intenção e lugar."

Princípios da cristalização

Há quatro princípios que, na minha observação, entram em cena ao nos movermos para o espaço da cristalização: o poder da intenção, o deixar vir, uma grande vontade e locais de encontro para despertar.

O poder da intenção

Nick Hanauer fundou meia dúzia de empresas altamente bem-sucedidas e foi membro da Amazon.com por muitos anos. Quando Joseph Jaworski e eu o entrevistamos, ele trabalhava com um pequeno grupo de pessoas para "reinventar" o sistema educativo no estado de Washington. Quando perguntamos sobre o papel da intenção em sua experiência empresarial, Hanauer respondeu: "Um dos meus ditados favoritos, atribuído a Margaret Mead, sempre foi: 'Nunca duvide de que um pequeno grupo de cidadãos engajados pode mudar o mundo. De fato, é só assim que o mundo tem mudado.' Acredito totalmente nisso. Você pode fazer quase tudo com apenas cinco pessoas. Com uma única pessoa, é difícil – mas quando você coloca essa pessoa com mais quatro ou cinco, tem a força necessária para lutar. De repente, você tem ímpeto suficiente para tornar quase tudo que é imanente, ou que está a seu alcance, de fato real. Acho que isso tudo é empreendimento – criar essa visão e essa força cativantes."

A primeira vez que encontrei pessoalmente o poder da intenção foi na minha época de estudante em Witten/Herdecke University, na Alemanha. Estava em uma grande mesa de café da manhã com aproximadamente uma dezena de outros estudantes. Conosco, naquela manhã, estava o reitor da Escola de Gestão, Ekkehard Kappler, e um convidado especial, Johan Galtung, o fundador norueguês da pesquisa da paz como uma ciência e o ganhador do Prêmio da Sustentabilidade, também conhecido como o Prêmio Nobel Alternativo. Galtung, famoso por sua teoria da violência estrutural, havia lecionado em mais de 60 universidades em todos os continentes e havia publicado mais de 100 livros. Um estudante virou-se para ele e perguntou: "Johan, tendo feito tudo o que você já fez, o que restou para fazer agora? O que você quer criar nos anos de vida que lhe restam?"

"Tenho a ideia de uma universidade de paz global móvel. Os estudantes viajariam mundo afora aprendendo a ver o sistema global como um todo vivo e a enxergá-lo a partir de diferentes culturas e civilizações."

Quando ele então começou a descrever detalhadamente como seria aquela jornada de aprendizagem global, eu sabia que aquilo era o que eu estava destinado a fazer. Outros que se sentavam à mesa naquela manhã tiveram a mesma sensação. Esse conhecimento era uma enorme fonte de energia. Como viemos a saber mais tarde, Galtung tentara realizar esse projeto universitário global com uma faculdade nos Estados Unidos. Mas a complexidade da organização, financiamento e gestão revelou-se grande demais. Embora como estudantes não tivéssemos experiência alguma nesses assuntos, no fundo sabíamos que poderíamos fazê-lo. E fizemos. E em tempo recorde.

Cinco de nós, trabalhando juntos, levamos o projeto adiante, em apenas alguns meses: traçamos os projetos, levantamos US$500 mil da indústria e patrocinadores privados, contratamos 12 universidades parceiras e 290 conferencistas, recrutamos e selecionamos os melhores 35 estudantes de 10 países diferentes, inclusive participantes de países do terceiro mundo e do Leste Europeu, levantamos dinheiro para bolsas de estudo e cuidamos dos detalhes financeiros e organizacionais trabalhando como voluntários. Nosso compromisso conjunto com esse projeto nos capacitou de um modo que nunca havíamos experimentado antes. Sentimos parte de um campo mais amplo, um campo formativo de criação. Quando operávamos nesse campo, sabíamos que nada nos impediria de ter sucesso. Sim, atravessamos inúmeras dificuldades e obstáculos. Mas toda vez que deparávamos com uma adversidade, sabíamos que venceríamos por meio de uma espécie de "milagre previsível", um tipo de porta se abriria ou assistência apareceria para nos levar adiante.

Jaworski descreve esse tipo de ajuda coincidente como "sincronicidade" e sugere que todo o processo do U é simplesmente isto: entrar no fluxo dessa intenção profunda e ir até o fim com ele.[3] Muitos empresários concordam com Brian Arthur quando ele diz: "A intenção não é apenas uma força poderosa; ela é a *única* força."[4]

Deixar vir

O trabalho interior de entrar nesse fluxo tem muito a ver com o deixar ir e deixar vir. Deixar vir é outro lado do poder da intenção. A verdadeira pergunta é: como podemos nos sintonizar com essa intenção? A resposta é: sintonizar-se com algo novo requer primeiro abandonar, deixar ir, algo velho. Quando penso nisso, quase todos os meus projetos mais bem-sucedidos me foram sugeridos por outras pessoas. A ideia de Galtung de uma universidade de paz global é apenas um exemplo. Essa é a razão pela qual o processo do U parte da observação (entrar no mundo e envolver-se com ele), e não do afastamento e da reflexão. Primeiro você entra no mundo. Enquanto segue seu caminho, o universo tem seu modo de sugerir o que você tem a fazer. Então, você o ouve profundamente. Você presta atenção ao que está emergindo do interior. Para fazer isso de modo realmente profundo, você tem de aprender a deixar ir e deixar vir. As antigas atitudes devem morrer para que novas ideias passem da representação com maior clareza e totalidade.

A grande vontade

Ao nos abrirmos para o novo, gradualmente chegamos à nossa vontade mais profunda, aquela que Martin Buber chama de grande vontade. Em seu livro *Eu e tu*, Buber descreve com muita precisão o movimento duplo que está implicado quando alguém acessa sua grande vontade:

O homem livre é aquele que deseja sem uma determinação arbitrária.

Ele acredita no destino e acredita que o destino precisa dele. Ele não o controla com fios condutores, ele o espera, deve ir a seu encontro, mesmo sem saber onde encontrá-lo. Mas sabe que precisa encontrar-se com seu pleno ser. O destino não irá se revelar de acordo com essa decisão; ao contrário, só virá quando o homem decidir o que é capaz de querer. Ele deve sacrificar sua vontade mesquinha e cativa, que é controlada por coisas e instintos, à sua grande vontade, que está definida para o ser predestinado. Então, o homem não mais intervém, mas, ao mesmo tempo, não deixa que as coisas meramente aconteçam. Ele ouve o que emerge de si mesmo para o curso de sua jornada no mundo, não para ser ajudado por ele, mas para realizá-lo conforme o mundo assim o deseja.[5]

Buber começa assumindo que o homem livre acredita no destino – um destino que precisa de nós, ainda que não saibamos onde encontrá-lo. Para descobri-lo, devemos estar dispostos a ir para um território desconhecido e nos encontrar com "nosso pleno ser". Isso pode demandar sacrifício. Não se trata de simples contemplação, mas de ouvir a jornada de estar no mundo para o que quer vir à tona com a plena intenção de atuar nele. E, uma vez a caminho, devemos prestar muita atenção.

O físico Arthur Zajonc mediou o Diálogo Dalai Lama-Ciência Cognitiva no MIT. Ele me contou que acredita que, quando trabalha como moderador, sente que tem mais do que pessoas presentes visíveis à mesa – ele também quer ouvir o que os "invisíveis" têm a dizer.

"Desenvolvi algumas pequenas práticas. Por exemplo, estarei em uma reunião de diretoria em que a energia é resistente e talvez enfrente uma questão importante. Não sei como tratá-la. Nesses momentos, vejo-me deixando ir, desapegando-me. É uma prática de dizer: 'Tudo bem, prestamos total atenção a esse assunto. Realmente refletimos sobre muitas coisas.' Então é como se eu relaxasse e expandisse uma consciência não focal. Esvazio-me. Às vezes até finjo que há uma pessoa invisível a meu lado. Quando eu presidia a diretoria de uma nova escola, às vezes imaginava crianças invisíveis à mesa. De fato, eu trabalhava para essas crianças que ainda não haviam nascido ou ainda não estavam lá. Elas eram minha razão de estar lá. Tento ouvir no espaço. O futuro também está na mesa. Há um momento criativo maravilhoso em que todo mundo presente reconhece um momento especial. Eu os encorajo a acolhê-lo, a ir até o fim.

"Esses momentos dão muita energia positiva para o grupo. Há uma sensação de originalidade, de colaboração e confiança diante de desafios. Ninguém se apropria da ideia, porque ela poderia ter vindo de qualquer outra pessoa à mesa."

Locais para despertar

Para a cristalização acontecer, certo ambiente ou contexto se faz necessário.

Em um workshop da comunidade agricultora na Alemanha, o grupo central de agricultores convidou pessoas das comunidades vizinhas, pessoas que achavam que, de certo modo, estariam conectadas ao futuro daquele lugar. O projeto de um único dia de evento seguiu o processo do U. Pela manhã, cerca de 80 participantes se apresentaram e se conectaram uns aos outros sobre o que emergia na jornada e no contexto de sua vida. À tarde, formamos cinco grupos de iniciativa em torno dos quais eles queriam cocriar, de maneira semelhante ao que Ursula e eu fizéramos no Fórum de Diálogo Médico-Paciente.

Aproximadamente um ano depois, soubemos que quatro dos cinco grupos haviam iniciado uma quantidade impressionante de atividades e eventos. Eles fundaram um tipo de grupo de diversão infantil na fazenda (que, logo depois, se transformara em um jardim de infância oficialmente reconhecido); criaram e copatrocinaram uma série de concertos e eventos culturais na fazenda; formaram e implementaram cooperativas interinstitucionais que incluíam compartilhamento de maquinário (uma grande economia financeira); e organizaram vários seminários bem-sucedidos sobre autoliderança como precursor de mais ofertas de seminários públicos no futuro.

Por que um único dia de encontro havia sido muito mais eficaz do que as diversas reuniões anteriores com o grupo central da fazenda?

Provavelmente havia um potencial latente desde o princípio. Mas, a menos que haja uma infraestrutura que crie um contexto coletivo de sensibilização e cristalização – nesse caso, um workshop de um dia –, nada acontecerá.

Notas de campo

A linha de discussão deste capítulo identifica e costura dois tipos de vontade: a pequena vontade e a grande vontade. Explorando a autenticidade e a conexão que emergem de uma experiência de *presencing*, o grupo pode conhecer sua intenção ou "vontade" mais profunda. O segundo tipo de vontade, a grande vontade, envolve atuar segundo estes princípios:

- Esclarecer a própria intenção, "testando-a" com a possibilidade futura que emergiu a partir da experiência do *presencing*
- Transmitir o poder da intenção, a fim de criar a abertura para a emergência criativa
- Deixar vir: ouvir o que emerge de dentro
- Atuar como um instrumento do futuro emergente e realizá-lo como ele o quer
- Criar infraestruturas para o despertar coletivo entre diversas fronteiras institucionais

Cristalizar significa permanecer conectado à Fonte e esclarecer lentamente a visão e a intenção em progresso. À medida que fazemos isso, nossa imagem do futuro continua se desenvolvendo, mudando e se transformando. Então, precisamos levar esse processo de concretizar o novo para seu próximo nível: colocar em prática exemplos vivos ou protótipos do futuro que queremos criar.

CAPÍTULO 13

Prototipar

A rede de assistência à saúde • A estrutura de campo da prototipagem • Princípios da prototipagem • Notas de campo

Tendo estabelecido uma conexão com a fonte (*presencing*) e esclarecido o sentido do futuro que quer emergir (cristalizar), a próxima etapa no processo do U consiste em explorar o futuro mediante o fazer (prototipar). A prototipagem é o primeiro passo para explorar o futuro mediante o fazer e a experimentação. Tomamos emprestado esse termo da indústria do design. David Kelley, fundador e dirigente há muito tempo da influente empresa de design IDEO, resume sucintamente a abordagem da prototipagem: "Fracasse muitas vezes para ter sucesso mais cedo."[1] Por exemplo, a prototipagem significa apresentar um conceito antes de você ter terminado. A prototipagem permite aprendizagem e adaptação com feedback de ciclo rápido.

A rede de assistência à saúde

O Dr. Schmidt e seus colegas deixaram o fórum de diálogo com a intenção de mudar seu sistema dos Níveis 1 e 2 para os Níveis 3 e 4, mas estavam conscientes de que precisariam de diferentes tipos de plataformas colaborativas para fazer isso acontecer. Assim, decidiram começar realizando conversações regionais entre os principais atores institucionais sobre as questões práticas que enfrentariam no seu trabalho. Em primeiro lugar, definiram as pessoas que "possuem" os problemas, as pessoas que têm competência e responsabilidade de tomar decisões no próprio sistema institucional. "Queremos convocar grupos de médicos que precisam uns dos outros, de modo a adotar uma ação eficaz", disse o Dr. Schmidt.

"Falamos sobre todas as questões e problemas abertamente e nos concentramos em criar soluções efetivas e, então, rapidamente as implementamos e revisamos. Depois de tratar uma questão, o grupo se dissolve. Hoje, temos 10 desses grupos operando. E todos funcionam com muito mais eficácia do que nossos grupos antes utilizados para fazer isso."

Schmidt disse que quando visitam seus colegas em regiões adjacentes, estes estão bem conscientes de quão longe vieram. "Eles ainda estão preocupados com o que as companhias de seguro irão pensar e fazer. Nós avançamos além disso. Agora direcionamos nosso tempo para onde podemos fazer a diferença maior." Um dos grupos de ação de Schmidt concentrou-se na diabete crônica. O grupo convocou os principais médicos e pacientes de diabete e, em conjunto, desenvolveu uma estratégia para promover novos hábitos de alimentação. Desse modo, eles encorajaram as pessoas a ir além dos medicamentos e começar a viver de modo diferente.

Outros grupos de ação para essa tarefa desenvolveram acordos para compartilhar equipamentos de diagnósticos especializados entre grupos de médicos; um novo formato para transferir informações entre hospitais e médicos de fora; um escritório dirigido conjuntamente para coordenar o atendimento dos pacientes que se movem entre os dois ambientes; e, por último, mas não menos importante, um novo centro de controle de emergências. Agora, em uma emergência, os pacientes têm pelo menos três opções de rede disponíveis. Eles podem chamar um médico local, o próprio centro ou o número de emergência para comunicar-se com o serviço centralizado de ambulância.

O Dr. Schmidt e seus colegas acreditam que coordenar essas três opções na região não só economizará tempo e dinheiro, mas também fornecerá o melhor atendimento aos pacientes e facilitará a vida dos médicos. Elas fazem uma conexão invisível com os idosos e pessoas com doenças crônicas da área que, embora vivam sozinhos, sentem-se "amparados" pelo centro. Um telefone de emergência permite que pacientes consultem um médico fora do horário e nos fins de semana. A razão disso é que a pesquisa mostrou que 70% de todas as chamadas de emergência não eram realmente de emergência absoluta, mas de pessoas apenas em busca de conselhos. Antes, uma ambulância era rotineiramente enviada. Mas, agora, com médicos trabalhando lado a lado com paramédicos no novo centro de controle conjunto, atendendo chamadas de emergência, eles reduzem o número de viagens de ambulância desnecessárias e os pacientes ficam satisfeitos com o atendimento. Sozinho, isso economizou quatro vezes o custo de execução do programa.

A jornada começou com extensas e muitas vezes frustrantes negociações entre os principais atores – hospitais locais, médicos, serviços de ambulância e companhias de seguro –, cada qual com os próprios interesses, restrições e códigos de conduta. A ruptura veio quando os médicos começaram a falar sobre as próprias experiências, ou daquelas que gostavam, com o sistema de emergência. O grupo logo alcançou uma base compartilhada de vontade e visão para oferecer aos pacientes um serviço mais integrado e coerente. Essa vontade compartilhada permitiu-lhes ficar conectados e ter sucesso na negociação.

A estrutura de campo da prototipagem

A Figura 13.1 é uma representação visual da estrutura de campo da atenção. Ela se parece com as duas anteriores, o *presencing* e a cristalização. Ela leva o movimento do *presencing* (conectar-se à fonte) e da cristalização (deixar uma imagem do futuro emergir) à sua próxima etapa, aprofundando o espaço envolvente (esfera externa branca) e avançando no processo do deixar vir para o centro da figura, da visão à capacitação (forma branca emergente no centro).

Para prototipar com eficácia, devemos integrar três tipos de inteligência: a inteligência da mente, a do coração e a das mãos. Como o personagem de Robert Redford disse no filme "Lendas da Vida": "A sabedoria na sua mão é maior que a sabedoria que sua cabeça jamais terá." Quando prototipamos exemplos vivos integrando diferentes tipos de inteligência, sempre transitamos no processo entre dois importantes perigos e armadilhas: a ação irrefletida e a reflexão sem ação.

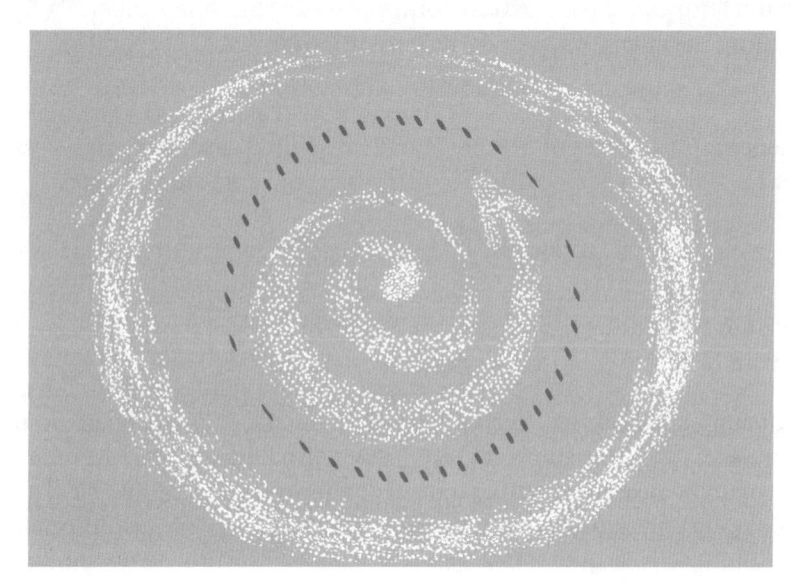

FIGURA 13.1 A ESTRUTURA DE CAMPO DA PROTOTIPAGEM

Princípios da prototipagem

Integrar com eficácia essas inteligências diferentes exige conectar-se à fonte, bem como ao todo, além de um feedback de ciclo rápido e infraestruturas para a revisão e o despertar.

Conectando-se com a inspiração

Em primeiro lugar, ao se mover para a prototipagem, você tem de ficar conectado à centelha inspiradora do futuro "que precisa de você" (Buber).

"Como você faz isso?", perguntei a Joseph Jaworski, que é mestre no estabelecimento dessa espécie de ligação direta.

"Antes de tudo", respondeu, "você tem de fazer isso diariamente. Na verdade, é a primeira coisa que você faz quando se levanta pela manhã". Joseph tem um conjunto de práticas pessoais que faz ao se levantar antes do amanhecer. "Portanto, a primeira coisa é prática, prática, prática. Você cria esse lugar de silêncio para si mesmo todo dia."

Enquanto Joseph falava, pensei nos meus pais. Às 5h, quando meu pai iniciava a ordenha das vacas, ele e minha mãe já haviam terminado de ler um texto de meditação pela manhã. Também pensei em vários dos meus entrevistados que praticavam frequentemente a quietude durante as primeiras horas antes do amanhecer.

"A segunda coisa na qual você se concentra", continuou Joseph, "é permanecer verdadeiro e conectado com aquela intenção mais profunda o tempo todo, durante o dia inteiro ou semana ou ano, ou até mais tempo".

Quanto tempo leva para se ficar comprometido? Simone Amber, da Schlumberger, uma inovadora na área de responsabilidade social corporativa, uma vez disse-me: "Levei muitos anos para dar o passo da ideia rumo à ação. O que importa é você não se culpar por isso. O que importa é permanecer verdadeiro com sua intenção. Mas, uma vez que dei aquele primeiro passo, as portas se abriram e mãos para ajudar apareceram. Foi como se eu tivesse sido colocada em uma trilha."

"A terceira prática", continuou Joseph, "consiste em sentir e agarrar as oportunidades assim que elas surgem. Sempre que as verdadeiras oportunidades surgem, em geral não é exatamente onde você espera que aconteça. Assim, você tem de estar realmente atento. Você tem de prestar atenção ao ponto em que essa oportunidade pode surgir, que vai ao encontro do que sua intenção mais profunda lhe diz para fazer. Quando isso acontece, então você age de imediato. Então, opero do meu eu maior, que me permite assumir riscos (...) que normalmente não assumiria.

"Por exemplo, tive a sensação, no meio de um workshop, de que havíamos sido chamados para criar uma iniciativa maior. Chamei o presidente de uma grande corporação multinacional, que eu mal conhecia, e disse: 'Espere aí, temos de conversar.' Então, caminhei e chamei mais três pessoas: o dirigente de uma fundação, um executivo sênior do U.S. National Park Service e o ativista de uma ONG. Reuni todos eles, juntei cinco cadeiras em um pequeno círculo e dei início ao encontro. Aquele momento foi, de fato, o início do nascimento de uma iniciativa que agora é conhecida como Synergos Multistakeholder Partnership Program."[2]

Esse pequeno episódio demonstra vários aspectos principais do agir a partir do futuro. Em primeiro lugar, o novo aparece como uma sensação, depois como um vago sentido de ser empurrado para algum lugar. É mais um sentido de *o que* do que um sentido de *por quê*. Você se sente empurrado a fazer algo, mas não reconhece exatamente a razão disso. E somente então, depois de utilizar praticamente a inteligência de suas mãos e de seu coração, é que sua cabeça começa a compreender o porquê.

Agir, como Joseph fez, "a partir do futuro" – perceber a sensação, sentir-se chamado por algo, mover-se para aquele espaço, agir no agora, cristalizar o que emerge daí, prototipar o novo, entregar-se à realidade – pode levar vários anos. Inovadores sociais e inovadores nos negócios, como Simone Amber, afirmam ter levado cerca de cinco, seis ou sete anos para se moverem de um sentido percebido – a sensação de ser chamado a fazer algo – até cruzarem o limiar e iniciarem sua jornada de descoberta e criação. Mas você também tem de estar preparado para agir rapidamente, como Joseph fez. Se demorar mais, o ponto importante é não julgar severamente a si mesmo apenas porque ficou incubando uma ideia por muitos anos. Só uma coisa realmente importa: o que você faz no momento imediatamente seguinte – agora. Todos os outros pontos de decisão que ficaram para trás de nós – todos os "deveríamos fazer" e "poderíamos fazer" – não importam mais sob qualquer ponto de vista.

Ao agir do passado, já sabemos o *porquê* antes que algo aconteça; isto é, começamos com a cabeça. A cabeça nos instrui a seguir rotinas estabelecidas, e o sentimento com que ficamos é, na melhor das hipóteses, de vazio ou, às vezes, de frustração. Eis o que aconteceu ao Dr. Schmidt, cofundador da rede de serviços de saúde da Alemanha. No outono de 1994, ele participou de uma pesquisa com médicos locais sobre suas práticas médicas e as perspectivas para o futuro. A pesquisa mostrou que muitos médicos estavam à beira do desespero em relação a seu trabalho, com poucas esperanças de que as coisas pudessem mudar. Sessenta por cento dos médicos pesquisados sentiam-se "interiormente resignados" com o estresse do trabalho. Quarenta e nove por cento disseram que haviam pensado em suicídio pelo menos uma vez. Ele mesmo também estava estressado. Na verdade, um paciente lhe disse isso. No dia em que terminou de ler os resultados da pesquisa com os médicos, ele deixou seu escritório e encontrou-se com um paciente que disse: "Você está tão estressado que não tem tempo suficiente para mim." Ao chegar à sua casa, a frustração aumentou quando a filha de 10 anos lhe disse: "Papai, não vejo você nunca."

Foi então que ele começou a falar com os colegas sobre como as coisas poderiam mudar. E, como aprendemos, a partir daquelas primeiras conversações, uma rede inteira de médicos, pacientes, companhias de seguro, governo e outros funcionários emergiu e deu início a um processo de mudança que resultou na reinvenção do sistema de atendimento de emergências da região.

Em diálogo com o universo

Alan Webber, cofundador da *Fast Company*, conta uma história semelhante. Ele deixou seu cargo de editor *da Harvard Business Review* para explorar a oportunidade de cocriar uma nova revista; o resultado final foi a *Fast Company*. Ele começou recorrendo à sua verdadeira intenção – ou intuição ou centelha do futuro – que sentiu que queria emergir. Ele associou isso com aprender a ouvir "o feedback do universo", como ele disse.

"O universo", explicou Webber, "é realmente um lugar útil. Isso significa que, qualquer que seja a resposta que você procura, você a vê com a premissa de que ela quer ajudá-lo de algum modo". Webber continuou: "Se você for aberto em relação à sua ideia, o universo o ajudará. Ele quer sugerir modos de você aprimorar sua ideia."

"Parte da aventura é ouvir todas as ideias e sugestões e tentar fazer os próprios cálculos sobre quais são úteis e quais são prejudiciais", explicou Webber. Ele chamou esse processo de "escutar com um ouvido honesto". Você tem de manter a integridade do que está fazendo, disse ele, mas também manter um sentido de convicção pessoal de que o conceito inicial que você recebeu era de fato honesto e bom. "Ouça com um ouvido honesto e permaneça verdadeiro para seu sentido e saber interiores."

Isso é exatamente o que o Dr. Schmidt e seus colegas fizeram ao apresentar seus conceitos a grupos e atores diferentes. Eles receberam e aceitaram o feedback que os ajudou a fazer o ajuste fino, desenvolver e iterar seu conceito de um novo sistema de atendimento de emergências. E não se deixaram enlouquecer ouvindo a todos os feedbacks inicialmente desanimadores de pessoas interessadas em manter o *status quo*.

Joseph Jaworski fez as mesmas coisas quando cocriou a parceria com múltiplos *stakeholders*. Ele recebeu o feedback que ajudou no avanço do conceito, mas ignorou o resto. Esse "input" entra e sai quase no mesmo momento.[3]

Princípio 0.8: Fracasse cedo para aprender rapidamente
Na Cisco Systems, companhia de equipamentos para redes, o Princípio 0.8 diz que, mesmo considerando que seu projeto seja de longo prazo, você terá de apresentar o primeiro protótipo dentro de três ou quatro meses. Esse protótipo não precisa funcionar. Esse não é o protótipo 1.0. Mas 0.8 significa que você tem de aparecer com *algo* – algo que não está terminado, mas que lhe permitirá receber o feedback que levará você, e o protótipo, à sua próxima e aprimorada versão.

No caso da rede de serviços de saúde, o primeiro protótipo foram os encontros, que produziram pouco, mas levaram ao passo seguinte: criar ideias para plataformas conjuntas. No caso da parceria com múltiplos *stakeholders*, o protótipo foi um primeiro projeto de entrevistas conduzido globalmente, seguido por um workshop que reuniu um microcosmo de futuros atores centrais que ajudaram a redirecionar e refinar o objetivo e a abordagem do projeto.

No caso da *Fast Company*, de Alan Webber, a produção de um protótipo inicial da revista ajudou a criar entusiasmo e compromisso da parte de todos os atores centrais e estimulou o foco dos fundadores em como melhor desenvolver a abordagem e o conceito da revista.

Microcosmos estratégicos: Pistas de aterrissagem para possibilidades futuras emergentes
Todos os protótipos têm de ser protegidos, sustentados, nutridos e ajudados. A partir da biologia, sabemos o que acontece quando o novo não é recebido em um ambiente amigável: o sistema imune desperta e faz o que sabe fazer: elimina-o. Por quê? Porque é diferente. Porque ameaça o *status quo*. Porque ele "não pertence a este lugar". É por isso que o feto precisa do ventre, porque tudo que é novo precisa de um casulo para criar as condições de proteção certas, a fim de que o que é embrionário possa ser capaz de germinar.

Em uma fazenda, você não sai e arranca um broto do chão uma vez por dia somente para verificar como as coisas estão indo. Você o rega e lhe dá tempo. Nem as sementes querem transparência ou publicidade. É assim, também, nas organizações. A última coisa que você quer é ter pessoas constantemente verificando. Você não lança uma nova ideia com um grande discurso público de um executivo. Não, você quer iniciar em um lugar menor, mais tranquilo e menos pretensioso. Você quer iniciar com médicos verdadeiros lidando com questões verdadeiras.

A rede de serviços de saúde lançou sua estratégia de construir novas plataformas colaborativas (grupos dedicados) sem aviso público. Ursula Versteegen, que tem treinado vários dos projetos da rede de serviços de saúde, afirma: "Essa iniciativa (...) começou como uma iniciativa pequena, puramente guiada por médicos e, então, evoluiu para um grupo de plataformas interinstitucionais que reúne os principais médicos da região." E produziu "toda uma paisagem de novas relações colaborativas que agora todos nós damos por certa".

Microcosmos estratégicos – frágeis "rebentos" vivos – podem ser *elaborados* ou *implantados* na infraestrutura. Os protótipos elaborados são projetos aplicados que intencionalmente se concentram em lançar inovações. Pense no novo centro de controle de atendimento de emergências, que foi projetado para incorporar e oferecer novos tipos de serviços. As infraestruturas implantadas, de outro lado, estão situadas e aplicadas numa prática contínua. A um grupo de médicos e pacientes, pedimos exemplos do desenvolvimento de novas relações "implantadas" no sistema de serviços de saúde. Eles apontaram uma ONG que ajuda os pacientes a completar o trabalho burocrático, interagir com os médicos e navegar pelo sistema. Trata-se de um excelente exemplo de inovação emergente que está situada no contexto do sistema antigo, nesse caso no contexto de completar um formulário. Eis a história de uma enfermeira: "Uma paciente idosa esteve aqui esta manhã pedindo para fazer um testamento de vida, mas eu lhe disse que não distribuímos esse formulário porque envolve uma decisão com muitas implicações. A mulher revirou os olhos e afirmou: 'Somente quero assinar meu nome e terminar com isso.' Disse-lhe então que o formulário exige uma séria consideração. Você poderia escrever no formulário, 'Não quero nenhuma medida para prolongar a vida quando for uma doente terminal', que poderia ser interpretado como 'Não quero nenhuma infusão', e isso pode significar que você morreria miseravelmente de sede. Ou essa declaração também pode significar que você não seria alimentada artificialmente, o que seria legítimo se estivesse morrendo."

E continuou: "Esses são os tipos de exemplos que dou aos pacientes e, uma vez que consigo despertar sua atenção, eles são todos ouvidos. Então, entendem a magnitude do que estão assinando. Tendo sido treinada como enfermeira, vi muitas pessoas morrerem sem jamais terem tido algum processo autorreflexivo anterior, mas foi só quando minha própria mãe morreu que compreendi o que realmente significava ter a vontade de uma paciente em nossas mãos. Tive de cumprir o papel de guardiã da minha mãe. Ela teve um ataque cardíaco e estava em um respirador. Lembro-me de ver três médicos parados ao lado de sua cama. Minha mãe estava lá deitada. Ela não conseguia lembrar-se de nada, embora ainda estivesse consciente. Ela parecia uma criança tagarela e ficava fazendo as mesmas perguntas. Inicialmente, o neurologista e o clínico geral ficaram lá discutindo a respeito dela, por cima de sua cabeça. Ela parecia um objeto. Mas quando lhes mostrei o testamento de vida de minha mãe, eles o leram e começaram a ver a personalidade dela nas entrelinhas das decisões que ela tomara. Ela não era mais um objeto. Embora ainda não estivesse claro para ela o que estava acontecendo, eles a respeitaram, porque ela havia pensado nessa situação toda com muita antecedência. Sua presciência lhes deu a capacidade de agir sobre um nível individual. De repente, ela estava lá como uma pessoa e foi acolhida com muito respeito. E houve um alívio profundo por parte dos médicos."[4]

Mesmo o requisito burocrático de completar um formulário pode ser convertido num veículo de infraestrutura implantada. Nesse caso, o objetivo da infraestrutura é iluminar um processo de reflexão que terá efeito profundo sobre a relação médico-paciente. A infraestrutura tira o paciente do comportamento "solucione meu problema" e dá início a um processo de autorreflexão que aprimora a relação entre o médico e o paciente. O paciente assume a responsabilidade por sua vida e sua saúde. Outros fornecedores de serviços de saúde descobriram que agendar pacientes crônicos e agudos em blocos separados de tempo lhes permite concentrar-se em suas condições e, como resultado, fornecer uma consulta e uma educação mais personalizadas.[5]

O Sustainable Food Laboratory,* iniciado em junho de 2004, também exemplifica a prototipagem interinstitucional. Trata-se de uma colaboração entre organizações governamentais, empresas e sociedade civil na Europa, América do Norte e América Latina. Depois de vários workshops, uma jornada de aprendizagem e um retiro solitário no Arizona, o grupo formou equipes de protótipos. Sete protótipos resultaram do uso por esse grupo do processo U para criar inovações que tornem os sistemas de produção de alimentos mais sustentáveis dos pontos de vista econômico, ambiental e social. Um dos protótipos conectava a produção sustentável de alimentos por famílias de agricultores da América Latina aos mercados globais, entregando, assim, nutrição de alta qualidade produzida por agricultores regionais a escolas e hospitais, entre outros. O outro se concentra na reorientação política da produção sustentável de alimentos para cidadãos, consumidores e agências do governo.

---

*Nota da Revisão Técnica: Iniciativa Pró-Alimento Sustentável (IPAS/www.ipas.com.br). Fundada por 10 grandes empresas e organizações para fomentar a sinergia entre os diversos setores envolvidos, da produção ao consumo de alimentos, a Ipas tem como objetivo desenvolver projetos que tragam inovação e sustentabilidade aos sistemas agroindustriais, promover modelos mais sustentáveis e economicamente viáveis envolvendo a cadeia de alimentos. Entre as empresas que fazem parte da Ipas, estão Bunge, Carrefour, Klabin, Nestlé e Sadia. Também participam da iniciativa a organização não governamental The Nature Conservancy (TNC), a Sociedade Rural Brasileira (SRB), a organização de fomento Organics Brasil e as instituições de ensino e pesquisa Pensa/FEA-USP e a Escola de Marketing Industrial.

Durante a fase de prototipagem, o tamanho da equipe do Food Lab triplicou. Sheri Flies, da Costco, que se juntou à iniciativa durante a etapa de prototipagem, diz que três princípios básicos devem ser considerados para deslocar o sistema de alimentação rumo à sustentabilidade. "A primeira coisa consiste em que você precisa ter uma massa crítica de demanda benevolente por parte dos consumidores. Então, precisa de total transparência econômica, social e ecológica ao longo de toda a cadeia de suprimentos. E, então, você tem de dar uma fisionomia aos produtores, aos agricultores; tem de personalizar a conexão deles com os consumidores, o que, por sua vez, fortalecerá a demanda benevolente de produtos e processos de alta qualidade."[6]

Atualmente, várias cidades e regiões da União Europeia estão engajadas em outro projeto de prototipagem, chamado Living Labs. O conceito do Living Labs foi criado por William Mitchell, do MIT. O Living Labs serve-se de uma metodologia de pesquisa para sentir, prototipar, validar e refinar soluções complexas em contextos múltiplos e mutáveis da vida real. Na Suécia e na Finlândia, comunidades e municipalidades estão formando Living Labs como centros de excelência de inovação tecnológica, cultural e social.[7]

Notas de campo

Prototipamos essas pistas de aterrissagem do futuro estabelecendo três tipos de mecanismos de conexão e comunicação:

- A conexão ascendente – isto é, conectar-se com a inspiração, com a centelha inicial da intuição e da intenção
- A conexão horizontal – isto é, ouvir o feedback que o contexto (ambiente) está retornando para você
- A conexão descendente ou local – isto é, engajar-se e aprender com protótipos de ciclo rápido implantados localmente

Também estabelecemos infraestruturas e lugares que fomentam a integração prática dessas três dimensões relacionais ao trazer o novo ao mundo. E, à medida que avançamos, sempre percorremos nosso caminho entre dois perigos e inimigos: a ação sem pensamento e o pensamento sem ação. Descobrimos modos de projetar e implantar novas ações que utilizam a sabedoria de nossas mãos e de nosso coração, bem como de nossa cabeça. Você encontrará mais detalhes, princípios e práticas de prototipagem no Capítulo 21, que delineia 24 princípios do *presencing*.

CAPÍTULO 14

Atuar

Tocando o macroviolino • A estrutura do campo do agir
• Princípios da atuação • Integração sistêmica • Ecossistemas de inovação
• Deslocamento de campo do ecossistema envolvente • Uma visão
evolutiva do sistema moderno de assistência médica • Notas de campo

Acabamos de discutir os protótipos, uma exploração experimental de algo novo. Um protótipo contém algumas características essenciais do produto final ou ecossistema, mas é só a primeira de muitas iterações. O produto final incorpora com sucesso todos os melhores recursos de suas formas iniciais.

Agora focalizamos nossa atenção em como o *presencing* se personifica nas práticas diárias. Pode ser útil pensar no teatro. Você tem sorte se, alguma vez, esteve em uma produção ao vivo, porque reconhecerá como os atores obtêm *input* uns dos outros, bem como orientação do diretor e os benefícios de desempenho nesse processo de aprimoramento. Coisas são acrescentadas; coisas são eliminadas. O teatro é uma estrutura viva – contida, polida e refinada. Só depois de muitos ensaios é que as cortinas estão prontas para ser abertas. E, mesmo assim, ele se desenvolve, mas agora com o componente adicional da energia e da presença da audiência.

Tocando o macroviolino

Realizar significa operar a partir de um campo mais amplo que emerge de nossa conexão profunda com a audiência e o lugar à nossa volta. A violinista Miha Pogacnik descreveu esse tipo de experiência de desempenho máximo como "jogo do macroviolino".

"Quando fiz meu primeiro concerto em Chartres", lembra-se, "senti que a catedral quase me expulsou. 'Fora!', gritavam na audiência. Pois eu era jovem e tentei atuar como sempre fiz: simplesmente tocando meu violino. Mas então percebi que, em Chartres, na prática, não é possível tocar seu pequeno violino; você tem de tocar o macroviolino. O pequeno violino é o instrumento que está em suas mãos. O macroviolino é a catedral inteira que o rodeia. A catedral de Chartres foi construída inteiramente segundo os princípios musicais. Tocar o macroviolino requer ouvir e tocar a partir de outro lugar, da *periferia*. Você precisa passar da fase de ouvir e tocar de dentro para além de si mesmo."[1]

A pergunta com a qual somos deixados, em cenários mais mundanos, como a rede de saúde discutida anteriormente é: como descobrir e conectar-se com esse tipo de "macroviolino".

Descobrir o "macroviolino localmente enraizado"

Dr. Schmidt disse: "Em todo feedback, havia um tema e um insight que progressivamente se movia para o palco central. É o insight de que a única forma sustentável de levar nosso sistema para o nível seguinte do desenvolvimento é concentrando-se na autogovernança regional entre todos os atores participantes. Esse tipo de feedback tornou-me mais corajoso do nunca para tomar medidas concretas nessa direção. Como resultado, formamos agora um grupo com os principais líderes de todos os setores na região da qual fazemos parte. Nosso objetivo com esse grupo é criar uma visão comum de para onde queremos ir como região e decidir o passo seguinte."

"É interessante que agora contamos com 15 médicos à noite, em vez de 32, e, apesar disso, as coisas estão funcionando muito melhor", informou um médico. "E não estamos mais sozinhos."

Esse sistema em rede está ainda em suas primeiras etapas. Entretanto, tornou-se cada vez mais claro que o sistema mais amplo ainda cresce rapidamente, de crise em crise, e muitos sentem que estão "tentando corrigir um sistema em decadência". Alguns sentem que, em vez de tentar manter vivo o sistema de saúde mais amplo e "decadente", "talvez devêssemos simplesmente desligá-lo e deixá-lo morrer". Mas o que permanece muito claro é que, em contraste total com outras regiões do país, o resultado de várias iniciativas em rede é menos reclamações e processos, ao mesmo tempo em que as reclamações de pacientes praticamente desapareceram. E os médicos não precisam mais participar de reuniões de crise para "apagar incêndios". Além disso, agora existe uma parceria melhor entre pacientes e médicos. Um médico disse: "No meu caso, redescobri o prazer do trabalho."

Médicos e pacientes estão agora agindo de forma diferente. Eles têm as estruturas formais e a troca de experiência para trabalhar de modo coletivo e diferente. A coordenação do atendimento e, mais amplamente, a comunicação entre médicos através da região melhoraram. Mas provavelmente a mudança mais sutil esteja na maneira como o eu se conecta com todo o sistema e no impacto que o indivíduo pode causar nesse sistema. Embora ainda sobrecarregados, os médicos se sentem menos isolados, mais comprometidos e mais eficientes.

Quando perguntei ao Dr. Schmidt como explicaria todas essas mudanças, ele respondeu: "De um lado, é a experiência de modelar algo; essa é uma fonte de *empowerment*. De outro, é ver o contexto em que você e seus colegas trabalham. Isso muda sua visão do sistema mais amplo. Você aprende a ver o significado de seu trabalho no contexto de toda a região. Ver o todo mais amplo e como seu trabalho se relaciona com o todo enriquece a experiência. Conhecendo melhor o funcionamento do sistema, da região, e um número muito maior de pessoas, você acaba tendo acesso diferente, para fazer com que as coisas funcionem – tudo tende a fluir com maior facilidade."

A estrutura do campo do agir

Ao se mover do campo da prototipagem para o da atuação, o foco principal se desloca da fase de formar microcosmos para a de formar e desenvolver uma ecologia institucional mais ampla. Assim como o parto de um recém-nascido marca o verdadeiro começo dos cuidados paternais, a prototipagem marca o verdadeiro início da cocriação. O que se segue é a necessidade de formar um contexto que permita ao ser recém-chegado dar seus próximos passos de desenvolvimento.

Assim que o protótipo vivo nasce e é avaliado, a pergunta é como levá-lo ao próximo nível de sua jornada – como incorporá-lo a uma infraestrutura institucional que permita que ele se desenvolva "operando a partir do ecossistema mais amplo", em oposição a operar a partir do egossistema de cada instituição.[2] No caso de pequenos grupos ou indivíduos, essa infraestrutura institucional pode ser um série de lugares, práticas, colegas/pares, processos e ritmos de apoio que permitam que o novo seja desenvolvido e sustentado.

À medida que o movimento do U progride da fase do *presencing* para a de cristalizar, prototipar e agir, a nova qualidade do campo coletivo que inicialmente começou a emergir no fundo do U – em conexão com a fonte à nossa volta – corporifica-se mais plenamente. A Figura 14.1 indica esse desdobramen-

FIGURA 14.1 A ESTRUTURA DO CAMPO DO AGIR

to pela emergência de um novo padrão a partir do centro que progressivamente se conecta com, se desenvolve e forma todos os outros aspectos do ecossistema mais amplo.

Princípios da atuação

A Figura 14.2 representa um modo de conceituar uma ecologia institucional. Esse conjunto de três círculos representa três campos separados: negócio, governo e sociedade civil. Note como se sobrepõem. No centro, estão as interfaces.

A ideia-chave é simples. As organizações não são uma unidade; são multiplicidades. E para "respirarem", devem ser incorporadas em uma rede de relações. Nesse caso, essa rede lida com a cadeia de suprimentos ou a função de produção, a função de entrega ou a interface do cliente, e com a função de inovação do sistema de desempenho. Cada uma opera a partir de um tipo de economia diferente: escala, escopo e *presencing*. Embora as especificidades em organizações de outros setores sejam diferentes, os princípios gerais são os mesmos. No caso das ONGs globais, por exemplo, há um sistema que funciona na área de suprimentos para ajudar e fortalecer a autonomia dos beneficiários no campo. Portanto, há toda uma infraestrutura que deve ser instalada para oferecer apropriadamente os serviços ao campo. Isso inclui não só o financiamento, mas também o desenvolvimento de infraestruturas logísticas e assim por diante. A cadeia de suprimentos

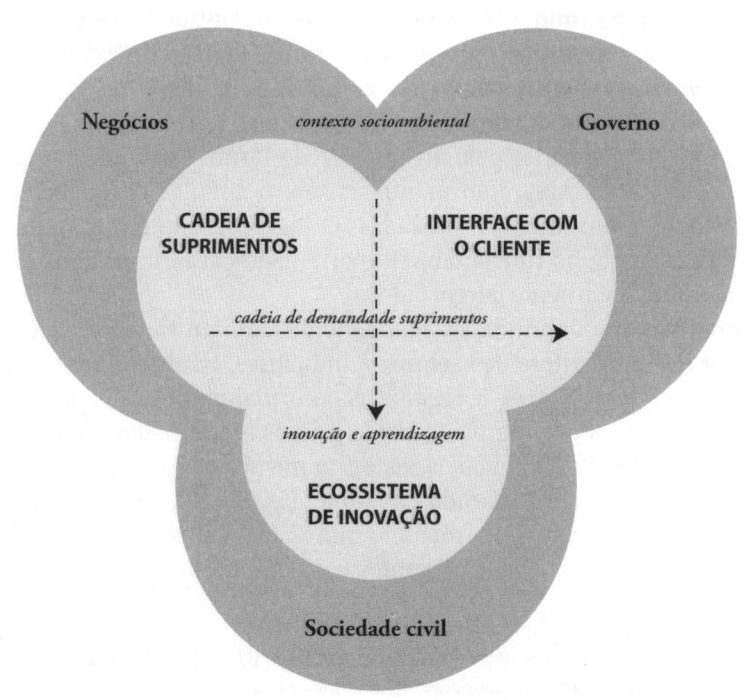

FIGURA 14.2 TRÍADE DA ECOLOGIA INSTITUCIONAL

inteira deve ser instalada para oferecer serviços de maneira eficiente e a preço razoável. E, por fim, há um sistema de inovação para lidar com um mundo em transformação.

Examinando essa figura, você verá três eixos principais ou dimensões que mapeiam as principais questões e desafios no mundo da gestão e das organizações de hoje. O primeiro eixo marca a integração ao longo da dimensão horizontal – ele integra o o fluxo contínuo da criação de valor conforme percebido por clientes ou pacientes. Esse eixo horizontal é normalmente referido como gestão da demanda da cadeia de suprimentos.

O segundo eixo marca a integração ao longo da dimensão vertical: a esfera paralela de aprendizagem, inovação e mudança.

Por fim, a terceira dimensão lida com a relação do sistema de desempenho recém-descrita (as bolhas internas) com o contexto social e ecológico maior (três bolhas maiores ou externas).

Aplicar essa estrutura de uma ecologia institucional integral ajuda a jogar luz sobre a história da rede de assistência médica compartilhada anterior. Ele sugere que a dinâmica subjacente na qual aquela história se desenvolveu foi guiada por três importantes forças de mudança institucional: integração sistêmica, inovação e um deslocamento entre o sistema e o eu.

Integração sistêmica

A primeira força da mudança institucional se manifesta no imperativo da integração sistêmica dentro do processo central de criação de valor – caminhos clínicos* e médicos – em todas as partes do sistema. Esse desenvolvimento é representado como uma integração ao longo do eixo horizontal na Figura 14.2.

Nos grupos relacionados pelo diagnóstico do fórum e seu programas de gestão de doenças, essa integração manifesta-se em círculos de qualidade total e outros métodos e ferramentas utilizadas. O jogo consiste em transformar um sistema de desempenho funcionalmente orientado para um sistema de desempenho transfuncionalmente gerenciado.

Embora esse tipo da mudança seja generalizado em transformações de sistemas maiores entre diferentes setores e indústrias, também vale a pena notar que a promessa desse tipo de reorganização normalmente acaba nunca se cumprindo plenamente. Por exemplo, quando grupos relacionados com diagnóstico foram introduzidos no sistema de assistência médica da Alemanha, criou-se um esquema de compensação baseado em uma taxa fixa a cada atendimento, com o objetivo de reduzir os custos totais, o que acabava incentivando os hospitais a dar alta precocemente a seus pacientes e, assim, aumentar a "produtividade"

---

*Nota do Tradutor: Clinical pathways, no original. Termo utilizado para designar as principais ferramentas empregadas para gerenciar a qualidade na assistência médica no que diz respeito à padronização dos processos assistenciais.

do sistema. Como era de se esperar, o número médio de dias que os pacientes permaneciam no hospital despencou. Até aqui, tudo bem. Exceto que algumas pessoas afirmam que, como resultado, os custos totais do sistema têm subido.

"Como isso pode acontecer?", perguntei ao Dr. Florian Gründler, da rede de assistência médica.

"Deixe-me dar-lhe um exemplo da semana passada. Na sexta-feira passada, o hospital deu alta e me encaminhou um paciente que eu tinha encaminhado para eles dois dias antes. Mas em vez de estar em melhor condição, seu estado parecia pior. Quando o motorista da ambulância o trouxe a meu escritório, examinei-o e logo notei que ele estava tendo um ataque cardíaco. Assim, depois de fornecer cuidados emergenciais, encaminhei-o diretamente de volta ao hospital, onde naturalmente ele se registrou como um novo paciente, porque não foi lá com um ataque de coração quando o encaminhei na semana anterior. Portanto, como se vê, é assim que o sistema funciona: como o número médio de dias de internação por caso diminui, o número total de dias, junto com questões e custos de saúde adicionais, sobe."

A história do Dr. Gründler me fez lembrar de outras numerosas histórias de esforços de mudança que falharam por causa de uma compreensão insuficiente da questão da complexidade social. Reprojetar com sucesso um sistema médico exige mais do que entender somente a complexidade técnica e médica da questão. Os projetistas devem entender totalmente e lidar com as questões de complexidade social, bem como com as diferentes culturas, interesses e visões. Simplesmente impor outro programa de mudança sobre os funcionários do hospital já sobrecarregados e mal remunerados não funcionará.

Ecossistemas de inovação

O imperativo da sempre crescente pressão para inovar – isto é, pressão para criar mais valor com os mesmos recursos ou ainda menos – é a segunda força motriz da mudança. Ele se desenvolve ao longo do eixo vertical: como completar e fortalecer o sistema de desempenho operacional com uma estrutura paralela de constante inovação e aprendizagem entre diferentes fronteiras. Os exemplos desse tipo de infraestrutura de inovação incluem o recém-criado centro de controle de assistência emergencial. Esse centro criou um espaço no qual "você está bem no pulso da região". Os médicos também observaram que ele "facilita alguns processos de aprendizagem importantes entre médicos, pessoal de assistência emergencial, bombeiros e outros".

O propulsor desse tipo da mudança não é a otimização abstrata dos caminhos clínicos, mas uma exposição prática dos principais médicos a casos, pacientes e questões reais, e lidar com com estes em tempo real.

Contudo, há ainda uma limitação importante a esse tipo de abordagem da inovação. Ele permanece mais ou menos limitado pelas restrições do sistema atual. Isto é, o sistema de assistência médica é projetado para lidar com os sintomas da doença. Não é projetado para fortalecer as fontes da saúde. O que nos traz à terceira força.

Deslocamento de campo do ecossistema envolvente

A terceira e ainda incipiente força é o deslocamento sutil na relação entre o sistema e o eu. Como Schmidt observou: "[Quando] vê o contexto em que você e seus colegas trabalham, isso muda sua visão do sistema maior. Você aprende a ver o significado de seu trabalho no contexto de toda a região. Ver esse todo maior e como seu trabalho se relaciona com ele é algo que nos fortalece e capacita melhor... Você acaba tendo um acesso diferente à maneira como as coisas funcionam – as coisas tendem a fluir mais sem esforço."

Como podemos dar sentido a esses deslocamentos de campo sutis na questão aqui? Voltando-se mais uma vez ao U.

Utilizando os quatro níveis das relações médico-paciente, esses deslocamentos podem ser vistos agora como modos de nos sintonizarmos com a relação de Nível 4. Quando esses momentos de presença acontecem e quando estão conectados com a atenção e a intenção certas, podem se tornar uma força positiva no campo e ter impacto tangível em outros atores no sistema. Como um dos executivos de assistência médica seniores na Alemanha observou, "a qualidade de compromisso e intenção que esse grupo irradiou ao longo do tempo mudou a consciência dos tomadores de decisão no sistema [maior]".

Uma visão evolutiva do sistema moderno de assistência médica

Considere a dinâmica de três dimensões centrais representadas na Figura 14.2. O quadro resultante é uma visão evolutiva do sistema de saúde que diferencia quatro etapas do desenvolvimento (ver Tabela 14.1).

A primeira coluna, "Assistência institucional", representa o sistema de assistência médica tradicional na Alemanha, que o chanceler Otto von Bismarck criou no final do século XIX como um ataque preventivo ao crescente Partido Socialista na Alemanha. Esse sistema, governado por linhas verticais de hierarquia, é o pano de fundo para o atual eixo de três núcleos de mudança. Quase todo mundo aceita que uma mudança é necessária, entre outras razões porque a demografia (crescimento da população idosa) e as questões políticas (reunificação com a Alemanha Oriental) tornaram o sistema caro demais. Nos Estados Unidos, o sistema já progrediu amplamente da etapa institucional de fornecimento de assistência à etapa seguinte: a assistência gerenciada.

A coluna 2, "Assistência gerenciada", mostra onde a corrente principal do sistema está gravitando atualmente, não só nos Estados Unidos, adicionando o mecanismo de mercado à hierarquia existente. A ideia da assistência gerenciada é integrar todo o caminho médico ao lado do eixo horizontal no Figura 14.2.

A coluna 3, "Assistência integrativa", amplia o modelo de assistência gerenciada vinculando o nível operacional do fornecimento da assistência médica com um ecossistema de inovação, como exemplificado pela criação do centro de controle para assistência a novas emergências. A assistência integrativa centrada no paciente é organizada em torno de caminhos concretos para os pacientes e espaços vitais que permitem que o tipo Nível 3 da relação médico-paciente se desenvolva (por exemplo: assistência médica em domicílio).

A coluna 4, "Saúde integral", representa um futuro sistema de assistência médica possível que incorpora os quatro níveis de relações médico-paciente e se concentra em fortalecer as fontes de saúde (salutogênese), em vez de lutar contra os sintomas da patologia (patogênese). Assim como os primeiros modelos introduziram mecanismos de governança adicionais, esse modelo introduz um novo mecanismo de governança para coordenar melhor e em tempo real as atividades

Tabela 14.1 Quatro etapas evolutivas dos sistemas modernos de assistência médica

	Assistência institucional	Assistência gerenciada	Assistência integrativa	Saúde integral
Organização do paradigma	Centrado no sistema	Centrado nos resultados	Centrado no paciente	Ser humano centrado
Relação médico-paciente	Nível 1	Níveis 1–2	Níveis 1–3	Níveis 1–4
Eixo principal	Funcional (estrutura institucional)	Caminhos médicos (processo central)	Caminho do paciente (interface paciente-sistema)	Jornada biográfica
Mecanismo de inovação	Intra-institucional, eficácia funcional Patogênese	Resultado guiado, transinstitucional, transfuncional Patogênese Grupo de Doenças e Diagnósticos, Programas de Gerenciamento de Doenças, Controle de Qualidade Total	Centrado no paciente, transinstitucional Patogênese Centro de controle para assistência a novas emergências	Centrado no ser humano, metainstitutional Salutogênese
Tipo dominante de complexidade	Complexidade detalhada	Complexidade dinâmica[a]	Complexidade social[b]	Complexidade emergente[c]
Mecanismo de coordenação	Comando hierárquico	Preço de mercado	Diálogo: adaptação mútua	Presença: ver a partir do todo
Infraestrutura	Legislação social (Bismarck)	Regras, normas para fazer o mecanismo de mercado funcionar	Infraestruturas de aprendizagem e inovação	Infraestruturas para ver no contexto do todo

a. Isso se refere à integração de diferentes tipos de conhecimento funcional, técnico e médico.
b. A integração de diferentes culturas, concepções de mundo e interesses estratégicos entre instituições.
c. As situações emergentes em que o problema, o diagnóstico e a solução se desenvolvem ao longo do projeto.

de assistência médica inter-relacionadas: ver a partir do todo. As infraestruturas que facilitam esse tipo de ver, sentir e atuar compartilhados – dos quais o Fórum de Diálogo Médico-Paciente é um primeiro exemplo – são aspectos-chave do desenvolvimento desse tipo do sistema.

Onde a a rede de assistência médica regional seria posicionada nesse mapa? A rede desenvolve-se em algum lugar entre as Colunas 3 e 4, enquanto seu contexto de sistemas maiores move-se da assistência institucional para a assistência gerenciada (as Colunas 1 e 2). Assim como os quatro níveis de relações médico-paciente não são bons ou ruins por si sós – são apenas apropriados ou não apropriados a certa questão ou situação de saúde –, os quatro sistemas de assistência médica representados na Tabela 14.1 também não são necessariamente bons ou ruins. Eles se diferenciam no foco primário e no nível da relação de médico-paciente. Mas é disto que devemos nos lembrar: os problemas surgem quando as questões de saúde que residem em Níveis 3 e 4 estão sendo abordados com mecanismos que funcionam nos Níveis 1 e 2, e vice-versa.

Notas de campo

As organizações não são uma, mas três. Elas se desenvolvem ao longo de três eixos, integrando o fluxo da criação de valor atual (eixo horizontal), os sistemas paralelos de inovação e aprendizagem contínuas (eixo vertical) e a conexão viva com o contexto social que se desenvolve (terceiro eixo, ou eixo circundante).

A chave para desenvolver as instituições de Nível 3 e 4 é a criação de infraestruturas de aprendizagem eficazes.

Tendo visto algumas comunidades de aprendizagem que funcionam e cada vez mais as que não funcionam, cristalizei minha observação e as lições aprendidas em oito pontos. Eles são os seguintes:

1. *Composição de grupo central.* Quanto mais a composição do grupo central reflete a composição de toda a comunidade e do contexto, melhor. Por exemplo, uma comunidade de aprendizagem de pesquisadores, consultores e profissionais que é organizada por um grupo central composto só de consultores frustraria o objetivo.
2. *Primazia da práxis.* Toda verdadeira aprendizagem é fundada na práxis do mundo real.[3] Há três tipos de práxis: *práxis profissional* – lutar pela excelência de desempenho; *práxis pessoal* – lutar pela autoliderança; e *práxis relacional* – lutar para aprimorar a qualidade do pensar, conversar e atuar em conjunto.[4]
3. *Campos e ferramentas de prática.* Nenhuma orquestra sinfônica ou equipe de basquetebol profissional pode alcançar a excelência de nível internacional sem praticar. Do mesmo modo, líderes e gestores, para realizar seu objetivos corporativos e interacionais, precisam (a) de ferramentas e (b) campos de prática para aprender a utilizar essas ferramentas com mais eficiência.

4. *Estruturas de aprendizagem paralelas.* As estruturas de aprendizagem paralelas são a pedra angular de qualquer arquitetura de aprendizagem. Uma estrutura de aprendizagem paralela é qualquer configuração que permite aos atores refletir sobre suas experiências, compartilhar o que aprendem, tomar parte em novas experiências e obter a ajuda de pares ou colegas.[5]
5. *Objetivo e princípios compartilhados.* A qualidade do objetivo depende (a) de seu conteúdo e (b) de sua conexão com pessoas. Uma comunidade de aprendizagem que serve só ao futuro negócio do seu centro é um mau exemplo. Uma comunidade de aprendizagem que explora as aspirações mais altas de todos seus participantes é o contraexemplo.
6. *Paixão, ou incorporação pessoal do objetivo.* Em geral, nada significante acontece a menos que haja alguém que mantenha tudo junto, que o todo faça funcionar. A auto-organização não auto-organiza. A auto-organização precisa de pessoas para criar ativamente as condições que permitem à auto-organização desenvolver-se.
7. *Participação guiada pela percepção.* Como cada um pode criar um ambiente em que as pessoas perguntam "O que posso dar?", em vez de "O que posso obter?". Dois mecanismos críticos são (a) iniciar com uma dádiva inicial, tal como um capital intelectual articulado que estabeleça o tom e (b) estabelecer práticas compartilhadas de percepção que permitam que contribuições para o base de conhecimento comum sejam percebidas, reconhecidas e apreciadas.
8. *Produtos.* Os produtos que são criados utilizando o capital intelectual e relacional da comunidade – tais como cursos de treinamento para novos métodos e ferramentas – servem como veículo para o aprimoramento tanto das competências como da comunidade.

Parte III

Presencing: uma tecnologia social para conduzir inovação e mudanças profundas

No início desta investigação, sustentei que líderes e pessoas em todos os níveis de todos os sistemas se defrontam cada vez mais com desafios perturbadores e mudanças que requerem que se desapeguem dos velhos padrões de pensamento e comportamento e percebam as novas possibilidades futuras. Esses desafios podem ser tecnoeconômicos, políticos ou culturais/espirituais – ou todos três.

EM CONJUNTO, compartilhamos a necessidade universal e profundamente sentida expressa na seguinte pergunta: como confrontamos esses desafios e cruzamos os limiares do desenvolvimento humano? Fazer isso exigirá uma nova qualidade de consciência e atenção: a atenção não só *ao que* fazemos e *como* fazemos, mas também *à fonte* interior da qual operamos – que, para a maioria de nós, é um ponto cego.

A Teoria U propõe uma distinção simples: algo que um líder faz e tudo que fazemos na vida profissional ou diária partem de pelo menos quatro fontes diferentes: do centro ("Eu em mim"), da periferia ("Eu nele"), de além de nossa periferia ("Eu em você") e do espaço que permeia todos os nossos limites abertos ("Eu no agora"). E, dependendo de qual fonte estamos operando, nossas ações levarão a resultados e consequências bem diferentes: "*Vejo* [dessa maneira] – *portanto, ele emerge* [daquela maneira]", como discutiremos em detalhes mais à frente.

Na física, sabemos que um material altera seu comportamento quando muda de um estado para outro. A água, por exemplo, em temperaturas abaixo do ponto de congelamento (0°C), forma gelo. Se adicionarmos calor e elevarmos a temperatura acima de 0°C, o gelo derrete, convertendo-se em água. Se continuarmos a adicionar calor e a temperatura exceder 100°C, a água começa a evaporar, convertendo-se em vapor. Nos três estados, as moléculas de H_2O são as mesmas. Em grupos, organizações e sistemas maiores, é a estrutura da relação entre indivíduos que – quando alterada – dá origem a padrões de comportamento coletivo diferentes. Daqui em diante, chamarei esses padrões de comportamento coletivo de *campos sociais*.

Há três teorias científicas de campo principais: a teoria do campo eletromagnético, a teoria gravitacional e a teoria quântica. Sabemos muito pouco sobre os padrões e estados estruturais dos campos sociais ou sobre as condições que podem fazer com que um campo social mude de um estado para outro e sobre os novos padrões de comportamento resultantes. No entanto, temos a evidência considerável de que os campos sociais realmente existem e têm impacto importante no modo como vivemos, como colocamos em prática os padrões individuais e coletivos de comportamento.

Por que é muito mais difícil entender os deslocamentos nos campos sociais? Em primeiro lugar, é muito difícil observá-los. Não podemos simplesmente afastar-nos e observá-los em nosso laboratório. Enquanto no mundo físico podemos colocar um bloco de gelo no fogo e observá-lo derreter, não podemos fazer o mesmo com uma estrutura social. Quando uma mudança de estado ocorre num campo social, o observador está intimamente conectado ao que está acontecendo. É como se ele estivesse assistindo ao que está acontecendo do exterior e de dentro de um pote de água fervente simultaneamente.

Outra diferença diz respeito à relação entre *matéria*, *contêiner* e *mecanismo*. É necessária a interação de três coisas para derreter um bloco de gelo: (a) o gelo, (b) o contêiner que armazena o bloco e (c) o calor, o mecanismo ou força que causa a mudança. Quais são os equivalentes funcionais para mudar os campos sociais?

A *matéria* dos campos sociais não é uma coisa, e, sim, uma rede de relações entre atores e entidades, junto com seus diferentes modos de pensar, conversar e atuar em conjunto. O *contêiner* de um campo social é o contexto no qual os padrões dessas relações se desdobram – o lugar envolvente. E o *mecanismo* que faz com que um campo mude de um estado para outro é uma mudança na fonte da atenção a partir da qual os atores e as entidades relacionam-se entre si. Isto é, o mecanismo é um *deslocamento do lugar* (o deslocamento da fonte) a partir do qual a percepção e a ação individual e coletiva acontecem.

A capacidade de acessar as dimensões mais sutis e mais profundas dos campos sociais de modo seguro e transparente exige uma nova *gramática social*.

CAPÍTULO 15

A gramática do campo social

Uma breve introdução • Nosso ambiente social e a consciência humana • Teoria do campo social

Uma breve introdução

Quando as pessoas passam por uma experiência transformacional, notam uma mudança profunda na estrutura, na atmosfera e na textura do campo social. Mas ao tentar explicá-la, precisam recorrer a uma linguagem vaga e embora as pessoas possam concordar com uma descrição superficial do *que* aconteceu, em geral não sabem *por quê*. Portanto, precisamos de uma nova gramática para nos ajudar a articular e reconhecer o que está acontecendo e por quê.

Aceitando o desafio, inventei 21 proposições que resumem e denominam o que acontece no caso de uma mudança social. Como isso realmente delineia uma avançada teoria do campo social, o assunto poderia ser um livro por si só. Se você estiver menos interessado em aprender mais sobre a teoria de campo e quiser ir diretamente para nossas ações, os Capítulos 16 a 19 estão esperando por você. Mas se deseja aprofundar-se nos aspectos epistemológicos e ontológicos mais profundos da criação da realidade social *do ponto de vista da entidade que se desenvolve (eu)*, você encontrará isso aqui.[1]

Nosso ambiente social e a consciência humana

Todos os seres humanos participam da cocriação de complexas redes sociais em que vivemos e de que participamos. Entretanto, apesar do fato de 6 bilhões de pessoas se ocuparem da cocriação desse campo a cada momento, não entendemos totalmente o *processo de criação da realidade social* porque ele está conectado ao nosso ponto cego. Na maior parte do tempo, experimentamos a realidade social como algo exterior – como um mundo "lá fora" que está fazendo alguma coisa para nós. Para começar, a maioria de nós está inconsciente do processo pelo qual essa realidade social exterior nasce: a fonte da qual nossa atenção, intenção e ação se originam quando nos relacionamos com os outros e com nós mesmos.

Nessa investigação do campo social, exploro o trabalho do provavelmente mais inovador cientista social do século XX, Kurt Lewin. Lewin examinou o ambiente social como um campo dinâmico que interage com a consciência humana. Mudanças no ambiente social produzem determinados tipos de experiência psicológica e vice-versa. Em sua teoria de campo, um campo é definido como "a totalidade de fatos coexistentes, que são concebidos como mutuamente interdependentes".[2] Ele acreditava que, para entender o comportamento das pessoas, deve-se olhar para todo o campo psicológico, ou "espaço vital", dentro do qual as pessoas atuam. Espaços vitais ou os campos são construídos sob a influência de vários vetores de força.[3]

De forma correspondente, o comportamento humano é determinado pela totalidade do contexto de um indivíduo. Esse contexto é uma função do campo que existe no momento em que o comportamento ocorre. Kurt Lewin também examinou o poder de forças (necessidades) subjacentes para determinar o comportamento integrando conceitos da topologia (por exemplo, espaço vital), psicologia (necessidade, aspiração etc.) e sociologia (por exemplo, campos de força).[4]

A teoria de campo de Lewin foi revolucionária na psicologia social e pesquisa-ação do século XX e levou ao desenvolvimento de vários experimentos e projetos. Os grupos T das décadas de 1950 e 1960 e as práticas de diálogo e métodos e movimentos de aprendizagem organizacional e pensamento sistêmico do fim do século, todos são parte dessa linhagem.

Como escrevo sobre campos sociais sob a perspectiva do século XXI, sou capaz de absorver importantes conceitos e fontes de conhecimento que não estavam disponíveis para Lewin quando ele realizou seu trabalho pioneiro. Especificamente, a *neurofenomenologia*, conforme desenvolvida no último trabalho do cientista cognitivo Francisco Varela; *diálogo*, conforme desenvolvido na tradição de Bohm/Isaacs, de trabalhar com campos coletivos; e os experimentos sociais de *imersão* e os projetos de pesquisa-ação.

A teoria do campo social sugerida, a seguir, se apoia, como disse, nas teorias de Lewin sob muitos aspectos. Mas essas 21 proposições também adicionam uma dimensão que Lewin, no seu tempo, foi incapaz de explicar e expressar com clareza: um fundamento ontológico e epistemológico diferenciado de campos sociais iluminando o ponto cego do qual se originam os campos individuais e coletivos da atenção – as quatro fontes diferentes das quais podem nascer os campos de atenção e os padrões comportamentais.

Teoria do campo social: 21 proposições

Ao ler essas 21 proposições, junto com as tabelas e figuras e suas explicações, você entenderá melhor o esgotamento e o colapso de nossos sistemas sociais, bem como de que maneira você poderia ajudar a projetar estratégias de ação e intervenção.

1. *Os sistemas sociais são "colocados em prática" ou "encenados" (enacted) pelos seus membros em um contexto.* Essa primeira proposição capta o "estado da arte" nos sistemas sociais e nas teorias de ciência social: (a) os sistemas sociais são encenados por seus membros e, um após o outro, modelam as ações de seus membros; (b) toda a encenação/prática (*enactment*) realiza-se em um contexto.[5]

    As demais 20 proposições ressoam essa primeira. Durante o Fórum de Diálogo Médico-Paciente, os participantes perceberam que o sistema não está simplesmente "lá fora" (Nível 1, Figura 15.1), mas é um produto das suas relações mútuas; e perceberam que eles mesmos encenam o sistema no qual operam (Nível 2, Figura 15.1).

2. *O ponto cego das ciências sociais, dos sistemas sociais e da teoria de campo hoje em dia diz respeito às fontes nas quais os sistemas sociais têm origem.* Os sistemas sociais e as estruturas são encenados por indivíduos em um contexto que, um após o outro, é determinado pela forma como se ocupam de uma situação; e como isso acontece é determinado pela fonte interior da qual sua atenção se origina (Nível 3, Figura 15.1). Por exemplo, o que não era evidente aos membros da rede de assistência médica era que o mesmo sistema pode ser encenado de maneiras distintas, com resultados diferentes, dependendo da fonte interior a partir da qual escolheram operar. O sistema de assistência médica poderia ser projetado e encenado como uma oficina mecânica, ou poderia se concentrar em relações pessoais mais humanas, tudo era questão de escolha dos próprios membros, mais do que eles poderiam esperar ou imaginar.
3. *Há quatro fontes diferentes de atenção da qual pode emergir a ação social.* Cada sistema social e cada ação social podem ser realizados e encenados de quatro fontes diferentes. A posição de cada fonte em relação a seu limite organizacional diferencia-se de forma correspondente (resultando em quatro estruturas de campo da atenção):

```
          PADRÕES ESTRUTURAIS DOS SISTEMAS SOCIAIS
                        ↑   ↓

          ENCENADO POR SEUS MEMBROS EM CONTEXTO
                        ↑   ↓

     AS FONTES INTERIORES DAS QUAIS A REPRESENTAÇÃO SE ORIGINA
        (ESTRUTURA DE ATENÇÃO INDIVIDUAL E COLETIVA)
```

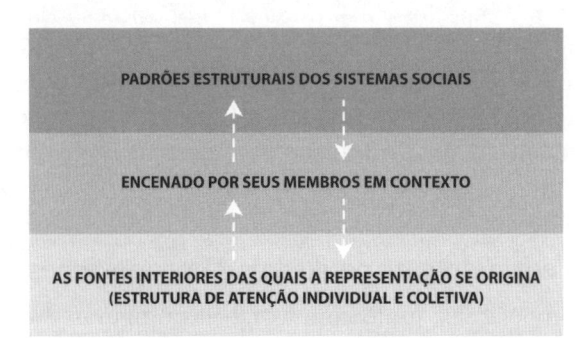

FIGURA 15.1 TRÊS NÍVEIS DE CRIAÇÃO DA REALIDADE SOCIAL

- "Eu em mim": atuar a partir do *centro* dentro dos limites organizacionais do indivíduo (o Campo 1)
- "Eu no objeto": atuar a partir da *periferia* dos limites organizacionais do indivíduo (o Campo 2)
- "Eu em você": atuar a partir da área além dos limites organizacionais do indivíduo (o Campo 3)
- "Eu no agora": atuar a partir da esfera emergente *através* dos limites abertos do indivíduo (o Campo 4).

Cada ação social e cada estrutura social emergem de uma dessas quatro estruturas de campo da atenção (das quais os agentes normalmente não estão cientes). Embora a maioria dos atores e sistemas opere apenas a partir dos dois primeiros, os outros conseguem operar a partir das quatro esferas de criação de realidade social à medida que evoluem em sua jornada de desenvolvimento. O ponto aqui é que cada ator humano e cada sistema social têm *múltiplas* fontes ou estruturas de campo de atenção (ou estados de percepção e consciência) para escolher.

4. *As quatro fontes e estruturas de atenção dão origem a quatro diferentes fluxos ou campos de emergência.* Dependendo da fonte de atenção e consciência, operamos a partir de, afetamos e facilitamos diferentes dinâmicas e padrões sociais. "Vejo [dessa maneira] – portanto, ele emerge [daquela maneira]." O mesmo se aplica ao nível coletivo. Vamos utilizar o exemplo da conversação. Durante meus 10 anos de trabalho com organizações, observei quatro padrões básicos

ESTRUTURA DE CAMPO DA ATENÇÃO	
1. "EU EM MIM"	atuar a partir do centro dentro dos limites organizacionais do indivíduo
2. "EU NO OBJETO"	atuar a partir da periferia dos limites organizacionais do indivíduo
3. "EU EM VOCÊ"	atuar a partir da área além dos limites organizacionais do indivíduo
4. "EU NO AGORA"	atuar a partir da esfera emergente através dos limites organizacionais do indivíduo

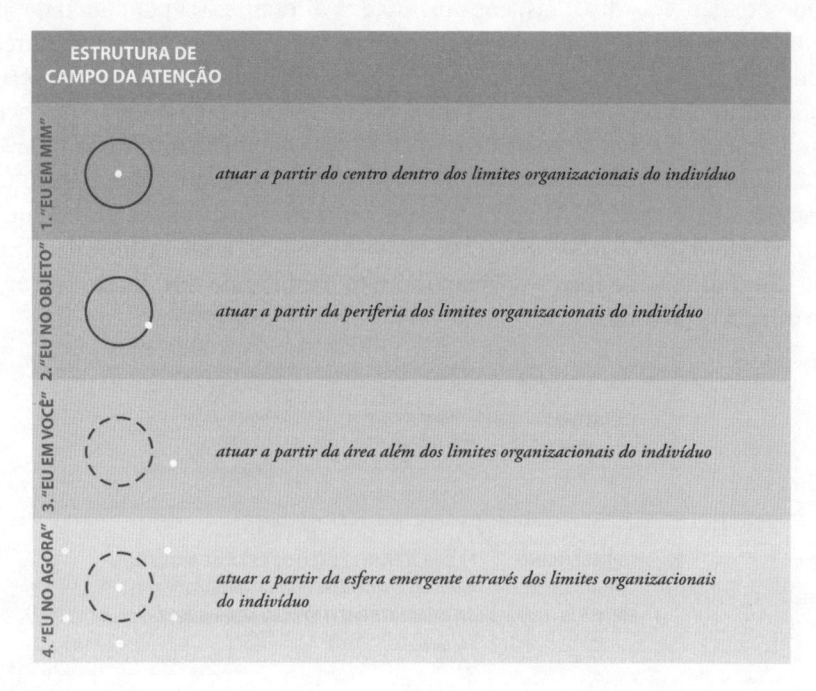

FIGURA 15.2 AS QUATRO ESTRUTURAS DE CAMPO DA ATENÇÃO

de criação da realidade conversacional: a recuperação, o debate, o diálogo e o *presencing* (ver Figura 15.3).

Por exemplo, os participantes do Fórum de Diálogo Médico-Paciente moveram-se da polidez inicial (Campo 1: recuperação) para um modo mais aberto e confrontador de expressar suas perspectivas e interesses (Campo 2: debate). Quando perceberam que *eles* são o sistema, a conversação deslocou-se para um terceiro padrão (Campo 3: diálogo), que implicou perguntar sobre pontos de vista e experiências das outras pessoas e refletir sobre como haviam colocado em prática coletivamente um sistema que ninguém queria. Logo depois disso, o grupo espontaneamente deslocou-se para um momento de presença e silêncio: Campo 4 – a fenda que se abriu e o momento de emergência social profunda (*presencing*).

Assim como o gelo se transforma em água, e esta em vapor, dependendo da temperatura do contexto (o contêiner) em que estão, os membros da rede de assistência médica mudaram de padrões habituais para padrões divergentes e então para padrões emergentes de conversação, até, por fim, alcançarem um momento de presença coletiva.

Em cada etapa desse processo, os participantes operaram de uma fonte diferente e de um campo de emergência e consciência. Na recuperação, ou "falar educadamente", um grupo atua a partir do interior dos limites de seu jogo de linguagem existente. "A mesma velha conversa fiada." No debate, ou "falar duramente", um grupo inicia tratando e articulando várias visões e

ESTRUTURA DE CAMPO DA ATENÇÃO	CAMPO	
1. "EU EM MIM"	**1. RECUPERAÇÃO** *falar educadamente*	**FALAR A PARTIR DO QUE ELES QUEREM OUVIR** *rotinas educadas, frases vazias* SISTEMA AUTISTA (não dizer o que você pensa)
2. "EU NO OBJETO"	**2. DEBATE** *falar duro*	**FALAR A PARTIR DO QUE PENSO** *Visões divergentes: sou meu ponto de vista* SISTEMA ADAPTATIVO (dizer o que você pensa)
3. "EU EM VOCÊ"	**3. DIÁLOGO** *investigação reflexiva*	**FALAR A PARTIR DE COMO ME VEJO NO TODO** *da defesa ao questionamento dos pontos de vista* SISTEMA AUTORREFLEXIVO (refletir sobre sua parte)
4. "EU NO AGORA"	**4. PRESENCING** *fluxo gerativo*	**FALAR A PARTIR DO QUE ESTÁ SE MOVENDO** *quietude, criatividade coletiva, fluxo* SISTEMA GERATIVO (deslocamento de identidade: eu autêntico)

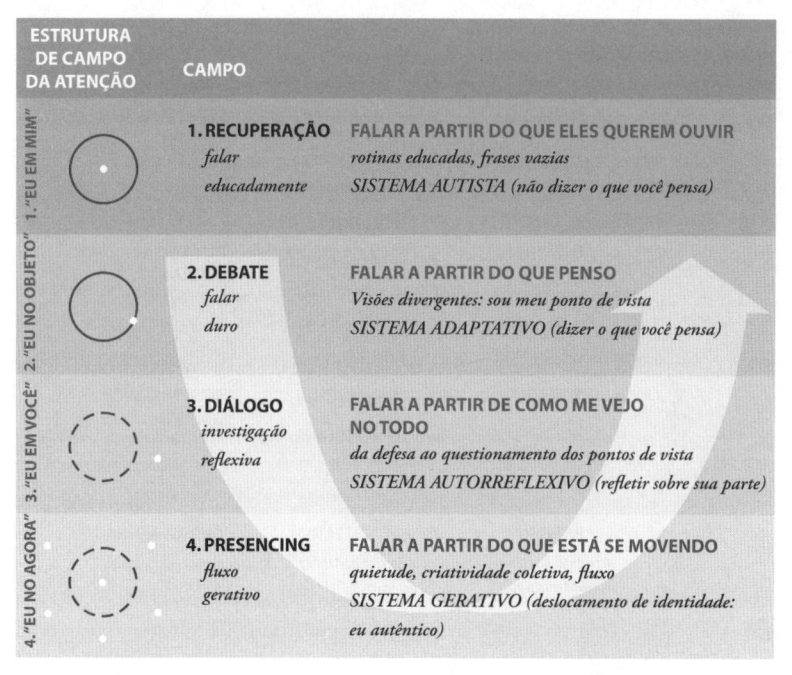

FIGURA 15.3 OS QUATRO CAMPOS DE CONVERSAÇÃO

perspectivas divergentes sobre a situação em questão. Para fazer assim, o grupo tem de suspender as rotinas da polidez e entabular uma conversação mais dura e honesta. No diálogo, um grupo se move além do limite dos pontos de vista de seus membros e começa a ver seus padrões coletivamente encenados como parte de um quadro maior. O deslocamento principal em qualquer tipo de diálogo baseado na conversação é muito simples: você deixa de ver o sistema como algo do lado de fora para ver seu eu como parte do sistema. O sistema e cada indivíduo começam a se ver a *si próprios*. No *presencing*, os membros do grupo entram – muitas vezes por uma fenda ou um momento de silêncio no qual o grupo começa a se desapegar do "script" – num espaço mais profundo de presença e conexão um com o outro. Eles, então, se movem em um fluxo gerativo de cocriação e trazem à luz algo profundamente novo. Como você sabe se esteve em tal lugar? Quando participa de uma conversação assim, você se torna uma pessoa diferente. Você desloca sua identidade e seu eu de modo sutil, mas profundo. Você é mais seu real; você experimenta seu eu autêntico.

Os quatro campos de coencenar conversações em um grupo diferenciam-se em função de sua textura de primeira, segunda e terceira pessoas, como se segue (ver Figura 15.4).

De uma visão de primeira pessoa, o nível subjetivamente experimentado da energia pelos participantes varia de baixo, no Campo 1 (a mesma velha

ESTRUTURA DE CAMPO DA ATENÇÃO		VISÃO DE 1ª PESSOA: RESULTADO EXPERIMENTAL	VISÃO DE 2ª PESSOA: CONSTITUIÇÃO DO COLETIVO	VISÃO DE 3ª PESSOA: PADRÃO DE EMERGÊNCIA
1. "EU EM MIM"		ENERGIA: *baixa*	CONFORMAR-SE	REPRODUZIR REGRAS
2. "EU NO OBJETO"		ENERGIA: *média*	CONFRONTAR-SE	CONTEXTUALIZAR REGRAS
3. "EU EM VOCÊ"		ENERGIA: *alta*	RELACIONAR-SE	DESENVOLVER REGRAS
4. "EU NO AGORA"		ENERGIA: *extremamente alta*	CONECTAR-SE COLETIVAMENTE	GERAR REGRAS

FIGURA 15.4 VISÃO DE PRIMEIRA, SEGUNDA E TERCEIRA PESSOAS

conversa fiada), a médio, no Campo 2 (ver certas novas coisas), a alto, no Campo 3 (ver com novos olhos, ganhar novas perspectivas), a extremamente alto, no Campo 4 (deslocar a identidade, a intenção e o eu da pessoa: nosso sentido de quem realmente somos e para que estamos aqui).

A partir de uma visão de segunda pessoa, o padrão de conexão intersubjetivo dos participantes muda de *conformar-se* e adaptar-se a um conjunto de determinadas normas, quadros e regras (Campo 1) para *confrontar* visões divergem das pessoas em um processo de contextualizar as regras existentes (Campo 2), depois para *refletir* e relacionar-se um com o outro, a fim de incorporar um conjunto de regras emergentes (Campo 3) e então para *conectar coletivamente* e funcionar como um veículo do futuro que busca emergir (Campo 4).

Da perspectiva de um observador externo (terceira pessoa), o padrão de emergência muda de *reproduzir regras* no Campo 1 (repetir os padrões do passado) para *contextualizar regras* no Campo 2 (situar de acordo com os fatos específicos na base), para *desenvolver regras* no Campo 3 (refletir e codesenvolver com a situação que continua alterando), a *gerar regrar* no Campo 4 (coletivamente, fazer nascer o futuro que busca emergir).

5. *Os quatro campos de encenação da realidade social aplicam-se a todas as esferas de criação da realidade social.* Os quatro campos e fluxos de encenação da realidade social manifestam-se ao longo dos níveis micro, meso, macro e mundo dos sistemas sociais (ver Figura 15.5). No nível micro, os diferentes fluxos

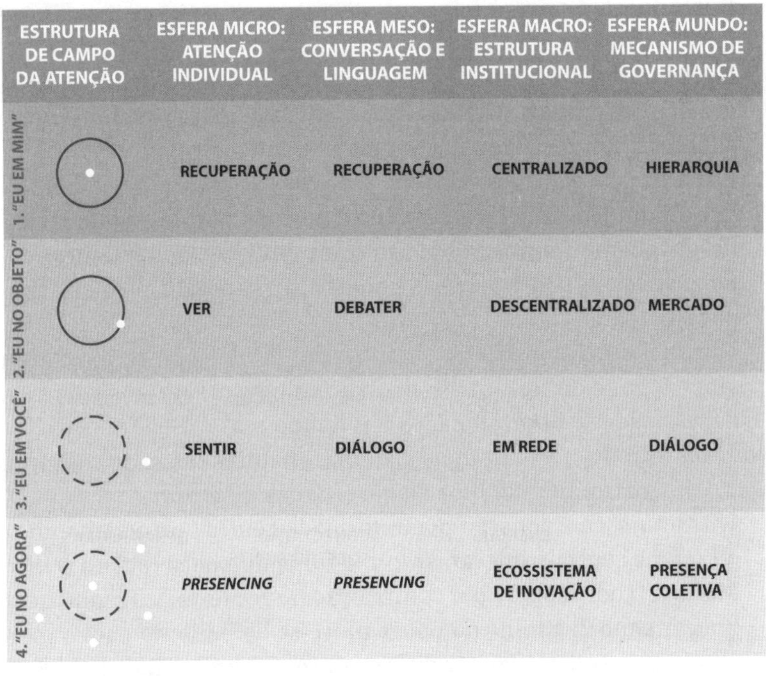

ESTRUTURA DE CAMPO DA ATENÇÃO		ESFERA MICRO: ATENÇÃO INDIVIDUAL	ESFERA MESO: CONVERSAÇÃO E LINGUAGEM	ESFERA MACRO: ESTRUTURA INSTITUCIONAL	ESFERA MUNDO: MECANISMO DE GOVERNANÇA
1. "EU EM MIM"		RECUPERAÇÃO	RECUPERAÇÃO	CENTRALIZADO	HIERARQUIA
2. "EU NO OBJETO"		VER	DEBATER	DESCENTRALIZADO	MERCADO
3. "EU EM VOCÊ"		SENTIR	DIÁLOGO	EM REDE	DIÁLOGO
4. "EU NO AGORA"		PRESENCING	PRESENCING	ECOSSISTEMA DE INOVAÇÃO	PRESENÇA COLETIVA

FIGURA 15.5 QUATRO CAMPOS DE EMERGÊNCIA, QUATRO NÍVEIS DE SISTEMAS

de emergência manifestam-se como deslocamentos descontínuos no campo individual da atenção:
- *Recuperar:* a percepção recoloca em prática padrões do passado.
- *Ver:* a percepção nota dados refutadores.
- *Sentir:* a percepção começa a acontecer a partir do campo.
- *Presencing:* a percepção começa a acontecer a partir da fonte criativa.

Cada um desses modos diferentes de perceber se baseia em uma distinta estrutura e fonte da atenção. Mais recuperação não acrescenta nada ao ver. Mais ver não acrescenta nada ao sentir; e assim por diante.

No nível meso, os quatro fluxos destacam-se como deslocamentos descontínuos no campo de atenção e linguagem do grupo, como exemplificado pelos deslocamentos a partir de:
- *Recuperar:* falar educadamente ou trocar frases educadas, para
- *Debate:* falar duramente ou trocar visões divergentes, para
- *Dialogar:* pensar em conjunto a partir de perspectivas diversas, para
- *Presencing:* criar coletivamente a partir de uma presença autêntica e fonte de quietude

Os mesmos padrões e fluxos de emergência também se aplicam às esferas macro e mundo de criação da realidade social. Nesses níveis, um comutador de um tipo de emergência para outro manifesta-se como um deslocamento descontínuo da geometria institucional do poder. De forma correspondente, podemos monitorar a evolução de grandes estruturas institucionais a partir de:
- Burocracias de máquinas centralizadas que operam com base em regras e planos centrais, para
- Estruturas divisionais descentralizadas que empurram a tomada de decisão para baixo na hierarquia até ficar mais perto de mercados e clientes a fim de adaptar as regras e estratégias, para
- Estruturas organizacionais em rede que deslocam a geometria do poder de unidades hierarquicamente guiadas para redes de relações em desenvolvimento que se concentram em questões que normalmente permaneciam não resolvidas por estruturas organizacionais formais e, por fim, para
- Estruturas de ecossistema de inovação fluidas que se formam, modelam e logo se dissolvem por meio do coletivamente sentir e perceber as necessidades e oportunidades em tempo real.

No nível mundo, a evolução de sistemas maiores coincide com uma diferenciação de quatro mecanismos de governança distintos:
- *Hierarquia:* coordenação por autoridade central, planejamento central, ou regras centrais (mecanismo 1: a fonte do poder está no centro)
- *Mercado:* coordenação por competição no contexto dos regras acordadas (mecanismo 2: a fonte do poder move-se da periferia para o mercado)
- *Dialogar:* coordenação por diálogo entre múltiplos stakeholders (mecanismo 3: a fonte do poder reside na rede de relações)

- *Presencing coletivo:* coordenação por sentir e operar a partir de um todo emergente (mecanismo 4: a fonte do poder reside na emergência do ecossistema inteira)

6. Os pontos de inflexão movendo-se de um campo para outro são idênticos em todos os níveis. O deslocamento de um campo para outro depende dos pontos de inflexão. Esses pontos de inflexão constituem uma gramática social. São eles:
    - Abertura e suspensão (mente aberta)
    - Mergulho profundo e redirecionamento (coração aberto)
    - Deixe ir e deixe vir (vontade aberta)

A Figura 15.6 mostra como esses três pontos de inflexão se aplicam a deslocamentos de campo na atenção e pensamento (micro), linguagem (meso), institucionalização (macro) e governança global (mundo). Ilustra que mover-se do Campo 1 para o Campo 2 exige *abrir-se* aos dados do mundo exterior e *suspender* padrões impregnados e habituais (e, muitas vezes, disfuncionais) da ação e do pensamento (mente aberta).

Mover-se do Campo 2 para o Campo 3 implica fazer um *mergulho profundo* em contextos relevantes e *redirecionar* a atenção do indivíduo de tal modo que a percepção comece a "acontecer a partir do campo" (coração aberto).

Mover-se do Campo 3 para o Campo 4 exige *deixar ir* velhas identidades e intenções e *deixar vir* novas identidades e intenções que estão mais diretamente conectadas com as fontes mais profundas de ação e energia individual e coletiva (vontade aberta).

ESTRUTURA DE CAMPO DA ATENÇÃO		ESFERA MICRO: ATENÇÃO INDIVIDUAL	ESFERA MESO: CONVERSAÇÃO E LINGUAGEM	ESFERA MACRO: ESTRUTURA INSTITUCIONAL	ESFERA MUNDO: MECANISMO DE GOVERNANÇA
1. "EU EM MIM"		RECUPERAÇÃO	RECUPERAÇÃO	CENTRALIZADO	HIERARQUIA
ABERTURA E SUSPENSÃO					
2. "EU NO OBJETO"		VER	DEBATER	DESCENTRALIZADO	MERCADO
MERGULHO PROFUNDO E REDIRECIONAMENTO					
3. "EU EM VOCÊ"		SENTIR	DIÁLOGO	EM REDE	DIÁLOGO
DEIXAR IR E DEIXAR VIR					
4. "EU NO AGORA"		PRESENCING	PRESENCING	ECOSSISTEMA DE INOVAÇÃO	PRESENÇA COLETIVA

FIGURA 15.6 OS PONTOS DE INFLEXÃO ENTRE OS NÍVEIS SÃO OS MESMOS

7. *Quanto maior a hipercomplexidade de um sistema, mais crítica é a capacidade para operar a partir dos campos mais profundos da emergência social.* Empresas, organizações e comunidades enfrentam três tipos de complexidades: a complexidade dinâmica (definida pela relação de causa e efeito que está distante no espaço e no tempo), a complexidade social (definida por interesses, culturas e visões de mundo conflitantes entre diversos stakeholders) e a complexidade emergente (definida por padrões disruptivos de inovação e mudança em situações nas quais o futuro não pode ser previsto e tratado pelos padrões do passado). A hipercomplexidade é complexa em todos os sentidos, simultaneamente. Quanto maior a hipercomplexidade de um sistema, mais crítico se torna para organizações, empresas e comunidades desenvolver a capacidade de operar a partir dos fluxos mais profundos da emergência social e acessar o poder da mente aberta, coração aberto e vontade aberta.

Sempre que um processo emperra em um nível de operação, em vez de continuar a fazer mais do mesmo, muitas vezes é melhor tratar a mesma questão de maneira diferente, no próximo nível mais profundo de complexidade e emergência. A Figura 15.7 representa como os três tipos de complexidade se relacionam com os três fluxos mais profundos de emergência social conforme já discutidos.

8. *A inovação profunda que trata os três tipos de complexidade exige um processo que integre três movimentos: abrir-se para contextos que importam (cossentir), conectar-se à fonte de quietude (co-presencing) e prototipar o novo (cocriação).* A

ESTRUTURA DE CAMPO DA ATENÇÃO	ESFERA MICRO: ATENÇÃO INDIVIDUAL	ESFERA MESO: CONVERSAÇÃO E LINGUAGEM	ESFERA MACRO: ESTRUTURA INSTITUCIONAL	ESFERA MUNDO: MECANISMO DE GOVERNANÇA
1. "EU EM MIM"	RECUPERAÇÃO	RECUPERAÇÃO	CENTRALIZADO	HIERARQUIA
LIDAR COM A COMPLEXIDADE DINÂMICA				
2. "EU NO OBJETO"	VER	DEBATER	DESCENTRALIZADO	MERCADO
LIDAR COM A COMPLEXIDADE COMPORTAMENTAL				
3. "EU EM VOCÊ"	SENTIR	DIÁLOGO	EM REDE	DIÁLOGO
LIDAR COM A COMPLEXIDADE EMERGENTE				
4. "EU NO AGORA"	PRESENCING	PRESENCING	ECOSSISTEMA DE INOVAÇÃO	PRESENÇA COLETIVA

FIGURA 15.7 TIPOS DE COMPLEXIDADE E NÍVEIS DO CAMPO

Figura 15.8 representa esse triplo processo em forma de U. O processo pode acontecer em frações de segundo (como nas artes marciais) ou ao longo de semanas ou anos.

Todos os três pontos de inflexão já discutidos (suspensão, mergulho profundo, deixar ir) se aplicam à fase de descida pelo lado esquerdo do U; o processo espelho da subida pelo lado direito do U (cocriar) envolve deixar vir, encenar/colocar em prática (prototipar) e corporificar (realizar) o novo em ações diárias e práticas.

9. *Para acessar e ativar as fontes mais profundas dos campos sociais, três instrumentos devem ser ajustados, ou "afinados": a mente aberta, o coração aberto e a vontade aberta (Figura 15.9).* Aprofundar-se no campo social exige os instrumentos apropriados. Nenhum músico quer tocar uma parte da música sem um instrumento bem fabricado e bem afinado. Mas isso é exatamente o que, repetidas vezes, ocorre em campos sociais. Com frequência, tentamos enfrentar situações que utilizam instrumentos coletivos que estão desafinados. Em vez de parar para afiná-los, aumentamos o ritmo, contratamos consultores que querem aumentar a produtividade, reduzindo o tempo dedicado a ajustar e praticar, contratamos novos condutores que prometem conduzir ainda mais rápido e assim por diante. Mas a coisa óbvia a fazer – parar e afinar os instrumentos coletivamente – não ocorre facilmente porque exige um deslocamento da mente para um nível mais profundo de operação.

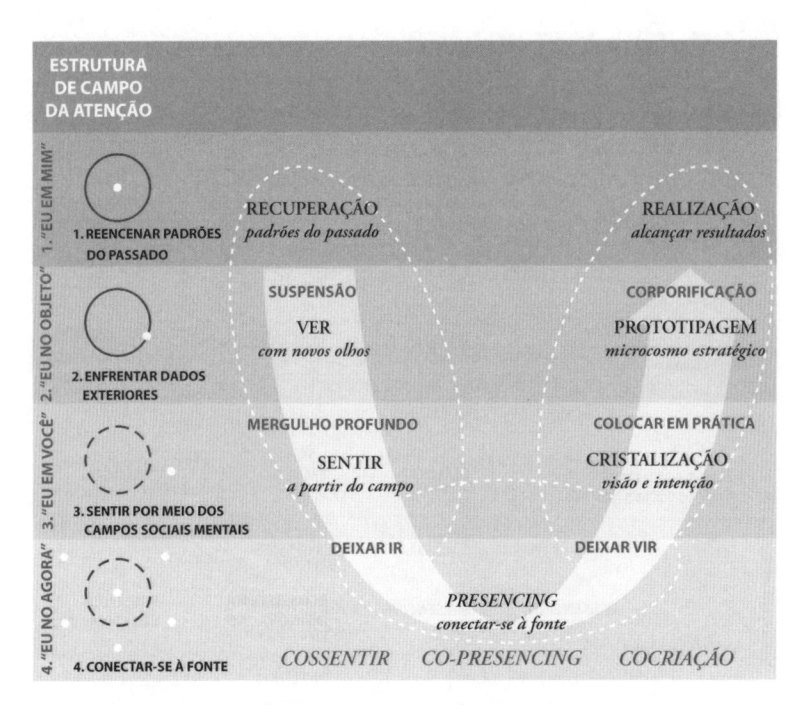

FIGURA 15.8 UM PROCESSO, TRÊS MOVIMENTOS

A mente aberta – isto é, a capacidade de ver com novos olhos, questionar e refletir – permite navegar pelo primeiro ponto de inflexão, do Campo 1 para o Campo 2 (abertura e suspensão de hábitos).

O coração aberto – a capacidade de ouvir empaticamente, do questionamento apreciativo e para "trocar de lugar" com outra pessoa ou sistema – permite navegar pelo segundo ponto de inflexão, do Campo 2 para o Campo 3 (mergulho profundo e redirecionamento).

A vontade aberta – a capacidade de deixar ir velhas identidades e intenções e sintonizar-se com um campo futuro emergente de possibilidade – permite navegar pelo terceiro ponto de inflexão, do Campo 3 para o Campo 4 (deixar ir e deixar vir).

10. *Abrir esses níveis mais profundos exige a superação de três barreiras: a Voz de Julgamento (VOJ); a Voz do Cinismo (VOC); e a Voz do Medo (VOF).* A razão pela qual a jornada do U é o caminho menos viajado tem um nome: resistência. A resistência é a força que mantém nosso estado atual distante e separado de nossa possibilidade futura mais alta. A resistência vem de dentro. A resistência tem muitas faces e tende a se manifestar onde a fraqueza é a maior. A resistência pode operar furtivamente e passar despercebida por suas vítimas.

Alguém que empreende uma jornada em direção às mais profundas fontes e fluxos de emergência enfrentará essas três potentes forças de resistência à transformação do pensamento, do coração e da vontade:

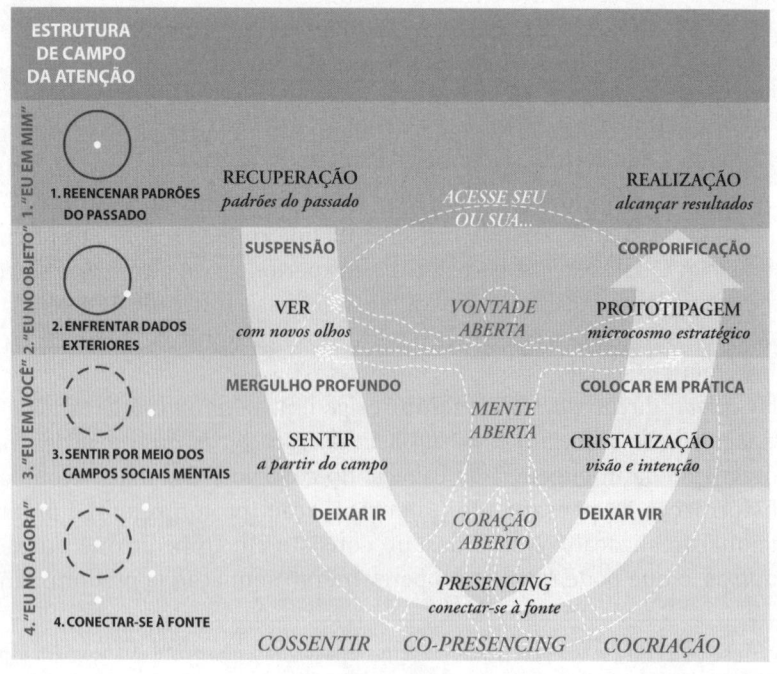

FIGURA 15.9 OS TRÊS INSTRUMENTOS

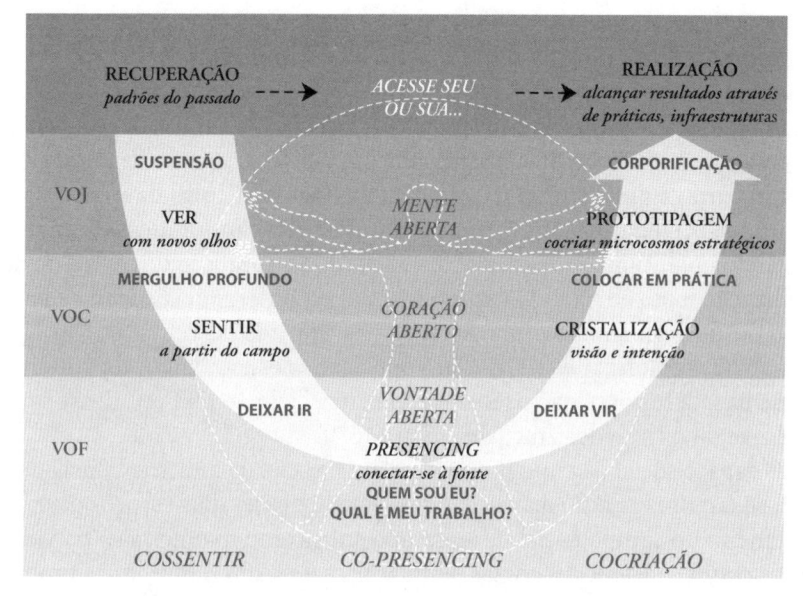

```
                RECUPERAÇÃO                              REALIZAÇÃO
                padrões do passado  ---▶  ACESSE SEU  ---▶  alcançar resultados através
                                           OU SUA...           de práticas, infraestruturas

                    SUSPENSÃO                                CORPORIFICAÇÃO
         VOJ
                    VER              MENTE                   PROTOTIPAGEM
                com novos olhos     ABERTA                 cocriar microcosmos estratégicos

                MERGULHO PROFUNDO                            COLOCAR EM PRÁTICA
         VOC
                    SENTIR          CORAÇÃO                  CRISTALIZAÇÃO
                a partir do campo   ABERTO                   visão e intenção

                                    VONTADE
                    DEIXAR IR       ABERTA        DEIXAR VIR
         VOF
                                  PRESENCING
                                 conectar-se à fonte
                                  QUEM SOU EU?
                                QUAL É MEU TRABALHO?

              COSSENTIR          CO-PRESENCING           COCRIAÇÃO
```

FIGURA 15.10 OS TRÊS INIMIGOS

- VOJ (Voz do Julgamento): Os velhos e limitantes padrões do julgamento e pensamento. Sem a capacidade de desligar ou suspender o VOJ, não faremos nenhum progresso para acessar a criatividade e nunca atingiremos os níveis mais profundos do U.
- VOC (Voz do Cinismo): As emoções da desconexão, tais como cinismo, arrogância e frieza que nos impedem de mergulhar nos campos em volta de nós.
- VOF (Voz do Medo): O medo de deixa ir o eu familiar e o mundo conhecido; o medo de ir em frente; medo de se render no espaço do nada.

A capacidade de operar dos níveis mais profundos do U só pode ser desenvolvida na medida em que um sistema lide com as forças e os desafios da resistência. Qualquer um pode ter uma experiência de pico.* Mas só aqueles que desenvolvem a disciplina para encarar essas forças de resistência serão capazes de operar com confiança a partir dos mais profundos níveis e esferas de emergência social.

11. *Subir o lado direito do U (cocriação) exige um compromisso de servir o todo e a capacidade de reintegrar a inteligência da cabeça, do coração e das mãos.* A reintegração da inteligência da cabeça, do coração e das mãos acontece pela transformação do pensamento (intenção), ação (prototipagem) e prática institucional (realização). Nosso desafio consiste em impedir que um domine os outros, o que pode resultar no pensamento sem ação (a predominância da

---

Nota do Tradutor: Termo usado para descrever certos estados transpessoais e extáticos, em especial os caracterizados por sensações de euforia, harmonização e interconexão.

cabeça), ação sem pensamento (a predominância da mão), ou no "blablablá" (a predominância do lado relacional ou da conversação).

12. *Quanto maior o intervalo entre a complexidade sistêmica exterior e a capacidade interior de acessar os fluxos mais profundos da emergência, é mais provável que um sistema sairá dos trilhos e reverterá para um espaço destrutivo de antiemergência.* Assim como a antimatéria é composta das antipartículas da matéria normal, o espaço social da antiemergência é composto das antipráticas da emergência social normal. Warren Tignor chamou essas antipráticas de cegueira, dessensibilização e ausência.*[6] O espaço normal da emergência social se baseia no ciclo do *presencing*, isto é, na ativação das práticas de ver, sentir, presenciar, cristalizar, prototipar e realizar; em oposição, o espaço social da antiemergência se baseia no ciclo da ausência; isto é, um ciclo de não ver, dessensibilizar, iludir-se, abortar e destruir (ver Figura 16.1).

O espaço social da emergência e o espaço social da antiemergência desenvolvem-se em uma relação dialética. A tensão entre esses dois espaços dá origem ao fenômeno do campo social. Esse campo subjacente manifesta-se na vida social diária como resistência a cruzar o limiar para o próximo nível mais profundo da emergência. A maneira como lidamos com essa resistência determina nossa posição quanto ao espaço da emergência ou ao espaço da antiemergência.

No ciclo da ausência, a primeira etapa, *não ver*, significa que somos cada vez mais cegos e incapazes de reconhecer algo novo – estamos presos à ideologia de uma verdade única. Isolamo-nos daquelas partes da realidade que não se ajustam à nossa ideologia (pense: a pesquisa de armas de destruição em massa no Iraque desenvolvida pela administração Bush).

A *dessensibilização* significa que nossos sentidos não nos permitem movermo-nos para um novo campo, na pele de outra pessoa; estamos presos nos limites de nosso corpo individual e coletivo atual. Nossa capacidade de nos relacionar com outros e nos sintonizar com os campos emergentes é desligada e somos isolados dos campos sociais que estão se desenvolvendo em volta de nós (pense: a demonização "do inimigo" em grande parte da mídia dos Estados Unidos, que torna aceitável eliminar "seres humanos inferiores", onde quer que eles existam).

Ausência significa que desligamos nossa capacidade de nos relacionar com o futuro que quer emergir por meio de nós. Estamos encaixotados em nosso eu e nossa vontade atuais, que não mais se codesenvolvem e se conectam com a fonte de quietude e o campo social coletivo mais profundo (pense: a Alemanha nazista sendo sugada no espaço de antiemergência; mesclando orgulho arrogante e uma autoilusão atávica para destruir a vida em escala maciça – veja o lado direito da Figura 16.1).

---

*Nota do Tradutor: Blinding, desensing, and absencing, no original. Os dois últimos termos são neologismos em inglês. *Absencing* (note que não é *absenting*) também poderia ser traduzido como "não sentir", mas ecoa de certa forma o *presencing*, que o autor utiliza muito neste livro e é explicado no glossário.

Ilusão, aborto e *destruição* significam que a capacidade de antever, encenar e personificar uma futura possibilidade emergente é convertida em suas antipráticas; o resultado é que emperramos em uma intenção, uma concepção do mundo ou uma verdade, tornando-nos fanáticos e rejeitando algo que não se ajusta em nossa ideologia.

Em suma: o ciclo patológico da ausência expõe economias da destruição que se baseiam em separar um sistema social de seu campo incorporador e de suas fontes de emergência. Os resultados desse ciclo são a destruição e a violência, que caracterizam a maior parte das sociedades de hoje.

Em contraposição, o ciclo do *presencing* expõe economias da criação e se baseia em relacionar um sistema social com seu campo social circundante e suas fontes mais profundas de emergência. Os resultados daquele ciclo são a criatividade coletiva, a inovação profunda e a renovação. Mover-se para fora do espaço social da antiemergência e reinserir-se no domínio criativo exigem um esforço consciente, um deslocamento para um nível mais profundo da ação e do pensamento (Figura 16.1).

13. *O espaço social da antiemergência é manifestado em um movimento reacionário conhecido como fundamentalismo.* O intervalo entre a complexidade que um

Tabela 15.1 Três tipos de fundamentalismo

	Fundamentalismo religioso	Fundamentalismo político	Fundamentalismo econômico
Cegueira: preso a uma Verdade (e uma linguagem)	Um Deus todo-poderoso, onisciente e onipresente	Um agente todo-poderoso, onisciente e onipresente (Estado; história mundial)	Um mecanismo todo-poderoso, onisciente e onipresente (a mão invisível)
Dessensibilização: preso a um coletivo	Síndrome da pessoa escolhida	Síndrome do agente escolhido da história	Síndrome da camada superior
Há falta de empatia em relação àqueles que estão do lado de fora.	Os infiéis devem ser eliminados (Cruzadas/guerra santa).	Aqueles que resistem às leis objetivas da história (a oposição) serão aniquilados.	Os despossuídos no fundo da pirâmide são vítimas (eliminadas) por estruturas e políticas projetadas das pessoas no topo
Ausência: preso a um eu não emergente	*Homo pre-modernicus*	*Homo sovieticus*	*Homo oeconomicus*
Destruição e violência: preso a uma vontade	Violência direta: terrorismo Violência cultural: ideologias que legitimam o uso da violência	Violência direta e estrutural: discriminação e aniquilação de minorias	Violência estrutural: pessoas vivendo e morrendo em miséria diária

sistema enfrenta e a capacidade de alcançar as mais profundas fontes e fluxos de emergência leva a um movimento reacionário denominado fundamentalismo, que é caracterizado por operar a partir do espaço sombrio da antiemergência. Três tipos principais de fundamentalismo caracterizam nosso mundo hoje: religioso, econômico e político.

O fundamentalismo de nossa era é definido por quatro características principais: não ver, dessensibilização, ausência e destruição:
- *Não ver:* rígida adesão a certas crenças e princípios: prisão a uma linguagem e uma verdade
- *Dessensibilização:* intolerância e falta de empatia em relação a outras visões: prisão a um centro e um coletivo (nós contra eles)
- *Ausência:* uma concepção do mundo em que a fonte de problemas é o exterior, não o interior: prisão a um eu (o eu não reflexivo e não desenvolvível)
- *Destruição:* a violência contra aqueles que são vistos como associados ao que é "mau": prisão a uma vontade (fanatismo, violência)

O fundamentalismo religioso é caracterizado por quatro crenças: a crença em um Deus onipotente, onisciente e onipresente (uma linguagem, uma Verdade); a crença de que pertence às pessoas escolhidas (um coletivo, um centro) e, como resultado, falta de empatia para com aqueles que estão do lado de fora desse coletivo (infiéis); a crença de que as fontes do bem e do mal residem do lado de fora, e não dentro do ser humano, do que resulta que o papel dos seres humanos deve ser subjugar o ser humano à vontade divina, batalhando contra os agentes do mal; daí a vontade de utilizar a violência e destruir a vida se isso servir a um objetivo mais alto (ver a Tabela 15.1).

14. *O campo social é um todo em desenvolvimento que pode ser observado e experimentado pelas cinco dimensões. São eles: espaço social, tempo social, o coletivo, o eu e o espaço envolvente (Terra).*

O princípio do todo implica que, como todos os seres humanos estão conectados, o que acontece a outras pessoas também acontece a uma. Isso não é só porque compartilhamos o mesmo ecossistema e somos conectados por múltipla interdependência, porém, mais importante, porque estamos diretamente conectados uns aos outros, como se torna manifesto quando alcançamos os estados mais profundos do campo social.

Esse campo de conexão desdobra-se em cinco dimensões diferentes. Pense em minha experiência de manifestação pública em Brokdorf, no Capítulo 5. Participei, com 100 mil outras pessoas, de um protesto contra uma usina atômica em nossa vizinhança. Refletindo sobre esse exemplo, posso ver agora as cinco dimensões do campo social: (1) Experimentei o espaço social como interação dinâmica entre *nós* (os manifestantes), *a coisa* (o local da usina) e *eles* (a força de polícia). (2) Experimentei o tempo social na primeira parte em função do tempo cronológico habitual, mas também depois como desaceleração, quietude e um momento *de kairos* – quando a polícia atacou e a multidão ficou quieta e parada –, que deslocou meu sentido de quem realmente sou. (3) Minha experiência com o coletivo começou primeiro com minha conformação com o comportamento habitual do grupo (marchar para o local da usina), mas depois avançou para um confronto guiado pelo caos, pela conexão e, finalmente, por um momento de presença coletiva e quietude. (4) Meu sentido do eu começou em um nível mais habitual e racional e logo progrediu para relacional e autêntico à medida que os eventos do dia se desenrolavam. Quando retornei naquela tarde, não fui mais a mesma pessoa (o que significa que, em algum lugar ao longo do caminho, devo ter tido um encontro ou conexão com o meu eu emergente). (5) E então há o espaço físico envolvente da Terra, que muitas vezes escapa à nossa atenção e ainda cria o sentido único do lugar que define nossas experiências existenciais mais profundas.

15. *À medida que um campo social se desenvolve e começa a incluir os mais profundos níveis e fluxos da emergência, a experiência de tempo, espaço, eu, coletivo e Terra funde-se por meio de um processo escultural de inversão* (Umstülpung). Cada deslocamento vem com uma mudança na textura experimental do espaço, tempo, eu, intersubjetividade e lugar ou Terra (Figura 15.11). Nessa jornada, a textura do espaço social se transforma de imagens mentais unidimensionais (Campo 1) para uma conexão exterior bidimensional entre o observador e o observado (Campo 2), depois para um espaço social tridimensional no qual o observador se move dentro do campo do observado (Campo 3) e então para um tempo-espaço vital de quatro dimensões em que a percepção se torna quase panorâmica. É como se acontecesse a partir de uma clareira estendida ou de uma fonte ou esfera distribuída, como descrito no Capítulo 11, quando minha busca pela nascente do rio me conduziu até um lugar repleto de cachoeiras que correm a partir de um círculo de cumes congelados (Campo 4).

A segunda dimensão desse processo de inversão se manifesta como uma mudança profunda do tempo. Quando um campo social está se movendo do Campo 1 para o Campo 4, primeiro você se sente desincorporado ou desconectado do tempo (Campo 1); então, o tempo torna-se cronológico, estruturado como uma sequência exterior de eventos (Campo 2); o tempo então parece reduzir a marcha e alongar-se, o que faz com que você se sinta como se uma dimensão interior do tempo estivesse se abrindo (Campo 3); por fim, cada um consegue um lugar de quietude, no qual o universo inteiro parece estar segurando sua respiração e cada um se sente diante de algo maior que está a ponto de nascer e irromper (Campo 4).

Ao longo de todo esse processo, uma terceira dimensão de mudança experiencial ocorre como o sentido do eu também muda de habitual (Campo 1) para um eu racional que está ancorado e opera a partir do interior da cabeça (Campo 2), depois para um eu relacional que opera a partir do coração (Campo 3) e então para um eu autêntico que é idêntico à nossa futura possibilidade

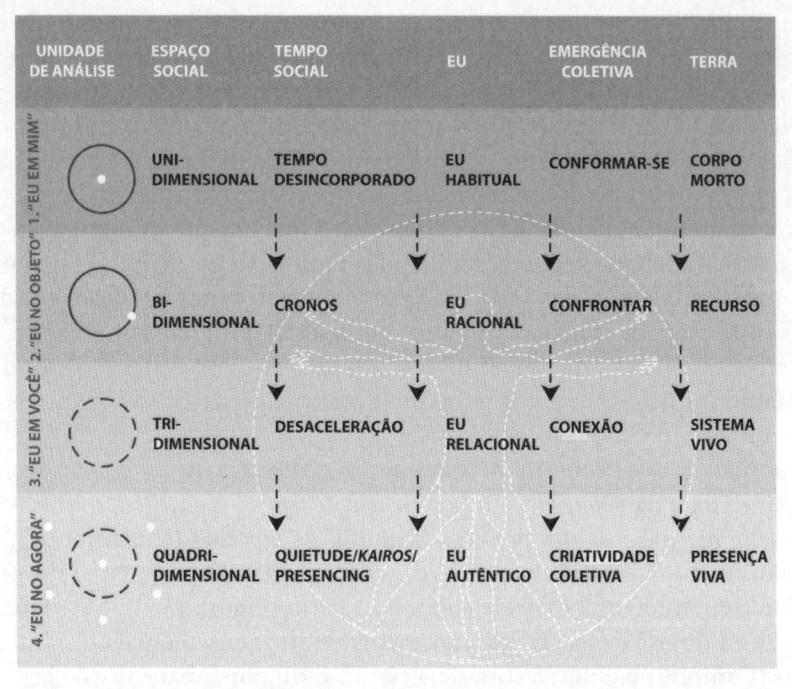

UNIDADE DE ANÁLISE	ESPAÇO SOCIAL	TEMPO SOCIAL	EU	EMERGÊNCIA COLETIVA	TERRA
1. "EU EM MIM"	UNI-DIMENSIONAL	TEMPO DESINCORPORADO	EU HABITUAL	CONFORMAR-SE	CORPO MORTO
2. "EU NO OBJETO"	BI-DIMENSIONAL	CRONOS	EU RACIONAL	CONFRONTAR	RECURSO
3. "EU EM VOCÊ"	TRI-DIMENSIONAL	DESACELERAÇÃO	EU RELACIONAL	CONEXÃO	SISTEMA VIVO
4. "EU NO AGORA"	QUADRI-DIMENSIONAL	QUIETUDE/*KAIROS*/ PRESENCING	EU AUTÊNTICO	CRIATIVIDADE COLETIVA	PRESENÇA VIVA

FIGURA 15.11 INVERSÃO DE ESPAÇO, TEMPO, EU, COLETIVO E TERRA

mais elevada e que nasce pelos limites abertos no campo do corpo humano, tanto individual como coletivamente (Campo 4).

Outra dimensão do campo social diz respeito à experiência da intersubjetividade, em que o indivíduo primeiro interage com outros ajustando-se e *conformando-se* aos quadros e regras (Campo 1). Então cada um progride para a interação com outros discutindo verdadeiras questões e expressando visões diversas, muitas vezes *confrontando* as visões que são lá fora (Campo 2). *Conectando-se* e relacionando-se com os outros com a empatia e compreendendo profundamente, o indivíduo pode ver a si mesmo, pela reflexão, como parte de um todo maior (Campo 3). E, por fim, cada um alcança um espaço (sagrado) do silêncio do qual um sentido profundo de conexão e *criação coletiva* emerge (Campo 4) (ver Figura 15.11).

À medida que atravessamos essas transformações do campo social, também podemos perceber uma inversão do lugar envolvente, de nossos modos de nos relacionar com nosso corpo planetário, a Terra. No início, não notamos que há algo aqui mesmo que nos está envolvendo, nos acolhendo: é como andar sobre um corpo morto (Campo 1). Então, à medida que começamos a conhecer, percebemos o lugar e a Terra como um recurso vivo e o lugar no qual interagimos. (Campo 2). Então, podemos aprofundar nossa consciência do lugar e começar a notar a Terra como um sistema vivo que se interliga conosco e nossa interação social de múltiplas maneiras (Campo 3). A Terra, como uma presença global, torna-se sagrada, mas também é absolutamente única para determinados *spiritus loci*, onde seu campo social se abre de maneiras mais profundas. Quando me lembro da batalha de Brokdorf, lembro-me do poder do lugar e da presença do universo que nos envolvia então.

Cada uma dessas mudanças sutis na textura da experiência pode ser resumida como uma inversão gerativa (*Umstülpung*). O que acontece é que o sentido de espaço se funde a partir de um ponto único para um campo distribuído. O sentido de tempo move-se de exterior e sequencial para interior e emergente. O sentido do eu transforma-se de um ego fechado, habituado, em um eu autêntico aberto. A experiência do coletivo vai da conformação para a quietude e a presença coletivas. E, por fim, nossa experiência do lugar ou da Terra desloca-se de um corpo frio, morto, para um espaço vivo, sagrado ou purificador – um espaço que nos convida a se mover para a presença cheia de quem realmente somos e quem estamos nos tornando.

16. *A abertura das fontes e dos fluxos de emergência mais profundos inverte a relação entre o indivíduo e o coletivo.* À medida que a estrutura da atenção se desloca e o fluxo da emergência torna-se mais profundo, uma mudança sutil transforma a relação entre as partes e o todo, entre os indivíduos e o sistema social do qual eles participam.

A Figura 15.12 representa a inversão do coletivo e do eu: de um espaço limitado, dentro do qual o eu está enquadrado no centro de sua própria organização e no meio de uma realidade atual que o mantém preso em seu modo atual de identidade (lado esquerdo da Figura 15.12), para uma configuração diferente segundo a qual o eu não é mais trancado no centro da própria organização (lado direito da Figura 15.12). Aqui, o eu funciona a partir de seus

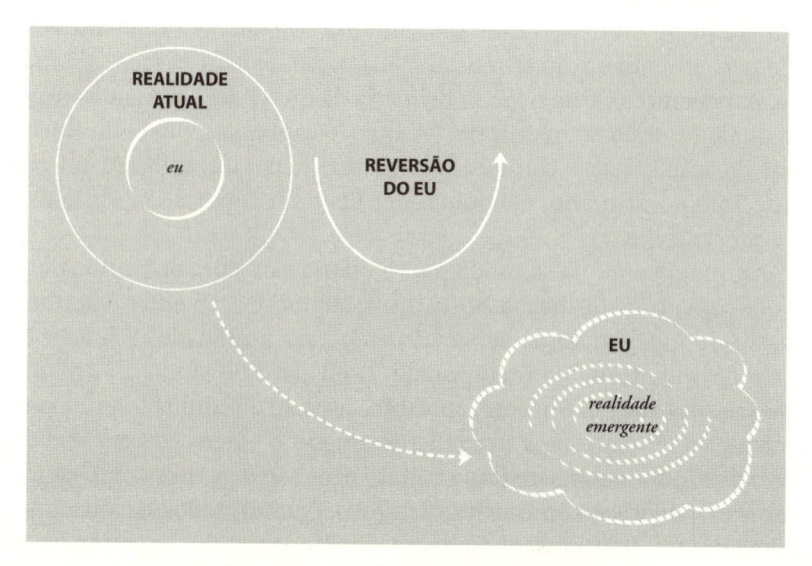

FIGURA 15.12 A INVERSÃO DO EU

limites abertos e sua esfera circundante como um criadouro por meio do qual uma nova realidade coletiva pode nascer. Aqui, o eu não está mais trancado no centro; em vez disso, ele se codesenvolve participando do processo de criar um novo coletivo social. A imagem do Graal como o arquétipo máximo de uma espiritualidade feminina (ou espaço coletivo envolvente) vem à mente.

Nessa inversão ou transubstanciação, o antigo corpo coletivo é transformado por uma nova estrutura relacional em que o indivíduo ativamente participa de um espaço comum envolvente que permite emergir um novo campo social vivo.

17. *A abertura das fontes mais profundas e dos campos de emergência transformam a relação entre o conhecedor e o conhecido.* O mesmo padrão da inversão geradora também se aplica à relação entre o conhecedor e o que é conhecido. De forma correspondente, podemos diferenciar três formas do conhecimento: explícito, tácito corporificado e autotranscendente (ver Figura 4.5).[7]

As três formas de conhecimento constituem três posições epistemológicas fundamentalmente diferentes – isto é, três modos diferentes de relação entre o conhecedor e o conhecido. Cada forma de conhecimento se relaciona à realidade que ele descreve de um ponto diferente da visão, como mostrado na tabela a seguir.

O conhecimento explícito se relaciona com a realidade do *lado de fora*, do ponto de vista do Campo 2. O conhecimento explícito capta o conhecimento sobre as coisas que podem ser observadas (Campo 2) (ver Tabela 15.2). O conhecimento tácito incorporado se relaciona com a realidade *interior*, isto é, a partir do ponto de vista do Campo 3. O conhecimento tácito incorporado capta o conhecimento sobre as coisas que sentimos e fazemos.[8] Esse tipo de conhecimento se baseia na experiência vivida, a qual seu possuidor pode observar, considerar e reproduzir.

O conhecimento autotranscendente diz respeito às fontes ou ao "lugar" onde pensamento e ação têm origem e a partir do qual nascem (Campo 4). O foco, para começar, está na base primária da qual a ação humana surge, antes que qualquer ação se manifeste.[9] A fim de captar esse nível de fluxo ascendente da ação social, o conhecedor deve participar da "reflexão em ação", ou conhecimento primário. O conhecedor deve ser capaz de se sintonizar com ele e presenciá-lo.[10]

Assim, mover-se da segunda para a quarta estrutura do campo de atenção envolve uma transformação (uma inversão) na relação entre o conhecedor e o conhecido, passando da separação (K1) para a unidade (K2, K3). No caso do conhecimento tácito incorporado, o eu percebe sua ação *depois do fato* (reflexão sobre ação). Em contraposição, no caso do conhecimento autotranscendente, o eu concebe a unidade de sujeito e objeto (ação) *como atuação*. Como as experiências estéticas muitas vezes são descritas como sendo tanto interiores (atuação) como exteriores (observação), todos os vários tipos de conhecimento autotranscendente se qualificam como experiência estética genuína.[11]

TABELA 15.2 TRÊS EPISTEMOLOGIAS

	Epistemologia		
Dimensão	K1: Conhecimento explícito	K2: Conhecimento tácito incorporado	K3: Conhecimento autotranscendente
Tipo de conhecimento	Conhecimento sobre coisas	Conhecimento sobre a encenação das coisas	Conhecimento sobre as origens para a encenação das coisas
Dados	Realidade exterior (Campo 2)	Realidade colocada em prática (Campo 3)	Realidade ainda não encenada (Campo 4)
Experiência	Observação	Ação	Estético
Relação entre ação e reflexão	Reflexão sem ação	Reflexão sobre ação	Reflexão em ação
Verdade	Correspondência com a realidade: você pode observá-lo?	Produção de realidade: você pode produzi-lo?	Presenciar a realidade: você pode presenciá-lo?

18. *O campo social é uma escultura de tempo na criação.* Diferentemente das esculturas tradicionais que existem no espaço, os campos sociais estendem-se e desenvolvem-se como esculturas do tempo.[12] E, assim como a escultura tradicional é definida por fundir dois elementos básicos – matéria e forma –, a escultura do tempo social se baseia em fundir e integrar duas dimensões e fluxos do tempo: o tempo manifesto, que estende padrões do passado no presente, e um fluxo de tempo que puxa a partir de uma direção diferente – de uma possibilidade futura que quer emergir.

Lembre-se, por exemplo, da história do incêndio que destruiu a casa da minha família quando eu tinha 16 anos. Em que sentido a qualidade do tempo se alterou nessa história? Até o momento em que retornei da escola e cheguei ao local do incêndio, eu ainda estava preocupado com as forças do presente e do passado. Mas então, à medida que a experiência me levava através do portão seguinte, abriu-se uma nova dimensão de tempo que parecia puxar-me em direção à fonte do meu futuro ou para uma possibilidade futura que esperava por mim. Quando a direção do tempo é invertida dessa maneira, é como se o indivíduo estivesse se *movendo em direção a si próprio a partir do futuro (sich selbst aus der Zukunft entgegenlaufen).*[13]

As esculturas de tempo sociais nascem quando ambas as direções do tempo – a partir do passado e a partir do futuro emergente – se encontram no agora.

O artista vanguardista alemão Joseph Beuys, que cunhou a expressão "escultura social", certa vez disse que houve dois tipos diferentes da criatividade na Terra: a criatividade do artista, que modela uma realidade exterior, e a criatividade da mulher, que internaliza o conceito da criatividade dando à luz um novo ser. A escultura de tempo social diz respeito à fusão dessas duas abordagens da criatividade. Quando as duas flechas do tempo se encontram, as pessoas e os grupos começam a se engajar em um processo coletivo de fazer nascer algo novo. Nesse estado, os participantes engajam-se no processo de fazer com que nasçam três perspectivas simultâneas: a perspectiva da mãe, que, em geral, é vivida pelo grupo coletivamente; a perspectiva do observador assistente, que fornece um pouco de suporte e um espaço envolvente, acolhedor; e a perspectiva do recém-nascido, que "abre passagem através de uma membrana". A singularidade da escultura do tempo social é que provavelmente constitui o único lugar no universo no qual os participantes podem se engajar ativamente em todas as três perspectivas *simultaneamente,* a partir de seu próprio interior.

19. *O desenvolvimento do campo social é uma função da ressonância mórfica sem escala.* A "música" do desenvolvimento do campo social está relacionada com a direção e o objetivo de nossos movimentos. É algo dado a nós? É governado pelo acaso? Ou é algo que cocriamos coletivamente? Quais são os atratores estranhos (para utilizar a terminologia da teoria de caos) ou os campos morfogenéticos (como Rupert Sheldrake os chama, em sua teoria da causação formativa) que reforçam e atraem padrões da emergência?

    Os recentes avanços na teoria das redes sugerem que muitos sistemas vivos são organizados segundo a teoria do "mundo pequeno". A teoria das redes do mundo pequeno pode ser ilustrada comparando um mapa rodoviário com uma rede de empresa aérea. A principal diferença é que um caminho tipicamente corre do ponto A para o ponto B, enquanto a linha aérea opera em torno de centros com muitas conexões que permitem aos passageiros alcançar qualquer outra cidade em alguns passos.

    Do mesmo modo, no caso dos campos sociais, a pergunta é: que tipo de superconectividade permitiria aos subconjuntos dos ecossistemas trocar de um modo de operar para o outro? A resposta, acredito, consiste em criar uma rede de lugares que são conectados tanto horizontal como verticalmente no sentido de incluir todos os quatro níveis e todos os quatro campos de emergência. A implicação de uma propriedade "tão sem escala" é que até um jogo limitado de *microcosmos estratégicos* pode funcionar como uma pista de aterrissagem e "atrator estranho" para a emergência de possibilidades futuras. Se esses lugares estiverem bem conectados e codesenvolverem-se como uma comunidade, podem acabar funcionando como pistas de aterrissagem globais para profundos deslocamentos de campo e pontos-chave de mudança.

20. *O futuro de um sistema é uma função do Campo (fonte) a partir do qual escolhemos operar.* Se ou não tais microcosmos de ressonância mórfica nascem depende de se os indivíduos e as comunidades escolhem operar a partir somente dos primeiros poucos Campos ou de todos os quatro Campos da emergência que estão disponíveis para eles.

Todo mundo pode escolher operar a partir do espaço social da antiemergência da ausência ou do espaço social da emergência e *presencing* aprofundados que determinam como o futuro se abre. Ambos os espaços estão disponíveis para todas as pessoas e sistemas sociais o tempo todo.

21. *A força revolucionária neste século é o despertar de uma capacidade humana geradora profunda* – o "eu no agora".

Nossa consulta por enquanto descobriu quatro dos cinco princípios básicos de uma teoria do campo da emergência social:

1. A teoria do campo social está interessada na qualidade *do espaço relacional* e nos padrões da emergência em um sistema social.
2. A qualidade do espaço relacional e os padrões da emergência social são uma função das *estruturas de atenção* individuais e coletivas. Há quatro estruturas e fontes diferentes que dão origem a quatro campos diferentes de emergência.
3. Para acessar as fontes e os campos de emergência mais profundos, os sistemas sociais têm de afinar e ativar três *instrumentos* diferentes: uma mente aberto, um coração aberto e uma vontade aberta.
4. O espaço social da emergência é espelhado por um espaço sombrio *da antiemergência*. Se um sistema funciona a partir de um espaço de emergência aprofundada ou a partir de seu espaço sombrio da antiemergência, isso depende de sua capacidade de enfrentar as fontes da resistência: VOJ, VOC e VOF.

O quinto fundamento consiste na resposta à seguinte pergunta: qual é a força motriz que pode provocar um deslocamento de campo transformacional de um espaço para o outro mediante a abertura dos instrumentos e fontes mais profundas da emergência? Esse é o território de que trata a proposição final.

5. A força revolucionária em nosso tempo é o "eu no agora" ou a capacidade de cada ser humano e sistema social trocar a estrutura da atenção de um modo que comece a conectá-los ao quarto fluxo da emergência. O eu não é o ego. O ego é uma entidade que tem conteúdo. Sem conteúdo, o eu é uma entidade vazia. O "eu no agora" é a faísca primária da atenção intencional e dedicada. É a faísca que pode redirecionar intencionalmente e deslocar o campo da atenção. Ele atua como se fosse um "olho com vontade".[14] É um poder de presença que podemos ativar e fazer nascer onde quer que estejamos. Ele opera do agora. Se despertado, essa força ou a faísca são a chave para desbloquear as fontes mais profundas da emergência que se conectam do lado direito do U. Cada ser humano e o sistema social podem despertar e cultivar essa fonte mais profunda da quietude e vir a ser. Ele também nos ajuda a sermos mais práticos: quanto mais essa capacidade de fonte do "eu no agora" se desenvolve, maior nossa capacidade de lidar com as situações de alta pressão e alta complexidade que a vida coloca cada vez mais em nosso caminho.

Essas 21 proposições resumem os achados preliminares de nosso passeio de campo até agora. Os capítulos restantes ilustrarão a aplicação prática dessa teoria de campo social por meio dos cinco níveis de sistemas (micro, meso, macro, mundo e meta).

Ao delinear esses níveis de sistemas do ponto de vista de um ego que se desenvolve, isto é, do ponto de vista do deslocamento do lugar interior do qual operamos, descobriremos quatro metaprocessos fundamentais (mas, em sua maior parte, ocultos) que criam o mundo no qual vivemos, momento a momento. Esses quatro metaprocessos modelam a realidade e a vida em nossas instituições e comunidades com muito mais intensidade e profundidade do que qualquer espécie de processo básico funcional ou institucional que, em geral, é discutido. Os quatro processos universais, ou metaprocessos, são: pensar (atenção), conversar (linguagem), organizar (estrutura) e formar campos ou ação global coletiva (coordenação). Os deslocamentos descontínuos na qualidade desses metaprocessos são, em sua maioria, ocultos por nosso ponto cego. Por exemplo: vemos os resultados de nosso processo de pensamento, os resultados – mas, em geral, estamos inconscientes do processo fundamental que está *fazendo* a criação. Esse processo é o processo de pensar. Não se iluda com isso: pensar *é* um processo criativo. O pensar cria o mundo. Mas, enquanto isso acontece no nosso ponto cego, não estamos realmente presentes a esse processo fundamental de nascer. Não estamos participando totalmente (e sabendo) do processo de fazer nascer o mundo. O mesmo pode ser dito com respeito aos processos de conversação e ação coletiva, como discutiremos com mais detalhes em breve.

Por fim, no capítulo final resumirei os princípios do *presencing* como uma tecnologia social da liberdade que pode ser utilizada no mundo real da transformação social e da mudança institucional.

Capítulo 16

Ações individuais

Aprendendo com uma criança de 3 anos • O palco do teatro
e o campo coletivo • A secretária de Hitler

Aprendendo com uma criança de 3 anos

Um dia, enquanto enchia a máquina de lavar louça, fiquei sem detergente. Não tinha certeza se a caixa ao lado dela era o tipo certo de sabão, mas, pensei, que seja, e o utilizei assim mesmo. Poucos minutos depois, a espuma começou a transbordar da máquina. Que droga! Parei a máquina. Enxuguei a espuma. Examinei o estrago: a máquina estava cheia de água, pratos e muita espuma de sabão. Como parecia impossível esvaziar a água da máquina, decidi avançar: deixá-la funcionar e simplesmente limpar a espuma enquanto ela continuava a derramar. Enquanto me preocupava com a bagunça, estava acompanhado de nosso filho de 3 anos, Johan-Caspar, que ficou fascinado com aquele show. Ele começou a me ajudar a limpar o fluxo interminável de espuma branca. Quando a quantidade do fluxo de espuma começava a diminuir um pouco, Johan-Caspar fazia algumas breves pausas. Durante essas pausas, ele começava a falar com a máquina em voz baixa, mas intensa: "O que você está dizendo?", perguntei a ele. "Estou falando com a espuma", ele respondeu. "A espuma?" Fiquei surpreso. "Porque a pobre espuma não tem olhos para enxergar. É por isso que ela não pode encontrar o caminho certo. Por isso ela continua saindo de maneira errada."

Meu filho de 3 anos lidava com a mesma situação frustrante que eu, mas, em vez de querer dar um pontapé na máquina, ele compartilhava os sentimentos com o fluxo de espuma e comunicava-se com a espuma como se ela fosse um ser sensível. Ele notou que esse ser não tinha olhos e achou que era por isso que a espuma estava perdida em seu caminho. Ela precisava de nossa ajuda. Uma situação, um conjunto de dados, dois modos de fazer sentido.

A partir daí, nós nos comunicamos em silêncio com o ser branco que jorrava espuma. Johan Caspar e eu não trocamos mais nenhuma palavra. Simplesmente fomos no ritmo e no fluxo do trabalho, prestando atenção ao que esse "ser branco" precisava para que o ajudássemos a encontrar seu caminho.

Agora vamos desconstruir essa história utilizando o modelo de campo introduzido no Capítulo 15.

Encher a máquina de lavar louça e descuidadamente adicionar o detergente incorreto é um exemplo perfeito da recuperação. Então, quando a espuma começou, saltei do Nível 1 (recuperação) para o Nível 2: "Que droga!" (vendo a bagunça). Então tentei resolver o problema. O desafio era ir além da Voz do Julgamento ("Por que *eles* não podem criar máquinas de lavar louça que tenham uma simples função de 'esvaziar a água'?") e permanecer calmo e analisar as opções disponíveis. Se eu continuasse o caminho sugerido pela minha Voz do Julgamento, eu descobriria muitas outras coisas com que ficaria irritado e provavelmente daria um pontapé na máquina. Esse curso de ação me levaria diretamente ao espaço da antiemergência: o ciclo da negação e destruição. Primeiro, você dá um pontapé na máquina e então... bem, todos nós conhecemos a história: o ciclo da negação e destruição é preenchido com ciclos de feedback que reforçam o comportamento destrutivo.

Isso não aconteceu porque Johan Caspar entrou no avião em um nível diferente, o Campo 3 (ele se sintonizou no que viu como um ser evoluído e logo começou a interagir com ele). Assim, ele me ensinou a parar de dar pontapés e começar a mergulhar e sentir a partir do interior. E, por fim, quando encontramos um ritmo e fluxo de trabalho em conjunto, nenhuma palavra mais era necessária. Sabíamos o que tinha de ser feito e executamos isso com facilidade (ilustrando, resumidamente, o Nível 4).

Há três pontos sobre essa história que eu gostaria de destacar. Em primeiro lugar, a consciência e a presença podem acontecer a qualquer hora, em qualquer lugar, em meio ao nosso cotidiano. Não é preciso viajar à lua e voltar (exceto para alguns, esse era de fato o caminho para essa experiência). O que é necessário é um deslocamento interno da atenção.

Em segundo lugar, quanto maior a pressão do desafio externo (maior a confusão à minha frente), mais natural parece ser entrar no espaço escuro da ausência (dar um pontapé na máquina), o que explicarei mais detalhadamente a seguir.

Em terceiro lugar, a finalidade de nos movermos para os Campos 3 e 4 é pararmos de interagir com os objetos e começarmos a lidar com tudo com que trabalhamos e interagimos, *como se fosse um ser sensível com o qual podemos nos conectar diretamente a partir de dentro* (a espuma sem olhos).

O palco do teatro e o campo coletivo

Ainda me lembro da sensação espantosa de representar meu primeiro papel principal em uma peça de teatro com cerca de 14 anos. Você faz tudo que pode para se preparar e memorizar todas as suas falas e deixas. Então, chega a hora da cena de abertura. A cortina está a ponto de subir. O murmúrio da plateia silencia. E, de repente, você sente como se a Terra parasse de girar. Tudo, todos os meses de preparação, fica reduzido a um pequeno amontoado de desespero e de nada. Tudo desaparece. Você se esquece de tudo que já aprendeu. Você se sente apavorado. Você está sozinho. Guiado mais pelo desespero do que pela aspiração, você persevera. Não porque você é corajoso, e sim porque agora é muito tarde para fugir (um pensamento que passou rapidamente pela minha cabeça). Então, antes que consiga compreender isso completamente, você vê a cortina subir. Tarde demais. Não há mais fuga. O tempo para.

As luzes coloridas do teatro o cegam e o envolvem em uma esfera desconhecida de atenção e energia intensas. Como se estivesse em câmara lenta, você tropeça nos primeiros movimentos, palavras, frases e gestos. Você mal acabou de se inteirar da situação quando, de repente, percebe que não está sozinho. Outro "ser" parece estar se comunicando intimamente com você. É a plateia. A atenção dela cria um espaço envolvente e acolhedor para você – um lugar que o guia. Você sente isso com cada fibra de seu corpo. Agora você está em um lugar que está observando e se comunicando com você. E ele o nutre com uma energia que você nunca havia experimentado antes. Um lugar que se conecta à sua fonte e ao seu ser. *O seu* lugar.

Neste exemplo, eu, como ator, abordo o palco no modo de recuperação, tendo memorizado todas as 820 falas que Próspero, de Shakespeare, tinha de falar. Então, no palco, quando a cortina sobe, a resistência é demonstrada como medo: medo do fracasso, medo de ficar paralisado, medo de não ser capaz de se lembrar de uma única fala defronte de 300 pessoas. Em um misto de desespero e coragem, eu me defronto com um limiar e simplesmente começo a me mover. Depois dos primeiros e poucos movimentos habituais, minhas ações cuidadosamente preparadas movem-se dos Campos 1 e 2 para os Campos 3 e 4 – isto é, entro em um fluxo de presença e emergência aprofundadas e aprofundantes.

O que torna isso possível? Um espaço coletivo envolvente e acolhedor: uma plateia de 300 pais e amigos queridos, sentados lá com suas mentes e corações bem abertos, totalmente presentes e embasbacados com o desempenho de suas crianças.

Nesse exemplo, a resistência (medo) aparece logo de início. É seguida pela passagem a um fluxo mais profundo através do espaço coletivo acolhedor proporcionado pela amável plateia. O espaço coletivo acolhedor faz com que o espaço sombrio da antiemergência desapareça. As forças coletivas podem nos libertar ou, como na próxima história, nos manter trancados no espaço social da antiemergência.

A secretária de Hitler

Traudl Junge era uma mulher simples e humilde da Alemanha rural que perdeu seu pai cedo e cuja situação financeira difícil a impediu de seguir a carreira artística, como desejava. Mais por acaso do que por qualquer razão, ela foi a Berlim, conseguiu um trabalho por intermédio de um tio e logo deparou com um concurso de datilografia, que venceu. Em pouco tempo, foi entrevistada por um homem de fala mansa e amigável que procurava uma nova secretária particular. Seu nome era Adolf Hitler e ele a contratou para anotar uns ditados ocasionais.

No final da guerra, quando Hitler se suicidou em seu Führerbunker, ela voltou ao mundo exterior, ao mundo verdadeiro – que jazia em cinzas e ruínas.

Ela tentou fugir para o sul da Alemanha, mas foi capturada pelos russos em Berlim. Como nunca havia sido membro do Partido Nazista alemão, foi liberada e estabeleceu-se em Munique. Logo depois disso, encontrou por acaso a lápide do túmulo de Die Weisse Rose (a Rosa Branca), um pequeno grupo de membros da resistência alemã em Munique mortos pelos nazistas. Ela olhou para a inscrição e ficou chocada ao ver que todas as principais figuras de Die Weisse Rose nasceram no mesmo ano que ela: 1920. Naquele momento de visão, Junge compreendeu que para ela e para a sua geração não havia como se esconder atrás de desculpas. Os heróis de Weisse Rose tinham a mesma idade que ela, mas, ao contrário dela, tinham feito uma escolha consciente na vida, uma escolha que ela nunca achou que tivesse. Ela compreendeu que tudo que fizera e de que participara era, em última instância, de sua total responsabilidade pessoal – não havia como se ocultar atrás do fato coletivo de sua geração. Ela não dera uma entrevista sequer até pouco antes de sua morte, quando, então, falou com André Heller, um famoso artista austríaco. Poucos dias antes de a entrevista ir ao ar, ela lhe disse que só agora, 50 anos depois, ela podia finalmente começar a se perdoar. No dia seguinte à transmissão da entrevista, ela faleceu.[1] O que torna tão intrigante seu relato das últimas semanas no bunker de Hitler é a precisão e a clareza de suas descrições. Sua mente e sua memória pareciam trabalhar como uma câmera superprecisa. Ela se lembrava de inúmeros eventos detalhadamente. Ao mesmo tempo, também era, em segundo lugar, uma observadora talentosa: reconhecia suas falhas de memória quando não podia resgatar imagens ou experiências exatas.

Eis como Traudl Junge descreve os bizarros companheiros dentro do bunker de Hitler. Eles estavam dentro de um bunker profundo escudados por paredes de 11m de espessura, com bombas caindo à esquerda, à direita e em cima deles. O Exército Vermelho estava somente a algumas barricadas de distância. O Exército de Hitler havia desmoronado, indo da ocupação de quase toda a Europa à derrota total. Mas, apesar de todos "os dados refutadores" à sua volta, de todas as bombas que caíam bem em cima, algumas pessoas dentro do bunker se agarravam às suas esperanças e fantasias. Elas se mantinham fiéis a seus antigos modelos mentais, incapazes de deixar a realidade penetrar. As bombas que caíam sobre elas não eram fortes o bastante para fazer com que a mensagem penetrasse pelas grossas paredes de suas mentes. Ao ponderar por que simplesmente não partiu depois que até mesmo Hitler sugeriu isso, ela respondeu: "Tinha medo de deixar a segurança do bunker."

Isso é o que o poder de cegar (não ver) e se entrincheirar (dessensibilizar-se) significa: ele nos mantém dentro das espessas paredes de nossos próprios bunkers para que sejamos incapazes de nos conectar ao que realmente está acontecendo do lado de fora. Mas a permanência dela é relativamente incompreensível. Qual foi o verdadeiro mecanismo que a manteve trancada dentro do bunker? Um modo de desvendar esse quebra-cabeça é imaginar que ela ficou paralisada no espaço sombrio da antiemergência, que congelou seus recursos mais profundos da inteligência (mente, coração e vontade abertas). Ela perdeu a conexão com seu autêntico eu e acabou participando das práticas da antiemergência (veja a Figura 16.1):

Recuperar: Traudl Junge descreveu em detalhes minuciosos como a vida dentro do bunker continuou, como se as pessoas fossem autômatas. À medida que os rituais diários e até os especiais, tais como a cerimônia do chá ou o casamento entre Hitler e Eva Braun (dois dias antes de seu suicídio), continuavam, tornavam-se procedimentos vazios de um teatro absurdo.

Cegar ou não ver: "Estava emparedada e separada das informações de que eu precisava para entender o que estava acontecendo", disse Traudl Junge. "Quando fui para lá pela primeira vez, pensei que havia chegado à fonte das informações. Mas depois percebi que estava no ponto cego [do sistema]."

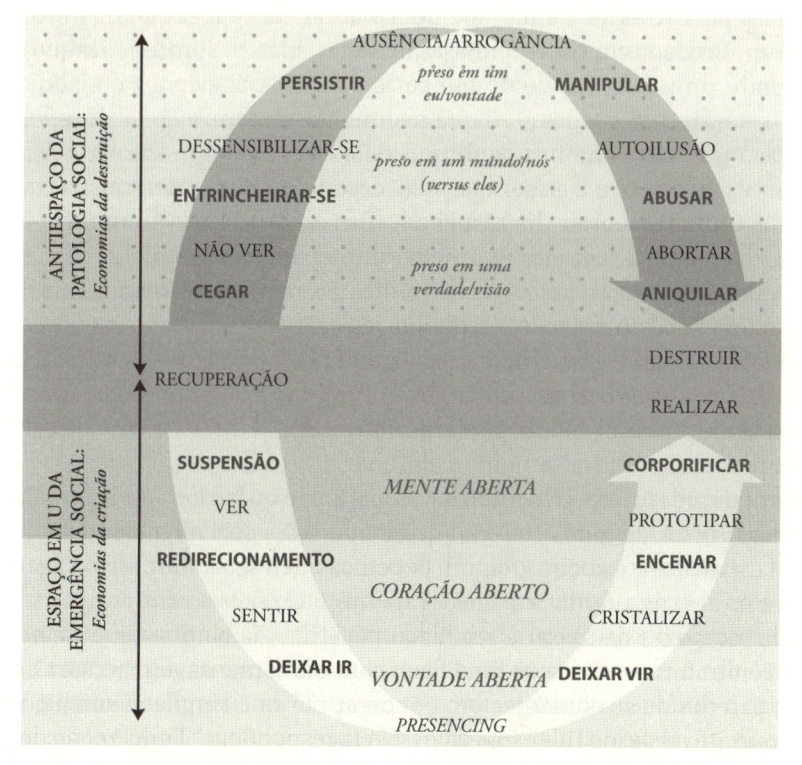

FIGURA 16.1 O ESPAÇO EM U E O ANTIESPAÇO

Entrincheirar e não sentir: Durante os anos finais da guerra, Hitler sempre viajava em um trem especial com as cortinas fechadas para não ver a destruição da guerra. Quando regressava à estação de trem principal de Berlim, o maquinista era instruído a seguir uma rota que expusesse Hitler à menor destruição possível. Ele não queria flores no bunker porque "não queria estar cercado de cadáveres". Quanta ironia! O homem cujas ações causaram a morte de 55 milhões de pessoas não queria ficar perto de flores que estavam morrendo.

Ausência: Traudl Junge tinha mais dificuldade de recordar esses dias finais no bunker. Sua memória – fotográfica e superprecisa sob outros aspectos – parecia ter buracos negros quando tentava se lembrar de seus sentimentos e emoções naqueles últimos dias. É como se essas emoções tivessem sido apagadas – ou profundamente congeladas dentro do seu corpo experiencial. Ela descreveu que agia como um autômato estúpido em seu cotidiano – desconectada não só dos eventos catastróficos que ocorriam do lado de fora, mas também de seu verdadeiro eu: "Funcionávamos como autômatos, não posso lembrar-me de nenhum sentimento, parecia um limbo onde eu não era mais eu mesma."

Autoilusão: Trata-se de uma desconexão total entre nossas imagens do futuro evolvente e a realidade. Traudl Junge descreveu muitas reuniões e estratégias para reverter a situação que não levaram a lugar algum, porque estavam fundadas nessas premissas ilusórias. Elas só aprofundavam o abismo entre o mundo dentro do bunker e o curso dos eventos do lado de fora. "Estávamos tão alheios ao que realmente se passava lá fora", refletiu Junge, "que não tínhamos nenhuma ideia de como o mundo seria depois".

Abortar: Assim como prototipar diz respeito à criação dos microcosmos da vida futura, abortar diz respeito à eliminação da vida futura. No bunker, isso envolveu primeiro envenenar o cão para testar o cianeto, em seguida todas as crianças, assim como muitos outros, que se suicidaram antes da vitória final do Exército Vermelho.

Aniquilar: Depois que Hitler se matou, Traudl Junge disse que as pessoas restantes se sentaram juntas como um grupo de marionetes inanimados que haviam acabado de perder seu titereiro.

O grupo que cercava Hitler havia caído na armadilha de um espaço da antiemergência social que gira em torno de recuperação, cegueira, dessensibilização, ausência, autoilusão, abortamento e destruição. A Figura 16.1 ilustra como esse espaço sombrio representa a antítese do espaço U do *presencing*.

Assim como o espaço em U do *presencing* se baseia na economia da criação, o espaço sombrio da ausência se fundamenta na economia da destruição. Cada ciclo se baseia na dinâmica do autorreforço. O espaço U da emergência social é baseado no poder de ativar os instrumentos da mente aberta, coração aberto e vontade aberta. Em contraposição, o espaço sombrio da patologia social se baseia na dinâmica do ser preso em uma Verdade (ideologia rígida), um centro ou coletividade (arrogância, ódio) e uma vontade (fanatismo e violência) – em resumo, o espaço da ausência expõe todas as principais características do fundamentalismo.

Para Traudl Junge, uma pergunta embaraçosa permanecia: por que não fui embora?

Ela não deixou o bunker porque estava presa a um padrão mortal de ausência. A dinâmica contra a qual ela lutava está agora de volta aos negócios. Como essas dinâmicas destrutivas são vívidas e intensas, precisamos de uma compreensão mais clara do processo e das práticas pelas quais o espaço patológico da destruição social nasce. Esse espaço parece se manifestar quando os sistemas humanos enfrentam situações limites nas quais sua relação com a mente, o coração e a vontade abertos é cortada e eliminada.

A Figura 16.1 resume as dimensões individuais do U:

- A maioria das pessoas na Terra tem muitas experiências nos quatro níveis. Quando confrontadas com o U pela primeira vez, muitas pessoas dizem: sim, realmente conheço os Níveis 1 e 2, realmente conheço o recuperar e o ver, mas não tenho certeza se conheço os Níveis 3 e 4, sentir e *presencing*. Mas então, depois de refletirem e se aprofundarem cada vez na jornada de sua vida e de seu trabalho, a maioria das pessoas encontra o ouro escondido de suas várias experiências limites de modo relativamente rápido.
- O movimento do Nível 1, descer até o fundo ou os níveis mais profundos do U, pode acontecer em qualquer situação: quando se faz um retiro para meditação de quatro semanas ou quando se faz uma confusão com a máquina de lavar louça na cozinha de sua casa.
- Estar na presença de pessoas que operam nos níveis mais profundos pode ajudar muito. Em alguns casos, pode ser uma criança de 3 anos. Em outros, essa consciência da sabedoria acontece de algum outro modo, por intermédio de outra pessoa. Às vezes chamamos isso de liderança.
- Se acontecer de você se conectar a uma fonte uma vez, isso não é bom o suficiente. A maioria das pessoas já fez isso (muitas vezes, sem perceber por completo). A questão é como ficar conectado, como manter essa conexão. Porque, se não fizer isso, você pode correr o risco de congelar aquela experiência única em algo rígido que o lance no antiespaço da patologia social (uma Verdade, um Nós, uma Vontade). O que nos leva à nossa próxima questão.
- Podemos saltar ou retornar do espaço social da emergência profunda para o espaço escuro da antiemergência a qualquer hora, em qualquer lugar. Isso pode acontecer sempre que perdemos totalmente a nossa atenção e vigília e o nosso firme fundamento em uma intenção generosa ou altruísta. É fácil ver como a secretária de Hitler foi sugada por um sistema que, por fim, a deixou esperando no ponto cego informacional atrás de paredes

de 11m de espessura. É fácil reconhecer isso. Mas não é a mesma coisa que está acontecendo a cada um de nós no dia a dia, momento a momento? Não somos também seduzidos por situações e sistemas que tiram proveito de não estarmos totalmente despertos, de não sermos totalmente intencionais? Como no caso de Traudl Junge, o sistema incide em nós bem no nosso ponto cego.

Então, como podemos manter a conexão com a fonte? Sendo e permanecendo despertos.

Pensar é um processo extremamente poderoso – um processo que, em geral, permanece inexplorado, ocioso e irreconhecível. O que pensamos cria o mundo! Porém, em vez de descobrirmos o poder criativo do verdadeiro pensar, somos socializados nos padrões da recuperação que se relacionam com o verdadeiro pensar como as sombras dentro da caverna de Platão se relacionam com a realidade existente e o sol exterior.

O poder desse metaprocesso de pensar está congelado em formas e sombras fixas no Campo 1 (recuperar); começa a despertar quando começamos a nos conectar com o que realmente está acontecendo do lado de fora (Campo 2: ver); depois começa a ganhar asas que nos levam para fora das prisões de nossos modelos mentais quando começamos a nos conectar com os outros à nossa volta e com a situação envolvente, da maneira como eles a percebem e a sentem (Campo 3: sentir); e, por fim, transforma-se na fonte do fogo. Na sua essência, o verdadeiro pensar é fogo puro. O fogo da criação. O fogo que podemos explorar quando começamos a nos conectar com o quarto campo.

CAPÍTULO 17

Ações conversacionais

Pontos de vista conflitantes • Recuperação • Debate • Diálogo • *Presencing* •
Campos conversacionais e seus anticampos • Utilizando entrevistas baseas em
diálogo nas organizações • Caminhos evolutivos dos campos conversacionais

N o início deste livro, comparei os campos agrícolas da fazenda de nossa família a campos sociais que descrevem a qualidade da interação social. As conversas são a materialização viva de campos sociais, e são um importante ponto de partida para aprimorar a interação social. Em minha pesquisa e meu trabalho com organizações, fiz duas observações relevantes para aprimorar as conversas: (1) as conversas se dão em padrões ou campos, e esses padrões de interação conversacional tendem a permanecer os mesmos; e (2) há um conjunto muito limitado de padrões de campo genérico que você pode ver em conversas – por enquanto, observei quatro. São eles: recuperação (Campo 1), debate (Campo 2), diálogo (Campo 3) e *presencing* (Campo 4). Os quatro campos diferem entre si quanto ao espaço interior em que a conversa é formada: falar a partir do "que *eles* querem ouvir" (Campo 1), falar a partir do "que *eu* realmente penso" (Campo 2), falar a partir do *"ver a mim* mesmo como parte do todo mais amplo" (Campo 3), ou "falar a partir do que *está se movendo"*. Uma estrutura de campo conversacional é um padrão de interação que, uma vez introduzido, tende a ser realizado por todos os participantes dessa conversa. Quando você vê uma conversa mudar de um padrão (como o de "ser educado") para outro (como o de "dizer o que se pensa"), em geral, isso envolve todos os participantes da conversa, não apenas alguns deles (ver Figura 17.1).

Reconhecer esses padrões conversacionais é extremamente relevante para conduzir a mudança. Ele está na conversa (o segundo metaprocesso) que fazemos nascer no mundo, momento a momento. Por toda a história, diferentes culturas desenvolveram diferentes regras que governam a interação em grupos, comunidades e organizações. O sociólogo Norbert Elias chamou a evolução dessas regras invisíveis que conduzem nossa interação social diária de "processo civilizatório", e essa evolução pode ser rastreada muitos séculos atrás, por toda a nossa história.[1] Outro sociólogo, Erving Goffman, mostrou como a evolução dessas regras e expectativas padronizadas forma interações com várias audiências do nosso trabalho e cotidiano, o modo como construímos, apresentamos e encenamos nossos eus e nossos papéis em situações de grupo face a face.[2] Embora esses estudos iluminem o poder e aprofundem nosso entendimento sobre a genealogia desses padrões, informam menos sobre as coisas práticas que podemos fazer quando de fato enfrentamos situações em que o padrão existente de um grupo ou uma equipe é claramente disfuncional, isto é, quando o resultado do comportamento coletivo está claramente em contradição com as intenções dos participantes.

Quando enfrentamos essas questões e situações, a pergunta é: o que fazer para possivelmente nos permitir mudar o campo conversacional de um padrão para outro? O que fazer para poder ajudar um grupo a ver, avaliar e mudar os padrões que os participantes encenam coletivamente?

Essas e outras perguntas têm aumentado o interesse sobre a arte da conversa e do diálogo produtivo nos últimos 10 ou 15 anos. A prática do diálogo lida, em grande medida, com ver e suspender as regras culturais que nos forçam a ser polidos e manter as aparências. Bill Isaacs, com base no trabalho de Martin Buber e David Bohm, define o diálogo como a arte de pensar coletivamente ou a capacidade de acessar a inteligência.[3] Isso, agora, prepara o terreno para examinar quatro estruturas de campo diferentes da conversa em mais detalhes.

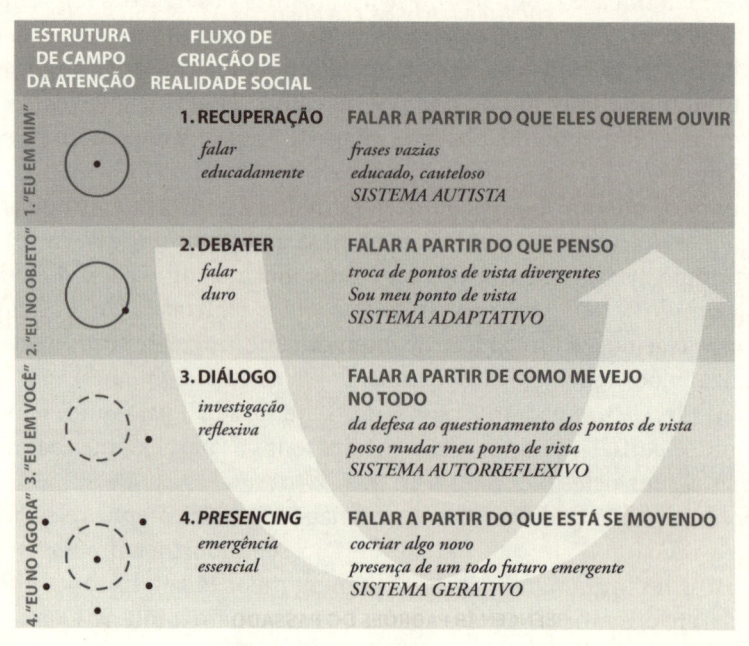

ESTRUTURA DE CAMPO DA ATENÇÃO	FLUXO DE CRIAÇÃO DE REALIDADE SOCIAL	
1. "EU EM MIM"	**1. RECUPERAÇÃO** *falar educadamente*	**FALAR A PARTIR DO QUE ELES QUEREM OUVIR** *frases vazias* *educado, cauteloso* SISTEMA AUTISTA
2. "EU NO OBJETO"	**2. DEBATER** *falar duro*	**FALAR A PARTIR DO QUE PENSO** *troca de pontos de vista divergentes* *Sou meu ponto de vista* SISTEMA ADAPTATIVO
3. "EU EM VOCÊ"	**3. DIÁLOGO** *investigação reflexiva*	**FALAR A PARTIR DE COMO ME VEJO NO TODO** *da defesa ao questionamento dos pontos de vista* *posso mudar meu ponto de vista* SISTEMA AUTORREFLEXIVO
4. "EU NO AGORA"	**4. PRESENCING** *emergência essencial*	**FALAR A PARTIR DO QUE ESTÁ SE MOVENDO** *cocriar algo novo* *presença de um todo futuro emergente* SISTEMA GERATIVO

FIGURA 17.1 OS QUATRO CAMPOS CONVERSACIONAIS

Pontos de vista conflitantes

Em 1996, dei uma conferência numa oficina de quatro dias sobre arte, liderança e transformação social em Witten/Herdecke University, na Alemanha, para estudantes, artistas e algumas pessoas de negócios. Foi tudo bastante agradável, mas então, depois do meu breve discurso, um artista disse: "Não entendi uma palavra sequer do que você disse." Era como se minha jovem carreira de conferencista tivesse atingido seu mais baixo ponto. Depois disso, o então CEO da Hugo Boss, uma das principais empresas de moda alemã, falou sobre como seu patrocínio de várias instituições de arte relacionava-se com seus investimentos. De repente, um diretor de teatro disse que o patrocínio socialmente responsável da Boss era apenas outro exemplo de como o sistema capitalista explorava as pessoas e era, de fato, parte do problema, não a solução. Estávamos claramente em um difícil debate, e eu testemunhava um conflito vívido e enérgico de modelos mentais ou pontos de vista do mundo.

Indo além dos limites da "minha posição"

No dia seguinte, iniciamos em pequenos grupos. Cada pessoa levou 15 minutos para construir uma pequena escultura que expressasse o que gostaria de criar com seu trabalho. Então, fazíamos um tour pela "galeria", durante o qual todo mundo explicava sua escultura. A passagem para o questionamento genuíno das próprias ideias e das ideias dos outros permitiu explorar outro campo e outro flu-

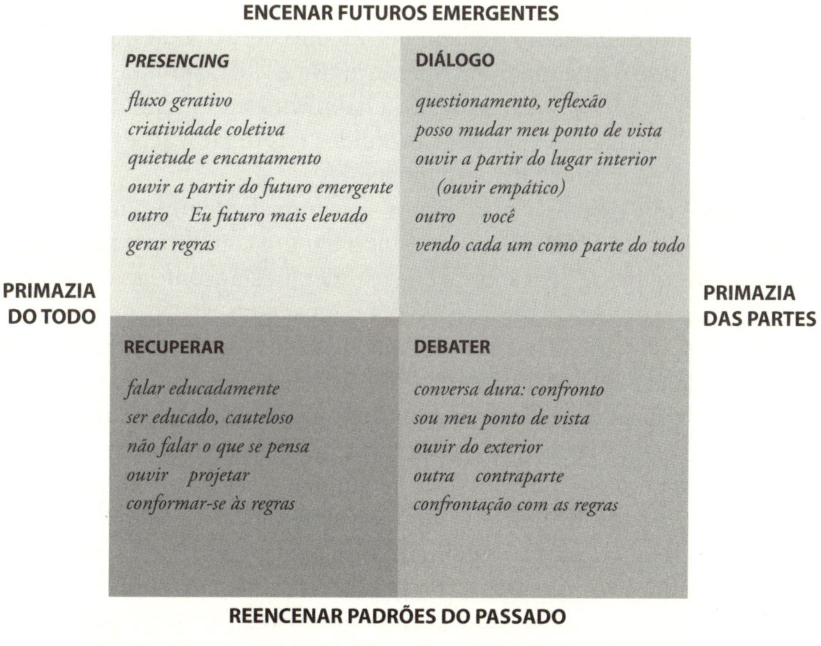

ENCENAR FUTUROS EMERGENTES

PRESENCING	DIÁLOGO
fluxo gerativo	*questionamento, reflexão*
criatividade coletiva	*posso mudar meu ponto de vista*
quietude e encantamento	*ouvir a partir do lugar interior*
ouvir a partir do futuro emergente	*(ouvir empático)*
outro Eu futuro mais elevado	*outro você*
gerar regras	*vendo cada um como parte do todo*

PRIMAZIA DO TODO — **PRIMAZIA DAS PARTES**

RECUPERAR	DEBATER
falar educadamente	*conversa dura: confronto*
ser educado, cauteloso	*sou meu ponto de vista*
não falar o que se pensa	*ouvir do exterior*
ouvir projetar	*outra contraparte*
conformar-se às regras	*confrontação com as regras*

REENCENAR PADRÕES DO PASSADO

FIGURA 17.2 OS QUATRO CAMPOS CONVERSACIONAIS

xo da realidade conversacional. A diferença entre esse campo de questionamento avaliativo e a guerra de trincheira do dia anterior era notável.[4]

Falando a partir do fluxo da presença pura
Na última manhã, fechamos o workshop com um amplo diálogo em fórum aberto. A diferença entre o diálogo dessa última manhã e o transtorno do segundo dia não poderia ter sido mais impressionante. A gritaria foi substituída por um fluxo calmo e profundo de conversa. A sinceridade, a sutileza e a intimidade da conversa revelaram uma conexão sincera e um sentimento coletivo de presença por um momento do silêncio espontâneo perto do fim do evento.

Ao refletir sobre essa experiência, percebi que o grupo como um todo havia operado usando diferentes estruturas de campo conversacional. Identifiquei quatro diferentes estruturas de campo conversacional no workshop: recuperação (falar gentilmente), debate (falar duramente), diálogo (questionamento reflexivo) e *presencing* (fluxo cocriativo profundo). O modelo de diálogo que resultou dessa observação é representado na Figura 17.2.[5]

Recuperação: Encenando o processo conversacional no Campo 1

"Como vai?"
"Bem, obrigado."

Muitas reuniões formais em organizações são conduzidas utilizando esse tipo de ritual e linguagem. Atuar efetivamente nessas conversas requer que os participantes conformem-se ao modelo dominante de troca de frases educadas entre si, não dizendo o que realmente pensam. Na escola, aprendemos a dizer o que o professor quer ouvir. Mais tarde, essa habilidade é exatamente o que precisamos para lidar com chefes e ser bem-sucedidos nas organizações. Se nos serve tão bem, o que há de errado com esse modelo?

O problema é que esse tipo de conversa – examinado de um ponto de vista de aprendizagem organizacional – tende a resultar em um comportamento disfuncional: impede uma equipe de falar sobre o que realmente está acontecendo. As pessoas falam sobre o que acontece de verdade em outro lugar – no estacionamento, a caminho de casa. Mas, na reunião, o tempo de todo mundo é desperdiçado quando eles não fazem nada além de trocar comentários educados. Se os indivíduos e equipes não falarem sobre questões difíceis, o que Chris Argyris chama de "indiscutíveis", não refletirão sobre essas questões e nada mudará.[6] Quanto maior a complexidade de um dado desafio, maior a necessidade de ampliar o repertório conversacional e aprender a operar a partir de outros campos de emergência conversacional.

As conversas de recuperação são orientadas para o centro, no sentido de que simplesmente reproduzem regras e frases existentes. Assim como na recuperação individual minha percepção de mundo é limitada a meus quadros mentais e minhas máscaras existentes, a recuperação conversacional só articula aqueles aspectos da realidade (como vivenciado pelos participantes) que se adaptam às estruturas e aos padrões conversacionais dominantes do grupo. Quanto maior a lacuna entre o que é dito ("Estou bem") e a situação real ("Estou à beira de um colapso"), maior a probabilidade de um tipo de pane no sistema mais adiante.

Debate: Encenando o processo conversacional no Campo 2

"Como vai?"

"Estou péssimo."

A característica definidora das conversas do Campo 2 é que os participantes falam o que pensam, como ocorreu quando o membro da audiência disse que não havia entendido nada do que eu dissera na apresentação e quando o CEO falou que algumas de suas práticas de negócios eram perigosas e estúpidas. A tensão estava alta. O mal-estar era generalizado. O grupo trocou a linguagem de reprodução das regras por outro tipo de conversa mais dura, em que os indivíduos apresentaram os próprios pontos de vista divergentes.

Assim como o ticket para entrar em uma conversa do Campo 1 (recuperação) é o requisito (velado) de se conformar, o bilhete de entrada para uma conversa do Campo 2 é a disposição de ir para uma posição diferente, sugerir um ponto de vista diferente. Para entrar no ar em uma conversa no Campo 1, você deve se adaptar ao ponto de vista dos outros. No Campo 2, você sugere uma visão diferente ou até mesmo oposta. A exemplo do que ocorre na percepção individual, a mudança da fase de recuperar para a de ver significa estar aberto a dados controversos (observações que contradizem nossos modelos mentais). A conversa do Campo 2 implica abrir-se para pontos de vista que desafiam os pontos de vista dominantes.

E, como a capacidade de ver com um novo olhar pode ser desenvolvida suspendendo o julgamento e prestando atenção a dados refutadores (Charles Darwin sempre carregava um caderno para anotar as observações que contrariavam suas teorias), a capacidade de mudar da recuperação (falar educadamente) para o debate (falar duramente) também pode ser desenvolvida estimulando os grupos a expressar visões divergentes e desenvolvendo uma cultura que valoriza o falar o que se pensa, em vez de apenas ser educado.

A estrutura que resulta desse tipo de interação é muitas vezes um debate. A palavra "debate" significa, literalmente, "lutar ou derrotar", que representa o padrão nesse tipo de estrutura de campo conversacional. As pessoas utilizam seus argumentos para defender ou derrotar seu oponente, definido como alguém com uma opinião diferente.

O estilo debate pode ser útil em organizações porque permite que uma equipe obtenha todos os pontos de vista diferentes sobre o assunto em questão. Descobri que, nas culturas do Extremo Oriente e do Sudeste Asiático, a melhor forma de entrar no Campo 2 não é pelo debate confrontante (como no Ocidente), mas por meio de um processo que começa envolvendo os participantes em pequenos grupos e permite que todos os participantes compartilhem seus vários pontos de vista e observações sobre um tópico. Isso evita obstáculos relacionados à diplomacia e superficialidades que impedem que perspectivas diversas venham à tona. Mas isso apresenta o mesmo resultado final do Campo 2: a expressão de pontos de vista diferentes e divergentes.

Mas, se a questão à mão requer que membros da equipe reflitam e mudem seus hábitos básicos de pensamento e premissas orientadoras, ainda assim um tipo diferente de conversa se faz necessário – um tipo que permita aos participantes perceberem, como Bill Isaacs tão bem exprimiu, que "eu não sou meu ponto de vista". Posso suspender e ver meu próprio ponto de vista, bem como as concepções de outra pessoa. Mas, para fazer isso, preciso ir para o Campo 3.

Diálogo: Encenando o processo conversacional no Campo 3

"Como vai?"

"Não sei muito bem. Mas e você, como está?"

"Não muito confiante também. Também cheguei meio apreensivo."

"Oh, sério? Que interessante! Como assim? Diga-me. O que está acontecendo em sua vida?"

No terceiro dia de workshop, quando cada um dos membros de grupo explicou suas esculturas, o fluxo inteiro de conversa mudou da guerra de trincheira para um questionamento aberto e apreciativo. As pessoas ouviram umas às outras com a mente e o coração abertos.

Um líder sindicalista negro sul-africano que uma vez participara de um workshop com um branco representante de uma companhia de mineração descreveu a mudança do debate para o diálogo que acontecera durante a oficina da seguinte forma:

"Ele representava essa instituição capitalista diabólica, a Câmara de Mineração. Eu representava o Sindicato Nacional dos Mineradores. Em 1987, colocamos 340 mil mineradores em greve, 15 deles foram mortos e mais de 300 ficaram gravemente feridos. [Naquela época] ele era o inimigo e, aqui, eu me sentava ao lado desse cara quando aquelas feridas ainda estavam abertas. Estamos em 1992, são cinco anos desde 1987.

"Hoje é mais fácil para mim dizer que foi uma boa coisa ele estar lá porque ele também teve de viver um futuro no qual ele realmente não acreditava. (...) Penso no que o workshop fez, permitiu que ele visse o mundo a partir do meu ponto da vista e permitiu que eu visse o mundo a partir do seu ponto de vista."[7]

Outro exemplo é o de um participante de um workshop na Guatemala que foi encaminhado pelo meu colega Adam Kahane.[8] O objetivo dessa oficina foi criar um diálogo e uma visão comum do futuro entre um grupo diverso de representantes de todos os setores no país, de militares a representantes do movimento guerrilheiro: "Fomos capazes de entender um ao outro, de falar um com outro;

fomos capazes de respeitar um ao outro, de fazer isso. Isso é algo que, estou certo, impressionou muitas pessoas no país. E uma das conversas lá foi: 'Os guerrilheiros estavam lá? E, se estavam, ouviam? Sim.' Isso é muito simples, mas acredito que o que poderia estar acontecendo no país pode ser influenciado por um desses processos."[9]

Os participantes, individualmente e em grupo, desenvolvem um observador interior que os ajuda a se concentrar no que estão fazendo. Ouvem mais atentamente e evitam um debate. Um dos participantes reflete sobre esse tipo de conversa: "Acho que o maior impacto foi descobrir o quanto as pessoas se envolvem em conversações sem realmente ouvir o que outra pessoa diz. E é algo tão evidente que cada um começa a colocar em prática quase imediatamente. Isso é algo (...) que trago comigo."[10]

Diálogo vem do grego *logos*, "palavra" ou "significado", e *dia*, "através", e poderia ser literalmente traduzido como "significado movendo-se através".[11]

Partir do *debate* (o Campo 2) para o *diálogo* (Campo 3) envolve uma profunda mudança na estrutura de campo da atenção coletiva baseada na qual uma conversa opera. Assim como mudar da fase de *ver* para a de *sentir* no micronível do indivíduo envolve um deslocamento de enfrentar o mundo como um conjunto exterior de objetos para experimentar o mundo a partir (de dentro) do campo, o deslocamento do debate para o diálogo também envolve o deslocamento da tentativa de defender o ponto de vista contrário para questionar os pontos de vista de outra pessoa, ouvindo a partir (de dentro) do outro com empatia.

Quando essa mudança de direção para um campo conversacional acontece, sua perspectiva amplia-se para incluir você mesmo – você passa da fase de ver o mundo como um conjunto exterior de objetos para ver o mundo e *a si próprio* ao participar de sua cocriação. Os participantes, individualmente e em grupo, desenvolvem um observador interior que os ajuda a reconhecer e *redirecionar* a forma e o foco de operação. É como se cada um estivesse não só assistindo a um filme em uma tela, mas também fosse o cinegrafista que filmasse a história, o diretor e até mesmo o observador. Cada um percebe um campo de perspectivas múltiplas, dinamicamente interligadas que constituem um campo único. No Fórum de Diálogo Médico-Paciente, esse deslocamento aconteceu no silêncio, quando os participantes perceberam que eram o sistema. Quando esse tipo de mudança acontece, as pessoas passam da defesa para o questionamento de seus pontos de vista e começam a falar vendo-se como parte do sistema em questão.

Presencing: Encenando o processo conversacional no Campo 4

"Otto, gostaria então de saber se gostaria que você e seu trabalho fossem acolhidos por esse círculo?"

Quando Barbara me fez essa pergunta, no Círculo das Sete, senti uma mudança de atmosfera.

O tempo desacelerou; o espaço se abriu. Várias vezes, durante meus projetos de entrevista, deparei com essa mudança para um espaço mais profundo de emergência essencial. Quando isso ocorre, o tempo diminui sua marcha e parece quase parar, a atmosfera parece mais densa e minha noção de espaço se abre, como se eu estivesse em uma clareira ou em um espaço mais amplo que se abre e irradia sobre e através de nós. O limite entre mim e meus parceiros de diálogo está inteiramente aberto, e começamos a operar em um campo comum. Nesses momentos, é como se algo abençoasse a presença comum. A conversa se desloca da autorreflexão para um diálogo a partir do que perpassa o grupo: "Sinto-me encorajada a não falar casualmente", como Leslie exprimiu no Círculo das Sete: "Falo quando sou movida por uma presença mais elevada que precisa de uma voz. (...) Nós nos rendemos ao campo."

Essas situações de cocriação profunda costumam começar por algum tipo de "fenda", deixam ir e deixar vir o momento decisivo que anteriormente aqui foi descrito como "senti como se eu fosse morrer" ou como "atravessando uma membrana".

As conversas do Campo 4 diferem do diálogo (Campo 3) não só em textura experimental, mas também quanto a dois resultados de longo prazo: um vínculo único, profundo, entre os que participaram; e realizações muitas vezes significativas tanto por grupos inteiros como por indivíduos.

Embora eu reconheça que a evidência dessas reivindicações seja feita mais por meio de depoimentos do que de forma estatisticamente significativa, esses dois resultados parecem formar um padrão consistente. Tanto grupos como indivíduos desenvolvem vínculos de conexão mais profundos. Sentem uma qualidade de conexão mais profunda, eterna, que não irá desaparecer. Você pode atenuá-la, mas ela ainda está lá, presente. É como encontrar seu melhor amigo depois de muitos anos de separação e ver que vocês ainda têm uma conexão profunda. E as equipes ou grupos que entraram no fluxo profundo do *presencing* uma vez costumam achar muito mais fácil fazer isso na vez seguinte.

A etapa inicial do *presencing* nos proporciona uma conexão mais profunda com a essência de nosso trabalho e com quem somos nós, individual e coletivamente. Explorar essa fonte mais profunda pode transformar-se em uma verdadeira força – mas requer muita atenção e trabalho para tornar o novo uma realidade. Às vezes isso acontece, outras vezes não.

Meu colega Adam Kahane conta como isso realmente aconteceu. Como já mencionado, ele conduzia um projeto de cenário nacional na Guatemala, no momento em que o país se recuperava de um período de guerra civil. O trabalho do cenário fora elaborado para ajudar os participantes a verem a força que enfrentariam à medida que avançassem. Uma noite, no início do projeto, o grupo se reuniu depois do jantar e contou histórias que achavam que iluminariam algumas dessas forças. Uma mulher de negócios falou sobre a tentativa de descobrir os fatos do assassinato de sua irmã por militares. Um funcionário militar com o qual ela falara e que negara qualquer envolvimento, estava sentado junto dela naquela tarde, no círculo.

Então, Ronalth Ochaeta, ativista de direitos humanos, contou a história de quando foi para uma aldeia maia testemunhar a exumação de uma cova coletiva (uma de muitas) de um massacre. Com a remoção da terra, ele notou vários pequenos ossos e perguntou para a equipe forense se aqueles ossos haviam sido quebrados durante o massacre. Eles responderam que não, a cova continha cadáveres de mulheres grávidas, e os pequenos ossos eram de seus fetos.

"Quando Ochaeta terminou de contar sua história", disse Adam, "a equipe estava em completo silêncio. Eu conduzia essa sessão e nunca havia experimentado um silêncio semelhante; fiquei chocado e não tinha a mínima ideia do que dizer ou fazer; então, não fiz nada. O silêncio durou um longo tempo, talvez cinco minutos. No fim da sessão, fiz uma observação incomum: 'Sinto que há um espírito na sala.'" Como Adam dissera, o senso normal de separação entre pessoas diminuiu; dois participantes chamaram a experiência de "comunhão". Durante algum tempo, deixaram de apreciar as diferentes perspectivas uns dos outros e passaram a ser, por um momento, um "eu" coletivo inteiro.

Adam disse: "O sentimento diante da ação de ouvir a história de Ochaeta não era empatia por ele. A história não era sobre ele, e ele nos contou com um pouco de emoção; várias outras pessoas na sala poderiam ter contado histórias semelhantes de experiências próprias. Em vez disso, Ochaeta era um veículo daquela

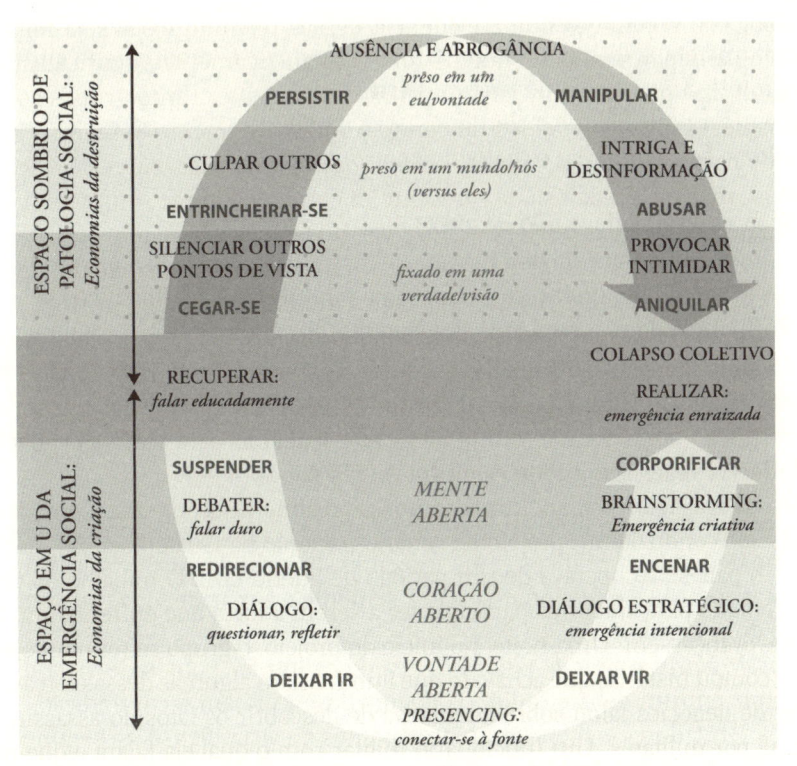

FIGURA 17.3 O ESPAÇO DO U E O ANTIESPAÇO: CONVERSAS

história crucialmente importante para entrar na sala e ser ouvido pela equipe inteira. Toda história é um holograma que contém o quadro inteiro. Na história de Ochaeta, a equipe vislumbrou o todo essencial da realidade guatemalteca: o mistério ao qual tinham de ser conectados para fazer o que precisavam fazer."[12]

Quando a comunicação alcança um ponto de comunhão, os participantes reconhecem seu ponto em comum e sentem profundamente o significado de estarem lá. Todas as interações e conversas começam a emanar de um lugar diferente; e um lugar de conexão profunda e emergência essencial começa a se abrir.

Campos conversacionais de emergência e seus anticampos

A Figura 17.3 apresenta uma tipologia mais diferenciada dos campos conversacionais introduzidos anteriormente. Essa figura difere em dois aspectos da apresentação da Figura 17.1. Em primeiro lugar, mostra mais três campos conversacionais à direita do U. Esses três tipos são: diálogo estratégico (emergência intencional), brainstorming (emergência criativa) e realização (emergência personificada). Todos pertencem ao grupo mais amplo de conversações baseadas no *presencing* (isto é, compartilham a mesma estrutura de campo da atenção que é definida pela conexão com a Fonte). Em todos os três, opera-se a partir de uma fonte mais profunda. Mas eles são aplicados em contextos diferentes. Cada campo capta uma etapa diferente do nascimento do novo: como imagem e intenção, como protótipo vivo ou como prática diária.

Você notará que há outro elemento novo na Figura 17.3 – um espaço sombrio da patologia social em que o diálogo não acontece.

Por que às vezes o diálogo não acontece

Olhe a seu redor: a maioria dos sistemas e instituições tornou-se profundamente presa ao modo de recuperação. Quais são os mecanismos pelos quais se estabelece a influência da recuperação? Por que tantos sistemas ficam estagnados em padrões patológicos de comportamento? Os sistemas sociais podem se desencaminhar e se transformar em uma patologia social que chamo de ciclo de *ausência conversacional*. Esse é o oposto do ciclo do *presencing*. Vamos examinar agora sete comportamentos debilitantes da ausência conversacional:

1. *Recuperar:* Reencenando padrões do passado. A recuperação é a semente e a mãe de todas as práticas remanescentes do ciclo de ausência, assim como prestar atenção e questionar-se são a semente e a mãe de todas as práticas no ciclo do *presencing*.
2. *Silenciar outros pontos de vista:* Em vez de estimular pontos de vista diversos e entrar em um debate sadio, os líderes desencorajam a contradição, negam dados refutadores e silenciam outros pontos de vista. Pense no segundo caso, do CEO da GlobalHealthCompany, descrito no Capítulo 8: "Ele era um líder

destrutivo", lembrou um dos gerentes seniores da companhia. "Ele simplesmente demitia as pessoas se não concordassem com ele. Você era demitido se dissesse algo sobre a empresa que não devia dizer – seu trabalho era proteger a empresa." Outro caso proeminente que ilustra bem a discussão é o desastre do ônibus espacial *Challenge*. As discussões na NASA silenciaram sobre pontos de vista, inclusive dados refutadores, exatamente quando a consideração seria de importância crucial. Outro exemplo (muitas vezes, não intencional) de silenciar opiniões diversas era compartilhado por Joseph Stiglitz em sua forma de lidar com o funcionamento interno do FMI que levou à aplicação de muitas políticas imprudentes no passado: "Essas políticas não eram questionadas por muitas das pessoas da cúpula do poder do FMI, por aquelas que tomavam as decisões cruciais. Em geral, eram questionadas por pessoas de países emergentes, mas muitas dessas pessoas tinham tanto receio de perder o financiamento do FMI – e, com isso, o financiamento de outros – que expressavam suas dúvidas com muita cautela, se é que o faziam, e apenas reservadamente."[13]

3. *Culpar os outros:* Culpar os outros ofusca a realidade, que é o elemento mais importante ao lidar com o conflito e a complexidade sociais: ver a si próprio pela perspectiva de outros *stakeholders* e entender a sua parte ao ajudar a resolver o problema à mão. O modelo conversacional de culpar os outros impede que grupos captem as complexidades sociais que mais importam: ver a si próprio como parte do sistema em questão. Quando surgem pressões e um sistema fica preso no tipo de conversa *culpar os outros*, o resultado também será previsivelmente disfuncional. A anticapacidade que reside nesse tipo de conversa é entrincheirar-se em seu pequeno mundo interior, em vez de cruzar as fronteiras para o mundo exterior. Culpar os outros significa não conectar-se a eles e perder o verdadeiro ponto de vista que eles têm de uma situação. Essa falha muitas vezes ocorre em cenários institucionais, a despeito das melhores intenções individuais. Stiglitz, por exemplo, tinha a vantagem de não estar profundamente entrincheirado na política interna do FMI. Portanto, foi menos difícil para ele entender não só a visão institucional, mas também a perspectiva do outro lado: os países em desenvolvimento. Stiglitz disse, dando voz a essa outra visão: "Hoje, poucos defendem a hipocrisia do fingimento de ajudar países em desenvolvimento impondo-lhes a abertura de mercados a produtos dos países industrializados avançados, mantendo, ao mesmo tempo, seus próprios mercados protegidos, políticas que tornam o rico mais rico e os pobres mais pobres – e cada vez mais revoltados."[14] Essa hipocrisia não pode ser tratada como mera questão comportamental individual. Só pode ser tratada no contexto de um fenômeno coletivo ou de grupo em que certos aspectos da percepção de realidade são estruturalmente filtrados ou apagados.

4. *Ausência e arrogância:* Se culpar os outros é desconectar-se horizontalmente deles, a ausência significa a desconexão vertical de si próprio – isto é, do próprio eu, o eu emergente ou autêntico. Essa desconexão é, sob certos aspectos, tanto a mais sutil como a mais dramática. Estive uma vez em uma teleconferência para discutir o projeto de uma reunião de alto nível de tomadores

de decisão em uma das principais instituições internacionais do mundo. Enquanto o cliente e o patrocinador desse evento delineavam ideias e princípios básicos para a reunião, eu me senti silenciosamente questionando-os, porque o que o cliente descrevia não era o que ele, seu grupo central e eu tínhamos imaginado. Em conversa anterior, eu aceitara participar de um evento que fosse mais corajoso e ousado, e agora sentia que sua proposta revisada subutilizaria o tempo e a energia das pessoas, e também aquilo com que eu poderia contribuir. Naquele momento, simplesmente obedeci às regras do jogo. Fiquei atento ao cliente e respondi educadamente ao que ele dizia. Mas, por dentro, eu sabia que concordar com o plano atual do cliente destruiria a futura possibilidade que ele e outros membros do grupo central esperavam. Sabendo disso de coração, lamentei obedecer às regras e seguir a maré. Senti a necessidade de tentar salvar a situação, mas não sabia o que fazer.

Mais tarde naquela noite, em uma conversa com o mesmo cliente, expressei algumas de minhas preocupações. E, naquele momento, a conexão inicial com a melhor futura possibilidade começou a reaparecer para nós dois, quando, mais uma vez, encontramos o ponto em comum da conversa.

A ausência contém uma dimensão sutil de sabotagem, como evidenciado pela audioconferência. É tão sutil que só *você* poderia notá-la quando ela acontece. Quem você está sabotando? Seu Eu autêntico e as relações que ele pode ter com a autêntica essência de outros participantes-chave – isto é, a futura possibilidade mais elevada para você e para seu projeto ou grupo, aquela que depende totalmente de você para nascer. Cortando essa tábua de salvação para seu Eu autêntico, você sente imediatamente um vazio interior. Esse vazio, em geral, aumenta rapidamente com alguma dimensão do ego e outras coisas do ontem, ou, se o cenário piorar, do anteontem (como no caso do fascismo). Quando isso acontece, você pode perder rapidamente o contato com o que precisa acontecer e acabar em alguma versão de autopiedade coletiva ou arrogância, ou ambos.

A arrogância e a ausência são o contrário do *presencing*. No *presencing*, o próprio eu serve como veículo do melhor futuro possível que quer emergir para o todo mais amplo. Em oposição, quando as pessoas colocam o ego, seus próprios eus ou sua autopiedade no centro, o mundo à sua volta torna-se um recurso que está sujeito à exploração ilimitada pelo ego e pela arrogância. Essa distinção realmente importa porque torna claro, por exemplo, que a Alemanha nazista foi um caso de ausência, e não de *presencing*. Hitler e seus associados podem ter empregado várias práticas secretas – mas as utilizaram para atender ao ego coletivo. Sua arrogância os colocou diretamente no centro. Eles buscaram explorar o resto do mundo como seu recurso. Como resultado, não ativaram o Eu emergente mais elevado, que estaria a serviço da evolução do todo mais amplo, retirando seu próprio ego do palco central.

As três práticas restantes dessa patologia coletiva, o lado direito do "U sombrio", completam o processo de ausência, assim como o lado direito do U realiza o processo de *presencing*.

5. *Intriga e desinformação* aprofundam a desconexão da futura possibilidade mais elevada de um sistema, envenenando as fontes coletivas de diálogo e pensamento. Buscam manipular as visões e o comportamento alheio, escondendo informações verdadeiras e/ou acrescentando falsas em um espaço conversacional compartilhado. Ambas as práticas foram amplamente empregadas no espaço da política institucional e corporativa, bem como na esfera de políticas externas baseadas em agências secretas, como lemos nas *Confissões de um assassino econômico*, de John Perkins.
6. *Provocação e intimidação* envenenam ainda mais as interações e relações. A provocação e a intimidação descrevem um ataque verbal ou físico contínuo contra indivíduos ou grupos. Esses comportamentos ocorrem em escala maciça, do playground do jardim de infância às salas de reuniões de organizações e aos corredores do governo. Podemos vê-lo em qualquer dia, praticamente em qualquer lugar. E, assim como o *brainstorming* criativo é um microcosmo para incubar futuras possibilidades emergentes, a provocação é um microcosmo para abortar os futuros emergentes.
7. O *colapso coletivo* é o passo final na destruição de estruturas relacionais. Assim como a *realização* completa o movimento do *presencing* personificando o futuro emergente, o *colapso* completa o movimento de ausência desenraizando a possibilidade futura.

Resumindo, o lado esquerdo do espaço escuro da Figura 17.3 representa as três bases nas quais esse ciclo opera: um sistema é neutralizado quando perde as três tábuas de salvação da emergência: contexto externo, contexto interno e fonte profunda de emergência. O *silenciar* corta a conexão de um sistema com a realidade exterior observável: aquela parte da realidade que não se encaixa em nossos estereótipos. *Culpar os outros* corta a conexão de um sistema com a realidade interior: a capacidade de um sistema ver-se pela perspectiva de outros *stakeholders*. A ausência *interrompe* a conexão com a possibilidade futura mais elevada. Com o corte dessas três tábuas de salvação, só nos restam conversas que poluem, envenenam e patologizam nosso pensamento coletivo (por meio da intriga e da desinformação), que envenenam microcosmos de futuros emergentes (por provocação, intimidação e sufocação da inovação) e que, por fim, destroem a própria base estrutural coletiva (colapso coletivo).

A Figura 17.3 permite fazer alguma observação diagnóstica sobre o estado atual do corpo coletivo da conversa que acontece diariamente em instituições e organizações, momento a momento:

1. A intenção individual da maioria dos participantes na maior parte das organizações é operar a partir do espaço de emergência criativa, e não a partir do espaço escuro da patologia.
2. Apesar disso, o resultado encenado coletivamente é que as conversas em muitas ou na maioria das organizações se realizam no espaço patológico da antiemergência, e não no espaço da emergência criativa.

3. Daí fazermos coletivamente o que ninguém deseja: operamos na atmosfera tóxica de padrões patológicos de conversa.
4. Tal espaço conversacional é tóxico ou limitante em dois aspectos: impede participantes individuais de acessar os níveis mais profundos de seu ser e de sua consciência, e impede instituições coletivas de se codesenvolver com seus ambientes acessando os fluxos mais profundos da emergência coletiva.
5. Os resultados disfuncionais de operar a partir do espaço poluído e patológico da conversa são normalmente tratados concentrando-se no lado direito, mas o comportamento relativo à disfunção *origina-se* no lado esquerdo (e no topo) do ciclo da destruição: isso corta as tábuas de salvação para os mundos interior e exterior.

Então se o espaço escuro ou o ciclo da destruição é disfuncional e ninguém o quer, por que o mundo está tão firmemente sob seu domínio? Essa pergunta é uma das questões mais incompreensíveis do nosso tempo. Retomaremos isso mais adiante.

Outra pergunta estimulada por essa observação é, naturalmente, como podemos passar do espaço destrutivo do U para o espaço criativo da criação da realidade conversacional? Vejamos algumas questões práticas.

Utilizando entrevistas baseadas em diálogo nas organizações

As entrevistas baseadas em diálogo podem ser eficazes em muitos cenários organizacionais diferentes.

Por exemplo, em um programa de liderança de diretores recém-promovidos em uma empresa automobilística líder global, o processo inteiro se dá com um diálogo inicial. Essa é uma conversa de uma hora e meia ou duas horas (via telefone) sobre as questões e os desafios atuais e sobre a jornada de liderança pessoal que trouxe o entrevistado à posição em que ele está agora. Ursula Versteegen, que desenvolveu e aperfeiçoou esse método nos últimos 10 anos comigo, descreve uma de suas experiências:

"Há pouco tempo, fiz uma entrevista baseada em diálogo com Walter H. Para mim, o maior desafio em um diálogo é quando tenho de 'pular da ponte'. O momento de pular para terra firme em uma 'presença' total é a hora mais difícil da entrevista, e realmente fico assustada quando sinto que isso se aproxima. Mas, assim que me atrevi a pular e superei minha relutância e dificuldade interior, essa é a mais bela e fácil forma de ser."

"Walter é engenheiro em uma empresa automobilística global. 'Eu sabia aos 10 anos', começou Walter, 'que queria ser engenheiro, e trabalhar com carros. Desde a infância, passava mais tempo em ferros-velhos do que em playgrounds'. Por mais de uma década, ele esteve trabalhando como especialista no controle de qualidade em diferentes cargos e fábricas. Quando Walter falava sobre carros, mostrava-se entusiástico. Gostei de ouvir: 'Todo mundo juntava-se a mim desde o princípio. Deram-me responsabilidade desde cedo.' Eu poderia quase tocar seu orgulho sobre a criação de carros de boa qualidade."

"'Há algumas semanas', continuou ele, 'estive no setor de RH/Relações Industriais. É um lugar exótico para mim. Há uma imensa lista de coisas' – e ele começou a ler a lista – 'das quais sou responsável neste momento: organização de trabalho; reorganização; organização de liderança em fábricas; sindicatos; gerenciamento do setor de saúde; relatórios de licença médica; manutenção de saúde; segurança ocupacional; mão de obra envelhecida; novos modelos de emprego; e por fim HIV/Aids em países com alta prevalência dessa doença. Meu desafio é: como convencer funcionários da fábrica a participar do gerenciamento de saúde? Como negociar com os sindicatos, vender-lhes nossos conceitos? Como tomar decisões sem autoridade formal sobre as pessoas que precisam cumprir todas essas regras?'"

"Depois de ler essa lista para mim, fiquei imediatamente impressionada. Levou algum tempo para eu perceber que meu nível de energia caíra de 100 para 0. Por que isso aconteceu? O que havia acontecido? Ouvindo-o enquanto ele continuava a falar de seu desafio, notei que ele também mudara. Sua voz tornara-se mais formal, ele falava muito mais rápido, e, desse modo, parecia mais distante, talvez até mais decidido e resoluto. Minha escuta estava diminuindo. Parecia que ele havia trocado o papel do cara legal da produção, interativo, entusiasta e gentil, pelo papel de um burocrata formal que sabia exatamente o que todas essas pessoas da fábrica precisavam fazer. Também me senti distante. Em meu interior, comecei lentamente a me aliar aos pobres trabalhadores da produção que eram alvo de todas as atividades corporativas. Perguntei a ele sobre seus *stakeholders*: 'Quem seriam as pessoas mais importantes com as quais falar para obter diferentes perspectivas de seu novo trabalho?' Eu esperava silenciosamente que os *stakeholders* lhe dissessem o que eu não poderia dizer. 'Oh, já tentei falar com eles', Walter apressou-se em dizer, 'quando fiz minhas primeiras entrevistas inaugurais em 300 dias. Disse-lhes quais eram minhas responsabilidades e pedi comentários. Tenho de fazer isso de novo?'"

"Eu me vi parada na ponte, e sabia que precisava pular para fazer a diferença. Mas uma gravidade interior incrível me continha. Parte de mim falava: 'Diga que seu modo de fazer entrevistas com base em diálogos com *stakeholders* é inútil.' A outra parte, assustada, dizia: 'Abra seu coração. Deixe que ele a mude.' Naquele momento, uma memória brotava em mim: há pouco, quando eu trabalhava na sede de uma empresa farmacêutica, eu passara exatamente pela mesma situação que Walter. Tinha de convencer unidades comerciais e locais de produção de muitas posições conceituais, opiniões e 'lista de tarefas' que não tinham a ver com minha própria experiência. Quanto mais inútil eu me sentia, mais meu estilo de comunicação mudava para ensiná-los ou instruí-los."

"Pulei: 'Enquanto estou ouvindo você, começo a me perguntar qual a diferença entre trabalhar em uma fábrica e na sede.' Ele concordou, balançando a cabeça. Nossa distância começou a se diluir. Diminuí a marcha, falando do lugar interior da pessoa perdida e inútil que sentia ser na hora: 'Não sei como e se essa experiência tem a ver com você.' Falei como se pisasse em ovos, esperando as palavras certas chegarem, sem saber qual seria a próxima palavra. 'Quando, no meu caso, perguntei às pessoas da produção para que precisavam de mim, sua resposta foi 'Honestamente, senhora Versteegen, não precisamos de você para nada agora, sinto muito dizer isso.'"

"Silêncio. Eu poderia ver uma pena cair. Mas o silêncio era energia pura. Ouvi um som de alívio muito profundo e, então, Walter disse: 'Isso foi exatamente o que me disseram.' A conversa mudou totalmente naquele momento. Perguntei: 'Antes, você mencionou que uma de suas principais aprendizagens na produção era que as coisas sempre pareciam diferentes quando você as via de fora, comparadas a quando as olha de dentro. Como essa aprendizagem se aplica à sua situação agora?'"

"O tempo desacelerara e entramos em um fluxo. Por fim, ele respondeu: 'Bem, uma entrevista foi diferente. Foi aquela com o chefe de produção que conheço bem e respeito muito. Eu não o entrevistara como se fosse responsável pelas relações industriais, falei com ele como se ainda fosse um parceiro, no meu antigo cargo também como chefe de produção. Ele disse: 'Walter, como uma pessoa do lado corporativo, você está trazendo respostas a perguntas que não tenho. Mas tenho muitas perguntas e questões para as quais preciso de sua ajuda como profissional parceiro, para me ajudar a encontrar respostas novas e inovadoras.'"

Então, Ursula perguntou: "Por que ele poderia dizer isso a você?" Walter respondeu: "Acho que me coloquei no lugar dele, olhando da produção para o corporativo. Em outras entrevistas, eu olhava de fora, do lado corporativo, para a produção. E a diferença que vejo agora levanta uma nova pergunta para mim: o setor corporativo deve se organizar em torno da produção, ou a produção girar em torno do corporativo? Como antigo gerente da fábrica, posso usar meu novo cargo para mudar o foco da conversa do corporativo para a produção."

Identificando temas emergentes em processos de mudança utilizando o diálogo

Um dos desafios padrão de implementar mudanças em grandes sistemas organizacionais é analisar o *input* dos principais *stakeholders*. As entrevistas baseadas em diálogo são ferramentas eficazes para obter esse input e, ao mesmo tempo, conectar os *stakeholders* ao processo e entre si. No Fórum de Diálogo Médico-Paciente, por exemplo, tínhamos 130 entrevistas para analisar e quantificar. Outros projetos podem ter mais ou menos entrevistas com as quais trabalhar. Descobri que os 10 passos a seguir são úteis na análise e síntese dos dados de entrevista:

1. *Preparação*. O grupo de entrevistadores (em geral, uma combinação de pessoas internas e externas) prepara-se lendo as transcrições completas das entrevistas. Todo mundo chega preparado e com passagens selecionadas dessas entrevistas que parecem expressar problemas sistêmicos.

2. *Abertura*. Em primeiro lugar, todo entrevistador compartilha um breve relato do projeto de entrevista que "me tocou" ou que "tocou meu coração". Essa discussão é descontraída e informal, mas estabelece o tom da conversa. Dentro de alguns minutos, essas histórias começam a evocar um campo social que estimula e prenuncia as etapas posteriores do processo e que normalmente alcançam o cerne da questão com muita rapidez. É importante, contudo, ater-se aos dados: a intenção é compartilhar histórias, para não ruminar os problemas por muito tempo.
3. *Intenção articulada e as perguntas centrais* em questão. Depois disso, começa o verdadeiro trabalho: articular as razões se e porque a mudança é necessária, o objetivo do projeto e as questões centrais que organizam o projeto.
4. *Improvisação: observe, observe, observe*. A principal parte da atividade de sentir e ver envolve sentar-se a uma grande mesa, distribuir suas transcrições aos participantes e fazer uma leitura em voz alta desses textos. De muitos modos, essa leitura é como uma *jam session*: os instrumentos são as pessoas que você encontrou – os entrevistados; as partituras são as transcrições à mão; e a parte da música que se cria é a arte social de ver e sentir o sistema de emergência, aquele que se tentou obter dos pensamentos e palavras dos entrevistados.

    Como em qualquer boa *jazz session* ou improvisação jazzística, há regras a serem seguidas. A regra número um nessa etapa é suspender o julgamento. Não é permitido dizer, "eu gosto disso" ou "não gosto disso". Não é permitido nem mesmo dizer, "acho isso" ou "acredito nisso". Ninguém nessa etapa está interessado nas opiniões ou crenças dos entrevistadores. Esse tipo de opinião poderia até acabar com todo o processo. Nessa etapa, há apenas um elemento que conta: as experiências reais captadas nas entrevistas e histórias. Todo o resto é ruído nessa etapa e deve ser filtrado.

    Uma pessoa começa lendo uma passagem que a impressionou e considerou importante. Também pode destacar uma ou duas palavras do contexto. Em seguida, faz-se uma pausa. Motivada por essa pausa, outra pessoa é solicitada a ler outra citação que pode ou não estar relacionada com a primeira. Esta, provavelmente, também acrescenta um comentário para colocá-lo no contexto. Pausa. Depois, a terceira parte. E assim por diante. Parece uma colagem. Toda citação é uma pequena parte do quadro. E, coletivamente, de todas essas partes, um quadro começa a vir à tona. Esse passo leva quantas horas forem necessárias. Durante a leitura das citações, o grupo inteiro mergulha cada vez mais no fluxo da realidade. Ele entra no ritmo e aprende a ouvir a música, que fala do que permanece sem ser dito entre as citações – o espaço vazio intermediário (o mergulho profundo).
5. *Sentindo a partir do campo*. À medida que os participantes ouvem a colagem que se revela nas citações, começam a sintonizar alguns padrões emergentes, quadros e polaridades. E, ao se acumular o número de histórias e citações, eles começam a passar do lugar de ouvir para a fase de ouvir a partir do todo, o ponto em comum a partir do qual todas as instâncias, histórias e citações surgiram.

Em um flip chart, desenham um círculo vazio no centro da página, escrevem uma questão ou relação no centro (o foco) e logo monitoram tudo que se ouve relacionado àquela pergunta em balões que são agrupados em torno do centro. Cada um dos participantes capta as diferentes manifestações do fenômeno central em questão. Por exemplo, escreve-se relação *médico-paciente* no balão central e, então, em torno desse centro, nos balões periféricos, anotam-se todas as manifestações diferentes desse fenômeno. Há vários desses flip charts de mapeamento mental, que aumentam paralelamente, à medida que se descobrem padrões e temas emergentes.

Esse exercício imerge a mente coletiva do grupo nos pormenores concretos do campo ou sistema. Cada citação pode ser entendida como uma "base" em um *movimento* de campo mais amplo. A mente intuitiva coletiva do grupo se conecta à base lendo e ouvindo cada citação e então ao movimento do campo, mantendo e relacionando, ao mesmo tempo, a constelação de bases como um todo dinâmico.

Quando a mente começa a ver esse movimento, quando começa a ver a realidade desse movimento (redirecionamento), imagens, ideias e perguntas começam a emergir. Tudo que você tem de fazer é prestar atenção.

6. *Emergência essencial.* À medida que a conversa progride, você tenta se aprofundar nos padrões e temas emergentes e a cristalizá-los. Você começa a reduzir as imagens e os padrões àqueles que emocionam, que captam e repercutem as principais experiências das pessoas. E, então, você pergunta: quais são as forças de campo que determinam se um fenômeno é manifestado nesse ou noutro espaço? Quais são os principais sistemas e condições de campo que fazem um padrão ocorrer de um jeito ou de outro?

À medida que cristaliza os temas, modelos e quebra-cabeças centrais, e aprofunda a compreensão das principais condições de campo que estruturam esses padrões de emergência, você presta cada vez mais atenção ao que está surgindo pela porta dos fundos da mente. Essa é a etapa em que os grupos começam a funcionar como instrumento do futuro emergente. Para fazer isso, é essencial colocar-se a serviço incondicional da possibilidade futura que está querendo emergir. Visto desse ângulo, o *presencing* é o início de um diálogo com a futura possibilidade que quer emergir. A menos que deixe a porta dos fundos da mente entreaberta, é improvável que esse tipo do diálogo ocorra.

E você volta a atenção para perguntas fundamentais, como: qual é a essência profunda que quer emergir dessas citações, observações e forças formativas? Qual é o fator limitante que mantém o sistema disfuncional vivo? Quem são os "sem-voz", os excluídos, no atual sistema? O que pode reconectar o sistema/campo à sua verdadeira origem? Quais outras perguntas nos surgem agora?

7. *Cristalização.* Encerrar o processo de cristalização identificando os recursos essenciais, temas e perguntas centrais, questões sistêmicas e principais citações que o concretizam. Isso mapeará o caminho a ser considerado.

8. *Prototipagem*. Testar sua análise do sistema em uma minissessão com *stakeholders*, que irá fornecer algum feedback imediato e sugerir melhora na forma e no conteúdo da análise.
9. *Apresentação e realização*. Apresentar, discutir e aprofundar os resultados em um microcosmo sistêmico ou de múltiplos *stakeholders* parecido com o Fórum de Diálogo Médico-Paciente. Ler algumas citações originais para provocar e evocar o campo coletivo no grupo. Facilitar a emergência coletiva. Utilize o campo coletivo desse microcosmo para gerar e disparar iniciativas principais que levam o sistema do estado atual à sua futura melhor possibilidade.
10. *RDA*. Revisão depois da ação: revise, reflita a respeito e documente o que foi aprendido.

Lembro-me vividamente de uma reunião de análise de entrevista com uma equipe de quase 10 pessoas em uma das empresas mais admiradas dos Estados Unidos. A equipe havia conduzido 100 entrevistas baseadas em diálogo por toda a organização, de altos executivos a funcionários da linha de frente, para obter uma noção de para onde a organização estava indo de uma perspectiva interna.

Por fim, tentamos captar a essência de todas as visões diferentes em uma única frase. Tínhamos falado sobre aquela essência com certo detalhamento, mas não fomos capazes de reduzi-la a uma frase. Quando o tempo se esgotava e a reunião estava prestes a acabar, uma mulher fez uma tentativa final. Ela disse: "Estou oscilando entre dois mundos. Em um mundo, sou uma máquina operando em condições de pressão, poder, eficiência e controle. Em outro, sou um ser que está entrando num espaço aberto, conectando-se e desenvolvendo-se de modo totalmente diferente. Sinto-me oscilar entre esses dois mundos."

O que disse deslocou a energia na sala. Ela estava alcançando algo. O que me impressionou foi que ela falou a partir do "Eu". Todo mundo antes dela havia falado de uma perspectiva de terceira pessoa. O que tornou o que ela disse tão potente foi a ambiguidade sobre quem era o "Eu". Era seu "Eu" pessoal? Ou ela articulava a experiência organizacional da perspectiva do "Eu" coletivo da companhia?

Para resumir: as dinâmicas entre o espaço do U e o antiespaço destrutivo são não lineares e dialéticas. Um espaço pode oscilar para se tornar outro quase imediatamente. O processo não é linear – o que é exatamente a razão pela qual é chamado de sombrio ou antiespaço. A análise desse espaço oferece uma compreensão sistêmica aprofundada que muitas vezes passa despercebida: para abordar as questões extremas do lado direito (manipulação, abuso e colapso), temos de focalizar o lado esquerdo e o topo: em se reconectar com os contextos do lado de fora e de dentro. A origem mais sutil da patologia do espaço escuro é provavelmente a autossabotagem ou a ausência. O problema com a ausência é que ninguém, exceto *você*, provavelmente o notará em tempo real. Portanto, você tem de despertar um órgão parecido com um olho dentro de si mesmo que o ajudará a navegar nesse limiar. É o olho de sua consciência. Essa entidade semelhante a um olho, a partir do qual os lampejos de nossa atenção e intenção se originam, é o que chamo do "eu no agora". É a origem invisível da verdadeira presença e poder reais.

Caminhos evolutivos dos campos conversacionais

Assunto das conversas. Elas constituem o segundo metaprocesso de como construímos o mundo. Às vezes, é útil examinar as conversas como se fossem seres vivos, entidades vivas e perguntar: se nosso trabalho como participantes nessas conversas é ajudá-los a se desenvolver e progredir a partir de etapas de evolução e consciência menos desenvolvidas para mais desenvolvidas, o que veríamos e faríamos de diferente?

Isso é exatamente o que estou tentando alcançar com a Figura 17.4. Ela mostra quatro jornadas de desenvolvimento de campos conversacionais, resultando em quatro tipos diferentes de conversas. As palavras em negrito representam a etapa final de cada uma dessas quatro jornadas: recuperação, debate, diálogo e *presencing* (ver descrições em negrito). Contudo, o que as palavras em negrito descrevem não é a jornada mais invisível que leva a esse tipo da conversa. Essa jornada mais oculta é captada nas palavras em tom mais claro que representam a jornada de desenvolvimento do campo. As quatro jornadas diferem em relação à velocidade que o impulso conversacional se manifesta no discurso.

A primeira coluna mostra o primeiro campo conversacional (ou ser) que surge quando um impulso conversacional é direta e imediatamente manifestado em dada forma – ou seja, a única forma que está imediatamente disponível: os padrões do passado. "Como vai? Vou bem."

A segunda coluna mostra o que acontece ao mesmo impulso conversacional quando a jornada entre o impulso inicial e a manifestação no discurso é um pou-

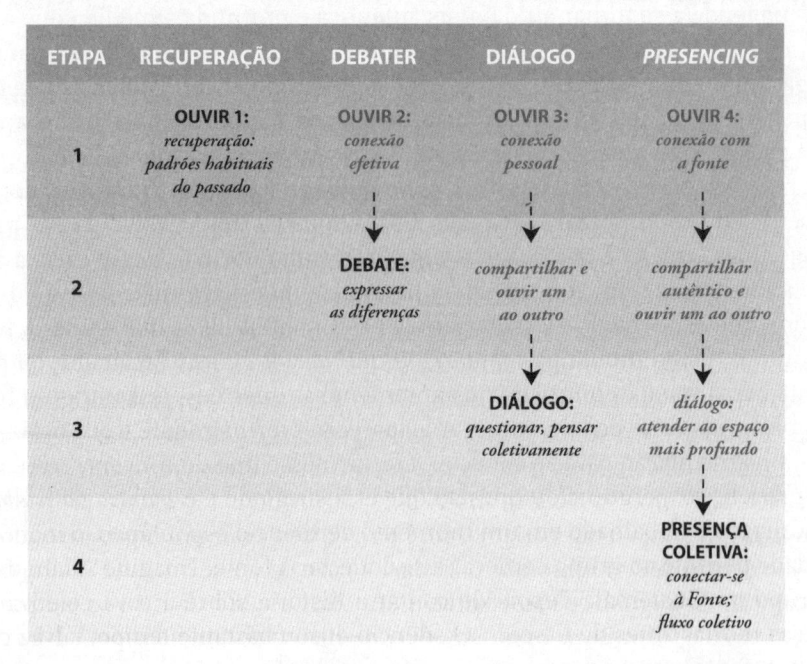

ETAPA	RECUPERAÇÃO	DEBATER	DIÁLOGO	*PRESENCING*
1	**OUVIR 1:** *recuperação: padrões habituais do passado*	**OUVIR 2:** *conexão efetiva*	**OUVIR 3:** *conexão pessoal*	**OUVIR 4:** *conexão com a fonte*
2		**DEBATE:** *expressar as diferenças*	*compartilhar e ouvir um ao outro*	*compartilhar autêntico e ouvir um ao outro*
3			**DIÁLOGO:** *questionar, pensar coletivamente*	*diálogo: atender ao espaço mais profundo*
4				**PRESENÇA COLETIVA:** *conectar-se à Fonte; fluxo coletivo*

FIGURA 17.4 A EVOLUÇÃO DAS ESTRUTURAS DE CAMPO CONVERSACIONAIS

co mais complexa. Em primeiro lugar, passamos pela etapa de nos conectarmos a informações factuais palpáveis (mente aberta). Se isso acontecer primeiro, o campo conversacional resultante costuma manifestar-se na forma de expressar as diferenças (debate) ou simplesmente trazer uma visão mais diferenciada da situação à mão: "Deixe-me sugerir um ponto de vista diferente sobre esse tópico."

A terceira coluna mostra o que acontece ao campo conversacional quando a jornada entre impulso e discurso é ainda mais cultivada e aprimorada. Em primeiro lugar, a conexão com o contexto é mais pessoal e mais experimental ou compreensiva (mente aberta, coração aberto). Em segundo lugar, há uma etapa de compartilhamento e de ouvir um ao outro dentro do grupo. Isso é feito com empatia genuína, de pessoa para pessoa. Só então, depois dessa fase de intenso ouvir um ao outro, é que o grupo está pronto para entrar no espaço de reflexão verdadeira coletivamente (diálogo). Lembre-se do que o gerente de Walter disse depois de um extenso período de atenção e amizade: "Walter, como uma pessoa do lado corporativo, você está trazendo respostas a perguntas que não tenho. Mas tenho muitas perguntas e questões para as quais preciso de sua ajuda como profissional parceiro, para me ajudar a encontrar respostas novas e inovadoras."

A quarta coluna representa ainda outra etapa evolutiva do metaprocesso conversacional. Ela mostra a jornada mais diferenciada entre impulso inicial e a encenação manifesta de um campo conversacional. Nesse caso, essa jornada passa por quatro etapas. A primeira é, mais uma vez, a conexão com o campo contextual. A única diferença dos tipos iniciais é que, nesse caso, a conexão com o campo tende a se tornar ainda mais autêntica e profunda à medida que a conversa começa a se revelar. Então, na segunda etapa, a situação passa para um compartilhamento autêntico. Essa etapa também pode ser rotulada de geração de imagens numa tela em branco, porque envolve o espaço e o ouvir uns aos outros a partir de tela inteiramente em branco. Puro ouvir. Considere a *jam session*, passagem por passagem. Imagine Ursula ouvindo não só seu entrevistado, mas também seu próprio ouvir e energia. Então, a etapa três envolve passar para o diálogo. Mas, antes de ficar apenas em um diálogo normal, nesse caso, a atenção e a intenção devem concentrar-se na fonte e no espaço mais profundos que querem emergir. Imagine Ursula parada na ponte. Ela sabia que era isso. Ela se perguntou: "Estou pronta para pular?" O que você faz como facilitador ou participante nessa etapa é controlar constantemente as questões, perguntas ou frases mais profundas que podem começar a aparecer. Normalmente, você utiliza um mantra na meditação para se conectar à fonte; nesse tipo de conversa, você tenta sentir se a frase, pergunta ou questão que está surgindo é o *mantra da realidade*. Se focalizado e trabalhado em um momento de silêncio espontâneo, o mantra da realidade permite ao grupo começar a se conectar à fonte. Imagine Adam diante do grupo na Guatemala depois de contar a história sobre a cova coletiva e as crianças mortas antes de nascer. "O silêncio durou bastante tempo, talvez cinco minutos. Sinto a presença de um espírito na sala..."

A linguagem, como o pensamento, é um metaprocesso por meio do qual criamos o mundo. Mas, assim como no caso da reflexão, muitas vezes não notamos esse processo e, à medida que ele vai se desenvolvendo, criamos o mundo coletivamente. O mapa na Figura 17.4 é uma ferramenta que nos ajuda a ver as diferentes estruturas de campo que criamos coletivamente. As etapas escritas em negrito da conversa mostram o aspecto mais manifesto de quatro campos conversacionais: a representação na forma de discurso. Em oposição, as etapas escritas em tom mais claro representam o aspecto desenvolvimental menos manifesto de campos conversacionais. Esses aspectos menos manifestos importam porque determinam se um dado impulso conversacional está se traduzindo na forma de recuperação, debate, diálogo ou *presencing*. Esses quatro tipos de campos conversacionais diferem em termos de jornada entre o impulso conversacional e sua manifestação no discurso.

Qualquer dado campo conversacional pode atravessar o território inteiro mapeado na Figura 17.4. Por exemplo, o workshop na universidade alemã que descrevi antes passou da recuperação para o debate e logo depois para o diálogo. Mas, quanto mais hábil e cultivado for um grupo, como nas entrevistas baseadas em diálogo de Ursula ou no Círculo das Sete, mais a conversa gravitará para o caminho mais claro representado na Coluna 4 (*presencing*).

Em essência, as conversas nos conectam ao poder da inteligência coletiva. As conversas podem ser meras sombras, frases vazias (recuperação). Elas podem nos conectar ao ponto de vista do outro (debate). Podem até mesmo nos conectar uns aos outros de forma mais profunda (diálogo). Ou podem nos conectar à nossa fonte profunda de criação coletiva e do mundo. Quando isso acontece, as conversas nos conectam a quem realmente somos (*presencing*). Ao operar a partir desse lugar mais profundo, começamos a atuar como instrumentos ou elementos de um todo que é mais amplo do que o nosso próprio eu. Começamos a nos conectar aos "seres que nos rodeiam".[15] Começamos a operar a partir do que estamos passando, a partir do poder do agora.

O que nos leva diretamente de volta ao quebra-cabeça que descobrimos: enquanto a maioria das pessoas como indivíduos aspira operar a partir dos níveis de conversação e conhecimento mais profundos, a realidade atual é que a maior parte de nossas instituições e sistemas é firmemente controlada pelos padrões patológicos da destruição (Figura 17.3). Por quê?

Porque não sabemos criar e cultivar a jornada invisível que é representada na Figura 17.4. Essa jornada é o aprofundamento de nossa atenção *primeiro*, antes de começarmos a agir sob impulso.

Portanto, se essa capacidade invisível realmente é a chave (só para argumentar), e se você quisesse impedir a humanidade de acessar esses níveis mais profundos do conhecimento, o que faria? Como planejaria o assalto?

Eis cinco ideias: (1) colocar seus filhos na frente da televisão o maior tempo possível (eliminar o contato interpessoal), (2) estimulá-los a passar horas interagindo rapidamente com videogames (games de matança os ajudam a lidar melhor com a violência que eles já viram na televisão); (3) colocá-los em escolas em que são vitimizados por métodos de ensino baseados em recuperação, o que os impede de desenvolver a capacidade da mente, do coração e da vontade abertos; (4) logo que a síndrome de déficit de atenção surgir (o que previsivelmente acontece como resultado dos fatores 1-3), empregar drogas e medicação para controlá-los; isso certamente fará com que o feedback que o corpo dá contra o ambiente insalubre e desumano seja respondido em um nível de sintomas para que as causas-raízes possam continuar sem tratamento; (5) certificar-se de que políticas educativas como teste quantitativo (nenhuma criança é deixada para trás) e outros métodos garantam, pelos próximos anos, que os professores não consigam criar um ambiente que permita a nossos filhos experimentar e explorar seus níveis de consciência, criatividade e conhecimento mais profundos.

Lamentavelmente, essas não são apenas condições imaginárias. Elas de fato descrevem como, atualmente, impedimos as crianças de se conectar às fontes de conhecimento mais profundas. Mas, se essa é a forma como organizamos o mundo da maioria de nossas crianças, também temos o poder de mudá-la.

Capítulo 18

Ações organizacionais

Organizações • Quatro campos para encenar estruturas institucionais e geometrias de poder • Das estruturas de campo centralizadas às descentralizadas • Da descentralização para a rede • Da rede para o ecossistema • Estruturas e patologias organizacionais • Sistemas em colapso e patologia institucional • Cinco observações sobre as organizações e instituições globais • Sobre a evolução das instituições

Organizações: ação coletiva

Até agora, utilizamos a Teoria U para iluminar dois dos quatro metaprocessos fundamentais para fazer nascer o mundo: pensamento (Capítulo 16) e linguagem (Capítulo 17). Este capítulo aborda o terceiro: estruturar, isto é, encenar diferentes geometrias de poder. Essa discussão irá apresentar e explorar a aplicação da Teoria U no nível organizacional e institucional da criação da realidade social.

As organizações são espécies estranhas. Elas tomam nosso tempo e energia e parecem controlar demais nossa vida – ou estragá-la, muitos acrescentariam. Entretanto, as organizações também estão em dificuldades. Mesmo as organizações mais poderosas – as corporações multinacionais que, aos olhos de muitos, parecem governar o mundo – têm uma expectativa média de vida de uns meros 40 anos. O que devemos fazer com essa espécie em rápido desenvolvimento que aparentemente governa o mundo, mas tem uma expectativa de vida que é a metade da sua ou da minha?

Henry Mintzberg, acadêmico e autoridade no assunto, define as organizações como a ação coletiva em prol de um objetivo comum, e a estrutura organizacional como "a soma total dos modos pelos quais seu trabalho é dividido em tarefas distintas e, então, sua coordenação é alcançada entre essas tarefas". Segundo Mintzberg, "gestão é apenas um termo para se unirem as coisas e se criar alguma espécie de coordenação em uma organização. (...) As organizações precisam de coordenação. Coordenação diz respeito à gestão, de um modo ou de outro".[1]

Vamos examinar as organizações através de nossa lente de quatro estruturas de campo, como esboçado na Figura 18.1. O Campo 1, onde a ação se baseia em modelos do passado, descreve uma máquina burocrática centralizada. Aqui, a atenção e a coordenação organizacionais manifestam-se através de fontes cêntricas de poder, tais como hierarquia ou regras centrais.

As instituições e os atores que operam no Campo 2 assumem uma perspectiva externa. Em nosso exemplo conversacional, isso implica o debate e a troca de pontos de vista diferentes. Em um nível organizacional, significa empurrar a tomada de decisões mais para as regiões, mais para o mercado. Institucionalmente, significa que o mercado e a competição (que refletem as forças da periferia organizacional) completam o mecanismo hierárquico de coordenação. As instituições descentralizadas que se organizam em torno de divisões ou unidades de negócios estratégicas são típicos exemplos de tipos do Campo 2 da organização. Enquanto as instituições do Campo 2 são boas por serem mais flexíveis e mais direcionadas ao mercado em suas várias unidades ou divisões, não são tão boas em captar as oportunidades que podem aparecer em seu ponto cego. O ponto cego reside no espaço em branco entre as unidades e divisões. A maioria das pessoas não pode ver esse espaço em branco porque isso envolveria uma colaboração mais profunda através dos limites organizacionais.

O que nos leva ao Campo 3. As organizações do tipo Campo 3 se organizam em torno de redes e diálogos interorganizacionais, em torno do poder de relações que se codesenvolvem por meio de ajuste mútuo dos diversos atores e parceiros.

ESTRUTURA DE CAMPO DA ATENÇÃO	CAMPO	
1. "EU EM MIM"	CENTRALIZAÇÃO: MÁQUINA BUROCRÁTICA	FONTE DE PODER: HIERARQUIA *cumprir regras centrais* → ORIENTADO PARA O CENTRO *lógica: economias de escala (produção)*
2. "EU NO OBJETO"	DESCENTRALIZAÇÃO: DIVISÕES	FONTE DE PODER: SUCESSO NO MERCADO *satisfazer demanda de mercado* → ORIENTADO PARA A PERIFERIA *lógica: economias de escopo (cliente)*
3. "EU EM VOCÊ"	ORGANIZADAS EM REDE: RELACIONAIS/ MATRICIAIS	FONTE DE PODER: RELAÇÕES EM REDE *mobiliza redes* → ORIENTADO PARA AS RELAÇÕES *lógica: economias de inovação (inovação de produto)*
4. "EU NO AGORA"	ECOSSISTEMAS DE INOVAÇÃO	FONTE DE PODER: CAMPO DE POSSIBILIDADES EMERGENTES *modela ecossistemas de inovação* → ORIENTADO PARA O CAMPO EMERGENTE *lógica: economias do presencing (inovação do sistema)*

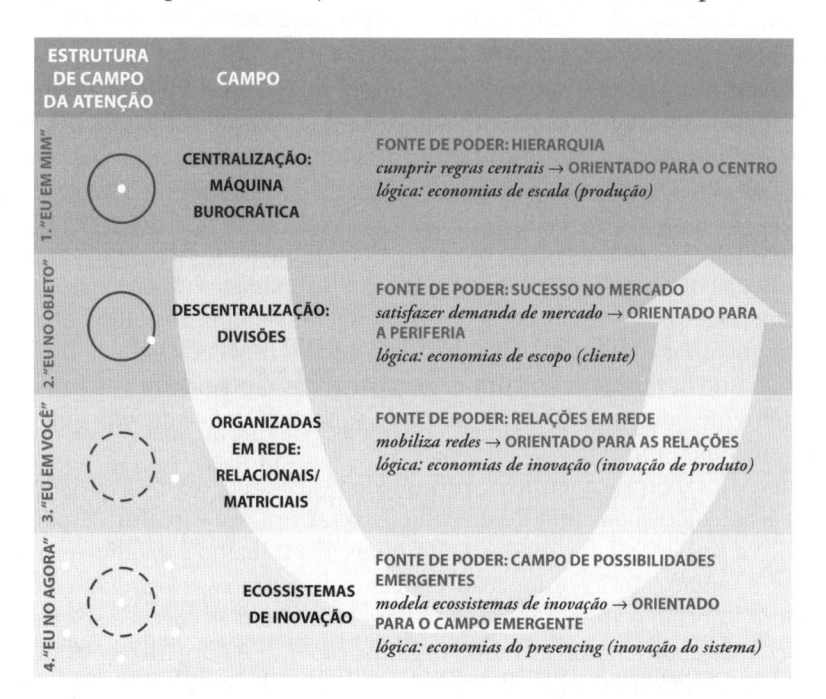

FIGURA 18.1 QUATRO TIPOS DE COORDENAÇÃO, QUATRO GEOMETRIAS DE PODER

Por fim, o quarto campo acrescenta o processo da conexão profunda e da emergência. Ele pode ser experimentado em conversas de grupos ou equipes quando a conversa se move para além dos próprios limites e começa a operar a partir do nível de fonte circundante de possibilidades futuras emergentes. E pode ser experimentado em organizações se essa organização abrir seus limites às constelações mais amplas de atores: todo o ecossistema circundante, incluindo os clientes, usuários e comunidades em questão. Quando isso acontece, as pessoas sentem-se atraídas por uma oportunidade futura emergente e começam a ver o sistema desse lugar.

Esses quatro campos da atenção têm origem em lugares diferentes: *dentro* dos limites, *nos* limites, *além* dos limites, ou *através* dos limites organizacionais. Da mesma forma, os quatro tipos de institucionalizar e coordenar se diferenciam quanto à geometria de poder que corporificam e encenam. Vamos pensar no poder, por exemplo, em função do lugar de onde seu poder se origina em relação ao limite da instituição em questão. Por exemplo, em uma hierarquia o poder origina-se no centro do sistema (Campo 1). Em contraposição, em uma organização descentralizada orientada para o mercado, o poder origina-se mais na periferia, nas demandas reais dos clientes e no que o mercado dita (Campo 2). No caso de uma organização em rede, contudo, a fonte do poder move-se para fora de seus limites. O verdadeiro poder, nesse caso, reside na rede de relações através dos limites e na capacidade de mobilizar essas redes (Campo 3). E, por fim, em um tipo de organização de ecossistemas, temos um exemplo no qual o verdadeiro poder se origina de todos os seus limites abertos, isto é, da presença do ecossistema maior e das oportunidades que daí emergem (Campo 4).

Devo admitir que esse quarto campo talvez seja o mais difícil de entender. Se você se lembra do meu relato sobre a decisão de subir até a nascente do rio Inn, deve se lembrar do meu espanto quando descobri que a fonte do rio era múltipla. Estava rodeado pela música de muitas cachoeiras que afluíam ao meu redor. De modo semelhante, o Campo 4 abre um sistema a uma "música" sem limites e a uma fonte renovável, livre, uma fonte que envolve, penetra e rodeia a todos.

Quatro campos para encenar estruturas institucionais e geometrias de poder

Muitas empresas jovens, fundadas e dirigidas por um ou vários pioneiros, são estruturas simples.[2] A coordenação e o crescimento desse tipo de organização dependem principalmente das habilidades do(s) fundador(es). Quanto mais bem-sucedida torna-se a organização, mais sua força (organizada em torno de uma pessoa) pode tornar-se uma fraqueza.

Quando os fatores que levaram ao êxito organizacional no passado começam a se transformar em riscos, duas opções ao menos estão disponíveis: a gestão pode levar a empresa à estruturação do Campo 2 (descentralização) e dividi-la em várias divisões, ou pode escolher permanecer no Campo 1 (estruturas centralizadas) e adotar outro tipo de organização centralizada, como uma máquina profissional ou burocrática.

A fonte do poder em uma máquina burocrática, por exemplo, reside e origina-se no centro da organização. Dependendo de o centralismo referir-se a pessoas, processos ou habilidades, Mintzberg distingue entre:

- Estruturas simples (organizadas em torno de uma pessoa)
- Máquinas burocráticas[3] (organizadas em torno da padronização dos processos)
- Burocracias profissionais (organizadas em torno da padronização das habilidades)

Criar uma máquina burocrática requer uma reorientação, da centralização baseada na pessoa para a centralização baseada no processo. Esse tipo de reorganização normalmente resulta da diferenciação entre pessoa e posição e entre propriedade e gestão. Os consultores são contratados para ajudar a desenvolver uma estrutura nova e mais racional, e os fundadores da empresa contratam gestores profissionais para administrar de modo mais eficaz, a organização em rápido crescimento.

As burocracias profissionais se baseiam não na padronização dos processos, mas na padronização das habilidades. Quanto mais intensivo for o conhecimento de um negócio, mais a organização tenderá a se organizar em torno das habilidades (burocracia profissional), e não em torno dos processos (máquina burocrática). Atualmente, as empresas globais de consultoria são um bom exemplo de uma burocracia profissional centralizada – embora também, em geral, apresentem alguns elementos fortes de descentralização (escritórios regionais) e estruturas em rede (organizações de serviços profissionais voltadas para o estabelecimento de parcerias).

Das estruturas de campo centralizadas às descentralizadas

Quando se muda das estruturas centralizadas (Campo 1) para as descentralizadas (Campo 2), a principal fonte de poder move-se do centro para a periferia; em outras palavras, o poder da tomada de decisões desce na hierarquia e fica mais próximo do cliente.[4]

Um exemplo de estrutura descentralizada *simples* é o departamento de uma universidade, que muitas vezes é organizado em torno de uma cátedra e/ou um instituto. Na Alemanha, por exemplo, cada cátedra é organizada como uma estrutura simples: um professor é rodeado por vários assistentes administrativos, de pesquisa e de ensino. A coordenação entre as cátedras e os institutos se baseia em dois mecanismos: supervisão (por um reitor) e ajuste mútuo (pela faculdade).

Na *máquina burocrática* mais complexa, a matriz geográfica/divisional de uma organização é descentralizada. Esse processo permite a uma organização manter o mecanismo de padronização e, ao mesmo tempo, alavancar o mecanismo da competição. Em uma *burocracia profissional*, uma estrutura descentralizada permite variações regionais e locais dentro dos padrões globais da padronização baseada nas habilidades.

Durante a década de 1980 e início da década de 1990, a maioria das corporações multinacionais atravessou ondas de descentralização e delegação de poderes, que empurraram o poder da tomada de decisões para a periferia, na tentativa de tornar estruturas pesadas e monolíticas mais orientadas para o mercado, flexíveis e ágeis. O epítome desse desenvolvimento pode ter sido a descentralização da firma de engenharia europeia Asea Brown Boveri (ABB) pelo então aclamado CEO Percy Barnevik. Outra empresa bem-sucedida e muito admirada naquela época era a Digital Equipment Corporation (DEC), que se tornou a segunda maior fabricante de computadores do mundo. Em 1986, Ken Olsen, presidente da DEC, foi eleito "empresário do século" pela revista *Fortune*, e a DEC foi apontada como uma das 10 empresas mais bem-sucedidas dos Estados Unidos pela *Business Week* em 1987.

Entretanto, ainda que os presidentes de ambas as empresas fossem celebrados nas revistas de negócios de todos os continentes, suas empresas começaram, em silêncio e sem que a maioria dos observadores notasse, a erodir, tropeçar e, por fim, colapsar (ABB) ou deixar de existir (DEC).

DEC: uma história de descentralização

A ascensão e queda da Digital Equipment Corporation está belamente registrada no livro *DEC Is Dead, Long Live DEC*, escrito em coautoria por Ed Schein e colegas.[5] Os autores trabalharam com a DEC na qualidade de consultores, gestores e pesquisadores de ação durante mais de três décadas. O estudo de caso documenta o nascimento da empresa, o desenvolvimento e o crescimento em uma usina de tecnologia global, sua maturação e, por fim, seu tropeço e morte em um episódio que atravessou quatro décadas. A DEC deixou sua marca com inovações importantes, incluindo o minicomputador e o conceito da computação distribuída e da computação em rede. Utilizaremos esse caso para discutir algumas questões de desenvolvimento e de dinâmica que as empresas enfrentam quando evoluem de uma estrutura centralizada a uma descentralizada e além.

Em 1957, Ken Olsen, graduado no MIT, então trabalhando no MIT Lincoln Labs, e seu colega Harlan Anderson fundaram a DEC. Com seus colegas, Olsen teve êxito em criar uma atmosfera e um espírito de inovação que levavam alguns elementos centrais da cultura da engenharia, na qual ele se aprofundara no MIT, a cultura de uma empresa única organizada em torno dos valores da inovação tecnológica, criatividade humana e responsabilidade pessoal. Ele atraiu uma longa sucessão de engenheiros famosos que, sob a direção de Gordon Bell, estavam ansiosos em se associar a uma empresa que parecia florescer em uma fartura de inovação tecnológica, diversão e união humana. Rapidamente, a DEC tornou-se uma companhia multinacional. Como consequência de seu sucesso e de seu rápido crescimento, a DEC teve de se tornar uma estrutura organizacional do tipo matriz, mais diferenciada e descentralizada, para coevoluir com o mercado em mudança.

Durante mais de três décadas, a DEC foi uma organização muito bem-sucedida sob todos os aspectos. Quando atingiu o auge, durante a década de 1980, como uma empresa de US$14 bilhões, com mais de 100 mil empregados em todo o mundo, as sementes de sua extinção e morte já estavam plantadas e em crescimento, de modo quase despercebido em meio a seu desempenho e atividades premiadas (a DEC foi adquirida pela Compaq em 1999).

Mas o que causou o declínio e a morte da DEC como uma empresa independente 40 anos depois de sua fundação – quase exatamente a faixa de vida média de uma companhia multinacional hoje? Que desafios a DEC fracassou em vencer?

Segundo Schein *et al.*, foram três: (1) o desafio tecnológico e o desafio de mercado: a falha em compreender a natureza mutante do mercado quando a etapa da *criação de tecnologia* foi seguida pela emergência de um design dominante e uma subsequente etapa de *comoditização*, que deu origem a uma nova linhagem de atores globais (*category killers*); (2) o desafio da estrutura organizacional: o fracasso em desenvolver uma estrutura descentralizada eficaz que tornasse as divisões totalmente responsáveis por seus resultados, estabelecesse mecanismos claros para gerenciar a interdependência e definisse prioridades e direção estratégica para o melhor uso dos recursos por toda a empresa; e (3) o desafio da cultura organizacional: o fracasso em desenvolver a cultura quando tanto o contexto dos negócios em mudança como a estrutura organizacional em mudança exigiam um modo diferente de operar.

Schein faz um relato intrigante do modo como os mesmos genes culturais primeiro permitiram a emergência de uma usina de inovação global (a etapa da criação de tecnologia) e depois, quando o contexto mudou mas os genes culturais não, tornaram-se exatamente a razão do fracasso (na etapa de comoditização).

Quando a organização da DEC tornou-se mais descentralizada, a mesma cultura continuou a criar alguns produtos inovadores, lembra-se Schein, mas ao mesmo tempo também desenvolveu fortes animosidades internas:

> Os grupos acusavam-se uns aos outros de mentir, trapacear e usar mal os recursos. Os grupos estavam se separando, em vez de trabalhar juntos. E ninguém foi forte o bastante (...) para desemaranhar as linhas divergentes em uma estratégia coerente (...) Nem os conceitos fortes nem a hierarquia formal produziram consenso suficiente para alocar recursos e energia sabiamente em função dos ajustes rápidos que a organização tinha de fazer para acompanhar as mudanças do mercado e da tecnologia. No momento em que o estilo do presidente Olsen mudou para o de um advogado, os grupos já haviam se tornado muito fortes, estavam preparados para ignorar o que Olsen queria e lutavam entre si. A cultura do *empowerment* (delegação de poderes, fortalecimento da autonomia) estava viva e bem, mas suas consequências negativas para a entidade de negócios da DEC tornavam-se cada vez mais claras.[6]

Da descentralização para a rede

Quando uma empresa se desloca de uma estrutura descentralizada (Campo 2) para uma estrutura em rede (Campo 3), a coordenação ocorre por meio do ajuste mútuo das relações na rede. Mintzberg chama o resultado de *adhocracia*.[7] Diferentemente das estruturas de *hierarquia* e *competição*, o *ajuste mútuo* depende muito mais da qualidade das relações entre os principais atores. Correspondentemente, a qualidade da conversação torna-se uma questão central quando as organizações se movem nesse campo do coordenação.

Ao se mover de formas de organização centralizadas para descentralizadas, e daí para formas de organização em rede, a fonte do poder move-se do centro da organização (suporte da hierarquia) para a periferia (sucesso de mercado) e então para relações em rede (criação e mobilização em rede). As redes muitas vezes realizam funções de coordenação adicionais que as outras duas estruturas (hierarquia, competição) seriam incapazes de realizar. O cultivo de eventos em rede, tais como as "comunidades de prática" e a "DECworld", são exemplos de organizações mediante o estímulo à criação de comunidades em rede entre limites institucionais.

Como regra prática, quanto mais intensivo for o conhecimento de uma organização e indústria e quanto mais importantes forem as questões que recaem no espaço em branco entre as unidades organizacionais, mais se tenderá a confiar nessa terceira estrutura de campo da organização.

É interessante observar que esse terceiro mecanismo – o ajuste mútuo – era frequentemente utilizado dentro do velho grupo central que cocriou a cultura de sucesso inicial da DEC. Mas quando a organização cresceu, o espírito de colaboração permaneceu *dentro* dos grupos e unidades individuais enquanto as relações *entre* os grupos e as unidades se deterioraram.

Por quê? O que permitiu ao velho grupo central incubar e cultivar uma cultura de criação, enquanto o mesmo DNA cultural falhou na etapa seguinte em replicar e manter esse comportamento no nível de sistemas maiores?

A narração de Schein da história da DEC conta como o velho grupo central, o Comitê de Operações, utilizou com sucesso três mecanismos para reuniões e tomadas de decisão eficazes: (1) uma agenda preacordada, (2) uma diversidade de interesses e pontos de vista sempre prontos a entrar em um debate e "brigar" (não se conter) e (3) um espaço envolvente e acolhedor proporcionado pelo CEO, que participava ouvindo atentamente o debate. Olsen, o presidente, embora presente, não associava sua autoridade a qualquer das posições discutidas e debatidas entre os membros do Comitê de Operações. Contudo, ao ouvir cuidadosamente todos os argumentos e pesando todos os prós e contras, os riscos e recompensas, ele indubitavelmente influiu no que aconteceu com o grupo. Por meio dessa prática contínua de ouvir, ele, gradualmente, criou uma cultura na qual as pessoas começaram a confiar no processo coletivo do debate, em vez de esperar que o presidente determinasse a direção a tomar. Esse tipo de espaço envolvente e acolhedor corporifica o que a cultura científica tem de melhor: deixar os dados decidirem.

Embora a "agenda preacordada" talvez fosse um debate relativamente limpo e vigoroso que nunca era dispensado, a peça principal que faltava ao nível dos grandes sistemas era o olho do observador, a atenção aguda de um observador que ouve profundamente. Assim, como poderia o sutil papel integrativo que Olsen (e, em parte, também Schein) interpretava no contexto do Comitê de Operações em seu auge ser traduzido em sucesso de coordenação no nível macro? O que teria aberto os pares de olhos coletivos auto-observadores?

A resposta poderia ter sido *diálogo*. O diálogo, explicando de modo simples, resulta da capacidade de abrir os olhos interiores de alguém, *a capacidade de um sistema de ver a si mesmo*. Como Schein observou: "O diálogo reflexivo teria exigido a colaboração de todo o Comitê de Operações, algo que nunca vi conseguirem."[8] Mas embora a cultura do Comitê de Operações fosse a de um pequeno grupo (devido à presença de um espaço acolhedor efetivo), ela não penetrava na organização como um todo (a qual carecia de um espaço acolhedor). Quando no caminho a organização enfrentou desafios que exigiam uma resposta coletiva (uma resposta do Campo 3 ou 4), continuou a operar com o comportamento conversacional do Campo 2 (debate) e acabou dando de cara na parede.

Da rede para o ecossistema

Ao deslocar a coordenação do Campo 3 para o Campo 4, o mecanismo se transforma de *ajuste mútuo* através das relações em rede para *ver um todo emergente*. Esse quarto tipo de coordenação é chamado "ecossistema da inovação". Para sintonizar um campo emergente da possibilidade, uma organização tem de ir além de si mesma – para se sintonizar sistematicamente com os contextos emergentes relevantes, que somente podem ser identificados no contexto coletivo de um ecossistema maior.

Em retrospecto, a capacidade de fazer esse deslocamento pode ter permitido à Hewlett-Packard ter sucesso onde a DEC acabou falhando: a HP coevoluiu com seu ecossistema circundante de um modo mais aberto e compartilhado, ao passo que a DEC tendeu a se concentrar mais no espaço de seus próprios limites organizacionais.[9]

Hoje, várias das empresas líderes de alta tecnologia, incluindo HP, Cisco, Google e Nokia, pensam em função de *ecossistemas* quando criam estratégias e culturas da inovação. A diferença entre os velhos e novos modos de pensar sobre estratégia e liderança é que o velho gira em torno dos limites de organizações únicas, enquanto o novo gira em torno dos limites dos ecossistemas, as concentrações de organizações que coevoluem em um espaço maior de criação coletiva de valor. Na coordenação em rede (Campo 3), o aspecto do cruzamento de limites se manifesta como uma adaptação mútua, enquanto em ecossistemas a coordenação funciona através de uma constelação de atores diversos que, *coletivamente, formam um veículo para ver as possibilidades atuais e sentir as oportunidades emergentes* (Campo 4).

O grupo de organizações que, metodicamente, coordenam por meio dos mecanismos do Campo 4 parece vazio, embora seja a área mais interessante tanto na teoria da coordenação[10] como na prática das companhias e instituições globais em desenvolvimento. Ele põe à prova e sustenta grandes possibilidades de as empresas lidarem com muitas das mais prementes questões e problemas que envolvem múltiplos *stakeholders* hoje em dia.

A estrutura de um ecossistema em coevolução sempre é inspirada e energizada por seu campo circundante. Em consequência, essa espécie de estrutura é fluida e está em constante movimento. O ponto em comum de um ecossistema de organização desse tipo é o sentido compartilhado de objetivos e princípios. A Visa International, que se desenvolveu com base no que seu fundador, Dee Hock, chama de princípios da organização "caórdica" (combinação das palavras *caos* e *ordem*), pode ter sido a primeira empresa a tentar integrar seus fornecedores e clientes em um ecossistema único: um sistema de governança controlado por seus membros.[11]

Um aspecto-chave do fracasso da DEC, segundo Schein *et al.*, foi sua incapacidade de lidar com a complexidade emergente do grande crescimento na década de 1980. Por que a DEC a perdeu, agarrando-se a seus sistemas proprietários antiquados e à integração vertical e, então, quando ficou óbvio que essas coisas não estavam funcionando, fez tão pouco, tão tarde? Por que a DEC não pôde lidar com a complexidade emergente em seu setor (que ela havia ajudado a criar) de modo melhor e mais rápido?

Duas coisas poderiam ter fornecido recursos cruciais para desenvolver uma resposta mais apropriada: a primeira, a capacidade de participar do *diálogo* através dos limites, tanto interior como externamente; e a segunda, começar a coevoluir como um *ecossistema*. Se houvesse um órgão transinstitucional de criação de sentido – refiro-me a isso como a visão de um todo emergente – e se a capacidade de se engajar no diálogo cruzando os limites tivesse sido desenvolvida, a história da DEC poderia ter tomado um rumo diferente.

Estruturas e patologias organizacionais

A Figura 18.2 fornece uma visão mais focalizada das estruturas organizacionais. Representa as quatro estruturas de campo discutidas anteriormente, além de mais três estruturas de campo do lado direito do U. Essas últimas são variantes do tipo de estruturas do Campo 4 (ecossistema). As sete estruturas organizacionais são refletidas por outro grupo de sete representações do espaço sombrio da patologia institucional (ignorância institucional, arrogância institucional, insolência institucional, anomia institucional, esclerose institucional, colapso institucional).

Examinado a partir do U, o caso da DEC pode ser resumido do seguinte modo: *ao enfrentar os desafios mais importantes da hipercomplexidade do seu setor, os líderes da DEC não puderam responder, de forma eficaz, porque falharam em acessar os tipos de operar a partir dos Campos 3 e 4*. Essa falha se aplica tanto à conversação (falta de diálogo) como à organização (falta de integração em todo o grupo e de estruturação ecossistêmica). Considerando esse hiato entre o desafio exterior e a capacidade interior para operar a partir dos níveis mais profundos da emergência, a única coisa que poderia ter transformado a empresa seria um gênio em gestão *à la Gordon Bell*, cuja engenhosidade poderia ter compensado a deficiência de liderança coletiva. Mas Bell havia saído em 1983 e ninguém de estatura semelhante o substituíra.

Consequentemente, o hiato entre o desafio exterior e a capacidade interior para acessar os níveis mais profundos da resposta à situação resultou em três falhas de liderança previsíveis:

1. Um hiato de estratégia: falhar em ver a mudança de dinâmica do setor que teria exigido um processo de reinvenção anterior e mais vigoroso.
2. Um hiato estrutural: falhar em diferenciar entre os três subsistemas de um ecossistema corporativo: inovação, interface com o cliente e operações. Em

FIGURA 18.2 O ESPAÇO DO U E O ANTIESPAÇO: ORGANIZAR

vez disso, o marketing e as operações foram dominados pelo subsistema de inovação e sua cultura específica – que funcionava bem enquanto o setor se movia pela etapa da criação de tecnologia, mas que não funcionou bem depois disso.
3. Um hiato de cultura: falhar em desenvolver uma cultura do diálogo que teria permitido acesso aos níveis mais profundos da criatividade coletiva e da emergência. Em vez disso, a cultura deteriorada começou a mostrar todos os sete elementos da patologia corporativa delineada a seguir.

Em contraposição, aproximadamente na mesma época, outra empresa de tecnologia, a Nokia, enfrentou profundos desafios de um modo diferente e mais efetivo. No início da década de 1990, a Nokia passou por um ponto de inflexão transformacional que resultou na venda de todas, exceto de uma de suas diversificadas unidades de negócios, para concentrar toda sua energia no desenvolvimento de uma unidade de negócios: telecomunicações. A capacidade da Nokia de se transformar de um tipo de estrutura e estratégia [diversificada] em outra [muito mais concentrada no único] tem sido há muito tempo uma força da cultura de ritmo veloz da Nokia: coevoluir com o ecossistema maior do qual é uma parte e se desfazer de outras partes que não se ajustam mais à nova missão central. Essa capacidade de sentir as oportunidades emergentes, combinada com a capacidade de abandonar antigas identidades e estruturas, foi o que faltou à DEC. Quando falei com um dos atores principais da Nokia no início dos anos 2000, perguntei: "O que você faz como líder para suportar um processo de inovação que caminha a passos tão rápidos? Qual é seu verdadeiro trabalho de liderança?" E a resposta: "Meu verdadeiro trabalho de liderança é que facilito o processo de abertura."

"Facilitar o processo de abertura" representa um contraste interessante com o "ficar à espera" das várias partes da organização que a história da DEC representa. Como resultado, a DEC foi infectada e freada por todos os sete elementos da patologia corporativa mostrados na Figura 18.2. Eles incluem:

- Ignorância corporativa: não ver que as mudanças estavam acontecendo no mercado. Em vez disso, tempo demais foi concentrado na política corporativa: a regra do *"get buy-in"* ("consiga a adesão do maior número possível de pessoas") e a falta de mecanismos efetivos de governança na empresa como um todo resultaram em muitas pessoas desperdiçando boa parte de seu tempo na política interna.
- Arrogância corporativa: a patologia do entrincheiramento e da arrogância destacou-se na guerra entre as unidades organizacionais e as de engenharia ("sabemos o que é melhor").
- Ausência corporativa: agarrar-se às identidades existentes por muito tempo e de forma muito vigorosa; a incapacidade de se desfazer de projetos, produtos, clientes, princípios fundamentais e identidades centrais que se tornaram disfuncionais.

- Anomia corporativa (destruição de valores): envenenamento da atmosfera entre os grupos; forte animosidade entre eles.
- Esclerose corporativa (destruição da capacidade de renovação): "o conflito intergrupos e a perda de confiança uns nos outros atingiram níveis no final da década de 1980 que tornaram [os deslocamentos estratégicos e as inovações significativas] inexequíveis".[12]
- Colapso corporativo (destruição da estrutura): aquisição da DEC pela Compaq em 1999.

Sistemas em colapso e patologia institucional

A história da DEC é uma versão branda de como uma boa empresa perde o rumo ao ficar paralisada no espaço da patologia institucional, e não do desenvolvimento. A história recente também proporciona exemplos mais extremos de empresas que se tornaram vítimas do vírus da patologia corporativa ou institucional. A Enron é um desses casos.

Ao longo de toda a década de 1990, a Enron foi aclamada por toda a Wall Street, as revistas de negócios, as faculdades de administração, as empresas de consultoria e os gurus de negócios. Em 2001, ano do seu colapso, foi listada como a sétima maior empresa da América.

Ken Lay, presidente da Enron, era uma das histórias de sucesso mais célebres da América corporativa, quando, em janeiro de 2001, avançou a passos largos até o palco de um salão de baile do Hyatt Regency Country Resort, em San Antonio, e parou entre duas telas gigantescas com sua imagem. Diante dele, o brilho dos candelabros do salão de baile iluminava as dezenas de mesas redondas, onde os executivos da Enron esperavam ouvir as palavras do Sr. Lay, seu líder havia muito tempo.[13]

Esse encontro de centenas de executivos da Enron, escreveu Kurt Eichenwald, "foi um momento de festa, uma oportunidade de celebrar um ano em que os negócios pareciam andar bem – melhor do que o esperado. À noite, de acordo com executivos que presenciaram, champagne e bebida alcoólica jorravam no bar aberto, enquanto montes de charutos gratuitos estavam à disposição. Os executivos podiam se espremer nas mesas de jogo temporárias para rodadas de pôquer de altas apostas".

"Agora, enquanto os garçons de gravatas-borboletas corriam pelas mesas", prosseguiu no relato, "os executivos ouviam ansiosamente as descrições do Sr. Lay sobre o recente ano de sucesso da Enron, e os novos êxitos que estavam ao seu alcance. Naquele momento, a Enron estava perto do topo da lista *Fortune 500*, uma gigante de vários bilhões de dólares que se movera além de suas raízes no negócio de gás natural para abrir novas trilhas no comércio via Internet. Para 2001, disse o Sr. Lay, a empresa empreenderia uma nova missão, que definiria tudo que ela faria nos meses por vir: *a Enron se tornaria a maior empresa do mundo*. As palavras substituíram sua imagem em uma das telas".

Mas não era para ser. "Pois, como era desconhecido por quase todos que estavam lá", continuou Eichenwald, "a Enron estava secretamente se desintegrando. A despeito do que as celebrações haviam mostrado, contadores e especialistas em negócios na sede da empresa em Houston trabalhavam desesperadamente para conter um desastre financeiro, que ameaçava – e, no final, destruiria – tudo que a Enron havia se tornado. Vários executivos se esforçaram para fazer soar o alarme, mas, com a confiança da Enron em seu destino, os avisos passaram despercebidos. 'Estávamos seguros do que fazíamos e para onde íamos', disse um executivo que assistiu ao encontro de San Antonio. 'Não sabíamos que estávamos vivendo tempos difíceis.'"

Práticas de patologia institucional
Falando com pessoas que participaram do movimento de oposição na Alemanha Oriental durante a década de 1980, fiquei impressionado com os paralelos entre o colapso da Enron em 2001 e o colapso do sistema socialista na Alemanha Oriental 12 anos antes. Naturalmente, há muitas diferenças óbvias entre os dois sistemas. Mas o aspecto no qual estou interessado é a liderança: em ambos os sistemas, os líderes foram incapazes de alterar o curso enquanto ele avançava em direção ao colapso. O que impediu os líderes da Enron de redirecionar "o barco" durante os 11 meses finais de 2001? O que impediu o Politburo, da Alemanha Oriental, de corrigir seu curso durante a última década antes do colapso, em 1989-90?

A partir de então, compreendi que as práticas das lideranças em sistemas em colapso coincidem com o antiespaço da patologia institucional.

IGNORÂNCIA INSTITUCIONAL: NÃO VER O QUE ESTÁ ACONTECENDO
A maioria dos executivos da Enron que assistiram ao encontro de janeiro de 2001 em San Antonio não tinha a menor ideia do que realmente acontecia na empresa. De mesmo modo, na Alemanha Oriental da década de 1980, os membros do Politburo haviam se tornado prisioneiros de sua própria ideologia e de seu próprio sistema de crenças, e não notaram o grande hiato entre aquelas crenças e a realidade.

Quando Erich Honecker, secretário-geral do Partido Comunista, viajava para o interior, seu pessoal e os funcionários locais erguiam fachadas coloridas ao longo do caminho, criando a impressão de que ele dirigia por um país próspero. Essa prática, naturalmente, não é nova. Quando Catarina, a Grande, e seus criados iam viajar de Petersburgo a Krim, o general Grigory Potemkin erigia fachadas do tamanho das casas ao longo de sua rota. Desde então, essas construções enganosas têm sido chamadas de "aldeias de Potemkin". Recentemente, quando contei essa história aos gerentes de uma companhia petrolífera global, eles não riram. Disseram-me que estavam fazendo exatamente a mesma coisa. Eles contavam com um sofisticado sistema de aviso que entrou em funcionamento no momento em que o presidente da empresa empreendeu uma de suas visitas "surpresa" a um local da companhia. Eles traçaram a rota que o presidente faria, identificaram os postos de gasolina da companhia pelo caminho que estavam em más condições e despacharam grandes caminhões de combustível para ficar na frente e encobrir os postos feios enquanto o carro do presidente passava.

Em outras palavras, a percepção dos líderes é habilmente "gerenciada" pelo seu ambiente. As pessoas que rodeiam os grandes líderes muitas vezes tomam o cuidado de passar adiante todas as informações que se ajustam ao modelo mental do líder, enquanto as informações que não se ajustam são deixadas de lado. Essa distorção explica por que, em um sistema em colapso, a amplitude da percepção é tão estreita que todo mundo adere aos modelos mentais e ao sistema de crenças existentes. Esse tipo de gerenciamento da percepção dos líderes é generalizado.

Arrogância institucional: Incapacidade de sentir, refletir e dialogar

Na Enron, o sistema contábil foi distorcido por uma prática então aclamada como "contabilidade agressiva", mas que hoje se chama fraude. Note aqui a importância que desempenham frases inteligentemente cunhadas *versus* linguagem exata. Hoje, sabemos que várias pessoas na Enron tinham consciência dos erros que colocaram a empresa no caminho da autodestruição. Então, por que aqueles que tentaram alertar a liderança não conseguiram fazer sua mensagem ser entendida?

Em um ambiente com uma cultura não funcional de aprendizagem, ninguém prestou atenção aos primeiros sinais. O sistema de liderança da Alemanha Oriental teve o mesmo problema. As pessoas que sabiam o que estava acontecendo não falaram. E continuaram com o jogo. Durante a década de 1980, a Alemanha Oriental investiu muitos recursos em uma fábrica de microchips em Dresden, na esperança de bater os japoneses e os americanos nesse setor. Quando a fábrica produziu seu primeiro protótipo, o Politburo a declarou um grande sucesso. A realização foi entendida como um exemplo extraordinário da engenharia alemã e recebeu cobertura da mídia ao redor do mundo. Contudo, nos bastidores, muitos *insiders* percebiam que a fábrica, na realidade, era uma charada elaborada em benefício do Politburo. Quando o protótipo de microchip conseguiu cobertura da mídia ao redor do mundo, os membros da elite funcional de segundo nível situada em Berlim sabiam claramente que as "realizações" eram uma fraude. Enquanto as pessoas no topo ainda acreditavam na criação de uma indústria de microchips na Alemanha Oriental, *insiders* falavam sobre "ir à Ópera de Semper", referindo-se ao famoso teatro musical de Dresden. Esse é o modo como uma cultura de aprendizagem inadequada opera. Só as boas notícias viajam realmente até o topo. As más notícias emperram em algum lugar no meio.

Insolência institucional: Não conhecer seu autêntico eu

Falhar em reconhecer seu autêntico eu pode levar à autoilusão e à autoexaltação: "A Enron se tornará a maior empresa do mundo." Essa é uma notável declaração de missão em um ano que terminou com a empresa apresentando pedido de falência. E no caso da Alemanha Oriental? A autoimagem do Politburo se baseava em três "verdades" fundamentais: a primeira, que o socialismo era historicamente superior ao capitalismo; a segunda, que o colapso do capitalismo era apenas uma questão de tempo antes da vitória global do socialismo como a última etapa da história; e a terceira, que o sistema socialista da Alemanha Oriental era provavelmente o mais bem organizado e, por isso, o mais eficaz da época. Essa autoimagem inflada faria até Ken Lay, da Enron, parecer um tanto modesto. Ambas as imagens estavam fora de sincronia com a realidade e contribuíram para a incapacidade profundamente arraigada de compreender o que acontecia.

DESINFORMAÇÃO INSTITUCIONAL E ANOMIA: NÃO SERVIR AO TODO

Aqueles com uma intenção de baixa qualidade não servem a um bem maior. Em vez disso, os líderes ficam absorvidos em si mesmos, colocam os próprios egos no centro do universo e então esperam que todos os outros sustentem aquela estrutura.

Na Enron, a perda de sentido do serviço era evidente no modo como a empresa influenciava a política e a legislação de energia, de modo a promover impiedosamente seus próprios interesses especiais (por exemplo, ao cofabricar a crise de energia da Califórnia, que custou US$30 bilhões aos contribuintes, ou ao explorar sua posição de monopólio local na Índia e em outros lugares).[14] Colocando seus próprios interesses em primeiro lugar, a Enron tirava proveito de seus verdadeiros clientes – as pessoas que estavam presas a contratos de longo prazo e eram forçadas a pagar preços inflacionados. Aqueles que têm uma intenção de baixa qualidade tiram proveito e exploram a fraqueza daqueles aos quais deveriam servir.

A Alemanha Oriental parecia sofrer de outra versão da doença da ilusão e do ego. Como evidência, considere a história a seguir relatada por Heidemarie, cientista social da Alemanha Oriental e ativista do movimento feminista: "Ainda me lembro de um encontro no início da década de 1980 com um pequeno grupo de jovens líderes de alto escalão do sistema da Alemanha Oriental. Eles falaram e beberam a tarde inteira. E, quanto mais falavam, mais evidente se tornava o grau de podridão de todo o sistema. No final, confrontei-os com o que eles tinham dito e perguntei por que nenhum deles fizera alguma coisa séria para tratar as verdadeiras questões. Nesse momento, todo o grupo se calou. Pouco depois, um deles disse o que todos os outros pensavam: 'Não iremos nos sacrificar por isso. Não vale a pena. Apenas queremos continuar nossa vida. *Não somos mártires.*'" Heidemarie interrompeu e então continuou: "Foi naquele momento que compreendi que todo o sistema da Alemanha Oriental estava na posição do piloto automático, caminhando rumo ao colapso."

ESCLEROSE INSTITUCIONAL: FALTA DE EXPERIMENTAÇÃO

Esse mecanismo diz respeito à falta da experimentação de ciclo rápido com os microcosmos vivos da inovação. Em um famoso estudo sobre a longevidade das corporações, a Royal Dutch Shell analisou as principais características de empresas que haviam sido bem-sucedidas por mais de 100 anos.[15] Talvez a sua descoberta mais interessante tenha sido a identificação da "tolerância para experimentar nas margens". A experimentação e o fracasso são importantes hoje, argumentaram os autores do estudo, para cultivar as sementes dos êxitos de amanhã.

Isso foi exatamente o que não aconteceu na Alemanha Oriental. Tudo era centralmente planejado. A falha em desenvolver protótipos de microcosmos vivos inovadores era terrivelmente evidente. Na Enron, contudo, essa falta foi menos clara. Acima de tudo, a Enron era o símbolo de uma empresa inovadora, ainda que um exame mais aprofundado de seu caso revele que os campos reais de verdadeira experimentação eram muito estreitos, muito limitados a números financeiros e muito tardios. Em 2001, quando o escândalo contábil estourou, não havia alternativa à bancarrota.

FALTA DE INFRAESTRUTURA: NÃO SE CONCENTRAR NO VERDADEIRO DESEMPENHO

Uma infraestrutura eficaz para a aprendizagem repousa no cerne do desempenho contínuo. Considere a Federal Express, empresa de correios líder no mundo. Certa vez, tive a oportunidade de visitar seu centro de distribuição em Memphis, Tennessee, com meu colega Adam Kahane. Nesse centro, toda noite das 23h às 2h, 150 aviões decolavam, descarregavam e, depois de um milhão de pacotes ser classificado, eram recarregados e decolavam para seus destinos finais. Então, depois que todos os aviões estivessem novamente em suas rotas, toda a equipe central encontrava-se às 3h para fazer uma revisão depois da ação. Às 9h, eles faziam uma revisão semelhante com os gerentes dos postos da FedEx do mundo inteiro e, então, à tarde, a equipe inteira voltava a se reunir para examinar o que fora aprendido no ciclo anterior para ser implementado no ciclo seguinte. Quando você faz isso por 25 anos sucessivamente – três revisões depois da ação a cada deslocamento –, torna-se uma das empresas de logística líder no mundo.

Em contraposição, a Alemanha Oriental e a Enron não contavam com infraestrutura para essa espécie de aprendizagem. Ambos os sistemas, curiosamente, sofreram de um defeito semelhante. Na Enron, o presidente Jeff Skilling, graduado em Harvard, criou uma cultura que confundiu as ideias com a realidade: os lucros futuros previstos eram colocados nos livros como valores mais ou menos fantasiosos. De mesmo modo, o sistema de planejamento central da Alemanha Oriental presumia que, uma vez que um plano central tivesse sido aprovado e prescrito, as empresas o implementariam de fato. Um plano é um plano. E uma ideia sobre lucros futuros é somente uma ideia. Mas o verdadeiro valor econômico é algo diferente: é criado pela ação coletiva, que exige muito trabalho e infraestrutura de apoio para evoluir. Ele precisa de mais do que ser "o cara mais inteligente da sala".

Cinco observações sobre as organizações e instituições globais

Vou concluir com cinco observações diagnósticas que destacam algumas questões e tendências no mundo da organização e das instituições globais, utilizando o mapa estrutural apresentado (Figura 18.2).

1. Durante as últimas duas ou três décadas, a principal corrente organizacional moveu-se do primeiro para o segundo nível do U (de estruturas centralizadas

a estruturas mais descentralizadas/divididas). Exemplos: GE, ABB (durante as décadas de 1980 e 1990).
2. Ao mesmo tempo, um grupo menor de organizações de vanguarda moveu-se para formas de organização baseadas mais na rede e no ecossistema (níveis 3 e 4 do U). Exemplos: Nokia, Cisco, Toyota, Google.
3. Uma terceira tendência paralela empurra as organizações para a sombra ou o antiespaço da patologia corporativa, que é representado na parte superior do diagrama. Infelizmente, os exemplos desse tipo de patologia institucional não estão limitados a empresas como a Enron. Eles estão em empresas, em ONGs (organizações não governamentais) e nos governos. Por exemplo, como a administração Bush/Cheney/Rumsfeld conduziu seu país para a guerra do Iraque? Em primeiro lugar, havia pouco entendimento profundo sobre a verdadeira situação no Oriente Médio (ignorância institucional: não entender a verdadeira complexidade do lugar); em segundo lugar, havia um grande trauma e entrincheiramento coletivo pós-11 de Setembro (arrogância institucional: não entender como os outros o veem); em terceiro lugar, uma inflada autoimagem de ser a única superpotência e império global do mundo (insolência institucional: não entender seu verdadeiro papel e objetivo neste planeta); em quarto lugar, adicione a isso um vice-presidente que intervém ativamente na comunidade de inteligência para produzir um relatório sobre armas de destruição em massa que não se baseia em fatos e no melhor conhecimento disponível, mas que, em vez disso, justifica a intervenção militar no Iraque (desinformação institucional e anomia). Se somar esses quatro itens (os primeiros quatro itens no ciclo da destruição), você saberá o que vem em seguida: rapidamente você se encontrará em uma situação em que será incapaz de reagir às verdadeiras questões que começam a se manifestar de modos bastante inesperados (esclerose institucional: incapaz de redirecionar o curso, uma vez que está claro que a estratégia inicial da guerra de Rumsfeld, "choque e terror", não está funcionando), o que pode resultar na manifestação final do ciclo da destruição: o colapso institucional. Hoje vemos a destruição em massa: mais de 500 mil pessoas morreram nessa guerra do Iraque até 2006; em vez de uma democracia desabrochando, vemos o esgotamento de quase todas as estruturas institucionais e uma guerra civil que pode rapidamente se espalhar por toda a região e além dela, bem como a ascensão de extremismos e fundamentalismos de todos os lados da constelação do conflito (colapso institucional).
4. Todas as recentes ondas de globalização, inovação disruptiva e turbulência aumentaram a complexidade de liderar e gerenciar as organizações globais. Em consequência, as tendências listadas (tendência em direção a descentralização, redes e ecossistemas; bem como a tendência em direção a ser sugado pelo antiespaço da ausência e da patologia institucional) podem ser encontradas em diferentes graus em qualquer organização e elas é que definem as forças institucionais em jogo. Para enfrentar os desafios sem precedentes que hoje muitas instituições têm pela frente, os líderes devem aprender a acessar e utilizar os quatro níveis de coordenação e governança do U. Isso raramente

acontece porque os diferentes níveis requerem abordagens, princípios e práticas diferentes. Por essa razão, as instituições e as empresas muitas vezes ficam paralisadas no antiespaço da patologia corporativa, a antítese do U.

5. A má combinação entre os desafios dos Níveis 3 e 4, de um lado, e as respostas convencionais predominantemente dos Níveis 1 e 2 da corrente principal de nossas instituições indica fracasso generalizado das lideranças. O fracasso das lideranças é a principal questão do nosso tempo. Como podemos ajudar a espécie dominante no mundo mas ainda em risco a evoluir: a espécie das instituições que atuam cada vez globalmente.

Sobre a evolução das instituições: uma espécie dominante, mas ameaçada

Vamos concluir com algumas observações sobre a natureza do terceiro metaprocesso aqui em questão: colocar coletivamente em prática as geometrias de poder institucional (estruturar). Como fizemos no capítulo anterior, no caso dos campos conversacionais, vamos agora examinar as instituições como *se fossem seres vivos*, entidades vivas.

Desse ponto de vista, a pergunta é: quais processos e infraestruturas invisíveis ajudariam essa espécie – a espécie dos seres institucionais – a evoluir, desenvolver-se, amadurecer?

ETAPA	CENTRALIZADO	DESCENTRALIZADO	EM REDE	ECOSSISTEMA
1	PROCESSOS FUNCIONAIS E ESTRUTURA CENTRALIZADA: *hierarquia*	PROCESSOS CENTRAIS: *conectar-se à criação de valor pelo cliente*	PROCESSO DE CONVERSAÇÃO ENTRE STAKEHOLDERS: *conectar-se aos principais stakeholders*	PROCESSO DE INOVAÇÃO DO ECOSSISTEMA: *conectar-se aos grupos emergentes dos principais atores*
2		ESTRUTURA DESCENTRALIZADA: *mercado, hierarquia*	DIÁLOGOS ENTRE STAKEHOLDERS: *compartilhamento do contexto*	MERGULHOS PROFUNDOS: *jornadas de imersão total*
3			ESTRUTURA EM REDE: *diálogo, mercado, hierarquia*	SENTIR O ECOSSISTEMA: *sentir e compreender as oportunidades emergentes*
4				ECOSSISTEMAS DA INOVAÇÃO: *ver a partir do todo, do diálogo, do mercado e da hierarquia*

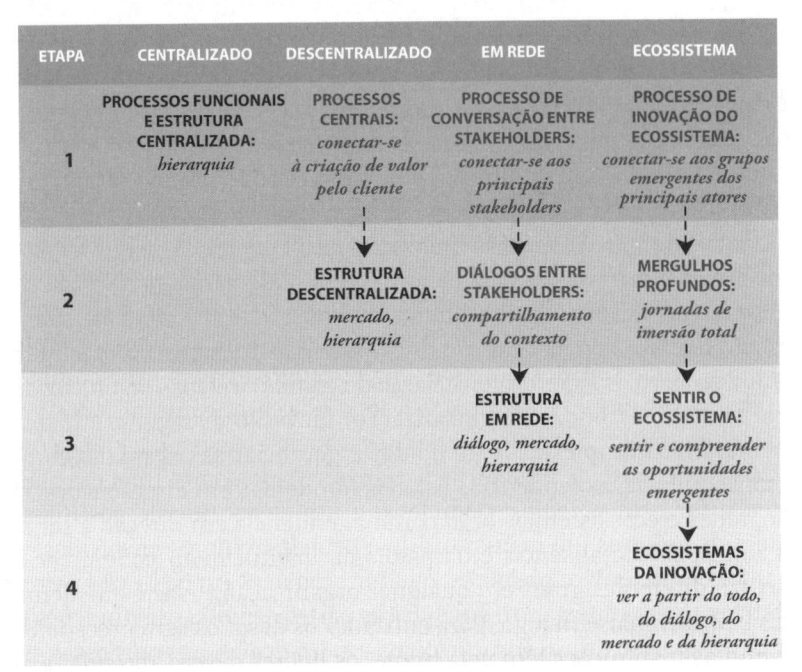

FIGURA 18.3 A EVOLUÇÃO DAS ESTRUTURAS DE CAMPO INSTITUCIONALIZADAS

A Figura 18.3 mapeia os quatro diferentes caminhos evolutivos dessa paisagem. As entradas em preto mostram os quatro tipos visíveis de coordenação institucional que já discutimos (de centralizado a descentralizado, em rede e orientado para o ecossistema). No entanto, esses tipos não nos contam a história completa sobre o processo basicamente invisível que mantém esses tipos vivos e se manifestando.

As partes mais claras da Figura 18.3 nos ajudam a decifrar o processo-dimensão mais oculto e subjacente da estruturação. Por exemplo, na Coluna Um, vemos que as estruturas centralizadas (como a burocracia) dependem de *processos funcionais* que, ao serem desencadeados por algum impulso, sempre reagem com o mesmo procedimento de operação padrão (POP).

Então, avançando para a Coluna Dois, vemos que a descentralização da estrutura depende de um *processo central* de criação de valor que acaba (ou inicia) no cliente e que vincula todos os passos anteriores de criação de valor ao longo de toda a cadeia de suprimentos a um fluxo transparente. A organização em torno desse processo central atravessa todas as diferentes funções e limites institucionais e permite à organização empurrar a tomada de decisão para muito mais perto do cliente, mais perto do mercado. É a conexão com o mercado e com o cliente que orienta e funciona como a espinha dorsal de qualquer esforço em direção à descentralização.

Qual é, então, a dimensão do processo oculto da organização em rede? O que a mantém funcionando? Qual é sua condição ativadora invisível? *Conversação entre stakeholders*. A Coluna Três mostra como os processos de conversação vinculam vários *stakeholders*-chave por meio de limites funcionais e institucionais. Isso permite compartilhar o contexto e codesenvolver estratégias. Essa é precisamente a razão pela qual organizações como a DEC falharam e outras como HP e Nokia foram bem-sucedidas.

E por fim, movendo-se para a Coluna Quatro, qual é o tipo de processo que pode levar o quarto mecanismo de coordenação – ver a partir do todo emergente – a se manifestar e existir? O que pode criar e ativar tal presença ecossistêmica? *A inovação do ecossistema*. Esse processo (tipo U) vincula todos os principais atores emergentes em um ecossistema ou espaço industrial maior (incluindo usuários e clientes), que precisam um do outro para modelar o futuro, e os conduz em jornadas de imersão profundas. Eles podem, como resultado, ver os contextos e as áreas em questão uns dos outros e, então, progredir para uma compreensão compartilhada das forças sistêmicas em jogo e, assim, começar a *ver e atuar a partir do todo emergente*. Tal processo de inovação do ecossistema engaja os vários *stakeholders* como parte de uma jornada transformadora com final em aberto. Se essa jornada for bem-sucedida, pode levar a um deslocamento das intenções e identidades de todos os (ou da maioria dos) principais atores envolvidos.

Portanto, como, então, podemos melhor ajudar as espécies dos campos sociais coletivos a se manifestarem em todas as partes de nossas instituições e como colocamos nossas estruturas institucionais em prática? Ajudamos essas espécies a evoluir, a se desenvolver e amadurecer cultivando essa infraestrutura invisível (as partes mais claras da Figura 18.3). O trabalho de cultivo é o equivalente funcional ao que os agricultores fazem – o que meu pai e meu irmão estão fazendo – quando utilizam suas ferramentas no solo. No caso de pessoas que lidam com o cultivo do contexto dos *campos sociais*, temos de fazer esse trabalho dando mais atenção e focalizando as várias dimensões do processo de nossas entidades organizacionais. Isso inclui todos os quatro processos funcionais, processos centrais, conversação entre *stakeholders* e processos de inovação do ecossistema.

Vou compartilhar com você, como forma de concluir, um e-mail escrito por um ex-aluno da DEC. Ele conta o que ex-alunos da DEC chamam de *The Sunflower Story* (*A história do girassol*), uma história que tenta explicar a ascensão e queda da DEC, e o que isso significa para a ecologia dos negócios globais:

> Na versão "forte" da história, o fim da DEC foi planejado por Ken e, de algum modo, ele teria colocado muitos dos espíritos livres que havia atraído para a empresa (e ajudado a se desenvolver) sob tantas condições desagradáveis que eles decidiram partir. Do mesmo modo que um girassol brota suas sementes no final do verão, essas pessoas [ou] sementes levaram a cultura da DEC consigo e hoje influenciam negócios no mundo todo. Na história "fraca" do girassol, Ken não fez isso de forma intencional, mas inconsciente. É evidente que o resultado final é verdadeiro e que a cultura da DEC continua a influenciar os negócios no mundo todo. No pensamento sistêmico, a DEC se superou como empresa. Ela emergiu no nível seguinte para se tornar uma influência na ecologia dos negócios mundiais. A entidade legal da DEC teve de deixar de ser uma empresa para se tornar uma parte importante da cultura dos negócios. Essa questão não se destina apenas a ter um final feliz, mas é uma questão séria e indica que pode haver outros exemplos de empresas que se tornaram tão bem-sucedidas que tiveram de emergir no nível seguinte.[16]

Talvez, como conclui Schein, "uma cultura como a da DEC pudesse ter sobrevivido, assim como sobreviveu em seus ex-alunos. Vale a pena mudar essa cultura para conservar a entidade dos negócios? Um aspecto do legado da DEC é nos deixar com essa difícil pergunta. O que, afinal, é mais valioso – uma cultura que é notável mas economicamente instável ou uma entidade econômica estável que muda sua cultura no que for preciso para sobreviver?"[17]

A pergunta de Ed Schein vai ao cerne da discussão atual sobre os fundamentos dos negócios e da sociedade. E, assim como toda tentativa de aprofundamento das questões fundamentais das disciplinas científicas acaba conduzindo às questões epistemológicas e ontológicas fundamentais da filosofia, assim também toda tentativa de aprofundamento das questões estruturais do mundo das organizações e dos negócios acaba conduzindo às questões sistêmicas profundas do nosso tempo. Essas questões profundas dizem respeito aos fundamentos evolutivos globais do capitalismo e da democracia.

CAPÍTULO 19

Ações globais

A questão desenvolvimental central nas sociedades hoje • Tentando resolver problemas dos Campos 3 e 4 com métodos dos Campo 1 e 2 • Um deslocamento social mais profundo • Comunicação intersetorial • Quatro etapas de desenvolvimento socioeconômico no Ocidente • Entre os fundamentalismos do passado e as sociedades emergentes do futuro • A evolução e a transformação do capitalismo e da democracia

Na primavera de 2002, durante a sessão de feedback de um projeto de entrevista do sistema de saúde na Alemanha, cerca de uma dezena de profissionais do sistema de saúde reuniu-se na sala de reunião do antigo Schlosshotel da cidade. Quando estávamos prestes a começar, um dos participantes me perguntou por que eu tinha viajado de tão longe, de Boston, para trabalhar como facilitador da sessão. Respondi articulando minha motivação pessoal, algo que, em geral, mantenho comigo: "Bem, acontece que acredito que, se as tendências e os desenvolvimentos atuais continuarem, nosso sistema global atingirá o limite nos próximos 10 anos. E, por causa disso, tento focalizar meu tempo e energia em criar *exemplos vivos* que personificam novas formas de colaboração e inovação interinstitucionais. Por isso." Quando acabei, não sabia muito bem como as pessoas reagiriam. Eles compartilhariam essa visão ou não?

Eles discordaram. "O que você quer dizer com 10 anos? Não será absolutamente possível que o sistema atual continue a existir por tanto tempo. Em menos de *cinco* anos, veremos o colapso", disse alguém. Os outros grupos dissidentes acrescentaram: "O que você quer dizer com cinco anos? O esgotamento está acontecendo *agora*. Ele está acontecendo enquanto falamos."

Compartilho isso com você porque realmente acredito que a pressão sobre nossos profissionais de linha de frente neste momento é enorme. Enfermeiras e médicos nos hospitais, professores nas escolas, supervisores nas empresas e agricultores, todos contam a mesma história: a pressão continua aumentando, e eles não podem suportá-la por mais tempo. Eles sentem que o sistema é disfuncional, sentem-se presos em uma armadilha e sabem que muitas vezes produzem coletivamente resultados que ninguém quer. Apesar disso, não sabem como mudar ou escapar.

Nos complexos sistemas atuais, os líderes costumam se sentir isolados e impotentes. Os dilemas de liderança em nossa sociedade global atual, como tais, não são tão diferentes daqueles do Leste Alemão ou da Enron: os líderes são forçados a operar dentro de sistemas estagnados e disfuncionais que, com frequência, nos parecem impossíveis de mudar. Para encenar e coordenar coletivamente nossos sistemas globais, temos de examinar o quarto metaprocesso.

A questão desenvolvimental central nas sociedades hoje

"O problema de todas as tentativas de remediar a atual crise social é que elas começam com um diagnóstico incorreto", declara Michael Jung, da McKinsey. "É onde temos de começar de novo."

Nossas escolas usam práticas de ensino que causam mais danos do que benefícios para se obter o verdadeiro potencial criativo das crianças. Nossos sistemas alimentares usam práticas não sustentáveis, que degradam o solo arável, produzindo mais comida com baixo poder nutritivo (*junk food*) e contribuindo para obesidade, desnutrição e fome mais do que nunca na história. Os sistemas de saúde americanos consomem até 15% do PIB, embora não haja nenhuma prova empírica de uma relação positiva entre despesas de assistência médica de um país e sua qualidade de saúde.

Isso é o que está acontecendo no nível sintomático. Mas a pergunta realmente interessante é, por quê? Por que não somos capazes, no século XXI, de projetar sistemas sociais mais inteligentes (de saúde, educação, agricultura, resolução de conflitos e assim por diante), mais eficazes, mais criativos e mais inclusivos? Algo parece estar nos impedindo de lidar com as verdadeiras questões básicas encontradas em todos esses sistemas. Para entender melhor isso, vejamos nosso sistema de saúde.

Assistência médica – quem se importa?

A assistência médica, como uma indústria, consome US$1,8 trilhão por ano apenas nos Estados Unidos, ou 15% do produto interno bruto. Segundo o Dr. Raphael Levey, fundador da Global Medical Forum Foundation, que apresenta uma reunião de cúpula anual de líderes de todo eleitorado no sistema de saúde, "uma percentagem relativamente pequena da população consome a maioria do orçamento do serviço de saúde em doenças que são muito bem conhecidas e em geral comportamentais".

"Eles são doentes por conta de como escolhem viver, e não por fatores ambientais ou genéticos além de seu controle. Já na época em que eu estava na faculdade de medicina, muitos artigos demonstravam que 80% do orçamento do serviço de saúde eram consumidos por cinco problemas comportamentais."

Em resumo, são eles: excesso de fumo, bebida, comida e estresse, além de falta de exercícios físicos.[1]

O Dr. Edward Miller, reitor da escola de medicina e CEO do hospital da Johns Hopkins University, revisou o exemplo das cardiopatias. "Cerca de 600 mil pessoas têm ponte de safena por ano nos Estados Unidos, e 1,3 milhão de pacientes cardíacos têm angioplastias – a um custo total de aproximadamente US$30 bilhões por ano. Os procedimentos aliviam temporariamente a dor no peito, mas raramente impedem ataques cardíacos ou prolongam a vida. Aproximadamente metade das pontes de safena entopem em alguns anos; as angioplastias, em alguns meses." As causas da chamada reestenose são complexas. Às vezes, é uma reação ao trauma da própria cirurgia. Mas muitos pacientes podem evitar o retorno da dor e a necessidade de repetir a cirurgia – para não mencionar a suspensão do curso da doença antes que ela os elimine – mudando para um estilo de vida mais saudável. Apesar disso, poucos mudam. "Se você vir as pessoas que passaram por um enxerto da artéria coronária dois anos depois, 90% não mudaram o estilo de vida", disse Miller. "E isso tem sido observado em inúmeros estudos. Portanto, estamos perdendo uma conexão aí. Embora saibam que têm uma doença muito perversa e que devem mudar o estilo de vida, por qualquer que seja a razão, eles não conseguem."[2]

O Dr. Dean Ornish, professor de medicina da University of California em San Francisco e fundador do Preventive Medicine Research Institute (Instituto de Pesquisa em Medicina Preventiva) em Sausalito, Califórnia, enfatiza a importância de se criarem estratégias que abordem quatro níveis do problema de saúde. "Fornecer informações de saúde é importante, mas nem sempre suficiente", diz ele. "Também temos de oferecer dimensões psicológicas, emocionais e espirituais que muitas vezes são ignoradas." Ornish publicou estudos em importantes periódicos científicos avaliados por pares mostrando que seu programa holístico, focado em uma dieta vegetariana com menos de 10% das calorias provenientes da gordura, pode, de fato, reverter a cardiopatia sem cirurgia ou medicamentos. Quando o *establishment* médico permaneceu cético de que as pessoas pudessem sustentar mudanças de estilo de vida recomendadas por Ornish, em 1993 ele persuadiu a Mutual of Omaha, uma empresa de seguros e assistência médica, a financiar um estudo experimental. Os pesquisadores recrutaram 333 pacientes com artérias gravemente obstruídas, ajudaram-nos a parar de fumar e os colocaram sob a dieta de Ornish. Os pacientes participaram de terapia em grupo duas vezes por semana, conduzida por um psicólogo, e tiveram orientação sobre como fazer meditação, relaxamento, ioga e exercício aeróbico. O programa durou apenas um ano. Mas depois de três anos, o estudo revelou, 77% dos pacientes mantiveram suas mudanças de estilo de vida – e evitaram com segurança as cirurgias de ponte de safena e angioplastia às quais tinham direito pela cobertura do plano médico. E a Mutual of Omaha economizou US$30 mil por paciente.

Tentando resolver problemas dos Campos 3 e 4 com métodos dos Campos 1 e 2

O exemplo de assistência médica demonstra como tentamos resolver problemas que necessitam de abordagens dos Campos 3 e 4 profundas para a inovação e a modificação com correções técnicas nos Níveis 1 ou 2. Ken Olsen tentou fazer a mesma coisa na DEC, e a companhia saiu do negócio logo depois. Mas o mesmo mecanismo de correção não existe nos ambientes hipercomplexos de assistência médica, educação ou agricultura – sem falar na economia de desenvolvimento: suas situações quase monopolistas impedem esses sistemas sociais de sair do negócio, apesar dos resultados disfuncionais que produzem.

A menos que consigamos quebrar esse círculo vicioso, de modo a encaminhar a solução das verdadeiras questões sistêmicas básicas, não seremos bem-sucedidos na solução de qualquer problema-chave que enfrentamos como uma sociedade hoje em dia. Embora os Estados Unidos gastem com assistência médica US$1,8 trilhão e abordem as questões de saúde no nível dos sintomas, as verdadeiras causas sistêmicas permanecem não abordadas.

Nortin Hadler, M.D., e professor de medicina na University of North Carolina, fez extensas pesquisas sobre as causas sistêmicas básicas de alto risco de mortalidade, e determinou que dois fatores são primordiais:

1. Você se sente confortável com seu status socioeconômico?
2. Você está satisfeito em seu emprego? Diga-me o quão feliz você está no seu trabalho e o quão confortável está no seu status social, e eu lhe direi seu risco de mortalidade![3]

Vimos no exemplo de assistência médica na Alemanha que o que as pessoas querem é se envolver em relações mais profundas entre si e com elas próprias. Pacientes e médicos, igualmente, perceberam que colocavam em prática resultados e relações que ninguém queria. E eles ainda acham (quase) impossível mudar isso. Por quê? O que está nos detendo? O que seria necessário para nos permitir abordar as verdadeiras questões básicas que nos impedem de fazer o que amamos e amar o que fazemos?

Um deslocamento social mais profundo

Apesar de conhecermos vários episódios de transformação positivos, as instituições e os grupos transformados frequentemente acabam retrocedendo a seus antigos comportamentos porque a ecologia institucional maior em que operam impõe demasiadas demandas restritivas sobre eles (por exemplo, para satisfazer as expectativas de analistas de Wall Street). É óbvio, portanto, que nossa análise da causa-raiz deve incluir os metassistemas que definem o contexto institucional atual (mundo). Esses metassistemas incluem o econômico, o político, a mídia, os subsistemas culturais etc. Eles costumavam ser diferenciados, mas agora estão altamente entrelaçados e devem ser coordenados. Como fazemos isso?

Como podemos conseguir essa coordenação do todo sem reverter para algum modelo de ditadura por um dos setores, por exemplo, pelos sacerdotes, pelo Estado ou por um negócio? Podemos conseguir essa coordenação por todo o sistema deslocando a comunicação entre setores, dos Níveis 1 e 2 (recuperação e debate) para os Níveis 3 e 4 (diálogo e *presencing*)?

O modelo social europeu da Finlândia, Suécia, Noruega, Dinamarca ou Holanda é um bom exemplo de equilíbrio relativo, autonomia e codependência entre os três setores. Os exemplos históricos dos três modos de dominação foram apresentados por sistemas socialistas (dominação pelo Estado), sistemas teocráticos (dominação por líderes espirituais) ou sistemas econômicos neoliberais (dominação pelos negócios), todos associados a seu próprio conjunto de problemas e questões que têm origem na excessiva redução da verdadeira complexidade de nossa realidade global hoje.

Embora a atual ascensão de fundamentalismos monocêntricos por toda a parte pareça sugerir o contrário, acredito que esse fenômeno de fato é uma contrarreação a um deslocamento social mais profundo que ainda continua em direção de uma codependência dos três setores.[4]

Comunicação intersetorial

A Figura 19.1 mostra as relações entre os três setores (público, privado e cívico) segundo os tipos diferentes de conversação discutidos no Capítulo 17: recuperação, debate, diálogo e *presencing*. Os quatro círculos representam os quatro tipos e etapas evolutivas da comunicação no sistema econômico e político global de hoje.

Círculo 1: Recuperação

O círculo externo representa o espaço *da recuperação* e capta a dinâmica da comunicação de *stakeholders* pré-democrática e pré-constitucional. A recuperação é uma estrutura de comunicação *unilateral* que estabelece a agenda e manipula outros *stakeholders* para se comportar de certo modo e que exclui suas vozes do discurso. Os exemplos amplamente utilizados desse tipo da comunicação intersetorial são a disseminação de propaganda política, suborno, muitos tipos da lobby e anúncios publicitários. Outro exemplo desse tipo proveniente do setor de ONGs são os grupos de advocacia quando atacam uma companhia sem qualquer tentativa de se comunicar diretamente com essa organização. Todas essas estruturas de comunicação são *unilaterais* (envolvem só um canal), *não inclusivas* (excluem outros *stakeholders*) e, exceto no caso da advocacia, são *não transparentes* e normalmente operam a portas fechadas. São projetadas para influir/manipular o comportamento do receptor, a fim de servir aos interesses do emissor (em geral, à custa dos *stakeholders* excluídos).

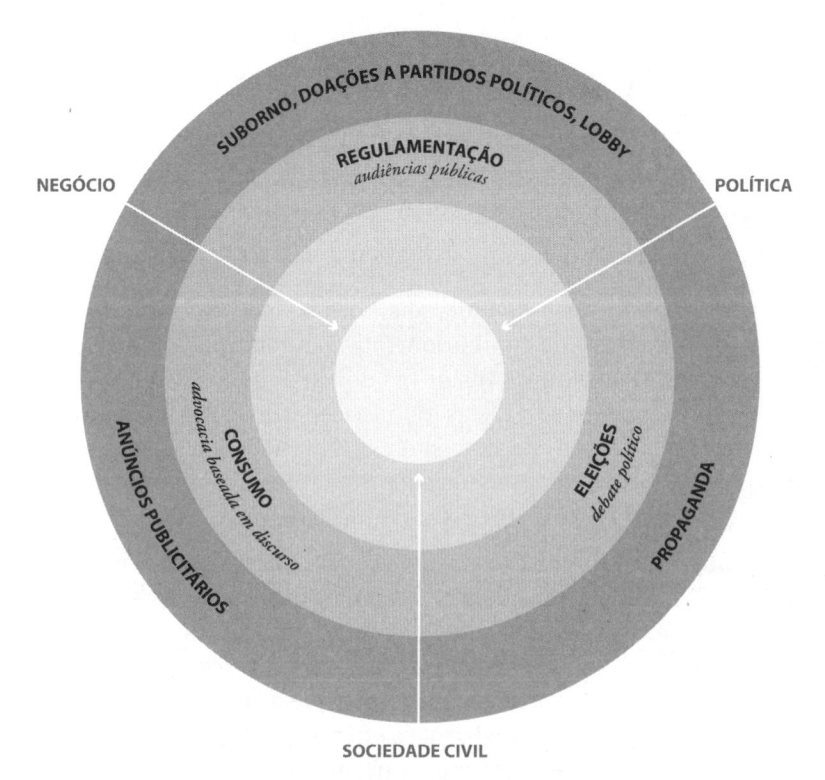

FIGURA 19.1 COMUNICAÇÃO INTERSETORIAL TIPOS 1 E 2

Se todas essas práticas fossem abertas a qualquer um, todos poderiam perguntar: qual é o grande problema? De fato, há dois problemas. Um é que há acesso desigual ao processo político e legislativo. Algumas pessoas e os grupos têm muito poder econômico, enquanto outros têm muito pouco. Além disso, sabemos, pelo livro inovador de Mancur Olson, *Lógica da ação coletiva* (Edusp, 1999), que pequenos grupos, como grandes indústrias com poucos atores principais, podem se organizar em torno de seus interesses especiais com muito mais facilidade do que grupos maiores, tais como milhões de consumidores na mesma indústria. Essa é exatamente a razão pela qual os pequenos grupos podem alavancar seus interesses especiais e os grandes grupos normalmente não conseguem fazê-lo.[5] Portanto, terminamos com um processo político que é guiado por grupos de interesse especial bem organizados, enquanto o restante de nós é incapaz de se organizar de modo eficaz semelhante. Isso é um problema. Outro problema consiste em que, uma vez que o processo inteiro é guiado por interesses especiais, nenhum grupo promove os interesses e a integridade do todo. Exemplos de comunicações unilaterais baseadas na recuperação intersetorial (círculo externo, Figura 19.1) são generalizados.

Televisão comercial
Uma criança média no Estados Unidos vê mais de 40 mil anúncios publicitários de televisão por ano. Por volta dos 18 anos, nossos filhos assistiram a 16 mil assassinatos, bem como mais de 200 mil outros atos da violência. Isso para não mencionar a rápida disseminação de videogames em que a observação da violência é substituída por sua encenação.

Um aluno do ensino médio provavelmente passou de 15 mil a 18 mil horas na frente de uma televisão, mas só 12 mil horas na escola. A pesquisa também revela uma conexão muito forte entre exposição à violência pela televisão e comportamento violento e agressivo em filhos e adolescentes. Ver muita violência pela televisão pode levar a hostilidade, medo, ansiedade, depressão, pesadelos, perturbações do sono e distúrbios de estresse pós-traumático.

Debate público
A eleição presidencial dos Estados Unidos de 2004 demonstrou o movimento do debate público em direção ao círculo externo (recuperação), por três razões: (a) as regras dos debates presidenciais exigiam que as perguntas da audiência fossem submetidas e aprovadas antes do evento. Em contraposição, nos debates presidenciais anteriores, as respostas a perguntas espontâneas e fora do script tinham um impacto importante na impressão que as pessoas tinham dos candidatos. (b) Quando George W. Bush estava em campanha, mantinha reuniões em assembleias municipais nas quais só os que apoiavam Bush eram admitidos; e a equipe de Bush ajudava essas pessoas a formularem perguntas de maneira que mostrassem Bush sob a melhor luz possível. (c) Em 2004, 42% dos americanos acreditavam que Saddam Hussein estava por trás dos ataques de 11 de setembro de 2001; essa percepção equivocada é uma distorção perturbadora da percepção pública empreendida pela propaganda política.[6]

Lobby
Estima-se que um total de US$1,4 bilhão foi gasto em todos os níveis de publicidade da campanha política para a eleição presidencial dos Estados Unidos de 2004. Esse número não considera todo o resto do dinheiro gasto na logística para organizar uma eleição. Boa parte do dinheiro vem de doações. O resultado é – adivinhe – políticas e regras que favorecem as pessoas e os grupos que doam à custa da maioria que não dispõe dos meios e mecanismos equivalentes. Um exemplo notório da desregulamentação de energia foi não tomar medidas contra a Enron quando ela manipulou a crise de energia da Califórnia em 2001, que acabou custando mais de US$30 bilhões aos contribuintes.[7]

Em resumo, a predominância da recuperação na comunicação com o consumidor (anúncios publicitários), conversação pública (propaganda política) e legislação (lobby de interesses especiais e influência do dinheiro de doações aos partidos políticos) parece um ingrediente tóxico que degrada o funcionamento das instituições fundamentais da democracia e da economia de mercado atualmente.

Círculo 2: Debate

O segundo círculo representa exemplos de comunicação interativa, bilateral e intersetorial a que me referi anteriormente como "debate". Um exemplo é um mercado que oferece várias escolhas aos consumidores, cujas decisões de consumo são um meio de responder às empresas (você vota com seu dinheiro). Outros exemplos são a advocacia de *stakeholders* baseada no discurso em que os melhores argumentos ganham, os debates políticos e as audiências públicas que oferecem vários pontos de vista e perspectivas diferentes, e as eleições em que os cidadãos respondem aos políticos com seu voto. A ascensão da advocacia política baseada na Web, tal como blogging, salas de bate-papo e outros tipos de grupos de Internet acrescenta outros canais que as pessoas e o setor civil podem utilizar para responder a grandes instituições, tais como governo e empresas. Esses tipos de comunicações intersetoriais são interativos, de duas vias e baseados na advocacia, bem como mais inclusivos (porque incluem mais *stakeholders*) e transparentes.

O segundo círculo capta a essência da comunicação interativa em e entre instituições democráticas e econômicas contemporâneas.

Os desafios globais deste século exigem que nossas sociedades se movam do primeiro para o segundo círculo (restaurar a economia de mercado e a democracia). Além disso, exigem que nos movamos para além do *status quo* institucional (o segundo círculo) para o território dos dois círculos internos, porque não há como superarmos os desafios deste século com a configuração institucional atual, que data dos séculos XIX e XX.

Círculo 3: Diálogo

O terceiro círculo representa o tipo de comunicação intersetorial que normalmente chamamos de diálogo entre múltiplos *stakeholders*. O diálogo entre múltiplos *stakeholders* cria um discurso que envolve todos os principais *stakeholders* em uma interação multilateral. Em vez de ser estritamente controlada, a agenda é aberta e transparente a todos os participantes; qualquer *stakeholder* pode levantar questões e assuntos e codeterminar as agendas das reuniões. A maioria das formas de conversação pública, diálogo entre *stakeholders*, diálogo cívico e interações com os usuários empaticamente projetadas[8] são exemplos desse tipo da comunicação, que capta e articula visões diversas dos *stakeholders*.

As conversações entre múltiplos *stakeholders* introduzem um mecanismo que permite que as visões das pessoas sejam acessíveis e tornem-se parte do processo de tomada de decisão. O diálogo entre múltiplos *stakeholders* permite a toda uma nova classe de atores participar ativamente de processos de tomada de decisão sociais; esses atores incluem organizações não governamentais (ONGs) e organizações da sociedade civil (OSCs) que representam as "pessoas".

Entretanto, esse diálogo pode ser incapaz de converter visões opostas na cocriação produtiva. Embora as formas de comunicação no terceiro círculo (diálogo) tendam a ser boas em identificar questões controversas e articular visões

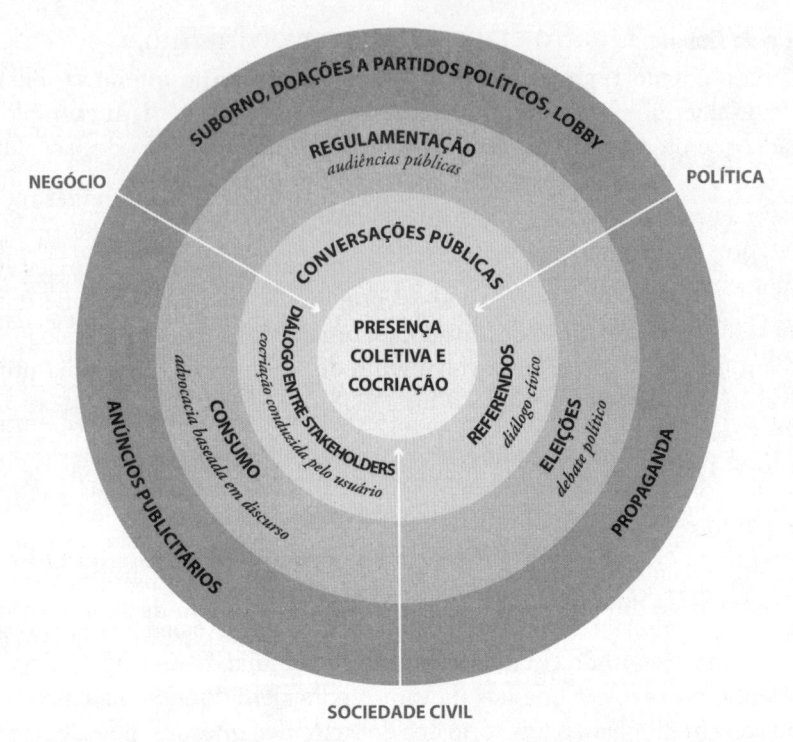

FIGURA 19.2 COMUNICAÇÃO INTERSETORIAL TIPOS 1 A 4

diversas, tendem a ser menos eficazes em converter essas visões em ação coletiva ou em formar novas constelações de *stakeholders* em torno de oportunidades emergentes.

Círculo 4: Presença coletiva e cocriação

É nesse ponto que os tipos de comunicação gerativos no quarto círculo, o círculo central, entram em jogo. Essas conversações congregam os *stakeholders* emergentes em constelações que precisam umas das outras para modelar o futuro coletivamente. Em conjunto, os *stakeholders* sentem e realizam oportunidades emergentes.[9] Assim, o círculo central funciona mais como uma estufa de inovações sociais do futuro. Ele incuba ideias, intenções e microcosmos experimentais que permitirão às futuras possibilidades emergirem, adquirirem forma e se desenvolverem.

Dos tipos de conversação sociais exibidos na Figura 19.2, aqueles que estão no círculo central são empiricamente os mais raros e os mais estrategicamente importantes. Essa infraestrutura, se no lugar, permitiria que ecossistemas inteiros se conectassem e lidassem melhor, mais rápida e mais inovadoramente com os principais desafios políticos e corporativos. A falta dessa infraestrutura representa uma parte faltante nas conexões sociais hoje em dia.

Quatro etapas de desenvolvimento socioeconômico no Ocidente

A Figura 19.3 representa uma visão histórica da mesma questão fundamental: mostra o movimento, através dos quatro círculos discutidos, da visão desenvolvimental em forma de U. Os quatro níveis do U captam quatro diferentes mecanismos de governança (e setores sociais) que constituem as sociedades modernas/pós-modernas: (1) hierarquia e planejamento central, resultando no desenvolvimento do setor público; (2) mercados e competição, resultando na diferenciação e no desenvolvimento do setor privado; (3) organização em rede e diálogo, resultando em diferenciação e desenvolvimento do setor cívico; e (4) uma presença coletiva do ecossistema, levando a uma esfera interinstitucional gerativa para reinventar os três setores e o modo como interagem.

De um modo muito simplificado, esses quatro tipos de mecanismos de governança captam a lógica desenvolvimental das estruturas sociais na sociedade ocidental ao longo de 300 ou 400 anos passados, em geral tratada como modernização (diferenciação dos Campos 1 a 3) e pós-modernidade (Campos 3 a 4). Embora as etapas de diferenciação social e integração acabem de acordo com seus contextos históricos e culturais específicos, há alguns elementos característicos que a lente teórica dos quatro campos pode iluminar.

ESTRUTURA DE CAMPO DA ATENÇÃO	CAMPO		
1."EU EM MIM"	⊙	**CENTRALIZADO: SISTEMAS DO GOVERNO** [emergência: setor público]	**FONTE DE PODER: TRIBUNAL/ESTADO** *mecanismo de coordenação:* plano → ORIENTADO PARA O CENTRO *força motriz: a política do tribunal*
2."EU NO OBJETO"	○	**DESCENTRALIZADO: MERCADO, COMPETIÇÃO** [emergência: setor privado]	**FONTE DE PODER: CAPITAL/NEGÓCIO** *mecanismo de coordenação:* mercado → ORIENTADO PARA A PERIFERIA *força motriz: a demanda do mercado*
3."EU EM VOCÊ"	⦵	**ORGANIZADAS EM REDE: NEGOCIAÇÃO/DIÁLOGO:** [emergência: setor cívico]	**FONTE DE PODER: OPINIÃO PÚBLICA, ONGS** *mecanismo de coordenação:* diálogo → ORIENTADO PARA AS RELAÇÕES *força motriz: setor civil baseado no valor*
4."EU NO AGORA"	⦿	**PRESENÇA DO ECOSSISTEMA** [emergência: ação intersetorial]	**FONTE DE PODER: PRESENÇA DO TODO EMERGENTE** *mecanismo de coordenação:* presenciar → ORIENTADO PARA O CAMPO EMERGENTE *força motriz: consciência e ação intersetorial*

FIGURA 19.3 A EVOLUÇÃO DOS MECANISMOS DE GOVERNANÇA

O historiador britânico Arnold Toynbee concebeu o progresso social como uma interação entre desafio e resposta: a modificação estrutural acontece quando a elite de uma sociedade não pode responder mais produtivamente aos principais desafios sociais, para que as velhas formações sociais sejam substituídas por novas. Aplicando a estrutura de Toynbee de desafio e resposta ao desenvolvimento socioeconômico das economias modernas no Ocidente, podemos identificar as quatro etapas seguintes.

O desafio da estabilidade: A ascensão do setor público
Pense na Europa no fim da guerra dos Trinta Anos, em 1648, ou na União Soviética depois da Revolução de Outubro e na Primeira Guerra Mundial, em 1918, quando a ascensão de um setor estatal e público forte forneceu um mecanismo de coordenação central que permitiu a alocação e a distribuição de recursos escassos de acordo com as prioridades desenvolvimentais estratégicas conforme percebido pelas elites de cada país. Nesse sentido, podemos examinar o socialismo do século XX não como uma etapa *pós-capitalista* da economia (segundo a teoria marxista), mas como *pré-capitalista* (isto é, mercantilista).[10] Desse ponto em diante, o desenvolvimento socioeconômico das economias ocidentais foi acentuado por três transformações primordiais.

O desafio de crescimento: Transformação I: A ascensão do setor privado
O lado bom de uma sociedade orientada para o Estado e o setor público é sua estabilidade; o lado ruim é sua falta de dinamismo.[11] Portanto, quanto mais exitosamente o desafio de estabilidade é superado, mais provável é que haja um deslocamento do foco da estabilidade para o crescimento e o dinamismo.

Para superar esse desafio, o que é crítico é a introdução de um segundo mecanismo de coordenação: mercados e competição. A introdução de mercados e competição facilitou uma era sem precedentes de crescimento e industrialização no desenvolvimento econômico (que, em termos atuais, parece com o dinamismo econômico em algumas partes da China, ao longo da última década). A introdução de mercados como um mecanismo de coordenação e ascensão do setor privado associado a ele deslocou a geometria do poder na sociedade de um sistema orientado para o centro (governado pelo Estado ou o tribunal feudal) para um sistema mais orientado para a periferia (governado pelas demandas do mercado).

O desafio da externalidade: Transformação II: a ascensão do setor cívico
O lado bom de uma economia puramente orientada para o mercado e a sociedade é seu rápido crescimento e dinamismo, particularmente em comparação com as etapas mais adiantadas do mercantilismo e do feudalismo; o lado ruim consiste em que ela não dispõe de meios para lidar efetivamente com algumas externalidades negativas que o acompanham.[12]

Há dois tipos e gerações de externalidades negativas: os que afetam os atores dentro de um sistema e os que afetam os atores do lado de fora. As externalidades do interior do sistema (Tipo I) incluem a condição de miséria dos trabalhadores (uma questão da distribuição), custos de produtos agrícolas que caem abaixo do limiar de sustentabilidade (uma questão do protecionismo) e a flutuação das taxas de câmbio (uma questão da destruição de capital). No seu livro *A grande transformação* (Campus/Elsevier, 2000), Karl Polanyi descreveu a transformação do século XIX de um sistema de mercado puro para uma economia de mercado mais temperada. Ele também sustenta que o sistema de mercado puro com seus mercados de três fatores (natureza, trabalho e capital) nunca funcionou por causa de sua "ficção da mercadoria" subjacente. Essa "ficção" tinha de ser temperada por mecanismos corretivos, tais como sindicatos trabalhistas, segurança social, protecionismo e bancos centrais, todos projetados para fazer a mesma coisa: limitar o mecanismo de mercado quando seus resultados são disfuncionais ou inaceitáveis e redirecionar a governança, introduzindo acordos entre os *stakeholders*, negociados como um terceiro mecanismo de coordenação que completa os dois existentes (mercados e hierarquia).[13]

Exemplos de externalidades exteriores ao sistema (Tipo II) incluem a destruição da natureza, a destruição de oportunidades para futuras gerações e as atuais miséria e pobreza de 3 a 4 bilhões de pessoas que vivem na chamada "base da pirâmide global". Essas questões do Tipo II são muito mais difíceis de tratar porque os *stakeholders* envolvidos não têm voz no processo político normal, como trabalhadores têm quando se organizam em sindicatos ou como os agricultores têm quando fazem lobby para obter proteção. Os desafios do Tipo II entram no processo político pela mobilização de movimentos guiados por pessoas para lidar com cada um desses problemas, resultando na formação de organizações não governamentais (ONGs) e organizações da sociedade civil (OSCs) que se concentram em questões como ambiente (natureza), sustentabilidade (do mundo para as futuras gerações), desenvolvimento (países em desenvolvimento) e assim por diante. O movimento em torno das externalidades do Tipo II começou a se manifestar como um fenômeno social amplo apenas durante o último terço do século XX e começou a resultar na emergência de atores de ONGs globais apenas durante a última década do século XX e a primeira década deste século, junto com uma onda maciça de globalização depois do fim da Guerra Fria, em 1989. A ECO-92 no Rio, a "batalha de Seattle" de 1999 no encontro da Organização Mundial do Comércio (OMC) e a reunião de guerra anti-Iraque globalmente orquestrada em 2003 (antes da invasão) foram marcos importantes na emergência de uma nova classe de atores globais: ONGs ou OSCs globalmente orquestradas. Hoje, há aproximadamente 28 mil ONGs no mundo inteiro que monitoram, vigiam e denunciam mau comportamento corporativo ou governamental relacionado a externalidades ambientais e sociais.

A introdução de mecanismos de coordenação do terceiro nível (negociação e diálogo entre *stakeholders*) e a ascensão do setor cívico acompanhante alteraram, mais uma vez, a geometria do poder em nossa sociedade. Esse mecanismo relacional funciona em uma fonte diferente do poder: a opinião pública.

Em grande parte do século XX, várias respostas às externalidades do Tipo I levaram à ascensão do Estado de bem-estar social, que ajudou a aliviar muitas dessas questões. No fim do século XX, contudo, surgiram duas realidades que de muitos modos marcaram o fim da abordagem tradicional baseada no Estado do bem-estar social. Uma é que o Estado de bem-estar social cuidou só das pessoas dentro do sistema, e não daquelas do lado de fora; a segunda é que o Estado de bem-estar social funcionou bem só enquanto a globalização não havia aumentado a lacuna entre capital de alta mobilidade e trabalho de baixa mobilidade. Com o aumento dessa lacuna e a redução das tarifas de taxação, o velho Estado de bem-estar social no estilo europeu entrou em crise. Ele tinha de se reinventar para ser mais eficiente, flexível, independente e criativo e menos dependente da taxação dos custos de mão de obra como a principal fonte de financiamento.

O desafio da externalidade global: Transformação III: a ascensão da inovação do ecossistema

O lado bom sobre o estilo europeu do capitalismo democrático social consiste em que ele lida com as externalidades clássicas por meio de redistribuição da riqueza, segurança social, regulamentação ambiental, subsídios agrícolas e ajuda para o desenvolvimento; o lado ruim consiste em que, na era da globalização e demografia em constante mudança, muitos desses mecanismos não são mais factíveis no longo prazo, particularmente quando aplicados às externalidades globais do Tipo II fora do sistema atual. Portanto, o desafio com que a maioria das sociedades se defronta é como criar ecossistemas que lidem tanto com as externalidades do Tipo I como com as externalidades do Tipo II de maneira que estimule a criatividade individual e coletiva e o reforço da capacidade institucional, em vez de subsidiar a ausência de autossuficiência e ação empreendedora. Em outras palavras, o desafio é como organizar, com menos recursos, sistemas muito mais inteligentes que levarão em conta a ampla disseminação do empreendedorismo e da inovação em relações interinstitucionais. É aí que o quarto círculo (o círculo interior) entra em jogo: ele serve como um espaço reservado para uma importante peça que falta na infraestrutura viabilizadora.

A Tabela 19.1 resume a linha de pensamento ao longo de toda a teoria desenvolvimental exposta. O desafio principal define cada etapa desenvolvimental; cada desafio exigiu que a sociedade respondesse criando um novo mecanismo de coordenação (plano central, mercado, diálogo), que então levou à ascensão de um novo ator institucional principal (governo, negócios, ONG) e a fonte do poder (porretes, cenouras, normas). Cada uma dessas configurações também se faz acompanhar de sua geometria única do poder, de centralizado (plano central e hierarquia) para descentralizado (mercados) e então para relacional (negociação e diálogo).

Prosseguindo, a mesma coisa tem de voltar a acontecer: os desafios deste século também exigem que inovemos e criemos um novo mecanismo de coordenação (ver e atuar a partir do ecossistema inteiro) que, mais uma vez, levará à ascensão de novos atores institucionais (iniciativas de inovação intersetorial) e novas fontes de poder (a presença do ecossistema inteiro).

TABELA 19.1 QUATRO ETAPAS DA ECONOMIA DE MERCADO
OCIDENTAL, SUAS INSTITUIÇÕES E SUAS FONTES DE PODER

	Séculos XVII-XVIII Economia mercantilista guiada pelo Estado	Séculos XVIII - XIX Economia de mercado liberal	Séculos XIX-XX Economia de mercado social	Século XXI: Economia do ecossistema global
Desafio	Estabilidade	Crescimento	Externalidades: internas, externas	Inovação do ecossistema guiada pela externalidade
Resposta: novo mecanismo de coordenação	Regras/plano centrais	Mercado/ competição	Negociação/ diálogo	Presença do ecossistema: ver e atuar a partir do todo
Emergência de novos atores institucionais	Estado/ governo	Capital/ negócios	Sociedade civil/ ONGs	Comunidades intersetoriais de inovação
Fontes e mecanismos de poder	Porretes	Porretes Cenouras	Porretes Cenouras Normas/valores	Porretes Cenouras Normas/valores Presença do todo

Entre os fundamentalismos do passado e as sociedades emergentes do futuro

Vamos agora resumir e concluir a discussão da lente da Teoria U conforme aplicada ao capitalismo e à sociedade.

1. A história das economias e sociedades ocidentais desenvolveu-se por meio de duas transformações principais: do sistema feudal/mercantilista ao sistema de mercado liberal (Transformação I), e do sistema de mercado liberal para o sistema de mercado social (Transformação II). Cada transformação produziu uma nova infraestrutura institucional: a economia de mercado liberal durante a primeira transformação (direitos de propriedade, dinheiro, bancos), que limitou e, em parte, *suspendeu* o poder do Estado, adicionando outro mecanismo de governança (mercados); o Estado do bem-estar social durante a segunda transformação (segurança social, padrões ambientais e de trabalho, protecionismo, bancos centrais independentes), que *redirecionou* as forças de mercado por meio de acordos e arranjos negociados entre *stakeholders*.
2. À medida que foi se aprofundando a crise do sistema de bem-estar social no estilo europeu do século XX – o Campo 3 –, três visões retrocapitalistas começaram a emergir: (1) a visão social-democrática e principalmente europeia dos que querem se agarrar ao Estado de bem-estar social do século XX, que se arrai-

gou na Europa, América do Norte e Japão (mas que fracassou na maior parte dos outros lugares); (2) a dos fundamentalistas de mercado, neoconservadora e principalmente anglo-saxônica, que quer retornar ao sistema de mercado puro do século XIX, que existiu antes da segurança social e do Estado de bem-estar social; (3) as ideologias neonacionalistas, que querem voltar a uma orientação mais ou menos pré-moderna, baseada na lei e na ordem, e no fato de que o poder central (em geral, o Estado-nação) controla e dirige os recursos estratégicos segundo a ideologia dominante (ocasionalmente fascista). Em resumo, as três abordagens regressivas fariam com que seus sistemas revertessem aos Campos 3, 2 ou 1 da estrutura evolutiva já mostrada, respectivamente.

3. Embora as três retroabordagens pareçam recuperar o sistema social atual anterior, outro jogo de forças parece recuperar o sistema posterior, em direção ao Campo 4. Essas forças ajudam a inovar o modo como as pessoas e suas instituições colaboram e se coordenam através de todo o ecossistema (tal como a assistência médica em toda uma região), movendo-se dos dois círculos externos para os dois círculos internos (ver Figura 19.2).

4. Assim como novas infraestruturas foram necessárias para estabelecer os mecanismos de coordenação baseados no mercado e em negociação/diálogo, a transformação seguinte também exigirá que uma nova infraestrutura institucional facilite a emergência de outro mecanismo de coordenação: a presença do ecossistema "de ver e atuar a partir do todo" (a Figura 19.3). Acredito que essas novas infraestruturas estariam entre as inovações de mais alta alavancagem do nosso tempo.

5. A Figura 19.4 demonstra como o desafio de inovação do ecossistema, quando respondido a partir dos retromovimentos (Campos 1 a 3), em vez do Campo 4, fará com que o sistema maior seja sugado para o espaço sombrio da patologia social.

Nesse cenário, a sociedade gravitará em direção a um Estado guiado por interesses especiais (resultante da falta de transparência e competição) que está *cegando* o sistema às necessidades de outros grupos na sociedade; à violência estrutural (resultante da falta do diálogo entre *stakeholders*), que *entrincheira* as divisões entre os vários *stakeholders*; e à ausência coletiva (resultante da falta conexão com o todo emergente), que congela o *arraigamento* a velhas identidades e padrões rígidos do passado, que cada vez mais perdem o contato com as verdadeiras questões à mão. Isso então levará à síndrome de três partes da anomia (perda de normas, valores), esclerose (falta da renovação) e atomia (destruição da comunidade e da estrutura), que parece um quadro tão familiar tanto no Norte como no Sul globais de hoje.

6. As abordagens que tentam corrigir as patologias da anomia, esclerose e atomia por meio da reinstalação de normas e valores próprios e da reestruturação inevitavelmente fracassarão. Elas devem fracassar porque não dão uma solução para os problemas na raiz. Em vez de tratar os sintomas, uma resposta sistêmica deve concentrar-se em criar *inovações em infraestruturas* que permitirão ao sistema desenvolver-se do Campo 3 para o Campo 4. Isso é pre-

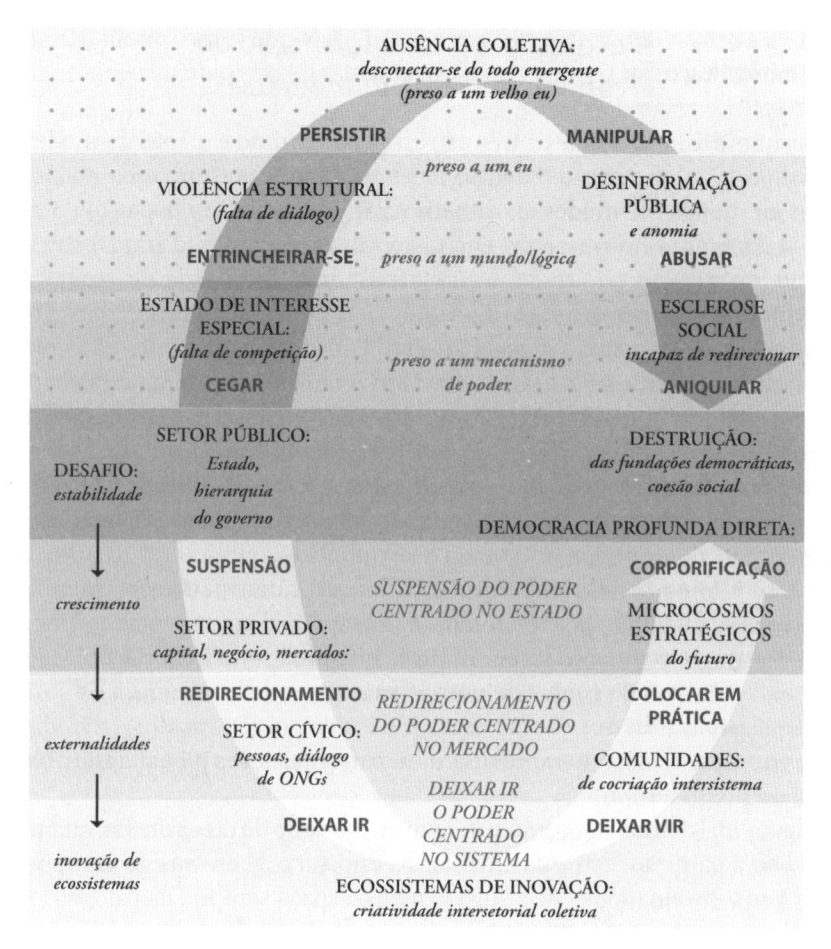

```
                    AUSÊNCIA COLETIVA:
                  desconectar-se do todo emergente
                       (preso a um velho eu)
              PERSISTIR              MANIPULAR
                        preso a um eu
       VIOLÊNCIA ESTRUTURAL:          DESINFORMAÇÃO
           (falta de diálogo)            PÚBLICA
                                         e anomia
         ENTRINCHEIRAR-SE  preso a um mundo/lógica  ABUSAR

       ESTADO DE INTERESSE                ESCLEROSE
            ESPECIAL:                      SOCIAL
        (falta de competição)       incapaz de redirecionar
                         preso a um mecanismo
              CEGAR         de poder        ANIQUILAR

            SETOR PÚBLICO:             DESTRUIÇÃO:
  DESAFIO:      Estado,            das fundações democráticas,
 estabilidade  hierarquia                coesão social
              do governo
                              DEMOCRACIA PROFUNDA DIRETA:
              SUSPENSÃO                 CORPORIFICAÇÃO
  crescimento              SUSPENSÃO DO PODER
                           CENTRADO NO ESTADO   MICROCOSMOS
            SETOR PRIVADO:               ESTRATÉGICOS
          capital, negócio, mercados:       do futuro

           REDIRECIONAMENTO                COLOCAR EM
                         REDIRECIONAMENTO    PRÁTICA
              SETOR CÍVICO: DO PODER CENTRADO
 externalidades  pessoas, diálogo NO MERCADO
                  de ONGs                 COMUNIDADES:
                             DEIXAR IR   de cocriação intersistema
                             O PODER
               DEIXAR IR    CENTRADO     DEIXAR VIR
                           NO SISTEMA
  inovação de
 ecossistemas        ECOSSISTEMAS DE INOVAÇÃO:
                    criatividade intersetorial coletiva
```

FIGURA 19.4 O U E O ANTIESPAÇO: MECANISMOS DE COORDENAÇÃO

cisamente a razão pela qual as crises globais atuais não podem ser resolvidas com as receitas do passado: mais mercado, mais regulamentação, mais negociação entre os principais *stakeholders*. Embora todos esses aspectos sejam necessários, não são suficientes para levar um grande sistema pela profunda transição transformacional no fundo do U. O que é necessário agora é um deslocamento sutil de campos sociais que permita que múltiplos indivíduos e comunidades em rede atuem como agentes coletivos do todo emergente e inovar e prototipar nosso caminho para o futuro.

7. Fazer a estrutura socioeconômica ocidental do Campo 3 (século XX) evoluir para o Campo 4 (século XXI) transformaria as fundações tanto do capitalismo como da democracia mediante a institucionalização do quarto mecanismo de governança: ver e atuar a partir do todo que conecta atores e *stakeholders*, que precisam uns dos outros para levar seu sistema ao melhor futuro.

A evolução e a transformação do capitalismo e da democracia

O lado esquerdo do U reflete as três estruturas de campo e etapas da modernização (Campo 1-3), bem como o debate entre modernistas (centrados no sistema) e pós-modernistas (centrados na experiência) na transição do Campo 3 para o Campo 4. O espaço no fundo do U sugere um deslocamento transformacional profundo em direção ao acesso de uma fonte mais profunda do conhecimento individual e coletivo. No lado direito, o U representa algumas inovações na infraestrutura que ajudarão a avançar. Esse caminho para frente não continua simplesmente o caminho linear do passado (como os conceitos de desenvolvimento no estilo ocidental tendem a sugerir), mas se concentra em transformar e transubstanciar os antigos corpos do comportamento coletivo.

Nessa transformação, o velho setor de mercado, que havia sido cego em relação às externalidades, abre-se cada vez mais em direção a internalizar as externalidades. Em segundo lugar, o velho setor público centrado no Estado abre-se em direção à tomada de decisão participativa em que os cidadãos manifestam diretamente sua vontade por referendos e diálogo público informado. E, por fim, o velho setor de ONGs abre-se em direção à exploração e à cocriação das novas formas de iniciativas de inovação intersetorial antes de lutar contra os sintomas do sistema cadeia abaixo.

Que inovações infraestruturais permitiriam ao sistema global desenvolver-se do Campo 3 para o Campo 4?

A Figura 19.5 mostra quatro tipos de inovação em infraestruturas que podem merecer consideração: infraestruturas para renovação da democracia, mercados, cultura e o poder do lugar.

1. *Inovação em infraestruturas democráticas.* As infraestruturas que suportam o deslocamento de um setor público centrado no Estado para um centrado no cidadão incluiriam o banimento da corrupção e da desinformação manipuladora e se concentrariam na criação de plataformas de alta qualidade de conversação que congregam os microcosmos dos principais stakeholders em seus respectivos sistemas (escolas, regiões de assistência médica, ou cidades, por exemplo). Um bom exemplo é a cidade de Porto Alegre, no Brasil, que recebeu a atenção mundial e o reconhecimento de seu desenvolvimento de processos participativos para a tomada de decisão na definição do orçamento municipal e no planejamento de políticas públicas. Orçamento participativo e plenárias temáticas são inovações na gestão pública.
2. *Inovação em infraestruturas de mercado.* As infraestruturas que suportam o deslocamento dos mecanismos de custos da cegueira à externalidade para a consciência dessa externalidade incluiriam padrões globais que internalizam melhor os custos sociais e ambientais. Para tornar práticos esses padrões, várias reformas radicais se fazem necessárias.

Diagrama

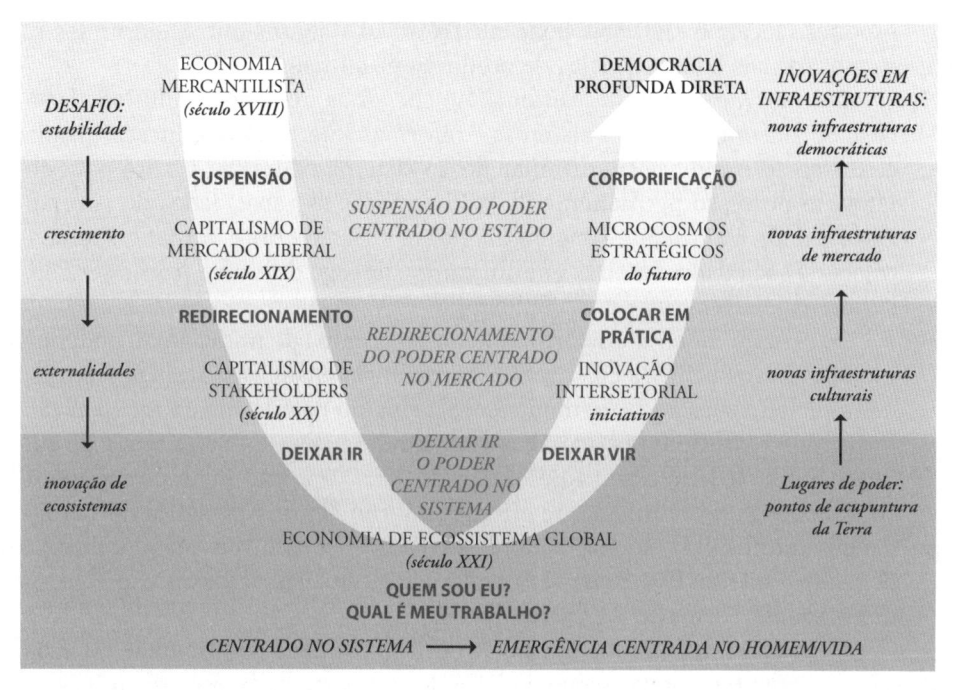

DESAFIO: estabilidade	ECONOMIA MERCANTILISTA (século XVIII)	DEMOCRACIA PROFUNDA DIRETA	*INOVAÇÕES EM INFRAESTRUTURAS:* novas infraestruturas democráticas
↓ crescimento	**SUSPENSÃO** CAPITALISMO DE MERCADO LIBERAL (século XIX)	*SUSPENSÃO DO PODER CENTRADO NO ESTADO* **CORPORIFICAÇÃO** MICROCOSMOS ESTRATÉGICOS do futuro	novas infraestruturas de mercado
↓ externalidades	**REDIRECIONAMENTO** CAPITALISMO DE STAKEHOLDERS (século XX)	*REDIRECIONAMENTO DO PODER CENTRADO NO MERCADO* **COLOCAR EM PRÁTICA** INOVAÇÃO INTERSETORIAL iniciativas	novas infraestruturas culturais
↓ inovação de ecossistemas	**DEIXAR IR**	*DEIXAR IR O PODER CENTRADO NO SISTEMA* **DEIXAR VIR**	Lugares de poder: pontos de acupuntura da Terra
	ECONOMIA DE ECOSSISTEMA GLOBAL (século XXI) QUEM SOU EU? QUAL É MEU TRABALHO? CENTRADO NO SISTEMA → EMERGÊNCIA CENTRADA NO HOMEM/VIDA		

FIGURA 19.5 QUATRO TIPOS DE INFRAESTRUTURAS DE INOVAÇÃO

O sistema de bem-estar social atual ainda se baseia no pensamento do século XIX, isto é, taxando o trabalho para financiar serviços de bem-estar social (em vez de taxar todos os fatores). Recentemente, o empresário alemão Götz Werner sugeriu vincular o bem-estar social e a reforma fiscal introduzindo uma única *renda básica* fixa para cada cidadão (como um direito humano básico) e alterando o sistema fiscal pela abolição de todos os impostos (de renda) diretos. Isso deslocaria o sistema inteiro para um único *imposto (de consumo) indireto*.[14] Essas duas modificações não só eliminariam grande parte da burocracia do governo (tanto para a burocracia do bem-estar social como para burocracia dos impostos), como também permitiriam a cada país internalizar custos sociais e ambientais sem ser penalizado no mercado global (porque os impostos indiretos são reembolsados no caso de exportações e adicionados no caso de importações). Uma única renda básica para todo mundo também eliminaria a burocracia do Estado de bem-estar social, facilitando uma nova cultura de autoconfiança e empreendimento.

Outra reforma que demanda mais exploração e refinamento é o uso de moedas paralelas para internalizar melhor as externalidades. Entre 1992 e 2002, aproximadamente 4 mil comunidades por todo o globo adotaram moedas paralelas ou complementares baseadas no sistema[15] de comércio de troca. Enquanto a economia global funciona bem para certos produtos e mercados (tais como tecnologia da informação), o fortalecimento de ciclos de consumo-

produção locais e regionais pode ser favorável a alguns outros domínios da economia (tais como os ciclos de produção de alimentos local).
3. *Inovação em infraestruturas culturais*. Ao chegar às fundações culturais da sociedade, encontramos três sistemas e reformas interligados: educação, mídia e conversação pública. Reinventar nosso sistema educativo inteiro para enfatizar o processo permanente de cultivar todas as capacidades de aprendizagem mais profundas – mente aberta, coração aberto e vontade aberta –, colocaria sociedades inteiras em um campo de jogo diferente (como será discutido mais extensamente no Epílogo).

Do mesmo modo, transformando nosso sistema de mídia atual, podemos modelar novos padrões coletivos de consciência e conversação. Os produtos de mídia atuais estão firmemente enraizados no paradigma da recuperação, tornando-nos recipientes passivos e poluindo a mente de centenas de milhões de filhos, bem como adultos, a cada dia. O que está faltando são inovações de produtos de mídia que girem em torno de uma presença do Campo 4 e possam inspirar os observadores a conhecer seus níveis mais profundos do conhecimento. Essa ideia será explorada em mais detalhes no Epílogo, na discussão do Teatro de *Presencing* Social.

Além disso, não temos um lugar em determinada comunidade ou ecossistema que intencionalmente conecte líderes entre diferentes instituições e setores. Os médicos de linha de frente não podem construir facilmente uma compreensão compartilhada e conversações para melhor sentir e agarrar oportunidades emergentes que cruzam fronteiras de instituições e setores. Essa deficiência óbvia nos traz a outro aspecto do sistema-raiz da sociedade: o fundamento do campo social e seus metaprocessos na natureza, no poder do lugar.
4. *Lugares de poder. Inovações na presença sagrada da Terra*. Um dos recursos mais significativamente subutilizados que as sociedades têm para acessar o fundo do U é nossa relação de *presencing* com a natureza e a Terra, e o que essa relação pode nos ensinar sobre quem somos e por que estamos aqui. Por exemplo, quando visito a Finlândia, vejo pessoas que têm uma relação profunda e sincera com a natureza, que as crianças finlandesas são estimuladas a desenvolver. Por todo lugar, as pessoas passam mais tempo na natureza como uma prática individual e coletiva regular. Quando os pais vão com seus filhos a cabanas simples nos bosques, por exemplo, ensinam como ouvir a floresta – porque a floresta é um ser vivo. Essa relação especial – até mesmo sagrada – com a presença de lugares na natureza, em oposição a ver a natureza como simplesmente um recurso, pode muito bem desempenhar um papel invisível e viabilizador nas altas taxas de excelência educacional e inovações sociais e tecnológicas bem-sucedidas que os países nórdicos como a Finlândia repetidamente demonstram.

Também notei que certas fazendas que foram cultivadas durante muitos anos com um conjunto intencional de práticas ecológicas, sociais e espirituais podem transformar-se em lugares acolhedores poderosos para pessoas e comunidades, permitindo-lhes conectar-se com a presença da Terra de maneira prática e contemplativa. Talvez as futuras fazendas não só lidem com a produção de alimentos, mas também forneçam lugares em que tanto as crianças como os adultos possam se reconectar com sua fonte mais profunda de inspiração e seu Eu. A fazenda na qual cresci oferece essas duas funções.[16]

No seu núcleo, o aprofundamento e a transformação da democracia e do capitalismo segundo o Campo 4 da Teoria U também estenderão o uso do meio quintessencial do capitalismo: o dinheiro. Hoje, utilizamos o dinheiro de quatro modos distintos: para *calcular o valor econômico* (Campo 1: recuperar); para comprar produtos, caso em que trocamos o dinheiro pelo produto de nossa escolha (Campo 2: comprar significa eliminar ou "suspender" todas as outras opções possíveis de utilizar o dinheiro); para *fornecer crédito,* a fim de suportar outros empreendimentos, caso em que *redirecionamos o uso imediato* do dinheiro do consumo para o investimento em um empreendimento empresarial (Campo 3); para *avançar as fundações de comunidade e criatividade,* doando-o ou deixando-o ir (Campo 4). Vemos isso em alguns exemplos da filantropia, quando os empresários bem-sucedidos entregam a maior parte de seu dinheiro e bem-estar social como um gesto de devolver à sociedade.[17] Mas então, quando vemos as práticas reais de como as fundações entregam seu dinheiro, muitas vezes vemos que essas práticas carecem da capacidade de realmente deixar ir. Em vez disso, as pessoas se agarram a seu controle e forçam os beneficiários da doação a adotar um conjunto de destinos e objetivos que muitas vezes é mais projetado para agradar aos doadores do que resolver os verdadeiros problemas na base do sistema. O dinheiro do Campo 4 deve ser dado ao setor sem fins lucrativos de maneira livre de vínculos e compromissos, a fim de estimular e permitir a inovação e a modificação que beneficia o ecossistema inteiro, e a fim de prototipar novos modos de viver, aprender e colaborar.

Assim, como podemos cultivar uma economia saudável? Todo economista sabe a resposta: deslocando recursos do Campo 2 (consumo de produtos atuais) para o Campo 3 (investimento em futuros produtos e capacidades). O que atualmente precisamos aprender é que as sociedades devem deslocar seu uso de recursos mais em direção ao Campo 4. Lá, o dinheiro pode ser investido livremente nas fontes do futuro, nas fundações da futura criatividade e na saúde do ecossistema inteiro. A falta de dinheiro significativo no Campo 4 é um impedimento sério para deslocar capitalismo e democracia para a Etapa 4.

Para resumir: este capítulo aplicou a lente da Teoria U – isto é, quatro campos diferentes da emergência social – ao quarto processo da meta em questão: a encenação coletiva de mecanismos de coordenação globais. Vimos que quatro vozes diferentes respondem a essa crise sugerindo diferentes caminhos para frente: os primeiros três são as retrovozes, que aconselham a retornar à estrutura de campo global do Campo 1 (autocrático e orientado para o Estado: regulamentação, lei e ordem), Campo 2 (orientado para o mercado: desregulamentação) ou Campo 3 (*stakeholders* orientados para a negociação: diálogo), respectivamente. A quarta voz, contudo, sugere que não há um caminho de volta. É impossível recuar, porque as circunstâncias mudaram. É por isso que temos de avançar para a etapa evolutiva seguinte da economia global (guiada pelo ecossistema: ver e atuar do todo emergente).

Contudo, o avanço é extremamente difícil, porque estamos sem uma parte da infraestrutura integrada. Todas as transformações iniciais do sistema socioeconômico estão associadas a um novo conjunto de instituições e infraestruturas. Mas ainda não temos nossas novas instituições e infraestruturas. A criação dessas inovações em infraestruturas está entre os pontos de ação de alavancagem de mais alto impacto em nossa sociedade de hoje. Os exemplos incluem inovações em infraestruturas democráticas, infraestruturas de mercado, infraestruturas culturais e o cultivo de lugares de poder que possam funcionar como "pontos de acupuntura planetários" no processo de deslocar o campo da consciência global.

Esse é o principal elemento que está faltando em nossa infraestrutura. Mas outra parte ausente – e fator de alavancagem – é a liderança, a capacidade de sentir coletivamente, modelar e criar nosso futuro. Para essa capacidade de liderança desenvolver-se e crescer, devemos cultivar os quatro metaprocessos do campo social. São eles: pensamento, linguagem, estruturação e desenvolvimento do mecanismo de coordenação da presença do ecossistema, o que significa sentir e atuar a partir do todo.

Vendo de fora, é surpreendente o quão pouco a questão central deste capítulo – evolução e transformação de democracia e capitalismo – tem sido assunto de nosso discurso científico e político de hoje em dia. As poucas discussões que temos, em geral, se resumem aos retromovimentos: pensar sobre novas questões aplicando velhos padrões de pensamento (Campos 1-3). Mas, ainda assim, estou convencido de que as questões em foco aqui se moverão inevitavelmente para o centro do palco das discussões ao longo da próxima década. Embora seja apenas um começo, espero que este capítulo contribua para a ampliação e o aprofundamento desse diálogo muito necessário.

Os dois capítulos finais e o Epílogo exploram, em mais profundidade, como podemos pegar essas fagulhas e avançar. Juntos.

Capítulo 20

Captando a criação da realidade social em voo

Campo 1: Sistemas autistas • Campo 2: Sistemas adaptativos • Campo 3: Sistemas autorreflexivos • Campo 4: Sistemas gerativos • A gramática do campo social • Transformar o mecanismo causal • A jornada do líder • Captando as centelhas de criação da realidade social

Como nosso *Feldgang* pelos campos sociais se aproxima da conclusão, vamos fazer uma pausa e refletir sobre o todo que emergiu. Com a discussão dos quatro metaprocessos do campo social e de como se manifestam através dos níveis de sistemas de pensar (micro), "linguagem" (meso) e estruturar (macro) para a governança global (mundo), fomos capazes de ver que em todos esses níveis o processo social pode acontecer em quatro estruturas de campo da atenção (Campos 1–4). Assim como uma melodia musical pode ser realizada em diferentes claves, uma melodia social – isto é, um ato social individual ou coletivo – pode nascer por meio de qualquer das quatro diferentes estruturas de campo da atenção. Aprender a reconhecer essas várias claves é como captar a criação da realidade social em voo – somente ao *observar* suas diferenças, podemos começar a alterar a estrutura e a direção dessas centelhas de criação da realidade social, conforme se manifestam aqui e agora. A capacidade de captar e redirecionar essas centelhas em seu momento inicial, a capacidade de iluminar nosso ponto cego e tornar-nos consciente desse ponto principal da criação, nosso ponto de liberdade, é quando experimentamos o *"eu no agora"*.

Vamos agora nos concentrar no *todo sistêmico* que vimos emergir em todas as partes dos dois últimos capítulos, nos quais discutimos os quatro metaprocessos de criação da realidade social (Capítulos 16-19). Gostaria de levá-lo novamente ao experimento da indagação que o convidei a contemplar anteriormente em nossa discussão: e se as estruturas do campo social da atenção que discutimos em todas as partes deste livro (Campos 1-4) fossem entidades vivas? E se esses campos pudessem seguir de fato uma jornada de desenvolvimento? E se nosso trabalho (como gerentes, líderes, professores, facilitadores, agricultores, profissionais de saúde, educadores) fosse ajudar esses campos a se tornarem conscientes de si mesmos e avançarem para a etapa evolutiva seguinte?

Ao fazermos essas perguntas e investigarmos também as diferentes qualidades da relação através de níveis (do micro ao mundo), exploraremos um quinto nível dos sistemas de pensar, *o nível meta,* para nos ajudar a melhor entender o sistema maior como um todo.

Campo 1: Sistemas autistas

A primeira etapa dos quatro metaprocessos tem a mesma característica básica: é um *sistema autista.*[1] Ou seja, o que o sistema (ou pessoa) capta de seu ambiente ou do mundo externo é limitado a quadros, conceitos e estruturas que ele já tem. Nada de novo é admitido. Os exemplos incluem a recuperação (ouvir enquanto confirma seus julgamentos), falar polidamente (utilizar linguagem educada), estruturas institucionais centralizadas (uma máquina burocrática) e estruturas sociais centralizadas (políticas, planos e regulamentos governamentais).

Todos esses exemplos compartilham a mesma característica básica: o sistema é autista, no sentido de que qualquer que seja o impulso para tentar penetrar o limite entre o exterior (o mundo) e o interior (o sistema), provocará sempre o mesmo tipo de resposta: uma resposta repentina de nível 1 que está programada ou conectada diretamente ao sistema através dos modelos do passado. Referimo-nos a esse assunto da conexão como cognição no nível micro, aos hábitos conversacionais no nível meso, aos procedimentos de operação padrão no nível institucional e à burocracia do governo no nível social ou no nível mundo. Mas é basicamente a mesma espécie de besta em cada nível: uma besta que limita sua reação aos hábitos e rotinas que as experiências do passado imprimiram em sua memória.

No sistema do Campo 1, como os diferentes níveis (do micro ao mundo) se relacionam entre si? Por meio da hierarquia. O nível mundo define o quadro do nível macro, o nível macro define os limites do nível meso e o nível meso define os limites do nível micro da evolução. Cada nível é distinto e separado dos outros. Cada nível mais alto define os limites daqueles abaixo dele.

A separação dos níveis soa perfeita e lógica. Ajusta-se bem ao modo como dividimos o mundo em disciplinas das ciências sociais e comunidades profissionais: a psicologia considera os indivíduos; a psicologia de grupo lida com as interações de grupo; as teorias dos sistemas sociais e as práticas de consultoria concentram-se nas instituições; e a economia, a ciência política e a sociologia consideram os setores mundiais da sociedade (negócios, política, sociedade civil). Mas nenhuma disciplina considera as variáveis e dependências *de um modo realmente holístico e integrativo através de todos os níveis, do micro ao mundo, todos os campos e todas as interdependências.* Esse é um ponto cego crítico nas ciências sociais hoje, como as palavras do Mestre Nan assinalaram antes em nosso passeio de campo.

Em vez disso, a maior parte da ciência social considera os sistemas sociais do ponto de vista do Campo 1, como se os níveis fossem ordenados e separados entre si e como se a diferenciação tripartite moderna não precisasse ser explorada de modo mais metódico.

Campo 2: Sistemas adaptativos

A segunda etapa de pensamento, linguagem, estrutura e evolução da governança global, também tem um número de características compartilhadas: as características de um *sistema adaptativo*. No Campo 2, o que um sistema (ou pessoa) apanha de seu ambiente ou do mundo externo não é mais limitado às criações e aos modelos do passado; você pode apanhar o novo material a partir do que está acontecendo a seu redor e então adaptar-se a ele. Os exemplos incluem o ouvir factual (ouvir a partir de uma mente aberta: abrir-se aos dados verdadeiros a seu redor); o debate (estimular a articulação de opiniões diversas que ajudam um grupo a se abrir ao que as pessoas realmente pensam); as estruturas institucionais descentralizadas (abrir-se ao que nossos clientes realmente querem); e as economias de mercado dirigidas ao setor privado (abrir-se ao que os mercados de fato querem que façamos). Todos esses exemplos compartilham a mesma característica sistêmica: o sistema é adaptável no sentido de que, qualquer que seja o impulso para tentar penetrar o limite entre o exterior e o interior (entre o mundo externo e o sistema interno), provocará sempre uma destas respostas: uma resposta de nível 1 (reagir com base nos velhos hábitos) ou uma resposta de nível 2 (adaptar-se a uma situação alterando a estrutura do sistema). Referimo-nos a esse segundo tipo de resposta com termos diferentes através dos níveis (micro ao mundo), mas todos esses termos referem-se à mesma capacidade básica: a capacidade de um sistema de se adaptar às modificações no seu ambiente.

No tipo de abordagem de sistemas vivos do Campo 2, como os diferentes níveis (do micro ao mundo) relacionam-se uns com os outros? Por meio do "acoplamento estrutural". Acoplamento estrutural é um termo da teoria de sistemas vivos que significa a coadaptação de um organismo ao seu ambiente.[2] O acoplamento estrutural se diferencia da integração hierárquica *à la* Campo 1, no sentido de que é aberto à interação de duas vias, à codependência e à coevolução. Isto é, os níveis superiores não só influenciam os inferiores (como fazem no contexto do Campo 1), mas também, pelo menos até certo grau, os inferiores influenciam os superiores.

A teoria de sistemas vivos mais influente nos últimos anos tem sido a dos sistemas autopoiéticos que o sociólogo Niklas Luhmann introduziu nas ciências sociais (com base no pioneiro trabalho em biologia e cognição de Humberto Maturana e Francisco Varela). A abordagem da sociologia de Luhmann é um bom exemplo da abordagem do Campo 2. Luhmann sustenta que os sistemas sociais são entidades autopoiéticas; isto é, são constituídos por elementos que criam e recriam a si mesmos. Em consequência, os pesquisadores dessa tradição normalmente não prestam muita atenção a outros níveis. Por exemplo, você vê padrões de comunicação, mas não vê o que acontece *dentro* de um indivíduo.[3] Embora o foco do sistema autopoiético vivo possa ser (e tem sido) aplicado a todos os níveis (de micro a mundo), dá-se pouca atenção à interdependência através dos níveis ou às condições sob as quais a separação de níveis e sistemas pode, na realidade, entrar em colapso.

Assim, as duas principais diferenças entre o *presencing* e a teoria autopoiética é que (a) a teoria do *presencing* considera *todos os níveis e os quatro metaprocessos* de modo integrado, enquanto as abordagens autopoiéticas tendem a vê-los separadamente e (b) o *presencing* considera a jornada de desenvolvimento dos sistemas através de *todas as quatro estruturas de campo da atenção (Campos 1-4)*, enquanto as abordagens autopoiéticas examinam sob a perspectiva de uma estrutura única e de uma estrutura de campo (Campo 2), que não se altera durante toda a jornada de desenvolvimento do sistema.

Campo 3: Sistemas autorreflexivos

Quando um sistema se move do Campo 2 para o Campo 3, realiza-se um deslocamento fundamental. É um deslocamento que altera a concepção de mundo de cada sistema de modo mais fundamental. Há um teste claro e simples que se pode executar para determinar se você ou seu sistema estão operando antes ou depois desse deslocamento ao Campo 3: quando você vê o sistema, vê a si mesmo como parte do quadro? Sua percepção inclui seu eu – o observador? O sistema tem a capacidade de ver a si próprio?

Lembre-se da Figura 10.2. Essa figura mostra como você começa a ver a situação pelos olhos de outro *stakeholder* ou ator, e como o sistema começa a ver a si próprio. Exploramos esse deslocamento fundamental através de todos os metaprocessos: como um deslocamento do ouvir factual para o ouvir empático com um coração aberto, isto é, para um ouvir que permite ver o mundo e seu eu pelos olhos de outra pessoa (nível micro); como um deslocamento do debate de opiniões diferentes para o engajamento no diálogo – isto é, para um processo de pensar conjuntamente que ajude um grupo a ver a si mesmo (nível meso); como um deslocamento de uma estrutura dividida em que cada divisão compete com todas as outras para uma estrutura mais colaborativa e organizada em rede de diálogos entre *stakeholders* que lhes permitam ver a si mesmos como parte de um todo maior (nível macro); e como um deslocamento de um sistema liberal de economia de mercado que é cego às circunstâncias externas que produz para uma economia social de mercado mais consciente das circunstâncias externas, em que as decisões políticas envolvam diálogos entre múltiplos *stakeholders* que permitam aos governantes refletir sobre o impacto de suas regras nos grupos e nos *stakeholders*, incluindo os *stakeholders* na periferia do sistema. Em todos esses exemplos, há um deslocamento do ver o sistema do *meu* ponto de vista para ver o sistema pelos olhos de *outros stakeholders* – isto é, uma visão que ajudará o sistema a começar a ver a *si próprio*.

Desse modo, a característica principal de um sistema do Campo 3 é a de que um dado impulso que penetra o limite do mundo externo provocará uma destas três respostas: reagir (nível 1), adaptar-se (nível 2) ou autorrefletir (nível 3). De acordo com o nível da resposta escolhida, resultarão diferentes estratégias de ação e resultados dos sistemas.

Embora uma resposta do Campo 3 (autorreflexão) seja mencionada com termos diferentes pelas várias profissões que lidam com esse deslocamento do micro para o mundo (psicólogos no micro, pessoas de diálogo no nível de grupo, pessoas de desenvolvimento organizacional no nível institucional e pessoas de desenvolvimento global no nível mundo), é óbvio que lidam com o mesmo fenômeno fundamental em cada nível. Trata-se de um deslocamento de campo da máxima importância. Uma falha nesse nível significa – dadas todas as mudanças disruptivas ocorrendo ao nosso redor – que é mais provável que o sistema em questão seja sugado (de volta) ao antiespaço da patologia social (veja as Figuras 16.1, 17.2, 18.2 e 19.4).

Mudando a metaperspectiva do Campo 2 para o Campo 3, começamos a ver os limites entre os níveis e as entidades se abrirem e parcialmente caírem. Enquanto o acoplamento estrutural significa que as entidades influenciam umas às outras por meio dos limites existentes, quando os limites se abrem e parcialmente colapsam, as entidades são influenciadas mais totalmente pelos campos sociais coletivos nos quais operam. Um exemplo dessa abordagem do Campo 3 é a teoria da ressonância mórfica do biólogo Rupert Sheldrake e a aplicação dessa teoria pelo psicanalista e especialista em sistemas familiais Bert Hellinger, em seu "trabalho de constelação" em sistemas familiais bem como sua aplicação no trabalho organizacional. O foco é sobre os campos coletivos sociomentais que estão arraigados nas experiências do passado e que, se evocados, são experimentados como forças verdadeiras e poderosas que aparecem no momento presente e nos oferecem modos diferentes de lidar com uma situação.[4]

Enquanto os níveis e as entidades estão separados no Campo 1 e estruturalmente acoplados no Campo 2, estão conectados mais diretamente ao Campo 3: o que os indivíduos em práticas de constelação articulam e encenam é o resultado direto de experimentar um campo coletivo.

Campo 4: Sistemas gerativos

Quando um sistema se move do Campo 3 para o Campo 4, outro deslocamento fundamental acontece. É um deslocamento do estar conectado ao campo atual para o conectar-se à presença e à fonte mais profundas da melhor possibilidade futura que está procurando emergir. Monitoramos esse deslocamento fundamental através de todos os metaprocessos: como um deslocamento do ouvir empático (coração aberto) para o ouvir gerativo (vontade aberta), que ativa a capacidade de se conectar ao seu melhor Eu futuro; a partir de uma conversação dialógico-reflexiva para uma conversação de grupo baseada no *presencing* que conecta uma comunidade às suas fontes mais profundas de inspiração e propósito; a partir de uma organização em rede para uma coordenação de ecossistema que ativa a capacidade de ver e atuar a partir do todo entre diversas constelações de atores. Em todos esses exemplos, vemos um deslocamento do conectar-se a um campo atual para o conectar-se e atuar a partir de um campo futuro emergente.

Assim, a característica principal de um sistema do Campo 4 é a de que um dado impulso provocará uma destas quatro respostas: reagir (nível 1), adaptar-se (nível 2), autorrefletir (nível 3) ou presenciar o futuro emergente (nível 4). Dependendo da abordagem escolhida, as diferentes estratégias de ação e suas consequências se manifestarão segundo os princípios já discutidos: "*Atendo* [a esse caminho], *portanto ele emerge* [esse caminho]."

Pessoalmente, acredito que o deslocamento de um sistema para um estado do Campo 4 de operar é o fenômeno central do nosso tempo. E está começando a acontecer em torno de todos nós: no indivíduo, no grupo e nos níveis macro, e até no nível mundo, como exploramos durante toda nossa incursão de campo neste livro. Operar de acordo com os princípios do Campo 4 também é a principal condição que devemos alcançar para lidar com a maioria dos desafios locais, regionais e globais mais prementes. E, apesar de sua importância e de estar começando a acontecer em torno de todos nós, ainda não falamos nada sobre esse assunto.

A questão não é (como no Campo 3) que diferentes comunidades utilizam termos diferentes para o mesmo fenômeno. A questão é que muitas pessoas tendem a confundir os Campos 3 e 4. Isso significa que confundem o campo atual com o campo emergente do futuro. Mas trata-se de duas realidades distintas. Elas têm casualidades e fluxos de tempo diferentes (como discutiremos em mais detalhes, adiante). Também se sentem diferentes. Depois de experienciar as duas, seu corpo saberá a diferença. E assim também nosso corpo coletivo (social). Esses campos ativam partes diferentes de quem somos.

Por essas razões, acredito que é apropriado introduzir um novo termo, uma palavra para o processo que ocorre quando os sistemas humanos começam a operar do Campo 4: *presencing*. Trata-se de um termo que aponta para o cerne do ponto cego em nossa consciência: aponta-nos para a possibilidade de um modo mais profundo de operar. Aponta-nos para a essência da liderança – isto é, para nossa capacidade de nos deslocar do lugar a partir do qual operamos. O lugar do *presencing* é nossa fonte mais profunda do saber e do ser, a partir do qual navegamos por nosso caminho em direção a situações em que todos os outros instrumentos de navegação falharam.

Quando mudamos a metaperspectiva do Campo 3 para o Campo 4, os limites entre os vários níveis de sistema caem para se cooriginar da fonte mais profunda. A relação através dos níveis de sistema diferencia-se daquela do Campo 3, no sentido de que o colapso total (e não parcial) dos limites e os diferentes níveis e entidades formam um veículo para o futuro emergir.

De forma correspondente, os quatro campos não só se originam de fontes diferentes – isto é, no interior, em, além ou circundando o limite da organização;

eles também resultam em relações diferentes entre os níveis (isto é, separação vertical, acoplamento estrutural e colapso parcial ou completo dos limites, respectivamente). Portanto, há uma participação crescente do indivíduo na cocriação das condições para encenar os sistemas sociais: a partir da reencenação de modelos conhecidos (Campo 1) para a adaptação (Campo 2) e depois para o codesenvolvimento (Campo 3) e, por fim, para a criação coletiva (Campo 4).

Conforme nos movemos para baixo no lado esquerdo do U, avançando do Campo 1 para o Campo 4, o grau de interconectividade e fusão aumenta, assim como a participação do indivíduo na formação do todo.

Ao mesmo tempo, vemos o sistema mover-se através de uma fase de diferenciação que resulta em um conjunto mais livremente acoplado de subsistemas. Isso é verdadeiro para o indivíduo (onde podemos ver a diferenciação de mente aberta, coração aberto e vontade aberta), mas também se aplica ao grupo (onde o vemos nos equivalentes coletivos de mente, coração e vontade abertas); à instituição (onde o vemos como uma diferenciação entre tipos de estruturas centralizadas, descentralizadas, organizadas em rede, ecossistema e entre os sistemas de desempenho: interface com o cliente, cadeia de suprimentos, sistema de inovação); e à governança global e à sociedade (onde o vemos como uma diferenciação entre os mecanismos de coordenação: hierarquia, mercados, diálogo, a presença do todo, bem como entre os subsistemas da sociedade: a economia, o sistema político e a cultura).[5]

Portanto, conforme descemos a haste esquerda do U, o grau de conexão e fusão através dos níveis sobe, enquanto o sistema como um todo começa a diferenciar-se em subsistemas mais livremente acoplados.

Pense nisso por um minuto. Isso é desafiador, porque o acoplamento livre e os níveis de fusão no fundo do U vão contra a sabedoria convencional.

Para ilustrar, Peter Senge, certa vez, falou sobre o encontro que teve com o astronauta Rusty Schweickart:

> Rusty esteve na missão Apolo que precedeu o primeiro desembarque na Lua, onde eles testaram o módulo de alunissagem em órbita. Ele deu uma declaração cerca de 10 anos após o feito. Afirmou que levou 10 anos para descobrir como falar sobre o que acontecera. Ele disse: "Você sabe, todos os engenheiros e pessoas técnicas que são astronautas, eles somente falam sobre as coisas tecnicamente. Eu simplesmente não conhecia as palavras para descrever o que aconteceu."
>
> Mas, então, ele fez essa apresentação em Lindisfarne, que é uma comunidade espiritual fundada por William Irwin Thompson, em Long Island. Ele me disse depois: "De repente eu tive a ideia de descrever o que me aconteceu na segunda pessoa." Toda a apresentação foi feita na segunda pessoa, no tempo presente – "Agora você vê isso; agora você vê aquilo". Ele disse que fez assim porque compreendeu que quem ele era como astronauta era uma extensão dos órgãos sensoriais da humanidade. "Estive lá", dis-

se ele, "e pude ver algo com meus olhos, mas não era apenas minha visão. Era a visão da humanidade". Assim ele tentou contar a história. E, quando começou a contar essa história na segunda pessoa, compreendeu que era uma experiência muito poderosa – porque grande parte de sua experiência anterior começava a fazer sentido para ele de um modo bem diferente.

Falando na segunda pessoa, ele se dava a permissão de ver como um coletivo, mas também ver como o outro: "Agora você acorda de manhã. Agora você vê isso." A última parte da apresentação é bem comovente, porque ele diz: "Agora você está perto do fim da missão, e tem muita sorte porque a missão foi muito bem tecnicamente. E assim você tem um tempo livre pelo qual não tinha direito algum de esperar. Assim, nos últimos dias você passa a maior parte do tempo somente olhando para fora pela janela. E, quando olha através da janela, percebe que sua identidade se deslocou – que, durante os primeiros vários dias, sempre que tinha a oportunidade de olhar para fora da janela, procurava a costa oeste da Califórnia, ou o Texas ou a península da Flórida. Você procurava as coisas que lhe eram familiares. E então você de repente percebe que agora está olhando em direção à costa oeste da África. E está olhando para o Sinai. E está olhando em direção ao subcontinente indiano. Você percebe que sua identidade se deslocou e que agora você está se identificando com tudo isso."

"E agora você está bem no último dia. E percebe que está apenas olhando. E você está sobrevoando aquela parte bem familiar da geografia que chamamos de Oriente Médio. E você está olhando para aquilo lá embaixo e de repente conclui que não há limite. Todas as vezes que você viu aquilo antes, desde o tempo em que era criancinha, sempre havia linhas. E você percebe que não há linha alguma. As linhas não existem. As linhas só existem porque as guardamos em nossa mente como se existissem. Então você percebe, naquele instante, que as pessoas estão ocupadas matando-se umas às outras por causa dessas linhas imaginárias." E foi nesse ponto que terminou a sua apresentação em Lindisfarne.

Dois anos depois, Rusty participou de um curso de liderança de três dias que eu estava coministrando. No final, nós o convidamos a falar sobre qualquer coisa que quisesse. Ele se levantou e contou um pouco da mesma história. Depois, Charlie Kiefer, o outro ministrante do curso, disse: "Então, Rusty, como que é lá em cima?" Nesse momento, a maioria de nós já tinha lido sua apresentação em Lindisfarne. Ele ficou lá parado por um bom tempo e então disse: "Foi como ver um bebê a ponto de nascer."

A experiência de Rusty Schweickart exemplifica a fusão dos níveis no fundo do U. No início ele procurava o que lhe era familiar (Campo 1). Então, ele mudou para ver com novos olhos (Campo 2): "Agora você está olhando em direção à costa oeste da África." Então sua percepção deslocou-se novamente: ele viu que não havia linha alguma entre as nações. Esse deslocamento ilustra alguns das características principais do sentir (Campo 3), incluindo a fusão de níveis do sistema: "Estava lá, podia ver algo com meus olhos, mas não era apenas minha visão. Era a visão da humanidade." E, por fim, ele ainda se moveu para outro nível (Campo 4), quando sintonizou na essência profunda do encontro da presença sagrada do planeta Terra: "Foi como ver um bebê a ponto de nascer."

Esse encontro íntimo e a fusão profunda de níveis são a principal característica de todos os outros exemplos de sentir e *presencing* que vimos nos capítulos anteriores. Por exemplo, quando os participantes do Fórum do Diálogo Médico-Paciente começaram a ver a si próprios como um sistema, todo o grupo começou a operar a partir de um novo órgão sensorial coletivo de percepção. A visão de Rusty Schweickart o fez participar de um sutil processo de nascimento coletivo que, sem sua presença e atenção, poderia não ter acontecido.

Enquanto o indivíduo (nível micro) no trabalho de constelação parece subordinado ao nível coletivo (o campo social e seu impacto), esse não é o caso na história de Rusty Schweickart (ou em outras histórias de *presencing*).[6] Rusty não foi forçado por uma força externa a dizer isso ou aquilo. Em vez disso, ele atravessava um processo profundo de tranquilidade, quietude e graça pelo qual encontrou um nível mais alto de consciência e presença.

A gramática do campo social

Se o comportamento dos sistemas sociais for uma função da estrutura de campo da atenção (e consciência) a partir da qual um sistema opera, e se isso se aplicar a todos os níveis em todos os sistemas, as seguintes perguntas surgem: segundo quais regras esses deslocamentos ocorrem (de uma estrutura de campo a outra)? E que força motora provoca tal deslocamento?

As regras ou a gramática social desses deslocamentos estão resumidas na Tabela 20.1. A tabela representa as impressões características (ou *footprints*, "pegadas") da transformação em U vista a partir de 10 ângulos (categorias) diferentes. Nada na tabela é novo; ela apenas resume a jornada descrita neste livro.

Como já abordei as sete primeiras categorias detalhadamente nas discussões anteriores, agora sugiro que você reserve alguns minutos para ler e refletir sobre essas categorias antes que eu retome a discussão. Pense na tabela como uma arqueologia do processo do U: as impressões características do processo profundo da criatividade humana coletiva que nos oferece uma visão interior da gramática evolutiva da vida. Essas 10 categorias – embora suas descrições variem conforme o contexto cultural, situacional e pessoal – são universais. Discutindo essas ideias com os públicos e praticantes de todas as culturas e continentes, eu sempre ficava impressionado com a universalidade dos deslocamentos mais profundos aqui em questão. As 10 categorias captam alguns aspectos-chave desses deslocamentos, que, certa vez, o participante de um workshop sugeriu que eu tratasse como a *epistemologia do espírito humano*. É essa epistemologia mais profunda que nos

TABELA 20.1 A GRAMÁTICA SOCIAL DA EMERGÊNCIA: 10 CATEGORIAS

Categorias	Recuperar	Ver	Sentir	*Presencing*	Cristalizar	Prototipar	Realizar
1. Gesto de prestar atenção	Projetar os julgamentos habituais	Suspender e prestar atenção	Redirecionar e mergulhar ou sintonizar	Deixar ir e conectar-se à quietude	"Deixar vir" o futuro que quer emergir	Colocar em prática e improvisar microcosmos	Corporificar e incorporar em amplas ecologias
2. Lugar de operar	Do centro de nosso próprio limite organizacional	Da periferia de um limite organizacional	A partir do limite organizacional de um indivíduo	Da fonte profunda de nosso futuro emergente	Do estar em diálogo com o futuro que quer emergir	Do estar em diálogo com os contextos futuros e atuais emergentes	A partir de estar em diálogo com ecologias em coevolução
3. Ver o mundo como:	Uma imagem mental projetada	Um conjunto de objetos em interação	Um campo/todo coletivo atual	A mais alta possibilidade futura	Um campo emergente do futuro	Um microcosmo vivo do futuro	Um ecossistema em coevolução
4. Conhecimento	Julgamento de opinião	Explícito: "o que saber"	Tácito: "como saber"	Conhecimento autotranscendente	Conhecimento autotranscendente coimaginando o futuro emergente	Conhecimento autotranscendente coinspirando novos microcosmos	Conhecimento autotranscendente cointuindo a ação coletiva
5. Espaço social	Imagens mentais sem espaço unidimensional	Distância bidimensional ponto a ponto exterior entre observador e observado	Interioridade tridimensional: o observador move-se para dentro do observado; os limites caem	Tempo-espaço quadridimensional invertido percepção a partir da Fonte	Espaço quadridimensional: conecta-se à Fonte para ter uma visão do futuro emergente	Espaço quadridimensional: conecta-se à Fonte e ao contexto para cocriação situacional	Espaço quadridimensional: conectar-se à Fonte e ao ecossistema em coevolução
6. Tempo social	Tédio desincorporado	Cronos	Desaceleração	Presença na quietude sagrada	Presença na imaginação emergente	Presença na cocriação situada	Presença nas práticas diárias

TABELA 20.1 A GRAMÁTICA SOCIAL DA EMERGÊNCIA: 10 CATEGORIAS (CONTINUAÇÃO)

Categorias	Recuperar	Ver	Sentir	Presencing	Cristalizar	Prototipar	Realizar
7. Corpo social coletivo (complexidade) como:	Corpo coletivo "morto" (complexidade linear)	Sistema autopoiético vivo (complexidade dinâmica)	Campos fenomenológicos coletivos (complexidade social)	Presença da emergência profunda (complexidade emergente)	Cristalização da emergência profunda (complexidade emergente)	Emergência profunda encenada (complexidade emergente)	Emergência profunda corporificada (complexidade emergente)
8. Mecanismo causal principal	Causação externa (determinismo)	Causação principalmente externa	Causação basicamente interiorizada	(Auto)causação totalmente interiorizada	(Auto)causação totalmente interiorizada	(Auto)causação totalmente interiorizada	(Auto)causação totalmente interiorizada
9. Episteme	Primazia da subjetividade: construtivismo ingênuo Wilber: Zona 3	Primazia da interobjetividade: realismo ingênuo, racionalismo, teoria de sistemas Wilber: Zona 4	Primazia da intersubjetividade: fenomenologia, hermenêutica (Husserl, Heidegger, Habermas, Hellinger) Wilber: Zonas 1, 2	Primazia das escolas que desenvolvem a transintersubjetividade (Nishida, Wilber Nan, Torbert, Cohen, Steiner)	Primazia da transintersubjetividade: fenomenologia coletiva integral de sistemas emergentes (Bohm Cooperider, Cohen, Wilber)	Primazia da transintersubjetividade: estética integral da cocriação	Primazia da transintersubjetividade: pragmatismo integral da escultura social
10. Eu	Eu central: "Eu em mim" Beck: 1ª camada: azul: ordem Kegan: impulsivo-imperial Torbert: impulsivo-oportunista Wilber: autoconceito mental	Eu racional: "Eu nele" Beck: 1ª camada: laranja: realização Kegan: formal-institucional Torbert: diplomata-realizador Wilber: eu-papel, racional	Eu relacional: "Eu em você" Beck: 1ª e 2ª camadas: verde/ amarelo: sensível/ integrativo Kegan: pós-formal, interinterindividual Torbert: existencial Wilber: racional-reflexivo/existencial	Eu autêntico: "eu no agora" Beck: 2ª camada: azul-esverdeado: holístico Kegan: pós-formal, interindividual Torbert: ironista Wilber: integrado/ psíquico	Eu autêntico: Eu no agora/você Wilber: integrado/ sutil	Eu autêntico: Eu no agora/-objeto Wilber: integrado/ causal	Eu autêntico: Eu no agora/-nós Wilber: integrado/ não dual

conecta através das culturas. E, como se relaciona a um campo global coletivo, tal gramática pode ajudar-nos a navegar nas transformações mais profundas com maior transparência e tranquilidade.

Transformar o mecanismo causal

Agora vamos voltar às três últimas linhas e categorias da Tabela 20.1 (linhas 8 a 10). A partir do micro ao mundo, a maioria dos nossos sistemas está atualmente fixada no comportamento dos Campos 1 e 2 – reagimos e lutamos contra as questões do passado, incapazes de redirecionar nossa atenção e intenção para nos conectarmos e realizarmos possibilidades futuras emergentes.

Uma razão para esse deslocamento muitas vezes parecer tão difícil e inalcançável é que as pessoas necessitam de uma compreensão dos mecanismos *causais* que fazem com que os sistemas sociais se comportem do modo como o fazem. Há 2.300 anos, Aristóteles sugeriu uma estrutura de quatro tipos diferentes de causação que quero utilizar para ilustrar a transformação profunda dos mecanismos causais que ocorre quando um sistema social se move pelo U.

A Figura 20.1 representa os quatro níveis do U como quatro círculos concêntricos: o círculo externo representa o Campo 1 ("eu em mim") ou a recuperação; os círculos seguintes representam o Campo 2 ("eu no objeto") e o Campo 3 ("eu em você"); e o círculo interno representa o Campo 4 ("eu no agora") ou o fundo do U. Além disso, as quatro flechas axiais que se encontram no círculo central representam os quatro tipos de causação que Aristóteles distinguiu. São eles:

1. *Causa materialis:* a causa material
2. *Causa formalis:* a causa formal
3. *Causa finalis:* a causa final
4. *Causa efficiens:* a causa eficiente (a agência ou o início do movimento)

Ao mapear essas duas distinções (estrutura de campo da emergência e tipo de causação), a Figura 20.1 representa a paisagem das diferentes escolas de pensamento na teoria dos sistemas sociais hoje. O círculo externo capta as escolas tradicionais da teoria dos sistemas sociais. Essas teorias concebem a causa da mudança como *externa* aos limites do sistema. Em contraposição, o círculo mais profundo concebe a causa da mudança como algo que está conectado a um processo de abertura profundo e um colapso dos limites e que emerge de dentro dele. Os dois círculos intermediários mapeiam o espaço intermediário entre os dois polos. Enquanto os quatro círculos fazem o mapa da interioridade crescente da causação do exterior para o interior, as quatro flechas axiais representam os quatro tipos aristotélicos de causa: causa material, causa formal, causa final, a causa eficiente.

Um exemplo de causa material e causação externa (círculos externos) é a teoria da rede social autopoiética de que os sistemas sociais são uma função das estruturas de comunicação que produzem o sistema e se reproduzem (indepen-

```
                    CAUSA
                    FORMAL

              DETERMINISMO
                FUNCIONAL

               DINÂMICA
               DO SISTEMA

              SISTEMAS
              DE PENSAR

        ESCOLAS                    ESCOLAS
       PSICOLÓGICAS    CAMPO 4   MARXISTAS-HEGELIANAS
CAUSA                  (TEORIA U)                         CAUSA
EFICIENTE  DETERMINISMO  IA, DIÁLOGO,  4   PESQUISA  DETERMINISMO  FINAL
          COMPORTAMENTAL  WORLD CAFÉ       FUTURA     TELEOLÓGICO

                         3
                  TRABALHO DE
                  CONSTELAÇÃO
                  DE HELLINGER
                                 2

             TEORIA DOS SISTEMAS
             SOCIAIS AUTOPOIÉTICA     1

              DETERMINISMO
              ESTRUTURAL

                CAUSA
                MATERIAL
```

CÍRCULO 1: *causação externa máxima do comportamento dos sistemas sociais ("determinação externa")*

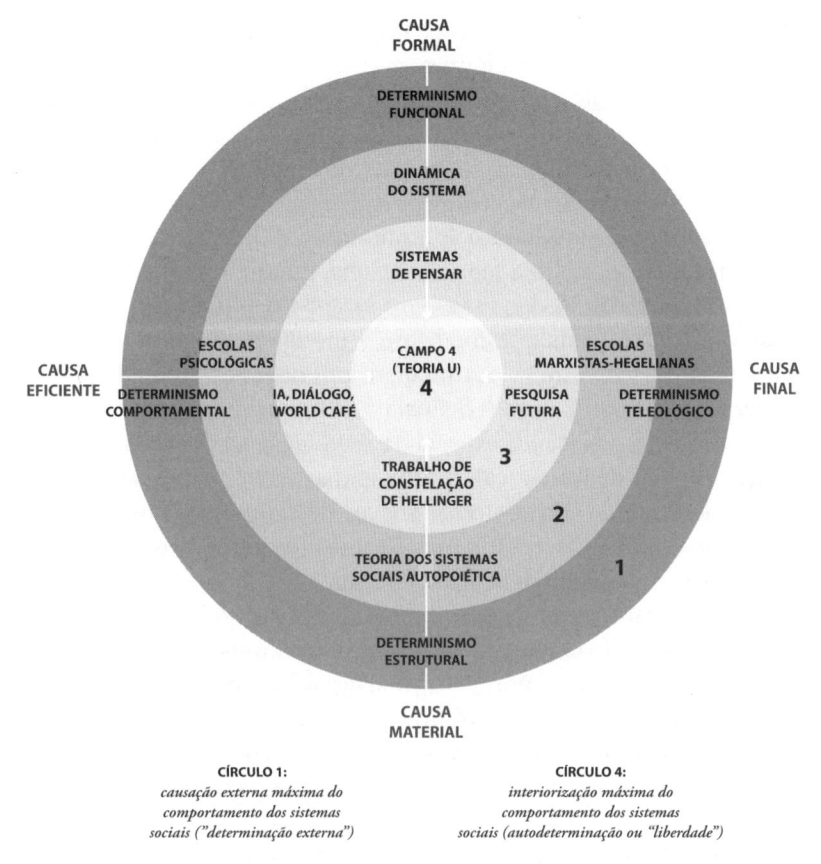

CÍRCULO 4: *interiorização máxima do comportamento dos sistemas sociais (autodeterminação ou "liberdade")*

FIGURA 20.1 QUATRO CAUSAS, QUATRO TIPOS DE CAUSAÇÃO

dente da atenção e da intenção dos indivíduos participantes). Esse foco sobre a estrutura é um bom exemplo do que Aristóteles chamava de causa material.

Outro exemplo do segundo círculo (causação principalmente externa) é a metodologia da dinâmica do sistema: os sistemas sociais são analisados quanto aos modelos ou formas que encenam coletivamente. Essa abordagem concentra-se no que Aristóteles chamava de causa formal.

Outro exemplo desse mesmo círculo são as diferentes escolas psicológicas que concebem os sistemas sociais em função das motivações pessoais que guiam as pessoas a se comportar de um modo ou de outro. Isso é o que Aristóteles chamava de causa eficiente – isto é, o ator ou o início do movimento.

E, por fim, o modo marxista hegeliano de ver o processo da história como a realização gradual de uma causa final que se manifesta segundo as leis históricas objetivas é um bom exemplo de uma teoria que se concentra na causa final como a força motora principal.

Enquanto cada abordagem enfatiza um tipo diferente de causa, o lugar da causação é basicamente o mesmo. O lugar da causação e da mudança é, em geral, *externo* à atenção e à intenção das pessoas que vivem e colocam em prática o sistema em questão. Isso é verdadeiro com relação a todas essas teorias, incluindo os padrões de comunicação que, segundo a teoria autopoiética dos sistemas sociais, dirigem e reproduzem o sistema; os modelos encenados coletivamente que, segundo a teoria da dinâmica dos sistemas, guiam o comportamento dos sistemas sociais; os modelos psicológicos que, segundo as várias escolas psicológicas de pensamento, norteiam o comportamento das pessoas; e as leis objetivas da história que, segundo a teoria marxista, guiam o processo histórico em direção à sua etapa final. Todas essas teorias compartilham uma característica comum: as variáveis causais que modelam a mudança são exteriores à atenção e à intenção das pessoas que colocam coletivamente o sistema em prática. Isso acontece bem no seu ponto cego e assinala a diferença principal entre as teorias dos dois círculos externos (causa externa da mudança) e a dos dois círculos internos (causação interna da mudança). A principal diferença é que nos dois círculos internos estamos lidando com sistemas sociais ou campos sociais (como a totalidade das relações entre os atores em um sistema) que começam a *ver a si próprios*, isto é, que começam a iluminar seu ponto cego.

Essa mudança de direção de um campo social autorreflexivo é exatamente o que aconteceu durante o Fórum de Diálogo Médico-Paciente, quando as pessoas se deram conta de que "nós *somos* o sistema". Tudo parou e, em seguida, a conversação continuou a partir de um lugar totalmente diferente (o prefeito se levantou, o professor se levantou, o agricultor se levantou). Essa mudança de direção também aconteceu no caso da empresa de automóveis quando os engenheiros analisaram seu sistema, viram o mapa resultante e exclamaram: "Oh, veja o que estamos fazendo a nós mesmos!" Vemos, em ambos os casos, a *interiorização* do modelo encenado coletivamente (causa formal). Esse trabalho e outros trabalhos semelhantes de intervenção baseada no pensamento sistêmico mostram claramente como os modelos de um sistema encenados coletivamente podem ser interiorizados por meio da visão dos modelos em conjunto encenados e da reflexão coletiva sobre eles. Uma vez visíveis, podem funcionar de maneiras diferentes.

Outro exemplo e método de interiorização do mecanismo da causação em um campo social é o trabalho de constelação baseado em Hellinger, que se concentra no que Sheldrake chama de ressonância mórfica de um campo ou no que Aristóteles chamava de causa material: concentra-se na memória histórica e na estrutura dos papéis e relações entre os principais atores do sistema. Se for feito do modo certo, o trabalho de constelação permite que os clientes façam outro movimento, a fim de interiorizar e alterar a causação do sistema.

Um terceiro ângulo para se observar a interiorização do mecanismo causal é o da causa eficiente: os agentes da mudança e as pessoas que de fato movem, criam e encenam o sistema. Os exemplos desse tipo de interiorização incluem o método de investigação apreciativa de David Cooperrider, o método do diálogo de Bill Isaacs e o método World Café de Juanita Brown.[7] Todos se concentram nos agentes individuais e coletivos e no modo como a riqueza de suas melhores experiências pode ser trazida à tona, dominada e alavancada, para avançar rumo ao futuro. Essas abordagens lidam com maneiras de acessar a energia positiva que se propaga pelas pessoas e as capacita a agir.

Um quarto ângulo para examinar a interiorização da mudança é sob a perspectiva da causa final. Um método que exemplifica uma abordagem por esse ângulo foi articulado por Marvin Weisbord, amplamente reconhecido como um dos pais fundadores do desenvolvimento organizacional. Em suas conferências sobre Busca Futura, ele se concentra em descobrir o terreno comum, criando uma visão compartilhada do futuro, que então começa a funcionar como uma força catalisadora da mudança.[8]

E, por último, há o círculo mais profundo, que consiste em interiorizar e integrar totalmente todos os tipos de causação, para que o campo social se abra até formar um espaço seguro para o futuro que está tentando emergir. Pense nas palavras de Rusty Schweickart: "Foi como ver um bebê a ponto de nascer." Quando essa abertura e esse encontro existenciais profundos acontecem, todos os diferentes tipos de causação e níveis fundem-se em um único campo de autocausação ou não causação, que conecta o respectivo sistema humano ou social à sua fonte mais profunda de mudança e liberdade.

Assim, atravessando o U, podemos deslocar e transformar o mecanismo causal dos sistemas humanos e sociais, bem como sua evolução. Quando operamos dos dois círculos externos – representados pelo Campo 1 e pelo Campo 2 da Teoria U –, o comportamento dos sistemas sociais é guiado pelo mecanismo do passado e/ou exterior e pelos eventos. À medida que o processo de se mover pelo U se desdobra e os sistemas sociais começam a acessar seus modos de operar do Campo 3 e do Campo 4, entramos no território dos dois círculos internos, em que o comportamento dos sistemas sociais é autorreflexivo (Campo 3) e autocausado (Campo 4). Como já discutimos, é a natureza dos desafios globais deste século, tais como as mudanças climáticas, que forçará todos nós – o sistema global inteiro – a interiorizar nossos modelos de causação social. Esses desafios nos forçarão a conhecer nossos modelos coletivamente encenados, iluminar nosso ponto cego e deslocar nosso nível de operar dos círculos de (auto)causação externos para internos.

A jornada do líder

À jornada de ser guiado por modelos do passado e por forças externas (os círculos externos) em direção ao lugar que nos permite modelar o futuro de dentro (o círculo interno), chamamos de jornada da liderança. A liderança, em sua essência, é a capacidade de deslocar o lugar interior do qual operamos. Uma vez que entendam como fazer isso, os líderes podem construir a capacidade de seus sistemas operarem de modo diferente e se livrar da determinação externa do círculo externo. Enquanto estivermos envolvidos no ponto de vista dos dois círculos externos, seremos apanhados na armadilha de um tipo de mentalidade de vítima ("o sistema está fazendo algo comigo"). Logo que nos deslocamos do ponto de vista dos dois círculos internos, vemos como podemos fazer a diferença e como podemos modelar o futuro de um modo diferente. Os líderes são pagos para facilitar o movimento de um tipo de mentalidade (de vítima) para outro (podemos modelar nosso futuro).

A jornada do círculo externo para o interno é a jornada do U. Movemo-nos pela total inversão (*Umstülpung*) da visão do antigo sistema de causação externa em direção a uma visão diferente do sistema baseada na abertura ou autocausação interiores. Rusty Schweickart descreveu esse deslocamento como se mover da visão de algo do mundo exterior que é familiar (a Califórnia) ou novo (a costa oeste da África) em direção a um modo diferente de operar, em que ele participa de um processo maior de abertura coletiva ("Era a visão da humanidade"), e então agir como um espaço seguro para um processo evolutivo profundo ("Era como ver um bebê a ponto de nascer").

O deslocamento do sentir a causação externa para o sentir algo coletivo que está emergindo a partir de dentro nos faz lembrar a ideia do círculo completo do Mestre Nan: a questão central do nosso tempo é a divisão entre a matéria e a mente, entre o mundo exterior e o interior. É a mesma divisão na qual a teoria integral de Ken Wilber se concentra, quando, em sua abordagem de "todos os quadrantes, todos os níveis", ele diferencia entre o interior e o exterior, de um lado, e o indivíduo e o coletivo, de outro.[9] Essa divisão entre matéria e mente, como já discutida, aplica-se apenas enquanto vemos o mundo sob a perspectiva dos dois círculos externos (Figura 20.1). À medida que vamos progredindo para os dois círculos internos, ganhamos acesso a uma participação mais profunda no processo de criação da realidade social. A jornada do U corresponde à integração de todos os níveis e quadrantes de que fala Wilber em sua teoria integral. Enquanto no primeiro nível do U os quatro quadrantes são separados e exteriores uns aos outros, quanto mais perto chegamos ao fundo do U, mais esses quadrantes e níveis se entrelaçam, até que no fundo do U todos caem em um ponto único – o ponto da quietude e da criação.[10]

Captando as centelhas de criação da realidade social

Vamos agora retornar ao experimento da indagação: e se o campo social for um sistema vivo, uma entidade viva e em evolução? Vista desse ângulo, nossa investigação trouxe à tona os seguintes pontos:

1. Os quatro círculos da Figura 20.1 captam quatro etapas evolutivas diferentes dessa entidade em evolução. Essas quatro etapas coincidem com as quatro primeiras colunas da Tabela 20.1. Se olharmos para todos os círculos (Figura 20.1) e todas as colunas (Tabela 20.1), poderemos vê-los como as *pegadas* de um processo evolutivo. Cada coluna e cada círculo captam determinada etapa ou

estado desse processo. Podemos ver esses diferentes estados e etapas em todos os aspectos da vida social, do micro ao meso, macro e mundo. Nós os vimos em todos os quatro metaprocessos. Os diferentes sistemas sociais e sua posição atual diferente em relação aos Campos 1-4 estão todos ao nosso redor e, muitas vezes, criam confusão, porque as pessoas normalmente não reconhecem esses diferentes estados e suas implicações para a liderança e a ação.

2. Se a evolução do campo social puder ser descrita como impressões características, a pergunta é: *quem* está criando essas pegadas? Quem é o observador ou o eu que está emergindo e o que pode fazer o processo evolutivo saltar de um nível de operar para outro (como captado nos vários círculos ou colunas)? A capacidade de deslocar o estado desse campo reside dentro do ponto cego do observador. É uma capacidade oculta que todos os sistemas humanos e sociais podem descobrir e liberar. Chamo essa capacidade de *"eu no agora"*, a capacidade de o observador (o sistema) mudar para uma estrutura de campo da atenção mais alta.

3. É por isso que o "Eu", a décima categoria na Tabela 20.1, representa a condição elementar mais fundamental. Enquanto avançamos no movimento U, fazemos não apenas uma jornada pelos sete gestos da atenção (Linha 1), que se diferenciam quanto ao lugar do qual operamos (Linha 2), como também ativamos a presença de uma parte ou um aspecto diferente do nosso eu (Linha 10). Os diferentes tipos e etapas de desenvolvimento do eu são descritos com termos diferentes pelas diferentes tradições e teorias cognitivas. Contudo, como Ken Wilber demonstra em seu livro *Integral Psychology*, a maioria dessas abordagens desenvolvimentais mais ou menos concorda sobre as etapas e/ou seus subconjuntos. A décima categoria diz, basicamente, que *todo e qualquer ser humano* e comunidade não são *um, mas muitos*. E, à medida que vamos desenvolvendo nossas capacidades coletivas individuais, começamos a acessar e desenvolver esses outros aspectos do nosso eu. Portanto, nossos pensamentos e ações progridem por etapas e estados que se deslocam da ênfase no reino subjetivo, objetivo, intersubjetivo e transintersubjetivo como *a metacategoria* principal da ação e do pensamento (Linha 9).

4. A Teoria U atua como uma lente prática e como uma estrutura para explicar por que e como os grupos podem cair em um estado do Campo 4. O "U" complementa as teorias desenvolvimentais existentes e diferencia vários estados da atenção e da consciência. Em nossa pesquisa, descobrimos que os grupos podem alcançar esse estado ainda que os indivíduos dentro do grupo, segundo a teoria desenvolvimental, provavelmente não tivessem como chegar até lá. Em outras palavras, o coletivo serve como uma passagem para acessar os estados mais profundos da consciência e do conhecimento.

5. O campo social global é, do mesmo modo, não um, mas muitos. São muitos quanto à sua diferenciação funcional: os subsistemas econômicos, políticos e culturais globais têm se diferenciado em sistemas livremente acoplados, e cada um precisa de muita autonomia para funcionar bem. Mas são também

muitos quanto às suas diferentes estruturas de campo da atenção (Campos 1-4). Hoje é necessário desenvolver pequenos microcosmos do campo social no qual possamos desenvolver novas formas de ecossistemas do Campo 4 que funcionem com a visão do todo emergente. Depois de desenvolver alguns deles, não será muito difícil criar deslocamentos semelhantes no sistema maior, dado que o sistema maior está no limiar global (a porta é aberta com uma simples fenda), como argumentamos antes.

Resumindo: as diferentes colunas da Tabela 20.1 captam as pegadas do campo social em evolução. Cada pegada equivale a um estado diferente do campo social, do eu e de sua estrutura da atenção e da consciência. O que vincula essas pegadas é o *movimento*. O movimento atravessa esses estados evolutivos. Esse movimento é acionado e provocado pelo "eu no agora": a capacidade oculta de todos os sistemas humanos e sociais conhecerem os próprios pontos cegos, sua fonte, e de redirecionarem as centelhas da criação da realidade social em tempo real.

O próximo e último capítulo é um manual de campo que delineia os princípios do *presencing* e descreve como fazer esse tipo de trabalho de liderança em situações práticas.

Capítulo 21

Princípios e práticas do *presencing* para conduzir inovação e mudança profundas

Coiniciar • Cossentir • *Co-presencing* • Cocriar • Codesenvolver • Princípios-raiz

Conduzir uma mudança profunda é mudar o lugar interior a partir do qual um sistema opera. Isso só pode ser feito de forma colaborativa. Em todas as partes deste livro, abordamos essa prática como "uma tecnologia social". Depois de discutir vários aspectos dessa tecnologia social, voltamos agora a examiná-la como um todo e a partir do ponto de vista de um profissional: quais são os princípios e práticas que ajudarão a mim e os outros a perceber e nos ligar com a melhor futura possibilidade? A tecnologia social em questão se baseia em cinco movimentos principais. Cada um dos movimentos é calcado em uma série de princípios e práticas que discutiremos a seguir. Os cinco movimentos são (Figura 21.1):

- *Coiniciar:* ouvir os outros e o que a vida nos chama para fazer
- *Cossentir:* ir a lugares de maior potencial e ouvir com sua mente e coração inteiramente abertos
- *Co-presencing:* retirar-se e refletir, permitir ao conhecimento interior emergir.
- *Cocriar:* prototipar um microcosmo do novo para explorar o futuro na prática
- *Codesenvolver:* cultivar ecossistemas de inovação vendo e atuando a partir do todo emergente

Por fim, concluiremos esse "minimanual de instruções" identificando três princípios-raiz que são a base da tecnologia social do U.

```
                    ┌──────────────────────────────────────────────────┐
                    │  1. COINICIAR                    5. CODESENVOLVER│
                    │  Ouvir os outros e o que         Cultivar ecossistemas de│
                    │  a vida o convida a fazer        inovação vendo e atuando│
                    │                                  a partir do todo emergente│
                    │                                                  │
                    │   2. COSSENTIR                   4. COCRIAR      │
                    │   Ir a lugares de maior potencial Prototipar um microcosmo do novo│
                    │   e ouvir com a mente e          para explorar o futuro na prática│
                    │   o coração inteiramente abertos │
                    │                                                  │
                    │             3. CO-PRESENCING                     │
                    │             Retirar-se e refletir, permitir ao   │
                    │             conhecimento interior emergir        │
                    └──────────────────────────────────────────────────┘
```

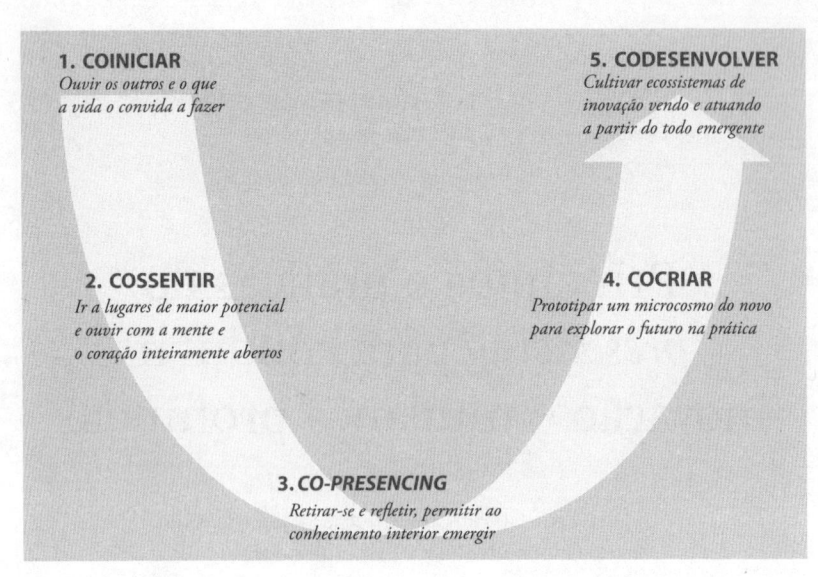

FIGURA 21.1 OS CINCO MOVIMENTOS DO PROCESSO DO U

Coiniciar: ouvir os outros e o que a vida o convida a fazer

O primeiro movimento, a coiniciação, concentra-se em começar do nada e revelar algum ponto em comum. Iniciamos com a criação de um campo ou contêiner a partir do qual os demais movimentos podem nascer. Como? Ouvindo. Ouvindo outros importantes atores do campo (ouvir os outros), ouvindo o que a vida o convida a fazer (ouvir a si próprio) e ouvindo o que emerge de uma constelação orientada para o futuro dos principais atores no sistema mais amplo (ouvir o ponto em comum).

1. **Atenda: ouça o que a vida o convida a fazer.** Todas as grandes ideias são desencadeadas por algo. A essência do processo do U é fortalecer nossa presença e participação ativa no mundo. Assim como a abordagem de Ed Schein à consultoria de processos começa com os princípios "Sempre tente ser útil" e "Sempre lide com a realidade",[1] o processo de *presencing* do U também inicia com a primazia da percepção e da atenção: "Ouvir o que a vida o convida a fazer." Como tal, a abordagem do U é firmemente fundada na consultoria de processos (*Process Consultation* – PC), como uma de suas principais disciplinas.[2]

    Exemplo: A ideia de desenvolver o que se tornaria minha aula mais popular no MIT foi sugerida por um estudante de primeiro ano de MBA, Neil Cantor. Um dia, ele entrou no meu escritório e propôs que eu oferecesse uma aula sobre responsabilidade social corporativa. Como minha agenda de ensino para o próximo ano letivo já estava definida, minha primeira reação foi a de que eu não poderia fazer isso. Em consideração, percebi que aquilo que ele sugerira era exatamente o que eu pretendera fazer inicialmente, quando

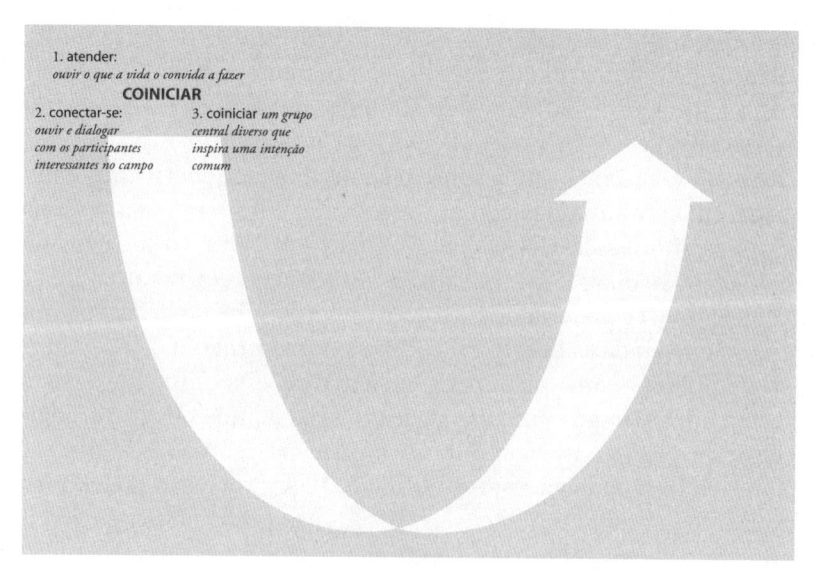

FIGURA 21.2 O PRIMEIRO MOVIMENTO: COINICIAÇÃO

vim para o MIT, anos antes. Durante todos esses anos, eu havia mantido essa intenção, mas isso ainda não fora materializado, e eu praticamente me esquecera dela. E então, de repente, a porta se abria, e era como se o universo tivesse me enviado um mensageiro para me lembrar do que eu realmente queria fazer. Quando isso acontece, a princípio você diz: *Lamento, mas realmente não posso fazer isso agora!* Então, permitindo que isso penetre na sua mente, você percebe: *Droga! Não posso deixar de fazer isso.* Depois, deixando que a ideia amadureça um pouco mais, você diz: *Certo, agora acho que entendi a mensagem. Muito bem, mudarei meus planos e farei isso!*

Prática: Reserve quatro minutos toda noite e avalie o dia como se estivesse olhando de fora para si próprio. Preste atenção em como você interagiu com os outros e o que as outras pessoas queriam ou sugeriram que você fizesse. Faça isso de modo imparcial. Apenas observe. Dentro de algum tempo, você desenvolverá um observador interno que lhe permitirá ver a si próprio a partir do ponto de vista de outra pessoa.

2. **Conecte-se: ouça e dialogue com participantes interessantes no campo.** O segundo domínio do ouvir o leva para fora de seu mundo normal e para os limites e cantos interessantes do campo pelos quais você se sente atraído: você fala com alguns dos participantes mais interessantes e os ouve para aprender o que seria necessário para passar da situação atual para a melhor possibilidade futura. Fale tanto com os atores centrais altamente visíveis como com os menos visíveis – as pessoas sem voz que podem estar paralisadas ou excluídas pela disfuncionalidade do sistema atual. Enquanto prossegue a minijornada, você deixa que o campo o ensine, encante e guie. Os participantes

mais importantes, os ajudantes, os futuros parceiros e os guias muitas vezes revelam-se diferentes do que você espera; portanto, o trabalho interior é ficar aberto a sugestões e manter-se em sintonia com a ajuda e a orientação que o universo oferece.

Exemplo 1: Durante a aula sobre responsabilidade social corporativa mencionada, fui com uma das equipes estudantis a uma jornada de sensibilização nos escritórios da UN Global Compact em Nova York. Inspirado pelas pessoas com as quais conversaram, os estudantes retornaram a Boston com uma ideia: o MIT poderia desenvolver um programa de desenvolvimento de liderança que ajudaria líderes executivos a transformarem suas empresas por meio de práticas comerciais mais sustentáveis e socialmente responsáveis. Os estudantes criaram um *joint student* e uma equipe de ação acadêmica no MIT para explorar a ideia e, durante a primeira reunião, um dos membros seniores da faculdade virou-se e me disse: "Otto, você não poderia tentar desenvolver esse programa?" Pensei: "Droga, não posso fazer isso agora" e respondi: "Não sei ao certo, mas pensarei a respeito." Na manhã seguinte, eu havia decidido: *Não, não podia* fazer isso. Então comecei a pensar sobre o que estimularia minha melhor energia. Percebi que seria trabalhar com a próxima geração de executivos, pessoas que, durante cinco a sete anos, estariam ocupando cargos executivos de liderança em suas respectivas organizações globais. Percebi que, se tudo continuasse no curso atual, o mundo assistiria a grandes colapsos globais e mudanças destruidoras nos próximos cinco a 10 anos. Ninguém estava preparando futuros CEOs ou executivos para desempenhar seus papéis; eles não saberiam o que se colocaria à sua frente ou como responderiam aos principais colapsos que provavelmente surgiriam.

Essa ideia, com sua energia, alimentou minha própria jornada de miniaprendizagem. Falei com 10 instituições globais – organizações internacionais, empresas globais e organizações não governamentais (ONGs) – e fiz a todas essencialmente a mesma pergunta: se criássemos um projeto conjunto para ajudar a próxima geração de executivos a liderar companhias globais, ONGs e instituições internacionais para se concentrar em alguns desafios globais futuros, desenvolver habilidades práticas de inovação entre sistemas e prototipar essas inovações em projetos práticos, você participaria? Para minha grande surpresa, todos responderam: "Certo, é isso que está faltando hoje – então, sim, provavelmente vamos participar. Vamos considerar a possibilidade de oferecer alguns dos nossos melhores recursos humanos para isso. No mínimo, estaríamos seriamente interessados. Então quem mais você tem na lista?"

Exemplo 2: Quais são as maneiras de fazer esse trabalho dentro do mundo das organizações? Uma é por meio de entrevistas baseadas em diálogo entre *stakeholders*. Por exemplo, no caso de uma empresa automobilística global, desenvolvi e apresentei um programa de criação de capacitação de lideranças para seus diretores recém-promovidos (o segundo nível abaixo do CEO). Os diretores recém-nomeados começam esse programa envolvendo-se em três atividades: um diálogo inaugural, que é uma conversa de 90 minutos sobre sua jornada e os desafios de um líder; um estágio prático (*shadowing*), no qual acompanham um diretor experiente de outra parte da organização por um dia inteiro (ver adiante uma descrição mais detalhada); e uma série de entrevistas baseadas em diálogo com os *stakeholders* mais importantes.

Bill G., um dos participantes e então líder global de estratégia de TI, lembra: "Um dos meus principais desafios era que os gerentes regionais não conversavam entre si. As regiões dos Estados Unidos, Europa e Ásia não coordenavam sua ações." Ao fazer as entrevistas com seus *stakeholders* mais importantes, ele fez a cada um deles uma série de quatro perguntas que o ajudaram a ver seu próprio trabalho pelos olhos deles.[3]

Bill diz: "Como recém-chegado, senti que não havia muita confiança na organização. Com todas essas perguntas em mente, fui solicitado a fazer 'entrevistas com *stakeholders*' como uma preparação para um seminário de liderança. A primeira coisa que percebi foi que as entrevistas com os *stakeholders* são radicalmente diferentes das conversas normais. Nada de concessões para negociar meus planos pré-preparados e tentar convencer as outras pessoas. Pelo contrário, tive de deslocar minha perspectiva e colocar-me no lugar dos *stakeholders*: 'Como ela ou ele vê meu trabalho?' Tive de descobrir como poderia servir a meus *stakeholders* para que eles pudessem ser bem-sucedidos. Para que precisavam de mim?

"No começo, fiquei um pouco preocupado: esses caras haviam me contratado como especialista, e ali estava eu, circulando e fazendo perguntas antes de dar respostas brilhantes ou oferecer soluções para os problemas. Mas isso foi assombroso: as entrevistas foram inacreditavelmente úteis. Eles me pouparam meses de trabalho e comunicação! Aprendi várias coisas a partir da perspectiva de meus *stakeholders* desse modo aberto que nunca ouvira em 'comunicação normal'. Um pouco depois das entrevistas, pessoas que eu não conhecia se aproximaram e disseram 'Ouvimos falar sobre essas comunicações abertas que você teve. Devemos dizer-lhe que elas criaram muita confiança. Como você fez isso?' E tudo o que fiz foi apenas me esforçar para não saber! Esquecer quem eu era e qual era o meu trabalho. Normalmente, eu teria 'vendido' meu programa de trabalho e convencido as pessoas a colaborar. Mas agora, é claro, estando no lugar dos meus *stakeholders*, eu não poderia fazer isso. Foi minha mente aberta que criou insights e o valor de meses de trabalho. Nenhum plano poderia sequer ter surgido com esse nível de compreensão. E a maior surpresa para mim: isso criou não só insight, como também confiança. Isso é ainda mais impressionante."

Prática 1: A prática mais importante nessa etapa é ouvir. Ouvir não só sua voz interior, mas também o que as outras pessoas à sua volta realmente têm a dizer. Certa vez, Ursula e eu fizemos uma sessão de treinamento de um dia em entrevistas baseadas em diálogo com um grupo de profissionais de saúde na Alemanha. Um ano depois, Ursula perguntou a um deles qual fora o benefício mais importante. A médica disse: "O que levei daquele dia foi que ouvir é o pré-requisito crucial de qualquer entrevista razoável. Isso significa, para mim, que, como ouvinte, preciso construir um espaço para o 'outro' dentro de mim. É esse espaço interior que cria a possibilidade de meu colega aparecer – e não somente eu mesma, com minhas ideias preconcebidas." Portanto, a prática aqui é construir intencionalmente esse espaço para o "outro" dentro de nós.

Prática 2: Outra prática essencial que importa nessa primeira etapa tem a ver com a perseverança. Isso significa não desistir diante de rejeição ou dados (refutadores) que o mundo coloca à sua frente. Estou falando sobre os muitos anos que, com frequência, estão entre formar uma ideia inicial e finalmente colocá-la em ação, tornando-a realidade. Então o que foi que me ajudou a sobreviver a esse período?

Resposta: Um grupo de pessoas que me conheciam e apoiaram e que tinham intenções semelhantes. A prática aqui tem a ver com formar e manter seu espaço acolhedor inicial, um grupo de pessoas que se conectam com sua intenção e proporcionam a força perseverante para continuar em frente. Esse período de incubação inicial pode durar cinco, seis ou sete anos, ou mais. De fato, muitas ideias semeadoras do futuro nunca vão além dessa etapa. Assim, o que é preciso?

Em primeiro lugar: alimentar e manter seu espaço acolhedor inicial. Em segundo lugar: nunca desistir. Em terceiro: assim que você sentir o convite para seu chamado – assim que um "mensageiro" aparecer com um convite para algo que você não pode deixar de fazer –, responda com um "sim" primeiro e só depois descubra como fazê-lo (siga sua intuição, não a mente racional).

3. **Coinicie um grupo central diversificado que inspire uma intenção comum.**
A essência da coiniciação é convocar uma constelação de participantes que precisam uns dos outros para entrar em ação e avançar. Você precisará reunir as pessoas certas na hora certa e no lugar certo. O contrário da coiniciação é o marketing – tentar fazer as pessoas "comprarem" sua ideia. Isso raramente funciona porque é apenas sua ideia. Portanto, parte da arte de reunir esses participantes é reduzir a própria influência sobre a ideia – sem necessariamente abandoná-la. Você conduz pintando um retrato que é intencionalmente incompleto; você dá algumas pinceladas; e deixa muito espaço em branco para que os outros possam acrescentar e participar. Ao agir dessa forma, você desloca a dinâmica de forças do dominar para o pertencer, a fim de ver sua parte em um campo social mais amplo ou inteiro.

As barreiras para a coiniciação são a necessidade de (ou apego e fixação ao) poder (controle), propriedade e dinheiro. É exatamente por isso que a maioria dos projetos dá errado nas etapas iniciais. E se dão errado nessa etapa, você não precisa desperdiçar tempo microprojetando o processo seguinte. Já é tarde demais. A maior alavanca que qualquer projeto tem está em seu início, quando você pode explicar de forma clara suas intenções e reunir os colaboradores certos.

Embora provavelmente a maioria de nós tenha sido treinada e socializada para não se desapegar de poder, propriedade e dinheiro, percebi que o impacto final das minhas ideias parece estar positivamente correlacionado com minha capacidade de me desapegar dessas três coisas. O resultado é que acabo ganhando muito mais do que aquilo de que desisti inicialmente. Dito isso, também sei (e experimentei) que esse modo de operar pode ser um tiro pela culatra se as pessoas começarem a explorar você. Então, obviamente, você tem de lidar com esse problema.

Exemplo 1: Ao concluir minha jornada de miniaprendizagem sobre minha ideia com as 10 organizações e instituições globais, mantivemos uma reunião do grupo central em Londres, na sede de uma das companhias participantes. Foi um encontro de apenas um dia, e a agenda era bastante aberta. Todos os participantes eram pessoas que haviam expressado forte interesse, incluindo o grupo central baseado no MIT que o tinha coinspirado. Iniciamos com uma reflexão pessoal sobre o que acontecia em cada organização, na sociedade e até na própria vida dos participantes. Então, partimos daí. Não houve uma apresentação formal; mas, na verdade, falamos livremente sobre nosso verdadeiro trabalho e o que sentíamos estar em jogo em nossas comunidades e sociedade e, de certo modo, encontramos na trajetória inspirações comuns de interesse e inspiração. Algumas desses lampejos inflamaram-se durante as duas primeiras horas da reunião.

Ao fim do encontro, tínhamos decidido projetar um programa experimental dessa iniciativa com uma equipe de projeto composta de uma única pessoa de cada uma das sete instituições centrais. Esse grupo incluiu participantes globais do governo, ONGs e sociedade civil. Chamamos nosso projeto-piloto de ELIAS (Emerging Leaders for Innovation Across Sectors). Seis meses depois, aquela equipe apresentou sua proposta a um grupo de patrocinadores executivos – e foi unanimemente aprovada. Nesse ponto, o centro da gravidade do poder e o controle da iniciativa deslocou-se de um pequeno núcleo do MIT para um grupo central maior, que funciona coletivamente como veículo para iluminar suas intenções e pontos de vista. Esse deslocamento do centro de gravidade exigiu que o velho centro (o núcleo do MIT) começasse a operar de maneira diferente: falando e ensinando menos, e aprendendo e questionando mais; menos solução de problemas convencional e mais prototipagem coletiva.

Exemplo 2: Quando entrei na sala de reunião no centro de P&D (Pesquisa e Desenvolvimento) de uma das empresas automobilísticas líderes do mercado global de hoje, eu não tinha a mínima ideia do que estava prestes a acontecer. Havia sete de nós: o chefe do Centro de Pesquisa e o chefe de um Centro de Desenvolvimento, que, por acaso, era um de seus clientes mais importantes; três pessoas que se reportavam a eles diretamente; um consultor externo (outrora funcionário dessa empresa); e eu. O chefe do Centro de Pesquisa abriu a reunião e sugeriu que eu fizesse uma breve apresentação. Sugeri que ele começasse. Ele apresentou seu desafio e descreveu o processo P&D existente em sua empresa. Em linhas gerais, mostrou onde esse processo não funcionava, onde não obtinha os resultados necessários para ser bem-sucedido. Então, apresentei o processo do U como uma abordagem alternativa ao tratamento da mesma questão de inovação. Tudo isso passou muito rápido. O tempo voou, e tivemos uma conversa e um *brainstorming* bem encaminhados e inspiradores. Ao final da reunião, concordávamos em relação a foco, prazo e agenda preliminar do projeto (seis meses), ao tamanho da equipe central em tempo integral (seis futuros líderes de alto potencial, em sua maioria jovens), um compromisso de cada um dos dois chefes de fornecer alguns dos seus melhores e mais jovens membros de equipe para a equipe de projeto, um compromisso pessoal de cada pessoa à mesa para ajudar como patrocinadores do projeto, o compromisso do consultor e meu de apoiar a equipe de projeto pelos seis meses seguintes (a um orçamento baixo que permitia aos chefes se envolverem no projeto sem muita visibilidade e perturbação na organização), bem como em relação às datas de apresentação inicial e final para a equipe de projeto. Duração da reunião inteira: quatro horas.

Criar um estímulo comum de intenção não exige necessariamente um longo processo. O que exige é reunir-se com as pessoas certas na hora certa e no lugar certo. Nesse caso, foi um único encontro idealizado por outro consultor que articulou bem as coisas; sua experiência de trabalho anterior e as conexões pessoais com a maioria dos principais participantes forneceram a hora e o lugar certos para essa ideia seguir adiante.

Prática: Lista de verificação para coiniciar ou despertar a intenção comum entre diversos atores centrais:

- Uma intenção de servir à evolução do todo.
- Confie na "inteligência do coração" ao se conectar com pessoas ou explorar possibilidades que podem parecer não relacionadas com a questão estratégica à mão. Esteja aberto a outros modos de imaginar a verdadeira questão ou oportunidade (diferentes *stakeholders*-chave enfatizarão diferentes aspectos e variáveis).
- Conecte-se a pessoas profissional e pessoalmente: tente conectar-se à futura razão de elas serem mais elevadas (Eu e Trabalho), não apenas com o papel e a responsabilidade institucional delas.
- Inclua, ao convocar um encontro do grupo central, patrocinadores executivos e principais tomadores de decisão que têm um interesse profissional e pessoal profundo em explorar e desenvolver a oportunidade.
- Inclua ativistas no grupo central: pessoas que dariam a vida e a alma para isso funcionar. Sem essa paixão e compromisso, nada radicalmente novo nascerá.
- Inclua pessoas com muito pouca ou nenhuma voz no sistema atual: pa-

cientes, no caso de sistemas de saúde; estudantes, no caso de escolas; clientes ou ONGs, no caso de organizações comerciais; futuros participantes no caso do projeto de desenvolvimento de liderança (ELIAS).
- Inclua os principais portadores de conhecimento ao grau necessário para construir uma equipe e infraestrutura de apoio (ajudante/consultor, interno ou externo).
- Modele o tempo, o lugar e o contexto a fim de reunir essa constelação de pessoas para coinspirar a futura trajetória (sentir e agarrar a oportunidade).

Cossentir: ir a lugares de maior potencial e ouvir com a mente e o coração inteiramente abertos

Tendo iniciado uma futura intenção comum com o grupo central, o próximo desafio é apressar essa intenção formando uma equipe de ação de protótipos que segue uma jornada de sensibilização, descoberta e aprendizagem na prática.

4. **Forme uma equipe central de protótipo altamente comprometida e esclareça questões essenciais.** É importante que a equipe central de prototipagem reflita sobre a diversidade dos participantes e *stakeholders* mencionados e comprometa-se a tornar os projetos de protótipo a prioridade número um por certo período de tempo (por exemplo, quatro, seis ou nove meses).

Exemplo 1: No projeto da empresa automobilística, montamos uma equipe de cinco. Muitos eram líderes com perspectivas promissoras na empresa que agora estavam com 30 e poucos anos. A equipe também incluiu um enge-

1. atender
COINICIAR
2. conectar-se   3. coiniciar

4. *Forme uma equipe altamente comprometida e esclareça questões essenciais*

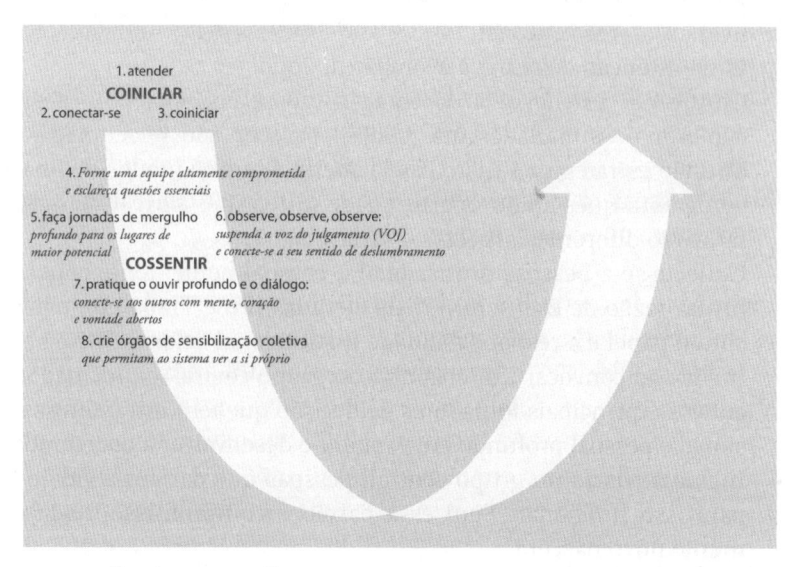

5. faça jornadas de mergulho profundo para os lugares de maior potencial
6. observe, observe, observe: *suspenda a voz do julgamento (VOJ) e conecte-se a seu sentido de deslumbramento*
COSSENTIR
7. pratique o ouvir profundo e o diálogo: *conecte-se aos outros com mente, coração e vontade abertos*
8. crie órgãos de sensibilização coletiva *que permitam ao sistema ver a si próprio*

FIGURA 21.3 O SEGUNDO MOVIMENTO: COSSENTIR

nheiro mais experiente, notável por sua competência em muitas das áreas-chave de conhecimento em questão e que depois se revelou importante para o sucesso da implementação do projeto.

Exemplo 2: No caso dos projetos de múltiplos *stakeholders*, como o Food Lab, a equipe de projeto inclui de 30 a 50 pessoas.[4] Em geral, equipes menores, mais centradas trabalham melhor do que as maiores e menos centradas. Quanto maior o grupo, maior a necessidade de formar subgrupos menores de cinco a sete pessoas, que se tornam unidades primárias para compartilhar contexto, gerar ideias e obter resultados.

Prática: Eis uma lista de verificação para um workshop de fundação, o evento inicial que reúne pela primeira vez todos os membros da equipe de prototipagem e os conecta ao grupo central de campeões que iniciaram e estão patrocinando a iniciativa do projeto. Como sempre, há mais de um projeto possível que pode tornar o workshop de fundação um sucesso. Mas essa lista de verificação de resultados desejados pode ser útil para testar o projeto que você apresentar. Para criar foco e compromisso, esclareça:

O quê: o que você quer criar
Por quê: por que é importante
Como: o processo que o levará lá
Quem: os papéis e responsabilidades dos participantes implicados
Quando, onde: o mapa do caminho futuro

Objetivos adicionais:

Descobrir o ponto em comum, compartilhando o contexto e a história que nos trouxeram aqui.
Estimular a inspiração para o futuro que a equipe quer criar.
Utilizar "Minitreinamento" nas entrevistas baseadas em diálogo e melhores práticas de mergulho profundo.
Planejar a ação para as jornadas de mergulho profundo: identificando pessoas centrais, organizações e contextos que têm de ser explorados e visitados (uma lista de objetivos dos lugares com maior potencial).
Dar às pessoas uma experiência que personifica uma primeira sensação do futuro que o projeto quer criar.

5. **Faça jornadas de mergulho profundo aos lugares de maior potencial.** Jornadas de aprendizagem de mergulho profundo conectam pessoas a contextos e ideias que são relevantes para criar um futuro possível. A jornada de mergulho profundo move a perspectiva do indivíduo que opera do interior de um mundo familiar – a bolha institucional do indivíduo – para um mundo pouco conhecido, um mundo que está do lado de fora, surpreendente, fresco e novo. Uma jornada de mergulho profundo não é uma viagem de medição de resultados. É concebida para acessar um nível mais profundo da realidade emergente, observando a participação ativa

por meio da imersão total. Isso incorpora uma combinação de acompanhamento, participação e diálogo.

Exemplo 1: O foco do projeto da empresa automobilística já mencionado referia-se à resolução de problemas-chave de qualidade sobre o controle eletrônico do carro. Depois do workshop inicial, os participantes começaram a gerar uma lista de pessoas, organizações e contextos, tanto interna como externamente, para visitar durante a jornada de mergulho profundo. Três atividades foram realizadas simultaneamente: uma jornada de aprendizagem baseada na Web, jornadas de aprendizagem interna e uma jornada de aprendizagem externa. No decorrer do tempo, o foco principal passou da jornada baseada na Web para aquelas baseadas na aprendizagem interna e as jornadas de aprendizagem externa. Depois do primeiro mês, as entrevistas internas estavam prontas, e a equipe de seis membros foi dividida em dois grupos de três para iniciar a jornada de aprendizagem global externa (por um período de três semanas). Ambos os grupos começaram na Europa, um grupo no Leste Europeu e o outro na Europa Ocidental. Três semanas depois, planejamos nos reunir em Xangai para uma sessão de "criação de sentido" (*sense-making session*). As jornadas de mergulho profundo levaram a equipe a departamentos de P&D de outras indústrias, laboratórios de engenharia no MIT ou outros centros de desenvolvimento, mas também a lugares aparentemente menos relevantes, como os consultórios de dois terapeutas e especialistas em medicina tradicional chinesa.

Exemplo 2: Outra ferramenta que pode ser utilizada nas jornadas de aprendizagem de mergulho profundo é a prática do acompanhamento (*shadowing*). No programa da empresa automobilística global para diretores, os participantes passam um dia acompanhando outro diretor em uma parte diferente da organização, antes do workshop. Bill G. descreve sua experiência:

"Como alguém trabalhando no setor de TI, escolhi 'produção' para meu dia de acompanhamento. Quis ter uma experiência nessa parte da organização em que um produto fica pronto para ir para as lojas.

"O Sr. B., o chefe da linha de montagem, é conhecido como um homem não convencional, criativo e mestre em colocar inovações em prática. Eu me perguntava: o que ele faz ao inovar?"

"Em geral, o trabalho no setor de serviços financeiros não inicia antes das 9h. Mas meu dia de acompanhamento na fábrica começaria às 7h. Para um começo tão cedo assim, tive de me preparar na noite anterior – outra diferença. A fábrica era enorme! 'Que diferença', pensei, 'entre um setor financeiro virtual e uma fábrica real'. Saltei do ônibus no ponto errado e cheguei ao escritório do Sr. B. cinco minutos atrasado. Ele já tinha saído para sua primeira reunião."

"Um de seus funcionários levou-me à reunião matinal, onde revisavam todos os problemas do dia anterior. Fascinado, eu via a intensidade com que discutiam e continuavam a trabalhar para aprimorar um modelo de carro que, na minha opinião, já estava 'velho': o novo modelo seria apresentado ao mercado na primavera de 2007. Por que ainda se incomodam com esse? De onde vinha sua paixão pela qualidade?"

"Mais tarde, em nossa conversa de um único dia, Sr. B. compartilhou sua história pessoal. Fiquei impressionado com sua calma e serenidade. Obviamente, sua capacidade como líder era muito maior que sua responsabilidade formal de dirigir uma linha de montagem. Percebi que o que eu observara na sessão matinal era o resultado de um processo doloroso e sistemático de construir uma cultura de cocriação e contínuo aprimoramento, que orienta o sucesso da fábrica: em seis anos, a fábrica foi capaz de cortar 50% do tamanho da linha de montagem! Como? 'No começo, vi muita resistência às mudanças.' 'Mudança', o Sr. B. disse, 'não é algo destinado a criar algum valor para as pessoas em si'.

O Sr. B. percebeu que não eram as pessoas que ele tinha de mudar, mas, na verdade, sua relação com elas: Como poderiam se tornar a fonte da mudança? O que seria necessário para ajudá-las a se tornar os motores da mudança, em vez de fazê-las reagir aos esforços do Sr. B? Ele criou regras de gestão que de fato se provaram ser regras pessoais que orientavam a ele próprio.

Quando você se torna diretor, confronta-se repetidas vezes com uma coisa: *'Ouvir. Ouvir e aprender a ouvir mais.'* Essa é a primeira regra. 'Gerentes', disse ele, 'não conseguem ouvir. Eu não podia ouvir quando comecei a ser gerente. Tive de aprender isso. Assim que comecei a ouvir, entendi meu chamado: tenho de criar uma oportunidade para pessoas explorarem seu potencial da melhor maneira possível a fim de cocriar a futura mudança. Quando ouço profundamente, chego a um lugar interior onde estou plenamente atento à pessoa que ouço. As melhores ideias para progresso e mudança estão arraigadas nas próprias pessoas. Preciso apenas 'ouvi-las' e algo místico acontece. Uma vez tive um membro do conselho de fábrica que se opunha profundamente à introdução de um novo processo de montagem padrão. Atravessamos um longo processo de ouvir um ao outro. No final, em uma grande reunião de fábrica, ele se levantou e conversou com seus funcionários. Ele apresentou a proposta sobre a qual havia refletido como o próximo passo mais valioso a ser seguido. Adivinhe o que ele apresentou? O novo processo de montagem padrão!'"

Bill concluiu sua reflexão de experiência de acompanhamento: *"Ouvir e aprender a ouvir está gravado na minha mente pelo resto da minha vida."*

Prática: Pergunte a si mesmo: Considerando a noção de futuro que você quer criar, quais são as pessoas e os lugares de maior potencial que poderiam ensinar-lhe mais sobre esse futuro e como fazer isso funcionar?

Em geral, as jornadas de mergulho profundo são melhores quando realizadas entre duas pessoas ou em pequenos grupos de até cinco pessoas (para que a equipe possa caber em um carro). Isso funciona pelas práticas de acompanhamento, conversas de diálogo e, se possível, em atividades contínuas. A preparação e o debriefing* são feitos de modo disciplinado, estruturado e oportuno. Cada membro de equipe de uma jornada de mergulho profundo mantém um diário; cada equipe tem câmeras digitais, telefones celulares e espaço Web para documentação em tempo real e compartilhamento interequipes; para acelerar o processo, as equipes também devem receber suporte estratégico e operacional ao definir suas jornadas de aprendizagem (que costumam consumir algum tempo).

Antes de cada visita:
- Colete informações relevantes sobre os locais que visitará. (Utilize a Web.)
- Deixe bem claro que você quer falar/acompanhar/trabalhar com pessoas, e não obter uma apresentação padrão.
- Prepare um questionário como uma equipe (mas sinta-se livre para mudar de curso).
- Conduza uma sessão de minitreinamento em observação eficaz e melhores práticas de sensibilização.
- Prepare um presente de agradecimento e atribua funções (o palestrante, o responsável pela cronometragem).

Depois de cada visita:
- Não use telefones celulares ou PDAs antes de concluir a reflexão pós-ação.
- Planeje um horário para reflexão imediata como um grupo.
- Durante essa reflexão, todo participante deve descrever sua observação, tentando não tirar conclusões na primeira rodada. Permaneça concentrado no que emerge do fluxo. Eis alguns exemplos de perguntas:
  1. O que mais me impressionou? O que mais chamou atenção?
  2. O que foi mais surpreendente e inesperado?
  3. O que mais me tocou? O que se conectou comigo pessoalmente?
  4. Se o campo social da organização visitada fosse um ser vivo, como seria?
  5. Se esse ser pudesse falar, o que ele diria (a nós)?
  6. Se esse ser pudesse se desenvolver, no que gostaria de se transformar depois?
  7. Qual é a fonte que permite que esse campo social se desenvolva e prospere?
  8. Quais fatores limitantes impedem que esse campo se desenvolva ainda mais?
  9. Ao entrar e sair desse campo, o que notei sobre mim mesmo?
  10. O que esse campo pode dizer sobre *nosso* ponto cego?
  11. O que esse campo pode nos ensinar sobre nosso futuro?
  12. Que outras ideias essa experiência estimula para nossa iniciativa (nosso futuro)?

Nota da Revisão Técnica: Debriefing é a devolução do briefing aos entrevistados para checar se o pesquisador entendeu o que ouviu.

6. **Observe, observe, observe: suspenda a Voz do Julgamento (VOJ) e conecte-se ao estado de deslumbramento.** Sem a capacidade de suspender sua Voz do Julgamento, todos os esforços para entrar no lugar de maior potencial serão em vão. Suspender sua VOJ significa desvencilhar-se do (ou abraçar e mudar) hábito de julgar a partir das experiências e padrões passados para abrir um novo espaço de exploração, questionamento e autorreflexão.

    Exemplo: Em 1981, uma equipe de engenharia da Ford Motor Company visitou as fábricas da Toyota que operavam no sistema de produção "enxuta" da Toyota. Embora os engenheiros da Ford tivessem acesso de primeira mão ao novo sistema de produção revolucionário, eram incapazes de "ver" (reconhecer) o que estava diante deles. A reação dos engenheiros – vendo algo encenado e não uma fábrica "real", porque não havia material algum – nos faz lembrar como é difícil suspender nosso julgamento mesmo quando nos encontramos no lugar de maior potencial.

    Para muitos empresários, a imersão "observe, observe", em geral, exige deixar para trás um ambiente que no passado fornecia uma sensação de segurança. É precisamente essa segurança que começa a se sentir reprimida e inspira a necessidade de atravessar a fronteira do conhecido para o desconhecido. Algumas pessoas dão o passo com medo, algumas com alegria, mas a tentativa sempre abre um novo mundo de atividade, conexão e "magia". Alan Webber, cofundador da *Fast Company*, recorda: "Lembro-me muito bem da sensação de alívio quando deixei a *Harvard Business Review*. De repente, comecei a encontrar um grupo de pessoas inteiramente novo. A base da interação pessoal era completamente diferente: 'O que você está fazendo é interessante e quem é você e como se sente?' Eu via o mundo com um novo olhar. Eu aprendia a passos rápidos, indo para lugares que eu nunca estivera e encontrando pessoas que nunca vira. Foi como se eu tivesse escapado das fronteiras de uma cidade murada."

    Prática: Considere um objeto (como uma semente) ou uma situação e o observe com toda atenção por pelo menos cinco minutos. Quando notar sua mente vagando para outras ideias ou pensamentos, corrija o curso e retorne à tarefa de observação pura.

7. **Pratique o ouvir profundo e o diálogo: conecte-se a outros com mente, coração e vontade abertos.** Ao se conectar a outras pessoas e contextos, ative e abra os quatro "canais" do ouvir: ouvir a partir do que você sabe (Ouvir 1), do que o surpreende (Ouvir 2), da empatia com o entrevistado (Ouvir 3) e da fonte mais profunda (Ouvir 4).

    Exemplo 1: De todos os entrevistadores que encontrei, Joseph Jaworski destaca-se pela capacidade de criar uma conexão de confiança com o entrevistado até nos contextos políticos de maior risco. Uma vez perguntei-lhe como ele conseguia isso. Sua resposta foi que a hora mais importante era aquela antes de a entrevista começar. É quando ele se centra para abrir sua mente e seu coração à entrevista que irá acontecer.

Mais tarde, quando adquiria mais experiência em fazer entrevistas de ouvir profundo e diálogo, comecei a notar que muitas vezes os entrevistados não queriam interromper a conversa quando o tempo havia acabado. Eles queriam permanecer no campo. Às vezes notavam: "Cara, isso foi realmente interessante. Posso ter uma cópia da gravação? Devo ter dito coisas hoje que nunca disse antes." Pareciam sentir que ao deixar a conversa, eles levavam um elemento eterno de conexão daquele diálogo – algo que não desaparecerá, aconteça o que acontecer. O entrevistador sente a mesma coisa. É como se ele tivesse entrado em um campo mais intimamente ligado a uma presença autêntica verdadeira. Alguma conexão especial se tornara presente durante a conversa. E, por fim, quando tornei-me ainda mais consciente dessas mudanças sutis em campos conversacionais, posso praticamente dizer quando uma conversa mudou do discurso reflexivo normal para um fluxo mais profundo de significado e emergência essencial. Quando isso acontece, as vozes ficam mais suaves, a velocidade da conversa diminui, a textura da luz parece tornar-se espessa, uma sensação de calor humano parece irradiar do espaço interpessoal e, ao mesmo tempo, costumo ouvir uma alta frequência soar em meus ouvidos. Quando ocorrem essas mudanças, entramos no quarto campo e a conversa aprofunda-se para uma presença e um fluxo profundos.

As condições mais importantes do lado do entrevistador para uma conversa tão profunda desse tipo ocorrer são uma mente aberta (questionamento e interesse genuínos), um coração aberto (apreço e empatia) e uma vontade aberta (atenção ao futuro emergente e ao autêntico eu).

Esse tipo de ouvir e de diálogo pode ser aprendido? Minha experiência sugere: certamente que sim. Pode porque já está presente. Porque as formas de operar dos Campos 3 e 4 são capacidades latentes em todos os sistemas humanos e sociais, pequenos ou grandes. Eles só precisam de um despertar.

Exemplo 2: Em 2004, Ursula e eu conduzimos uma sessão de treinamento de um dia sobre entrevistas baseadas em diálogo para um grupo de professores e diretores no norte da Alemanha. Anna M. decidiu aplicar um pouco de nossa prática de diálogo à própria situação de liderança em sua escola em Hamburgo, portanto pediu à Ursula orientação mínima.

Anna diz: "Depois de um ano como diretora nessa escola pública, entrei em desespero: os professores não aprovavam o que eu estava propondo fazer. Os pais pressionaram, acreditando que eu não avançava o suficiente nas questões de estratégia, financiamento e qualidade do ensino. As crianças eram minha única fonte de energia. Eu me encontrava comparando essa escola com a qual estava acostumada a trabalhar antes: bastante diversão, grandes inovações, equipe perfeita. Mas agora os novos conceitos e ideias pareciam apenas sofrer um grande boicote. Esforcei-me por fazer a coisa certa, agradá-los, mas me sentia impotente. Por fim, os professores paravam de falar quando eu entrava em sua sala."

Ouvindo Anna, Ursula sugeriu que ela fizesse uma rodada de entrevistas baseadas em diálogo entre os *stakeholders*. Anna depois relatou: "Isso significava a necessidade de mudar minha abordagem. Em vez de dar a eles o que *eu achava* que queriam de mim (e que, obviamente, estava errado), perguntei para que eles precisavam de mim. Uma mudança total. Eu me sentia muito apreensiva. Provavelmente, isso se transformaria em um pesadelo: eles usariam a conversa para me dizer que eu não era suficientemente boa, que eles precisavam de outro diretor e que os projetos que eu sugeria eram apenas lixo."

"Nada perto disso de fato aconteceu. Eles foram bastante generosos em compartilhar a ideia do que realmente precisavam. Senti-me profundamente tocada, aliviada e abalada ao mesmo tempo: de um lado, recebi muito menos críticas do que esperava. De outro, soube muito mais do que eu precisava fazer. O que eles afirmaram precisar: paciência. Apoio. Nada de expectativas muito elevadas. Olhe para mim. Trate-me como todos os outros. Confiança. Abertura. Ouvir. Ajude-nos a fazer coisas sozinhos. Orientação quando pedimos. Tranquilidade. Confidência. Encorajamento. Objetivos claros. Regras."

"Eles pediam as mesmas coisas que eu vinha pedindo para que fizessem com as crianças! Havia certa tendência de não se acharem bons o bastante no trabalho do qual provavelmente eu era a fonte. Isso definia nossa relação e, por sua vez, suas relações com as crianças. Examinando isso da minha própria perspectiva, não fazia ideia do que fazer depois. Mas, ao ver a partir da perspectiva *deles*, toda uma série de novas oportunidades se apresentou a mim. A mesa estava pronta – só que eu não tinha sido capaz de vê-la. Algumas semanas depois, uma jovem professora disse que planejava fazer entrevistas desse tipo com alguns pais e crianças. Eu poderia ajudá-la a fazer isso?"

Prática 1: Toda noite, dedique quatro minutos para revisar quando, durante o dia, você se envolveu no Ouvir 3 (mente e coração abertos) e no Ouvir 4 (mente, coração e vontade abertos). Se não puder identificar uma única situação de ouvir profundo, anote isso também. Se você fizer esse exercício por um mês, sua eficácia como ouvinte aumentará significativamente – sem gastar um único centavo em mais treinamento ou consultoria. Basta apenas disciplina para se concentrar no processo de revisão de quatro minutos por dia.

Prática 2: Selecione seus vários *stakeholders*-chave e tenha uma conversa em que você se coloca no lugar deles e veja seu próprio trabalho a partir do ponto de vista deles. Antes de cada entrevista, reserve um momento de quietude e definição dos objetivos para começar. Eis as quatro perguntas que utilizei no caso da empresa automobilística global, e que você pode utilizar como ponto inicial de sua própria lista de perguntas:

1. Qual é seu objetivo mais importante, e como posso ajudar a realizá-lo? (Para que você precisa de mim?)
2. Quais critérios você utilizará para avaliar se minha contribuição para seu trabalho foi bem-sucedida?

3. Se eu fosse capaz de mudar duas coisas na minha área de responsabilidade dentro dos próximos seis meses, quais seriam aquelas que criariam maior valor e benefício para você?
4. Que tensões históricas e/ou barreiras sistêmicas, se é que existe alguma, têm sido um obstáculo para pessoas em meu cargo ou função para atender aos seus requisitos e expectativas? O que está nos atrapalhando?

8. **Crie órgãos de sensibilização coletiva que permitam ao sistema ver a si próprio.** Talvez a maior lacuna institucional na busca de inovação de sistemas profundos seja a atual falta de mecanismos de sensibilização coletivos. Temos muitos mecanismos de recuperação coletivos (publicidade, televisão, e, infelizmente, a maior parte do nosso sistema educacional). Em contraposição, os mecanismos de sensibilização coletivos utilizam o poder de ver e dialogar compartilhado para explorar um recurso não utilizado de criação de sentido e pensamento coletivos.

   Exemplo: O Fórum de Diálogo Médico-Paciente descrito anteriormente neste livro é um exemplo de órgão de sensibilização coletiva: quando as atividades de sensibilização individual (nesse caso, 130 entrevistas baseadas em diálogo e várias semanas de acompanhamento) são reunidas, gradualmente começam a funcionar como um órgão de sensibilização coletiva do todo: "Veja o que estamos fazendo a nós mesmos."

   Prática: Uma prática muito útil para criar órgãos de sensibilização coletiva é o método World Café, desenvolvido por Juanita Brown e seus colegas David Isaacs e Toke Moller, entre outros pioneiros do World Café. Grandes grupos sentam-se juntos em um café, em volta de pequenas mesas redondas com quatro ou cinco cadeiras. Em vez de limitar a interação a uma única mesa, o método World Café concentra-se na interação de vários níveis (conversas encadeadas de mesa a mesa e conversas com o grupo todo) utilizando sete princípios simples do Café: esclarecer o contexto; criar um ambiente hospitaleiro; explorar perguntas que importam; estimular a colaboração de cada participante; conectar-se a diversas perspectivas; ouvir – profundamente – para obter insights e criar outras perguntas; e, então, colher ou coletar os achados e compartilhá-los com todo o grupo. Para obter mais detalhes, consulte www.theworldcafe.com.[5]

Co-presencing: Retirar-se e refletir, permitir ao conhecimento interior emergir

Depois da imersão profunda nos contextos e lugares de maior potencial, o próximo movimento concentra-se em acessar uma fonte de conhecimento mais profunda: conectar-se ao futuro que quer emergir por meio de você (*co-presencing*).

9. **Deixe ir: deixe ir seu velho eu e coisas que devem morrer.** O maior obstáculo para se mover pelo U vem de dentro: ele emerge de sua resistência (individual

e coletivamente). Lidar com a resistência é essencial quando você desce pelo lado esquerdo do U. Não fique surpreso quando sua resistência aparece muitas vezes. Isso acontece com todo mundo. Mas, à medida que você começa a dominar essa arte, saberá de antemão que a resistência surgirá em certas etapas e que seu trabalho é estar preparado para enfrentá-la mantendo-se calmo, reconhecendo a situação e se focalizando. Descer o U convida-o a *suspender* sua Voz do Julgamento, VOJ, *inverter* sua visão cínica de uma situação, VOC, e *superar o medo*, VOF, de deixar ir seu velho eu – aquela parte de você que deve morrer para o novo tomar forma. Lidar com essas três formas de resistência requer – para usar a linguagem clássica da virtude – compromisso com a verdade (viver com a mente aberta), o amor (viver com um coração aberto) e a coragem (viver com uma vontade aberta).

Exemplo: O princípio do deixar ir implica desprender-se de tudo que não é essencial. Alan Webber recordou o que o manteve em sua jornada para cocriar a *Fast Company* apesar de todos os obstáculos que enfrentou: "As pessoas que têm sido genuinamente tomadas por uma ideia ou crença não costumam responder à pergunta 'Por que você está fazendo isso?' em termos racionais. Há alguns anos, meu pai comprou-me uma coleção de entrevistas com grandes escritores de ficção. O entrevistador era George Plimpton. Ele perguntaria: 'Por que você se tornou escritor? Por que se levantar pela manhã e escrever?' Invariavelmente, a resposta era 'Bem, não posso deixar de fazer isso'.

"As pessoas me perguntariam: 'Por que está fazendo a *Fast Company*?' No início, a resposta era muito racional: 'Bem, você sabe, é uma revista sobre isso e aquilo, e o mundo não tem uma.' Mas logo percebi que essas razões não

1. atender
COINICIAR
2. conectar-se   3. coiniciar

4. forma
5. fazer jornadas de mergulho profundo   6. observar, observar, observar
COSSENTIR
7. praticar profundamente o ouvir e o diálogo
8. criar órgãos de sensibilização coletiva

9. deixar ir:
deixar ir seu velho eu e as coisas que devem morrer

10. deixar vir:
conectar-se e render-se ao futuro que quer emergir por você

11. silêncio intencional:
adquirir uma prática que o ajuda a se conectar com sua fonte

CO-PRESENCING

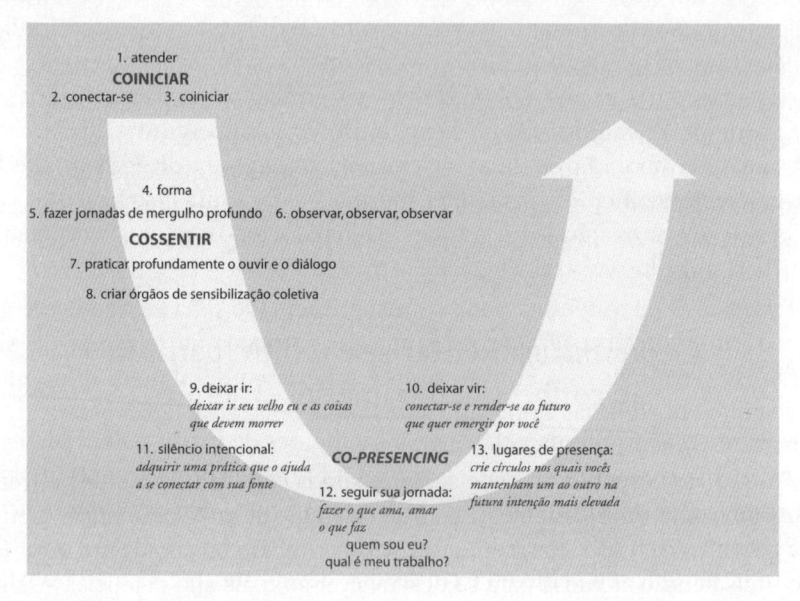

12. seguir sua jornada:
fazer o que ama, amar o que faz
quem sou eu?
qual é meu trabalho?

13. lugares de presença:
crie círculos nos quais vocês mantenham um ao outro na futura intenção mais elevada

FIGURA 21.4 O TERCEIRO MOVIMENTO: CO-PRESENCING

eram as verdadeiras. A razão é porque *você não pode não fazer*. Mas é difícil explicar isso sem parecer um lunático."[6]

Prática: Passe pela seguinte meditação de quatro passos (por meio de um diário reflexivo ou imaginação visual):
1. Quais, na vida e no trabalho, são as situações, práticas e atividades que mais o conectam com suas melhores fontes de energia e inspiração?
2. Considere essas atividades e situações pequenas sementes e peças básicas do futuro: como poderia ser um possível futuro no qual essas pequenas sementes e peças básicas fossem interligadas e se tornassem uma inspiração completa que ecoasse com sua melhores energias?
3. Se você levar isso adiante, para concretizar esse futuro no mundo, o que precisa deixar ir? Qual é o velho "negócio" que deve morrer?
4. Se você assumisse o risco e seu projeto falhasse, qual seria o pior cenário, e você estaria pronto para enfrentá-lo?

A coragem vem da disposição para "morrer", seguir adiante em um território desconhecido que começa a se manifestar só depois de você ousar avançar nesse vazio. É a essência da liderança.

10. **Deixe vir: conecte-se e renda-se ao futuro que quer emergir por você.** A ferramenta de liderança mais importante é o Eu *do líder* – *seu* Eu. Na base desse princípio – e na base de todo *presencing* –, está esta premissa simples: cada ser humano não é um, mas dois. Um é a pessoa em que nos tornamos pela jornada do passado. O outro é o ser latente do futuro que poderíamos nos tornar pela nossa jornada do futuro. Quem nos tornamos depende das escolhas que fazemos e das atitudes que tomamos agora. Esse ser do futuro é nossa mais elevada ou melhor possibilidade futura. Esses dois seres são reais no sentido de que cada um constitui um corpo específico de ressonância – o campo do passado e o campo do futuro. Posso evocar uma ressonância ativa com qualquer campo. Em geral, esses dois campos de ressonância – e as diferentes dimensões do nosso eu em desenvolvimento que elas representam – são polos à parte. A essência do *presencing* é fazer esses dois eus, esses dois seres, falarem e ouvirem um a outro, fazê-los ecoar, tanto individual como coletivamente.

Exemplo: O eu autêntico pode ser experimentado toda vez que você fizer parte de uma conversa gerativa profunda que entra no quarto campo de emergência. Ao terminar essa conversa, você a deixa como alguém diferente da pessoa que era algumas horas antes de entrar nela: você deixa essa conversa mais perto do seu Eu real, autêntico.

Prática: Essa experiência pode ser comparada com uma semente germinando. Assim como uma semente precisa de um lugar de cultivo e atenção afetuosa para germinar e crescer, essa semente interior também precisa de um lugar fértil e de uma atenção afetuosa para se desenvolver ao mais alto potencial. Assim, a pergunta é como criar esses lugares no cotidiano. Uma abordagem é simplesmente sempre ocupar-se do campo social mais profundo a partir do qual uma situação surge quando duas ou mais pessoas se conectam. Tente manter-se profundamente atento às dimensões mais profundas da presença e do eu, e *acolher* o campo para que o fluxo mais profundo possa ser apoiado.

Além disso, três pontos de alavancagem práticos podem ajudar a sustentar a capacidade de acessar o fundo do U e são explicados nos Princípios 11 a 13.

11. **Silêncio intencional: adquira uma prática que o ajude a se conectar com sua fonte.** A moeda que conta no fundo do U não são ideias, palavras ou insights. Aqui, você deve usar uma moeda diferente: prática. A prática é o que fazemos todos os dias. Assim, esse princípio envolve selecionar uma prática pessoal que o ajude a se conectar com sua futura ressonância.

Exemplo 1: Ao conduzir entrevistas com 150 pensadores e profissionais de inovação e liderança, percebi que muitos daqueles que mais me impressionaram pareciam estar fazendo algo semelhante: todos praticam algo no dia a dia que os ajuda a acessar sua melhor fonte de criatividade e eu. Por exemplo, muitos acordam cedo para usar o silêncio das primeiras horas da manhã a fim de se conectar a seu próprio propósito ou eu essencial. Alguns usam o anoitecer. Outros, o meio-dia. O que as pessoas fazem, quando praticam algo e por quanto tempo, tudo isso difere amplamente. Algumas pessoas procuram o silêncio da natureza. Outras pessoas meditam. Outras ainda rezam. Algumas praticam um exercício que lhes dá energia e controle, como *qi gong*o ou ioga. Alguns simplesmente entram em um espaço de silêncio que os ajuda a se reconectar com seu sentido de objetivo. Muitas pessoas praticam uma combinação das coisas mencionadas aqui. Seja qual for a atividade, o princípio é o mesmo: que, em algum momento no decorrer do dia, você cria para si próprio um lugar de profunda reflexão e silêncio que o ajuda a se conectar com o que é o mais essencial (para você).

Prática 1: A prática de usar a manhã pode ser comparada com o momento depois da última nota de uma sinfonia e antes de começar o aplauso. Nesse momento, seu ser inteiro está ecoando com a música. De mesmo modo, ao despertar, todo o ser ainda está ecoando a música tácita do sono profundo da noite. O alarme do relógio ocasionalmente destrói (ou perturba) esse espaço de tempo precioso. O truque é não perdê-lo imediatamente. Você começa a desenvolver a capacidade ouvindo, prestando atenção à "música desse momento", para que ela ecoe por todo o dia.

Prática da manhã (um exemplo: 10-30 minutos)
- Levante mais cedo (antes dos outros), vá para um lugar silencioso adequado (um lugar na natureza é excelente, mas também é possível encontrar outros bons lugares que funcionem para você) e permita a seu conhecimento interior emergir.
- Use um ritual que o conecte com sua fonte: pode ser uma meditação, oração ou simplesmente um silêncio intencional em que você entra com o coração aberto e a mente aberta

- Lembre-se do que o levou ao lugar na vida em que você se encontra neste momento: quem é seu Eu? Qual é seu Trabalho? Para que você está aqui?
- Firme um compromisso com aquilo a que você está a serviço. Concentre-se no resultado daquilo que você está a serviço (o todo mais amplo).
- Concentre-se no que quer realizar (ou estar a serviço) nesse dia que você está começando.
- Sinta o apreço pela oportunidade que recebeu de viver a vida que tem nesse momento. Compartilhe os sentimentos com todos aqueles que nunca tiveram todas as oportunidades que o levaram ao lugar que você está agora. Sinta a responsabilidade que vem com essas oportunidades, a responsabilidade que você tem com outros, com todos os outros seres, com toda a natureza – até com o universo.
- Peça ajuda para não se perder no caminho ou se desviar dele. Seu caminho que está por vir é uma jornada que só você pode descobrir. A essência dessa jornada é um presente que pode nascer apenas por você, por sua presença, por seu melhor eu futuro. Mas você não pode fazê-la sozinho. Essa é a razão pela qual você pede ajuda.

Descobri algumas coisas que me ajudam. Uma vez, fiz um curso de duas semanas sobre treinamento de consciência com John Milton, ecologista pioneiro, educador e mestre de meditação que fundou o Way of Nature Fellowship and Sacred Passage. Durante muito tempo, refinou uma prática de 12 princípios dos muitos anos que viveu isolado na selva e combinou isso com o que aprendeu em treinamento profundo em várias tradições de sabedoria. Parte do treinamento que ele oferece é um retiro de sete dias em um lugar especial na natureza. Descobri que a semana de silêncio, jejum e meditação me ajudou a sustentar e aprofundar minha prática diária. Ela também ajuda as pessoas a se perdoarem por pequenas falhas. Como a maioria das pessoas, muitas vezes dei início a uma prática e falhei em mantê-la ativa, sentindo-me mal e me culpando (permitindo que minha VOJ se manifestasse) ao final. Apenas anos depois, percebi o quanto esse padrão era disfuncional. O truque é prestar atenção às pequenas coisas que você *realmente* realiza e corrigir seu curso imediatamente ao se desviar dele – é aqui que a energia precisa fluir, não no jogo da culpa. Também é útil um parceiro com uma prática semelhante (ou diferente, mas consistente). Por fim, quanto mais ocupada for sua vida, mais milhagens você pode obter até mesmo dos mais breves períodos de silêncio intencional. Se realmente não puder se permitir mais do que 10 minutos por dia sem violar seus compromissos com as outras pessoas na sua vida, esses 10 minutos podem ter o mesmo impacto positivo do que 30 a 60 minutos teriam para aqueles com uma agenda mais flexível.

Em resumo, essa prática é o oposto de despertar e ligar o rádio, computador ou televisão. Entrar em sintonia com um estímulo exterior na primeira hora do despertar do indivíduo elimina o espaço interior de silêncio que a prática descrita aqui deve cultivar. (Eu costumava ligar o rádio assim que acordava.) Independentemente de nossa profissão – gerente, médico, agricultor, educador, inventor, empresário, investidor, arquiteto, artista ou pai de família –, depois dessa primeira hora do dia, a maioria de nós enfrenta a mesma situação: caos, mudança e desafios inesperados. Faz parte da vida neste século. A pergunta é como lidar com isso. Entrar em pânico? Enlouquecer? Ficar na defensiva? Ou seria melhor cumprir os compromissos do dia a partir de um tipo de lugar diferente, a partir do campo do futuro que você quer criar? Basear-se nesse campo do futuro emergente é o que significa a prática matinal.

Embora tenhamos muitos bons exemplos para usar o silêncio em práticas de desenvolvimento individual, temos muito menos bons exemplos de como situar o silêncio intencional em cenários de trabalho coletivo. Apesar disso, seguindo adiante, o desenvolvimento e o refinamento da prática de silêncio coletivo se provarão ser um dos pontos de alavancagem mais importantes para o futuro trabalho de liderança. O exemplo e a prática a seguir são os primeiros passos nesse território.

Exemplo 2: Uma equipe central que foi responsável pela tarefa de desenvolver uma nova estratégia de negócios para o grupo de aquisição em uma empresa automobilística global acabava de completar sua jornada de aprendizagem. Eles não tinham nem tempo nem recursos para fazer um longo retiro na natureza, portanto foram para um clube de golfe perto de Detroit em um workshop de três dias, durante o qual se envolveram por seis horas de silêncio. Depois de completar os processo de debriefing e criação de sentido das várias jornadas de aprendizagem no primeiro dia, eles fizeram uma meditação em grupo e um diálogo sobre os possíveis futuros para eles como pessoas e como equipe e organização. Na manhã seguinte, depois de um ambiente de intenção conjunta, eles passaram por um período de seis horas de silêncio em que os participantes simplesmente faziam uma caminhada pela bela área natural do retiro. "Essas seis horas", diz Peter Brunner, que orientou a equipe por esse processo, "tornaram-se uma experiência revolucionária e inovadora para o grupo. Quando voltaram a se reunir, facilmente definiram juntos os elementos centrais de um novo ponto de vista que depois levou à definição de uma nova estratégia. Como resultado, conseguiram reduzir sua força de vendas em 80%, mantendo o mesmo faturamento".

Exemplo 3: Quando o grupo ELIAS global se reuniu perto de Xangai, depois de suas jornadas de aprendizagem de imersão profunda em pequenos grupos, cada equipe chegou com algumas histórias-chave e com inúmeros instrumentos coletados ao longo do caminho. Nessa ocasião, a sessão do retiro de *presencing* durou quatro dias. No primeiro dia, o grupo concentrou-se em compartilhar tudo que fora aprendido em toda a jornada de aprendizagem. No segundo, concentrou-se em entrar no espaço de silêncio. O grupo passou cinco horas em silêncio. Antes e depois desse período de silêncio nos encontramos em um círculo onde todos compartilhavam o que acontecia com cada um antes ou durante a jornada de aprendizagem ou período de silêncio. No terceiro e quarto dias, o grupo concentrou-se em cristalizar iniciativas de prototipagem e planejamento de ação para concretizar essas iniciativas. O tempo todo, trabalhamos com vários tipos de práticas reflexivas e contemplativas (iniciando com seminários matinais, às 7h) para aumentar a consciência e atenção na jornada de vida e no trabalho de cada um. Ao meio-dia, com o período de cinco horas de silêncio e o círculo de diálogo antes e depois, a experiência revelou-se uma verdadeira virada para muitos no grupo, tanto para a jornada de liderança individual como para a jornada coletiva do grupo ELIAS.

Exemplo 4: Um workshop de retiro funciona como um espaço de reflexão e contemplação que permite aos participantes resolver várias pendências de suas jornadas de aprendizagem e ideias de protótipos. Por exemplo, quando trabalhei como facilitador do workshop de *presencing* da equipe de projeto da empresa automobilística global, a visita de especialistas em medicina chinesa tradicional na jornada de aprendizagem despertou grande interesse de todo o grupo. Como a maioria dos membros do grupo juntou-se a uma sessão opcional de *qi gong* às 6h com residentes chineses em um parque próximo, não foi surpresa que um grupo desenvolvesse uma ideia de protótipo focalizada na criação de um estado de sonho para o carro. Eles especularam que, assim como os seres humanos têm diferentes estados de consciência – acordar, sonhar, dormir sem sonhos –, o mesmo pode se aplicar a veículos. O carro poderia passar por certas etapas de autoanálise e autorreparo, assim como o corpo humano faz durante as etapas de sono. Na conclusão do workshop, os patrocinadores escolheram essa iniciativa como uma das duas mais promissoras e a selecionaram para ser prototipada na próxima etapa do ciclo do U.

Prática 2: Dirigir um workshop de retiro de *presencing*. O fluxo de um workshop de retiro segue o U: compartilhar insights e ideias-chave nas jornadas de mergulho profundo; entrar no espaço de silêncio; cristalizar ideias para prototipar iniciativas e planejar ações.

O local do workshop de *presencing* deve ser cuidadosamente selecionado e preparado: física e logisticamente, mental e emotivamente, e intencional e espiritualmente. Não pode ser um escritório. Deve ser um espaço remoto com energia centrada e focalizada, com janelas em dois (ou três) lados e acesso à natureza como isolamento (se possível à noite), e deve ser bastante espaçoso para a equipe inteira viver e trabalhar lá por cerca de uma semana sem parar. Um workshop de *presencing*, se conduzido de modo certo, é sempre uma experiência pessoal e coletiva profunda que toca e ecoa profundamente com todo o ser. Os facilitadores por toda a semana têm de estar em plena consciência da mudança mais profunda que esse processo ativa. Precisam manter o espaço e alinhar sua intenção em servir totalmente à futura possibilidade mais elevada desse grupo ou comunidade que está passando por esse processo de "atravessar o buraco da agulha".

12. **Siga a sua jornada: faça o que ama, ame o que faz.** Para muitas pessoas, o portão para acessar as fontes mais profundas de conhecimento envolve um mergulho profundo na essência do trabalho. Michael Ray, da Stanford University, resume esse princípio como "fazer o que se ama, amar o que se faz". Seu lema capta o que ouvi muitos criadores e inovadores bem-sucedidos dizerem: para acessar o melhor potencial criativo, você tem de seguir uma jornada – uma jornada em que segue sua felicidade, intuição, seu sentimento de futuro emergente. Você acredita que o sentimento é mais do que todo o bom conselho que recebe de outras pessoas, os quais também podem ser valiosos. Mas, no fim do dia, a essência de sua criatividade é o acesso a uma fonte mais profunda que é única para você, sua vida, seu futuro. Para desbloquear essa fonte mais profunda, você tem de fazer uma jornada pelo buraco de uma agulha – e esse buraco é seu Eu, é sua capacidade de acessar a singularidade da sua italjornada *agora*.

Exemplo 1: Joseph Campbell descreveu essa jornada como um chamado para se aventurar, cruzando o limiar, depois do caminho de provações, fazendo o encontro supremo e retornando com um presente. É a pergunta do Graal. O que quer que escolhamos para denominá-la, essa fonte é o caminho de desenvolvimento latente para acessar o poder pleno de nossa própria criatividade, que está incubada em todo ser humano de maneiras diferentes. Desbloqueá-la requer seguir um tipo mais profundo de jornada do que a maioria de nós faz. É onde seguimos nosso próprio caminho.

Exemplo 2: Quando concluía minha tese de doutorado em filosofia, recebi algumas boas ofertas de trabalho, mas nenhuma realmente me encantava. O que atraía meu eu interior era a ideia de deixar a Europa e juntar-me ao IT Learning Center em Boston. Sem qualquer conexão lá, simplesmente dediquei-me a fazer isso. Ninguém respondia. Então eu liguei. Eles disseram que precisavam discutir se seria preciso fazer uma entrevista comigo. Ninguém retornou. Liguei novamente. Então alguém disse: "Ah, sim, venha para uma entrevista com os principais pesquisadores do Centro." Tive de pedir dinheiro emprestado para comprar a passsagem de avião para os Estados Unidos. No final da última entrevista, Bill Isaacs, fundador do MIT Dialogue Project, explicou que o MIT temporariamente suspendera novas contratações e que o único cargo possível seria o de professor convidado (não remunerado). "Você pode se financiar?", Bill perguntou. "Sim, claro", ouvi-me respondendo, sabendo que a porta que parecia abrir-se poderia fechar-se a qualquer instante. Então, ele perguntou se eu poderia começar em 1º de setembro. Embora eu soubesse que não poderia terminar minha tese até lá, ouvi-me dizer: "Claro, sem problemas." E, seguro o bastante, comecei meu projeto de pós-doutorado no MIT na primeira semana de setembro, trabalhando nele durante o dia, enquanto completava minha tese à noite e vivendo, felizmente, com o limite dos cartões de crédito. Só anos depois percebo que o projeto que inicialmente me tirou da crise financeira, o projeto de entrevistas para um diálogo global, nunca teria acontecido se eu começasse com um "cargo real" no MIT. E esse projeto, como já mencionado, provavelmente foi a melhor coisa que poderia ter acontecido em toda a minha vida profissional.

Exemplo 3: Outra época em que decidi seguir meus instintos, em vez das regras convencionais de conduta, foi quando me candidatei à primeira turma da primeira universidade privada da Alemanha, a Witten/Herdecke. Estudar na primeira turma da Faculdade de Administração daquela universidade foi, em retrospectiva, uma experiência educacional inestimável. Contudo, quando me candidatei à universidade, fui rejeitado. Lembro-me o quanto fiquei chocado quando li a carta de rejeição, porque eu tinha um sentimento muito forte do meu futuro emergente relacionado àquela universidade. Senti que estava sem rumo. Minha vida estava seguindo na direção errada. Então, depois de um dia de depressão profunda, liguei para a repartição expedidora da universidade e perguntei por que eu fora rejeitado. Porque, disseram, eu não havia concluído a carga horária de trabalho na empresa. Naquela mesma noite, escrevi uma carta para o reitor da Faculdade de Administração, o professor Ekkehard Kappler. Eu lhe falei sobre minha experiência em sistemas formais (empresas) e informais (movimentos sociais), bem como sobre outras experiências de trabalho (agricultura familiar). Eu também lhe disse quais iniciativas eu lançaria como estudante se eles me admitissem para a primeira aula. Escrevi a carta porque precisava fazer algo (não porque achava que poderia mudar a decisão da escola – eu sabia que minhas chances eram mínimas). Na manhã seguinte, enviei a carta e, no dia seguinte, o reitor Ekkehard Kappler ligou. Quase caí da cadeira. Ele disse: "Certo, se você puder completar satisfatoriamente os dois meses que faltam da experiência empresarial em uma indústria têxtil na Alemanha Ocidental, nós o convidaremos a se juntar à primeira turma da faculdade. Você pode começar esse trabalho na próxima segunda-feira?" "Com certeza, nenhuma objeção", eu me ouvi respondendo. "Certo, vamos fazer isso", o reitor disse e desligou o telefone. Olhei para meu relógio: sexta-feira, 16h. Tenho duas horas para ir até a cidade e comprar um terno para vestir na segunda-feira de manhã. Quando coloquei o telefone no gancho, sabia que essa conversa de um minuto com Ekkehard Kappler havia colocado minha vida no rumo certo. Pode parecer estranho, mas esse era meu sentimento – naquela época e também agora.

Prática: Como sempre, a maior parte do crédito deve ser dada a nossos pais. Os meus nunca deram dinheiro para os filhos trabalharem e sempre nos estimularam a seguir nossas motivações interiores, em vez de prometerem recompensas externas. Tivemos de correr atrás do queríamos fazer e fomos estimulados a seguir esse caminho. Em contraposição, a maioria dos ambientes infantis de hoje está focada em arrastar as crianças por sucessivas atividades (que os outros organizam por elas) e socializá-las em um sistema que recompensa o "bom comportamento". Isso envenena sua capacidade de atuar a partir de uma fonte interior, de atuar a partir de motivação e amor intrínsecos.

O caminho para acessar a criatividade do indivíduo inclui as etapas de (1) nada importante acontece, (2) tédio e, então (3) notar e responder a um impulso interior que se desenvolve dentro de você. É difícil aprender como fazer essas coisas quando você é controlado por um rígido sistema de atividades, recompensas e controles externos.

O mesmo se aplica a empresas: grande parte do sistema motivacional e de recompensa das empresas é provavelmente mais disfuncional do que útil, porque impõe uma cultura de comportamento voltado para a recompensa, em vez de uma cultura de fazer as coisas certas porque elas são certas. Portanto, a prática aqui é criar ambientes que permitam às pessoas fazer o que amam e amar o que fazem. Ambas as coisas são importantes. Ame o que você faz; aprecie plenamente o que a vida lhe oferece. Faça o que faz com amor – e ficará impressionado com o que a vida lhe retorna.

13. **Lugares de presença: crie círculos nos quais vocês mantenham uns aos outros na futura intenção mais elevada.** Há um movimento invisível acontecendo no mundo. É um movimento que se manifesta de várias formas e práticas. Essas práticas se baseiam no mesmo princípio subjacente: formar um espaço acolhedor coletivo seguro no qual os participantes apoiam uns aos outros em dar sentido para suas jornadas de vida e suas jornadas de trabalho e fazê-las avançar. Na verdade, isso não é novo, pois é o que o vínculo da verdadeira amizade sempre ofereceu. Porém, é mais vigoroso e essencial hoje do que nunca, porque as normas e estruturas sociais estão se desintegrando e se dissipando por todos os lados. Enquanto o mundo se transforma em uma "plataforma em chamas" (remetendo à experiência do incêndio da minha casa na Alemanha), nós, de certo modo, também precisamos progredir com as coisas comuns da vida. No meio do caos e do colapso, devemos desenvolver a capacidade de permanecermos calmos e discernir o caminho futuro – mesmo quando esse caminho parece vago e frágil. Desenvolver a capacidade de operar do nada do agora, a capacidade de discernir e dar o próximo passo em situações em que as velhas estruturas sucumbem e novas estruturas ainda não emergiram, talvez seja a capacidade central mais importante para conduzir o trabalho e a vida neste século.

Exemplo: O exemplo mais avançado disso que conheço é o Círculo das Sete (consulte a descrição detalhada nos Capítulos 10 e 11).[7] Esse círculo de mulheres tem cultivado as práticas do ouvir profundo e do *presencing* há muitos anos. O resultado tem sido um campo coletivo de presença que pode ser ativado durante as reuniões do círculo, bem como fora delas, um campo que funciona como uma porta para presença e proficiência profissional e pessoal mais profundas.

Prática: Tendo visto como alguns dos meus grupos de estudantes e executivos são bem ou malsucedidos com esse conceito, ofereço as seguintes notas sobre lugar, pessoas, objetivo e processo para usar na exploração desse princípio com seu próprio grupo.

Lugar: Forme esse círculo em um espaço de encontro que seja acolhedor, mas parecido com um casulo, e forneça uma sensação de intimidade longe de perturbações externas. Aplique todos os critérios conhecidos sobre bons espaços para reunião: amplitude, luz natural, janelas em pelo menos dois lados da sala, simplicidade, beleza. Introduza tudo que torne o lugar um espaço vivo, o que quer que faça você se sentir em casa.

Pessoas: Um grupo de cinco ou seis pessoas provavelmente é o ideal, embora às vezes um "grupo" de dois também possa funcionar. Não é necessário (nem útil) que esse círculo se limite a seus amigos. O que mais importa é que você pessoalmente sinta algum vínculo ou alguma (possível futura) conexão. O grupo deve ser composto de pessoas interessadas em explorar regularmente algumas questões mais profundas de suas jornadas pessoais e profissionais e como se relacionam à transformação organizacional e social – pessoas que compartilham esse interesse por sentirem a profunda necessidade de buscar esse questionamento mais profundo, não só por curiosidade puramente intelectual. Você quer pessoas que estejam dispostas a se arriscar, não aquelas que limitariam seu papel a se sentar na audiência para criticar os outros. Você quer pessoas que possam estar conectadas à sua futura jornada; você não quer se afundar na lama do carma passado (embora às vezes tenha de passar um pouco por isso para descobrir uma base comum mais profunda).

Objetivo: Ao se reunir no primeiro encontro, descubra uma intenção comum que é maior do que você. Crie ou descubra um objetivo que conecte o ser do seu círculo ao campo global mais amplo do qual você e os membros do seu círculo se sentem parte. Conecte a presença do círculo a serviço do todo maior: o Ser do Círculo, como o Círculo das Sete o descreve.

Processo: Desenvolva um processo que funcione para você e para o grupo. À medida que o círculo se desenvolve, esse processo provavelmente mudará. Você ainda pode querer considerar alguns elementos fundamentais, como atrair o silêncio intencional, usar uma apresentação pessoal, segurar um *speaking object* (um objeto simbólico que identifica de quem é a vez de falar), compartilhar a sequência de ideias sobre a jornada de vida de uma das pessoas, cultivar profundamente o ouvir e desenvolver a coragem pessoal para levantar questões e discutir desafios atuais, além de exigir que uma confiança verdadeira seja compartilhada.

Cocriar: prototipar um pequeno microcosmo do novo para explorar o futuro na prática

O movimento da cocriação concentra-se em colocar ideias em prática prototipando microcosmos do futuro que você quer criar – e pela aprendizagem de ciclo rápido que constantemente itera pelo protótipo existente com base no feedback de todos os principais *stakeholders*.

14. **O poder da intenção: conecte-se ao futuro que precisa de você – cristalize sua visão e sua intenção.** O filósofo Martin Buber estabeleceu a distinção entre dois tipos de vontade: a vontade pequena, ou instintos do indivíduo, e a Vontade Grande, que é o futuro que precisa de nós para se concretizar. Há algo profundamente mágico sobre explorar nossa força criativa mais profunda. Tem a ver com um tipo diferente de economia de energia. Não é o tipo de economia neoclássica que você aprende na escola. É uma economia criativa ou espiritual que descreve uma qualidade de dinâmica de energia que pessoas criativas e equipes de alto rendimento são capazes de ativar e dela se nutrir. Funciona segundo um princípio simples: *se você der tudo que tem e tudo que é para seu projeto essencial, tudo será dado a você*. Mas note a sequência: primeiro, você tem de se desfazer de tudo e só então receberá tudo que precisar – talvez. Isso é um tipo diferente de economia. Nada tem a ver com o valor de troca. O que descreve é uma economia de doação: quanto mais você dá, mais você cresce. Mas só funciona se você se desapegar completamente do que dá sem a certeza de que obterá algo em troca. Esse tipo de economia criativa ou espiritual está no cerne de toda inovação profunda nas ciências, negócios e sociedade.

A economia de energia espiritual em questão aqui pode ser resumida em uma equação simples: $E = D\,m$. Energia pessoal (E) é uma função de fazer diferença (D) em algo que importa para mim (m).

Se seu trabalho não fizer a diferença, isso é um problema. Ou se você trabalha em algo que não é importante para você, isso também é um problema. Nesses casos, você tenderá a esgotar sua energia. O trabalho em si não re-

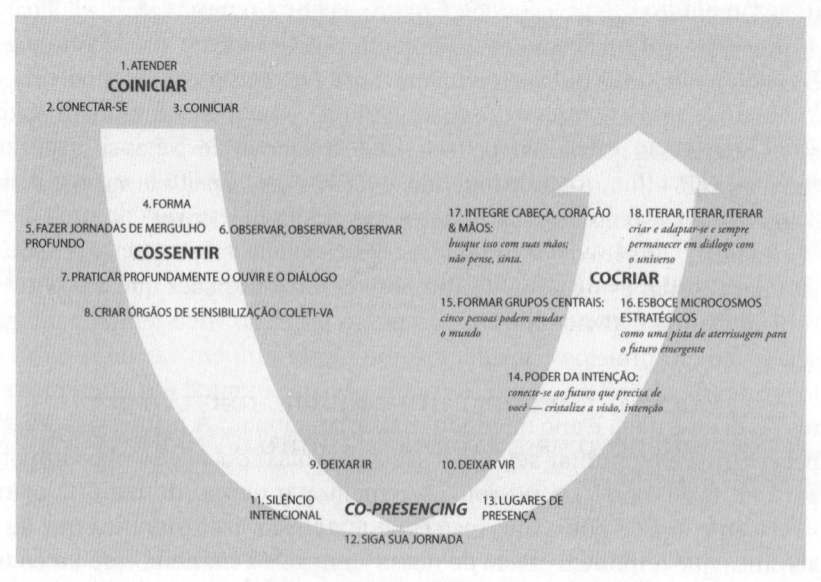

FIGURA 21.5 O QUARTO MOVIMENTO: COCRIAR

carregará você. Mas, se criar uma diferença real, fazendo algo que realmente importa, então você estará em um ciclo de energia que aumentará constantemente: quanto mais você dá, mais será retribuído.

A conclusão dessa equação: se vamos gastar muito tempo e energia no trabalho de todo modo, por que não nos concentrarmos em algo que importa? Em oposição, muitos dos sistemas hoje são concebidos em torno do pagar às pessoas por trabalhos que não importam e não fazem a diferença. Por exemplo, temos uma burocracia institucionalizada do sistema de saúde que drena a energia das pessoas, as deprime e as estimula a preencher o vazio interior com coisas materiais, o que, por sua vez, resulta no aumento exponencial dos custos do sistema de saúde e degradação ambiental.

Tendo experimentado a dinâmica dessa economia de energia, também sei como é fácil perdê-la. Só porque você a tem hoje não significa que a terá amanhã. Assim, o que faz com que ela dure? Quais práticas ajudariam as pessoas a se reconectar com essa fonte e fluxo mais profundos? Eis duas que achei úteis: praticar a tensão criativa e priorizar.

Prática 1: Exercício de tensão criativa. Essa prática foi inventada por Peter Senge e Robert Fritz, compositor, diretor de filmes e consultor organizacional. Em sua forma clássica, funciona como uma meditação em três passos: Primeiro pergunte (1) o que quero criar? e (2) em contrapartida, como é a realidade atual? Então (3) imagine ambas as imagens ao mesmo tempo (por exemplo, como em uma tela dividida) e note a tensão criativa entre elas.

Essa prática é uma ferramenta excelente quando você começar o lado direito do U (cristalização). Achei útil mudar ligeiramente esse exercício no contexto do U da seguinte maneira: durante o primeiro passo, concentre-se no estado futuro de sua jornada. Durante o segundo passo, não só se concentre em como a realidade atual difere do futuro desejado, mas também tente compreender onde, na realidade de hoje, você encontra os *elementos germinais do futuro*. Então, no terceiro passo, pinte um retrato da tensão criativa em um espaço tridimensional. Movimente-se entre os polos. Entre nos elementos germinais (com sua mente e coração) e expanda-se gradualmente com eles para o futuro estado desejado, e retorne daí à realidade atual, e assim por diante. Muitos especialistas utilizam esse exercício com sucesso.

Prática 2: Estabelecendo prioridades e gerenciando tempo. Qual é o maior projeto para o qual estou aqui? Como posso criar condições que me permitirão concentrar-me e atendê-lo? E como posso priorizar meu tempo para que ele seja gasto em projetos e resultados que importam, em vez de reagir a questões que não são relevantes? Essa prática é o uso integral dos diferentes aspectos do dia, semana e ano de modo mais intencional.[8] A primeira coisa a fazer pela manhã é perguntar-se: "Qual são duas coisas ou a coisa mais importante para eu fazer hoje? Como vou usar melhor o tempo do dia?" O princípio subjacente aqui é que a energia segue a atenção. Isso significa que a maior alavanca que temos é o objeto de nossa atenção e a maneira como atendemos a uma situação.

Naturalmente, o outro lado, é: o que ignoramos e onde aceitamos um atraso no tempo de resposta? Na era das tecnologias da comunicação imediata, é importante lembrar-se de que qualquer tipo de gerenciamento em tempo real se converterá em *não* responder imediatamente a um grupo inteiro de pessoas. Gastar seu tempo mais valioso certificando-se de sempre responder a todas as pessoas imediatamente sugere que seu método de gerenciar o tempo (e filtrar ruído) não funciona. Por essa razão, você provavelmente ficará estagnado em padrões reativos de comportamento.

A energia segue a atenção: então, o que importa é criar espaços de qualidade para aquelas atividades que importam mais, que criam um vínculo direto com o objetivo sentido – em particular, se, por acaso, essas atividades forem importantes, mas não urgentes.[9]

15. **Forme grupos centrais. cinco pessoas podem mudar o mundo.** Sempre que olhar nos bastidores de histórias sobre projetos bem-sucedidos e inspiradores, independentemente do tamanho, você verá que há uma pessoa-chave ou um pequeno núcleo de pessoas profunda e totalmente comprometidas com o objetivo e o resultado do projeto. Esse grupo central comprometido, então, sai no mundo e cria um campo de energia que começa a atrair pessoas, oportunidades e recursos que fazem as coisas acontecerem; cria-se, desse modo, uma força potencial. O grupo central funciona como um veículo para o todo se manifestar.

Exemplo: Em uma entrevista, Nick Hanauer resumiu suas experiências com a fundação de meia dúzia de empresas altamente bem-sucedidas: "Um dos meus provérbios favoritos, atribuídos a Margaret Mead, sempre foi: 'Nunca duvide de que um pequeno grupo de cidadãos comprometido pode mudar o mundo. De fato, é a única coisa que ele sempre faz.' Acredito totalmente nisso. Você pode fazer quase qualquer coisa com apenas cinco pessoas. Com uma pessoa, é difícil – mas quando você coloca essa pessoas em contato com outras quatro ou cinco, tem uma força difícil de conter. De repente, você tem ímpeto suficiente para tornar quase tudo que é imanente, ou que está ao nosso alcance, de fato real."

Como Hanauer, também vi que cinco ou seis pessoas podem realizar coisas impressionantes, às vezes quase sem esforço. Quando isso acontece, você se torna parte de um fluxo de emergência e energia muito maior. "Sem esforço", não significa, naturalmente, nenhum trabalho envolvido. Mas é o trabalho que flui. O progresso só acontece se você tiver um compromisso enorme (para evitar o termo *sacrifício*): basicamente, você tem de dar tudo que tem. Não é algo sobre o qual as pessoas gostam muito de falar, porque, em geral, significa colocar o trabalho à frente de outras pessoas. Como conciliar esses dois aspectos – trabalho e vida – permanecerá uma tensão constante.

Prática: Faça a si mesmo estas perguntas: quem atualmente na minha vida e no meu trabalho são as quatro ou cinco pessoas que, quando conectadas de forma adequada, poderiam mudar o mundo comigo? O que preciso fazer para conectá-las realmente? Que obstáculos ou barreiras preciso remover para que esse grupo central funcione de forma mais efetiva? Uma vez que você se pergunta isso, percebe que a maioria dos outros obstáculos desaparece.

16. **Esboce microcosmos estratégicos como uma pista de aterrissagem para o futuro emergente.** Um protótipo é um microcosmo experimental do futuro que você quer criar. Criar protótipos significa apresentar sua ideia (ou trabalho em progresso) antes de ele ser totalmente desenvolvido. O objetivo de criar um protótipo é gerar o feedback de todos os *stakeholders* (sobre como ele é, como funciona, como se conecta com as intenções, interpretações e identidade das pessoas), a fim de refinar as premissas sobre o projeto. O foco está em explorar o futuro, fazendo isso na prática, e não analisando. Como as pessoas da IDEO exprimiram, no Capítulo 13, a base lógica de criar protótipos é "falhar muitas vezes para ter sucesso mais cedo" ou "falhar cedo para aprender rápido". Criar protótipos não é um projeto experimental. Um piloto tem de ser um sucesso; em oposição, um protótipo concentra-se em maximizar a aprendizagem.

A ideia principal ao criar protótipos de microcosmos estratégicos é criar uma pista de aterrissagem do futuro. Um microcosmo estratégico é uma pequena versão do futuro que você quer criar que inclui todos os elementos centrais de sua visão. Requer que você tenha confiança para entrar em ação antes de conceber o plano inteiro adiante. Você tem de confiar em sua capacidade de improvisar e se conectar a comunidades e lugares certos e, por meio deles, às pessoas certas. O processo de criar protótipos de microcosmos estratégicos em si é um mini U que começa a esclarecer a intenção, formar uma equipe-tarefa; fazer mergulhos profundos para se conectar a e envolver-se com outros profissionais, parceiros e lugares que importam; retornar e compartilhar tudo que foi aprendido; refletir e ouvir a fonte de inspiração e conhecimento interiores; cristalizar o próximo passo imediato através do esforço comum ao grupo; e, então, voltar para envolver outros participantes nos próximos passos práticos adiante.

O truque é passar pelo U não uma, mas muitas vezes, talvez até mesmo diariamente. Estabelecer uma prática de equipe de começar juntos o dia (se possível, com o uso do silêncio intencional), fazer um balanço dos insights da noite anterior e revisar e adaptar a agenda ao dia; então, sair e fazer isso e reunir-se novamente ao anoitecer para compartilhar o que foi aprendido. Processe o que aconteceu durante a noite, desperte com uma nova ideia e faça tudo isso novamente. A chave é não planejar ou programar excessivamente o protótipo. Você deve ser capaz de se envolver com o que emerge do processo. Dito isso, você também precisar definir alguns marcos de desenvolvimento para uma revisão do progresso e feedback dos *stakeholders*; isso o ajudará a permanecer em foco e fornecerá informações úteis.

Em geral, o que diferencia as inovações sociais das inovações de produto são três coisas. Em primeiro lugar, com as inovações sociais precisamos prestar mais atenção ao contexto em que algumas inovações já podem existir. Em segundo lugar, precisamos estar conscientes de que a inovação social sempre lida com a vida humana; o princípio "falhar mais cedo para aprender rapidamente" deve estar situado em um processo de aprendizagem de ciclo rápido que quase permite corrigir erros antes de serem cometidos. E, em terceiro lugar, temos de lidar com uma camada de complexidade social e emergente mais profunda que envolve deixar ir a velha identidade e deixar novas chegarem (passando pelo fundo do U). Particularmente em situações de violência maciça direta, estrutural e cultural que foi infligida a certas comunidades ao longo dos vários séculos (e existem muitos desses lugares espalhados pelos continentes), descer o U envolve um tipo de cura de grandes feridas que foram infligidas ao corpo coletivo. (Um bom exemplo é o trabalho da South African Truth and Reconciliation Commission.) Essa cura do corpo social coletivo será uma das atividades centrais desse processo. Não é apenas mais uma informação sobre o trabalho do projeto. É algo real. E qualquer outra coisa é o contexto para a cura acontecer.

Exemplo (de criação de um protótipo em contexto corporativo): na Cisco Systems, líder mundial em equipamento de rede, o imperativo do protótipo começa com o que aquela companhia chama de princípio 0.8: por mais longo que seja o projeto, espera-se que os engenheiros criem um primeiro protótipo dentro de três ou quatro meses – caso contrário, o projeto está morto. Não se espera que o primeiro protótipo funcione como um protótipo 1.0 – é uma iteração improvisada que gera o feedback de todos os *stakeholders*-chave e leva à versão 1.0.

Prática: Criar um microcosmo estratégico exige que você se concentre em três áreas: participantes, projeto e infraestrutura. Eis uma lista descritiva dos itens.

Reunir os participantes: Um microcosmo estratégico conecta os principais participantes através das fronteiras, aqueles que precisam uns dos outros para colocar o sistema no melhor modo de funcionamento futuro. Para uma constelação de microcosmo ser produtiva, normalmente precisa de cinco tipos de profissionais: (1) profissionais responsáveis por resultados (titulares do problema, como o CEO de um hospital); (2) profissionais da linha de frente que sabem os problemas reais de antemão (por exemplo, médicos); (3) pessoas atrás do sistema que, normalmente, não têm voz nem palavra sobre como os outros gastam seu dinheiro e que trazem uma visão e um foco diferentes que podem ajudar a redefinir toda a questão (por exemplo, pacientes ou cidadãos); (4) pessoas do lado de fora do sistema que podem oferecer uma visão ou uma competência crítica para o sucesso do projeto (observadores criativos); e (5) um ou alguns ativistas que se dedicam integralmente à criação do trabalho de projeto (que têm paixão e disposição para dar a vida pelo sucesso do projeto).

Outra visão dessas cinco categorias é determinar quem *não* deve estar envolvido: você não quer aqueles que são 90% "peritos" (que tendem a ser os campeões mundiais na recuperação – exceções confirmam essa regra); você não quer pessoas que só se interessam por defender o *status quo* – em resumo, você não quer pessoas que, quando usam a palavra "mudança", só querem dizer que *outras pessoas* precisam mudar. Você quer criar vínculos e reunir-se com participantes que têm as redes, o conhecimento, o poder e a intenção de cocriar a mudança pelas fronteiras em benefício do todo. E quer manter o grupo suficientemente pequeno para concluir o trabalho. Grupos maiores podem precisar estabelecer subgrupos para funcionar com eficiência. Como regra prática, quanto mais abrangente a representação de todos os *stakeholders* atuais, mais lento será o processo. Quanto mais seletivo o microcosmo, mais rápido o passo para a criação de um protótipo de ciclo rápido. No negócio da inovação, é um erro envolver muitas pessoas antes de você entrar em ação.

A representação abrangente do *status quo* pode transformar-se rapidamente em um inimigo da inovação. A inovação se baseia na coragem de atuar a partir de dados selecionados e dos participantes. O truque é selecionar corretamente. Na inovação social, é claro, temos de ser muito mais inclusivos. Mas, em todo o caso, o mesmo princípio se aplica: você quer concentrar-se nos *stakeholders* do sistema que está prestes a nascer; não quer simplesmente reproduzir outra reunião de grupo para a interação entre *stakeholders* voltada para um grupo de interesses especiais.

Selecionando o projeto: Eis sete perguntas a serem feitas ao selecionar e desenvolver uma ideia para criar um protótipo.

1. Isso é relevante – importa para os *stakeholders* envolvidos? Selecione um problema ou uma oportunidade que seja relevante individualmente (para as pessoas envolvidas), institucionalmente (para as organizações envolvidas) e socialmente (para as comunidades envolvidas).
2. É revolucionário – é novo? Pode mudar o jogo?
3. É rápido – é possível fazê-lo rapidamente? Você deve ser capaz de desenvolver experimentos de imediato, para ter tempo suficiente de obter o feedback e adaptar-se (e, assim, evitar a paralisia da análise).
4. É impreciso – você pode fazê-lo em pequena escala? Pode fazê-lo na menor resolução possível que permita uma experimentação significativa? Pode fazê-lo localmente? Deixe que o contexto local o ensine a fazê-lo corretamente. Confie que os ajudantes e colaboradores certos aparecerão quando você distribuir os tipos certos de convites.
5. É certo – você pode ver o todo no microcosmo em que se concentra? Obtenha as dimensões certas da definição do problema ou projeto. Em um protótipo você coloca alguns detalhes selecionados no centro das atenções. Selecione os certos. Por exemplo, ao fazer o estudo

médico-paciente, não nos concentramos em todos os *stakeholders*. Começamos com dois: pacientes e seus médicos. Você tem de ser corajoso ao fazer essas escolhas, e precisa estar certo – certo no sentido de que vê com clareza o eixo ou a questão central do sistema. Ignorar os pacientes em um estudo de saúde, os consumidores em um projeto de alimentação sustentável ou os estudantes em um projeto escolar (só para citar alguns exemplos que encontrei recentemente) leva-o a perder o essencial.
6. É relacionalmente eficaz – aumenta o poder de influência, competências e possibilidades das redes e comunidades existentes?
7. É replicável – pode ser produzido em escala? Qualquer inovação no negócio ou sociedade depende de sua replicabilidade, se pode ou não ser reproduzida em ampla escala. No contexto da criação de protótipos, esse critério favorece abordagens que ativam a participação e a propriedade local, e exclui aqueles que dependem de entradas maciças de conhecimento, propriedade e capital externos.

Criando a infraestrutura: As equipes de prototipagem precisam de diferentes tipos de ajuda: (1) um lugar (um casulo) que ajude a equipe a se concentrar no trabalho criativo com mínima distração; (2) um cronograma com marcos rígidos que force a equipe a produzir protótipos preliminares desde o começo e a gerar o feedback de ciclo rápido para todos os *stakeholders*-chave; (3) ajuda e *expertise* relacionadas ao conteúdo em momentos oportunos e ajuda em processos que permitam à equipe passar pelo ciclo do U de experimentação e adaptação rápida todos os dias (análises pós-eventos); e (4) clínicas de prototipagem regulares nas quais é possível apresentar os protótipos e beneficiar-se de um treinamento oferecido pelos colegas que se concentre nos principais desafios do caminho a seguir.

17. **Integre cabeça, coração e mãos: busque isso com as mãos; não pense, sinta.**
Como um técnico de golfe exprime no romance e filme, "A lenda de Bagger Vance" (2000), ao ajudar um jogador que perdeu seu talento: "Busque com as mãos – não pense, sinta. A sabedoria nas suas mãos é maior do que toda a sabedoria que a mente jamais terá." Esse bom conselho articula um princípio-chave sobre como operar no lado direito do U. Descer o lado esquerdo do U é abrir-se e lidar com a resistência do pensamento, com a emoção e a vontade; subir o lado direito é reintegrar intencionalmente a inteligência da mente, coração e mão no contexto de aplicações práticas.

Assim como os inimigos interiores descendo o U lidam com a VOJ (Voz do Julgamento), a VOC (Voz do Cinismo) e VOF (Voz do Medo), os inimigos que sobem o U são os três velhos modos de operar: executar sem improvisação e plena atenção (ativismo cego); reflexão infinita sem uma disposição de atuar (paralisia de análise); e falar, falar sem uma conexão com a fonte e a ação (blablablá). Os três inimigos compartilham o mesmo recurso estrutural:

em vez de equilibrar a inteligência da cabeça, coração e mãos, um dos três predomina (a cabeça na reflexão sem-fim, o coração na conexão em rede infinita, a vontade na ação desatenciosa).

Em resumo, a principal virtude necessária no lado direito do U é a integração prática entre cabeça, coração e mãos que impede o indivíduo de se tornar congelado em um dos três modos unilaterais de operar (ação irrefletida, reflexão sem ação, blablablá).

Um detalhe interessante durante essa etapa é que a sequência em que o novo aparece na mente humana é contrária à sabedoria convencional, como mostrado a seguir. (1) Normalmente, começa com uma emoção ou um sentimento não especificado. (2) Esse sentimento se transforma em uma noção de *o quê*: o novo insight ou ideia. (3) Então *o quê* está relacionado a um contexto, problema ou desafio em que poderia produzir uma inovação revolucionária (o *onde*: o contexto). (4) Só então você começa a desenvolver uma forma na qual o *o quê* e o *onde* são definidos por uma estrutura racional e forma de apresentação (o *porquê*: argumentação racional). Essa sequência pode ser rastreada em quase todo tipo de inovação revolucionária. O maior erro ao lidar com a inovação é colocar a carroça na frente dos bois ao se concentrar inicialmente na mente racional. Para um novo insight emergir, outras condições já devem existir.

Em resumo, conectar-se à melhor futura possibilidade e criar ideias revolucionárias poderosas requerem aprender a acessar a inteligência do coração e das mãos – não só a inteligência da cabeça. A mente racional costuma ser a *última* participante da cena.

Exemplo: O economista Brian Arthur disse-me que alcançou seu mais importante insight científico dessa maneira.[10] Ele fazia sua tese em Berkeley sobre um difícil problema matemático, que vários estudiosos não haviam conseguido resolver. Arthur se esforçou por muitos meses, mas, sem um insight iminente, ele desistiu. Seu orientador então sugeriu um problema menos difícil, que ele resolveu prontamente. Logo depois de concluir a tese, ele lia na biblioteca do departamento sem uma agenda específica quando sua mente repentinamente captou uma imagem. Ele podia vê-la. Mas, a princípio, não conseguia reconhecer totalmente. Ele podia ver o que era – uma apresentação topográfica de uma solução. Ele pensou: certo, essa é a solução. Mas a solução para quê? A que problema ela está relacionada? Foi então que ele se deu conta de que era a solução para o problema matemático do qual ele havia desistido. Nesse ponto, ele foi capaz de começar a dar corpo à ideia como uma equação matemática.

Essa história, naturalmente, é uma bela manifestação do U: crie a intenção para resolver um problema, mergulhe nela, trabalhe como louco, quebre o fluxo (pare), preste atenção às ideias que começam a entrar pelos fundos de sua mente; depois, desenvolva e personifique essa ideia.

Prática: Concentre-se no que realmente importa. Trabalhe muito. Tome um banho. Tenha uma ideia iluminadora. Seque-se e crie um protótipo da ideia.

Todos nós conhecemos essa sequência. Isso aconteceu com a maioria de nós. O que é importante aqui é que todos os elementos funcionam ao mesmo tempo. Só tomar um banho não o levará a lugar algum se você não tiver realizado dois passos antes: concentrar-se no que realmente importa e fazer uma imersão no trabalho. Esses dois passos são necessários, mas não suficientes. Tomar um banho significa quebrar o fluxo mudando de contexto; relaxar o corpo sentindo água, relaxar a mente levando-a para fora do modo de resolver problemas; e, por fim, prestar atenção ao que está passando na porta dos fundos da mente (protegendo-se de distrações).

Talvez metade da razão pela qual o banho é um lugar tão funcional para ter grandes ideias tenha a ver com eliminar distrações: não dá para assistir à televisão (ainda) ou ler um jornal ou falar no telefone enquanto a água flui sobre o corpo. Consequentemente, uma prática que acessa essa fonte mais profunda de inteligência integraria quatro atividades: (1) focalizar (esclarecer a intenção), (2) trabalhar muito (imergir-se na tarefa), (3) quebrar o fluxo, mudar de contexto, relaxar, prestar atenção ao que emerge (mudar o centro da atenção), (4) depois do estímulo que começa a emergir, prototipá-lo rapidamente e aprender na prática (repetir, repetir, repetir). O que nos leva ao Princípio 18.

18. **Itere, itere, itere: crie e adapte-se e sempre permaneça em diálogo com o universo.** Não se prenda à forma inicial de sua ideia. Talvez essa forma inicial tenha servido apenas para você começar. Sempre aprenda com o mundo e aprimore e dê prosseguimento à sua ideia a partir de cada interação. O truque é operar como se o mundo fosse um lugar pronto para ajudar. Pois, se você fizer isso, ele será de fato, e se não o fizer, não será.

Exemplo: Esse princípio foi efetivamente descrito e definido por Alan Webber, o cofundador da *Fast Company*. Webber diz: "O universo de fato é um lugar para ajudá-lo. Se você estiver aberto para sua ideia, o universo o ajudará. O mundo quer sugerir formas para você aprimorar sua ideia. Agora, dito isso, o universo às vezes oferece sugestões que são uma droga. Parte da aventura é ouvir essas ideias e sugestões e tentar fazer seus próprios cálculos sobre quais são úteis e quais são perigosas. Você não quer ficar fechado e dizer: 'Não, essa ideia veio da minha mente completamente formada e, se não podemos fazê-la do modo como a concebemos, simplesmente não vou fazer.' De outro lado, se você ouvir as sugestões de todo mundo, acaba enlouquecendo."[11]

Prática: Aqui está uma prática que pode ajudá-lo a se conectar a uma perspectiva maior:

Passo 1: Dedique três minutos ao fim de cada dia para anotar as sugestões que o mundo lhe fez durante o dia sem julgá-las como boas ou más.

Passo 2: Escreva uma ou duas perguntas centrais que resultem dessa observação e que se relacionem a desafios atuais no seu trabalho.

Passo 3: Na manhã seguinte, dedique cinco ou 10 minutos para registrar as ideias que vêm à mente quanto às perguntas (e observação) centrais que pôs no papel na noite anterior. Deixe o ato de escrever ser levado pelo fluxo de ideias.

Passo 4: Complete o *journaling* ou "registro" explorando os seguintes passos possíveis: O que seria necessário para investigar/testar/prototipar ainda mais essas possibilidades?

Essa prática é um lugar seguro para explorar ideias novas ou desafiadoras e aumentará significativamente sua capacidade de ler sinais fracos e desenvolver seus conceitos.

Codesenvolver: cultivar ecossistemas de inovação vendo e atuando a partir do todo emergente

Na Figura 21.6, você pode ver a integração de todos os passos do U. Uma vez que os protótipos são revistos e avaliados por vários *stakeholders*-chave, o próximo movimento concentra-se em pilotar e desenvolver o novo no tipo certo de ecossistema institucional e a infraestrutura de suporte. Até agora, conhecemos muitos episódios e histórias de grandes mudanças e rupturas transformacionais. Mas, no fim do dia, elas simplesmente não passam de *episódios*. Mais cedo ou mais tarde, o sistema mais amplo responde bruscamente no antigo modo de operar. Os episódios transformacionais raramente espalham o "vírus" (positivo) com rapidez pelo sistema restante. Por que isso acontece?

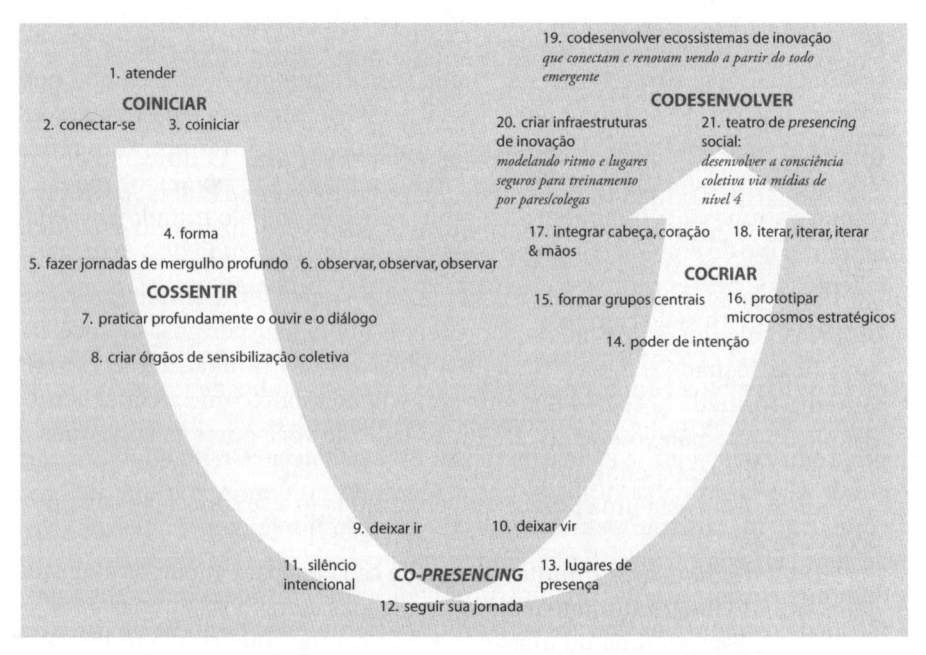

FIGURA 21.6 O QUINTO MOVIMENTO: CODESENVOLVER

Acredito que isso ocorre basicamente por causa de dois fatores. Primeiro: não desenvolvemos plenamente nossa capacidade de operar no Campo 4 gerativo da emergência social, tanto individual como coletivamente. Segundo: não existem atualmente infraestruturas institucionais que poderiam reconciliar as constelações de participantes que precisam uns dos outros com o intuito de transformar o sistema. O quinto movimento final do U é a implementação dessas infraestruturas. Até agora, só estamos começando a compreender o que se requer para colocar essas infraestruturas em funcionamento. Os princípios 19 a 21 nos dão um *preview* da linha de frente desse território. Bem-vindos à exploração desse território do futuro!

19. **Codesenvolvar ecossistemas de inovação que conectem e renovem vendo a partir do todo emergente no todo emergente.** Para lidar com os enormes desafios institucionais do nosso tempo, organizações e sistemas mais amplos precisam adotar e ativar um quarto mecanismo de governança: ver e operar a partir do *presencing* do todo emergente.

    Na maioria dos sistemas hoje, enfrentamos o mesmo problema: o sistema é atualmente governado por uma combinação de três mecanismos de coordenação existentes – mercados, hierarquia, infraestrutura de rede – apesar disso os resultados que esses sistemas produzem são insuficientes. E sabemos que não vamos resolver o problema acrescentando apenas outro elemento de regulação, mercado ou infraestrutura de rede. O que é necessário é uma profunda inovação que introduza um quarto tipo de mecanismo de governança: ver e atuar a partir do *presencing* do todo emergente.

    Exemplo 1: Pense em um renomado maestro como Zubin Mehta, que, ao reger, se concentra no que está prestes a *emergir* do seu solista Plácido Domingo. O maestro está em harmonia com Domingo. A música que quer emergir a partir desse momento especial – a partir do agora – permanece em completo silêncio. Então, dessa mágica quietude, a música irrompe, manifestando a energia que flui por Plácido, Mehta e todo o campo que os rodeia. É como se a música continuasse a emergir, conectando todo mundo envolvido nesse campo de energia criativo: o solista, a orquestra, a audiência, o lugar e o regente, que nesses momentos parece funcionar como um *conduíte (condutor)* da energia criativa do campo.

    Exemplo 2: Pense em uma educadora-mestre que examina sua aluna, que está em harmonia com ela e a presença de sua possibilidade futura mais elevada e, então, atua muito rapidamente de maneiras que ajudam a aluna a progredir em sua jornada de concretizar esse potencial. Ou imagine um agricultor que faz uma caminhada por seu campo no domingo e que usa isso como um mecanismo para estabelecer conexão direta com a presença viva de seus campos e, então, tenta se sintonizar com o que esse ecossistema vivo quer que ele faça depois. Imagine um médico que considera não só os aspectos técnico-científicos da relação médico-paciente, mas também as camadas mentais, sociais e espirituais mais profundas dessa relação, conectando-se à presença autêntica do eu de cada paciente, e, então, começa a agir a partir disso, tentando manter-se a serviço desse eu autêntico. Pense nos líderes que, como Mahatma Gandhi ou Nelson Mandela, têm operado por meio da conexão a um campo coletivo muito maior e, que por meio de suas ações, começaram a operar a partir da presença desse campo coletivo, servindo de veículo para a melhor possibilidade futura de esse campo nascer.

Todos esses exemplos são realizados por indivíduos. Mas o desafio fundamental do nosso tempo é aprender a fazer exatamente a mesma coisa: operar a partir da presença do todo em evolução – *coletivamente*, não só individualmente. Quase todos os maiores desafios da nossa era exigem que operemos dessa forma. Apesar disso, ainda não aprendemos a fazê-lo.

Muitos líderes que enfrentam desafios difíceis percebem que os desafios exigem novos modos de operar, uma abordagem do Campo 4 para a organização: ver e operar a partir do *presencing* do todo emergente (ou ecossistema).

Exemplo 3: Oxfam Great Britain (OGB) é uma ONG global muito influente. Estruturada como uma confederação de 13 organizações, a Oxfam trabalha com outros para superar a pobreza e o sofrimento. Judith Flick é diretora regional da África Austral da OGB (Angola, Malawi, Moçambique, África do Sul, Zâmbia e Zimbábue). Quando ela assumiu o trabalho, a região era considerada "disfuncional", com moral baixo, baixa adesão a padrões organizacionais e uma reputação interna de não obter resultados. Durante seus primeiros 18 meses no trabalho, Judith orquestrou a parte organizacional de recuperação modernizando sistematicamente os sistemas, e, ao mesmo tempo, concentrando as energias de seus funcionários naquilo que os trouxera à organização: o desejo de ajudar a aliviar a pobreza e o sofrimento.

Em sua capacidade adicional como líder global da organização em HIV/Aids, ela percebeu que as abordagens existentes para o problema eram inadequadas e ineficazes: "A pandemia de HIV é – como a palavra diz – uma epidemia de extensão global e com consequências mundiais; deve ser abordada por e como um sistema mundial, mas não é." Manter os velhos programas Oxfam não fazia mais sentido com comunidades inteiras e até sociedades em processo de colapso. Teria sido como consertar a escadaria do World Trade Tower momentos antes de o edifício inteiro cair. Embora os objetivos fossem nobres, os processos estavam fora de sincronia com as circunstâncias. Para Judith, "a pandemia não é só uma questão de saúde: é uma questão econômica, social e política; precisa de uma abordagem multidisciplinar, incluindo soluções tecnológicas para a doença, mudanças sociais no comportamento de pessoas, novos sistemas econômicos no nível nacional e global para reduzir a vulnerabilidade e aumentar o acesso ao sistema de saúde, e uma verdadeira liderança que seja responsável por um grupo diverso de cidadãos nos níveis local, nacional e global. A pandemia ultrapassa a fronteira de todos os setores: o serviço civil, o setor corporativo e a sociedade civil; e o efeito da pandemia é diferente em cada nível; demanda análise e abordagem em cada um desses níveis".

Há uma urgência extrema, diz ela, porque, "de acordo com o último relatório de UNAIDS (2006), mais de 38 milhões de pessoas estão infectadas pelo HIV, 2,8 milhões de pessoas morrem de Aids anualmente, apenas na parte sul da África, 2.550 diariamente. A pandemia criou 15 milhões de órfãos de Aids até agora; corroeu redes de comunidade de apoio; absorverá quantidades não recuperáveis de receitas das nações mais afetadas, destruindo suas forças produtivas".

Quando seu trabalho o confronta com tal desafio, o que você deve fazer? Deve se voltar para abordagens tradicionais, ou deve parar, dar-se conta da realidade e gerar respostas que não replicam os padrões do passado?

Escolhendo a última opção, Judith viu três questões imediatas relacionadas aos *stakeholders*. Em primeiro lugar, teve de encorajar sua equipe a internalizar a realidade do HIV/Aids. Ela fez um trabalho meticuloso, traçando uma analogia entre o comportamento de pessoas que vivem em "emergências de início lento", como a pandemia de Aids, e o de uma rã na água fervente. "Se você colocar uma rã em um pote de água fervendo, ela pulará para fora. Se colocá-la no pote e esquentar a água lentamente, a rã ferverá até a morte, porque não detectará o aumento gradual de temperatura. Precisamos que nosso pessoal pule para ter uma visão abrangente da realidade, e ele precisa perceber que isso diz respeito a todo mundo."

Em seguida, ela teve de permitir que seu pessoal propusesse respostas nas quais acreditaria funcionar, considerando os efeitos catastróficos e de longa duração da pandemia. Eles teriam de parar de recuperar padrões corporativos e, em vez disso, propor respostas que fizessem verdadeira diferença sem ficar com medo de "sair da linha". Ela fez isso ouvindo atentamente seu pessoal e confiando em que eles seria capazes de "ler" a própria realidade.

Em terceiro lugar, ela teve de trabalhar com seu chefe e o chefe do chefe (o CEO) na sede do Reino Unido para fazer a grande organização responder mais apropriadamente ao desafio do HIV. Isso exigiria uma mudança estratégica no levantamento de fundos, alocação de recursos, campanha e desenvolvimento do programa. Na verdade, isso significava fazer com que a organização tornasse o HIV/Aids parte de seu portfólio principal. A organização também precisou trazer outros membros da confederação e *stakeholders*-chave para outros setores na diretoria.

Embora os três primeiros itens fossem difíceis mas passíveis de serem realizáveis, a última mudança revela-se a mais desafiadora. Para alcançar isso, a organização precisa deixar de se organizar em torno de processos e programas padrão (Campos 1 a 2). Em vez disso, ela deve se organizar em torno do ecossistema, ou do "todo", que pretende tratar e transformar (Campos 3 a 4).

Esse é claramente o desafio à mão.

Se é factível ou não, essa é outra questão. Mas se for, o único modo de obter bons resultados é abordando-o como um processo gerativo de múltiplos *stakeholders* (ver o círculo interior no mapa de interação de múltiplos *stakehol-*

ders na Figura 19.2; lá, o poder institucional passa do centro da organização para o todo emergente do ecossistema).

Embora a Oxfam sempre tenha entendido que a pobreza é uma questão de sistemas, não costumava trabalhar para mudar o ecossistema de um modo que envolvesse múltiplos *stakeholders*. Isso se tornou imperativo com HIV/Aids, e a organização começou recentemente a experimentar essa nova abordagem.

Prática: utilize a estrutura da Figura 19.2 para avaliar seu sistema atual: em primeiro lugar, desenhe quatro círculos; depois identifique cada um dos *stakeholders*-chave no ecossistema fora dos círculos; nos próprios círculos, liste a qualidade de comunicação das relações entre *stakeholders*-chave; note que qualidades de comunicação (canais) são ativadas, e quais não são. Se possível, utilize essa avaliação de comunicação entre *stakeholders* como ponto de partida para pensar em conjunto sobre como passar o sistema dos círculos de comunicação e governança externos para os internos.

20. **Crie infraestruturas de inovação modelando ritmo e lugares seguros para treinamento por pares/colegas (com o suporte da tecnologia social).** A inovação acontece em lugares específicos. Muito foi escrito sobre redes de inovação, mas o que é perdido em toda a empolgação com as redes é que o processo criativo também conta com o oposto do compartilhamento em rede. Os processos criativos precisam de um casulo – lugar interior protegido para o coletivo – a partir do qual algo novo possa emergir. Assim como uma semente precisa de lugar e tempo para crescer e, um filho, de lugar e tempo para se desenvolver, a inovação precisa do mesmo para se desenvolver e surgir em sua própria agenda.

Por vários anos, o estudioso de gestão japonês Ikujiro Nonaka concentrou-se em como entender melhor o ambiente de empresas bem-sucedidas que geram conhecimento.[12] Ele afirma que o poder do lugar em organizações inclui o espaço físico, o espaço virtual (a World Wide Web), o espaço social e mental (contexto, confiança compartilhado) e um objetivo e intenção compartilhados.[13]

Em cada processo de desenvolvimento, esses quatro aspectos do lugar são fundamentais. Para uma semente se desenvolver, ela precisa de espaço físico (solo), conectividade (água), nutrição (nutrientes, luz solar) e uma presença organizadora (o campo do agricultor). O desenvolvimento de uma criança requer as mesmas quatro condições: espaço físico (em casa, escola), conectividade (movimento e toque), alimento social (atenção afetuosa, amigos, desafios) e o espaço de desenvolvimento no qual o Eu pode alcançar a presença (campo formativo).

As mesmas quatro condições também se aplicam à inovação bem-sucedida em organizações. As inovações acontecem em um lugar físico. Mas a maioria dos escritórios nas organizações carece de um design inteligente ou voltado para o desenvolvimento pessoal e coletivo. Portanto, seu impacto na psique da mão de obra causa depressão, em vez de estimulá-la.

Exemplo 1: Um bom exemplo de design de local de trabalho criativo é o espaço da IDEO, a empresa de design internacional, que combina elementos de design, tecnologia e criatividade com um layout funcional de estilo industrial e aberto; cada equipe também tem o próprio casulo, que cresce ou diminui de acordo com as necessidades e os requisitos do projeto.

Em geral, as inovações também demandam espaço virtual e conectividade, que, naturalmente, se desenvolvem com rapidez à medida que novas tecnologias entram no mercado. As inovações também precisam de um espaço social e um contexto compartilhado, que, no caso da IDEO, é criado por uma equipe de projeto central altamente comprometida e concentrada que fica localizada em um ou em alguns poucos lugares. E a última inovação profunda necessita de um lugar espiritual – um sentido de objetivo para o vir a ser, que é muitas vezes a inspiração e a motivação da equipe central.

Embora algumas empresas como a IDEO criem uma cultura de inovação suportada por todas as dimensões do espaço mencionado, empresas e organizações que são menos centradas em inovação podem achar mais difícil fazer isso. Para essas organizações o desafio é inovar e, ao mesmo tempo, dirigir a organização eficientemente. Os pontos de alavancagem para lidar com esse desafio são o *ritmo* e o *lugar*: criar um padrão de tempo e espaço de qualidade que permita aos grupos centrais de participantes combinar eficiência e inovação.

Exemplo 2: Ikujiro Nonaka descreve a prática na Kao, uma empresa líder de produtos de saúde japonesa, em que os executivos se reúnem diariamente das 8h às 9h para conversar e tomar uma xícara de chá. Durante essas conversas, eles trocam informalmente conhecimentos de contexto cruciais para o êxito; então, passam esses dados para as equipes de gestão mais tarde. Nesse caso, o ritmo é diário, e o espaço é um *lounge* informal que permite uma discussão relaxada. O resultado é que as informações cruciais são disseminadas por toda a organização muito rapidamente, sem manter muitas pessoas longe do trabalho ou em reuniões.

Prática 1: Feche os olhos e imagine que sua área de responsabilidade – sua equipe central – é um organismo vivo. O que esse organismo gostaria que você fizesse? Que ritmo respiratório seria apropriado para o grupo de participantes-chave? Seria o ritmo diário utilizado na Kao? Seria semanal, mensal ou trimestral, ou uma combinação desses ritmos? Uma vez que identificou o ritmo apropriado, onde ele deve acontecer? E que processos e estruturas você gostaria de implementar que aproveitassem ao máximo o treinamento por pares/coletas e consultoria interequipes?

Uma vez que respondeu a essas perguntas para sua equipe central, tente responder às mesmas perguntas para a rede estendida de *stakeholders* e participantes que mais importam para o futuro de seu projeto ou organização: qual é a melhor maneira de reunir essa constelação de participantes para cultivar a presença do campo coletivo entre eles? Que ritmo, contexto e lugar serão mais úteis para o desenvolvimento desse ecossistema?

Prática 2: Casos clínicos de aconselhamento entre pares/colegas. Casos clínicos e aconselhamento entre pares/colegas precisam de uma estrutura adequada para que o trabalho das equipes tenha sucesso. A estrutura a seguir descreve um exemplo.

Imagine que você tem 70 minutos por sessão e quatro pessoas por equipe. Eis alguns parâmetros específicos que podem ser utilizados para construir sua clínica.

1. Selecione uma pessoa com um caso a contar e um controlador de horário.
2. *10 minutos:* declaração de intenção da pessoa com um caso a contar: situação/problema/oportunidade/projeto = o que você quer abordar?
   - Situação atual: quais são os sintomas das dificuldades/questões atuais?
   - Quais são minhas qualidades notáveis de desenvolvimento pessoal nisso?
   - Minha intenção: o que eu gostaria de ver? O que quero criar?
   - Ajuda = onde preciso de input e ajuda?
   - Os consultores fazem perguntas elucidativas se necessário.
3. *5 minutos:* os consultores suspendem o impulso de dar conselho imediato. Em vez disso, fazem um breve momento de silêncio e, então, todos refletem profundamente sobre a pessoa envolvida no caso relatado:
   - Que imagens o caso lembra?
   - Que sensações e emoções eu sinto?
   - Que perguntas me vieram à cabeça que se relacionam com isso?
4. *40 minutos:* reação por parte da pessoa envolvida no caso relatado + diálogo gerativo por todos.
   - Os treinadores (*coaches*) fazem perguntas para aprofundar a compreensão.
   - Conversa para imaginar soluções.
5. *10 minutos:* recomendações dos consultores:
   - Qual é a questão-chave que deve ser tratada? [diagnóstico]
   - Que solução/ação proponho?
6. *3 minutos:* conclusões da pessoa que relatou seu caso:
   - Que novos insights/respostas as soluções me oferecem?
   - Como posso utilizar/combinar essas ideias para seguir adiante?
   - Quais são meus próximos passos?
   - Obrigado!
7. *2 minutos:* registro: principais conclusões (todas) que as pessoas levam para casa.

21. **Teatro do *Presencing* Social: desenvolva a consciência coletiva via mídias de nível 4.** Ainda faltam mecanismos na infraestrutura em nível social para alavancar uma experiência transformacional profunda em uma parte do sistema de tal modo que outras partes possam pular etapas e acelerar seu desenvolvimento. Embora vários mecanismos pretendam fazer isso, a maioria deles pertence à categoria da recuperação, reproduzindo os padrões do passado. Cerca de 90% da mídia e da produção de mídia assume firmemente o controle de práticas de recuperação. O maior vazio na cultura de hoje se dá nas produções culturais do Campo 4, que utilizariam as experiências transformacionais profundas em uma parte do campo global para inspiração e cura na outra.

Exemplo 1: Ralf Schneider e sua equipe na PricewaterhouseCoopers, a maior empresa de serviços globais do mundo, elaboraram um programa de desenvolvimento de liderança que adota jornadas de aprendizagem de mergulho profundo em alguns dos principais setores de colapso e crise social hoje em dia. Todo ano, ele reúne um grupo com os 20 a 25 sócios mais jovens de alto potencial da empresa. Depois de intensa fase de preparação (algumas virtuais, algumas na forma de uma experiência face a face residencial), ele divide o grupo em três equipes e os envia para um mergulho profundo de dois meses em um projeto de desenvolvimento em um país em desenvolvimento. Durante esse período, cada trio trabalha em tempo integral em uma iniciativa de desenvolvimento existente, como HIV/Aids. A meta é dar a melhor contribuição possível para a comunidade que os hospeda, enquanto se buscam alguns objetivos de desenvolvimento individual e da equipe aceitos de comum acordo.

Ao final desses dois meses, os parceiros voltam a se reunir para um retiro de uma semana, a fim de entrar em reflexão profunda e dar sentido e cristalizar aprendizagens-chave e suas implicações. Embora a maioria dos participantes tenha experiências profundas no campo, basicamente é pelo retiro de uma única semana que aprendem a explorar o ouro de sua experiência e integrá-lo na vida pessoal e profissional. Nos quatro últimos anos, trabalhei com esses grupos tanto antes da imersão de campo de dois meses como depois de terem retornado, durante o retiro de reflexão. Sempre fiquei impressionado com a profundidade das mudanças que essa intervenção aparentemente simples – expor pessoas ao mundo real – cria, com o suporte adequado. Encontrar-me com eles um ano depois pela terceira vez também me convenceu de que muitos haviam convertido essa experiência de mudança de vida em novos tipos de projetos, empreendimentos e comportamentos – como estabelecer as fundações para inovação social e trabalho comunitário ou fundar uma nova escola na Índia, doando, entre outras coisas, suas economias pessoais.

O que não sabemos, nesse momento, é o que seria necessário para melhorar essas experiências de mudança de vida e torná-las acessíveis a outros. Essa era a ideia por trás do Teatro do *Presencing* Social, com o qual estamos envolvidos. À época que escrevíamos este livro, estávamos no meio de sua criação.[14]

Da forma como o imaginamos, o Teatro do *Presencing* sintetizará todas as artes criativas, teatro, técnicas de mudança sociais, métodos de consciência de energia, práticas meditativas e diálogo. Usando uma "tela em branco" minimalista e praticando disciplina, ele converterá a audiência em cocriadores do evento.

A premissa que fundamenta essa abordagem é simples: por causa da unidade do campo global, o que acontece ou cura uma parte do corpo social coletivo (em uma parte do mundo) deve ter a possibilidade de desencadear a cura em outra parte do mundo. Na verdade, essas comunidades já são conectadas pelo campo social global. O desempenho do *presencing* social fornece apenas o mecanismo para essas comunidades se conscientizarem dessa profunda conexão de forma mais plena. Usando esses elementos combinados, uma produção do teatro de *presencing* social levaria os atores/audiência pelas etapas do U por quase duas horas.

Princípios-raiz:
As três bases do campo social

O processo do U pode ser aplicado a situações práticas de três modos diferentes: como processo, como um grupo de princípios do campo, e operando a partir da presença da fonte.

Em primeiro lugar, como um *processo*: você acompanha a sequência de iniciar, sentir, presenciar, criar protótipos, institucionalizar. Isso é um começo. Mas para esse processo funcionar, você tem de entrar em dois níveis mais profundos: princípios e fonte. Caso contrário, isso não passará de outra ferramenta de processo mecânica que algumas pessoas usam para colocar outras em camisas de força (e cobrar dinheiro por isso).

Em segundo lugar, como um grupo de *princípios* e *práticas* (como descrito por este capítulo inteiro): você não segue mais um plano de processo mecânico; na verdade, aplica a totalidade dos 24 princípios à situação em questão. Você situa e adapta o processo conforme a necessidade em um contexto.

E, em terceiro lugar, como uma conexão com e uma operação a partir da presença de sua *fonte* mais profunda, ou seja, do fundo do U. Nesse nível, até o sistema de andaimes dos princípios se dissolve. A conexão com esse nível de fonte é articulada nos três princípios-raiz descrito a seguir: base intencional, base relacional e base autêntica. Eu os chamo de princípios-raiz porque suportam, e se relacionam com, os outros 21 princípios restantes como o sistema-raiz de uma árvore se relaciona com suas partes visíveis. Eles estabelecem uma base para evocar a presença de um campo social – uma base intencional que serve ao todo; uma base relacional que se conecta ao corpo coletivo do campo social; e uma base autêntica que o conecta ao seu eu essencial como um veículo do futuro emergente.

22. **Base intencional.** Algumas variáveis mais importantes que determinam a qualidade de uma situação – digamos, uma reunião – são as menos visíveis: nossa qualidade de atenção e intenção. Elas influenciam profundamente como uma situação se revela: *"Atendo e intento* [dessa forma] *– então isso emerge* [daquela forma]."

Exemplo: Como já descrito, quando perguntei a Joseph Jaworski como conduzir melhor as entrevistas do ouvir profundamente, ele me respondeu: "A hora mais importante da entrevista é aquela antes de você começá-la."

Prática 1: No começo da noite, antes de facilitar ou conduzir um workshop ou reunião, reserve alguns minutos para alinhar sua intenção com a melhor futura possibilidade do grupo ou comunidade com o qual irá trabalhar no dia seguinte. Estabelecer essa relação o ajudará a aprimorar a qualidade das intuições que se infiltram pela porta dos fundos da mente quando você tem de responder a situações em tempo real.

Prática 2: Ao conduzir eventos em grupos grandes, descobri que é útil fazer uma sessão coletiva de definição de intenções antes de o evento iniciar. Normalmente, isso não leva mais do que 5 ou 10 minutos. Quando a organização da sala e a maioria dos preparativos estiverem prontos, você chama o grupo central, dispondo todos em um círculo; todo mundo então diz uma ou duas coisas sobre o que pessoalmente considera ser o objetivo ou meta do evento: o que esse evento deve realizar, e a qual futura possibilidade eles querem facilitar e servir? Descobri que os grupos que se envolvem na definição de intenções antes do evento provavelmente estabelecerão um campo e um espaço mais acolhedores por todo o encontro do que aqueles que não definem suas intenções.

Outro aspecto da fundamentação de nossas intenções diz respeito a dar *lastro à nossa moeda* – isto é, fundamentar o que *dizemos* com o que *fazemos* em nosso cotidiano. Como diz o provérbio, "Para cada palavra que você diz sobre mudança, seja um exemplo. Para cada palavra que diz sobre ética ou espiritualidade, aplique duas ou três na prática". É por meio do que *fazemos* que ganhamos a legitimidade de que precisamos, não pelo que *dizemos*.

Às vezes nosso sucesso inicial pode chegar na forma de servir ao todo. Quanto mais você aplicar os princípios mencionados acima, mais bem-sucedido poderá parecer e mais em risco de cair em uma das seguintes armadilhas: fama (eu fiz isso), dinheiro (eu o mereço), ou construção de um império (devo possuí-lo). Esse grupo de três armadilhas tenta atacar nossos pontos fracos. Depois que nos domina, ele influencia nossa percepção e rapidamente nossas interações são orientadas por esse terrível trio, e não por nossas intenções essenciais.

Prática 3: Percorra sua história de vida ao contrário (começando de hoje e retrocedendo até o ponto do qual puder se lembrar) e pense nas pessoas que o influenciaram ao longo do caminho. Pergunte a si mesmo que presente ganhou pelo fato de se conectar a essa pessoa. Complete esse exercício voltando até o início, até chegar às primeiras experiências com seus pais e sua tenra infância. Então, na sua mente, some todos os presentes você ganhou e subtraia aqueles de quem você é hoje. Note que não existe quase nada em você que não se deva a outra pessoa.

23. **Base relacional.** Sempre que duas ou mais pessoas se encontram e realmente se conectam, algo especial acontece: elas participam do *presencing* de um campo social. Esse campo social não só nos conecta uns aos outros – também nos conecta a nós mesmos. É o meio pelo qual podemos despertar para quem realmente somos. A natureza desse campo parece a princípio estar limitada pelo grupo ao qual somos apresentados em determinada situação. Mas quando aprendemos a prestar atenção aos aspectos mais sutis do campo social, percebemos que o campo social é tanto localmente baseado como não localmente conectado – é o meio pelo qual nos conectamos diretamente a todos outros seres humanos no planeta. Assim como o ar que respiramos é um meio compartilhado que literalmente conecta toda humanidade, o campo social é um meio tácito de conexão. É um corpo coletivo de ressonância com o qual podemos sintonizar e podemos cultivar.

    Exemplo: O corpo coletivo atual do gênero humano que foi descrito nas primeiras partes do livro é parecido com um velho corpo social que está prestes a morrer. Ele absorveu os golpes de violência direta (pessoas mortas por ações de outras pessoas), violência estrutural (pessoas mortas por estruturas, como a divisão socioeconômica) e violência cultural (pessoas mortas por culturas que legitimam o uso da violência estrutural ou direta contra outros que eles consideram como seres inferiores). Estamos experimentando a domínio daquele corpo agonizante, o velho campo social, em todos os sistemas sociais e em todo nível. A morte desse velho corpo e o nascimento de um novo campo social são os eventos centrais da nossa era. A essência do U trata de decifrar esse jogo central de eventos. Eventos que acontecem diariamente em todo o globo. Sempre que duas ou mais pessoas se encontram e se envolvem com o que emerge da conexão sutil entre elas, isso abre uma porta para aquele processo e mistério mais profundos.

    Prática: Mova sua mente e coração em torno do globo e compartilhe os sentimentos com pessoas em todas as comunidades e regiões. Compartilhe os sentimentos tanto com pessoas que você conhece pessoalmente como com aquelas que não conhece. Desenvolva uma relação íntima com elas "inalando" seu sofrimento e energia e "exalando" uma energia de cura. Desenvolva uma noção de campo global da humanidade que conecta a todos nós de tal modo como se fosse impossível ser feliz enquanto houver uma pessoa sofrendo.

24. **Base autêntica.** O processo do U pode ser pensado como um processo de respiração social. O lado esquerdo do U é a parte inalante do ciclo: imersão total no campo atual, recebendo tudo. O lado direito do U é a parte exalante do ciclo: concretizando o campo do futuro conforme ele próprio o deseja. Entre esses dois movimentos, inspirar e expirar, há uma pequena fenda de nada.

Essa pausa silenciosa é o mistério ou fonte no fundo do U. É onde o deixar ir (o velho) se conecta com o deixar vir (o novo). Essa fenda pode ser pensada como o buraco de uma agulha: o Eu. É a capacidade do nosso eu-no-agora ligar-se à nossa futura possibilidade mais elevada – o futuro que precisa de nós e que só nós podemos concretizar. No exato momento em que começamos a operar a partir desse lugar, evocamos a presença de um campo social diferente – um campo social que permite a seus participantes se conectarem às fontes e ao fluxo de emergência gerativa mais profundos.

A transição da morte do corpo coletivo do passado para o nascimento de um campo social emergente se baseia numa profunda mudança de estado na qual o eu individual e o Eu coletivo operam. Embora o eu no velho corpo coletivo esteja aprisionado pelos modelos do passado, o eu no campo social gerativo funciona como um espaço acolhedor para uma futura possibilidade emergir e se manifestar. A mudança do primeiro (ser um prisioneiro do sistema) para o último (dar à luz a um novo mundo que emerge de dentro) é como uma *inversão* de eu/Eu.

Exemplo: Um exemplo desse processo de inversão é a escultura ambiental "7.000 Oaks" (*7.000 Carvalhos*), do artista vanguardista alemão Joseph Beuys. Como o processo de base autêntica, trata-se de uma escultura do tempo. Ela lida com dois fluxos fundamentalmente diferentes do tempo: um que emerge do passado, e o outro que emerge do futuro. Consequentemente, a escultura passa por um processo de transformação em que o velho corpo está se dissolvendo e morrendo, enquanto o outro corpo de vida está nascendo.

Vemos aqui a forma inicial da escultura, um amontoado gigantesco de 7 mil pedras de basalto em uma coluna na forma de flecha. Na ponta da coluna, está uma única pedra ao lado de uma árvore de carvalho, que Beuys plantou na inauguração oficial da escultura em Kassel, uma cidade no norte da Alemanha. A visão de Beuys era desmontar a coluna de 7 mil pedras pedaço por pedaço, juntar cada pedra com uma árvore de carvalho e plantar os pares de árvore/basalto por toda a cidade. Em sua forma inicial, a escultura era apenas um amontoado de pedras (Escultura 1), mas na forma final, se transformou no florescimento de uma cidade (Escultura 2). A

A ESCULTURA "7.000 OAKS",
DE JOSEPH BEUYS
foto de Dieter Schwerdtle

transformação levou cinco anos e o trabalho de muitos voluntários. A última árvore foi plantada em 1987 durante a abertura da "Documenta" (uma exposição que se realiza uma vez a cada cinco anos), depois que o próprio Joseph Beuys já havia falecido. A transformação da Escultura 1 para Escultura 2 é uma representação perfeita do processo de inversão (*Umstülpung*): um processo no qual um corpo deixa de existir para permitir a outro, um novo campo vivo, se manifestar.

Prática: Revise os desafios atuais em sua vida e no trabalho e como ecoam com sua jornada passada. Faça isso como se olhasse de baixo para cima. Se alguém tivesse planejado seus desafios atuais para lhe ensinar uma lição importante que está ligada à sua futura jornada, qual seria essa lição? Se alguém tivesse planejado intencionalmente sua jornada passada e os desafios atuais para prepará-lo para seu futuro trabalho e sua vida, que tema central você acha que essa futura jornada teria?

A Figura 21.7 completa a incursão no campo de nossa "Viagem pelo U", resumindo os Princípios de 1 a 24. Com isso, chegamos ao fim; ou seja, de volta

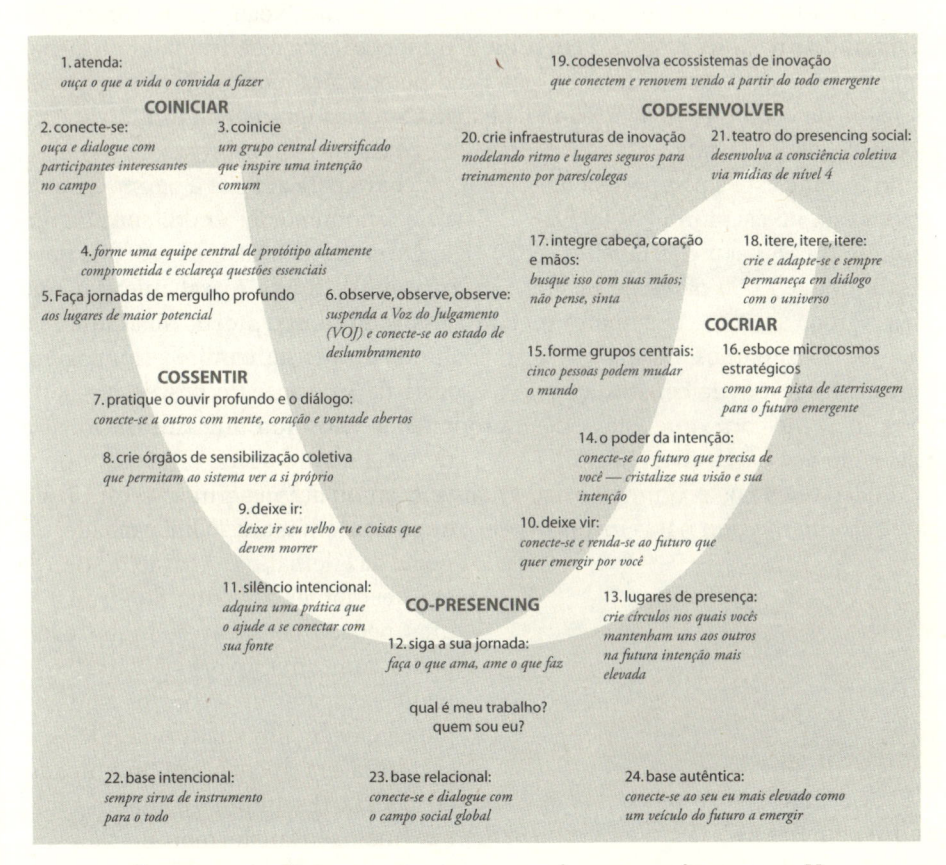

FIGURA 21.7 VINTE E QUATRO PRINCÍPIOS E PRÁTICAS DO U

ao início. Começamos a incursão pelo campo com a seguinte pergunta: o que é necessário para aprender com o futuro à medida que ele emerge? O que esse aprendizado requer, nós aprendemos, é uma mudança profunda – uma mudança no lugar interior a partir do qual operamos. A jornada do U é a jornada de concretizar essa mudança – e concretizá-la de modo mais intencional e consciente – como um indivíduo, um grupo, uma organização ou sistema globalmente distribuído.

E, à medida que fazemos essa jornada em qualquer tipo de sistema social, transformamos o corpo social exatamente do mesmo modo que a escultura de Joseph Beuys de 7 mil carvalhos (Escultura 2) transformou a formação inicial de 7 mil pedras (Escultura 1). Essa transformação é o verdadeiro evento-limite em curso hoje no mundo. É o que está surgindo dos escombros.

Por toda nossa incursão pelo campo, parávamos ocasionalmente para ver alguns detalhes dessa transformação do campo escultural global. As 10 categorias da transformação, conforme descritas na Tabela 20.1, funcionam como nosso diário de bordo dessas várias observações. Ao ler esse diário, você investiga a gramática de nossa própria evolução – a gramática de nossa jornada individual e coletiva que nos trouxe aqui. Ao ler os 24 princípios, você se aprofundou no manual do processo evolutivo *em ação*. É o mesmo processo fundamental, mas visto de uma perspectiva de ação, não uma perspectiva teórica. Portanto, vimos as bases da evolução a partir da perspectiva da teoria (gramática evolutiva) e do ponto de vista da prática (24 princípios).

Mas onde está a perspectiva do criador? A chave para acessar a perspectiva do *artista* está na escultura "7.000 Oaks". Está no fenômeno do *Umstülpung* (inversão), de transubstanciar o velho corpo (Escultura 1: 7.000 pedras) em um novo (Escultura 2: 7.000 pares de pedras com carvalhos). E isso é exatamente o que observamos ao longo dos quatro metaprocessos do campo social. Nos Capítulos 16 a 19, examinamos a transformação profunda do pensamento, da linguagem, da estruturação e da constituição do todo global. Em cada um desses casos, temos um velho corpo que está se desmoronando e exaurindo, enquanto outro está nascendo dos destroços.

Poderíamos nos perguntar: e daí? Quais são as implicações para avançar? Tudo que encontramos em nossa incursão pelo campo nos leva agora ao Epílogo.

Epílogo

Nascimento de uma escola de *presencing*-em-ação global

A batalha de nosso tempo • Inspirando um deslocamento global •
Inovações nas infraestruturas • O Presencing Institute • O poder do lugar
• Nascido em uma nevasca • Voar nas asas dos outros

A batalha do nosso tempo

No início deste milênio, entramos em uma fase de tensão crescente entre duas importantes forças conflitantes. De um lado, vemos uma aceleração dramática das forças do fundamentalismo, da manipulação e da destruição. Dia a dia, os sintomas desse drama acabam nas primeiras páginas de nossos jornais matutinos. Vemos a aceleração do processo de morte, a desintegração do antigo corpo social (Escultura 1). De outro lado, testemunhamos o aprofundamento de um processo de abertura profundo que acontece ao redor do mundo, quando mais grupos de pessoas começam a conhecer e se conectar com o significado mais profundo de suas jornadas de vida. As novas redes sociais e os campos da presença viva estão nascendo (Escultura 2). Dia a dia, semana a semana, essas forças parecem se amplificar ao mesmo tempo. A diferença entre elas é que a primeira – as forças do fundamentalismo, da manipulação e da destruição – trabalha para *reduzir* os graus de liberdade das pessoas implicadas. Vemos esse acontecimento, por exemplo, quando são lançadas bombas com a intenção de queimar pessoas em um futuro que parece uma caricatura do passado.

Em contraposição, outro conjunto de forças em ação *aumenta* a liberdade deslocando o lugar interior de operar e mostrando às pessoas outros modos de assistir e responder às situações disponíveis. A diferença, explicando de modo simples, é que as primeiras veem o ser humano como um objeto que é determinado por seu ambiente e condicionado por seu passado. Como resultado, ele pode ser influenciado, manipulado e controlado por mecanismos exteriores. A segunda visão vê os seres humanos como sujeitos – os portadores da capacidade adormecida de se conectar a uma fonte mais profunda de criatividade e conhecimento. Através dessa capacidade, as pessoas podem se conectar e perceber o futuro que depende de cada um de nós para nascer. Como resultado, a essência dessa visão do ser humano consiste em criar, por meio da conexão com nossa maior possibilidade futura, nosso autêntico Eu.

Os perigos nessa batalha são grandes. A própria direção do nosso caminho evolutivo para frente é um risco. Estaríamos nós, como espécie, nos encaminhando para uma mecanização do campo coletivo global – como ilustrado no filme "Matrix" –, em que o projeto evolutivo está congelado no espaço sombrio da antiemergência? Nesse cenário, nós nos afastamos das fontes de bondade, beleza e verdade. Ou devemos aprofundar nossa conexão e cocriar o mundo a partir de nossa fonte?

Muitas vezes, diz-se que, em vista de forças destrutivas máximas – como Hitler no auge de seu poder –, de nada adianta continuar concentrando-se nos modelos de Gandhi de estratégias não violentas de transformação do conflito. Mas é exatamente isso que centenas de mulheres alemãs desarmadas fizeram por uma semana, em fevereiro de 1943. Na Rosenstrasse de Berlim, elas ficaram frente a frente com agentes da Gestapo armados de metralhadoras, reivindicando a libertação de seus maridos presos.

Charlotte Israel estava entre as mulheres que esperavam, sob temperaturas geladas, do lado de fora da Rosenstrasse 2–4, o centro da comunidade judaica, desesperada por notícias de seu marido. Ela vinha todos os dias desde que a polícia prendera Julius Israel, junto com centenas de outros operários judeus, os últimos judeus a serem levados. Ela recorda que, "sem aviso, os guardas começaram a carregar suas metralhadoras. Então, voltaram-se para a multidão e gritaram: 'Se vocês não forem embora imediatamente, atiraremos.' O movimento recuou. Mas então, pela primeira vez, realmente gritamos. Agora não nos importávamos mais. (...) Já que eles iriam atirar de qualquer modo, então iríamos gritar também, pensamos. Gritamos: 'Assassinos, assassinos, assassinos, assassinos.'"

O protesto das mulheres da Rosenstrasse foi bem-sucedido, relata o historiador Nathan Stoltzfus, em seu livro recente sobre o evento, porque as mulheres, como Charlotte Israel, estavam tão profundamente motivadas que arriscaram sua vida sem nem mesmo terem uma organização central.[1] "Atuamos com o coração e veja o que aconteceu", outra mulher, Eliza Holzer, disse a Stoltzfus, quase meio século depois do protesto contra a prisão de seu marido, Rudi.

No final, a coragem e a paixão das mulheres prevaleceram; enquanto milhares de outros judeus de Berlim eram abarrotados em carros de gado e transportados a Auschwitz, os 1.700 judeus que haviam sido presos no Rosenstrasse foram libertados.

Inspirando um deslocamento global

E se mais alemães tivessem "atuado com o coração", como as mulheres do Rosenstrasse fizeram? Essa história é desagradável para os alemães, porque prova que a resistência bem-sucedida contra Hitler era possível – mesmo no auge de seu poder e bem no centro de Berlim.

O que essa pequena história pode nos ensinar sobre como lidar com os desafios de hoje? Como podemos aprender a começar a agir com o coração?

Realmente sabemos com a teoria dos sistemas que quando um sistema encontra um ponto de bifurcação, diferenças mínimas podem determinar o futuro caminho desse sistema. Se nossa era atual está sinalizando tal ponto limiar do sistema global, quantas pessoas comprometidas em agir com o coração seriam necessárias para coinspirar um deslocamento global profundo de um modo ou de outro? A Renascença, afirma-se com frequência, foi criada por um grupo central de aproximadamente 200 pessoas. O grupo central da Bauhaus era muito menor do que isso – talvez uma dúzia de pessoas engajadas, com apenas a metade no núcleo interno. Não sabemos quantas pessoas seriam necessárias no início deste século para coinspirar outro deslocamento global profundo. Mas provavelmente não seriam necessárias mais de 50 ou 100 pessoas, se essas pessoas estiverem realmente comprometidas e apoiadas pelo tipo certo de infraestrutura.

Se a tecnologia social delineada nos capítulos que você acabou de ler for a alavanca, qual seria o ponto de alavancagem em que podemos aplicá-la melhor? A meu ver, temos de retirar ambos os fatores limitantes que mantêm o sistema atual preso a seus antigos modelos: a falta *de inovações na infraestrutura* e a falta *de um grupo central* global comprometido em inspirar e apoiar essas inovações no contexto de um movimento global para evolução e mudança conscientes.

Inovações nas infraestruturas

Sempre que o sistema global ou social se deslocou de um estágio de desenvolvimento para outro, esse deslocamento veio acompanhado de diferentes inovações nas infraestruturas (ver Capítulo 19). Em nossa situação atual, quais são as inovações nas infraestruturas necessárias para nos levar ao próximo nível?

Vejo pelo menos três delas. Elas conectam e fortalecem as pessoas e os líderes de vanguarda em todos os limites institucionais, *a fim de que vejam e atuem a partir do todo emergente*. São elas:

1. *Inovações nas infraestruturas econômicas*. Em conjunto, podemos cocriar plataformas para ajudar os atores em todos os limites a se conectar, sentir, se adaptar e inovar mais efetivamente. Essas plataformas convocariam os atores de toda a cadeia de suprimentos, incluindo consumidores e comunidades de usuários. Embora, em geral, a comunicação entre as comunidades de negócios e as comunidades de usuários sejam inclinadas a orçamentos de marketing de US$1 bilhão aplicados em face de consumidores e cidadãos, nesse caso a conversação se daria em pé de igualdade e de um modo mais aberto e dialógico, a fim de contemplar o sistema como um todo e ajustar e reconfigurar nossos modos atuais de operar de maneira correspondente.

Outra inovação na infraestrutura econômica seria a garantia de uma renda básica, como discutido no Capítulo 19. Tal segurança econômica básica capacitaria as pessoas a acompanharem melhor a jornada de seu próprio trabalho e de sua própria vida, colocando-as mais no lugar do dirigente empresarial e tornando-as menos vulneráveis no contexto da economia global em rápida mudança.

2. *Inovações nas infraestruturas políticas* que criam lugares *para o aprofundamento da democracia* por meio de métodos avançados de tomada de decisões participativa. Esses lugares reconciliariam os diversos *stakeholders* que já estivessem de fato conectados, por operarem no mesmo sistema maior. O objetivo seria substituir seu atual tipo da comunicação e interação baseado na recuperação por processos mais abertos, transparentes e distributivos de observação, criação de sentido, presença coletiva e rápida prototipagem de inovações. Se isso acontecesse, a identidade dos grupos de interesse especial seria abandonada em favor de visões mais amplas e profundas de si próprio no contexto do sistema maior.

3. *As inovações nas infraestruturas culturais* que reinventam nossas instituições de educação. A Tabela 22.1, a seguir, explica em detalhes nove contextos de conhecimento e de aprendizagem que uma escola (e universidade) protótipo do século XXI precisaria fornecer a seus estudantes e professores.

A Tabela 22.1 mapeia a paisagem das abordagens atuais à construção da capacidade combinando duas distinções: as três capacidades da liderança (mente aberta, coração aberto, vontade aberta) e os três tipos de conhecimento (K1: conhecimento sem autorreflexão; K2: reflexão sobre a ação; K3: reflexão em ação) que expliquei em detalhes nos capítulos anteriores deste livro.

A crise do nosso sistema educacional atual pode ser exposta de maneira simples: estamos enviando nossas crianças a um mundo que exige que elas abram suas mentes, corações e vontades a fim de enfrentar e prosperar com os desafios que enfrentarão como indivíduos, em grupo e na sociedade. Contudo, não fazemos nada para ajudá-las a desenvolver essas capacidades durante as etapas mais formativas de seu primeiro desenvolvimento. É como colocar uma semente em um chão de concreto e dizer "quero que você cresça forte e rapidamente, mas não vou lhe dar água, alimento, luz ou solo".

Essa abordagem de como "educar" nossas crianças é uma das irracionalidades mais graves de nosso tempo, irracionalidade que, paradoxalmente, é cometida em nome da racionalidade e da razão. Provavelmente, gastamos mais de 90% de nossos recursos educacionais em aulas expositivas: recuperando velhos corpos de conhecimento sem autorreflexão (OM, K1). Dos 10% remanescentes, muitos são gastos em treinamento baseado em exercícios (OM, K2). Os sete quadrados restantes da tabela são amplamente desconsiderados pela corrente principal dos sistemas educacionais atuais.

TABELA 22.1: NOVE AMBIENTES DE ENSINO...

Conhecimento/ Inteligência	K1 Conhecimento não reflexivo: *conhecimento sem autorreflexão*	K2 Conhecimento autorreflexivo: *reflexão sobre a ação*	K3 Conhecimento autotranscendente: *reflexão em ação*
Mente aberta IQ (inteligência intelectual) Explícito Complexidade dinâmica	*Aulas:* aprendizagem baseada em conhecimento explícito é como encher um barril	*Treinamento:* Prática+feedback Reflexão sobre o exercício	*Prática criativa* Improvisação, Teatro Imaginação-em-ação
Coração aberto EQ (inteligência emocional) Incorporado Complexidade social	Ação experimental, projetos, imersão, passeio de empatia, conhecimento tácito-incorporado	Clínicas de caso, papéis de ação-reflexão, passeio de diálogo, reflexão sobre conhecimento incorporado	Presença incorporada Realizar um discurso autêntico Aikido, inspiração na ação
Vontade aberta SQ (inteligência espiritual) Ainda não incorporado Complexidade emergente	Prática de imersão profunda: narração de histórias pessoais, jornadas de imersão total	Prática de inversão profunda Diário guiado, diálogo produtivo	Prática da presença profunda: sala de silêncio, práticas contemplativas

Precisamos de uma pequena revolução cultural em escala global que ilumine esses sete pontos cegos do sistema atual de educação. Além disso, temos de virar o currículo da escola pelo avesso, reconectando a agenda da aprendizagem com o verdadeiro mundo exterior, bem como com a jornada interior mais profunda da descoberta de nossas autênticas fontes da criatividade e conhecimento. Temos de reinventar nossas escolas e as instituições de ensino superior em torno da interação de todos os nove ambientes de conhecimento e aprendizagem, não apenas de um ou dois deles.

O Presencing Institute: um laboratório vivo de transformação global

Como seria, portanto, uma pequena revolução ou um movimento cultural desse tipo? O que aconteceria se pudéssemos integrar ciência, consciência e mudança social profunda?

Imagine uma rede global de lugares e comunidades que coinspiram e servem como um movimento mundial de agentes da mudança. Cada um desses lugares receberia regularmente um círculo de líderes e ativistas de movimentos populares durante alguns dias, talvez de três a quatro vezes por ano. Durante essas reuniões, os círculos das pessoas engajadas aprofundariam as fontes pessoais e coletivas de sua capacidade de coinspirar e criar um espaço para que outros se conectem com seu eu emergente e seu propósito na vida. Esses lugares funcionariam como um centro de atividades de uma comunidade globalmente distribuída. E então, depois de alguns dias ou de um fim de semana, todo mundo retornaria à sua base de origem para continuar sua liderança no nível básico de seus vários contextos e comunidades.

Portanto, a imagem principal é esse espaço acolhedor do movimento: reunir-se (inspirar) com pessoas de todos os cantos do mundo, local e globalmente, conectar-se à fonte e, então, voltar à organização ou ao contexto de origem de cada indivíduo para fazer seu trabalho (expirar).

Há três elementos concretos que tornam essa imagem acionável e concreta:

O primeiro elemento é que essa comunidade globalmente distribuída permitiria diálogo e ação transcultural, transetorial e transgeracional. Um grupo central importante seria composto pelo grupo de pesquisadores do ELIAS (Emerging Leaders for Innovations Across Sectors) (ver o Capítulo 21 sobre ELIAS). Os pesquisadores do ELIAS já estão em importantes posições de liderança hoje, mas a expectativa é que se transfiram para posições executivas superiores dentro de cinco a sete anos. A maioria dos pesquisadores do ELIAS está agora no final dos 30 e início dos 40 anos. Os membros desse grupo continuarão a se conectar uns aos outros cruzando fronteiras para descobrir os desafios-chave e as inovações revolucionárias possíveis para os anos por vir. À medida que identificarem as possibilidades de inovações sistêmicas fundamentais e começarem a empreender iniciativas prototípicas, com o objetivo de explorar as oportunidades reais, membros desse grupo precisarão do apoio prático de pessoas jovens altamente motivadas, ainda que de pensamento divergente, que empreenderiam alguns desses experimentos.

Aqui é onde o segundo elemento dessa visão entra em cena: a Global ELIAS Classroom. Essa é outra plataforma de ação global que prototipei recentemente com meus estudantes do MIT. Codesenvolvemos esse protótipo em cooperação com o World Bank Institute e testamos uma primeira versão com grupos de estudantes da China, Japão, África do Sul, Indonésia, Rússia, Europa e México. O foco principal é compor um microcosmo global de atores e pessoas de todas as culturas, treinar os estudantes nas habilidades da oitiva profunda, do diálogo e da prototipagem de ciclo rápido e, então, lançá-los na fase avançada da aplicação dos projetos de prototipagem ELIAS. Como a comunidade de líderes ELIAS é uma comunidade transetorial e transcultural globalmente distribuída, os estudantes dessa sala de aula virtual também vêm e se vinculam a todos os contextos, culturas e esferas socioeconômicas. Se a sala de aula global ELIAS pudesse ser feita em uma escala maior (junto com a plataforma e o programa de prototipagem dos pesquisadores do ELIAS), estou certo de que essas iniciativas de inovações sistêmicas poderiam rapidamente crescer, se espalhar e florescer em todo o planeta.

O terceiro elemento que imagino para esse projeto e lugar transinstitucionais é uma infraestrutura de apoio para todas as atividades de sentir global, *presencing* global e prototipagem global. Essa infraestrutura consistiria em três tipos diferentes de lugares: os lugares virtuais (uma infraestrutura baseada na Web), os lugares urbanos para o sentir e a prototipagem transinstitucional, e os lugares rurais que serviriam como espaços acolhedores para reuniões de *presencing* utilizando a natureza como um portal.

Voltando um pouco, poderíamos perguntar: o que está sendo proposto aqui? É uma plataforma de protótipo para inovação sistêmica? É um laboratório de liderança no interior e dentro de todas as poderosas instituições globais dos três setores econômicos? É um grupo transetorial de especialistas e um laboratório de ação para a inovação profunda dos sistemas? Ou são todos os mencionados?

O que mais me impressionou com relação aos primeiros protótipos de sala de aula global foi a força que essas poucas sessões liberaram nos alunos. Quando fazíamos nosso exame pós-evento, perguntei a meus alunos do MIT por que, com todos os países do planeta representados no corpo de estudantes do MIT, eles gastavam seu tempo nessas sessões de sala de aula global tentando falar via Skype com amigos estudantes da China e da África do Sul, em vez de estarem lá fora com seus amigos do *campus*? A resposta deles: "Porque a sala de aula global nos permite encontrar pessoas totalmente diferentes. Pessoas que nunca encontraríamos no *campus*." Essa resposta realmente serviu para eu abrir os olhos: *se* você se conectar à diversidade do campo social global na sala de aula virtual e *se* os estudantes forem capazes de explorar esse espaço por meio do ouvir profundo, do diálogo e da ação coletiva, *então* a globalização poderá ser fonte de autêntico fortalecimento de autonomia e capacitação – muito rapidamente.

Os três elementos – ELIAS, a sala de aula global e as infraestruturas do cossentir, coinspirar e cocriar – são as sementes de um mais projeto maior, uma Escola de Liderança do Presencing-em-Ação globalmente distribuída. Como uma nova escola, os elementos a partir dos quais já começara a operar, por meio de alguns dos projetos mencionados, prototipariam o ambiente educacional do século XXI (Tabela 22.1), de modo a inspirar e proporcionar o máximo de duplicação e aprendizagem. Ela reinventaria os antigos ambientes de ensino estabelecidos (caracterizados por ficarem sem dois dos nove "cilindros") e construiria a capacidade de conduzir a inovação e a mudança profundas por meio da tecnologia social do *presencing*. Esse projeto seria mais global do que uma universidade normal (incorporando salas de aula globais e projetos de campo globais), mais prático (todos os estudantes deverão se engajar nos projetos de prototipagem organizacional e comunitários) e mais pessoal (com práticas de cultivo individuais e coletivas). O corpo docente dessa escola virtual incluiria inovadores e líderes de vanguarda da mudança social profunda de todas as culturas, setores e tendências da vida.

Para que essa escola, ou movimento do *Presencing*-em-Ação, seja bem-sucedida – isto é, inspire um deslocamento em escala global –, sete condições precisariam estar presentes. São elas:

1. Um *conjunto de exemplos vivos* que prototipem inovações profundas, deslocando o campo social em um sistema local, regional ou global.
2. Uma *teoria* que forneça uma linguagem para refletir sobre o que ocorre e por quê, bem como uma pesquisa publicada que documente o que se aprendeu com os projetos e aplicações.
3. Uma *tecnologia social* que ajude comunidades dispersas a sentir, compreender e incrementar coletivamente as inovações em seus próprios sistemas, de modo fácil e com uma boa relação custo-benefício.
4. Vários *mecanismos de reforço da capacidade institucional* baseados em fontes abertas que permitam a disseminação da tecnologia social a pessoas de todas as culturas e comunidades – independentemente de sua capacidade de pagar pelo treinamento ou suporte.
5. Uma nova forma de arte social que chamo de *Teatro do Presencing Social*, que leve ao palco eventos e produções de mídia, a fim de conectar diferentes comunidades e suas histórias transformacionais, mesclando pesquisa de ação, teatro, práticas contemplativas, silêncio intencional, diálogo produtivo e espaço aberto.
6. Um *grupo central global de líderes experientes* e pesquisadores que intencionalmente atuem como um veículo para o avanço de um movimento em torno da prática de inspirar a mudança pelo *presencing* do futuro emergente.
7. Uma *constelação de lugares de poder que seja* dedicada a servir a todos os mencionados, estabelecendo uma infraestrutura para o sentir, o *presencing* e o prototipar globais.

Em conjunto, esses sete elementos atuariam como um laboratório vivo, a fim de conectar os líderes da mudança em todos os setores, e seriam fundados na integração de ciência, consciência e mudança prática profunda.

O poder do lugar

Dentre as 150 entrevistas que conduzi para a pesquisa que levou a este livro, duas se destacam no sentido de iluminar o ponto cego do entrevistador. A primeira foi uma entrevista com o físico Arthur Zajonc. Ao final, ele mudou o rumo da conversa e começou a traçar a história que havia trazido Katrin e a mim ao lugar em que agora nos encontramos. Então, disse algo que nunca esquecerei: "Pense em tudo que você experimentou no passado como blocos de construção preparatórios de sua jornada e das tarefas futuras." É como pular de costas em uma piscina: você olha para baixo de onde está – mas somente para descobrir e navegar pelo território que se revela às suas costas. Descobri que esse seria um modo bem útil de examinar o passado. Você não fica preso a algo que era especialmente bom ou ruim, mas, em vez disso, olha para a jornada do passado visando explorar o futuro. O que as histórias do passado podem nos ensinar sobre nossa jornada à frente?

Outra pessoa entrevistada foi Eleanor Rosch. No fim da entrevista, perguntei a ela sobre as qualidades dos verdadeiros lugares. Ela sugeriu que eu devia contemplar os lugares em que vivi ao longo dos anos. Com essa sugestão, ela enfocou meu próprio ponto cego. Surpreso, agradeci profundamente – e não fiz nada com sua sugestão. Até então. Agora vejo sua sugestão como uma oportunidade de decifrar certas qualidades do lugar que pode ser útil para facilitar o caminho à frente.

O primeiro lugar que me vem à memória é a fazenda de nossa família. O que aprendi crescendo lá é que uma fazenda não é somente um empreendimento; é, acima de tudo, um organismo vivo, uma comunidade que se estende das partes visíveis sobre a superfície do solo às partes invisíveis abaixo. A comunidade inclui minerais, plantas, animais, agricultores, consumidores, crianças e amigos que abrigam a fazenda em seu espaço social e econômico. Em conjunto, essa comunidade hospeda e participa da presença espiritual do lugar, que também precisa de cultivo constante. Voltando à fazenda, onde estou escrevendo essas linhas de conclusão bem no momento de uma visita, sinto um pouco da presença sagrada que lugares especiais na natureza assim podem proporcionar.

Viver nesse lugar me deu um sentido do *fundamento vertical* do campo social: uma conexão entre a natureza, a comunidade humana e a presença do todo. Essa é a essência de uma fazenda: você compreende que é o guardião e o servo de uma comunidade maior de animais, plantas, a Terra e as pessoas que dependem de você e de sua liderança servil. Como meu irmão mais velho certa vez expressou seu sentido de objetivo: "Tomar conta desse pequeno pedaço da Terra."

O próximo lugar que me vem à memória me ajudou a tomar conhecimento do *fundamento horizontal* do campo social. Descobri esse fundamento nas ruas de Brokdorf, Berlim, Budapeste e Bonn, todas palco de importantes eventos antinucleares, antiguerra, pela paz e por direitos civis na Europa Ocidental e Central, no final da década de 1970 e início da década de 1980. Foi quando comecei a sentir outra conexão – um tipo mais horizontal de conexão que me uniu a uma rede de pessoas da mesma opinião e sentimento ao longo de gerações, classes, países e culturas. Ter essa conexão global despertou-me para um novo nível de consciência e participação na atuação social global: a unidade temporária com um corpo social coletivo emergente – animado pela *resistência do coração* – que, do contrário, parecia estar fragmentado por classe, raça, gênero, idade, cultura e sistema.

O terceiro lugar que me vem à memória é muito menor – um lugar chamado Villa, na costa do rio Ruhr, na Alemanha. A Villa, outrora uma bela casa em estilo vitoriano, mas agora caindo aos pedaços, construída para diretores da Krupp no início do século XX, estava a ponto de ser demolida quando um pesquisador universitário e eu a encontramos. O proprietário a alugou para nós pelo período de um ano, após o qual ele planejava demolir a casa (mas, de fato, ele acabou renovando o aluguel todos os anos, durante mais de 15 anos, antes de finalmente vir a demoli-la). Instalamo-nos com outros 10 estudantes que amavam e inspiravam uns aos outros de um modo que eu não imaginava possível. Viver naquele lugar e cultivar nossa comunidade pode ter sido a época mais feliz de minha jovem vida profissional.

A universidade que eu frequentava era patrocinada pela indústria alemã, a fim de desenvolver e ensinar melhores modos de aprendizagem. Era bastante inspirada no conceito de Ekkehard Kappler, que foi reitor fundador da Faculdade de Administração durante a década de 1980. A ideia de Ekkehard Kappler, no sentido de cocriar uma nova escola baseada no *action learning* (aprender fazendo), na autorreflexão e em ambientes de ensino centrados no aluno, era poderosa e simples: "Estudar", disse-nos ele, "é a práxis da liberdade". Casualmente, assim como estudava na primeira turma da Faculdade de Administração, também meus companheiros da Villa eram estudantes da primeira turma de outras faculdades. Nosso grupo central, durante aqueles anos, muitas vezes funcionava como o coração daquela jovem universidade. Quando chegavam visitantes importantes, o presidente ou Ekkehard os levava à Villa, onde forneciamos um bom jantar e conversa inspiradora.[2] Inspirávamos uns aos outros em múltiplos níveis, desde ler Platão até encenar festas pós-modernas. Lembro-me de que meu amigo Kai e eu fazíamos longos passeios depois de ler e estudar Platão e Aristóteles, durante os quais aplicávamos e improvisávamos versões contemporâneas de diálogos filosóficos que abordavam questões fundamentais do conhecimento e do ser. Ele discutia como Platão, enquanto eu adorava assumir o papel e o ponto de vista de Aristóteles.[3] Uma vez, organizamos uma festa na Villa em que realizamos *sketches* originais de cabaré, tocamos música e dançamos até a madrugada. A Villa sempre foi um lugar aberto. Professores visitantes como Johan Galtung, fundador da pesquisa da paz e ganhador do Prêmio Nobel Alternativo, ficavam sempre na Villa quando ensinavam no *campus*. Na autobiografia de Galtung, ele depois se referiu a essas visitas como as experiências universitárias mais inspiradoras de sua vida (ele ensinara em mais de 60 universidades em todos os continentes). Nós, estudantes que éramos seus anfitriões na Villa, compartilhamos exatamente a mesma experiência transformacional profunda.

Quando a Villa era aberta aos outros, também funcionava como um casulo seguro para engendrar novas ideias, muitas das quais eram boladas e lançadas na mesa de nosso café da manhã. O que se destacava naquele lugar era o ritmo encantador e a presença de um campo vivo que se estendia do nosso grupo central a outras pessoas à nossa volta. Não havia nada que nosso grupo não podia realizar. Tudo que criávamos era feito com facilidade e níveis crescentes de energia. Era estranho, mas divertido. Assim, a terceira qualidade do lugar aqui em questão tem a ver com o *casulo gerador*: com a fundamentação do campo social em um grupo central que esteja conectado através dos três canais da inteligência: a mente aberta, o coração aberto e a vontade aberta.

O quarto lugar que me vem à mente não chega bem a ser *um* lugar, mas sim uma *rede distribuída* de lugares. Ela inclui a casa atual da minha família em Boston, assim como lugares e comunidades em outros países e culturas que visito com maior ou menor regularidade. Hoje, encontro-me viajando – talvez demais – no meu trabalho com uma constelação dispersa de grupos e iniciativas centrais.

Há pouco, assisti a uma conferência de dois dias no MIT que reuniu Sua Santidade, o Dalai Lama, além de alguns eminentes cientistas cognitivos do Ocidente e cultivadores do budismo para debater questões sobre a pesquisa da cognição.[4] No final dessa conferência, eu estava cheio de energia e excitação sobre o poder e as possibilidades de investigar um campo que unia os mundos da ciência (a visão da terceira pessoa) e as mudanças na estrutura da consciência (a visão da primeira pessoa). Durante esses dois dias, eu sentia, porém, que o debate estava ignorando uma terceira dimensão que era necessária para codefinir e enquadrar a investigação: a dimensão da transformação e da mudança social.

Quando deixei o auditório do MIT, pude ver, num instante, tudo o que estava *errado* na minha vida atual. Eu estava indo em direções variadas demais, perseguindo projetos demais em lugares demais, e cada um deles fazia sentido individualmente, mas, vistos como um todo, necessitavam de *foco*.

Assim que a mensagem *Você precisa de foco – você deve mudar sua vida!* penetrou em minha mente, vi aquilo em que deveria focalizar, à medida que avançava. Devia concentrar minha energia em um único projeto: criar um lugar e uma comunidade vibrante dedicados à investigação e ao cultivo do terreno comum entre ciência, consciência e condução de mudança social profunda.

Deixei o Kresge Hall do MIT precisando falar com Katrin, Peter e Arthur Zajonc (que organizou a sessão com o Dalai Lama) sobre como fazer essa ideia funcionar. Decidimos que o próximo passo seria nos reunirmos com um grupo de indivíduos para os quais essa questão – como integrar ciência, consciência e mudança social – fosse central em sua jornada de vida e trabalho. Esse grupo agora inclui uma dúzia de participantes e tem se encontrado três ou quatro dias por ano durante os últimos anos.[5]

Nascido em uma nevasca

Em dezembro de 2005, sentimos que estava na hora certa de dar o próximo passo. Convidamos um pequeno grupo de profissionais, pesquisadores e ativistas pró-mudanças do Campo 4 para coiniciar uma plataforma para uma escola de *presencing*-em-ação global que integraria ciência, consciência e condução de mudança social. Atualmente, chamamos essa iniciativa de Presencing Institute, mas nossa intenção é criar a semente de um Laboratório ou Universidade de *Presencing*-em-Ação global.

Cerca de 12 pessoas se reuniram em um hotel em Cambridge, Massachusetts, nos dias 9 e 10 de dezembro.[6] De lá, decidimos fazer a pé a curta distância do MIT até os escritórios da SoL, em Charles River, uma caminhada que normalmente não leva mais do que 10 minutos. Mas naquele dia a neve acumulava-se cada vez mais profundamente e a visibilidade piorava. Nenhum carro passava por nós. Era como se fôssemos atores solitários de um filme siberiano em câmera lenta. A nevasca nos ofereceu uma forma especial de meditar caminhando. Naquele dia mais tarde, à medida que a tempestade aumentava, ouvíamos trovões e víamos relâmpagos bem perto do local do nosso encontro. Essa era a primeira vez que um de nós experimentava essa rara combinação: uma nevasca com relâmpago e trovão, tudo ao mesmo tempo. Encaramos isso como uma maneira de a Mãe Natureza nos dar as boas-vindas.

Abri o encontro reconhecendo e reconectando todas as correntes – a científica, os movimentos de mudança organizacional e liberação social, assim como as várias tradições de sabedoria – que haviam fornecido os três contextos dessa reunião (ciência, consciência, mudança social). Elas sustentavam o espaço em volta de nós quando nos encontramos para germinar uma semente para o futuro e do futuro.

Várias pessoas não puderam assistir a esse primeiro encontro pessoalmente. Uma delas foi Judith Flick, da África do Sul. Assim, ela se juntou a nós para a sessão inicial via telefone. Um de nós pediu para que ela falasse de seu trabalho e de suas maiores expectativas quanto à iniciativa que estávamos prestes a criar.

Judith descreveu seu papel atual como líder global do trabalho relacionado ao HIV/Aids dentro do Global Learning Center de Oxfam e como sua imersão nesse contexto afetou e transformou sua vida e identidade profissional e pessoal. Quando Ursula lhe pediu para dar um exemplo, ela contou a história de um membro de sua equipe que fora ao funeral de um parente que morrera por causa do vírus. Quando o funeral terminou, era hora de tratar as questões práticas: como dividir os pertences materiais do falecido e, o mais importante, o que fazer com as duas crianças pequenas que agora haviam ficado sem pais. A sala ficou silenciosa. Ninguém se ofereceu para adotar ou cuidar das duas crianças. Durante aquele silêncio, a colega de Judith virou a cabeça e olhou para seu marido. Seus olhos se encontraram e eles sabiam que tinham o mesmo pensamento: não podiam simplesmente ir embora. Assim, levaram as duas crianças, aumentando o tamanho de sua família de dois para quatro filhos. Poucas semanas depois, no funeral seguinte, os mesmos eventos se repetiram. Mais uma vez, depois de outro silêncio doloroso, eles voltaram para casa com mais duas crianças. Alguns meses mais tarde, eles haviam acolhido mais três crianças. Por fim, viram-se com 10, em vez de duas, e se tornava cada vez mais difícil para eles lidar com a complexidade em casa. Quando, no funeral seguinte, a mesma situação surgiu novamente, o que fazer com os filhos, eles se comportaram como todos os outros: permaneceram silenciosos e não fizeram nada, porque tinham alcançado o limite de sua capacidade material – como todos os outros no funeral, como comunidades inteiras de alguns países sul-africanos e talvez nações inteiras.

Por que, perguntou Judith, não há um sistema global que nos conecte de tal maneira que torne o cuidado e a responsabilidade globais parte de nossa vida? Por que obedecemos a regras globais que tiram nossa humanidade? Quando confrontados com o sofrimento humano em nível individual, conectamo-nos, mas, quando ele é sistêmico, desconectamo-nos. Por quê?

A pergunta de Judith e o silêncio que se seguiu impressionaram profundamente nosso grupo. E nos tornou ainda mais conscientes da necessidade de profunda cura e mudança sistêmica, e mais determinados a sermos um veículo para isso. (Como resultado desse debate, o primeiro projeto do Presencing Institute sobre HIV/Aids no sul da África foi lançado em menos de seis meses, antes mesmo do lançamento formal do instituto.)

Outro membro do grupo central que não pôde assistir a esse primeiro encontro foi Nicanor Perlas, ativista da sociedade civil e recebedor do Prêmio Nobel Alternativo em 2002, por sua abordagem "tripartite" da condução política e transformação social nas Filipinas. Em uma carta, Perlas compartilhou sua esperança de que o Presencing Institute desse a ele e seus companheiros ativistas nas Filipinas e em outros países do hemisfério sul acesso a pesquisas, métodos e ferramentas para cocriar novas formas de "parcerias estratégicas entre elementos visionários na sociedade civil, nos negócios e no governo". Ele disse que esperava que pudéssemos desenvolver "novas formas de movimentos sociais e de desenvolvimento humano ou desenvolvimento de lideranças com base nos últimos avanços das ciências, artes e espiritualidade". Ele também assinalou que elementos de projetos importantes do Presencing Institute do hemisfério sul deveriam incluir o fortalecimento da capacidade institucional com base em fontes abertas, programas e palestras de *presencing* regulares a preços acessíveis ao público, documentação e disseminação da pesquisa sobre exemplos vivos, porque "é muito caro voar para o hemisfério norte", bem como uma infraestrutura globalmente suportada para grupos de trabalho e grupos de estudo sobre o *presencing*. "Se forem necessários encontros pessoais", diz Nicanor, "então a ajuda relacionada à viagem dos participantes do sul deve ser a questão principal".

Voar nas asas dos outros

Algumas semanas depois do encontro de dezembro, em Boston, coorganizei um workshop na África do Sul com minha colega Beth Jandernoa, que vive metade do ano naquele país. Quando Beth e eu começamos a falar sobre *presencing* e o que o leva a operar a partir da fonte mais profunda do conhecimento, pedimos aos participantes alguns exemplos. Um homem jovem se levantou e compartilhou sua história.

Martin Kalungu-Banda nasceu e cresceu em uma pequena aldeia na Zâmbia. Em razão de muitas incríveis reviravoltas em sua jovem vida, ele acabou em uma carreira que incluía cargos de liderança em uma empresa de energia global; como consultor especial do presidente da República da Zâmbia, responsável pelo estabelecimento do cargo de chefe do gabinete presidencial; como facilitador e consultor do Global Learning Center de Oxfam; e como conferencista em várias universidades da África e Grã-Bretanha, incluindo a Cambridge University. Ele também escreveu um maravilhoso livro sobre a abordagem de Nelson Mandela com relação à liderança.[7]

Quando Martin acabou sua história, as pessoas estavam atordoadas diante de sua jornada realmente maravilhosa. Perguntei a ele: "Martin, que tipo de conhecimento lhe permitiu navegar e mover-se de uma etapa de sua jornada para a seguinte?" Ele respondeu compartilhando a história de uma entrevista que dera recentemente a uma emissora de rádio na Zâmbia. Durante essa apresentação de seu novo livro, alguns ouvintes telefonavam. Um deles era um jovem do interior, que disse: "Martin, diga-me o que você fez que lhe permitiu começar como um jovem de uma área rural da Zâmbia, assim como eu, e terminar como conferencista de universidades famosas, aconselhando o presidente e trabalhando para importantes instituições internacionais. Como isso foi possível? O que lhe permitiu chegar a isso?" Martin esperou um bom tempo e então respondeu: "Sabe, você provavelmente ficará muito decepcionado com o que vou dizer agora. Mas a verdade é que eu não sabia o que estava fazendo. Eu não tinha um plano. Em vez de planejar meu futuro, eu muitas vezes me via levado pelas situações. Era levado pelas situações à medida que elas se desenrolavam. Mas sempre confiava que, se eu era levado a alguma situação nova e se tinha a intenção profunda certa, de algum modo a ajuda certa me seria dada. À medida que eu era levado, percebi que também voava nas asas de outras pessoas...

"Quando penso sobre isso agora, queria que, ao seguir adiante, fosse capaz de ser levado de maneira mais intencional."

Fiquei impressionado com a descrição de Martin. Compreendi que seu termo "ser levado" também se aplicava à maior parte da minha própria jornada. Nos últimos 10 anos, tenho sido levado a todo um novo conjunto de projetos, atores e possibilidades que eu nunca planejei racionalmente.

Ao relembrar, agora, os últimos 10 anos, compreendo que, sem planejar especificamente isso, meus colegas e eu prototipamos vários elementos centrais da Escola do *Presencing*-em-Ação. Como resultado, há todo um conjunto de *exemplos vivos* emergentes que incluem não apenas os exemplos que discutimos, mas também vários novos projetos, incluindo aqueles na Zâmbia e no estado de Washington de combate ao HIV/Aids e a Indian Bhavishya Alliance, que se ocupa do grande problema da subnutrição.[8]

Também "fui levado" a toda uma série de projetos em que o processo U é aplicado a programas de *reforço da capacidade institucional* que venho criando em várias instituições, em sua maioria globais.[9] Outros exemplos incluem o lançamento de uma plataforma que integra tanto a Global Classroom do MIT como o programa ELIAS. Ela une de 25 a 30 líderes-chave de instituições globais de todos os setores que estão trabalhando em sete diferentes iniciativas de protótipo dedicadas a como criar profundas inovações sistêmicas em todos os três setores.[10]

Embora esse deixar-se levar pelas oportunidades emergentes tenha funcionado em alguns casos, em outros não funcionou. Entre as peças ausentes mais importantes, estão:

- *Um grupo central global consolidado* de poucas pessoas que estivessem essencialmente determinadas a dar a vida por um objetivo maior; um grupo central que funcionaria intencionalmente como veículo coletivo para servir ao todo.

- *Um conjunto de áreas de tensão e lugares de poder* que poderiam hospedar e apoiar todas as atividades mencionadas, fornecendo infraestrutura para as atividades de sensibilização, *presencing* e prototipagem globais. Esses lugares funcionariam como "pontos de acupuntura" do campo social global. Eles organizariam workshops de até 100 ou 150 pessoas e teriam a simplicidade e a vastidão de um armazém vazio ou um templo Zen; seriam vinculados uns aos outros para permitir diálogos virtuais em múltiplos sites de alta qualidade e, ao mesmo tempo, também teriam a atmosfera de um lugar de artistas e incorporariam um estúdio de multimídia e um laboratório de ciências para visualizar as tendências e questões globais. Um palco flexível, no centro da sala, seria o palco para as apresentações do teatro do *presencing* social.

Essas possibilidades futuras dependem de outros – de todos nós – para nascer. Neste livro, tentei expressar algumas em palavras. Ao ler as palavras que emergem agora de meu teclado, confesso que essa noção de futuro às vezes é mais clara e real do ponto de vista emocional do que racional. Portanto, você também provavelmente está se perguntando como tudo isso funcionará. Mas, assim como eu, seu coração já deve saber. Assim como sua intuição. E se aprendemos algo sobre como atravessar o U juntos, sabemos que este é precisamente o lugar em que o futuro se manifestará primeiro.

Ao testemunhar o desmoronamento das velhas estruturas por todo o mundo, agradeço por ter a oportunidade de estar aqui neste ponto da história, de me conectar a outros companheiros de viagem que compartilham algumas dessas preocupações. Somos agora chamados a dar um passo, como fizeram as mulheres de Rosentrasse, para aprender a agir a partir do nosso coração de um modo mais intencional, consciente e coletivo, agir a partir do poder de nosso verdadeiro eu emergente. Ou, como Martin Kalungu-Banda, disse: voar nas asas daqueles à nossa volta.

Glossário

"Eu em mim": A primeira estrutura de campo de atenção em um sistema social ou cognitivo: a fonte de atenção origina-se de dentro de meus próprios limites; vejo o mundo como uma confirmação dos meus próprios modelos e estruturas mentais.

"Eu em você": A terceira estrutura de campo de atenção em um sistema social ou cognitivo: a fonte de atenção se desloca além dos meus limites no campo, minha percepção começa acontecer a partir do todo; o limite entre o observador e o observado desmorona; vejo o mundo de dentro, isto é, do lugar em que o mundo manifesto passa a existir – a partir do campo.

"Eu nele": A segunda estrutura de campo de atenção em um sistema social ou cognitivo: a fonte de atenção origina-se no limite entre o observador e o observado; vejo o mundo do lado de fora, isto é, como um conjunto de objetos exteriores.

"Eu no agora": A quarta estrutura de campo da atenção em um sistema social ou cognitivo: a fonte da atenção opera a partir da fonte do futuro que procura emergir; o limite entre o observador e o observado é completamente invertido *(umgestülpt)* ou transcendido; vejo o mundo de uma esfera circundante, isto é, de um lugar de contenção que permite que o futuro emergente nasça. O "eu no agora" é a capacidade do observador de redirecionar o feixe de atenção e intenção através de todos os níveis e campos; a capacidade de um sistema de deslocar o lugar do qual sua atenção, a intenção, e a ação se originam.

Acoplamento estrutural: Na teoria dos Sistemas Vivos, isso denota a coadaptação e a coevolução de um organismo dentro do seu ambiente; o termo leva em conta a interação de duas vias, a codependência e a coevolução.

Anomia: Destruição e perda de normas e valores sociais.

Aprendizado de ciclo duplo: Aprendizagem que ultrapassa o ciclo único e reflete sobre as variáveis determinantes e as premissas profundas que orientam o processo normal. O termo foi cunhado por Chris Argyris e Dom Schön.

Aprendizagem de ciclo único: Quando refletimos sobre nossas ações (mas não sobre nossas premissas profundas que as governam).

Aprendizagem: Há dois tipos e fontes de aprendizagem: aprender com o passado e aprender com o futuro à medida que ele emerge. A aprendizagem com o passado é baseada no ciclo de aprendizagem normal (agir, observar, refletir, planejar, agir), a aprendizagem com o futuro que ocorre na medida em que ele emerge é baseada no processo e prática de *presencing* (suspender, redirecionar, deixar ir, deixar vir, antever, colocar em prática, incorporar).

Atomia: Fragmentação, destruição e perda da estrutura social; um termo cunhado pelo pesquisador da paz Johan Galtung.

Autopoiético: Autopoiese significa literalmente "autocriação" (do grego *auto*, "si próprio", e *poiesis*, "criação"). O termo foi originalmente introduzido pelos biólogos chilenos Francisco Varela e Humberto Maturana em 1973. A noção de autopoiese costuma ser associada à de auto-organização; isto é, a um sistema em que os elementos se criam e se recriam. Niklas Luhmann introduziu essa teoria nas ciências sociais.

Ba: Palavra japonesa para designar "lugar" (ou "campo") que é não apenas físico, mas também um espaço social, mental e intencional. O filósofo japonês Kitaro Nishida tornou esse termo a pedra angular do seu trabalho. O japonês Ikujiro Nonaka, estudioso em gestão, introduziu esse termo como um conceito central na sua teoria e prática de conhecimento na criação de empresas. *Ba*, na sua visão, é contexto em movimento.

Campo mórfico: Um campo dentro e em torno de uma unidade mórfica que organiza sua estrutura e seu modelo de atividade característicos. Os campos mórficos são a base da forma e do comportamento dos hólons ou unidades mórficas em todos os níveis de complexidade. (A hipótese de campos mórficos foi proposta pelo biólogo Rupert Sheldrake e não é geralmente aceita pela comunidade científica dominante nesse momento.)

Campo: Conjunto completo de conexões que são mutuamente interdependentes.

Campos sociais: Totalidade das conexões por meio das quais os participantes de um determinado sistema se relacionam, conversam, pensam e atuam em conjunto.

***Causa efficiens*:** Causa eficiente ou o início do movimento ou ação que gera o efeito (um dos quatro tipos de causa que Aristóteles diferencia).

***Causa finalis*:** Causa, objetivo ou propósito final que determina o que criamos no agora (um dos quatro tipos de causa que Aristóteles diferencia).

***Causa formalis*:** A causa formal ou modelo, padrão ou forma em que algo vem a ser (um dos quatro tipos de causa diferenciadas por Aristóteles).

***Causa materialis*:** A causa material ou as condições materiais, físicas, ou estruturais que definem a maneira como a realidade se manifesta (um dos quatro tipos de causa diferenciadas por Aristóteles).

Cocriação: Movimento do U que nos permite explorar o futuro por meio do fazer; colocando em prática protótipos do futuro unindo as inteligências racional, emocional e manual, e iterar, guiados pelo rápido ciclo de *feedback* dado por todos os *stakeholders* em tempo real.

Codesenvolvimento: O movimento do U que nos ajuda a nos interconectar e nos unir ao ecossistema maior à nossa volta; por meio do codesenvolvimento, começamos a ver, criar estratégias e agir a partir da nossa presença – capacidade de estarmos tão presentes a ponto de conseguirmos prever o que está por vir no todo emergente.

Coiniciação: Movimento do U que nos ajuda ouvir o que a vida nos convoca a fazer para cristalizar um sentido inicial de intenção e direção. Significa ouvir atentamente aos outros, a nós e ao que emerge a partir das constelações ou círculos de pessoas que ajudamos a se juntar a nós.

Colocar em prática: Capacidade de trazer o novo à realidade por meio da improvisação e prototipagem mantendo, ao mesmo tempo, uma conexão com a fonte de sua inspiração, ao unir a inteligência racional, emocional e manual – o fazer.

Complexidade dinâmica: Situações caracterizadas por um atraso ou distância entre causa e efeito no espaço ou tempo.

Complexidade emergente: Uma situação caracterizada pelo possível surgimento de uma mudança profunda ou revolucionária; a sensação ambivalente de que algo irá mudar, mas que você não tem nenhuma ideia do que é e nem de como deve responder; as soluções são desconhecidas, o problema ainda não se revelou, e os principais stakeholders não estão claramente definidos.

Complexidade social: Os diferentes interesses, culturas, modelos mentais e história que vários *stakeholders* de uma situação põem em jogo.

Comunidade de prática: Um grupo de pessoas que se unem em um processo de aprendizagem baseado em um mesmo interesse sobre algum tópico ou problema e colaboram por um extenso período para compartilhar experiências e ideias e encontrar soluções. O termo foi utilizado pela primeira vez em 1991 por Jean Lave e Etienne Wenger.

Conhecimento autotranscendente: Conhecimento ainda não corporificado, tal como inspiração em ação ou intuição em ação.

Conhecimento explícito: O conhecimento que pode ser expresso, por exemplo, em planilhas e e-mails.

Conhecimento tácito: Conhecimento corporificado.

Co-presencing: O movimento do U que nos ajuda a nos conectarmos a nossas mais profundas fontes de inspiração e quietude – e ao lugar do qual a possibilidade futura começa a surgir. Esse movimento combina três diferentes tipos de presença: do futuro, do passado e do verdadeiro eu. Ele desloca o lugar do qual o eu emerge para a mais alta possibilidade futura – o nosso Eu.

Coração aberto: A capacidade de redirecionar a atenção e utilizar o coração de alguém como um órgão da percepção ("ver com o coração"); deslocar o lugar do qual a sua percepção acontece para outro, para o campo/todo; acessar as nossas fontes de EQ (inteligência emocional).

Corporificação: Capacidade de trazer o novo para um nível institucionalizado da realidade incorporando-o em novas práticas, processos e infraestruturas ao mesmo tempo em que se mantém uma conexão com a fonte.

Cossensibilização: Movimento do U que nos ajuda a nos conectar e nos sintonizarmos com os contextos que importam; mudar para um estado de ver em que o limite entre o observador e observado começa a desmoronar e em que o sistema começa a ver a si próprio.

Cristalização: Prever o futuro que tenta emergir, a partir de uma profunda conexão com a fonte.

Deixar ir: Capacidade de se desfazer do seu velho eu e de suas velhas identidades e intenções para criar um espaço aberto para que seu eu emergente ou seu verdadeiro eu se manifeste.

Deixar vir: Capacidade de cristalizar e antever o futuro que você quer criar, permanecendo, ao mesmo tempo, conectado à fonte de sua inspiração.

Economia global: Economia com a capacidade para trabalhar como uma unidade única em tempo real em uma ordem planetária.

Economia mundial: Uma economia em que o fluxo de mercadorias, serviços e capital corre por todo o mundo.

Estética: O termo "estética" vem do grego *aistesis*, "percepção" ou "sensação"; ativar todos os sentidos (inclusive o da percepção da beleza).

Estrutura da atenção: A qualidade da nossa atenção que se diferencia dependendo da posição de onde nossa atenção se origina em relação ao limite organizacional do observador ("eu em mim", "eu nele", "eu em você", "eu no agora").

Estrutura de campo da atenção: Relação entre o observador e o observado, a qualidade de nossa observação. Essa qualidade diferencia-se dependendo do lugar ou posição a partir da qual se origina nossa atenção em relação ao limite organizacional entre o observador e o observado ("eu em mim", "eu nele", "eu em você", "eu no agora").

Eu: A mais alta possibilidade futura de alguém; o eu superior.

eu: O eu atual, o ego.

Feldgang: Uma incursão em campo.

Gestão: Do latim *manu agere*, "conduzir pela mão"; o processo de coordenar para conseguir realizar algo.

Gramática social: As regras ocultas, estruturas e pontos de inflexão que permitem que certos tipos de evolução e emergência aconteçam. Esse termo surgiu a partir de uma conversa que o autor teve com Reinhard Kahl.

Hólon: *Do* grego *holos*, "completo", "todo", com o sufixo *on*, que, como em "próton" ou "nêutron", que sugere uma partícula ou parte. O termo foi cunhado por Arthur Koestler para descrever a natureza híbrida dos subtodos/partes em sistemas da vida real; os hólons são simultaneamente todos independentes de suas partes subordinadas e partes dependentes quando vistos no sentido inverso.

IDEO: Influente empresa de design internacional que aplica de maneira bem-sucedida os primeiro três níveis do processo U (observar, sentir e estar presente) ao tópico da inovação de produto. www.ideo.com.

Intersubjetividade: Rede de relações que se desenvolve coletivamente.

Liderança: Capacidade de um sistema sentir e dar forma ao seu futuro. A raiz indo-europeia da palavra "liderança", *leith*, significa "partir" "cruzar um limiar" ou "morrer". Esse significado original – que sugere que a experiência de "deixar ir", se desapegar, e então avançar para outro mundo que começa a tomar forma somente depois que superamos o medo de mergulhar no desconhecido – é a alma e a essência da liderança.

Macro: O nível institucional.

Mente aberta: Capacidade de suspender o julgamento e o questionamento; ver algo com novos olhos; acessar nossas fontes de IQ (inteligência intelectual).

Mergulho profundo: Conectar-se profundamente a um contexto colocando-se no lugar do outro; empreender uma viagem de imersão total. O termo é utilizado pela IDEO, uma agência de consultoria em design e inovação, no contexto de uma imersão total no problema em questão.

Meso: O nível de grupo ou face a face.

Micro: O nível individual.

Mundo: O nível de sistema global.

Objetividade: O mundo-objeto ("it-world") de coisas e fatos quase objetivos (visão da terceira pessoa).

Organização: Ação coletiva para um objetivo comum; a estrutura organizacional é "a soma total dos modos como o trabalho se divide em tarefas distintas e, dessa maneira, como a coordenação é alcançada entre essas tarefas" (H. Mintzberg).

Patogênese: O mecanismo pelo qual certos fatores causam a doença; (*pathos* = doença, *genesis* = desenvolvimento).

Ponto arquimediano: Ponto de alavancagem que, se focado, pode permitir deslocar o sistema inteiro.

Ponto cego: Lugar interior (fonte) de onde nossa atenção, intenção e ação se originam. Essa dimensão de nossa realidade só pode ser acessada se redirecionarmos o feixe de nossa observação para começar a ver o próprio observador, já capaz de ver o futuro, o eu.

Presencing: A palavra original em inglês, *presencing*, mescla as palavras "presence" (presença) e "sensing" (sentir, perceber) e passam o sentido de "ver nossa fonte mais profunda". Ou seja, sentir, sintonizar-se e agir a partir do mais alto potencial de futuro de alguém – aquele futuro que depende de nós para se concretizar.

Prototipagem: Criar microcosmos que nos permitem explorar o futuro mediante "o fazer". Os protótipos funcionam como pistas de aterrissagem do futuro. Eles se baseiam no princípio criado pela IDEO de "falhar cedo para aprender rápido".

Recuperação (*downloading*): Recolocar em prática padrões habituais de ação, conversação e pensamento.

Redirecionamento: Capacidade de deslocar sua atenção de um objeto para a fonte a partir da qual esse objeto é colocado em prática e realizado momento por momento.

Ressonância mórfica: A influência de estruturas de atividade prévias sobre estruturas de atividade subsequentes similares organizadas por campos mórficos. Por meio da ressonância mórfica, as influências formativas atravessam espaço e tempo, mas só chegam a nós a partir do passado.

Salutogênese: Conceito da medicina alternativa que se concentra em fatores que favorecem a saúde e bem-estar humanos em vez de nos fatores que causam doença; (o termo salutogênese vem do grego *salut* = saúde, e *genesis* = desenvolvimento).

Sentir: A visão a partir de dentro – quando ver e perceber começam a ocorrer a partir do campo. Quando você entra no estado do sentir, você experimenta um colapso do limite entre o observador e o observado.

Subjetividade: O Eu-mundo da perspectiva da primeira pessoa.

Suspender: A capacidade de suspendermos nossa Voz do Julgamento (VOJ) e ocuparnos da situação em questão.

Tela em branco: Lugar ou estado onde nos conectamos com nossas fontes de criatividade e inspiração e, então, criamos a partir do nada.

Teoria U: Um arcabouço teórico para análise de princípios, práticas e processos que se diferenciam entre quatro tipos de surgimento e antiemergência: os quatro tipos diferenciam-se quanto à sua fonte (ou sua estrutura de atenção) com relação ao local a partir de qual sua atividade é colocada em prática ou realizada. A Teoria U tenta elucidar o mecanismo dos sistemas colocados em prática (ou dos sistemas sociais) no nível de sua fonte de inspiração.

Transsubjetividade: O mundo do Eu; da presença viva (Husserl).

VOC: Voz do Cinismo.

VOF: Voz do Medo.

VOJ: Voz do Julgamento.

Vontade aberta: Capacidade de deixar ir, de se desapegar das suas velhas identidades e intenções e se sintonizar com o futuro que está buscando emergir por meio de mim ou de nós; deixar ir nosso velho eu e deixar vir nosso verdadeiro eu emergente; acessar as nossas fontes de SQ (inteligência espiritual).

Notas

INTRODUÇÃO
1. Presidente Václav Havel, discurso na Filadélfia, 4 de julho de 1994. Tenho um débito para com Göran Carstedt, por fazer esse discurso chamar minha atenção.
2. World Hunger Education Service, "World Hunger Fact Sheet" (http://www.worldhunger.org).
3. A combinação desses números oferece a melhor estimativa da destruição das terras aráveis, destruição essa que, para a maioria dos fins práticos, é irreversível. Essa pesquisa foi conduzida no final da década de 1980. Informações mais atuais podem ser encontradas pesquisando "land degradation assessments" na Internet para ver a avaliação de vários países.
4. "The State of the World's Children 'Childhood Under Threat'" (www.unicefusa.org).
5. Devo esse ponto ao pesquisador da paz Johan Galtung. Ver 1995 Galtung.
6. Consulte, por exemplo, Argyris, 1993; Argyris e Schön, 1995; Senge, 1990; Senge *et al.*, 1990; Schein, 1987.
7. Scharmer, 2000a.
8. Scharmer, 2000b, 2000c; Senge, Scharmer, Jaworski e Flowers, 2004.
9. Entre esses valiosos colegas, estão Beth Jandernoa, Joseph Jaworski, Michael Jung, Katrin Käufer, Ekkehard Kappler, Seija Kulkki, Ikujiro Nonaka, Ed Schein, Peter Senge e Ursula Versteegen.
10. Consulte entrevista completa com Jonathan Day feita por Claus Otto Scharmer, 14 de julho de 1999, no Dialog on Leadership (www.dialogonleadership.org/interviewDay.html).
11. Reason *et al.*, 2001.
12. Aristóteles, *Ética a Nicômaco*, Livro VI, Capítulo 3.
13. Para mais informações, consulte www.presencing.org.
14. Und kennst du nicht dies stirb und werde, so bist du nur ein trüber Gast auf Erden.

CAPÍTULO 2
1. Aristóteles, *Ética a Nicômaco*, Livro VI, Capítulo 3.
2. O rótulo do quarto nível, "regenerar-se", foi sugerido por Adam Kahane.
3. Kolb, 1983.
4. Argyris and Schön, 1995.
5. Scharmer, 1991, 1996.
6. Steiner, 1894 (original), 1964.
7. Scharmer *et al.*, 2002.
8. Senge, Scharmer, Jaworski e Flowers, 2004.
9. Coeditado com Natalie Depraz e Pierre Vermersch, 2003.
10. Depraz, Varela e Vermersch, 2003, p. 25.

CAPÍTULO 3
1. Strebel, 1996.
2. Consulte, por exemplo, Argyris, 1993; Argyris e Schön, 1995; Senge, 1990; Senge *et al.*, 1990; Schein, 1987; Wanda Orlikowski, entrevista feita por Claus Otto Scharmer, 7 de setembro de 1999, transcrição, *Dialog on Leadership*, www.dialogonleadership.org/interviewOrlikowski.html.
3. Esse grande projeto, conduzir entrevistas baseadas em diálogo com líderes nas áreas de gestão, conhecimento e mudança, tornou-se um corpo de 150 entrevistas, que estão sendo publicadas agora em *Reflections: The SoL Journal for Knowledge, Learning and Change* (MIT Press). Muitos estão também disponíveis no site www.dialogonleadership.com.
4. Gendlin and Wiltschko, 2004.
5. Consulte Schein, 1987c, 2001.

6. Kolb, 1983.
7. Consulte também alguns outros trabalhos anteriores relacionados ao assunto: Senge, Scharmer, Jaworski e Flowers, 2004; Kahane, 2004; Torbert *et al.*, 2004.
8. Consulte Weick, 1996.

CAPÍTULO 4
1. Kahane, 2004.
2. O conteúdo da roda na Figura 4.2 pode ser examinado de dois modos: o movimento "cadeia acima" pode ser representado como entrando no centro do círculo, ou pode ser invertido, com o movimento voltando-se para as margens do círculo. A vantagem do último seria mostrar graficamente que muitas funções que têm sido internas e razoavelmente limitadas estão se tornando agora funcionalmente dispersas e descentralizadas. Por outro lado, o movimento "de fora para dentro" representa uma melhor correspondência conceitual com a crescente interdependência entre as 12 diferentes funções de gestão. O fato de que parecem mesclar-se em um campo único no centro da roda é precisamente o que os próximos capítulos abordam. Em última análise, ambos os caminhos são limitados porque podem captar apenas duas dimensões de algo muito maior, mais complexo e mais dinâmico.
3. Porter, 1998.
4. Prahalad e Hamel, 2000.
5. Hamel e Prahalad, 1994.
6. Consulte Hamel e Valikangas, 2003, p. 52.
7. Wenger *et al.*, 2002; Wenger, 1998.
8. Consulte Nonaka, 1994; Nonaka e Takeuchi, 1994; Nonaka, 1991.
9. Nonaka e Takeuchi, 1995.
10. Scharmer, 2000.
11. Consulte Nonaka e Konno, 1998; Nonaka, Toyama, e Konno, 2000; Krogh, 1998, 2000.
12. Womak *et al.*, 1991, 1996.
13. Consulte a transcrição completa da entrevista com Thomas Johnson, feita por Claus Otto Scharmer no dia 20 de agosto de 1999, em www.dialogonleadership.org. Para leitura adicional, consulte Johnson, 2006.
14. Normann e Ramirez, 1998.
15. Para a distinção entre gestão e liderança, consulte Krauthammer e Hinterhuber, 2005.
16. Peters e Waterman, 1982.
17. Citado em Alan Webber, "Trust in the Future", *Fast Company*, setembro de 2000, p. 210.
18. Consulte Collins, 2001, p. 66.

CAPÍTULO 5
1. Presidente Václav Havel, 4 de julho de 1994, Filadélfia. Tenho um débito com Göran Carstedt, por me deixar a par desse discurso.
2. Devo minhas reflexões sobre as três pobrezas à minha colega Ursula Versteegen. Ela articulou essa observação no primeiro encontro do Presencing Institute em Cambridge, Mass., no dia 10 de dezembro de 2005.
3. Castells, 1998, p. 336.
4. *Ibid.*, p. 340.
5. *Ibid.*, pp. 92, 93.
6. *Ibid.*, p. 343.
7. Capra., 2002, p. 140.
8. Castells, 1998, p. 475.
9. Conversa pessoal com Gary Hamel em Detroit, 1996.
10. Por exemplo, nos últimos dois anos, a Novartis transferiu a maior parte de suas atividades P&D da Europa para a grande área de Boston, a fim de participar do ecossistema em rede de inovação que está florescendo lá.
11. Arthur, 1996.
12. Bill Joy, "Why the Future Doesn't Need Us", *Wired Magazine*, abril de 2000 (www.wired.com/wired/archive/8.04/joy.html).
13. Pinchbeck, 2006, p. 102.
14. Shiva, 2000, p. 2.
15. Perlas, 2003, p. 64.
16. Perkins, 2004.

17. Castells, 1996, p. 386.
18. Beck, 1986, 1996.
19. "Sins of the Secular Missionaries: Aid and Campaign Groups, or NGOs Matter More and More in World Affairs", *The Economist*, 29 de janeiro de 2000, pp. 25-27.
20. Eni F. H. Faleomavaega, U.S. representative at the Global 2000 Symposium hosted by Counterpart International, Washington, D.C., 24 de abril de 2000.
21. Florida, 2002, p. 8.
22. Ibid., pp. 10-11.
23. Ibid., pp. 11-12.
24. Michelle Conlin, "Religion in the Workplace: The Growing Presence of Spirituality in Corporate America", *Business Week*, 1 de novembro de 1999, pp. 150-58.
25. Conversa pessoal.
26. Putman, 2000, p. 148; Wuthnow, 2000.
27. Csikszentmihalyi, 1990.
28. Scharmer, 1999, 2000; Isaacs, 1999.
29. Isaacs, 1999; e também em conversa pessoal com William Isaacs.
30. Ray e Anderson, 2000, p. 4.
31. Michael Shellenberger e Ted Nordhaus, 2004. "The Death of Environmentalism. Global Warming Politics in a Post-Environmental World", ver www.thebreakthrough.org e www.evansmcdonough.com.
32. Galtung e Inayatullah, 1977.
33. Weber, 1998, pp. 203-204.
34. Habermas, 1981, p. 522.
35. Scharmer e Senge, 1996.
36. Os exemplos de organizações que produzem excelentes estudos sobre questões sociais e ecológicas são o Programa de Desenvolvimento das Nações Unidas e o Clube de Roma. Na divisão cultural entre Oriente e Ocidente, Samuel Huntington e outros fizeram trabalho importante; consulte, por exemplo, Huntington, 1996.
37. Habermas, 1981.
38. William McDonough e Michael Braungart, *Cradle to Cradle: Remaking the Way We Make Things* (Nova York: North Point, 2002); para mais informações, consulte também The Natural Step (www.naturalstep.org), que faz um excelente trabalho sobre o campo da sustentabilidade e tem ferramentas e estruturas concretas para medir o impacto de organizações no ambiente. Da mesma forma, consulte Wuppertal Institute (www.wupperinst.org), que também faz um ótimo trabalho em sustentabilidade e que tem um método de medição do impacto no ambiente denominado MIPS (Material Intensity Per Service Unit), inventado por Friedrich Schmidt-Bleek e explicado em um documento em www.wupperinst.org/Publikationen/Wuppertal_Spezial/ws27e.pdf; consulte também Weizsacker, 1994.
39. Michael Shellenberger e Ted Nordhaus, 2004. "The Death of Environmentalism. Global Warming Politics in a Post-Environmental World", consulte www.thebreakthrough.org e www.evansmcdonough.com.
40. Capra, 2002.
41. Beck e Cowan, 2005.
42. No espírito que a verdadeira avaliação intelectual se expressa pela crítica, duas questões podem ser autorizadas. Uma questão que o trabalho de Wilber levanta é se sua abordagem "todos os quadrantes" é exaustiva. Seria possível afirmar que nela falta a dimensão mais importante: o mundo Eu-Tu sobre o qual Martin Buber escreveu. Wilber, obviamente, afirmaria que o Eu-Tu está incluído em sua categoria "Nós" (intersubjetividade). Mas então seria possível opor-se que um encontro do Eu-Tu real fosse uma categoria *sui generis* e, portanto, diferente da experiência Nós de Wilber (ou, no que diz respeito ao assunto, da noção de Habermas da intersubjetividade).

CAPÍTULO 6
1. Capra, 2002.
2. Brown *et al.*, 1989.
3. Nishida 1990, pp. 174-175.
4. Hawkins, 2002, p. 90.

CAPÍTULO 7
1. Pokorny, 1994, p. 672.

CAPÍTULO 8
1. Watzlawick, 1983, pp. 39-40.
2. A história da GlobalHealthCompany está baseada em um estudo de caso escrito em 1997 por um autor de Harvard que foi contratado pela GlobalHealthCompany. Quando os gerentes que haviam encomendado o estudo de caso leram o resultado, concluíram que o estudo de caso era muito perigoso e que deveria ser trancado em um escritório secreto para que nunca fosse lido por ninguém – razão pela qual nunca foi publicado ou usado.
3. Schein, 1989.
4. Até esse ponto, a história da GlobalHealthCompany se baseia no estudo de caso acima mencionado. Desse ponto em diante, baseia-se em minha interpretação dos dados.

CAPÍTULO 9
1. Zajonc, 1993.
2. Isso foi citado por Charles Flinn em *The Golden Mean* (Nova York: Doubleday, 1974), mas é representativo do pensamento de Alexander em todos os seus prolíficos escritos; os últimos trabalhos incluem a série *Phenomenon of Life*.
3. Antes de se juntar à PARC, Whalen trabalhou como cientista de pesquisa sênior no Institute for Research on Learning em Menlo Park e na University of Oregon, onde era professor associado de sociologia e chefe de departamento.
4. Kaeufer, Scharmer e Versteegen 2003; para *download* gratuito do artigo, consulte www.ottoscharmer.com/; para mais detalhes, consulte www.humedica.org.
5. www.humedica.org (tradução minha).
6. Recomendei aos alunos esse projeto de tese; ele foi publicado em Jung *et al.*, 2001.
7. Mais informações sobre o treinamento de metade do dia baseado em diálogos feitos pelos alunos podem ser encontradas no site www.prescencing.com.
8. Ibid.

CAPÍTULO 10
1. Os *Steelen* foram desenvolvidos pelo professor emérito Nick Roericht, do HDK Berlim; consulte www.roericht.net.
2. Consulte mais sobre como definir o espaço intencional na descrição do Círculo das Sete, mais adiante neste capítulo.
3. Para aprender mais sobre Mergulho Profundo, você pode assistir a um clipe de filme de uma reportagem de televisão que foi ao ar na ABC, em fevereiro de 1999, no site www.ideo.com/media/nightline.asp.
4. "Como isso se relaciona e em que difere da noção de campo de Kurt Lewin?", perguntei-lhe, referindo-me ao grande pioneiro e fundador da psicologia social, da aprendizagem social e da pesquisa-ação. "Lewin tinha uma intuição sobre campo semelhante àquela sobre a qual falo", respondeu Rosch, "mas, quando ele descreveu esse campo, deixou muito claro que era o campo conhecido por determinado indivíduo em um dado momento. O que ele quis dizer com 'conhecer' e 'indivíduo' parecia ser o indivíduo preso em sua pele olhando para fora através de seus olhos, o que damos por certo. E, sem dúvida, é como outras pessoas têm entendido e usado o trabalho dele na educação e em sistemas de terapia. Então, essa é a única diferença". "Portanto, o campo que você descreveu não é uma coisa, não é um 'objeto', você não o encontraria no domínio exterior?", perguntei a Rosch. Ela concordou acenando com a cabeça. "Certo. Está certo."
5. Essa versão da história de Parsifal se baseia no *Parzival*, de Wolfram von Eschenbach (1980). A história é, em parte, recontada a partir de Catford e Ray, 1991.
6. A versão completa da entrevista pode ser encontrada em www.dialogonleadership.org.
7. Bortoft, 1996.
8. Ibid.
9. Senge, Scharmer, Jaworski e Flowers, 2004.
10. Goethe, 1823, citado in Crotell, 1998. (Italics do autor.)

CAPÍTULO 11
1. Heidegger (1993), no parágrafo 65 de *Sein und Zeit*, fala sobre o futuro assim:
"»Zukunft« meint hier nicht ein Jetzt, das, *noch nicht* »wirklich« geworden, einmal erst *sein wird*, sondern die Kunft, in der das Dasein in seinem eigensten Seinkönnen auf sich zukommt. Das Vorlaufen macht das Dasein *eigentlich* zukünftig, so zwar, daß das Vorlaufen selbst nur möglich ist, sofern das

Dasein *als seiendes* überhaupt schon immer auf sich zukommt, das heißt in seinem Sein überhaupt zukünftig ist" (italics in the original), p. 325. Agradeço a meu colega, professor Walther Dreher, que me apresentou esse parágrafo.
2. Peter Ross, "The Most Creative Man in Silicon Valley", *Fast Company*, junho de 2000, p. 274.
3. Trata-se de uma reflexão interessante dessa estrutura de campo da atenção, que nasce da esfera ambiente. Ver também Pokorny, 1994, p. 341.
4. Entrevista com Eleanor Rosch feita por Claus Otto Scharmer, 15 de outubro de 1999, transcrição, *Dialog on Leadership*, www.dialogonleadership.org/interviewRosch.html. As seguintes definições de Rosch também podem ser encontradas na página 19 da entrevista: *Totalidade*: "Há uma poderosa intuição da totalidade que vai além da análise conceitual em unidades isoladas. O detalhe analítico está incluído, mas deve ser visto em uma perspectiva adequada."
Causalidade: "Seres humanos sustentam a incerteza de que a causalidade (e/ou contingência) não é uma relação 'um em um' entre unidades separadas que a mente conceitual imagina com facilidade, mas, na verdade, uma interdependência básica de fenômenos."
Tempo: "Há a noção de que o tempo pode não ser simplesmente o fluxo linear que admitimos como certo. Em vez disso, objetos e experiências supostamente duradouros podem ser transitórios, e o transitório pode ter uma noção de eternidade."
Ação: "Os seres humanos têm a experiência da ação que parece surgir sem intenção, esforço, motivação referencial do eu ou controle consciente – até mesmo sem a noção de 'eu' fazendo isso."
Conhecimento: "Há uma forte noção de que há um tipo de conhecimento não captado pelos nossos modelos, um conhecimento fundamental não explícito ou apreensível. Esse é o tipo de conhecimento que sente a totalidade, o estado de interconexão mútua com os outros, e assim por diante, de fato, todas as outras intuições. Nossa psicologia e cultura têm atribuído esse conhecimento a várias fontes (como o inconsciente), que podem ser desvios, em vez de suportes, na exploração do conhecimento."
5. Por exemplo, quando as moedas de ouro e prata circulavam ao mesmo tempo em valores legalmente estabelecidos que vieram a diferir dos valores de mercadorias relacionados ao valor dos dois metais, então aquela com o menor valor (prata) eliminaria a de valor mais alto (ouro).
6. Ver o Capítulo 17.
7. Um evento notável foi a reunião no Stanford Park Hotel, em Palo Alto, entre Gary Jusela, Joseph Jaworski e eu, pouco depois de nos reunirmos em Houston. Nesse encontro em Palo Alto, que aconteceu no fim de vários dias de entrevistas conjuntas em todas as partes do Vale do Silício, três de nós tinhamos uma experiência muito semelhante à descrita anteriormente. Essas duas reuniões explicam a maior parte de todas as ideias e conceitos criativos do Leadership Laboratory que desenvolvemos naquele ano.
8. Um processo que o Círculo das Sete desenvolveu para esse trabalho de treinamento mais profundo é The Symbols Way. Esse processo foi desenvolvido para estender o potencial pessoal e coletivo a partir da trama da realidade atual. O kit The Symbols Way é obtido por indivíduos, consultores e equipes de liderança ao contatarem sua designer, Barbara Coffman-Cecil, em bcecil@mind.net. É um produto da Ashland Institute (www.ashlandinstitute.org).
9. Pokorny, 1994, p. 341.

CAPÍTULO 12
1. *Bíblia*, Mateus 19:24
2. Consulte Owen, 1997.
3. Jaworski, 1996.
4. Scharmer *et al.*, 2002.
5. Buber, 2000.
O original alemão dessa seção-chave de *Eu-Tu* aparece assim:
Der freie Mensch ist der ohne Willkür wollende. Er glaubt an die Wirklichkeit; das heißt: er glaubt an die reale Verbundenheit der realen Zweiheit Ich und Du. Er glaubt an die Bestimmung und daran, daß sie seiner bedarf: sie gängelt ihn nicht, sie erwartet ihn, er muß auf sie zugehen, und weiß doch nicht, wo sie steht; er muß mit dem ganzen Wesen ausgehen, das weiß er. Es wird nicht so kommen wie sein Entschluß es meint; aber was kommen will, wird nur kommen, wenn er sich zu dem entschließt, was er wollen kann. Er muß seinen kleinen Willen, den unfreien, von Dingen und Trieben regierten, seinem großen opfern, der vom Bestimmtsein weg und auf die Bestimmung zu geht. Da greift er nicht mehr ein, und er läßt doch auch nicht bloß geschehen. Er lauscht dem aus sich Werdenden, dem Weg des Wesens in der Welt; nicht um von ihm getragen zu werden: um es selber so

zu verwirklichen, wie es von ihm, dessen es bedarf, verwirklicht werden will, mit Menschengeist und Menschentat, mit Menschenleben und Menschentod. Er glaubt, sagte ich; damit ist aber gesagt: er begegnet.

Capítulo 13

1. Kelley, 2001, p. 232.
2. www.synergos.org/partnership/.
3. Para uma apresentação mais abrangente da Global Leadership Initiative, consulte Senge *et al.*, 2004, e www.globalleadershipinitiative.org.
4. Kaeufer, Scharmer e Versteegen, 2003.
5. Além disso, médicos e suas equipes examinaram formas de aprimorar a experiência do paciente (por exemplo, reduzindo tempos de espera); os médicos no centro de emergência registram o problema do paciente depois de cada chamada, notam como eles respondem e o que aprendem com isso – e compartilharam essa aprendizagem com os colegas; as mulheres em uma área rural criaram uma "cozinha regional" para ensinar aos diabéticos e seus cuidadores hábitos alimentares e estilos de vida mais saudáveis.
6. Para obter mais informações sobre o Sustainable Food Laboratory, consulte: www.sustainablefood.org.
7. www.frappr.com/networkoflivinglabs.

Capítulo 14

1. Conversa pessoal com Miha Pogacnik, em Nova York, 1999.
2. Devo a distinção entre ecossistema e egossistema a um discurso de Maurice Strong em Pequim, 23 de outubro de 2006, durante a jornada de mergulho profundo do programa ELIAS.
3. Kolb, 1984.
4. Consulte Senge, 1990.
5. Consulte Bushe e Shani, 1990; Schein, 1995.

Capítulo 15

1. Para um resumo sobre os métodos contemporâneos da pesquisa-ação, consulte Reason e Bradbury, 2001.
2. Lewin, 1997, p. 240.
3. Para informações adicionais sobre Kurt Lewin, consulte as seguintes páginas Web: Mark K. Smith, "Kurt Lewin, Groups, Experiential Learning and Action Research", *Encyclopedia of Informal Education* (2001), www.infed.org/thinkers/et-lewin.htm; "Force Field Analysis", www.accelteam.com/techniques/force_field_analysis.html; Julie Greathouse, "Kurt Lewin" (1997), www.muskingum.edu/~psych/psycweb/history/lewin.htm; Edgar H. Schein, "Kurt Lewin's Change Theory in the Field and in the Classroom: Notes Toward a Model of Managed Learning", *Reflections*, 1995, www.solonline.org/res/wp/10006.html.
4. Consulte Hall e Lindzey, 1978, p. 386.
5. Orlikowski, 1992; Weick, 1995.
6. Devo o termo "ausência" a Warren W. Tignor, que, em seu excelente periódico, sugere que um ciclo de ausência é uma inversão do U; ver Tignor, 2005.
7. Scharmer, 2001, pp. 137-150.
8. Nonaka e Takeuchi, 1995; Polanyi, 1966.
9. Scharmer, 2000; Fichte, 1982; ver também a entrevista com Eleanor Rosch feita por Claus Otto Scharmer, 15 de outubro de 1999, Dialog on Leadership, www.dialogonleadership.org/ interviewRosch.html.
10. Schön, 1983; Rosch, 1999; Scharmer, 2000.
11. O termo "estética" refere-se aos tipos de experiência que atendem a três condições: o sujeito da experiência (a) ver algo (ver 1), (b) observar a si próprio enquanto observa ao mesmo tempo (ver 2), e (c) fechar o ciclo de feedback entre "ver 1" e "ver 2" ("ver 3"). Portanto, em uma experiência estética, o sujeito está dentro (assistindo a algo) e fora dela (assistindo a si próprio) ao mesmo tempo. Em termos técnicos, tratamos essas experiências como experiências estéticas que têm a propriedade de sincronicidade entre ação e reflexão, isto é, o retardo de feedback é nulo.
12. Consulte Beuys, 2004.
13. Heidegger, 1993, p. 325.
14. Consulte Lauenstein, 1974; Fichte, 1982.

Capítulo 16
1. A entrevista, disponível em www.amazon.com, é *Blind Spot Hitlers Secretary*, um documentário alemão de 2002 em DVD e vídeo estrelando Traudl Junge, dirigido por André Heller e Othmar Schmiderer e produzido pela Sony Pictures.

Capítulo 17
1. Elias, 1978.
2. Goffman, 1999.
3. Isaacs, 1999.
4. Para obter mais informações sobre a indagação apreciativa, consulte *Appreciative Inquiry Commons* em http://appreciativeinquiry.case.edu.
5. E outras podem ser localizadas em Isaacs, 1999.
6. Argyris, 1994.
7. Glennifer Gillespie, *The Footprints of Mont Fleur* (2000) www.democraticdialoguenetwork.org.
8. Consulte Kahane, 2004.
9. Gillespie, 2000, p. 155.
10. Gillespie, 2000.
11. Consulte Bohm 1996; Isaacs 1999.
12. Kahane 2002.
13. Stiglitz 2002, XIV.
14. Ibid., XV.
15. Essa é uma reflexão interessante dessa estrutura de campo da atenção, que nasce da esfera ambiente. Ver também Pokorny 1994, p. 341.

Capítulo 18
1. Mintzberg, 1983, p. 2.
2. As demais partes dessa discussão sobre estruturas organizacionais também se baseiam em Mintzberg, 1983.
3. Consulte Adler e Borys, 1996.
4. As estruturas elementares discutidas se relacionam à famosa "Estrutura em cinco configurações" de Mintzberg, como mostrado a seguir. As três primeiras estruturas, (1) estrutura simples, (2) burocracia mecanizada e (3) burocracia profissional, são refletidas no Campo 1. A quarta estrutura de Mintzberg, forma dividida, apresenta-se aqui não em uma, mas em três versões: como uma versão dividida das três formas de centralização. Por fim, a quinta estrutura de Mintzberg, a *adhocracia*, ou adocracia, também se apresenta em três versões diferentes (redes de produtores, negociantes e pensadores). O último quadrante das estruturas organizacionais (comunidade ou ecologia) não existe no conceito de Mintzberg da estrutura em cinco configurações.
5. Consulte Schein *et al.*, 2003, p. 128.
6. *Ibid.*, pp. 220-221.
7. Mintzberg, 1983.
8. Schein *et al.*, 2003, p. 87.
9. Consulte Saxenian, 1994.
10. Consulte a entrevista completa com Thomas Malone, feita por Claus Otto Scharmer, 31 de maio de 2000, em *Dialog on Leadership*, www.dialogonleadership.org/Malone2001.html.
11. Consulte Hock, 1999.
12. Schein *et al.*, 2003, p. 236.
13. Todas as citações a seguir sobre o colapso de Enron são de Kurt Eichenwald, com Diana B. Henriques, "Enron's Many Strands", *The New York Times*, 10 de fevereiro de 2002.
14. Paul Krugman, "Delusions of Power", *The New York Times*, 28 de março de 2003.
15. Consulte de Geus, 1997.
16. Mike Horner, ex-funcionário da DEC, citado em Schein *et al.*, 2003, p. 256.
17. *Ibid.*, p. 254.

Capítulo 19
1. Quoted in Alan Deutschman, "Change or Die", *Fast Company*, maio de 2005, p. 53.
2. Ibid.
3. Hadler, 2005. Agradeço a Richard Brush e Jeff Doemland, da Cigna, por me apresentar esse estudo notável.

4. Perlas, 2003.
5. Consulte Olson, 1965.
6. www.aap.org/healthtopics/mediause.cfm.
7. Consulte o *Times*, 15 de novembro de 2004, para obter mais detalhes sobre a eleição presidencial dos Estados Unidos de 2004.
8. Esses incluem, por exemplo, desenvolvimentos de usuário de ponta, que são inovações geradas coletivamente com um usuário interessado em colaborar com ideias críticas, experiências e feedback.
9. Consulte Scharmer e Jaworksi, 2000.
10. Devo este ponto a Johan Galtung.
11. Devo a argumentação básica sobre Transformações I e II a Johan Galtung.
12. Galtung, 1977.
13. Polanyi, 2001.
14. www.unternimm-die-zukunft.de/; http://www.iep.uni-karlsruhe.de/grundeinkommen/.
15. Brunnhuber e Klimenta, 2003.
16. www.dannwisch.de.
17. Por exemplo, em junho de 2006, Warren Buffett direcionou quase US$1,5 bilhão de sua fortuna da Berkshire Hathaway para a Bill and Melinda Gates Foundation, a fim de tratar as desigualdades mais desafiadoras do mundo. *Grosso modo*, essa doação é o dobro das doações anuais da fundação Gates, que se concentra em questões de saúde mundiais, incluindo a luta contra malária, HIV/Aids e tuberculose – e em aprimorar as bibliotecas dos Estados Unidos e as escolas de ensino médio. O total das doações filantrópicas da fundação Gate era de US$30 bilhões na época da publicação deste livro. *Newsweek*, 10 de julho de 2006, lista sua "Philanthropy's All-Star Team" na página 86. Outras fundações incluem a Angel Network, de Oprah Winfrey, a consciência verde de Al Gore, o trabalho de Lance Armstrong com pesquisa sobre o câncer, o programa "Start Something", de Tiger Woods, o programa de ajuda global de Ted Turner, a fundação para crianças de Rosie O'Donnell, o programa habitacional e de prevenção de doenças de Jimmy Carter, o programa de prevenção de obesidade de Veronica Atkins, a fundação para crianças de Paul Newman, o programa de pesquisa da doença de Parkinson, de Michael J. Fox e muitos outros.

Capítulo 20

1. Estou insatisfeito com o termo *sistema autista*, porque pode soar como se eu estivesse depreciando as crianças e os portadores do autismo. Mas a realidade é que as crianças autistas têm uma capacidade inata de superar as limitações com que nasceram (o uso da terapia musical revelou resultados impressionantes nesse aspecto, e pode significar que uma das chaves para abrir o mundo autista é encontrar a linguagem certa). Podemos pensar nos sistemas autistas do mesmo modo: pode parecer que nenhuma comunicação real é possível e, apesar disso, se pudermos encontrar a linguagem certa, seremos capazes de nos comunicar e ir além das fronteiras.
2. Consulte Maturana, 1987.
3. Luhmann, 1995.
4. Helen Wade, "Systemic Working: the Constellations Approach", *Industrial and Commercial Training*, August 2004, pp. 194-199.
5. Sobre os paralelos entre diferenciação no indivíduo e diferenciação na sociedade, consulte Steiner, 1980.
6. Digo isso com uma advertência: eu mesmo ainda não tive a oportunidade de participar de uma sessão de trabalho da constelação. Portanto, o que estou dizendo aqui se baseia no conhecimento de segunda mão, não na minha própria experiência.
7. Cooperrider *et al.*, 2000; Brown *et al.*, 2005; Isaacs, 1999.
8. Weisbord *et al.*, 1995.
9. Wilber, 2000. Consulte também a discussão sobre seu trabalho no Capítulo 6.
10. No lado direito do U, veríamos uma versão invertida do modelo dos quatro quadrantes, por meio do qual um novo mundo está nascendo.

Capítulo 21

1. O livro *Process Consultation Revisited* (1998), de Schein, é um dos mais úteis que já li. Ele ajudou a me tornar um consultor de processos muito melhor.
2. O primeiro princípio do processo do U, porém, começa antes de qualquer tipo de relação com clientes externos ter sido criada. Ele começa no momento em que tentamos entender qual é nosso verdadeiro trabalho. O processo do U baseia-se em muitas das mesmas premissas filosóficas em que a consulto-

ria de processos é fundada. Uma das principais diferenças é que o processo do U inicia com a criação de uma relação com um elemento importante do nosso "sistema de cliente" existencial, por assim dizer: o nosso próprio Eu futuro mais elevado. Outros elementos que o processo de U ligeiramente amplia a partir da abordagem de consultoria de processos são o uso das jornadas de mergulho profundo, os projetos de criação de protótipos rápidos e as práticas individuais e coletivas para acessar o eu autêntico.
3. As quatro perguntas são: (1) Qual é o mais importante objetivo, e como posso ajudar a realizá-lo? (Para que você precisa de mim?) (2) Que critérios você utilizará para avaliar se minha contribuição para seu trabalho foi bem-sucedida? (3) Se eu fosse capaz de mudar duas coisas na minha área da responsabilidade dentro dos próximos seis meses, o que essas duas coisas criariam de maior valor e como você se beneficiaria? (4) Que tensão histórica e/ou demandas conflitantes, se existirem, no meu papel ou função criaram obstáculos para cumprir seus requisitos e expectativas?
4. www.sustainablefood.org.
5. Brown *et al.*, 2005.
6. Scharmer e Jaworski, 2000.
7. Consulte www.dialogonleadership.org/interviewC07.htm.
8. Exemplo: concluir as coisas mais importantes durante as oito primeiras horas do dia, das 4h ao meio-dia.
9. Covey, 1990.
10. Arthur é diretor da fundação do programa econômico no Santa Fe Institute.
11. Extraído de Senge *et al.*, 2004, p. 158.
12. Nonaka, 1994, 1995, 1998.
13. Nonaka, Toyama e Scharmer, 2001.
14. Consulte www.presencing.org.

Epílogo

1. Stolzfus, 2001.
2. Konrad Schily era presidente da Witten/Herdecke University durante as décadas de 1980 e 1990. Consulte também Konrad Schily, *1993*.
3. Hoje, Kai Reimers é professor de TI e economia no RWTH Aachen e professor convidado na School of Economics and Management, Tsinghua University, Pequim. Ele fala sobre nossos passeios de diálogo em um artigo recente de Johannes Wiek: "Macht doch, was ihr wollt!" *Soziale Innovation*, Folge 6. in: brand eins, junho de 2006.
4. web.mit.edu/newsoffice/2003/dalailama.html.
5. Os participantes desse grupo incluem: Jon Kabat-Zinn, fundador de clínicas que promovem a redução de estresse da atenção plena; Arawana Hayashi, educador da presença personificada; Rose van Thater, cofundadora da Native Science Academy; Diana Chapman Walsh, presidente do Colégio Wellesley; reverendo Jeff Brown, cofundador do Boston Ten Point Coalition; Sayra Pinto, chefe da Twin City Latino Coalition; Dayna Cunningham, diretora do ELIAS Project; Richard Noel, consultor organizacional do Diana Chapman Walsh em Wellesley; Katrin, Peter, Arthur e eu.
6. Agradeço à Fetzer Foundation, que financiou essa e duas outras reuniões de coiniciação relacionadas do Presencing Institute.
7. Martin Kalungu-Banda, "Leading Like Madiba: Leadership Lessons from Nelson Mandela". Double Story Books, a Division of Juta & Co. Ltd. Para adquirir o livro, contate Bimpey@juta.co.za.
8. Para obter referências detalhadas, consulte www.ottoscharmer.com. Informações detalhadas sobre o Food Laboratory e o Child Nutrition Laboratory podem ser encontradas em www.synergos.org/partnership/about/initiatives.htm.
9. Os recentes programas de fortalecimento das capacidades institucionais que tenho dirigido incluem programas de líderes em DaimlerChrysler, Fujitsu, PricewaterhouseCoopers, BASF, Nissan, Royal Dutch Shell e o United Nations Development Programme.
10. ELIAS for Emerging Leaders for Innovations Across Sectors. Para mais informações: www.prescencing.com.

Bibliografia

Adler, Paul S. & Bryan Borys. 1996. "Two Types of Bureaucracy: Enabling and Coercive". *Administrative Science Quarterly* 41: 61–89.
Aguayo, Rafael. 1991. *Dr. Deming: The American Who Taught the Japanese About Quality*. Nova York: Simon & Schuster.
Alexander, Christopher. 2004. *The Luminous Ground*. Vol. 4 of *The Nature of Order*. Berkeley, CA: The Center for Environmental Structure.
____. 1979. *The Timeless Way of Building*. Nova York: Oxford University Press.
____. Sara Ishikawa & Murray Silverstein. 1977. *A Pattern Language: Towns, Buildings, Construction*. Nova York: Oxford University Press.
Alexander, Jeffrey C. & Steven Seidman (orgs.). 1990. *Culture and Society: Contemporary Debates*. Nova York: Cambridge University Press.
Ancona, Deborah, Thomas Kochan, Maureen Scully, John Van Maanen & Eleanor Westney. 2005. *Managing for the Future: Organizational Behavior and Processes*. 3rd ed. Mason: South-Western College Publishing.
____. Henrik Bresman & Katrin Kaeufer. 2002. "The Comparative Advantage of X-Teams". *MIT Sloan Management Review*, 43: 33-39.
Anderson, Rob & Kenneth N. Cissna. 1997. *The Martin Buber-Carl Rogers Dialogue:* A New Transcript with Commentary. Albany, NY: State University of New York.
Argyris, Chris. 1994. "Good Communication That Blocks Learning". *Harvard Business Review*, Julho 1.
____. 1993. *Knowledge for Action*. San Francisco: Jossey-Bass.
____. 1992. *On Organizational Learning*. Cambridge, MA: Blackwell.
____ & Donald Schön. 1995. *Organizational Learning II: Theory, Method and Practice*. 2nd ed. Englewood Cliffs, NJ: Prentice Hall.
____. Robert Putnam & Diana McLain Smith. 1985. *Action Science: Concepts, Methods & Skills for Research and Intervention*. San Francisco: Jossey-Bass.
Aristotle. 1985. *Nicomachean Ethics*. Traduzido por Terence Irwin. Indianapolis e Cambridge, U.K.: Hackett.
Arthur, Brian. 1996. "Increasing Returns and the New World of Business". *Harvard Business Review* 74, n. 4: 100-109.
Atlee, Tom. 2003. *The Tao of Democracy: Using Co-intelligence to Create a World That Works for All*. Cranston, RI: Writers' Collective.
Austin, Rob & Lee Devin. 2003. *Artful Making: What Managers Need to Know About How Artists Work*. Upper Saddle River, NJ: Financial Times-Prentice Hall.
Bache, Christopher M. 2000. *Dark Night, Early Dawn: Steps to a Deep Ecology of Mind*. Albany: State University of New York.
Barnard, Chester I. 1938. *The Functions of the Executive*. Cambridge, MA e Londres: Harvard University Press.
Bateson, Gregory. 1999. *Steps to an Ecology of Mind*. Chicago e Londres: University of Chicago Press.
Batstone, David. 2003. *Saving the Corporate Soul*. San Francisco: Jossey-Bass.
Beck, Don E. & Christopher C. Cowan. 1996. *Spiral Dynamics: Mastering Values, Leadership & Change*. Malden, MA: Blackwell Business.
Beck, U., A. Giddens & S. Lash. 1996. *Reflexive Modernization: Politics, Tradition and Aesthetics in the Modern Social Order*. Cambridge: Polity Press.
____. 1986. *Risikogesellschaft. Auf dem Weg in eine andere Moderne*. Frankfurt aM: Suhrkamp.
Beckhard, Richard & Reuben T. Harris. 1987. *Organizational Transitions: Managing Complex Change*. 2nd ed. Reading, MA: Addison-Wesley.

Benedikter, Roland (org.). 1997. *Wirtschaft und Kultur im Gespräch: Zukunftsperspektiven der Wirtschaftskultur*. Meran: Alpha & Beta Verlag.
Bennis, Warren. 1989. *On Becoming a Leader*. Reading, MA: Addison-Wesley.
Berger, Peter L. & Thomas Luckmann. 1967. *The Social Construction of Reality: A Treatise in the Sociology of Knowledge*. Nova York: Doubleday.
Bernasconi, Robert. 1993. *Heidegger in Question: The Art of Existing*. Atlantic Highlands, NJ: Humanities Press.
Beuys, Joseph. 2004. *What Is Art?* Organizado por Volker Harlan. Traduzido por Matthew Barton & Shelly Sacks. Stuttgart: Verlag Freies Geistesleben & Urachhaus.
Block, Peter. 1993. *Stewardship: Choosing Service Over Self-Interest*. San Francisco: Berrett-Koehler.
Bohm, David. *On Dialogue*. 1996. Organizado por Lee Nichol. Londres: Routledge.
____. 1994. *Thought as a System*. Londres e Nova York: Routledge.
____. 1983. *Wholeness and the Implicate Order*. Londres e Nova York: ARK Paperbacks.
Bond, Patrick. 2004. *Talk Left, Walk Right: South Africa's Frustrated Global Reforms*. Scottsville: University of KwaZulu-Natal Press.
Bortoft, Henri. 1996. *Wholeness of Nature: Goethe's Way of Science*. Edinburgh: Floris.
Brand, Stewart. 1988. *The Media Lab: Inventing the Future at M.I.T.* Nova York: Penguin.
Brown, John Seely, Alan Collins & Paul Duguid. 1989. "Situated Cognition and the Culture of Learning". *Educational Researcher* 18, n. 1 (Janeiro-Fevereiro), pp. 32-42.
Brown, Juanita, David Isaacs & the World Café Community. 2005. *The World Café: Shaping Our Futures Through Conversations that Matter*. San Francisco: Berrett- Koehler.
Brunnhuber, Stefan & Harald Klimenta. 2003. *Wie wir Wirtschaften werden: Szenarien und Gestaltungsmöglichkeiten für zukunftsfähige Finanzmärkte*. Frankfurt: Redline Wirtschaft Ueberreuter.
Buber, Martin. 2000. *I and Thou*. First Scribner Classics Edition. Nova York: Scribner.
Bushe, Gervase R. & Abraham B. Shani. *Parallel Learning Structures: Increasing Innovation in Bureaucracies*. Reading, MA: Addison-Wesley.
Campbell, Joseph com Bill Moyers. 1991. *The Power of Myth*. Organizado por Betty Sue Flowers. Nova York: Anchor.
Capra, Fritjof. 2002. *The Hidden Connections: Integrating the Biological, Cognitive, and Social Dimensions of Life into a Science of Sustainability*. Nova York: Doubleday.
Carr, Nicholas G. 2003. "IT Doesn't Matter". *Harvard Business Review* 81, n. 5, 41.
Carter, Robert E. 1997. *The Nothingness Beyond God: An Introduction to the Philosophy* of Nishida Kitaro. 2ª ed. St. Paul, MN: Paragon House.
Castells, Manuel. 1998. *End of Millennium*, vol. 3. Oxford: Blackwell.
____. 1997. Castells, Manuel. *The Power of Identity: The Information Age: Economy, Society and Culture*. Oxford: Blackwell.
____. 1996. *The Rise of the Network Society*. Oxford: Blackwell.
Catford, Lorna & Michael Ray. 1991. *The Path of the Everyday Hero*. Nova York: Tarcher.
Chaiklin, Seth & Jean Lave (orgs.) 1993. *Understanding Practice: Perspectives on Activity and Context*. Nova York: Cambridge University Press.
Chandler, Dawn & William R. Torbert. 2003. "Transforming Inquiry and Action: Interweaving Flavors of Action Research". *Action Research* 1, n. 2: 133-152.
Chatterjee, Debashis. 1998. *Leading Consciously: A Pilgrimage Toward Self-Mastery*. Boston: Butterworth-Heinemann.
Childre, Doc & Bruce Cryer. 1998. *From Chaos to Coherence: Advancing Emotional and Organizational Intelligence Through Inner Quality Management*. Boston: Butterworth Heinemann.
Chrislip, David D. 2002. *The Collaborative Leadership Fieldbook: A Guide for Citizens and Civic Leaders*. San Francisco: Jossey-Bass.
Christensen, Clayton M. 1997. *The Innovator's Dilemma: When New Technologies Cause Great Firms to Fail*. Boston: Harvard Business School Press.
Clegg, Stewart R., Cynthia Hardy & Walter R. Nord (orgs.). 1996. *Handbook of Organization Studies*. Londres: Sage.
Coase, R. H. 1998. *The Firm, The Market, and the Law*. Chicago e Londres: University of Chicago Press.
Coleman, James S. 1998. "Social Capital in the Creation of Human Capital". *American Journal of Sociology* 94: S95-S120.
Collin, Finn. *Social Reality*. 1997. Londres e Nova York: Routledge.
Collins, Jim. 2001a. *Good-to-Great: Why Some Companies Make the Leap... and Others Don't*. Nova York: HarperBusiness.

____. 2001b. "Level 5 Leadership: The Triumph of Humility and Fierce Resolve". *Harvard Business Review* 75, n.1, 66.
____ & Jerry I. Porras. 1994. *Built to Last: Successful Habits of Visionary Companies*. Nova York: HarperBusiness.
Confucius. 1971. *Confucian Analects, The Great Learning & the Doctrine of the Mean*. Traduzido por James Legge. Nova York: Dover.
Cooperrider, David L., Peter F. Sorensen, Jr., Diana Whitney & Therese F. Yaeger (orgs.). 2000. *Appreciative Inquiry: Rethinking Human Organization Toward a Positive Theory of Change*. Champaign, IL: Stipes.
Csikszentmihalyi, Mihaly. 1996. *Creativity: Flow and the Psychology of Discovery and Invention*. Nova York: HarperPerennial.
____. 1993. *The Evolving Self*. Nova York: HarperPerennial.
____. 1990. *Flow the Psychology of Optimal Experience*. Nova York: HarperCollins.
Cusumano, Michael A. & Kentaro Nobeoka. 1998. *Thinking Beyond Lean: How Multi-Project Management Is Transforming Product Development at Toyota and Other Companies*. Nova York: Free Press.
Dalai Lama. 2003. *Estructive Emotions: How Can We Overcome Them?* Narrado por Daniel Goleman. Nova York: Bantam.
Daly, Herman E. 1996. *Beyond Growth: The Economics of Sustainable Development*. Boston: Beacon Press.
____ & Kenneth N. Townsend (orgs.). 1993. *Valuing the Earth: Economics, Ecology, Ethics*. Cambridge, MA e Londres: MIT Press.
Darsø, Lotte. 2004. *Artful Creation: Learning-Tales of Arts-in-Business*. Frederiksberg, Denmark: Samfundslitteratur.
de Geus, Arie. 1997. *The Living Company*. Boston: Harvard Business School Press.
Delantey, Gerard. 1997. *Social Science: Beyond Constructivism and Realism*. Minneapolis: University of Minnesota Press.
Depraz, Natalie, Francisco J. Varela & Pierre Vermersch. 2000. "The Gesture of Awareness, an Account of Its Structural Dynamics". In *Investigating Phenomenological Consciousness: New Methodologies and Maps*. Organizado por Max Velmans. Amsterdam: Benjamin Publishers.
____ (orgs.). 2003. *On Becoming Aware: A Pragmatics of Experiencing (Advances in Consciousness Research)*. Amsterdam: Benjamin.
Dossey, Larry. 2003. *Healing Beyond the Body: Medicine and the Infinite Reach of the Mind*. Boston: Shambhala.
____. 1999. *Reinventing Medicine: Beyond Mind-Body to a New Era of Healing*. San Francisco: HarperSanFrancisco.
Dreher, Walther. 1997. *Denkspuren: Bildung von Menschen mit geistiger Behinderung: Basis einer integralen Pädagogik*. Aachen, Germany: Verlag Mainz.
Eccles, Robert G. et al. 2001. *The ValueReporting Revolution: Moving Beyond the Earnings Game*. Hoboken, NJ: John Wiley.
Eccles, Robert G. & Nitin Nohria. 1992. *Beyond the Hype: Rediscovering the Essence* of Management. Boston: Harvard Business School Press.
Edvinsson, Leif & Michael S. Malone. 1997. *Intellectual Capital: Realizing Your Company's True Value by Finding Its Hidden Brainpower*. Nova York: HarperBusiness.
Eichenwald, Kurt. 2005. *Conspiracy of Fools: A True Story*. Nova York: Broadway Books.
Elias, Norbert. 1978. *The Civilizing Process. The History of Manners*. Tradução do alemão de Edmund Jephcott, de Über den Prozess der Zivilisation. "Soziogenetische und psychogenetische Untersuchungen". Vol. 1. Oxford, Blackwell/Nova York: Urizen Books.
Elkington, John. 1998. *Cannibals with Forks: The Triple Bottom Line of 21st Century Business*. Gabriola, Canada: New Society.
Enriquez, Juan. 2000. *As the Future Catches You: How Genomics & Other Forces Are Changing Your Life, Work, Health & Wealth*. Nova York: Crown Business.
Eschenbach, Wolfram von. 1980. *Parzival*. Traduzido por A. T. Hatto. Londres: Penguin.
Fichte, Johann Gottlieb. 1994. *Introductions to the Wissenschaftslehre and Other Writings*. Tradução e organização por Daniel Breazeale. Indianapolis e Cambridge, U.K.: Hackett.
____ et al. 1982. *The Science of Knowledge: With the First and Second Introductions (Texts in German Philosophy)*. Organizado e traduzido por Peter Heath e John Lachs. Cambridge, U.K.: Cambridge University Press.
Fisher, Dalmar & William R. Torbert. 1995. *Personal and Organizational Tranformations: The True Challenge of Continual Quality Improvement*. Londres: McGraw-Hill.
Fiumara, Gemma Corradi. 1990. *The Other Side of Language: A Philosophy of Listening*. Traduzido por Charles Lambert. Londres e Nova York: Routledge.

Fleck, Ludwig. 1994. *Einstehung und Entwicklung einer wissenschaftlichen Tatsache.* Frankfurt am Main: Suhrkamp.
Flores, Fernando. 1982. "Management and Communication in the Office of the Future". PhD dissertation, University of California, Berkeley.
Florida, Richard. 2002. *The Rise of the Creative Class: And How It's Transforming Work, Leisure, Community and Everyday Life.* Nova York: Basic Books.
Foster, Richard & Sarah Kaplan. 2001. *Creative Destruction: Why Companies That Are Built to Last Underperform the Market: and How to Successfully Transform Them.* Nova York: Currency.
Frick, Don M. 2004. *Robert K. Greenleaf: A Life of Servant Leadership.* San Francisco: Berrett-Koehler.
Friedman, Thomas L. 2000. *The Lexus and the Olive Tree.* Nova York: Anchor Books.
Fritz, Robert. 2003. *Your Life as Art.* Newfane. VT.: Newfane Press.
_____. 1989. *The Path of Least Resistance: Learning to Become the Creative Force in Your Own Life.* Nova York: Fawcett Columbine.
Fukuyama, Francis. 1992a. *The End of History and the Last Man.* Nova York: Free Press.
_____. 1992b. *Trust: The Social Virtues and the Creation of Prosperity.* Nova York: The Free Press.
Galtung, Johan. 1996. *Peace by Peaceful Means: Peace and Conflict, Development and Civilization.* Londres: Sage.
_____. 1995 *On the Social Costs of Modernization: Social Disintegration, Atomie/Anomie and Social Development.* Research Paper. UNRISD: Geneva.
_____. 1988. *Methodology and Development: Essays in Methodology,* vol. 3. Copenhagen: Ejlers.
_____. 1979. *Papers on Methodology: Theory and Methods of Social Research.* Copenhagen: Ejlers.
_____. 1977a. *Methodology and Ideology: Theory and Methods of Social Research.* Copenhagen: Ejlers.
_____. 1977b. "Social Structure and Science Structure". In *Methodology and Ideology.* Copenhagen: Ejlers.
_____ & Sohail Inayatullah. 1997. *Macrohistory and Macrohistorians: Perspectives on Individual, Social, and Civilizational Change.* Westport, CT: Praeger.
Gardner, Howard. 1995. *Leading Minds: An Anatomy of Leadership.* Nova York: Basic Books.
_____. 1993. *Multiple Intelligences: The Theory in Practice.* Nova York: Basic Books.
_____. 1985. *The Mind's New Science: A History of the Cognitive Revolution.* Nova York: Basic Books.
Gendlin, Eugene T. 1997. *A Process Model.* Chicago: University of Chicago.
_____. 1981. *Focusing.* 2ª ed. Nova York: Bantam.
_____ & Johannes Wiltschko. 2004. *Focusing in der Praxis: Eine schulenübergreifende Methode für Psychotherapie und Alltag.* 12ª ed. Stuttgart: Pfeiffer bei Klett-Cotta.
Gerzon, Mark. 2003. *Leaders Beyond Borders: How to Live – and Lead – in Times of Conflict.*
Ghyczy, Tiha von, Bolko von Oetinger & Christopher Bassford (orgs.). 2001. *Clausewitz on Strategy: Inspiration and Insight from a Master Strategist.* Nova York: John Wiley.
Giddens, Anthony. 1984. *The Constitution of Society. Outline of the Theory of Structuration.* Cambridge: Polity Press.
Gladwell, Malcolm. 2005. *Blink: The Power of Thinking Without Thinking.* Nova York e Boston: Little, Brown.
_____. 2000. *The Tipping Point: How Little Things Can Make a Big Difference.* Nova York e Boston: Little, Brown.
Glasl, Friedrich. 2002. *Konfliktmanagement: Ein Handbuch für Führungskräfte, Beraterinnen und Berater.* 7 ed. Bern: Verlag Paul Haupt and Stuttgart: Verlag Freies Geistesleben.
_____. 1999. *Confronting Conflict.* Stroud, U.K.: Hawthorn Press.
_____. 1997. *The Enterprise of the Future.* Stroud, U.K.: Hawthorn Press.
Goethe, Johann Wolfgang. 1986. *Faust: Der Tragödie erster Teil.* Stuttgart: Philipp Reclam Jun.
Goffman, Erving. 1999. *The Presentation of Self in Everyday Life.* Magnolia, MA.: Peter Smith Pub., Inc.
Goleman, Daniel, Richard Boyatzis & Annie McKee. 2002. *Primal Leadership: Realizing the Power of Emotional Intelligence.* Boston: Harvard Business School Press.
Greenleaf, Robert K. 1977. *Servant Leadership: A Journey into the Nature of Legitimate Power and Greatness.* Nova York and Mahwah, NJ: Paulist Press.
Gupta, Bina (org.). 2000. *The Empirical and the Transcendental: A Fusion of Horizons.* Lanham, MD: Rowman and Littlefield.
Habermas, Jürgen. 1981a. *Kleine politische Schriften.* Frankfurt am Main, Germany: Suhrkamp.
_____. 1981b. *Theorie des kommunikativen Handelns erster Band.* Frankfurt am Main: Suhrkamp.
Hagel, John III & Arthur G. Armstrong. 1997. *net.gain: Expanding Markets through Virtual Communities.* Boston: Harvard Business School Press.
Hagel, John III & Marc Singer. 1999. "Unbundling the Corporation". *Harvard Business Review* 77, n. 2: 133-141.

Hall, Calvin S. & Gardner Lindzey. 1978. *Theories of Personality*. 3ª ed. Nova York: John Wiley.
Hall, David & Roger T. Ames. 1995. *Anticipating China: Thinking Through the Narratives of Chinese and Western Culture*. Albany: State University of New York Press.
____. 1987. *Thinking Through Confucius*. Albany: State University of New York Press.
Halpern, Belle L. & Kathy Lubar. 2003. *Leadership Presence: Dramatic Techniques to Reach Out, Motivate, and Inspire*. Nova York: Gotham Books.
Hamel, Gary. 2000. *Leading the Revolution*. Boston: Harvard Business School Press.
____. 1996. "Strategy as Revolution". *Harvard Business Review* 74, n. 4: 69-80.
____ & Coimbatore Krishnarao Prahalad. 1994. *Competing for the Future*. Boston: Harvard Business School Press.
____. e Liisa Valikangas. 2003. "The Quest for Resilience". *Harvard Business Review* 81, n. 9, 52.
Hampden-Turner, Charles & Alfons Trompenaars. 1993. *The Seven Cultures of Capitalism*. Nova York: Doubleday.
Handy, Charles. 2000. *21 Ideas for Managers: Practical Wisdom for Managing Your Company and Yourself*. San Francisco: Jossey-Bass.
____. 1998. *The Hungry Spirit*. Nova York: Broadway Books.
____. 1996. *Beyond Certainty: The Changing Worlds of Organizations*. Boston: Harvard Business School Press.
____. 1995a. *The Gods of Management: The Changing Work of Organizations*. Nova York e Oxford: Oxford University Press, 1995.
____. 1995b. *Waiting for the Mountain to Move*. Londres: Arrow Books.
____. 1994. *The Age of Paradox*. Boston: Harvard Business School Press.
____. 1989. *The Age of Unreason*. Boston: Harvard Business School Press.
____. 1988. *Understanding Voluntary Organizations*. Londres: Penguin.
Hawken, Paul. 1993. *The Ecology of Commerce: A Declaration of Sustainability*. Nova York: HarperBusiness.
____. Amory Lovins & L. Hunter Lovins. 1999. *Natural Capitalism: Creating the Next Industrial Revolution*. Boston: Little, Brown.
Hawkins, David R. 2002. *Power vs. Force: The Hidden Determinants of Human Behavior*. Carlsbad, CA: Hay House.
Heidegger, Martin. 2000. *Introduction to Metaphysics*. Traduzido por Gregory Fried e Richard Polt. New Haven e Londres: Yale University Press.
____. 1997. *Unterwegs zur Sprache*. 11th ed. Stuttgart: Verlag Gunther Neske.
____. 1996. *Die Technik und die Kehre*. 9th ed. Stuttgart: Verlag Gunther Neske.
____. 1995. *Der Ursprung des Kunstwerkes*. Stuttgart: Philipp Reclam Jun.
____. 1993. *Sein und Zeit*. 17ª ed. Tubingen: Max Niemeyer Verlag.
____. 1992a. *Basic Writings*. Organizado por David Farrell Krell. San Francisco: HarperSanFrancisco.
____. 1992b. *Was ist Metaphysik?* 14ª ed. Frankfurt am Main: Vittorio Klostermann.
____. *Über den Humanismus*. 9ª ed. Frankfurt am Main: Vittorio Klostermann.
____. 1989. *Nietzsche*. 5ª ed. Pfullingen: Verlag Gunther Neske.
____. 1988. *Zur Sache des Denkens*. 3ª ed. Tubingen: Max Niemeer Verlag.
____. 1986. *Vom Wesen der Wahrheit*. 6ª ed. Frankfurt am Main: Vittorio Klostermann.
____. 1984. *Was heist Denken?* 14ª ed. Tubingen: Max Niemeyer Verlag.
Heifetz, Ronald A. 1994. *Leadership Without Easy Answers*. Cambridge e Londres: Belknap.
____ & Marty Linsky. 2002. *Leadership on the Line: Staying Alive Through the Dangers of Leading*. Boston: Harvard Business School Press.
Heijden, Kee van der. 1996. *Scenarios: The Art of Strategic Conversation*. Chichester, U.K.: John Wiley.
Henderson, Rebecca M. & Kim Clark. 1994. "Managing Innovation in the Information Age". *Harvard Business Review*, Janeiro-Fevereiro, 100-106.
____. 1990. "Architectural Innovation: The Reconfiguration of Existing Product Technologies and The Failure of Established Firms". *Administrative Science Quarterly*, March Vol. 35, 9-30.
Hertz, Noreena. 2002. *The Silent Takeover: Global Capitalism and the Death of Democracy*. Nova York: The Free Press.
Hinterhuber, Hans H. & Eric Krauthammer. 2005. *Leadership: mehr als Management*. 4ª ed. Wiesbaden, Germany: Gabler Verlag.
Hippel, Eric von. 1988. *The Sources of Innovation*. Nova York e Oxford: Oxford University Press.
Hock, Dee W. *Birth of the Chaordic Age*. 1999. San Francisco: Berrett-Koehler.
Hosle, Vittorio. 1991. *Philosophie der ökologischen Krise*. Munich: Verlag C. H. Beck.

Huntington, Samuel P. 1996. *The Clash of Civilizations and the Remaking of World Order*. Nova York: Simon & Schuster.
Husserl, Edmund. 2000. *Vorlesungen zur Phänomenologie des inneren Zeitbewusstseins*. Tübingen: Max Niemeyer Verlag, 2000.
_____. 1995. *Cartesianische Meditationen*. 3ª ed. Hamburg: Felix Meiner Verlag.
_____. 1993. *Arbeit an den Phänomenen: Ausgewählte Schriften*. Frankfurt am Main: Fischer Taschenbuch Verlag.
_____. 1985. *Die Phänomenologische Methode: Ausgewählte Text I*. Stuttgart: Philipp Reclam Jun.
_____. 1970. *Crisis of European Sciences and Transcendental Phenomenology: An Introduction* to Phenomenological Philosophy. Evanston, IL: Northwestern University Press.
International Forum on Globalization. 2002. *Alternatives to Economic Globalization: A Better World Is Possible*. San Francisco: Berrett-Koehler.
Isaacs, William. 1999. *Dialogue and the Art of Thinking Together*. Nova York: Doubleday.
Jaworski, Joseph. 1996. *Synchronicity: The Inner Path of Leadership*. Organizado por Betty S. Flowers. San Francisco: Berrett-Koehler.
_____ & Claus Otto Scharmer. 2000. *Leadership in the Digital Economy: Sensing and Actualizing Emerging Futures*. Cambridge, MA: Society for Organizational Learning & Beverly, MA.: Generon Consulting.
Joas, Hans. 1996. *The Creativity of Action*. Traduzido por Jeremy Gaines e Paul Keast. Chicago: University of Chicago Press.
Johnson, Thomas H. & Anders Broms. 2000. *Profit Beyond Measure: Extraordinary Results Through Attention to Work and People*. Nova York: The Free Press.
Jung, Stefan et al. 2001. *Im Dialog mit Patienten: Anatomie einer Transformation im Gesundheitswesen*. Heidelberg: Carl Auer.
Kabat-Zinn, Jon. 2005. *Coming to Our Senses: Healing Ourselves and the World Through Mindfulness*. Nova York: Hyperion.
_____. 1994. *Wherever You Go There You Are: Mindfulness Meditation in Everyday Life*. Nova York: Hyperion.
Kahane, Adam. 2004. *Solving Tough Problems: An Open Way of Talking, Listening, and Creating New Realities*. San Francisco, Berrett-Koehler.
_____. 2002. "Changing the World by Changing How We Talk and Listen". *Leader to Leader*, n. 26, 34-40.
Kalungu-Banda, Martin. 2006. *Leading like Madiba: Leadership Lessons from Nelson Mandela*. Cape Town: Double Story Books, a Division of Juta & Co. Ltd.
Kanter, Rosabeth Moss, John Kao & Fred Wiersema (orgs.). 1997. *Innovation: Breakthrough Thinking at 3M, DuPont, GE, Pfizer & Rubbermaid*. Nova York: HarperBusiness.
Kao, John. 1996. *Jamming: The Art and Discipline of Business Creativity*. Nova York: HarperBusiness.
Kappler, Ekkehard. 2006. "Betriebswirtschaftslehre denken: Adorno für Betriebswirte: Eine kritische Einführung zur Einführung". In *Unternehmensbewertung, Rechnungslegung und Prüfung*. Organizado por Gunther Meeh. Sonderdruck. Hamburg: Verlag Dr. Kovac.
_____. 2004. "Bild und Realität: Controllingtheorie als kritische Bildtheorie. Ein Ansatz zu einer umfassenden Controllingtheorie, die nicht umklammert". In *Controlling. Theorien und Konzeptionen*. Organizado por Ewald Scherm e Gotthard Pietsch. München: Verlag Franz Vahlen.
_____. 2003. "Theorie aus der Praxis für die Praxis: Zur Wirksamkeit strategischer Unternehmensführung". In *Perspektiven der Strategischen Unternehmensführung. Theorien: Konzepte – Anwendungen*. Organizado por Max J. Ringlstetter, Herbert A. Henzler and Michael Mirow. Wiesbaden: Gabler Verlag.
_____. 2002. "Controlling und Ästhetik". *Zeitschrift für Controlling und Management*. 46 Jg., H. 6: 377.
_____. 2000. "Entgrenzung. Leitfragen als zentrales Element strategischen Controllings". In *Jahrbuch für Controlling und Rechnungswesen*. Organizado por Gerhard Seicht. Sonderdruck. LexisNexis Verlag ARD Orac.
_____. 1998. "Fit für Feränderung". In *FIT durch Veränderung*. Organizado por Clemens Heidack. Festschrift für Dr. Eberhard Merz. München und Mering: Rainer Hampp Verlag.
Kappler, Ekkehard & Thomas Knoblauch. 1997. *Innovationen-wie kommt das Neue in die Unternehmung?* Gütersloh: Verlag Bertelsmann-Stiftung.
Katzenbach, Jon R. & Douglas K. Smith. 1994. *The Wisdom of Teams: Creating the High-Performance Organization*. San Francisco: HarperBusiness.
Kaeufer Katrin, Claus Otto Scharmer & Ursula Versteegen. 2003. "Breathing Life into a Dying System". *Reflections* 5, n. 3, 3-12.
Kaufmann, Walter (org.). 1954. *The Portable Nietzsche*. Traduzido por Walter Kaufmann. Nova York: Penguin.

Kegan, Robert. 1994. *In Over Our Heads: The Mental Demands of Modern Life*. Cambridge, MA e Londres: Harvard University Press.
____. 1982. *The Evolving Self: Problem and Process in Human Development*. Cambridge, MA e Londres: Harvard University Press.
____ & Lisa Laskow Lahey. 2000. *How the Way We Talk Can Change the Way We Work*. San Francisco: Jossey-Bass.
Keller, Pierre. 1999. *Husserl and Heidegger on Human Experience*. Cambridge, U.K.: Cambridge University Press.
Kelley, Tom. 2001. *The Art of Innovation: Lessons in Creativity from IDEO, America's Leading Design Firm*. Nova York: Doubleday.
Kelly, Marjorie. 2001. *The Divine Right of Capital: Dethroning the Corporate Aristocracy*. San Francisco: Berrett-Koehler.
Kitaro, Nishida. 1987. *Last Writings: Nothingness and the Religious Worldview*. Honolulu: University of Hawaii Press.
Kolb, David. 1984. *Experiential Learning: Experience as the Source of Learning and Development*. Upper Saddle River, NJ: Financial Times/Prentice Hall.
Kotter, John P. 1996. *Leading Change*. Boston: Harvard Business School Press.
____ & Dan S. Cohen. 2002. *The Heart of Change: Real-Life Stories of How People Change Their Organizations*. Boston: Harvard Business School Press.
Krishnamurti, J. & David Bohm. 1985. *The Ending of Time*. San Francisco: HarperSanFrancisco.
Krogh, Georg von. 2000. *Enabling Knowledge Creation: How to Unlock the Mystery of Tacit Knowledge and Release the Power of Innovation*. Oxford: Oxford University Press.
____. 1998. "Care in Knowledge Creation". *California Management Review* 40, n. 3, 133-153.
____ & Johan Roos. 1995. *Organizational Epistemology*. Nova York: St. Martin's Press.
____. Ikujiro Nonaka & Toshihiro Nishiguchi. 2000. *Knowledge Creation: A Source of Value*. Londres: Macmillan.
Lauenstein, Diether. 1974. *Das Ich und die Gesellschaft: Philosophie Soziologie*. Stuttgart: Verlag Freies Geistesleben.
Lave, Jean et al. 1991. *Situated Learning: Legitimate Peripheral Participation (Learning in Doing: Social, Cognitive & Computational Perspectives)*. Cambridge, U.K.: Cambridge University Press.
Lefort, Rosine, in collaboration with Robert Lefort. 1980. *Birth of the Other*. Traduzido por Marc Du Ry, Lindsay Watson & Leonardo Rodríguez. Urbana and Chicago: University of Illinois Press.
Leonard, Dorothy. 1997. "Spark Innovation Through Empathic Design". *Harvard Business Review* 75, n. 6, 102-113.
Lewin, Kurt. 1997. *Resolving Social Conflicts & Field Theory in Social Science*. Washington, DC: American Psychological Association.
Lievegoed, Bernard C. J. 1991. *Developing Communities*. Stroud, UK: Hawthorn Press.
Lindenberg, Marc & Coralie Bryant. 2001. *Going Global: Transforming Relief and Development NGOs*. Bloomfield, CT: Kumarian Press.
Lippitt, Lawrence L. 1998. *Preferred Futuring*. San Francisco: Berrett-Koehler.
Richard M. Locke. 2003. "The Promise and Perils of Globalization: The Case of Nike". In *Management: Inventing and Delivering It's Future*. Richard Schmalensee e Thomas A. Kochan (orgs.). Cambridge, MA e Londres: MIT Press: 39-70.
Lowndes, Florin. 1997. *Die Belebung des Herzchakra: Ein Leitfaden zu den Nebenübungen Rudolf Steiners*. Stuttgart: Verlag Freies Geistesleben.
Luhmann, Niklas. 1995. *Social Systems*. Stanford, CA: Stanford University Press.
Lyotard, Jean-François. 1984. *The Postmodern Condition: A Report on Knowledge*. Traduzido por Geoff Bennington e Brian Massumi. Minneapolis: University of Minnesota Press.
Maanen, John Van (org.). 1998. *Qualitative Studies of Organizations*. Thousand Oaks, CA: Sage.
____. 1995. *Representation in Ethnography*. Thousand Oaks, CA: Sage.
____. 1988. *Tales of the Field: On Writing Ethnography*. Chicago e Londres: University of Chicago Press.
Maslow, Abraham H. 1998. *Toward a Psychology of Being*. 3ª ed. Nova York: John Wiley.
Maturana, Humberto R. 1999. "The Organization of the Living: A Theory of the Living Organization". *International Journal of Human-Computer Studies* 51, 149-168, agosto de 1999.
____ & Francisco J. Varela. 1987. *The Tree of Knowledge: The Biological Roots of Human Understanding*. Boston e Londres: Shambhala.
McDonough, William & Michael Braungart. 2002. *Cradle to Cradle: Remaking the Way We Make Things*. Nova York: North Point.

McTaggart, Lynne. 2003. *The Field: The Quest for the Secret Force of the Universe*. Nova York: Quill.
Mead, George Herbert. 1934. *Mind, Self, & Society from the Standpoint of a Social Behaviorist*. Organizado por Charles W. Morris. Chicago e Londres: University of Chicago Press.
Merleau-Ponty, M. 1962. *Phenomenology of Perception*. Traduzido por Colin Smith. Londres e Nova York: Routledge.
Minsky, Marvin. 1988. *The Society of Mind*. Nova York: Simon & Schuster.
Mintzberg, Henry. 1983. *Structures in Five: Designing Effective Organizations*. Englewood Cliffs, NJ: Prentice Hall.
Moran, Dermot & Timothy Mooney (orgs.). 2002. *The Phenomenology Reader*. Londres: Routledge.
Morgan, Gareth. 1996. *Images of Organization*. 2ª ed. Thousand Oaks, CA: Sage.
Nagasawa, Kunihiko. 1987. *Das Ich im deutschen Idealismus und das Selbst im Zen-Buddhismus*. Munich: Alber.
Nan Huai-Chin, Master. 2004. *Diamond Sutra Explained*. Traduzido por Hue En (Pia Giammasi). Florham Park, NJ: Primordia.
____. 1984. *Tao & Longevity: Mind-Body Transformation*. Traduzido por Wen Kuan Chu. York Beach, ME: Samuel Weiser.
Naydler, Jeremy (org.). 1996. *Goethe on Science: A Selection of Goethe's Writings*. Edinburgh: Floris Books.
Nelson, Jane. 2002. *Building Partnerships: Cooperation Between the United Nations System and the Private Sector*. Nova York: United Nations Department of Public Information.
Neuhaus, Richard John. 1997. *The End of Democracy? The Celebrated First Things Debate with Arguments Pro and Con and "The Anatomy of a Controversy"*. Dallas: Spence.
Nietzsche, Friedrich. 1999. *Thus Spoke Zarathustra*. Mineloa, Nova York: Dover Publications.
____. 1964. *Der Wille zur Macht*. Stuttgart: Alfred Kroner Verlag.
Nishida, Kitaro. 1990. *An Inquiry into the Good*. New Haven: Yale University Press.
Nohria, Nitin & Sumantra Ghoshal. 1997. *The Differentiated Network: Organizing Multinational Corporations for Value Creation*. San Francisco: Jossey-Bass.
Nonaka, Ikujiro. 1994. "A Dynamic Theory of Organizational Knowledge Creation". *Organization Science* 5, n. 1, 14-37.
____. 1991. "The Knowledge Creating Company". *Harvard Business Review* 69, n. 6, 96-105.
____ & Noboru Konno. 1998. "The Concept of Ba: Building a Foundation for Knowledge Creation". *California Management Review* 50, n. 3, 40-54.
____ & Hirotaka Takeuchi. 1995. *The Knowledge-Creating Company: How Japanese Companies Create the Dynamics of Innovation*. Oxford: Oxford University Press.
____ & David Teece (orgs.). 2001. *Managing Industrial Knowledge: Creation, Transfer, and Utilization*. Londres: Sage.
____, Ryoko Toyama & Noboru Konno. 2000. "SECI, Ba and Leadership: A Unified Model of Dynamic Knowledge Creation". *Long Range Planning* 33, n. 1.
____, Ryoko Toyama & Claus Otto Scharmer. 2001. "Building Ba to Enhance Knowledge Creation and Innovation at Large Firms". *Dialog on Leadership*. www.dialogonleadership.org/Nonaka_et_al.html.
Normann, Richard. 2001. *Reframing Business: When the Map Changes the Landscape*. West Sussex, UK: John Wiley.
____ & Rafael Ramirez. 1998. *Designing Interactive Strategy: From Value Chain to Value Constellation*. Hoboken, NJ: John Wiley.
Northouse, Peter G. 2000. *Leadership: Theory and Practice*. 2 ed. Thousand Oaks, CA: Sage.
Olkowski, Dorothea & James Morley (orgs.). 1999. *Merleau-Ponty, Interiority and Exteriority, Psychic Life and the World*. Albany: State University of New York Press.
Olson, Mancur. 1965. *The Logic of Collective Action: Public Goods and the Theory of Groups*. Cambridge, MA.: Harvard University Press.
Orlikowski, Wanda J., JoAnne Yates & Kazuo Okamura. 2000. "Using Technology and Constituting Structures: A Practice Lens for Studying Technology in Organizations". *Organization Science*, 11, 4, 404-428.
Orlikowski, Wanda J. 1992. "The Duality of Technology: Rethinking the Concept of Technology in Organizations". *Organization Science*, 3, 3, 398-427.
Owen, Harrison. 1997. *Open Space Technology: A User's Guide*. San Francisco: Berrett-Koehler.
Oxfam International. 2002. *Rigged Rules and Double Standards: Trade, Globalization, and the Fight Against Poverty*. Oxford: Oxfam International.
Parkes, Graham (org.). 1990. *Heidegger and Asian Thought*. Honolulu: University of Hawaii Press.
Pearce, Joseph Chilton. 2002. *The Biology of Transcendence: A Blueprint of the Human Spirit*. Rochester, VT: Park Street Press.

Perkins, John. 2004. *Confessions of an Economic Hit Man*. San Francisco, CA: Berrett Koehler.
Perlas, Nicanor. 2003. *Shaping Globalizations: Civil Society, Cultural Power and Threefolding*. Gabriola, Canada: New Society.
Perls, Frederick S., Ralph F. Hefferline & Paul Goodman. 2000. *Gestalttherapie: Praxis*. Traduzido por Wolfgang Krege e Monika Ross. 5ª ed. Munich: Klett-Cotta Deutscher Taschenbuch Verlag.
Peters, Thomas J. & Robert H. Waterman. 1982. *In Search of Excellence: Lessons from America's Best-Run Companies*. Nova York: HarperCollins.
Peterson, Peter G. 2004. *Running on Empty*. Nova York: Farrar, Straus and Giroux.
Pinchbeck, Daniel. 2006. *2012 The Return of Quetzalcoatl*. Nova York: Jeremy P Tarcher/Penguin.
Pine, B. Joseph & James Gilmore. 1998. *Welcome to the Experience Economy*. Boston: Harvard Business School Press.
Pokorny, Julius. 1994. *Indogermanisches Etymologisches Wörterbuch*. 3ª ed. Tübingen and Basel: Francke Verlag.
Polanyi, Karl, 1966. *The Tacit Dimension*. Nova York: Doubleday.
____. 2001. *The Great Transformation*. 2ª ed. Boston: Beacon Press.
Porter, Michael E. 1998. *Competitive Strategy: Techniques for Analyzing Industries and Competitors*. Tampa: Free Press.
Portes, Alejandro. 1998. "Social Capital: Its Origins and Applications in Modern Sociology". *Annual Review of Sociology*, 24, 1-24.
Prahalad, Coimbatore Krishnarao. 2005. *The Fortune at the Bottom of the Pyramid: Eradicating Poverty Through Profits*. Upper Saddle River, NJ: Wharton School Publishing.
____. & Gary Hamel. 1990. "The Core Competence of the Organization". *Harvard Business Review*, Maio-Junho, 1990: 79-91.
____. & Venkatram Ramaswamy. 2000. *Co-opting Customer Competence*. Boston: Harvard Business School Press.
Pressfield, Steven. 1995. *The Legend of Bagger Vance*. Nova York: William Morrow and Company.
____. 2002. *The War of Art: Break Through the Blocks and Win Your Inner Creative Battles*. Nova York: Warner Books.
Putnam, Robert. 2000. *Bowling Alone: The Collapse & Revival of the American Community*. Nova York: Simon & Schuster.
____. 1995. "Bowling Alone: America's Declining Social Capital". *Journal of Democracy* 6, 65-78.
Radin, Dean. 1997. *The Conscious Universe: The Scientific Truth of Psychic Phenomena*. San Francisco: HarperEdge.
Ray, Michael. 2004. *The Highest Goal: The Secret That Sustains You in Every Moment*. San Francisco: Berrett-Koehler.
____. & Rochelle Myers. 1986. *Creativity in Business*. Nova York: Doubleday.
Ray, Paul H. & Sherry Ruth Anderson. 2000. *The Cultural Creatives: How 50 Million People Are Changing the World*. Nova York: Three Rivers Press.
Reason, Peter & Hilary Bradbury. 2006 "Preface". In *Handbook of Action Research: Participative Inquiry and Practice*. Organizado por Peter Reason e Hilary Bradbury, xxiii–xxxi. Londres: Sage.
____ (orgs.). 2001. *Handbook of Action Research: Participative Inquiry and Practice*. Londres: Sage.
Ritzer, George. 1996. *Modern Sociological Theory*. 4ª ed. Nova York: McGraw Hill.
Risenberg, Marshall B. 2000. *Nonviolent Communication: A Language of Compassion*. Encinatas, CA: PuddleDancer Press.
Roussel, Philip A., Kamal N. Saad & Tamara J. Erickson. 1991. *Third Generation R&D: Managing the Link to Corporate Strategy*. Boston: Harvard Business School Press.
Saxenian, Annalee. 1994. *Regional Advantage: Culture and Competition in Silicon Valley and Route 128*. Cambridge, MA e Londres: Harvard University Press.
Scharmer, Claus Otto. 2001. "Self-Transcending Knowledge: Sensing and Organizing Around Emerging Opportunities". *Journal of Knowledge Management*, 5, n. 2, 137-150.
____. 2000a. "Organizing Around Not-Yet-Embodied Knowledge". In *Knowledge Creation: A New Source of Value*. Organizado por G. V. Krogh, I. Nonaka & Nishiguchi. Nova York: Macmillan.
____. 2000b. "Self-Transcending Knowledge: Organizing Around Emerging Realities". *Organizational Science* 33, n. 3, 14-29.
____. 2000c. "Presencing: Learning from the Future as It Emerges". Paper presented at the Conference on Knowledge and Innovation, Helsinki, Finland, Maio 25-26, 2000. www.ottoscharmer.com.
____. 1996. *Reflexive Modernisierung des Kapitalismus als Revolution von Innen*. Stuttgart: M and P.

_____. 1995. "Strategische Führung im Kräftedreieck Wachstum-BeschäftigungÖkologie". *Zeitschrift für Betriebswirtschaft* 65, n. 6, S. 633-661.
_____. 1991. *Ästhetik als Kategorie strategischer Führung*. Stuttgart: Urachhaus.
Scharmer, Claus Otto, K. Kaeufer, U. Versteegen. 2004. "Breathing Life into a Dying System: Recreating Healthcare from Within". *Reflections. The SoL Journal on Knowledge, Learning, and Change*, v. 5, n. 3, 1-12.
_____, Brian W. Arthur, Jonathan Day, Joseph Jaworski, Michael Jung, Ikujiro Nonaka e Peter M. Senge. 2002. "Illuminating the Blind Spot: Leadership in the Context of Emerging Worlds". *Dialog on Leadership*. www.dialogonleadership.org.
_____, Versteegen, Ursula e K. Käufer. 2001. "The Pentagon of Praxis". *Reflections: The SoL Journal on Knowledge, Learning, and Change*, v. 2, n. 3, 36-45.
_____ & Joseph Jaworski. 2000. *Leadership in the Digital Economy: Sensing and Actualizing Emerging Futures*. Cambridge, MA: Society for Organizational Learning.
_____ & Peter Senge. 1996. "Infrastrukturen für lernende Organisationen". *Zeitschrift für Führung und Organisation*, 1, 32-36.
Schein, Edgar. 2002. "Clinical Inquiry/Research". In *Handbook of Action Research: Participative Inquiry and Practice*. Organizado por Peter Reason and Hilary Bradbury, 228-237. Londres: Sage.
_____. 1999. *The Corporate Culture Survival Guide*. San Francisco: Jossey-Bass.
_____. 1998. *Process Consultation Revisited: Building the Helping Relationship*. Reading, MA: Addison-Wesley.
_____. 1996. *Strategic Pragmatism: The Culture of Singapore's Economic Development Board*. Cambridge, MA e Londres: MIT Press.
_____. 1995. "Kurt Lewin's Change Theory in the Field and in the Classroom: Notes Toward a Model of Managed Learning". *Reflections*. www.solonline.org/res/wp/ 10006.html.
_____. 1989. *Organizational Culture and Leadership*. San Francisco: Jossey-Bass.
_____. 1988. *The Presence of the Past*. Nova York: Times Books.
_____. 1987a. *Process Consultation*. 2ª ed., v. I: "*Its Role in Organization Development*". 2 ed. Reading, MA: Addison-Wesley.
_____. 1987b. *Process Consultation*. 2ª ed., v. 2: "*Lessons for Managers and Consultants*". Englewood Cliffs, NJ: Prentice Hall.
_____. 1987c. "The Clinical Perspective in Field Work". Newbury Park, CA: Sage Publications.
_____. Peter Delisi, Paul J. Kampas & Michael Sonduck. 2003. *DEC Is Dead, Long Live DEC: The Lasting Legacy of Digital Equipment Corporation*. San Francisco: Berrett-Koehler.
Schiller, Friedrich. 1967. *On the Aesthetic Education of Man: In a Series of Letters*. Organizado e traduzido por Elizabeth M. Wilkinson e L. A. Willoughby. Oxford: Oxford University Press.
Schily, Konrad. 1993. *Der staatlich bewirtschaftete Geist*. Düsseldorf: Econ Verlag.
Schmundt, Wilhelm. 1982. *Erkenntnisübungen zur Dreigliederung des Sozialen Organismus: Durch Revolution der Begriffe zur Evolution der Gesellschaft*. Achberg, Germany: Achberger Verlag.
Schön, Donald. 1986. *Educating the Reflective Practitioner*. San Francisco: Jossey-Bass.
Schurmann, Reiner. 1986. *Heidegger on Being and Acting: From Principles to Anarchy*. Bloomington: Indiana University Press.
Schutz, Alfred. 1967. *The Phenomenology of the Social World*. Traduzido por George Walsh and Frederick Lehnert. Evanston, IL: Northwestern University Press.
Seamon, David & Arthur Zajonc (orgs.). 1998. *Goethe's Way of Science: A Phenomenology of Nature*. Albany: State University of New York Press.
Sen, Amartya. 1999. *Development as Freedom*. Nova York: Anchor Books.
Senge, Peter. 1990. *The Fifth Discipline: The Art and Practice of the Learning Organization*. Nova York: Doubleday.
_____, Claus Otto Scharmer, Joseph Jaworski & Betty Sue Flowers. 2004. *Presence: Human Purpose, and the Field of the Future*. Cambridge, MA: Society for Organizational Learning.
_____ et al. 1999. *The Dance of Change: The Challenges to Sustaining Momentum in Learning Organizations*. Nova York: Doubleday.
_____. 1994. *The Fifth Discipline Fieldbook: Strategies and Tools for Building a Learning Organization*. Nova York: Doubleday.
Sheldrake, Rupert. 1995. *Seven Experiments That Could Change the World: A Do-It-Yourself Guide to Revolutionary Science*. Nova York: Riverhead Books.
Shellenberger, Michael and Nordhaus, Ted. 2004. *The Death of Environmentalism: Global Warming Politics in a Post-Environmental World*. www.thebreakthrough.org e www.evansmcdonoughcom.

Shiva, Vandana. 2000. *Stolen Harvest: The Hijacking of the Global Food Supply*. Boston: South End Press.
____. 1997. *Biopiracy: The Plunder of Nature and Knowledge*. Boston: South End Press.
____. 1993. *Monocultures of the Mind: Perspectives on Biodiversity and Biotechnology*. Londres e Nova York: Zed Books.
Sorokin, Pitirim. 1957. *Social and Cultural Dynamics: A Study of Change in Major Systems of Art, Truth, Ethics, Law and Social Relationships*. Boston: Porter Sargent.
Soros, George. 2002. *On Globalization*. Nova York: Public Affairs.
Spinosa, Charles, Fernando Flores & Hubert L. Dreyfus. 1997. *Disclosing New Worlds: Entrepreneurship, Democratic Action, and the Cultivation of Solidarity*. Cambridge, MA: MIT Press.
Steiner, Rudolf. 1994. *How to Know Higher Worlds: A Modern Path of Initiation (Classic in Anthroposophy)*. Traduzido por Christopher Bamford. Great Barrington, MA: Steiner.
____. 1894, 1964. *The Philosophy of Freedom*. Londres: The Rudolf Steiner Press.
Stiglitz, Joseph E. 2002. *Globalization and Its Discontents*. Nova York: W. W. Norton.
Stoltzfus, Nathan. 2001. *Resistance of the Heart: Intermarriage and the Rosenstrasse Protest in Nazi Germany*. Piscataway, NJ: Rutgers University Press.
Strebel, Paul. 1996. *Why Do Employees Resist Change?* Boston: Harvard Business School Press.
Taylor, Charles. 1989. *Sources of the Self: The Making of the Modern Identity*. Cambridge, MA: Harvard University Press.
Tichy, Noel M. & Stratford Sherman. 1994. *Control Your Destiny or Someone Else Will: Lessons in Mastering Change: the Principles that Jack Welch Is Using to Revolutionize General Electric*. Nova York: HarperBusiness.
Tignor, Warren W. 2005. "Dynamic Unity: Theory U and System Dynamics". In *Proceedings of the 23rd International Conference of the System Dynamics Society*, Boston, Julho 17-21, 2005. Organizado por John D. Sterman, Nelson P. Repenning, Robin S. Langer, Jennifer I. Rowe & Joan M. Yanni, 141.
Thomas, Robert J. 1994. *What Machines Can't Do: Politics and Technology in the Industrial Enterprise*. Berkeley: University of California Press.
Tolle, Eckhart. 2003. *Stillness Speaks*. Novato, CA: New World and Vancouver: Namaste.
____. 1999. *The Power of Now*. Novato, CA: New World Library.
Torbert, Bill, et al. 2004. *Action Inquiry: The Secret of Timely and Transforming Leadership*. San Francisco: Berrett-Koehler.
Torbert, William R. 2001. "The Practice of Action Inquiry". In *Handbook of Action Research: Participative Inquiry and Practice*. Organizado por Peter Reason and Hilary Bradbury, 250-260. Londres: Sage.
____. 1991. *The Power of Balance: Transforming Self, Society, and Scientific Inquiry*. Newbury Park, CA: Sage.
Thurow, Lester. 2003. *Fortune Favors the Bold: What We Must Do to Build a New and Lasting Global Prosperity*. Nova York: HarperCollins.
____. *The Future of Capitalism: How Today's Economic Forces Shape Tomorrow's World*. Nova York: Penguin.
____. 1999. *Building Wealth: The New Rules for Individuals, Companies, and Nations in a Knowledge-Based Economy*. San Francisco: HarperBusiness.
Trompenaars, Fons. 1994. *Riding the Waves of Culture: Understanding Diversity in Global Business*. Chicago: Irwin.
Tzu, Sun. 1988. *The Art of War*. Traduzido por Thomas Cleary. Boston e Londres: Shambhala.
Ury, William. 1999. *Getting to Peace: Transforming Conflict at Home, at Work, and in the World*. Nova York: Viking.
Varela, Francisco J. 1999. *Ethical Know-How: Action, Wisdom, and Cognition*. Organizado por Timothy Lenoir e Hans Ulrich Gumbrecht. Stanford, CA: Stanford University Press.
____ & Jonathan Shear (orgs.). 1999. *The View from Within: First-Person Approaches to the Study of Consciousness*. Thorverton, U.K.: Imprint Academic.
____, Evan Thompson & Eleanor Rosch. 1991. *The Embodied Mind: Cognitive Science and Human Experience*. Cambridge, MA: MIT Press.
Vattimo, Gianni. 1992. *The Transparent Society*. Traduzido por David Webb. Baltimore, MD: Johns Hopkins University Press.
Velmans, Max (org.). 2000. *Investigation Phenomenal Consciousness*. Amsterdam and Philadelphia: John Benjamins.
Wallace, B. Alan. 2003. *Buddhism & Science: Breaking New Ground*. Nova York: Columbia University Press.
____. 2000. *The Taboo of Subjectivity: Toward a New Science of Consciousness*. Oxford e Nova York: Oxford University Press.

Watts, Duncan J. 2003. *Six Degrees: The Science of a Connected Age*. Nova York e Londres: W. W. Norton.
Watzlawick, Paul. 1983. *The Situation Is Hopeless but Not Serious: The Pursuit of Unhappiness*. Nova York e Londres: W. W. Norton.
Weber, Max. 1988. *Gesammelte Aufsätze zur Religionssoziologie I (Selected Essays on the Sociology of Religion)*. Tübingen: J. C. G. Mohr.
Weick, Karl. 1996. "Drop Your Tools: An Allegory for Organizational Studies". *Administrative Science Quartlerly* 41, n. 2: 301-313.
____. 1995. *Sensemaking in Organizations*. Thousand Oaks, CA: Sage.
____ & Kathleen M. Sutcliffe. 2001. *Managing the Unexpected: Assuring High Performance in an Age of Complexity*. San Francisco: Jossey-Bass.
Weisbord, Marvin R. & Sandra Janoff. 1995. *Future Search: An Action Guide to Finding Common Ground in Organizations and Communities*. San Francisco: Berrett-Koehler.
Weisbord, Marvin R. *et al.* 1995. *Discovering Common Ground: How Future Search Conferences Bring People Together to Achieve Breakthrough Innovation, Empowerment, Shared Vision, and Collaborative Action*. San Francisco: Berrett- Koehler.
Weizsacker, Ernst U. von. 1994. *Earth Politics*. Londres: Zed Books.
Welton, Donn (org.). 1999. *The Essential Husserl: Basic Writings in Transcendental Phenomenology*. Bloomington: Indiana University Press.
Wenger, Etienne. 1998. *Communities of Practice: Learning, Meaning, and Identity*. Cambridge: Cambridge University Press.
____. Richard McDermott & William Snyder. 2002. *Cultivating Communities of Practice*. Boston: Harvard Business School Press.
Wheatley, Margaret J. 2002. *Turning to One Another: Simple Conversations to Restore* Hope to the Future. San Francisco: Berrett-Koehler.
____. 1992. *Leadership and the New Science: Learning About Organization from an Orderly Universe*. San Francisco: Berrett-Koehler.
____ & Myron Kellner-Rogers. 1996. *A Simpler Way*. San Francisco: Berrett- Koehler.
Wheelan, Susan A., Emmy A. Pepitone & Vicki Abt (orgs.). 1990. *Advances in Field Theory*. Newbury Park, CA: Sage.
Wilber, Ken. 2000a. *A Brief History of Everything*. Boston: Shambhala.
____. 2000b. *Grace and Grit: Spirituality and Healing in the Life and Death of Treya Killam Wilber*. 2ª ed. Boston: Shambhala.
____. 2000c. *Integral Psychology: Consciousness, Spirit, Psychology, Therapy*. Boston e Londres: Shambhala.
____. 2000d. *Sex, Ecology, Spirituality: The Spirit of Evolution*. Boston e Londres: Shambhala, 2000.
____. 2000e. *A Theory of Everything: An Integral Vision for Business, Politics, Science, and Spirituality*. Boston: Shambhala.
____. 1999. *The Marriage of Sense and Soul: Integrating Science and Religion*. Nova York: Broadway Books.
____. 1998. *The Essential Ken Wilber: An Introductory Reader*. Boston e Londres: Shambhala.
____. 1997. *The Eye of Spirit: An Integral Vision for a World Gone Slightly Mad*. Boston e Londres: Shambhala.
____ & Andrew Cohen. 2002. *Living Enlightenment: A Call for Evolution Beyond Ego*. Lenox, MA: What Is Enlightenment?
Womak, James P. & Daniel T. Jones. 1996. *Lean Thinking: Banish Waste and Create Wealth in Your Corporation*. Nova York: Simon & Schuster.
____, Daniel T. Jones & Daniel Roos. 1991. *The Machine That Changed the World: The Story of Lean Production*. Nova York: Perennial.
Wuthnow, Robert. 2000. *After Heaven: Spirituality in America since the 1950s*. Berkeley: University of California Press.
Yamaguchi, Ichiro. 1997. *Ki als leibhaftige Vernunft: Beitrag zur interkulturellen Phänomenologie der Leiblichkeit*. Munich: Wilhelm Fink Verlag.
Zajonc, Arthur. 1994. *Die gemeinsame Geschichte von Licht und Bewußtsein*. Traduzido do alemão por Hainer Kober. Reinbeck bei Hamburg: Rowohlt Verlag.
____. 1993. *Catching the Light*. Nova York: Bantam.
____ (org.). 2004. *The New Physics and Cosmology: Dialogues with the Dalai Lama*. Oxford: Oxford University Press.
Zohar, Danah & Ian Marshall. 2004. *Spiritual Capital: Wealth We Can Live By*. San Francisco: Berrett-Koehler.

Índice

A
A lenda de Bagger Vance, 328
a partir da fonte, 128
abortamento, 195
    e T. Junge, 210
abrindo passagem através da membrana, 135–138
abrir o coração, 118
ação coletiva,
    fonte de, 40–42
    nas organizações, 236–238
ações,
    definição Rosch para, 369n5
    e palavras, 340
    fontes de, 86
    origem das, 17, 18
    versus percepção, 22
ações globais, 256–257
"acoplamento estrutural", 279
Administração Bush/Cheney/Rumsfeld, 251
administração do tempo, 323
admirar-se, conectando-se com a capacidade de, 104–105, 111, 307–308
Adobe Systems, 25
adocracia, 241
advocacia política, baseada na Web, 262
África do Sul, xi, 67
    líder sindical, 218
agência, estrutura e, 76
agrupamento social, 202
ajuste mútuo, 241, 242
"Aldeias de Potemkin", 248
Alemanha Oriental,
    autoimagem do Politburo, 249
    fábrica de microchips em Dresden, 249
    sistema socialista, colapso, 248
Alpes, cachoeiras, 129–130
ambientalismo, 64
ambiente social e consciência humana, 182
ambientes dinâmicos, organizações em, 88–89
amor,
    compensar o espaço horizontal com, 141
    do trabalho, 318–320
    e conhecimento, 85
    incondicional, 120
    relação afetiva, essência da, 154
amor incondicional, 120
    compensar o espaço horizontal com, 141
Anderson, Harlan, 240
aniquilação, e T. Junge, 210
anomia, 3, 270
    corporativo, 246
    institucional, 250
antiemergência, 203, 209
    espaço social da, 194
    fundamentalismo, 195–196
    versus emergência, 211
antiespaço, dinâmica entre o espaço do U e, 231
Apple Computer, 25
aprendizagem
    a partir do futuro, 6–7, 44
    ambientes, 114, 349
    ciclo único *versus* ciclo duplo, 23, 39
    estruturas paralelas, 177
    falta de infraestrutura para, 251
    fontes e tipos, 6, 43–44
aprendizagem de ciclo duplo, 23, 39
aprendizagem de ciclo único, 23, 39
aprendizagem organizacional, 21, 182
    barreiras na recuperação, 98–99
    métodos, 39-40
    ponto cego dos, 44
apresentação, na análise da entrevista, 230–231
aquecimento global, complexidades dinâmicas do, 45–46
áreas de gestão, 48
arena social mundial, 75–80
    estruturas e sistemas encenadas, 76
    estruturas e sistemas objetivos, 75–76
    fontes profundas de encenação, 76
Argyris, Chris, 23, 39, 76, 81, 216
Aristóteles, 24, 84
    causa material, 289
    estrutura de causação, 288
    Ética a Nicômaco, 13
Armstrong, Lance, 372n17

arrogância corporativa, 246
arrogância, institucional, 248–249
Arthur, W. Brian, 24–26, 66, 129, 144, 329–330
artista, criatividade do, 202
Asea Brown Boveri (ABB), 240
assistência médica, 2, 257–258
    visão evolutiva de rede moderna, 174–176
assistência médica gerenciada, 174–175
assistência médica institucional, 174–175
assistência médica integral, 174–175
assistência médica integrativo, 174–175
atenção,
    deslocamento da, 87
    energia e, 323
    fontes de, 183–184
    redirecionamento, 117–118
atenção a oportunidades, 162
atender (pensar), 204, 211–212
"atitude fenomenológica", 84
"atitude normal", 84
    The Natural Step (organização), 41 367n38
ativistas de movimentos retrógrados, 4
Atkins, Veronica, 372n17
atomia, 3, 270
"atravessando a agulha", 139–140
ausência, 194–195, 196
    coletiva, 270
    corporativo, 246
    e insolência, 223–224
    e *presencing*, 36, 195
    e T. Junge, 209-210
    escolha para operar a partir do espaço social do, 202
    espaço sombrio do, 210
    sistema desativado por, 225
ausenciamento conversacional, 222–225
autenticidade do coração, questão da, 120
autogovernança regional, 168–170
autoilusão e T. Junge, 209-210
auto-organização, 177

B
Ba ("lugar;" "campo"), 54
Banco Mundial, 66, 324
    crítica ao, 67
Barnevik, Percy, 240
barreiras a aprendizagem e mudança organizacional, em recuperação, 98–99
Beck, Don, 80
Bell, Gordon, 240, 244
Berkeley Knowledge Forum, 131
Berlim, protesto das mulheres na Rosenstrasse, 346–346
Beuys, Joseph, 202, 342
Bismarck, Otto von, 174

Bohm, David, 42, 105, 124–125, 214
Bohr, Nils, 124–125
Bortoft, Henri, 126, 133
    The Wholeness of Nature, 124
Bowling Alone (Putman), 68
brainstorming, 103
Brasil, 67
Braun, Eva, 209-210
Brokdorf, Alemanha, protesto antinuclear, 72–73, 196–197
Brown, John, 83
Brown, Juanita, 290, 311
Brunner, Peter, 153, 316
Buber, Martin, ix, 24, 214, 321
    Eu e Tu, 156
Budismo tibetano, 132
Buffett, Warren, 472n17
Provocação e intimidação, 225
buraco da agulha, passando através do, 145–146
Bürgerforum (fórum cívico), 151
burocracia profissional, descentralização, 240
burocracias de máquinas centralizadas, 188
Burtha, Michael, 53
Business Week, 70

C
cabeça, reintegração das inteligências do coração e das mãos com, 194
Cage, John, 58
Campbell, Joseph, 318
campo
    definição de Lewin do, 182
    definição de Rosch de, 118
campo coletivo,
    e palco do teatro, 206–207
    mecanização do global, 346
campo da atenção, deslocamento do grupo em direção ao, 38
campo de conectividade, 196–197
campo social global, 293
campos conversacionais, caminhos evolutivos de, 232–235
campos da emergência, 184–187
    A quinta disciplina (Senge), 41–42
    A quinta disciplina: caderno de campo (Ross), 22
    hipercomplexidade de sistema e, 190
campos de prática, 177
campos sociais, 8
    acessando e ativando as fontes mais profundas, 190–192
    conversas como materialização, 213
    cultivando as condições internas dos, 90
    cultivando o contexto de, 255
    deslocamento em, 3

dimensão invisível dos, 5
evolução das, 292
feridas devidas aos, 147
fundamento vertical e horizontal, 353
fundamentos dos, 339–344
gramática dos, 285–288
necessidade de deslocamento, 270
padrões de comportamento coletivos, 179
ponto de alavancagem para, 84
rede de relações em, 179
Cantor, Neil, 296
"caórdica", 244
capital social, declínio do, 68
capital, globalização do, 64
capitalismo,
evolução e transformação, 272–276
reestruturação, 64
capitalismo social democrático, estilo europeu, 268
Capra, Fritjof, 72, 79, 81, 83
carregando o contêiner, 116–117
através do mergulho na experiência, 121
do Fórum de Diálogo Médico-Paciente, 116–117
Carter, Jimmy, 372n17
Castells, Manuel, 67, 78, 81
Fim do milênio, 64
casulo, para processos criativos, 335
catedral de Chartres, 168
causa efficiens, 288
causa eficiente, 288
causa finalis, 288
causa formalis, 288
causa formal, 288
causa materialis, 288
causalidade
definição de Rosch, 369n5
na gramática social da emergência, 287
transformando, 288–291
cegueira. *Ver* não ver
Challenger (ônibus espacial), desastre, 222
China, 67
Christopher Alexander , 103
ciclo de energia, 148
ciclos, como sustentáculos da vida,
princípio da ecologia, 79
Ciência, 11
ponto de vista do artista, 84
Rosch sobre o, 132
ciência *(episteme)*, 13
cientistas sociais, metodologia, 13
cinismo, 97
Círculo da Presença, 320–321
criando, 147
Círculo do Ser, 140, 142, 143
Círculo dos Sete, 120–122, 140, 144, 320
deslocamento de perspectiva, 145
no espaço envolvente e acolhedor, 147

circunstâncias exteriores ao sistema, 267
Cisco Systems, 164, 251, 326
ecossistemas da inovação, 243
classe criativa, ascensão da, 69–70
cláusula de "não atrapalhe", 142
cocriação, 14, 88, 264–265, 296, 321–331
codesenvolvimento, 15, 296, 331–339
contexto da organização, 58–61
criação da infraestrutura de inovação, 335–337
estrutura de ecossistema, 243
foco, 35
grupo central, 324–325
integrando cabeça, coração e mãos, 328–330
iterações em, 330–331
poder de intenção, 321–324
prototipando microcosmos estratégicos, 325–328
teatro do *presencing* social, 338–339
ver e agir a partir do todo emergente, 332–335
Coffman-Cecil, Barbara, 121
cognição, níveis de, 25, 26
colapso coletivo, 225
coletivo,
criação, 199
relação com o indivíduo, 199
situações-limite em, 88
Collins, Alan, 83
Collins, Jim, 59
com a mais profunda, 11
comando-e-controle, 57
comida de baixo teor nutritivo (*junk food*), 2
comoditização, 240
Compaq, 240, 247
competências centrais, 51
competição, 265
Competindo pelo futuro (Hamel e Prahalad), 52
complexidade dinâmica, 45–46, 190
complexidade emergente, 47, 190
complexidade sistêmica e capacidade de acessar os fluxos da emergência, 194
complexidade social, 46, 173, 190
comportamento disfuncional, recuperação e, 216
comprometimento, 325
Comte, Auguste, 75
"comunhão", 10
comunicação. *Ver também* ouvir,
impacto da tecnologia, 2
mecanismos, 167
na infraestrutura econômica, 347
trans-setorial, 260–265
"condição interior", dos líderes, 6, 21–22
conectando-se à inspiração, 161–163
conectividade, campo de, 196–197

Conexão, 140, 199
    ao Eu, 150
    com a capacidade de admirar-se,
        104–105, 111, 307–308
    com a fonte, mantendo, 211
    de coração a coração, 144
    mecanismos, 167
    para a inspiração, 161–163
    pessoal *versus* global, 356
conferência da Pesquisa do Futuro, 291
confiança, 300
    criando conexão com, 309
Confissões de um assassino econômico
    *(*Perkins), 67, 225
conformar-se, 199
confrontar, 199
conhecedor e conhecido, mudar a relação
    entre, 200–201
conhecimento, 84
    ativando o nível mais profundo, 26
    Criação de conhecimento na empresa
        *(*Nonaka e Takeuchi), 53
    definition Rosch de, 369n5
    e amor, 85
    eu, 129
    evitando o acesso a níveis mais
        profundos, 235
    gestão, 53–54
    na gramática social da emergência,
        286
    tipos, 131–133, 200
    validando, 76
conhecimento analítico, 131
conhecimento autorreflexivo, 349
conhecimento autotranscendente, 200
conhecimento autotranscendente, 53, 54
conhecimento explícito, 53, 200
conhecimento não reflexivo, 349
"conhecimento original", 59, 131, 200
conhecimento prévio, 66
conhecimento tácito, 53, 200
conhecimento transcendente, 349
consciência humana e ambiente social,
    181–182
"constelações de valor" em forma de rede, 56
"constelações de valor", em forma de rede, 56
consumidores, escolhas de mercado, 262
"contabilidade agressiva", *versus* fraude,
    248–249
contexto, 111
    diálogo com, 163
    do indivíduo, 182
contextualização da regra, mudança para a
    evolução da regra, 187
conversação (linguagem), 204
conversações,
    bom *versus* ruim, 136
    choque de visões, 215–216

    com base na recuperação de padrões
        passados, 94
    como corporificação do campo social,
        213
    debater, 216–218
    diálogo, 218–219
    padrões de campo genéricos, 213
    presencing, 219–221
    recuperação, 216
Cooperrider, David, 290
coordenando (formando campos),
    204, 237
Copérnico, Nicolau, 11
copresença, 14, 295, 311–321
    amor ao trabalho, 318–320
    Círculos da Presença, 320–321
    deixar ir, 311–313
    deixar vir, 313–314
    foco, 35
    silêncio intencional, 314–318
co-*presencing*, 14, 295, 296–304
    barreiras a, 301
    conexão, 297–301
    grupo central para, 301–304
    lista de assuntos a tratar, 303–304
    ouvir em, 296–297
coração. *Ver também* coração aberto
    abrindo, 118
    inteligência da, 10
    reintegração das inteligências da cabeça
        e das mãos com, 194
    vendo com, 127
coração aberto, 12, 32, 189
    blocos para, 33–34
    e conversação profunda, 309
    necessidade de afinamento, 190–191
corpo social coletivo, na gramática social da
    emergência, 287
corporações multinacionais, expectativa de
    vida média das, 236
corporificação, 30
    novo nas ações, 29-30
cossentir, 14, 295, 304–311
    foco, 35
    formação da equipe central de
        prototipagem, 303304
    jornada de mergulho profundo,
        304–307
    observações, 308
    órgãos de sensibilização coletiva, 311
    ouvir profundo, 308–311
Cowan, Christopher, 80
criação da realidade social, 89
    campos de encenação, proposição,
        187–189
    capturando centelhas da, 292–294
    conexão com o ponto cego, 182
    metaprocessos subjacentes, 14

criação de valor, diferenciando e reintegrando
    esferas da, 61
criança de 3 anos, e máquina de lavar louça,
    205-206
crianças,
    condições de vida, 2
    e televisão, 262
    impedindo de se conectar a fontes mais
        profundas do conhecimento, 235
    mentes poluídas das, 274
    recompensas, 320
criativa cultural, reação, 72
criatividade, 28
    acessando, 80, 320, 322
    perguntas básicas de, 129
    portal para fontes mais profundas, 122
    tipos, 202
crise de energia na Califórnia, Enron e a, 262
crise, enfrentando a, 1-4
cristalizar, 30
    definição, 151
    estrutura de campo de, 153-154
    Fórum de Diálogo Médico-Paciente,
        151-152
    na análise de entrevistas, 230
    notas de campo, 158
    princípios, 154-158
Csikszentmihalyi, Mihaly, 71
culpar os outros, 222
    sistema desativado por, 225
cultura organizacional, 95
culturas asiáticas, participantes que
    compartilham, 217
Cunningham, Dayna, 373n5
Cusumano, Michael, 56

D
Dalai Lama, 355
Dalai Lama – Diálogo com a Ciência
    Cognitiva, 157
Darwin, Charles, 103
Day, Jonathan, 8
debate público, 262-262
debater, 185, 216, 216-218, 262-263
    como caminho do campo
        conversacional, 232, 234
    fonte e campo de emergência para, 186
DEC Is Dead, Long Live DEC (Schein), 240
declaração do problema, qualidade da, no
    processo do projeto, 103
defensores do *status quo*, 4
deixar ir (desapegar-se) e render-se, 144-145
deixar ir, 28, 144-145, 189, 219, 311-313
deixar vir, 30, 156, 189, 219, 313-314
democracia, 348
    evolução e transformação, 272-276
    inovação nas infraestruturas, 272
Depraz, Natalie, 28

desafio da estabilidade, 266
desafio de exterioridade, 267-268
desafio da exterioridade global, 268-269
descentralização, 61, 238
    das estruturas divisionais, 188
    das organizações, 237
    deslocamento para organização em
        rede, 241-243
    processo central de criação de valor
        para, 254
desenvolvimento da regra, mudança para a
    geração da regra, 187
desinformação, 224-225
    institucional, 250
deslocamento cultural e espiritual, 74
    surgimento do, 68-72
deslocamento global, inspirando, 346-347
deslocamentos revolucionários, reação a, 74
dessensibilizar, 195, 196
destruição, 195, 196
    economia das, 210
    forças do, 36
diálogo, 111, 214, 216, 218-219, 243
    com o contexto, 163
    com o universo, 330
    como caminho do campo
        conversacional, 232-233, 234
    como mecanismo de governança, 188
    comunicação transetorial, 263
    deslocamento coletivo para, 71
    e teoria do campo social, 182-183, 185
    ênfase, 15
    entrevistas com *stakeholders*, 299-300,
        309
    entrevistas nas organizações, 225-231
    fonte e campo de emergência para, 186
    praticando, 308-311
    razões pelas quais isso não acontece,
        222
diálogo com múltiplos stakeholders, 263
diálogo com o contexto, 163
diferenciação funcional, 49
Digital Equipment Corporation (DEC),
    aspecto do fracasso, 243
    descentralização, 240-241
    fracassos da liderança, 244-245
    infecção por patologia corporativa,
        246-247
    The Sunflower Story, 255
    visão a partir do U, 244
dinheiro,
    deixar ir (desapegar-se) de, 301
    expansão do uso do, 275
diversidade, como sustentáculo da vida,
    princípio da ecologia, 79
    Mergulho em, 125-126
    carregando o contêiner por meio do, 121

divisor cultural, 77
divisor ecológico, 77
divisor social, 77
doença do coração, 257
doenças, com causas comportamentais
    orçamento do assistência médica para, 257
dominação, modos de, 260
Dosher, Anne, 121
Duguid, Paul, 83
Durkheim, Émile, 75

E

ecologia institucional, 170, 171
ecologia, princípios de sustentação da vida, 79
economia de doação, 322
economia de energia, 322-323
economia espiritual, 322-323
economia global
    deslocamento para, 74
    surgimento do, 64-66
economia mundial, 64
economia, contexto em constante mudança da, 59
economias do *presencing*, 60
ecossistema, 251
    deslocamento da estrutura de rede para, 243-244
ecossistema evoluído, deslocamento do campo da, 174-174
ecossistemas da inovação, 173-174, 243, 254-255
    surgimento do, 268-269
efeito estufa, 45
eficazes, mecanismos para, 242
Eichenwald, Kurt, 247-248
Einstein, Albert, 132
ELIAS (Líderes Emergentes para Inovação entre Setores - Emerging Leaders for Innovation Across Sectors), 302, 349-350
Elias, Norbert, 214
emergência, 83
    campos, 184-187
    na análise de entrevistas, 230
emergência criativa, espaço da, *versus* espaço da patologia, 225
"emergências de início lento", 334
empreendimento, 155
empresas,
    em ambientes altamente dinâmicos, 88-89
    estudo de alto desempenho, 59
empresas automobilísticas,
    centro de Pesquisa & Desenvolvimento, 302-303
    organização, 133-135
    produção, 54-57

empresas, em rede, globalmente estendidas, 65
encontros,
    com base na recuperação de padrões passados, 94
    fechados, 97
encontros fechados, 97
energia solar, como princípio da ecologia de sustentação da vida, 79
enraizamento, 83
    The Embodied Mind (Rosch, Varela e Thompson), 131
Enron, 52, 247-251
    colapso, 248
    e crise de energia na Califórnia, 262
    falta de infraestrutura de aprendizagem, 250
    falta de sentido do serviço, 250
    sistema contábil, 248-249
entrevistas nas organizações, análise e síntese dos dados, 228-231
entrincheiramento e T. Junge, 209-210
Environics, 72
episteme (ciência), 13, 21, 84
episteme, na gramática social da emergência, 287
epistemologia (conhecimento), 84
epistemologia (conhecimento) de, do espírito humano, 288
epistemologias, 201
equilíbrio dinâmico, como princípio da ecologia de sustentação da vida, 79
equipe de projeto, tamanho da, 305
es, 130
esclarecendo a pergunta e a intenção, 103
esclerose, 270
    institucional, 250
escolas de liderança, rede globalmente distribuída, 359
escultura, 133
escultura do tempo, campo social, 201-202
"escultura social", 202
espaço,
    mudança no sentido de, 199
    visão da Terra a partir da, 284
espaço de tempo, 116
    mudança de, 197-198
espaço envolvente/acolhedor, 147
    coletivo, 207
    do ouvir profundo, 147
    nutrindo e mantendo, 301
espaço físico, 116
espaço relacionado, 116
    qualidade de, 202-203
espaço social, na gramática social da emergência, 286
espaço sombrio, do ausenciamento, 210
"espaço vital", 182

espírito humano, epistemologia
  (conhecimento) do, 288
espiritualidade,
  e produtividade, 71
  emergência do novo, 70–72
estado alterado, 11
estado do bem-estar social, 267–268
estado, impacto sobre o comportamento de
  um material, 179
Estados Unidos, 67
  eleição presidencial de 2004, 262
estágio prático, 305–306
estética, 78
"estética", 370n11
estímulo e resposta, na recuperação, 93
estímulo externo, evitar na prática da
  manhã, 315
estratégia,
  deslocamento em, 51
  Hiato, 244
estratégias não violentas, 346
estrutura da atenção
  e qualidade espacial relacionada, 203
estrutura de poder global, mudança na, 67
estrutura organizacional, 237–238
  da DEC, 240–241
  de empresas jovens, 238–239
  deslocamento da descentralização para
    a rede, 241–243
  deslocamento da rede para o
    ecossistema, 243–244
  e patologias, 244–247
  em rede, 188
estrutura social,
  decadência da, 3
  morte de, 2
estrutura, agência e, 76
estruturar (organizar), 204, 236
estruturas centralizadas, 238
estruturas de aprendizagem paralelas, 177
estruturas de campo da atenção, 8, 11,
  87–88, 91, 143, 277
  ascensão de fluxos a partir do,
    184–187
  como entidades vivas, 278
  deslocamento, 9–11
estruturas de campo,
  centralizadas a descentralizadas,
    239–241
  de conversação, 213–214
  de cristalização, 153–154
  de *presencing*, 129–130
  de prototipagem, 160
  de realização, 170
  de recuperação, 94–95
  de sentir, 115–116
estruturas de ecossistema de inovação
  fluidas, 188

estruturas divisionais, descentralização de,
  188
estruturas em rede, 188, 251
  conversação de *stakeholders* e, 254
  deslocamento ao ecossistema, 243–244
  deslocamento da descentralização ao,
    241–243
etapas do desenvolvimento socioeconômico
  no Ocidente, 265–269
  desafio da exterioridade global, 268–269
  nascimento do setor cívico, 267–268
  nascimento do setor privado, 266
  nascimento do setor público, 266
Ética a Nicômaco (Aristóteles), 13
eu atual, 148
eu autêntico, 313
eu dormente, 148
Eu e Tu (Buber), 156
"eu em mim", 9, 179, 183–184, 287
"eu em você", 9, 179, 183–184, 287
eu essencial, vendo o, 141–142
"eu no agora", 9, 179, 183–184, 203, 231, 277,
  287, 292
  despertando, 202–203
"eu no objeto", 9, 179, 183–184, 287
Eu, 77, 129, 342
  Ver também presencing,
  abordando a partir do futuro
    emergente, 128
  como principal condição da
    fundamentação, 292
  conectando-se com, 150
  deixar vir, 313–314
  sendo visto e testemunhado como
    essencial, 142–144
  vs. Eu, 20, 32, 78
Europa central, antecipação do
  deslocamento em 1989, 94
experiência, 27
experimentação e fracasso, 250
exterioridades negativas do sistema, 266

F
falso todo, 125
fase da ação, movendo-se para, 151
fazenda da família, 352–353
Federal Express, 251
Feldgang, 91
feminismo, 64
fenomenologia, 15
  A filosofia da liberdade (Steiner), 24
"ficção da mercadoria", 267
Fichte, Johann Gottlieb, 24
figura da sabedoria interior, 121–122
filosofia baseada no processo, 49
Fim do milênio (Castells), 64
Flick, Judith, 333–335, 355–356
Flies, Sheri, 167

Florida, Richard, 69–70
fluxo de presença pura, falando a partir do, 215–216
foco, 355
foco da gestão,
　deslocamento do processo para a fonte, 49–52
　deslocamento do produto para o processo e do processo para a fonte, 48–57
　deslocamento do resultado tangível para o processo, 49–50
foco na corrente para baixo, 49
fonte,
　conexão, 314–318, 339
força global, sociedade civil como, 68–69
Ford Motor Company, 308
　fábrica de River Rouge, 54–55
formação de campos (coordenação), 204
　A riqueza na base da pirâmide (Prahalad), 52
Fórum de Diálogo Médico-Paciente, 106–110
　como órgão de sensibilização coletiva, 311
　cristalizar, 151–152
　dia seguinte, 138–139
　Diálogo Médico-Paciente, 111
　entrevistas, 228–231
　inversão, 146
　Nível 1: peças quebradas, 109
　Nível 2: comportamento, 109
　Nível 3: pensamento, 110
　Nível 4: presença autotransformadora, 110
　redirecionamento no, 133
　revisão da votação, 113–115
　virada autorreflexiva do campo social durante, 290
　visão dos participantes como sistema, 285
Fox, Michael J., 372*n*17
Fracasso,
　e experimentação, 250
　evitando o passado, 39
frases educadas, 216
fraude *versus* "contabilidade agressiva", 248–249
Fritz, Robert, 323
fronteiras organizacionais, 238
Fundação Bill e Melinda Gates, 372*n*17
fundamentação autêntica, 339, 341–344
fundamentalismo, 195–196
　ausenciamento e, 210
　do passado e sociedades emergentes do futuro, 269–270
　nascimento de movimentos, 3
　versus processo de abertura, 345–346
fundamentalismo político, 195

fundamentalismo religioso, 195, 196
fundamentalismos culturais e religiosos, 64
fundamentalismos econômicos, 64, 195
fundamentalismos geopolíticos, 64
fundamento intencional, 339–341
fundamento relacional, 339, 341
Fundo Monetário Internacional, 66, 222
　crítica ao, 67
fusão de empresa petrolífera, 135–138
　Inversão, 145
Futuro,
　agindo a partir de, 163
　aprendendo a partir do, 6, 44
　emergente, abordando o eu a partir do, 128
　emergente, conectando-se ao, 313–314
　requisitos para aprender e agir a partir do, 11

G
Galilei, Galileu, 11
　oposição a, 12
Galtung, Johan, 3, 23, 94, 103, 155, 354
Gandhi, Mahatma, 23, 130, 332
garantia de renda básica, 347
gatinhos, experimento com, 103
gênese do novo mundo, 63–64
gerenciamento de múltiplos projetos, 56
gestão, 237
　resposta a, 98
　trabalho de, 47–48
gestão da cadeia de suprimentos, 56
gestão pela observação direta, 57
Giddens, Anthony, 76
Gillespie, Glennifer, 121
GlobalHealthCompany, 95–98
globalização, 66–68, 252
Goethe, Johann Wolfgang von, 16, 101, 103
Goffman, Erving, 214
Google, 251
Gore, Al, 372*n*17
governança,
　globalização de, 66–68
　mecanismos, 188–189, 265
graça, 10
　Tradição cristã em estado de, 154
gramática do campo social, 182, 285–288
Grande Campo, 143
　A grande transformação (Polanyi), 267
Gresham, Sir Thomas, 136
Gründler, Florian, 173
grupo. *Ver também* grupo central,
　ação ad hoc, sobre serviços de saúde, 160
　deslocamento do campo de atenção, 38
　mover-se para o reino do *presencing*, 140
　pontos críticos, 28
　regras de interação, 214

grupo central, 324-325, 359
    coiniciação, 301-304
    como organismo vivo, 336-337
    composição, 176
    tamanho e impacto, 346-347
grupos pequenos, 3, 71
    para jornadas profundas, 306
Guatemala, workshop, 218
Guerra do Iraque, 251

H
Habermas, Jürgen, 24, 76, 79
habilidades, padronização, 239
Hadler, Nortin, 259
Hamel, Gary, 65
    Competindo pelo futuro, 52
    Liderando a revolução, 52
Hanauer, Nick, 154-155, 325
Havel, Václav, 1, 3, 63
Hawkins, David, 85
Hayashi, Arawana, 373n5
Hegel, Georg, 24
Heidegger, Martin, 24, 84
    sobre o futuro, 368n1
Heidemarie (cientista social da Alemanha Oriental), 250
Heller, André, 208
Hellinger, Bert, 281
Hewlett-Packard, 48, 243
hiato cultural, 245
hiato estrutural, 244-245
hierarquia, 265
    como mecanismo de governança, 188
hipercomplexidade do sistema e campos de emergência social, 190
história, visão marxista-hegeliana do processo da, 289-290
Hitler, Adolf, 346
    secretária de, 207-212
    últimos dias, 210
Hock, Dee, 244
Hollender, Jeffrey, 16
Holzer, Eliza, 346
homem livre, 157
Honecker, Eric, 248
Humedica, 108
Hussein, Saddam, 262
Husserl, Edmund, 24, 77, 84

I
IDEO, 103, 159, 335-336
ignorância, 246
Igreja Católica, 12
ilusão e doença do ego, 250
ilusão, 195
imaginação, 126
improvisação, 228

incêndio na casa da fazenda, 19-20, 38, 78, 82, 128
indagações de visão, 70
Índia, 67
    projeto de hospital móvel, 107-108
individualização, perpétua, 68
indivíduo,
    contexto da, 182
    relação com o coletivo, 199
infraestrutura de inovação, criando, 335-337
infraestrutura econômica, inovação na, 347-348
infraestrutura política, inovação em, 348
infraestruturas, 35
    enraizadas, 165, 166
    falta de, para aprendizagem, 251
    inovação em, 272, 346-349
    para as atividades de sensibilização, *presencing* e prototipagem globais, 350
    para prototipagem, 328
infraestruturas culturais, inovação em, 273-274, 348
infraestruturas embutidas, 165, 166
inovação,
    deslocamento do contexto para gerenciar, 52
    disruptiva, 252
    lugar de, 65
    lugar espiritual para, 336
    na infraestrutura, 272, 346-349
    nas infraestruturas culturais, 273-274
    nas infraestruturas de mercado, 272-273
    sequência para, 329-330
    social *versus* produto, 326
    tecnologia como força motriz, 66
    Terra, 274-275
    tratando todos os tipos de complexidade, 190
inovação disruptiva, 252
inovações de produtos *versus* inovações sociais, 326
inovações sociais *versus* inovações de produtos, 326
insolência,
    e ausência, 223-224
    institucional, 249
inspiração, 57
institucional, 248
instituições,
    arrogância, 248-249
    evolução das, 253-255
    global, observação sobre as, 251-253
    ignorância, 248
    insolência, 249
    monitorar a evolução das estruturas, 188

mudança a partir da integração
   sistêmica, 172–173
   padrões de destruição, 234–235
   ponto cego, 61–62
   recuperação habitual, 95
integração sistêmica, mudança institucional
   de, 172–173
Integral Psychology (Wilber), 293
inteligência,
   do coração, 10
   integração dos tipos, 160
inteligência (intuição), 13
inteligência emocional, 32
inteligência espiritual (SQ), 32
   Ver também intenção,
intenção, 32, 194
   cristalizar, 111
   esclarecendo, 103
   poder da, 154–156, 321–324
interconectividade, grau de, 282
interesses especiais,
   em sociedade, 270
   tamanho do grupo e, 262
interface do tipo Macintosh, 25
interiorização, do modelo colocado
   coletivamente em prática, 290–291
interobjetividade, 79
intersubjetividade, 77, 79, 199
intriga, 224–225
consciência *(nous)*, 13, 21
inversão, 145–146, 197
   do coletivo e do eu, 199
   do eu/Eu, 342
inversão epistemológica, 126
Isaacs, Bill, 71, 105, 136, 214, 290
   sobre o ponto de vista de, 217–218
Isaacs, David, 311
Israel, Charlotte, 346
iterações, 330–331

J
Jandernoa, Beth, 120, 357
Japão, 67
Jaworski, Joseph, 24, 129, 156
   capacidade de criar conexão confiável,
   309
   em conexão com a inspiração, 161–162
   Synchronicity, 26
Jerusalém, portão da "agulha", 150
Jesus, 150
Jobs, Steve, 25
Johnson, Tom, 54–57
   Relevance Lost, 54
jornada de aprendizagem, 305
   sessão de retiro de *presencing* para,
   316–317
jornada de aprendizagem baseada na Web,
   305

jornada de aprendizagem externa, 305
Journal of Consciousness Studies, 71
julgamento, suspendendo o, 94, 104–105,
   111, 308
Jung, Michael, 27, 40–42, 50, 257
Jung, Traudl, 207–212

K
Kabat-Zinn, Jon, 373n5
Kahane, Adam, 36, 218, 220–221, 251
kairos, 197
Kalungu-Banda, Martin, 357–358
Kao, 336
Kappler, Ekkehard, 23, 155, 319, 354
Käufer, Katrin, 139
Kelley, David, 159
Kiefer, Charlie, 284
Kolb Learning Cycle, 23

L
Lanes, Leslie, 121
Lave, Jean, 83
Lay, Ken, 247
Lemcke, Erik, 133
Lendas da Vida, 161
Levey, Raphael, 257
LeVitt, Richard, 48, 50
Lewin, Kurt, 13, 15, 43, 76
Liberdade, 75, 148
"líder", 4
liderança, 17, 87, 276
   ângulos de visão do trabalho,
   5–6
   bloquear em níveis mais profundos,
   32–34
   coletivo, 15–16
   "estado interior", 6, 21–22, 29–36
   crise em, 133–135
   desafios, 39-40
   e alto desempenho, 59
   estilos, 95–97
   fracasso, 253
   jornada de, 291–292
   modelo mental e acesso às
   informações, 248
   objetivo, 57
   para mudança profunda, 295
   principal trabalho da, 106
   raiz indo-europeia da palavra, 90
liderança coletiva, 15–16
Liderando a revolução (Hamel), 52
limiar, cruzando, 87–89
Lindisfarne, 283
linguagem (conversação), 204
linha telefônica de emergência médica
   versus assistência médica de emergência,
   160
Living Labs, 167

locais de encontro para despertar, 157–158
   na gramática social da emergência,
      286–287
lugar espiritual, para inovação, 336
lugar, poder do, 147, 335, 352–355
lugares de poder, 274–275
Luhmann, Niklas, 279

M
Mandela, Nelson, 333
mantra da realidade, 233
manutenção, 211
mãos, reintegração das inteligências da
   cabeça e do coração com as, 194
máquina burocrática,
   centralizado, 188
   descentralização, 240
   fonte de poder, 238–239
máquina de eficiência, 172
marcas sagradas, 359
Marketing *versus* coiniciação, 301
matéria e mente,
   divisão entre, 42–43, 291
   reintegração de, 41–42
material, impacto do estado sobre o
   comportamento, 179
materialismo, 77
Matrix, 346
Maturana, Humberto, 76
McKinsey & Company, estudo, 70
Mead, Margaret, 155, 325
mecanismo de governança de mercado, 188
mecanismos de custos, cegos à
   exterioridade a conscientes da
   exterioridade, 272–273
mecanização do campo coletivo global, 346
membrana, abrindo passagem através da,
   135–138
mente. *Ver também* matéria e mente; mente
   aberta,
   e mundo, 132
mente aberta, 12, 31, 189
   bloco para, 33
   e conversação profunda, 309
   necessidade de afinamento, 190–191
"mente intuitiva", 125
mercados, 265
   inovação nas infraestruturas, 272–273
mercados financeiros, globais, 64–65
mergulho profundo, 117, 189
   jornada para, 304–307
metaprocessos, 204
   sistema autista, 278–279
   sistemas adaptativos, 279–280
   sistemas autorreflexivos, 280–281
   sistemas produtivos, 281–285
metassistemas, 259
   correntes da emergência na criação da
      realidade social, 188

método World Café, 311
microcosmo estratégico, 164–167
microcosmo estratégico, 164–167, 202
   Prototipagem, 325–328
microcosmos, estratégicos, 164–167
Miller, Edward, 257
Milton, John, 315
Mintzberg, Henry, 51, 237, 241
   "Estrutura em cinco configurações",
      371n4
MIPS (Material Intensity Per Service Unit),
   367n39
MIT (Massachussets Institute of
   Technology), 43
   Dalai Lama – Diálogo com a Ciência
      Cognitiva, 157
   Organizational Learning Center, 20,
      38, 40–42, 58, 73, 318
   programa de desenvolvimento da
      liderança, 298
Mitchell, William, 167
modernização, 266
modo relacionado de presença, 60
modo relacional de inclusão, 60
modo relacional de recuperação, 60
moedas paralelas, 273
Moller, Toke, 311
motivação pessoal, 256
mouse, 25
movendo-se para contextos que importam,
   103–104
movimentos sociais, 64
mudança,
   barreiras na recuperação, 98–99
   identificando temas emergentes em
      processos de larga escala, 228–231
   interiorização da, 290–291
   Mead sobre, 155
   níveis de resposta a, 39
   padrões de conversação e, 214
   resistência à, 105, 306
   versus falar sobre mudança, 97
mudança da estrutura do campo de atenção
   a partir do, 88
   fazendas, 274–275
mudança de sentido de, 198
   atual *versus* dormente, 148
   desapegar-se do velho, 311–313
   desconectando-se verticalmente do,
      223
   deslocamento na relação entre o sistema
      e, 174–174
   dimensão do, 20
   instrumentos de observação, 12
   na gramática social da emergência, 287
   operar a partir do sentido aprimorado,
      133
   separação entre sentidos e, 78

verdadeiro conhecimento, 249
versus Eu, 203
visão essencial, 141–142
mudança organizacional, camadas, 22
mudança transformacional,
    advogados do, 4
    tecnologia social de, 4
mudanças climáticas, 2
mulher, criatividade da, 202
"mundo da vida", 75
mundo do Eu-Tu, 475n43
"mundo dos sistemas", 75
mundo, e mente, 132
mundo-Objeto (objetividade), 79
música, 332
Mutual of Omaha, 258

N
Nações Unidas, 66
Nan (mestre Zen chinês), 41–42, 76, 80, 292
não ver, 196
    como etapa do ciclo de ausência, 194
    e T. Junge, 209-210
negócios, criatividade nos, 129
neurofenomenologia, 182
Newby, Serena, 121
Newman, Paul, 372n17
Nietzsche, Friedrich, 24, 129
Nishida, Kirato, 85
Nível 1: peças quebradas, 109
Nível 2: comportamento, 109
Nível 3: pensamento, 110
Nível 3: presença autotransformadora, 110
    o deslocamento da recuperação para, 101–106
nível macro, 16
    correntes da emergência na criação da realidade social, 188
    deslocamento entre metaprocessos, 280
nível meso, 16
    correntes da emergência na criação da realidade social, 187–188
    deslocamento entre metaprocessos, 280
nível meta dos sistemas de pensamento, 278
nível micro, 16
    correntes da emergência na criação da realidade social, 187
    deslocamento entre metaprocessos, 280
nível mundo, 16
Nobeoka, Kentaro, 56
Noel, Richard, 373n5
Nokia, 251
    ecossistemas da inovação, 244
    oportunidades emergentes, 246
Nonaka, Ikujiro, 130, 335, 336
    Criação de conhecimento na empresa, 53
Nordhaus, Ted, 77

Nós-mundo (intersubjetividade), 79
notícias ruins, 249

O
o acesso às informações e o modelo mental do líder, 248
"A serpente verde e a linda Lilie", 87
    sobre homem que conhece a si mesmo, 127
    sobre o ver, 125
O'Brien, Bill, 6, 8, 21, 76
O'Donnell, Rosie, 372n17
Objetividade, 76, 79
Objetivo, 325
    levando para o próximo nível, 170
    microcosmo estratégico, 325–328
    na gramática social da emergência, 286–287
    perguntas para a seleção do projeto, 327–328
objetivo, qualidade do, 177
objetos, seres humanos como, 346
Observações, 308
Ochaeta, Ronalth, 220
ocidental, desenvolvimento da estrutura socioeconômica, 270
Olsen, Ken, 240, 242
Olson, Mancur, *A lógica da ação coletiva*, 261
On Becoming Aware (Varela), 27
ontologia (ser), 84
opinião pública, 267
oportunidades, atenção a, 162
orçamentação partícipe, 272
orçamento participativo, 272
Organização Mundial do Comércio, 66
organizações, 42
    ação coletiva, 236–238
    de "ouro", 89
    entrevistas baseadas em diálogos em, 225–231
    evolução ao longo dos eixos, 176
    observações sobre, 251–253
    ponto cego, 61–62
    rede de relações, 171
organizações da sociedade civil (OSCs), 263
organizações de "ouro", 89
organizações não governamentais (ONGs), 68–69, 263, 267
    em ambientes altamente dinâmicos, 88–89
organizar (estruturar), 204
Cultura Organizacional e liderança (Schein), 96
órgãos de sensibilização coletiva, para o sistema ver a si mesmo, 311
Ornish, Dean, 258
ouvir,
    a partir da fonte mais profunda, 146–147

aprofundamento, 118
   com atores interessantes em campo, 297–301
   condições de, 141
   desenvolvimento de habilidades, 310
   espaço acolhedor para o ouvir profundo, 147
   na coiniciação, 296–301
   no papel do gestor, 306
   o que a vida o chama a fazer, 296–297
   prática para, 308–311
   tipos básicos, 9–11
ouvir empático, 10
ouvir focalizado no objeto, 9
ouvir produtivo, 10
Oxfam Great Britain, 333–335

P

padrões do passado, na recuperação, 93–94
países recentemente em declínio (*newly declining countries*, NDCs), 67
paixão, 177
palavras e ações, 340
palco de teatro e campo coletivo, 206–207
pandemia de HIV, Oxfam e, 333
paralisia da análise, 329
parceria, como forma de sustentação da vida,
Parsifal, 118–120
participação, 177
passado,
   agindo a partir de, 163
   aprendendo a partir do, 6, 44
   ensinar sobre o futuro, 352
   fundamentalismos e sociedades emergentes do futuro, 269–270
passeio de campo, 82–83, 344
patologia corporativa, tendência a empurrar as organizações para a, 251
patologia institucional, 247–251
patologia social,
   ciclo de ausenciamento conversacional e, 222–225
   espaço sombrio do, 210
patologia, institucional, 247–251
pegadas, do processo evolutivo, 292
pensar (atender), 204, 211–212
percepção, 113
   aprendizagem, 103
   versus ação, 22
perestroika (socialismo), 64
Pergunta do Graal, 118–120
perguntas centrais, 228
Perícia, Jeff, 251
Perkins, John, *Confissões de um assassino econômico*, 67, 225
Perlas, Nicanor, 357
perseverança, 300

pesquisa-ação baseada na consciência, 13
pesquisa-ação, 15, 43
Peters, Tom, 57
phronesis (sabedoria prática), 13, 21, 54, 84
Pinchbeck, Daniel, 66
Pinto, Sayra, 373n5
planejamento central, 265
planejar *versus* ser levado, 358–359
Platão, 24, 126
plenárias temáticas (encontros orientados pelo tema), 272
Plimpton, George, 312
pobreza econômica, 64
pobreza espiritual, 64
pobreza sociocultural, 64
Poder,
   de intenção, 154–156, 321–324
   deixar ir (desapegar-se) de, 301
   do lugar, 147, 335, 352–355
   e limite da instituição, 238
   geometria do, 67
   geometrias institucionais do, 253
   movimento da fonte, 242
   na máquina burocrática, 238–239
   na sociedade em rede, 68
poder de intenção, 154–156
poder do lugar, 147
   fonte e campo de emergência para, 186
   na gramática social da emergência, 286–287
   questões básicas sobre a criatividade, 129
   ver a partir da fonte, 128
Pogacnik, Miha, 168
Polanyi, Karl, *A grande transformação*, 267
ponto arquimediano, 8
ponto cego, 13, 17, 178
   da aprendizagem organizacional, 44
   da sociedade, 80–81
   e qualidade da ação social visível, 42
   em múltiplos níveis, 86–87
   importância do, 21
   institucional, 61–62, 237
   na liderança, 4, 5–7
   nas ciências sociais, 182–183, 279
ponto de treinamento, 335–337
pontos de inflexão,
   ocultos, 16
   proposição, 189–190
pontos de virada, facilitando, 123
Popper, Karl, 79
posses materiais, anexo a, 20
Potemkin, Grigory, 248
Prahalad, C. K., 51
   A riqueza na base da pirâmide, 52
   Competindo pelo futuro, 52
Prática, 314–315
   de operar a partir da fonte mais profunda, 147

prática acolhedora, 141–142
prática da manhã, 314–315
prática da tensão criativa, 323
práticas de cultivo coletivas, 147–148
práticas meditativas, 312–313
práticas pessoais, para lugar de silêncio, 161
Práxis, 176–177
práxis pessoal, 177
práxis profissional, 176–177
práxis relacionada, 177
Prêmio Nobel Alternativo, 155
presença no ecossistema coletivo, 266
presença, limites entre tipos de, 129
Presencing , 30, 40, 47, 150–151, 185, 216
   como caminho do campo
      conversacional, 232, 233, 234
   e ausência, 36, 195
   e espaço normal da emergência social, 194
   economias de, 60
   em conversas, 219–221
   estrutura de campo de, 129–130
   experimentando, 32
   momentos de verdade, beleza e bondade, 133–144
   notas de campo, 147–148
   princípios, 144–147
   sistemas produtivos e, 282
   tipos de conhecimento, 131–133
   versus insolência e ausenciamento, 224
presencing coletivo, 189, 264–265
Presencing Institute, 349–352, 355
presencing, (processo U), 6, 22, 23
pressão, do sistema disfuncional, 257
prestar atenção, na gramática social da emergência, 286
PricewaterhouseCoopers, 338–339
princípio 0.8 (fracasse logo para aprender rápido), 164, 326
princípio 0.8 fracasse logo para aprender rápido, 164, 326
princípio da ecologia, 79
princípio do "deixar ir/deixa vir", 16
Princípios, 171–172
   integração sistêmica, 172–173
   na gramática social da emergência, 286–287
Prioridades, 323
processo central de criação de valor, para descentralização, 254
processo civilizatório, 214
processo de abertura *versus* fundamentalismo, 345–346
processo de desenvolvimento, aspectos do lugar em, 335
processo de imaginação, 153
processo de pensamento, investigando, 24

processo de projeto, problema, qualidade da declaração em, 103
processo social, dimensão oculta do, 11
Processos,
   deslocamento do produto para o processo e do processo para a fonte, 48–57
   organizando-se em torno, 239
"produção enxuta", 56
produtividade, e espiritualidade, 71
Produto, 177
   deslocamento do processo para a fonte, 48–57
profissionais, para constelação de microcosmo produtiva, 327
programas de reforços das capacidades institucionais, 359
projeto de entrevistas com líderes em linhas de pensamento, 40–42
projeto de local de trabalho criativo, 335–336
propaganda política, 262
proposições da teoria dos campos sociais, 182–204
   a inovação tratando todos os tipos de complexidade, 190
   acessando e ativando as fontes mais profundas dos campos, 190–192
   barreiras, 192–193
   campo social como escultura do tempo, 201–202
   campo social como manifestação do todo, 196–197
   complexidade sistêmica e capacidade de acessar as correntes da emergência, 194–195
   criação da realidade social, 187–189
   despertar do "eu no agora", 202–203
   espaço social da antiemergência, 195–196
   estrutura de campo da atenção, 184–187
   evolução do campo social, 197–199
   fontes de atenção, 183–184
   inteligência da cabeça, coração e mãos, 194
   mudança na relação entre conhecedor e conhecido, 200–201
   ponto cego das ciências sociais atuais, 182–183
   pontos de inflexão, 189–190
   relação do indivíduo com o coletivo, 199–200
   sistema como função do Campo, 202
   sistemas sociais, 182
propriedade,
   deixar ir (desapegar-se) de, 301
   deslocamento do dominar/ser dono para o pertencer, 301

protesto antinuclear, em Brokdorf, Alemanha, 72-73, 196-197
Protocolos de Kyoto, 46
prototipagem, 31, 47, 194, 321-339
    definição, 159
    equipe de ação para, 304-305
    estrutura de campo de, 160
    infraestruturas para, 328
    iterações, 330-331
    lista de assuntos a tratar no workshop de fundação, 304
    na análise de entrevistas, 230
    para sala de aula global, 351
    princípios, 161-167
    rede de serviços de saúde, 159-160
    versus produto final, 168
provocação, 225
Ptolomeu, 12
Putman, Robert, *Bowling Alone*, 68

Q

queda do Muro de Berlim, 63, 88, 93-94
questões básicas, 74-75
    sobre a criatividade, 129
questões de saúde,
    como peças quebradas, 109
    comportamentos a serem mudados, 109
    pensamento para mudar, 110
    presença autotransformadora, 110
Quietude, 28, 198

R

Ray, Michael, 33, 129, 148, 318
reação à mudança, 39
Reaganismo, 64
realidade sombria, 126
realidade, poder de enfrentar a, 41
realização/desempenho, 31, 194
    definição, 168
    deslocamento do campo do ecossistema em evolução, 174
    ecossistemas de inovação, 173-174
    estrutura de campo de, 170
    notas de campo, 176-177
recuperação, 26-27, 30, 185, 216
    barreiras à aprendizagem e mudança organizacionais, 98-99
    como caminho do campo conversacional, 231, 232, 234
    como ouvir, 9-10
    deslocar a visão de, 101-106
    e ausenciamento conversacional, 222
    em GlobalHealthCompany, 95-98
    estrutura de campo de, 94-95
    padrões do passado, 93-94
redes,
    como princípio da ecologia de sustentação da vida, 79
    das pessoas, 3

redes corporativas *versus* redes ecológicas, 79
redes ecológicas *versus* redes corporativas, 79
Redford, Robert, 160
redirecionamento, 28, 30, 117-118, 133
redirecionando a atenção, 117-118
    na gramática social da emergência, 286-287
    processo de, 124
    tipos de totalidade, 124-125
reengenharia, 40
"reflexão na ação", 200
reforma fiscal, 273
relações em todos os níveis, 282
relações sociais, teoria de sistemas e, 83
Relevance Lost (Johnson), 54
Remers, Kai, 373n3
render-se. *Ver* deixar ir (desapegar-se),
reprodução da regra, mudança para a contextualização da regra, 187
reprojetando, 39
resistência à mudança, 105, 192, 306
    fontes de, 203
resposta ao estímulo, na recuperação da, 93
resposta com instrumentos, 278-279
resposta programada, 278-279
"retorno para a ação", 13
reuniões orientadas pelo tema (*plenárias temáticas*), 272
revisão pós-eventos, 231
Right Livelihood Award, 155
Risco, 140
Robert, Henrik, 41
Roberts, Kevin, 57
roda da gestão, 50-51
    complexidade emergente cadeia acima, 50
    complexidade social no meio da cadeia, 49
    eixos, 51
Rosch, Eleanor, 11, 59, 118, 130-133, 352
    sobre o deixar ir (desapegar-se), 144
    The Embodied Mind, 131
Ross, Rick, *A quinta disciplina: caderno de campo*, 22
Rothko, Mark, 58
Royal Dutch Shell, 250
Rumsfeld, Donald, 251, 252
Rússia, 67

S

Sabedoria,
    consciência, 131
    figura interior, 121-122
sabedoria prática (*phronesis*), 13, 21, 54
sabedoria teórica (*sophia*), 13, 21
sat (verdade; bondade), 130

Satyagraha, 130
Scharmer, Otto, vii
Schein, Edgar, 24, 43, 43, 76, 105
    abordagem à consulta do processo, 296
    Cultura organizacional e liderança, 95
    DEC Is Dead, Long Live DEC, 240, 255
Schily, Konrad, 373n2
Schmidt, Gert, 151–152, 153, 159, 168
    pesquisa sobre o estresse dos médicos, 163
    sobre a visão do sistema, 174
Schmidt-Bleek, Friedrich, 367n39
Schneider, Ralf, 338
Schön, Dom, 23, 39
Schweickart, Rusty, 283, 291, 292
Segredo, 97
Senge, Peter, 76, 283, 323
    A quinta disciplina, 41–42
    Apresentação, 58
    sobre a criação, 154
    sobre a percepção do campo inteiro, 113
    sobre sistemas de pensamento, 42–43
sentidos, separação entre eu e, 78
Sentir, 30
    a partir do campo, 229
    Círculo dos Sete, 120–122
    e complexidade emergente, 46
    em ação, 120–124
    estrutura de campo de, 115–116
    inversão epistemológica, 126
    no Fórum de Diálogo Médico-Paciente, 113–115
    notas de campo, 126–127
    versus presencing, 128
ser (ontologia), 84
ser arrastado *versus* planejar, 358–359
ser original, 133
7000 Carvalhos (escultura), 342, 344
setor cívico, 265
    surgimento do, 267–268
setor privado, ascensão do, 266
setor público, 265, 266
setor sem fins lucrativos, captação em dinheiro para, 275
Sheldrake, Rupert, 202, 281, 290
Shellenberger, Michael, 77
Shiva, Vandana, 66
silenciar, sistema desativado por, 225
silêncio, 220
    intencional, 314–318
    lugar do, 161
    versus encorajar, 222
Simone Amber, 162, 163
Sincronismo, 156
Sistema,
    o futuro como função do Campo, 202
    responsabilidade pessoal por, 123
sistema autista, 278–279

sistema contábil, na Enron, 248–249
Sistema de assistência médica alemão,
    esquema de compensação baseado em uma taxa fixa por cada atendimento, 173
sistema de bem-estar social,
    estilo europeu, 270
    proposta de reforma, 273
sistema feudal/mercantilista, transformação para o sistema de mercado liberal, 270
sistema global, 2
sistema liberal de mercado, 270
    libertarianismo, 64
sistema social de mercado, 270
sistemas adaptativos, 279–280
sistemas autorreflexivos, 280–281
sistemas de pensamento, Senge sobre, 42–43
sistemas de produção de alimentos, 2
sistemas econômicos neoliberais, dominação em, 260
sistemas educacionais, 2, 114, 235
    crise em, 348–349
sistemas em colapso, 247–251
sistemas produtivos, 281–285
sistemas sociais,
    fontes, 182–183
    problemas, 257
    proposição sobre, 182
sistemas socialistas, dominação nos, 260
sistemas teocráticos, dominação em, 260
"sistemas vivos", 79
    testamento de vida, 165–166
socialismo, reestruturação, 64
sociedade,
    do futuro, e fundamentalismos do passado, 269–270
    ponto cego dos, 80–81
    questão de desenvolvimento central, 257–258
    sintomas *versus* causas dos problemas, 39
sociedade civil, como força global, 68–69
sociedade em rede,
    deslocamento e retrocesso, 74
    surgimento do, 66–68
sociologia, 75
solução dos problemas, 259
sophia (sabedoria teórica), 13, 21
South African Truth and Reconciliation Commission, 326
Speerstra, Karen, 138
Stakeholders, 46, 227
    analisando input de, 228
    conversações e organização em rede, 254
    conversações entre, 62
    deslocamento para o ver o sistema pelos olhos de outro, 281

entrevistas baseadas em diálogos, 299–300, 309
feedback sobre prototipagem, 325
status quo,
 defensores do, 4
 e inovação, 327
Steiner, Rudolf, 24
 A filosofia da liberdade, 24
Stiglitz, Joseph, 222, 223
Stolzfus, Nathan, 346
Subjetividade, 470
sucesso, perigo do, 340–341
sujeitos, seres humanos como, 346
suspendendo o julgamento e se conectando com a capacidade de admirar, 104–105
 na gramática social da emergência, 286–287
 fonte e campo de emergência para, 186
 parar como precondição para entrada no processo U, 100
 e T. Junge, 209-210
 versus experiências transformacionais, 338
 como estrutura de comunicação unilateral, 260–262
suspendendo o julgamento e se conectando com a capacidade de admirar, 104–105
suspensão do julgamento, 94, 104–105, 111
 na análise de entrevistas, 228
Suspensão, 28
Sustainable Food Laboratory, 166–167
Syncrhonicity (Jaworski), 26
Synergos Multistakeholder Partnership Program, 162

T
T, grupos, 182
Takeuchi, Hirotaka, *Criação de conhecimento na empresa*, 53
Teatro do *Presencing* Social, 338–339, 352
techne (tecnologias aplicadas), 13, 21, 84
tecnologia,
 como força motriz da inovação, 65–66
 criação, 240
 dimensão ética da emergência, 66
 velocidade de, 66
tecnologia da liderança, 31
"tecnologia social", 295
 necessidade do novo, 31–32
tecnologias aplicadas *(techne)*, 13, 21
tecnologias emergentes, dimensão ética das, 66
tela em branco, 57–58, 87, 233
televisão, 235, 262
temas emergentes, identificando processos de mudança em larga escala, 228–231
tempo social, na gramática social da emergência, 286

tempo, definição de Rosch do, 369n5
teoria de rede do mundo pequeno, 202
teoria de rede, 202
teoria de ressonância mórfico, 281
teoria de sistemas autopoiética, 279
teoria de sistemas, relações sociais e, 83
Teoria U, 11
 aplicado a mecanismos de coordenação globais, 276
 como matriz, 34
 distinção central, 91
 e capitalismo e sociedade, 269–270
 inícios, 21–24
 sobre a fonte da ação, 178–179
Terra,
 inovações na presença sagrada da, 274–275
 relacionando-se, 199
 visão do espaço, 284
testemunho incondicional, 141
Thatcherismo, 64
A lógica da ação coletiva (Olson), 261
The Sunflower Story (DEC), 255
The Symbols Way, 369n8
Thompson, Evan, *The Embodied Mind*, 131
Thompson, William Irwin, 283
Thoreau, Henry David, 24
Tignor, Warren, 194
tocar macroviolino, 169–170
todo autêntico, 125
todo emergente, vendo e agindo a partir do, 332–335
todo sistêmico, 278
"todos os quadrantes, todos os níveis" (*All Quadrants, All Levels*, AQAL), abordagem, 80, 292
tomada de decisão participativa, 272
Torbert, Conta, 76
Totalidade,
 princípio de, 196
 definition Rosch de, 369n5
 tipos, 124–125
Toynbee, Arnold, 266
Toyota, 56, 251
Trabalho, 129, 148
 amor de, 318–320
 método etnográfico para observar e analisar práticas, 105
trabalho de constelação baseado em Hellinger, 290
transição, 1
transubjetividade, 77
treinamento da consciência, 315
Turbulência, 252
Turner, Ted, 372n17

U

U, espaço, dinâmica entre antiespaço e, 231
U, processo, 4
    Ver também Teoria U,
    aplicado a situações práticas, 339
    conexão e fusão, 283
    dimensões individuais de, 210-211
    essência de, 296
    gestos do lado esquerdo, 28-29
    mapeando o lado direito, 29-36
    mover-se ao longo, 325
    parar a recuperação como condição prévia de entrada, 100
    primeiro princípio, 372n2
    território no fundo, 129
    tipos de complexidade e, 190, 191
Umstülpung (inversão), 145, 197, 199, 344
União Europeia, 67, 167
universidade da paz global, 155-156
universidades, estrutura de departamentos, 239
universo, diálogo com o, 330

V

van Thater, Rose, 373n5
Varela, Francisco, 17, 27-29, 71, 103, 182
    On Becoming Aware, 27
    sobre o deixar ir (desapegar-se), 144
    The Embodied Mind, 131
    vendo a partir da, 128
Ver, 30
    a partir do todo emergente, 243
    diálogo como ver juntos, 105-106
    Fórum de Diálogo Médico-Paciente, 106-110
    Goethe sobre, 125
verdade, modos de captar a, 13
Vermersch, Pierre, 28
Versteegen, Ursula, 106, 165, 226
videogames, 235
Villa, 354
violência, 196, 341
    resposta não violenta a, 346
    sobre televisão, 262
violino macro, tocando, 169-170
vir a ser da presença maior e do eu, 146-147
virada autorreflexiva, 13
"virada reflexiva", 13
vírus corporativo, 95
Visa International, 244
visão do exterior, 101
visão marxista-hegeliana do processo histórico, 289-290
visão mundial, na gramática social da emergência, 286
visitas em jornada de mergulho profundo,
    acompanhamento depois, 307
    preparação para, 306
voar nas asas de outros, 357-359
Vontade, 158
    Ver também vontade aberta,
vontade aberta, 12, 32, 189
    blocos para, 34
    e conversação profunda, 309
    necessidade de afinamento, 190-191
Vontade Grande, 156-157, 158, 321
vontade pequena, 321
Voz do Cinismo (*Voice of Cynicism*, VOC), 33-34, 192-193, 329
    lidar com/tratar de, 312
Voz do Julgamento (*Voice of Judgment*, VOJ), 33, 192-193, 206, 329
    lidar com/tratar de, 312
    suspensão, 308
Voz do Medo (*Voice of Fear*, VOF), 34, 192-193, 329
    lidar com/tratar de, 312
vozes da resistência, interior, 33-34
Vulnerabilidade, 33

W

Walsh, Diana Chapman, 373n5
Waterman, Robert, 57
Watzlawick, Paul, 94
Way of Nature Fellowship and Sacred Passage, 315
Webber, Alan, 308, 312
    sobre o universo, 330
Weber, Max, 75
Weisbord, Marvin, 291
Wenger, Etienne, 83
Werner, Götz, 273
Whalen, Jack, 104
Wilber, Ken, 80, 81, 292, 367n42
    Integral Psychology, 293
Winfrey, Oprah, 372n17
Witten/Herdecke University, 215, 319
Woods, Tiger, 372n17
workshop de retiro para o presenciamento, 317
workshop, preparação para conduzir, 340
World Trade Center, torres do (Nova York), 88
World Wide Web, 65
Worldwatch Institute, 68
Wuppertal Institute, 367n38
Wuthnow, Robert, 71

X

Xerox Corporation,
    indagações de visão, 70
    PARC, equipe do, 24-25

Z

Zajonc, Arthur, 157, 352
    Catching the Light, 101

CONHEÇA OUTROS LIVROS DA ALTA BOOKS!

Negócios - Nacionais - Comunicação - Guias de Viagem - Interesse Geral - Informática - Idiomas

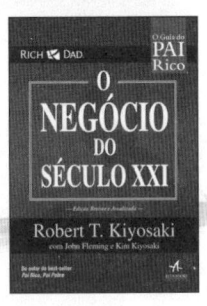

Todas as imagens são meramente ilustrativas.

SEJA AUTOR DA ALTA BOOKS!

Envie a sua proposta para: autoria@altabooks.com.br

Visite também nosso site e nossas redes sociais para conhecer lançamentos e futuras publicações!

www.altabooks.com.br

/altabooks • /altabooks • /alta_books

ALTA BOOKS
EDITORA

Este livro foi impresso nas oficinas gráficas da Editora Vozes Ltda.,
Rua Frei Luís, 100 – Petrópolis, RJ.